湖北省学术著作出版专项资金
Hubei Special Funds for Academic Publications

邢福义文集

第七卷

「七本小型的书

邢福义 著

華中師範大学出版社

新出图证（鄂）字10号

图书在版编目（CIP）数据

邢福义文集 第七卷/邢福义著. —武汉：华中师范大学出版社，2019.12

ISBN 978-7-5622-8892-3

Ⅰ. ①邢… Ⅱ. ①邢… Ⅲ. ①语言学—文集 Ⅳ. ①H0-53

中国版本图书馆CIP数据核字（2019）第274538号

邢福义文集 第七卷

©邢福义 著

责任编辑：宋文静 冯会平 责任校对：刘 峥

封面设计：胡 灿

编辑室：学术出版中心 电话：027-67863220/7792

出版发行：华中师范大学出版社 社址：湖北省武汉市洪山区珞喻路152号

电话：027-67863426（发行部）

网址：http://press.ccnu.edu.cn 邮箱：press@mail.ccnu.edu.cn

印刷：湖北新华印务有限公司 督印：王兴平

开本：710mm×1000mm 1/16 字数：730千字

版次：2019年12月第1版 印次：2019年12月第1次印刷

印张：52.25 定价：198.00元

欢迎上网查询、购书

目 录

逻辑知识及其应用

形容词短语

词类辨难

电大语法学习问答

问　答

复句与关系词语

汉语语法三百问

语言运用漫说

逻辑知识及其应用

编者的话

这本介绍逻辑知识的小书，可作为学习语文的辅助性读物，供中小学语文教师、干部和知识青年参阅。

这本书所讲的逻辑知识，不求全，不涉及一般逻辑书所讲的全部问题。不管是“概念”“判断”还是“推理”部分，只要是对中小学语文教师或一般学习者说来实践意义较大的问题，就多讲；反之，少讲或不讲。

这本书，注意了用例与分析的思想性；还结合逻辑知识，揭露了反动派玩弄的一些卑劣手法，批判了林彪和“四人帮”的一些诡辩邪说。

为了适应语文学习的需要，讲逻辑知识时尽量联系语言运用实际，较多地讨论有关“应用”的问题。

关于“证明和反驳”，由于一般的“写作知识”书籍中都有介绍，这里不列出专节进行讨论。

书里例句中的着重号，都是为了便于说明问题加上去的。另外，有问题的例句前头都加 * 号。

由于编者思想水平不高，对逻辑知识的学习不够，把逻辑知识和语言运用实际联系起来进行探讨做得很差，书中不可避免会存在这样那样的问题，恳切希望同志们提出宝贵的意见。

概 说

一 逻辑和逻辑学习

(一)“逻辑”一词的含义

“逻辑”一词，有下列几种含义：1. 事物的客观规律性；2. 思维的规律；3. 理论，说法；4. 逻辑学；5. 因说理透彻而令人信服。例如：

> (1) 跨过战争的艰难路程之后，胜利的坦途就到来了，这是战争的自然逻辑。(毛泽东《论持久战》)

这里的“逻辑”，是指事物的客观规律性。

> (2) 这叫做认识的感性阶段，就是感觉和印象的阶段。也就是延安这些各别的事物作用于考察团先生们的感官，引起了他们的感觉，在他们的脑子中生起了许多的印象，以及这些印象间的大概的外部的联系，这是认识的第一个阶段。在这个阶段中，人们还不能造成深刻的概念，作出合乎论理(即合乎逻辑)的结论。(毛泽东《实践论》)

这里的“逻辑”，是指思维的规律。

> (3) 在“四人帮”看来，有经验就是经验主义，经验越多，罪过就越大。这是十足的混蛋逻辑。

这里的“逻辑”，是指理论、说法。

> (4) 学一点逻辑、语法。

这里的“逻辑”，是指关于逻辑的科学，即逻辑学。

(5) 鲁迅的杂文尖锐泼辣，具有无可辩驳的逻辑力量。

这里的“逻辑”，是令人信服的意思。

逻辑学，实际上包括辩证逻辑和形式逻辑两种。“逻辑”一词用在“逻辑学”这个意义上时，有时统指辩证逻辑和形式逻辑，但通常只指形式逻辑。本书所讲的，是形式逻辑知识。

（二）什么是形式逻辑

形式逻辑是研究概念、判断、推理这些思维形式及其规律的科学。

毛泽东同志在《实践论》中指出：“我们普通说话所谓‘让我想一想’，就是人在脑子中运用概念以作判断和推理的工夫。”这就告诉我们，人们进行思维，即“想一想”，是运用概念，作出判断，进行推理的过程。举个例子：

马克思主义是一种科学真理，它是不怕批评的。

这个例子所表现的思想，是进行思维的结果。在进行思维的过程中，运用了“马克思主义”“科学真理”“不怕批评的”等概念，作出了“马克思主义是科学真理”“它是不怕批评的”等判断，判断之间有根据和推断、前提和结论的关系，它们构成了一个推理。

概念是反映客观事物的本质属性的思维形式，判断是对事物有所肯定或有所否定的思维形式，推理是由一个或几个判断推出一个新判断的思维形式。形式逻辑就是以概念、判断、推理这些思维形式及其规律作为自己的研究对象，总结出概念、判断、推理的各种类型，确定思维结构形式的规律，解决思维在构造上的正确性问题。

（三）关于逻辑知识的学习

文章和文件都应当具有准确性、鲜明性、生动性。准确性属于概念、判断和推理的问题，这些都是逻辑问题。鲜明性和生动性，除了逻辑问题以外，还有词章问题。我们写文章或写文件，常犯下列毛病：第一，概念不明确；第二，判断不恰当；第三，推理缺乏逻辑性；第四，不讲究词章。显然，有上述毛病的文章或文件，是不能很好地起到宣传真理、批驳谬论的作用的。

形式逻辑既然是解决思维在构造上的正确性问题的，那么，学点逻辑知识，就有助于我们自觉地、正确地运用概念、判断、推理这些思维形式，使我们在思维过程中概念明确，判断恰当，推理合乎逻辑。这样，就有利于我们恰当地反映客观事物，准确地表述革命思想，自觉地从逻辑上批驳各种谬论和诡辩，从而能够更好地宣传马列主义、毛泽东思想，更好地宣传全国人民在新时期的总任务，更好地参加阶级斗争、生产斗争、科学实验三大革命实践，为把我国建设成为伟大的社会主义强国作出贡献。

当然，学习逻辑知识不能脱离语言运用实际。各种思维形式都和语言的运用有着不可分割的关系。比方我们说："由于革命力量代表历史发展的方向，它在本质上是不可战胜的。"这是用一个复句表达一个推理，用两个分句表达两个判断，用"革命力量""它""代表历史发展的方向""不可战胜的"等词语表达"革命力量""代表历史发展的方向""不可战胜的"等概念。没有词语、句子，概念、判断、推理就无法存在；没有语言形式的表现，思想就不可理解。因此，马克思指出："语言是思想的直接现实。"斯大林指出："思想是不能脱离语言而存在的。"

由于概念、判断、推理要通过词语、句子来表达，概念、判断、推理的运用就同词语、句子的运用有着极为密切的关系。思维正确，往往表现为语言准确；思维荒谬，往往表现为语言混乱。学习逻辑知识，必然有助于提高用词造句的能力；联系语言运用实际来学习逻辑知识，自然有助于正确地运用概念、判断、推理这些思维形式。

二 形式逻辑的基本规律

（一）同一律

同一律的基本内容是：在同一个议论中，一个思想（概念或判断）必须保持同一，不能任意改变。

只有遵守同一律的要求，我们的思维才具有确定性。如果在议论中违反同一律，用另一个思想来偷换原来的思想，就会把问题搞乱，作不出合乎逻辑的结论。

例如，电影《满意不满意》里，有这样的对话场面：

小顾委婉地："小杨师傅，我们应该像雷锋同志一样，把专门利人、毫不利己看作是最大的幸福和快乐，做一个永不生锈的螺丝钉……"友生听了觉得很奇怪："啥啥？我这样大的大人，你叫我变只螺丝钉？想得出！"

小顾从"质"的角度运用比喻，说的是"永不生锈的螺丝钉"，友生却从"形"的角度去理解和解释，强调自己是"这样大的大人"，不能变成一只"螺丝钉"。友生所说的"螺丝钉"，在"这样大的大人"映衬之下，显然是"那样小的小螺丝钉"的意思。把"永不生锈的螺丝钉"曲解为"那样小的小螺丝钉"，这是偷换概念，是违反同一律的。

违反同一律产生的逻辑错误，主要是偷换概念和偷换命题。所谓"偷换概念"，是指议论中把甲概念偷换为乙概念。从语言运用上说，是任意变动词语的含义。所谓"偷换命题"，是指议论中把甲判断偷换为乙判断。从语言运用上说，是任意变动整个句子的意思。

"四人帮"经常故意违反同一律，玩弄偷换概念或偷换命题的诡辩术，借以混淆视听，搞乱思想，愚弄人民，欺骗群众。例如，对影片《创业》，毛泽东同志指出："此片无大错。"然而，"四人帮"却竭力狡辩，恣意歪曲，叫嚷影片"还有小错"。"此片无大错"和"此片有小错"是两个完全不同的命题。毛泽东同志说"此片无大错"，说明毛泽东同志从方向、路线上肯定了《创业》；"四人帮"叫嚷此片"还有小错"，则是挥舞求全责备的大棒，疯狂扼杀《创业》。"四人帮"这种偷换命题的卑劣行径，充分暴露了他们惯于搞阴谋诡计的反动本质。

（二）矛盾律

矛盾律的基本内容是：在同一个议论中，对于同一对象，不能有互相矛盾的思想。如果对同一对象有了两个互相矛盾的思想，那么，它们不能同真，至少有一个是假的。例如：

（1）{这是一篇记叙文。
　　　这不是一篇记叙文。

(2) {这是一篇记叙文。
这是一篇议论文。

如果对于同一篇文章，作出了上述的不同论断，那么，这样互相矛盾的论断肯定不可能同时都是真的。

具体点说，例（1）和例（2）又分别代表两种情况。

例（1）是然否式的。一个判断把对象肯定是甲东西，另一判断又把同一对象否定是甲东西，它们分别采取肯定（然）、否定（否）的形式。这种然否式的两个矛盾思想，在对象单一的情况下，必有一真一假。若"这是一篇记叙文"真，"这不是一篇记叙文"就假；若"这不是一篇记叙文"真，"这是一篇记叙文"就假①。

例（2）是反对式的。一个判断把对象说成甲东西，另一个判断又把同一对象说成乙东西，它们互不相容，彼此排斥。这种反对式的两个矛盾思想，至少有一个是假的，因为一篇文章不可能既是记叙文又是议论文；也可能两个都是假的，因为那篇文章可能既不是记叙文，也不是议论文，而是一般的说明文。

对于同一个对象，不管是作出然否式矛盾论断还是作出反对式矛盾论断，都是违反矛盾律，都会造成逻辑混乱，不能令人信服。

违反矛盾律产生的主要逻辑错误，是"自语相违"，或者说，是"自相矛盾"。

"自相矛盾"这个成语，就是来源于一个违反矛盾律的故事。这个故事见于《韩非子·难势》。故事说的是，战国时候楚国有个卖长矛和盾牌的人，他吹嘘他的盾牌无比坚固，什么东西都刺不穿，接着又吹嘘他的长矛无比锋利，什么东西都可以刺得穿。这就等于说：

我的盾牌不是可以被刺穿的。

我的盾牌是可以被我的长矛刺穿的。

这又等于说：

① 必有一真一假的互相矛盾的论断，不限于"对象单一的"这一种情况。参看第二节里"判断的对当关系"部分。

我的长矛是可以刺穿任何东西的。

我的长矛不是可以刺穿我的盾牌这种东西的。

难道可能这样也真，那样也真吗？这个人肯定在说假话。这样自语相违，前后抵触，当然可笑。因此当看的人问他“用你的长矛刺你的盾牌怎么样”时，他只能张口结舌，无法回答了。这种逻辑矛盾，在同一议论中是不允许出现的；如果出现了这种逻辑矛盾，其中必有虚假的东西。

阶级敌人出于反动的阶级本性，总是出尔反尔，信口雌黄。“四人帮”就是这样。比如，对于《水浒》中的宋江，江青在一九七三年二月二十二日说：宋江“是一个了不起的历史人物，有智、有谋、有正义感，喜欢劫富济贫，能团结人，因此受人民群众的爱戴，人们称他作及时雨，我们不能以无产阶级政党的标准去要求历史上的农民起义的领袖，他们有历史的局限性”。一九七五年九月十五日，她又说：“还有一些所谓学了马列主义的文艺理论家，说什么宋江是有农民的局限性。……宋江这个人哪，两面派手法可多得很哪!”这两段话，是根本对立、互不相容的。这不是在自己打自己的嘴巴吗！其实，两种说法，一个目的：吹捧宋江，是为篡党夺权制造舆论；迅速改口，贼喊捉贼，是妄图把别人打成投降派，打倒一大批革命领导干部，以便篡夺党和国家的最高领导权。这充分表明他们是地地道道的反革命实用主义者。

再看《人民日报》评论员《路遥知马力　日久见人心》一文中对掀起反华排华浪潮的越南当局的一段揭露：

越南领导人过去曾多次对中国的这种援助作过评价。一九七四年，越南总理范文同说过，“中国党和政府无论在任何环境都始终无私地支持和帮助越南人民的革命斗争和重建家园”。一九七五年，越南劳动党第一书记黎笋也谈到中国给予越南的“巨大和宝贵的支持和援助”，他甚至还说：“显而易见，没有革命成功的中国，越南就不可能有今天。这是历史的逻辑。”可是现在，越南当局竟然出尔反尔，说什么中国的援助是“有条件”的，是为了按照“一本万利方式”“生利”，诬蔑中国把援助当作“讨价还价的筹码”、“施加压力的工具”等等，这实在令人吃惊。(《人民日报》

1978年7月22日）

越南当局为了达到其不可告人的目的，用心险恶地诋毁中国的援助，力图歪曲和抹煞中国支援越南人民反抗侵略和中越两国人民团结战斗的伟大历史篇章，在敌视中国的道路上越走越远。他们一会儿这样说，一会儿那样说，自相矛盾，丑态百出，令人感到可恶又可笑。文章通过他们违反矛盾律的言语，揭露了他们的无耻卑鄙。

（三）排中律

排中律的基本内容是：在同一个议论中，如果出现了对同一对象既肯定又否定的互相矛盾的论断，那么，要么肯定，要么否定，必须确认二者之中有一个是真实的。

上面说过，有的互相矛盾的论断必有一真一假，不存在第三种可能。排中律就是要求在没有第三种可能的两个矛盾论断中作出抉择，明确表态，承认其中必有一个是真实的。因为这一规律排除在肯定、否定之间有居中的东西（第三种情况），所以叫排中律。

运用排中律，有时着重强调没有第三种可能。例如：

> “你们太刺激了。”我们讲的是对付国内外反动派即帝国主义者及其走狗们，不是讲对付任何别的人。对于这些人，并不发生刺激与否的问题，刺激也是那样，不刺激也是那样，因为他们是反动派。划清反动派和革命派的界限，揭露反动派的阴谋诡计，引起革命派内部的警觉和注意，长自己的志气，灭敌人的威风，才能孤立反动派，战而胜之，或取而代之。在野兽面前，不可以表示丝毫的怯懦。我们要学景阳冈上的武松。在武松看来，景阳冈上的老虎，刺激它也是那样，不刺激它也是那样，总之是要吃人的。或者把老虎打死，或者被老虎吃掉，二者必居其一。（毛泽东《论人民民主专政》）

这里，毛泽东同志深刻地阐明，在你死我活的斗争中，要么“把老虎打死”，要么“被老虎吃掉”，非此即彼，没有别的选择，不存在第三种可能。从逻辑的角度说，是运用了排中律。

运用排中律，有时着重辨别真假。

例如，《为篡党夺权制造反革命舆论的大毒草——揭露“四人帮”炮制反动影片〈盛大的节日〉的罪恶阴谋》一文的开头一段：

> “四人帮”对优秀影片《创业》极端仇视，资产阶级野心家、阴谋家江青曾经挥舞棍棒，破口大骂：“你们给什么人树碑立传?”以“着力地宣扬还活着的人”定《创业》于死罪。奇怪的是，时过不久，他们自己却十分卖力地炮制了一部专为活着的“四人帮”树碑立传的电影，这就是根据同名话剧改编的反动电影《盛大的节日》。可见，他们并不一概反对“宣扬还活着的人”，问题是“树”谁。翻手为云，覆手为雨，一切以他们的反革命政治私利为准，这便是“四人帮”的反动逻辑。(《文汇报》1976年11月28日)

“四人帮”以“着力地宣扬还活着的人”定《创业》于死罪，似乎他们一概反对“宣扬还活着的人”；但他们又卖力地炮制了《盛大的节日》这部专为活着的“四人帮”树碑立传的反动影片，这又说明他们并不反对有的影片“宣扬还活着的人”。“一概反对”和“有的不反对”，必有一真一假。既然“有的不反对”真，那么“一概反对”就是假的。因此，文章一针见血地指出“他们并不一概反对‘宣扬还活着的人’，问题是‘树’谁”，揭穿了“四人帮”的反动逻辑。这里的论述，从逻辑上说，也是运用了排中律。

再看长篇小说《林海雪原》中杨子荣断定小炉匠是假睡的一段描写：

> 深夜的寒气彻透了他商人式的棉袍，连特别能睡觉的孙达得也被冻醒了。可是小炉匠依然是呼呼地打鼾。杨子荣心中对这一现象，却又惊又喜，惊的是恐怕这里有匪伙，自己只有两人两枪，力量是过于单薄了；喜的是这个狡猾的家伙的破绽被进一步发现了。最明显的是小炉匠过多的翻身，和他熟睡的鼾声很不相称，他翻身时也呼呼地打着鼾。

鼾声呼呼的“熟睡”和过多的“翻身”是互相矛盾的现象。前者真，后者就假；反之，后者真，前者就假。既然小炉匠老在翻身，这就说明他呼呼地打鼾是装的。杨子荣看出他的“破绽”，断定他并没有睡，在逻辑上，也是运用了排中律。

违反排中律产生的逻辑错误，是“模棱两可”。请看下面这段发言：

> *我来谈谈对这篇文章的想法。小张说这是一篇小说，我不同意。小说是要塑造典型的人物形象的，而这篇文章写的却是真人真事。然而小王说这不是一篇小说，我觉得也不妥当。如果不是小说，文章里怎么会有这么完整的故事情节呢？

对于同一篇文章，有人认为是小说，有人认为不是小说，他们的意见针锋相对，其中必有一个是对的。“我”对这两种意见发表看法，却既不同意“是小说”的意见，又不同意“不是小说”的意见，含糊其词，模棱两可。从逻辑上说，这就是违反了排中律。

排中律是矛盾律的进一步开展。它们的不同之处是：1. 从适用范围上看，矛盾律既适用于然否式的两个矛盾思想，也适用于反对式的两个矛盾思想；排中律则一般不适用于反对式的两个矛盾思想，因为反对式的两个矛盾思想之间往往有第三种情况存在，不能“排中”。2. 从作用上看，矛盾律是指出两个矛盾思想不会都真，要求我们避免思维的矛盾；排中律则进一步指出两个矛盾的思想不会都假，要求我们分清是非，确认一真，不能含糊。

同一律、矛盾律和排中律是互相联系着的。举例来说：我们断定了“科学技术是生产力”，就要在议论中始终保持这一意思的同一（遵守同一律）；不能一会儿说“科学技术是生产力”，一会儿又说“科学技术有时不是生产力”（遵守矛盾律）；如果议论中出现了这样互相矛盾的论断，就要分清是非，指出“科学技术是生产力”是马克思主义历来的观点，是科学的论断，与此相反的论断是荒谬的（遵守排中律）。可见，这三条规律不是彼此孤立地存在的。当然，在不同的思维过程中，由于思维内容的不同，各条规律所起作用的显著程度也会有差别，如有时同一律的作用最显著，有时排中律的作用最显著。但是，在任何思维过程中，这三条规律都必须同时遵守。只要违反三条规律中的任何一条，思维的结果都是不正确的。

第一节 概　　念

一　概念和概念的语言形式

（一）什么是概念

概念是反映客观事物的本质属性的思维形式。

客观事物的属性可以表现在形状、色彩、气味、重量、用途、价值等许许多多方面，因此各种事物都会有许许多多的属性。但是，在许许多多的属性里，有的只是非本质属性，有的则是本质属性。所谓本质属性，就是决定该事物之所以是该事物的属性，换句话说，就是该事物不同于其他任何事物的特点。

在实践中，客观事物引起了我们的感觉和印象。我们对引起感觉和印象的事物反复观察，反复分析，把它同其他事物相比较，经过去粗取精、去伪存真、由此及彼、由表及里的改造制作功夫，就会抛弃那些非本质的东西，捉住本质的东西，这样就形成了概念。所以，概念是反映了客观事物的本质属性的。比方说，“有生命，能走动”也是“人”的属性，但牛、马等动物也有这种属性，因此不是“人”的本质属性。“人”的不同于牛、马等动物的特点，是能思维、能制造工具并能使用工具进行劳动，这才是“人”的本质属性。我们舍掉了男人、女人的区别，大人、小孩的区别，中国人、外国人的区别，总之，舍掉了各种各样的人的具体区别，抓住了人的区别于其他动物的特点，这才形成“人”的概念。所以，“人”的概念是反映了“人”的本质属性的。

概念是一种最基本的思维形式。它是构成判断、推理的要素。离开了概念，就不能形成判断，就不能进行推理，因而也就不可能进行思维。从这个意义上说，概念是思维的“细胞”。

（二）概念的内涵和外延

每一个概念都有其内涵和外延。

概念的内涵，即概念的含义，是概念所反映的事物本质属性的总和。概念的外延，即概念所固有的范围，是概念所反映的事物的总和。例如：

(1)“人”

内涵：能思维、能制造工具并能使用工具进行劳动。

外延：一切人。包括大人、小孩，男人、女人，中国人、外国人，现代人、古代人，等等。

(2)“人民内部矛盾”

内涵：一般说来，是在人民利益根本一致的基础上的矛盾。只能用民主的方法，即“团结——批评——团结”的方法去解决。

外延：一切人民内部发生的矛盾。包括工人阶级内部的矛盾，农民阶级内部的矛盾，知识分子内部的矛盾，工农两个阶级之间的矛盾，工人、农民同知识分子之间的矛盾，等等。

(3)“武器”

内涵：用于防卫和进攻，可以直接发挥战斗力而杀伤敌人。

外延：一切武器。包括弓、箭、剑、大刀、长矛、枪、大炮、坦克、原子弹等等。

在一定的时间、地点、条件下，概念的内涵和外延总是确定的。但是随着客观事物的发展和人们在实践中对客观事物认识的不断深入，某些概念的内涵和外延也会发生变化。例如“人民”和“敌人”这两个概念：

人民这个概念在不同的国家和各个国家的不同的历史时期，

> 有着不同的内容。拿我国的情况来说，在抗日战争时期，一切抗日的阶级、阶层和社会集团都属于人民的范围，日本帝国主义、汉奸、亲日派都是人民的敌人。在解放战争时期，美帝国主义和它的走狗即官僚资产阶级、地主阶级以及代表这些阶级的国民党反动派，都是人民的敌人；一切反对这些敌人的阶级、阶层和社会集团，都属于人民的范围。在现阶段，在建设社会主义的时期，一切赞成、拥护和参加社会主义建设事业的阶级、阶层和社会集团，都属于人民的范围；一切反抗社会主义革命和敌视、破坏社会主义建设的社会势力和社会集团，都是人民的敌人。（毛泽东《关于正确处理人民内部矛盾的问题》）

可见，“人民”和“敌人”这两个概念的内涵和外延，在抗日战争时期、解放战争时期和社会主义建设时期都有所不同。这是因为各个时期历史条件不同，反映事物的概念的内涵和外延就随着发生变化。我们不能把概念看成是僵化的东西。

内涵和外延是构成一个概念的两个方面，它们是统一的、不可分割的。我们对一个概念是否明确，就是要看我们对它的内涵和外延是否明确。如果我们对某个概念的内涵和外延两方面都有准确的了解，那么我们对这个概念就算是明确了，运用起这个概念来就不会出错了。

要明确概念的内涵和外延，首先必须认真学习马列主义、毛泽东思想，并且必须参加社会实践。只有站在无产阶级的立场，运用马列主义、毛泽东思想的观点和方法，才能正确地认识事物；只有投身到三大革命运动中去，用马列主义、毛泽东思想对客观事物进行分析，才能透过现象抓住本质，形成正确的概念，并能准确了解概念的内涵和外延，从而明确地使用概念。

使用概念时，为了避免概念不明的毛病，还必须注意从逻辑上明确概念的内涵和外延。这就要求，注意从概念之间的关系明确概念，注意概念的限定和概括，注意同一律对概念运用的要求，等等。这些，是下面要专题讲述的。

（三）概念和词语

概念是词语的思想内容，词语是概念的表达形式。一个概念的形成和表达，必须依靠词语。例如，对着一张地图，我们告诉小孩“地图”，英国人告诉英国的小孩“map”，通过“地图”“map”或其他形式，经过多次反复，小孩才能形成关于地图的概念，表达关于地图的概念。没有词语作为表达形式，赤裸裸的概念是无法存在的。所以，概念和词语是紧密地处在统一体之中。

但是，概念和词语不是一回事，它们是有区别的：

1. 概念是反映事物本质属性的思维形式，它的内容是客观的；而词语则是表达概念的声音和符号，它具有民族的特点。例如，表达同样的对象，不同的民族采取不同的形式。我们说“地图”，英国人说“map”，词的形式不同，所表达的概念则相同。

2. 概念和词语不是一一对应的。这一点，可以从几个方面来看：

第一，一个概念，可以用一个词来表达，也可以用一个词组（“语”）来表达。如“人民”，是一个词表达一个概念；“中国人民”，是两个词组成一个词组（“语”）表达一个概念。

第二，一个词，可以表达几个不同的概念；几个不同的词，也可以表达同一个概念。例如“逻辑”这个词，表达“事物的客观规律性”“思维的规律”“理论、说法”“逻辑学”“令人信服”等概念；又如“头”“脑袋”“脑壳”这几个词，它们所表达的概念是相同的。

第三，有的词表示概念，有的词并不表示概念。汉语里的实词，如“人民、战斗、勇敢、九百六十万、平方公里”等，都可以表示概念；汉语里的虚词一般不表示概念，如“也、对于、和、呢”，是不表示概念的。

我们应当熟悉概念的汉语表现形式，以便恰当地运用词语来准确地表达概念。

二　概念间的关系

概念与概念之间有种种不同的关系。有的概念之间有相容的关系，有的概念之间有不相容的关系。相容关系又有同一关系、种属关系、交叉关系等三种；不相容关系又有并立关系、正反关系、对立关系等三种。明确概念间的关系，用起概念来就不会乱。

写作时，我们常常用并列的词语把几个概念一起说出来。有时并列得对，有时并列得不对。对与不对，往往取决于是否正确地表达了概念间的关系。因此，下面一边介绍概念间的关系，一边从语言运用的角度讨论词语的并列问题。

（一）同一关系

两个概念在外延上完全重合，这样的关系叫同一关系。如“鲁迅”和“《阿Q正传》的作者”指同一个人，“马克思主义哲学”与“辩证唯物主义和历史唯物主义”指同一种事物，“北京”和“中华人民共和国的首都”指同一个地方，这三组都是同一关系的概念。再如：

(1) 一九七八年入冬以来，越南侵略者肆无忌惮地向我进行武装挑衅。我边境人民屡遭杀戮，祖国的四化建设受到严重威胁。(《人民日报》1979年8月1日)

(2) 苏联把越南看作它向东南亚扩张的“可靠前哨”，是它的“东方古巴”，因而不断为越南当局输血打气，向越南倾注大量军火武器。(《人民日报》1979年8月3日)

“越南侵略者”和“东方古巴”所指相同，是同一关系的概念。

同一关系的概念，虽然有着相同的外延，指的是同一的对象，但从内涵上说，却有不同的着重点。例如“越南侵略者”和“东方古巴”，前者着重反映在黎笋一伙控制下的越南向邻国进行侵略活动；后者着重反映在黎笋一伙控制下的“东方”的越南，像古巴那样充当苏联争夺世界霸权的打手和代理人。同一关系的概念就是从不同的角度去反映事物，从不同的角度去揭示同一对象的属性。因此，在语意明确的前提下，在上下文中交替使用同一关系的概念，可以使人从不同的角度加深对同一对象的认识。请看恩格斯《卡尔·马克思的葬仪》的用法：

(3) 3月14日下午两点三刻，当代最伟大的思想家停止思想了。……

……这位巨人逝世以后所形成的空白，在不久将来就会使人感觉到。

正像达尔文发现有机界的发展规律一样，马克思发现了人类历史的发展规律……

这位科学巨匠就是这样。但是这在他身上远不是主要的。在马克思看来，科学是一种在历史上起推动作用的、革命的力量。(《马克思恩格斯全集》)

“马克思”“当代最伟大的思想家”“这位巨人”“这位科学巨匠”是同一概念，帮助我们从不同方面认识革命导师马克思的伟大。

再看毛泽东同志《抗日战争胜利后的时局和我们的方针》中的用法：

(4) 那末，“委员长”是不是感谢我们呢？他不！此人历来是不知感恩的。蒋介石是怎样上台的？是靠北伐战争，靠第一次国共合作，靠那时候人民还没有摸清他的底细，还拥护他。他上了台，非但不感谢人民，还把人民一个巴掌打了下去，把人民推入了十年内战的血海。

“委员长”“此人”“蒋介石”是同一概念。用加引号的“委员长”代替“蒋介石”，用带贬义的“此人”指代“蒋介石”，表示了对蒋介石的极度鄙视，更好地揭露和斥责了这个法西斯独夫民贼。

同一关系的概念既然所指的对象相同，那么，表示同一概念的词语之间就不能用“和、同”之类关联词。因为用了“和、同”之类，就会使人误认为是两个不同的对象。比如，说“鲁迅和《阿Q正传》的作者”，人们就会认为是两个不同的人。再如：

*(5) 革命先烈视死如归和不怕牺牲，为我们树立了光辉的榜样。

“视死如归”和“不怕牺牲”指同一种行为，用“和”把它们并列起来，就像是两码事，不能给人以准确的理解。

有时，表示同一概念的词语也可以排列在一起。这有两种情况。

一种是，构成同位复指，突出对象的某种属性。如：

(6)《红楼梦》的作者曹雪芹，亲身经历过封建贵族家庭由鼎盛而极衰的变迁，看出了整个封建贵族阶级“树倒猢狲散”的覆灭命运。

“《红楼梦》的作者”“曹雪芹”同位复指，突出地说明了曹雪芹是写作《红楼梦》这部小说的人。“《红楼梦》的作者”“曹雪芹”之间不能用“和”或“同”字。

另一种情况是，为了换一个说法，使语意更加明朗。

例如：

(7) 修正主义者，右倾机会主义者，……他们所攻击的正是马克思主义的最根本的东西。(毛泽东《关于正确处理人民内部矛盾的问题》)

这样的排列，也不是一般的并列关系，中间不能加“和”字。因为是表示“换一个说法”的，所以中间有时用“或者说”“或者”这样的关联词语。

例如：

(8) 修正主义，或者右倾机会主义，是一种资产阶级思潮……(毛泽东《关于正确处理人民内部矛盾的问题》)

知道了有以上所说的两种情况，我们就可以知道，如果把例*(5)改成：

(9) 革命先烈不怕牺牲，视死如归，为我们树立了光辉的榜样。

这就行了。为什么呢？因为这样一改，就成为“换一个说法”的关系，就合乎规则了。

(二) 种属关系

一个外延较大的概念包含着另一个外延较小的概念，这样的关系叫种属关系。如“农民”和“贫农”，前者是种概念，包含着后者；后者是属概念，是前者中的一类。

种概念和属概念之间的关系是相对的。一个概念，对它上边的概念说，是属概念，对它下边的概念说，是种概念。如“笔”，对“文具”说，是属概念；对“钢笔”说，是种概念。再例如：

（10）我们党和国家，要特别关怀青少年的健康成长，办好小学、中学、大学，办好各级各类学校……（《提高整个中华民族的科学文化水平》）

（11）为了加速造就人才和带动整个教育水平的提高，必须考虑集中力量加强重点大学和重点中小学的建设，尽快提高它们的教学水平和教学质量。（邓小平《在全国教育工作会议上的讲话》）

例（10）“学校”，对“小学”“中学”“大学”说来，是种概念；“小学”“中学”“大学”，对“学校”说来，是属概念。例（11）“大学”，对“重点大学”说来，是种概念；“重点大学”，对“大学”说来，是属概念。

种概念和属概念是不同等级的概念，不能混为一谈。在一般情况下，把表示种属概念的词语并列使用，就混淆了不同等级的概念，就会产生概念混乱的逻辑错误。

例如：

*（12）所有的家具和桌子都准备好了。

*（13）同学们对于参加生产劳动和下乡帮助夏收都有很高的热情。

*（14）张小春经常帮助贫农李大妈做事、扫地和洗衣服。

例*（12）“家具”和“桌子”，例*（13）“参加生产劳动”和“下乡帮助夏收”，例*（14）“做事”和“扫地”“洗衣服”，都是种属关系的概念，把它们并列在一起不能明确地表达思想，因而是不恰当的。例*（12）应改为“桌子和其他家具”或“所有的家具包括桌子”；例*（13）应把“参加生产劳动”改为“到工厂参加劳动”之类；例*（14）应把“做事”改为“挑水”之类。

*（15）参加大会的有本院的领导干部、工人、学员、教师和印刷厂工人的代表，共二百余人。

*（16）资料室到了许多新书，像小说、电影剧本、《牛虻》、

《洪湖赤卫队》、《李自成》等等。

这两例比前三例复杂一点。它们不是直接把种概念和属概念并列在一起，而是并列的几项中混杂着种概念和属概念。例*（15），“工人”可以和“领导干部”“学员”“教师”并列，“印刷厂工人”也可以和“领导干部”“学员”“教师”并列；但“工人”和“印刷厂工人”却不能并列，因为本院“工人”包括本院“印刷厂工人”，前者是种概念，后者是属概念，应把“印刷厂工人”删去。例*（16），“小说”“电影剧本”可以并列，却不能分别同它们的属概念“《牛虻》《李自成》”“《洪湖赤卫队》”并列。应改为“小说《李自成》、《牛虻》，电影剧本《洪湖赤卫队》，等等”。

在特殊情况下，表示种属概念的词语也可以并列使用。先看例子：

（17）我们现在的革命斗争，甚至比过去的武装革命斗争还要深刻。这是要把资本主义制度和一切剥削制度彻底埋葬的一场革命。（毛泽东《批判离开总路线的右倾观点》）

（18）为了建成社会主义，工人阶级必须有自己的技术干部的队伍，必须有自己的教授、教员、科学家、新闻记者、文学家、艺术家和马克思主义理论家的队伍。这是一个宏大的队伍，人少了是不成的。这个任务，应当在今后十年至十五年内基本上解决。十年至十五年以后的任务，则是进一步发展生产力，进一步扩大工人阶级知识分子的队伍，准备着逐步地由社会主义过渡到共产主义的必要条件，准备以八个至十个五年计划在经济上赶上并超过美国。共产党员、青年团员和全体人民，人人都要懂得这个任务，人人都要努力学习。（毛泽东《一九五七年夏季的形势》）

例（17）“一切剥削制度”包括“资本主义制度”。例（18）“全体人民”包括“共产党员、青年团员”。可见，这里把表示种属关系的词语并列起来了。

然而，这种并列法的成立，显然是有条件的：

首先，不言而喻。人们对其中的属概念已有明确的了解，不会看不清它跟种概念之间的关系，如“资本主义制度和一切剥削制度”，一看就知道是指资本主义制度和资本主义制度之外的一切剥削制度，其意自明，不会误解。

第二，有特定的作用。既可以突出重点，又可以强调其他部分，如例（18），先说“共产党员、青年团员”，这就突出了必须特别强调的重点；接着说“全体人民”，又顾及了全面。可见，这种并列法是一种“点”“面”兼顾的表达法。

第三，有一定的格式。最常见的是在表示种概念的词语上面加全称限定，如“共产党员、青年团员和全体人民”。有时，加不加全称限定，关系很大。比较：

*（19）革命的大好形势，鼓舞着诗人、画家和文艺工作者。

（20）革命的大好形势，鼓舞着诗人、画家和所有的文艺工作者。

例*（19）把表示种属概念的词语直接并列起来，就使人感到概念混杂，交代不清；例（20）在种概念“文艺工作者”前加上“所有的”，就界限明确，意思清楚，既有“点”，又有“面”，起到了特定的作用。有时，表示种属概念的词语，也可以不加“一切”之类而直接并列。这种情况，一般是那些词语的含义在并列以后习惯上各有所指。例如：

（21）这些人不要自私自利，不要个人英雄主义和风头主义，不要懒惰和消极性，不要自高自大的宗派主义，他们是大公无私的民族的阶级的英雄，这就是共产党员、党的干部、党的领袖应该有的性格和作风。（毛泽东《为争取千百万群众进入抗日民族统一战线而斗争》）

（22）要教育团员和青年虚心向老干部学习，学习他们丰富的革命斗争经验，学习他们的优良作风。（《人民日报》1978年8月11日）

例（21），“党的干部”也是“共产党员”，“党的领袖”也是“党的干部”。但在这里并列起来以后，“党的干部”指党的领袖以外的党的干部，“共产党员”指党的干部以外的共产党员，各有所指，意思十分清楚。例（22），“团员”也是“青年”，但在并举的情况下，“团员”指参加了共青团组织的青年，“青年”指未入团的青年，这成了习惯用法，不会引起任何误解。这样的并列，当然是正确的。

（三）交叉关系

两个概念在外延上部分重合，这样的关系叫交叉关系。如“工人”和“共产党员”，在工人中有一部分是共产党员，在共产党员中有一部分是工人，它们的外延部分重合，构成了交叉关系。

给事物分类，有不同的标准。比如“人”，根据性别，可以分为男人、女人；根据年龄，可以分为少年、青年、中年、老年；根据工作岗位，可以分为工人、农民、医生、教师等等。交叉关系的概念，就是由于运用了不同的分类标准而造成的，如“男人”“中年人”“工人”这三个有交叉关系的概念，就是由不同的分类标准划分出来的。

写作时，免不了要列举事物。列举事物时，要注意根据一定标准按类列举。例如：

（23）我们共产党人无论进行何项工作，有两个方法是必须采用的，一是一般和个别相结合，二是领导和群众相结合。（毛泽东《关于领导方法的若干问题》）

（24）国家机关各级领导人员的组成，必须按照无产阶级革命事业接班人的条件，实行老、中、青三结合的原则。（《中华人民共和国宪法》）

例（23）是说“领导和群众相结合”，“领导”“群众”是按担任不担任领导工作划分出来的概念。例（24）是说“老、中、青三结合”，“老”“中”“青”是按年龄划分出来的概念。这两例都是根据一定标准按类列举，意思非常明确。如果列举时一会儿用甲标准，一会儿用乙标准，一会儿用丙标准，把几个有交叉关系的概念混在一起，就会显得杂乱无章，造成概念不明，比如：“今天出席会议的有青年、工人、领导和老年人。”这就不能明确地表达思想。再举几例：

*（25）橱窗里放着雨靴、童鞋和好些新产品。

*（26）我们公社新建了许多房子、学校和红医站。

*（27）走与工农相结合的道路，参加三大革命实践，使不少

的专业作家、业余作者和新生力量得到学习和锻炼的机会。

例*(25)，“雨靴”里可能有“童鞋”，“童鞋”里有的可能是新产品，“新产品”里也可能有“雨靴”。这三个概念互相交叉，不能让读者对“橱窗里”的东西有明确的了解。看来，“雨靴”可能是指成年人的，而“成年人雨靴”和“童鞋”里可能都有新产品，因此，可改为：“……各种童鞋，成年人雨靴，好些是新产品。”例*(26)，“房子”和“学校”，“房子”和“红医站”也是交叉关系。应按实际情况把话说清楚。比方可以说成“……住宅、学校和红医站”。例*(27)，“专业作家”和“新生力量”有交叉关系，“业余作者”和“新生力量”的交叉关系更加明显。可改为“……使不少的专业作家和业余作者得到学习和锻炼的机会，使文艺界增加了很多新生的力量”。

如果需要同时列举好些概念，这些概念又不是按同一标准划分出来的，怎么办？一般是采取分组并列的办法。例如：

(28) 况且盘踞在大部分中国土地上的大蛇和小蛇，黑蛇和白蛇，露出毒牙的蛇和化成美女的蛇，虽然它们已经感觉到冬天的威胁，但是还没有冻僵呢！(毛泽东《将革命进行到底》)

“大蛇”“小蛇”作一组，它们是根据体积分出来的概念；“黑蛇”“白蛇”作一组，它们是根据颜色分出来的概念；“露出毒牙的蛇”“化成美女的蛇”作一组，它们是根据形态分出来的概念。这样分组并列，关系清楚，意思明晰。

那么，表示交叉概念的词语是不是绝对不能并列呢？也不是这样。

语言运用中，有一种突举性并列。即根据实际需要，突出地列举几种事物，指明“够条件者”；它们不是用同一标准分出来的类，但在某种事实上有某个共同点。例如：

(29) 积极培养青年、妇女干部和少数民族干部……(周恩来同志在四届人大的《政府工作报告》)

如果单看事物本身的类别，这里并列的各项之间显然有交叉。“青年干部”是按年龄分出来的，“妇女干部”是按性别分出来的，“少数民族干部”是按所属民族分出来的。青年干部中，也有女的，少数民族的；

妇女干部中，也有年轻的，少数民族的；少数民族干部中，也有年轻的，女的。可见“青年干部”“妇女干部”“少数民族干部”是交叉关系的概念。但是，这里的并列显然和一般的分类并列不同。之所以把这几个概念并列起来，是因为要强调都需要“积极培养”这一共同点，说明只要是青年干部，或者只要是妇女干部，或者只要是少数民族干部，都必须注意“积极培养”。这是根据实际需要而采取的“求同突举”并列法。在毛主席的著作中，也经常采用这种并列法。例如：

(30) 因为是熟人、同乡、同学、知心朋友、亲爱者、老同事、老部下，明知不对，也不同他们作原则上的争论，任其下去，求得和平和亲热。……结果是有害于团体，也有害于个人。(毛泽东《反对自由主义》)

“熟人”是根据向来认识这一点分出来的类，“同乡”是根据同一籍贯这一点分出来的类，“同学”是根据同校学习这一点分出来的类……。“熟人”中有一部分可能是“同乡”，“同乡”中有一部分可能是“同学”……。但是，这里的并列显然不是一般的分类并列。“熟人”“同乡”“同学”等等都是同自由主义者有某种特殊关系的人，把他们一一列举出来，就是要突出这一共同点，用以说明：对自由主义者说来，只要是“熟人”，或者只要是“同乡”，或者只要是“同学”，……就“明知不对，也不同他们作原则上的争论，任其下去，求得和平和亲热”。

由此看来，由于有特殊的需要，只能采用这种特殊的并列方式。事实上，要改成一般的分类并列，或分类分组并列，都是不可能的。再比较下面两例：

*(31) 我们班上有四种学生：男生、女生、华侨学生和共青团员。

(32) 我班同学分两批参观批判“四人帮”画展，女生、华侨学生和共青团员今天先去。

例*(31) 是给班上的学生分类的。这样的并列当然不行。例 (32) 是指明“够条件者”的。人家一看就知道：只要是“女生”，或“华侨学生”，或“共青团员”，就可以“今天先去”。这样的并列有特殊的作用，是无可非议的。

（四）并立关系

几个概念同属于一个种概念，它们的外延互相独立，这样的关系叫并立关系。如“布鞋”“皮鞋”“胶鞋”“草鞋”“塑料鞋”，就是并立关系的概念，它们的外延各自独立，并不互相包含，而它们都隶属于“鞋”这个种概念。再如：

（33）社会主义所有制有两种：社会主义全民所有制和社会主义劳动群众集体所有制。

“社会主义全民所有制”“社会主义劳动群众集体所有制”是并立概念。它们的外延各自独立，而它们都隶属于“社会主义所有制”这个种概念。

并立概念是同一等级的概念，表示并立概念的词语可以并列，这是没有问题的。但是，也不能把它们零零乱乱地堆在一起，而要注意排列的逻辑顺序。比方，由低到高，或由高到低；由远到近，或由近到远；由东到西，或由西到东；如此等等。以地名的排列来说，“我经过了北京、武汉、长沙、衡阳、广州”，这是由北到南地排列；“我经过了广州、衡阳、长沙、武汉、北京”，这是由南到北地排列。如果说成“我经过了北京、衡阳、长沙、广州、武汉”，这就乱了。再举几个例子来说：

（34）连、营、团都有了士兵会，代表士兵利益，并做政治工作和民众工作。（毛泽东《井冈山的斗争》）

（35）农村人民公社经济是社会主义劳动群众集体所有制经济，现在一般实行公社、生产大队和生产队三级所有，而以生产队为基本核算单位。（《中华人民共和国宪法》）

（36）从鸦片战争、太平天国运动、中法战争、中日战争、戊戌政变、义和团运动、辛亥革命、五四运动、五卅运动、北伐战争、土地革命战争，直至现在的抗日战争，都表现了中国人民不甘屈服于帝国主义及其走狗的顽强的反抗精神。（毛泽东《中国革

命和中国共产党》）

例（34）是由低到高，例（35）是由高到低，例（36）是由前到后，都有条不紊，非常清晰。再看一例：

（37）培养革命后代，一定要让他们到实际斗争中去锻炼，养成敢想，敢说，敢闯，敢做，敢革命的大无畏的革命精神。（《人民日报》1966年6月1日）

“敢想”表现于思想活动，“敢说”见之于语言，“敢闯”见之于行动，重在不墨守成规，“敢做”也是行动，却重在有所作为，“敢革命”也表现为行动，却重在强调为无产阶级革命事业而奋斗。它们的排列，体现了步步深入的逻辑顺序。下面是病例：

*（38）毕业班同学最近比较忙。办理离校手续，写个人鉴定，参加党团活动，参加教育实习，好些事要做。

这个例子，东一个、西一个地跳着说，使人感到杂乱无章。

有时，需要列举许多概念，而这些概念又分属于不同的种概念，为了避免混乱，最好也采取分组并列的方法。例如：

（39）边区的军队，今年凡有地的，做到每个战士平均种地十八亩，吃的菜、肉、油，穿的棉衣、毛衣、鞋袜，住的窑洞、房屋，开会的大小礼堂，日用的桌椅板凳、纸张笔墨，烧的柴火、木炭、石炭，差不多一切都可以自己造，自己办。（毛泽东《组织起来》）

按“吃的”“穿的”“住的”“开会的”“日用的”“烧的”加以分类，并且分组一一列举出来；“日用的”这一组里，又按家具和文具的不同，分成“桌椅板凳”和“纸张笔墨”两小组。概念虽然出现了很多，但关系清楚，秩序井然，意思非常明确。

（五）正反关系和对立关系

正反关系和对立关系都是两个概念外延上互相排斥，内涵上彼此矛盾对立的关系①。

---

① 正反关系，好些逻辑书称为“矛盾关系”。我们认为，正反关系、对立关系都是矛盾对立的关系，所以不采取“矛盾关系”这一名称。——作者注

正反关系的概念，如“无产阶级思想”和“非无产阶级思想”，“对抗性矛盾”和“非对抗性矛盾”，“正义战争”和“非正义战争”。

对立关系的概念，如“无产阶级”和“资产阶级”，“进”和“退”，“白”和“黑”。

正反关系的概念和对立关系的概念的区别，可以从三个方面看：第一，对立概念的内涵互相否定，同时又各自肯定；正反概念的内涵互相否定，其中一个概念以否定另一个概念的内涵作为自身的内涵，其自身并不肯定什么（如“无产阶级思想”和“非无产阶级思想”，后者以否定前者作为自己的内涵）。第二，正反概念之间没有中间概念存在；对立概念之间一般有中间概念存在（如“白”和“黑”之间还有“蓝”“黄”等）。有些对立概念，如“人民内部矛盾”和“敌我矛盾”，它们之间没有中间概念，但它们的内涵是各自肯定的。第三，正反概念分别采取“然、否”的形式；对立概念用反义词或其他有对立意义的词语表示。

正反关系和对立关系的概念实际上都是在一个种概念下并立着的概念，所以正反关系、对立关系实际上也是并立关系。但并立关系是指几个属概念之间并存的关系，正反关系和对立关系则特指两个属概念之间矛盾对立的关系，因此，可以认为，正反关系和对立关系是并立关系中的特殊情况。

正反概念、对立概念都是同一级的概念。并列使用表示正反、对立概念的词语，不但是可以的，而且是很有作用的。

并列表示正反、对立概念的词语，可以一分为二地说明事物，揭示事物间对立统一的关系。例如：

（40）对于矛盾的各种不平衡情况的研究，对于主要的矛盾和非主要的矛盾、主要的矛盾方面和非主要的矛盾方面的研究，成为革命政党正确地决定其政治上和军事上的战略战术方针的重要方法之一，是一切共产党人都应当注意的。（毛泽东《矛盾论》）

（41）任何时候，好同坏，善同恶，美同丑这样的对立，总会有的。香花同毒草也是这样。它们之间的关系都是对立的统一，对立

的斗争。(毛泽东《在中国共产党全国宣传工作会议上的讲话》)

并列表示正反、对立概念的词语，可以强调出对立物之间的矛盾斗争，加深人们对客观事物的认识。例如：

(42) 你们看，不是有点奇怪吗？并不奇怪，这不过是大狗小狗饱狗饿狗之间的一点特别有趣的争斗，一个不大不小的缺口，一种又痒又痛的矛盾。(毛泽东《论反对日本帝国主义的策略》)

(43) 去年召开的党的第十一次全国代表大会，对我们党同“四人帮”的斗争，作了全面的总结。这场斗争确实是无产阶级和资产阶级的生死搏斗，是一场历史性的大决战。(《团结起来，为建设社会主义的现代化强国而奋斗》)

并列表示正反、对立概念的词语，还可以让人们在鲜明的对照下更好地比较和鉴别事物。例如：

(44) 强弱对比虽然规定了日本能够在中国有一定时期和一定程度的横行，中国不可避免地要走一段艰难的路程，抗日战争是持久战而不是速决战；然而小国、退步、寡助和大国、进步、多助的对比，又规定了日本不能横行到底，必然要遭到最后的失败，中国决不会亡，必然要取得最后的胜利。(毛泽东《论持久战》)

并用“然、否”和“好、坏”之类表示正反、对立概念的词语时，往往需要前后照应。先看范例：

(45) 主观指导的正确与否，影响到优势劣势和主动被动的变化，观于强大之军打败仗、弱小之军打胜仗的历史事实而益信。(毛泽东《论持久战》)

(46) 思想上政治上的路线正确与否是决定一切的。

例 (45)，“正确”和后边的“优势”“主动”相照应，“否”和后边的“劣势”“被动”相照应。例 (46)，后边的“一切”包括各种情况在内，也跟“正确与否”相照应。再看病例：

*(47) 生产队办得好坏，对巩固农村人民公社，进一步发展农业生产，具有十分重要的意义。

*(48) 有时延误一分钟，就会影响战斗的胜败。

这两例都有失照应。例*(47)，前边说“好坏”，后边的话却只说出“好”的结果。应把后边的话改为“对于能否巩固农村人民公社和进一步发展农业生产，具有十分重要的意义”。例*(48)，后边说“胜败”，前边的话却只说出影响“胜”的原因。应把“胜败”改为“胜利”。

三　概念的限定和概括

概念的限定和概念的概括，都是明确概念的重要逻辑方法。它们同附加语的运用有密切的关系。

（一）概念的限定

所谓概念的限定，是指：增加概念的内涵，使外延较大的种概念过渡到外延较小的属概念。例如，把种概念“知识分子”限定为属概念“劳动人民的知识分子”，后者内涵比前者多，而外延比前者小，这就是概念的限定。

运用概念限定这种逻辑方法，有助于具体、准确地表达思想，恰如其分地反映客观事物。例如：

(1) 我们还要学习古人语言中有生命的东西。(毛泽东《反对党八股》)

在“古人语言中有生命的东西”里，“有生命的”这一限定很重要。有了这一限定，就缩小了原概念的外延，增加了不同于古人语言中其他东西的内涵。这样，就排除了那些僵死的语汇和典故，准确地阐明了“古为今用”的原则。再例如：

(2) 战争的规律——这是任何指导战争的人不能不研究和不能不解决的问题。

革命战争的规律——这是任何指导革命战争的人不能不研究和不能不解决的问题。

中国革命战争的规律——这是任何指导中国革命战争的人不能不研究和不能不解决的问题。(毛泽东《中国革命战争的战略问题》)

这里，毛泽东同志科学地运用了逐步限定的方法。从“战争的规律”

到“革命战争的规律”，再到“中国革命战争的规律”，从“指导战争的人”到“指导革命战争的人”，再到“指导中国革命战争的人”，概念的外延逐渐缩小，概念的内涵逐渐增多。如“中国革命战争的规律”，外延比“革命战争的规律”小，比“战争的规律”更小，而它的内涵，包含着中国革命战争本身的特点，比“革命战争的规律”多，比“战争的规律”更多。通过逐步限定、层层推演，所用的概念十分明确，所说的事理极其深刻有力。

鲁迅的《“丧家的”“资本家的乏走狗”》一文，概念限定的方法贯穿始终。这篇文章首先雄辩地说明了梁实秋确确实实是“资本家的走狗”，接着又论证他是一只没有固定主子的“丧家的”资本家的走狗，最后又证明他是虚弱无能的“乏”走狗。一步步地把“资本家的走狗”的外延缩小到适合梁实秋之流的程度，一步步地把梁实秋这类走狗的内涵揭露出来。通过严密的逻辑，击中了要害，道破了梁实秋之流充当帝国主义、地主、官僚资产阶级的忠实走狗，蒋介石反革命“围剿”的帮凶的反动本质。

对概念加以限定，可以从性质、形状、色彩、气味、作用、地位、时间、地点等等许许多多的角度来进行。比方“桌子”这个概念，限定为“方桌子”，是从形状的角度；限定为“松木桌子”，是从原料的角度；限定为“办公桌子”，是从用途的角度；限定为“新桌子”，是从时间的角度。运用概念限定的方法时，究竟从哪个角度来限定一个概念，要根据实际需要，做到有“的”放矢，准确贴切。请看下面的例子对“干部”这个概念是怎样进行限定的：

(3) 我们党的绝大多数老干部，是抱着实现共产主义的远大理想参加革命的。……在民主革命时期，就在党的领导下，在毛主席无产阶级革命路线教育下，在革命战争和革命斗争的长期实践中，逐渐地锻炼成为无产阶级的先锋战士。(《在中国共产党第十一次全国代表大会上的政治报告》)

(4)“四人帮”这个反革命的阴谋集团，利用他们窃据的地位和权力，网罗地富反坏以及一小撮野心家、叛徒、新生反革命分子、流氓、打砸抢者，乱党乱军乱国，大搞法西斯专政，残酷迫害革命干部和革命人民，疯狂破坏国民经济，摧残各项社会主义建设事业，造成了极其严重的恶果。(《团结起来，为建设社会主义的现代化强国而奋斗》)

(5) 一九七四年，他们利用批林批孔的机会，搞突然袭击，大造篡党夺权的反革命舆论，把矛头指向毛主席为首的党中央，疯狂反对周恩来总理和叶剑英副主席，妄图打倒从中央到地方的一大批领导干部。(《团结起来，为建设社会主义的现代化强国而奋斗》)

例(3)，用“老”限定“干部”，是从参加革命的时间、经历这一角度。“四人帮”胡说参加过民主革命的就是“资产阶级民主派”，而“民主派发展到走资派是客观的必然规律”，抛出了老干部是“民主派”，“民主派”就是“走资派”的反革命政治纲领。例(3)针对他们的反革命谬论，作了深刻有力的批驳。显然，这里用“老干部”最恰切。例(4)，用“革命”限定“干部”，是从立场、阶级属性的角度。“四人帮”网罗一切反革命势力，对革命干部和革命人民进行残酷的迫害。广大革命干部和革命人民同“四人帮”之间的斗争，是一场关系到我们党和国家命运和前途的斗争。这里，需要划清革命与反革命的界限，强调革命与反革命的尖锐对立，显然，用“革命干部”最恰切。例(5)，用“领导”限定“干部”，是从所负的责任和所起的作用这一角度。“四人帮”为了篡党夺权，妄图把中央和地方一大批坚持毛主席革命路线的领导同志统统打倒。这里重在揭露“四人帮”篡党夺权的险恶居心，因此，用“领导干部”最恰切。

对一个概念进行限定，究竟限定到什么程度，也要根据实际需要，力求准确贴切。比如对“学生”这个概念，是限定为“中学生”，还是限定为“中等学校学生”，要看是否如实地正确地反映客观事物。再如五届人大第一次会议通过的《中华人民共和国宪法》中的第九条：

(6) 国家保护公民的合法收入、储蓄、房屋和其他生活资料的所有权。

“国家保护公民的合法收入”，在一九七五年通过的宪法里写作“国家保护公民的劳动收入”。对“收入”这个概念进行限定，是十分必要的，因为事实上有些收入是非法的，国家当然不能保护；但是，限定到什么程度呢？“合法收入”比“劳动收入”范围大些。公民本人的“劳动收入”，固然属“合法收入”，国家要保护；但有些“合法收入”，比方财产的继承，并不是公民本人的“劳动收入”，国家也是要保护的。可见，对“收入”的限定，限定到“合法”的程度，更能准确地划清政策界限。

（二）概念的概括

所谓概念的概括，是指：减少概念的内涵，使外延较小的属概念过渡到外延较大的种概念。比如，把属概念“劳动人民的知识分子”概括到“知识分子”，后者内涵比前者少，外延比前者大，这就是概念的概括。

运用概念的概括这种逻辑方法，有助于把个别的具体的问题提高到原则上来认识，使我们通过特殊认识一般，了解事物的总体。例如：

> (7) 一个外国人，毫无利己的动机，把中国人民的解放事业当作他自己的事业，这是什么精神？这是国际主义的精神，这是共产主义的精神，每一个中国共产党员都要学习这种精神。（毛泽东《纪念白求恩》）

> (8) 勤俭经营应当是全国一切农业生产合作社的方针，不，应当是一切经济事业的方针。（毛泽东《〈勤俭办社〉一文按语》）

例 (7)，把“一个外国人，毫无利己的动机，把中国人民的解放事业当作他自己的事业”这种精神，归纳提高到“国际主义的精神”“共产主义的精神”，这就是概念的概括。毛泽东同志这段话，使我们对白求恩同志的伟大精神有了全面的、深刻的、本质的认识。例 (8)，把“勤俭经营”概括到“农业生产合作社的方针”，再概括到“经济事业的方针”，外延越来越大。这也是概念的概括。毛泽东同志这个论断，使我们更好地认识到“勤俭经营”的重大意义。

对概念进行概括这种方法，有时贯穿在一段比较长的论述之中，借以阐明事物间的关系，提高人们的认识。例如邓小平同志《在全国科学大会开幕式上的讲话》中的一段：

(9) 在社会主义社会里，无产阶级自己培养的脑力劳动者，与历史上的剥削社会中的知识分子不同了。……总的说来，他们的绝大多数已经是无产阶级和劳动人民自己的知识分子，因此也可以说，已经是工人阶级自己的一部分。他们与体力劳动者的区别，只是社会分工的不同。从事体力劳动的，从事脑力劳动的，都是社会主义社会的劳动者。随着现代科学技术的发展，随着四个现代化的进展，大量繁重的体力劳动将逐步被机器所代替，直接从事生产的劳动者，体力劳动会不断减少，脑力劳动会不断增加，并且，越来越要求有更多的人从事科学研究工作，造就更宏大的科学技术队伍。“四人帮”把今天我们社会里的脑力劳动与体力劳动的分工歪曲成为阶级对立，正是为了打击迫害知识分子，破坏工人、农民和知识分子的联盟，破坏社会生产力，破坏我们的社会主义革命和社会主义建设。

社会主义社会的脑力劳动者和体力劳动者，或者说从事脑力劳动的和从事体力劳动的，都是社会主义社会的劳动者。这段话在论述问题的过程中准确地对概念进行了概括，深刻地说明了脑力劳动者和体力劳动者的区别与联系，从而对“四人帮”的反动行径及其罪恶目的作了一针见血的揭露与批判，使我们深受启发和教育。

（三）附加语的运用

在运用概念时，如果发现某个概念外延太宽，就加上附加语，增加其内涵，缩小其外延，这便是进行概念的限定；相反，如果发现某个概念外延太窄，有时可以通过减少附加语使它减少内涵、扩大外延，这便是进行概念的概括。所以，概念的限定、概念的概括，同附加语的运用是有密切的关系的。

附加语运用中，常见下列几种毛病：

1. 当限定而不限定。也就是，缺少必要的附加语。先看一例：

*(10) 我们贫下中农懂得，你是上了坏人的当，所以我们只是帮助你批判思想。

单说“思想”，概念模糊，应加适当的限定：

(11) 我们贫下中农懂得，你是上了坏人的当，所以我们只是帮助你批判你那损人利己的思想。

再举几例：

*(12) 盐碱地不能种水稻。

*(13) 我是教师，帮助学生提高阅读写作能力是我的责任。

*(14) 第一汽车制造厂，装配好了最后的一批汽车。

例*(12)，盐碱地如果经过改造，是可以种水稻的。这里的“盐碱地”应作限定，附加上“未经改造的”才恰当。例*(13)，单说“教师”，过于笼统，应说成“语文教师”。例*(14)，笼统地说“最后的”，人们读了感到纳闷：为什么是“最后”呢？难道第一汽车制造厂不再生产了吗？可见“最后的一批汽车”这个概念还不明确，还必须作某种限定，如加上诸如“本年度”这样的词语，才不致发生误解。

2. 当概括而不概括。也就是，多用了附加语。例如：

*(15) 白求恩同志是无产阶级白衣战士的好榜样。

难道白求恩同志仅仅是“白衣”战士的好榜样吗？应该去掉“白衣”，使概念的外延扩大。或者采用“递层”的写法：“白求恩同志是我们无产阶级白衣战士，不，所有的无产阶级战士的好榜样。”

“四人帮”经常故意滥用附加语，借以搞乱思想。比如说什么“宁长社会主义的草，不栽资本主义的苗”，“宁要社会主义的晚点，不要资本主义的正点”，诸如此类，把概念弄得含糊费解，混乱不堪。这是为他们制造反革命舆论服务的。

我们写作中也常犯滥用附加语的毛病，主要情况是“说废话”。例如：

*(16) 他头上的头发已经白了。

*(17) 两位老人谈起过去的往事，不胜欷歔。

*(18) 征求春节春联启事

加△号的附加语都是多余的。例*(16)，去掉“头上的”。头发一定长在头上，难道还会长在别的地方吗？例*(17)，往事就是过去的事。“过去的”应删去。例*(18)，“春联”本身已能说明自己的性质、用途和张贴的时间，何必加“春节”二字？这类附加语都不必要。

3. 不恰当的限定。也就是，用错了附加语。这类现象，语法修辞书中谈得比较多，这里只举两例：

*(19) 五保户王大娘是一个鳏寡孤独的老妇人。

*(20) 地主资产阶级宣扬“劳心者治人，劳力者治于人”的修正主义观点。

例*(19)，“鳏”指男人。“老妇人”这一概念不能一股脑儿用“鳏、寡、孤、独”来限定。例*(20)，“劳心者治人，劳力者治于人”是孟轲宣扬的反动观点，它不是“修正主义观点”的属概念。应把“修正主义”改为“反动”。

最后，附带谈谈一种比较特殊的限定概念的方法。这种方法，可以称之为“突出属性的限定法”。即，用附加语对概念进行限定，不是要缩小概念的外延，而是要使概念的某种属性特别突出，借以达到强调的目的。比如，我们提到鲁迅时，说成“伟大的鲁迅”，提到长江时，说成“波澜壮阔的长江”，就是运用“突出属性的限定法”。这种限定法，在把概念前后叠用、反复申说的情况下，更有特殊的表达作用，能够增强语言文字的表现力。例如：

(21) 这就是我们的国际主义，这就是我们用以反对狭隘民族主义和狭隘爱国主义的国际主义。(毛泽东《纪念白求恩》)

(22) 真正的铜墙铁壁是什么？是群众，是千百万真心实意地拥护革命的群众。(毛泽东《关心群众生活，注意工作方法》)

(23) 我们要和一切资本主义国家的无产阶级联合起来，要和日本的、英国的、美国的、德国的、意大利的以及一切资本主义国家的无产阶级联合起来，才能打倒帝国主义，解放我们的民族和人民，解放世界的民族和人民。(毛泽东《纪念白求恩》)

(24) 革命党也一派新气，——绅士们先前所深恶痛绝的新气，“文明”得可以；说是“咸与维新”了……(鲁迅《论“费厄

泼赖”应该缓行》)

这些例子里所用的前后两个概念，后边一个都是在前边一个的基础上加以限定，但它们的内涵和外延并不发生变化。这样把概念前后叠用、反复申说，先概括地提，再具体地说，既可以突出概念中某个方面来加以强调，便于把事理说得更肯定、更透彻，又可以使文章脉络清楚，引人入胜，让读者获得鲜明的深刻的印象。

四　同一律对概念运用的要求

前面有的地方实际上已涉及同一律对概念运用的要求问题，比如，不能把不同等级的概念混为一谈，不能把按不同标准划分出来的概念混为一谈，都是要求遵守同一律，以免破坏思维的一贯性和确定性。

这里要特别提出的，是同一律对概念运用的一个突出要求。这就是：在同一个思维过程中，在指代关系未交代清楚的情况下，必须在同一意义上使用同一词语，使所用的概念前后一致。违背这一要求，一般表现为：“同名异物”引起混乱，“同物异名”引起混乱。

（一）避免“同名异物”引起混乱的毛病

“同名异物”引起混乱，是指：同一议论中用到一个词语，它所表示的概念不是前后一致，而是先用来表示甲概念，接着又不加说明地换成表示乙概念。结果，引起了混乱，犯了偷换概念或混淆概念的错误。这种情况要注意避免。例如：

*(1) 在大好形势的鼓舞下，各条战线的同志们劳动热情空前高涨。我们单位也一样，大家星期六坚持参加劳动，劳动时干得热火朝天。

这里的“劳动”，表示了不同的概念：前一个包括体力劳动和脑力劳动，泛指各种各样的工作；后两个专指体力劳动。这就造成了混乱，无法清楚明白地描述事实，说明问题。再看两例：

*(2) 朝阳公社今年获得了空前的大丰收，贫下中农的干劲特别大。这表明党的政策在农村的胜利。通过这次下乡，我更深

刻地体会到党的政策的正确。我一定珍惜这次大丰收，把它带到我的日常工作中去。

*(3) 好的古典文学作品可以帮助我们了解历代人民的生活、思想和斗争，只是古典文学作品是用两三千年前的文言写的，理解起来比较困难。

例*(2)，“大丰收”这个词语所表示的概念不一致：前边用来指农业生产，后边又用来指思想收获。把两种事物通过一个语言形式混淆起来，不利于明确地表达思想。应把后边的“大丰收”改为“思想上的收获”。例*(3)，古典文学作品有的是“用两三千年前的文言写的”，如《曹刿论战》；有的虽是用“文言”写的，但并不是“两三千年前的文言”，如《聊斋志异》；有的则是用近代白话写的，如《红楼梦》。这个例子先用“古典文学作品”指包括白话作品在内的古典作品，后边忽然又用“古典文学作品”来单指用两三千年前的文言写的作品，这就使论述陷于混乱，无法正确地说明问题。应对后一个“古典文学作品”作量的限定，即加上“许多”“好些”之类词语。

运用代词，也常犯类似的毛病。例如：

*(4) 八月的一天，他弟弟从部队回家探亲，他休息了一会儿，就跟他哥哥一起下地去了。

同一个“他”，前边指“哥哥”，后边指“弟弟”，纠缠不清。第一个和第三个“他”都可以删去。

对于我们的同志说来，由于“同名异物”而引起混乱的毛病是不自觉地犯的，其原因是对所使用的概念认识模糊，或者写作时考虑不周。然而，对于阶级敌人说来，利用“同名异物”来偷换概念，则是他们惯用的伎俩。因为他们站在反动的立场，手里没有真理，只好玩弄偷换概念的手法，颠倒是非，混淆黑白，以便推销其反革命黑货。

林彪一伙引用无产阶级革命导师讲到“天才”的一些语录，就是玩弄偷换概念的诡辩手法。大家知道，无产阶级革命导师用“天才”这个词，是指比较聪明一点，而这种聪明主要是来自三大革命斗争的实践。林彪一伙鼓吹的“天才”，是指天生的、从娘胎里带来的“全才”“超群之才”，跟无产阶级革命导师所说的“天才”毫无共同之处。他们以鱼目来混杂明珠，正是为了推行其反革命复辟的理论纲领——唯心主义的“天才论”，妄图颠覆无产阶级专政。

（二）避免“同物异名”引起混乱的毛病

“同物异名”引起混乱，是指：同一议论中用到一个概念，先用甲词来表示，接着又不加说明地换成乙词来表示。结果，引起了混乱，造成了概念的不明确。这种情况也要注意避免。

“同物异名”引起混乱的毛病，有各种情况。有时，两个词语所表示的意思并不相同，作者却用来指同一个事物，这就造成偷换概念或混淆概念的错误。例如：

> *(5) 日用品是广大人民群众日常生活所不可缺少的。我们必须重视百货的生产，以满足人民群众的需要。
>
> *(6) 体育锻炼已经在各单位普遍展开了，有些部门负责人亲自参加锻炼，更鼓舞了群众的热情。

例*(5)，“日用品”指日常生活必须应用的物品，“百货”指商店里出售的货物，即商品。有些百货商品，如扳手、气筒之类，并不是日常生活所必需的物品。可见“百货”和“日用品”不是同一概念，把它们混为一谈，不能明确地表达思想。可把“百货”改为“日用品”。例*(6)，“单位”和“部门”所指并不完全相同，但这里却用来代表同一个概念，使人乍一看以为是各有所指。应该都说成“单位”，或者都说成“部门”。

有时，在同一议论中毫无意义地换用等义词，也会造成“同物异名”引起混乱的毛病。例如：

> *(7) 尽管宿舍离课堂比较远，但我每天晚上总是到那里去学习，因为教室里灯光较好。
>
> *(8) 在珠江外的咸淡水浅海之间，有许多牡蛎生长着，广东人惯称它为蚝。牡蛎的种类很多，……此外，长牡蛎壳还可以垒成围墙，……现在珠江口有些大沙田里，烧蚝壳灰的灰厂已建立了不少。

例*(7)，一下用“课堂”，一下用“教室”，实在没有必要。例*(8)，既然前边已交代“牡蛎”就是“蚝”，后边就可以都用“蚝”来说明问题。忽而说“牡蛎”，忽而说“蚝”，忽而说“牡蛎壳”，忽而说“蚝壳”，反而让读者“捉迷藏”。

有时，由于写作时立足点不固定，也会造成“同物异名”引起混乱的毛病。例如：

*(9) 大妈对我说，这是她孙子，是个孤儿。他原来和父亲一起住在工厂里，后来儿子参加革命牺牲了，媳妇在地主家做工也被折磨死了。

*(10) 解放前，有一年俺家乡受灾，俺全家五口人逃荒去了，来到江苏常熟县，俺爹给地主当雇工，俺领着弟弟要饭。

例*(9)的“父亲”“儿子”实指同一个人：“父亲”是就同孤儿的关系说的，“儿子”是就同大妈的关系说的。表述问题时立足点不固定，造成“同物异名”，令人莫名其妙。应把“儿子”改为“他父亲”，“媳妇”改为“他母亲”。例*(10)的“去”“来”指同一个行为：“去”是就说话人在家乡说的，“来”是就说话人在江苏常熟县说的。一忽儿“去”，一忽儿“来”，位置不固定，话就显得有些混乱，可把“去了”删去。

运用代词，如果立足点不固定，也会犯类似的毛病。例如：

*(11) 工农群众的热烈赞扬，上级领导的大力肯定，对他们鼓舞很大。党支部、革委会领导成员立即提出了怎样在我厂进一步开展学先进、赶先进活动的问题，发动群众进行讨论，掀起了社会主义劳动竞赛的新高潮。

前边说“他们”，后边说“我厂”(即我们工厂)，实际上所指的对象是相同的。可把“在我厂”删去，或者把“他们”改为“我们”。

阶级敌人出于反动的阶级本性，常常以“同物异名”为借口，有意地混淆不同词语所表示的概念，借以混淆视听，欺骗人民群众。

例如“死老虎”和“落水狗”，这是两个根本不同的概念。“死老虎”不能再咬人，而“落水狗”则时时刻刻都在准备着爬上岸来把人咬死。然而“费厄泼赖”论者却故意把水搅浑，说什么“打落水狗”如同“打死老虎”，“都近于卑怯”，算不了什么英雄。鲁迅针对这种混淆概念的诡辩术，在《论“费厄泼赖”应该缓行》一文中深刻地指出：

(12) 我以为“打死老虎”者，装怯作勇，颇含滑稽，虽然不免有卑怯之嫌，却怯得令人可爱。至于“打落水狗”，则并不如此简单，当看狗之怎样，以及如何落水而定。

(13) 中国最多的却是枉道：不打落水狗，反被狗咬了。但是，这其实是老实人自己讨苦吃。

鲁迅严正地驳斥了敌人的谬论，表现了彻底革命的精神。

又如，“努力钻研业务”和“脱离政治”是两个完全不同的概念，“四人帮”却故意把它们混为一谈，在它们之间画上等号，谁要是努力钻研业务，为社会主义的科学事业辛勤劳动，就给谁加上“脱离政治”的罪名，扣上“白专”的帽子。他们经常玩弄这种混淆概念的诡辩术，妄图把人们的思想搞乱，以便浑水摸鱼。请看邓小平同志《在全国科学大会开幕式上的讲话》中对他们的揭露、批判与驳斥：

(14)“四人帮”胡说“知识越多越反动”，鼓吹“宁要没有文化的劳动者”，把既无知又反动的交白卷的小丑捧为“红专”典型，把孜孜不倦，刻苦钻研，为祖国的科学技术事业作出贡献的好同志诬蔑为“白专”典型。这种是非关系、敌我关系的颠倒，一度在人们的思想上造成很大的混乱。

(15) 林彪、“四人帮”动不动就用“脱离政治”的罪名来打击科学技术人员，谁要是努力钻研业务，就会被扣上“白专”帽子。白是一个政治概念。只有政治上反动，反党反社会主义的，才能说是白。怎么能把努力钻研业务和白扯到一起呢！……我们的科学技术人员，为社会主义的科学事业辛勤劳动，怎么是脱离政治呢？社会主义事业是有分工的。各行各业的同志在坚持社会主义的政治立场的条件下，努力做好自己的岗位工作，这不但不是脱离政治，而且正是有社会主义觉悟的表现。

反动腐朽的阶级敌人，既要反革命，又要掩人耳目，因此不得不施放烟幕来遮掩其真实的意图。我们必须提高识别能力，善于拨开烟幕，剥去他们的伪装，把他们的反革命丑恶嘴脸暴露于光天化日之下。

（三）词语的灵活运用

应该把“同名异物”引起混乱、“同物异名”引起混乱的毛病跟灵活地运用词语的现象区别开来。

这里谈谈几种值得注意的现象。

1. 拈连

（16）夜里天冷北风急，
班长下岗月儿西。
手拿针线灯下坐，
为我熬夜缝军衣。
线儿缝在军衣上，
情意缝在我心里。（电影文学剧本《闪闪的红星》）

（17）小冬子偎近爸爸：“爸爸，这些年，你给我的红星，我一直放在身上。”潘行义：“后来，你吴大叔又帮你把红星戴到了军帽上，是不是？”吴修竹：“不，是他自己把这颗红星戴到了心头上！这些年里，闪闪的红星照耀着他，孩子可从来没有后退过一步啊！”（电影文学剧本《闪闪的红星》）

这两个例子里都在不同的意义上使用同一个词：例（16），前一个“缝”指用针线缝连的具体动作，后一个“缝”指产生深厚情意的心理活动；例（17），第一个“戴”是“用手挂戴”的意思，第二个“戴”是“铭记，并且受到鼓舞、激励”的意思。但是，这里的用法和“偷换概念”不能混为一谈。这是一种特殊的表现手法，修辞书上叫作“拈连”。这种手法，恰恰是巧妙地用一个词来同时表示两种相关的意思，借以加强语言的表达效果。从构成上说，它是利用上下文的紧密联系，顺势把适用于甲事物的词拈用于乙事物。一个词从甲义转移到乙义是明显的、自然的，就是说，是“明换”，而不是“偷换”。从作用上说，拈连的两个意义之中一个是具体的，一个是抽象的，它们互相映衬，能够深化人们的认识，使语言更加鲜明有力。

2. 巧移

(18) 果不出杨子荣的判断，这个凶恶的匪徒，眼光又凶又冷地盯着杨子荣冷冷地一笑："好一个胡彪！你——你——你不是……""什么我的不是，"杨子荣在这要紧关头摸了一下腰里的二十响，发出一句森严的怒吼，把话岔到题外，"我胡彪向来对朋友讲义气，不含糊，不是你姓栾的，当初在梨树沟你三舅家，我劝你投奔三爷，你却硬要拉我去投蝴蝶迷，这还能怨我胡彪不义气？如今怎么样？"（曲波《林海雪原》）

(19) 鸠　山　……其实呢，最高的信仰，只用两个字便可包括。

李玉和　两个字？

鸠　山　对。

李玉和　两个什么字啊？

鸠　山　"为我"。

李玉和　哦，为你！（京剧剧本《红灯记》）

这两个例子里，都运用了巧移词义的办法。例（18），栾平认出了改装的杨子荣，说的"是"表示对事物的断定，跟"等于"的意思近似；杨子荣巧妙地"把话岔到题外"，说的"是"表示对事情的评议，跟"对"的意思近似。例（19），按照地主资产阶级"人不为己，天诛地灭"的反动观点，"为我"就是"为每个人自己"，"我"是任指性的；但"我"是表示第一人称的代词，在一定的语言环境中是定指性的，即确定指代说话人自己。李玉和把任指性的"我"巧移为定指性的"我"，把鸠山说的"为我"解释为"为我鸠山个人"，所以说："哦，为你！"这种"巧移"，是机智地同敌人进行斗争的好办法。在表意上，毫不含糊，旗帜鲜明，人们一听就懂，跟"偷换概念"地把两个意思莫名其妙地混淆起来完全不同。在作用上，便于在同敌人作面对面的斗争时巧妙应对，主动进攻，揭露敌人，嘲弄敌人。

3. 错综

(20) 朝念亲人望红日，
夜想救星看北斗，
毛泽东思想光万丈，
犹如日月照千秋。(向春《煤城怒火》)

(21) 叭！叭！叭！枪响鲜血流。有人倒下了，有人被打伤。……窑下血在流，窑上血又淌！(向春《煤城怒火》)

这两个例子都在相同意义上使用了不同的词语。例(20)，“念”和“想”意思相同，“望”和“看”意思相同。例(21)，“流”和“淌”意思相同。这是一种错综用法，跟“同物异名”引起混乱的毛病不能混为一谈。“同物异名”引起混乱的毛病，或者是混淆两个不同的概念，或者是毫无意义地换用等义词，只能使意思模糊不清；这种用法，则是在前后对照的情况下，有意地用上别异的词面。由于前后对照，意义互见，意思更加显豁；由于同中有异，富于变化，显得活泼生动。有许多成语，如“山清水秀”“左顾右盼”“千言万语”等等，就是用“错综”的办法构成的。

前面谈同一关系的概念时，说到“在上下文中交替使用同一关系的概念”的现象，那实际上也是一种错综。它是在语意明确的前提下运用的，可以使人从不同角度加深对同一对象的认识，有积极的作用，当然跟“同物异名”引起混乱的错误毫无共同之处。

词语灵活运用的现象无法遍举。我们应该在正确地掌握和运用同一律的同时，注意掌握和运用各种增强语言表达效果的特殊方法。

第二节　判　　断

一　判断和判断的语言形式

（一）什么是判断

判断是对事物有所肯定或有所否定的思维形式。

（1）中华人民共和国是工人阶级领导的以工农联盟为基础的无产阶级专政的社会主义国家。（《中华人民共和国宪法》）

这是一个对事物有所肯定的判断。它肯定了中华人民共和国属于工人阶级领导的以工农联盟为基础的无产阶级专政的社会主义国家。

（2）辱骂和恐吓决不是战斗（鲁迅《南腔北调集》中一篇文章的题名）

这是一个对事物有所否定的判断。它否定了辱骂和恐吓是战斗。

任何一个判断，都表示对事物有所肯定或者有所否定。既不表示肯定，也不表示否定的，就不是判断。例如：

（3）俞　英　陶利呀，你说什么？
　　　陶　利　我——（戏剧《园丁之歌》）

“你说什么?”这句话并不表示判断。它既不肯定什么，也不否定什么，换句话说，它没有对事物有所断定，因此，它不是判断。

（二）判断的真假

任何判断，不是真的，就是假的。

毛泽东同志指出：“判定认识或理论之是否真理，不是依主观上觉得如何而定，而是依客观上社会实践的结果如何而定。真理的标准只能是社会的实践。”根据社会实践的结果，符合客观现实的判断，即如实地反映现实的判断，就是真实的判断；不符合现实的，歪曲地反映现实的判断，就是虚假的判断。

判断是否如实反映客观现实，首先由人们的立场、观点所决定。同样的事物，由于立场观点不同，就会作出不同的甚至截然相反的判断。

例如，在《湖南农民运动考察报告》这篇著作中，有“‘好得很’和‘糟得很’”这一小标题，它鲜明地表示出对当时湖南农民运动的两个截然相反的判断。作出这样截然不同的判断，是由于人们的立场观点不同。正如毛泽东同志所指出的：“‘好得很’是农民及其他革命派的理论。”“‘糟得很’，明明是站在地主利益方面打击农民起来的理论，明明是地主阶级企图保存封建旧秩序，阻碍建设民主新秩序的理论，明明是反革命的理论。”

又如，对于实现四个现代化，我们和“四人帮”所作的判断是截然相反的。五届人大政府工作报告指出：“实现社会主义的四个现代化，这不仅是重大的经济任务，首先是十分紧迫的政治任务。”这是因为，只有实现四个现代化，我们才有足够的经济实力和国防实力，有效地对付社会帝国主义、帝国主义可能对我国发动的侵略；才能不断巩固工农联盟，不断提高人民的物质生活水平和文化生活水平，逐步缩小三大差别，巩固无产阶级专政，建设社会主义现代化强国。“四人帮”叫嚷：“四个现代化实现之日，就是资本主义复辟之时。”他们疯狂进行破坏，使我国国民经济一度濒于崩溃的边缘。他们的判断，只能表明他们是社会主义的死敌，是无产阶级和广大人民的死敌。

判断是否如实反映客观现实，还取决于人们对事物进行调查研究的深度。毛泽东同志说：“正确的判断来源于周到的和必要的侦察，和对于各种侦察材料的联贯起来的思索。”有的判断内容不恰当，是调查研究不够造成的。

独幕话剧《主课》，写地主分子山蚂蝗为了破坏知识青年上山下乡，蓄意制造死猪事件。他偷挖富裕中农黄喜才自留地里的花心红苕，沾上老鼠药，把有知识青年参加的科研组喂养的长白猪毒死，又阴险地嫁祸于黄喜才。知识青年李敏，根据黄喜才自留地里才有花心红苕，黄喜才在山蚂蝗引诱下把死猪挖走埋在自家树下等现象，就断定长白猪是黄喜才毒死的，并且建议马上开大会斗争。李敏的判断是错误的。她之所以作出这样的错误判断，是由于缺乏阶级斗争锻炼，对事情没有进行深入的、周密的调查研究，表面地看问题。后来，富有阶级斗争经验的生产队长韦春松充分发动群众，依靠群众，带领群众揪出了山蚂蝗，给知识青年和广大群众上了一堂生动的阶级教育课。

毛泽东同志在教导我们要全面地看问题时，曾经打过这样的比喻："一个虾蟆坐在井里说：'天有一个井大。'这是不对的，因为天不止一个井大。如果它说：'天的某一部分有一个井大。'这是对的，因为合乎事实。""天有一个井大"的判断错误，是片面地看问题的结果。而表面地看问题，片面地看问题，都是由于调查研究不够。

（三）判断和句子

任何思想，都要依靠一定的语言形式表达出来。判断是由概念组成的；概念由词语来表达，判断则是由句子来表达的。

语言有民族特点。用汉语的句子表达的判断，一定包含主词和宾词。主词，指反映被断定的事物的概念；宾词，指对主词加以断定的概念。如例（1），"中华人民共和国"是主词，"工人阶级领导的以工农联盟为基础的无产阶级专政的国家"是宾词。例（2），"辱骂和恐吓"是主词，"战斗"是宾词。

有时，主词和宾词之间用系词"是"或"不是"。用"是"，反映主词和宾词之间的肯定联系；用"不是"，反映主词和宾词之间的否定联系。如例（1）用"是"，例（2）用"决不是"。

有时，主词和宾词之间不用"是"或"不是"，而用作用跟它们相近的"等于、属于、在于"或"不等于、不属于、不在于"等等。例如：

（4）没有正确的政治观点，就等于没有灵魂。（毛泽东《关于

正确处理人民内部矛盾的问题》)

(5) 学外国不等于一切照搬。向古人学习是为了现在的活人,向外国人学习是为了今天的中国人。(毛泽东《同音乐工作者的谈话》)

例(4),“没有正确的政治观点”是主词,“没有灵魂”是宾词,“就等于”跟“就是”相近,起系词的作用,表示主宾词之间的联系是肯定的。例(5),“学外国”是主词,“一切照搬”是宾词,“不等于”跟“不是”相近,起系词的作用,表示主宾词之间的联系是否定的。

有时,主词和宾词之间不用系词。如果是对事物加以肯定,就紧接主词用上宾词。如果是对事物加以否定,就在宾词上加“不、没、未”之类否定词。例如:

(6) 各民族一律平等。(《中华人民共和国宪法》)

(7) 公民的人身自由和住宅不受侵犯。(《中华人民共和国宪法》)

例(6)是对事物有所肯定。在主词之后直接用宾词,主词和宾词之间不用系词。例(7)是对事物有所否定。在宾词“受侵犯”上加个否定词“不”,便成为否定判断。

一个判断里,主词和宾词都是不可缺少的。缺少主词,便缺少被断定的对象;缺少宾词,便缺少用来断定的事物。因此,缺少主词或宾词都不成为判断。但是,在上下文里,主词、宾词都可以省略。例如:

(8) 青年工人 (急切地)你们班长是谁?他在哪儿?

二排长 是雷锋,他出去作忆苦报告还没回来。(话剧《雷锋》)

例(8)“是雷锋”表达了判断,但主词没有出现。从上文可知省去的主词是“我们班长”。

(9)“以后谁领导我呢?”

“一个姓李的,李敬原同志。市委很重视《挺进报》的作用,今后就由负责同志直接领导你了。”(罗广斌、杨益言《红岩》)

例(9)“一个姓李的,李敬原同志”表达了判断,但宾词没有出现。

从上文可知省去的宾词是“领导你”。

(10) 人的正确思想是从那里来的？是从天上掉下来的吗？不是。是自己头脑里固有的吗？不是。人的正确思想，只能从社会实践中来，只能从社会的生产斗争、阶级斗争和科学实验这三项实践中来。(毛泽东《人的正确思想是从那里来的?》)

例 (10) 的两个“不是”都是句子，分别表达了两个判断，但主词和宾词都没有出现。从上文可以知道，第一个“不是”，其主词是“人的正确思想”，其宾词是“从天上掉下来的”；第二个“不是”，其主词是“人的正确思想”，其宾词是“自己头脑里固有的”。

从语言运用上说，在意思明确的前提下，省去主词或宾词，可以使句子简洁明快，增强语言的表现力。不过，一定要以意思明确为前提，不然，所作的判断就会使人发生误解或者不知所云。

判断离不开句子，它要借助于句子来表达。然而，并不是所有的句子都表达判断。如果一个句子表达了对事物的肯定或否定，可以检验其真假，那么它就是表达判断的；如果一个句子所表达的不是对于事物的肯定或否定，谈不上真或假，那么它就不是表达判断。例如：

(11) 李有国　凤莲，你们干什么来了？

李凤莲　贴标语、撒传单！(话剧《万水千山》)

(12) 魏国华　我算了一下，这地方有五凉：屋里凉、外头凉、水凉、衣裳凉、被窝凉。对不对？

油　娃　这秀才！(电影《创业》)

例 (11) 的“(我们) 贴标语、撒传单”，例 (12) 的“我算了一下，这地方有五凉：屋里凉、外头凉、水凉、衣裳凉、被窝凉”，都有所肯定，都可以检验真假，它们都表达了判断。例 (11) 的“你们干什么来了?”例 (12) 的“对不对?”是纯粹的疑问句，例 (12) 的“这秀才!”是纯粹的感叹句，它们都不表示肯定或否定，都谈不上真或假，因此它们都不是表达判断的句子。

二 肯定和否定

一个判断，不是表示对事物有所肯定，便是表示对事物有所否定。表示对事物有所肯定的判断，叫肯定判断；表示对事物有所否定的判断，叫否定判断。

肯定判断和肯定判断，否定判断和否定判断，肯定判断和否定判断，都可以联用，各以分句或单句的形式出现。这样联用的判断，叫联言判断。例如：

(1) 革命就是解放生产力，革命就是促进生产力的发展。(毛泽东同志语录，转引自一九六七年八月三日《解放军报》社论)

(2) 我们不是宋襄公，不要那种蠢猪式的仁义道德。(毛泽东《论持久战》)

(3) 当前国际形势的特点是天下大乱，而不是天下太平。

(4) 我们同社会帝国主义的斗争，不是一两次较量，而是长期的斗争。

例(1)是肯定判断和肯定判断联用，例(2)是否定判断和否定判断联用，例(3)是肯定判断和否定判断联用，例(4)是否定判断和肯定判断联用。它们都是联言判断。

下面所举的例子，大都是单独的肯定判断或否定判断。为了便于说明问题，有时也用联言判断。

(一) 一般的肯定和否定

所谓“一般的肯定和否定”，是跟“多重否定”“反问”相对而言的。“多重否定”和“反问”都是在形式上比较特殊的肯定判断或否定判断，将有另题讨论。

1. 肯定、否定，掌握分寸

有的时候，单说“甲是乙”或“甲不是乙”就可以说明问题；但有的时候，还必须对肯定或否定加以一定的限定，才能准确地说明情况。例如：

(5) 在社会主义社会中，基本的矛盾仍然是生产关系和生产力之间的矛盾，上层建筑和经济基础之间的矛盾。(毛泽东《关于正确处理人民内部矛盾的问题》)

“仍然是”，就准确而清楚地说明：在旧社会，基本矛盾是生产关系和生产力之间的矛盾、上层建筑和经济基础之间的矛盾，在社会主义社会，基本矛盾还是这些矛盾。“不过社会主义社会的这些矛盾，同旧社会的生产关系和生产力的矛盾、上层建筑和经济基础的矛盾，具有根本不同的性质和情况罢了。”

对肯定或否定的限定，要掌握分寸。要根据不同的情况，选用恰当的语言形式。比方说，如果所断定的是一种可能的情况，就应当说“可能是（或‘不是’）”；如果所断定的是一种必然的情况，就应当说“必然是（或‘不是’）”；如果所断定的是某个时候或某个地区的情况，就应当说“在……时候是（或‘不是’）”，“在……地方是（或‘不是’）”；如果所断定的情况有程度的不同，就要在“是（或‘不是’）”上加“特别、尤其、更、基本上、在某种意义上”之类词语。总的一条，就是：具体情况作具体分析。毛泽东同志在《团结起来，划清敌我界限》一文中写道：“过去只是讲‘物价基本稳定，收支接近平衡’，意思是说，物价还不能稳定，收支还没有平衡。收入少，支出多，这是个问题。因此，中共中央在去年九月开了一次会，提出增加生产，厉行节约。”这篇文章，写于一九五二年八月四日。在当时，“稳定”前加“基本”，“平衡”前加“接近”，这样一限定，判断就高度准确。这是根据具体情况下判断的范例。

正因为对肯定或否定可以加上种种限定，所以，有些肯定判断，对事物并不是全然肯定，有时甚至只是对其表面现象加以肯定，包含着在实质上的否定；同样，有些否定判断，对事物并不是全然否定，有时甚至只是对其表面现象加以否定，包含着在实质上的肯定。举例来说：

(6) 民主这个东西，有时看来似乎是目的，实际上，只是一种手段。(毛泽东《关于正确处理人民内部矛盾的问题》)

例（6）联用两个肯定判断。第一个判断用“有时看来似乎是”，只是肯定有时表面现象是这样，包含着“实际上不是”的意思。第二个判断接着指出“实际上，只是一种手段”，意思就十分鲜明。可见，这两个肯定判断，相当于一个否定判断和一个肯定判断联用，即相当于“……不是目的，而是手段”；但是，例（6）的用法更能启发人们透过事物的现象去抓住事物的本质。

类似的情况，在不用“是”或“不是”的句子里也经常出现。例如：

（7）（落水狗）虽然有时似乎受伤，其实并不，至多不过是假装跛脚，聊以引起人们的恻隐之心，可以从容避匿罢了。（鲁迅《论“费厄泼赖”应该缓行》）

（8）沙奶奶：你们号称“忠义救国军”，……我问你救的是哪一国？为什么不救中国助东洋？为什么专门袭击共产党？你忠在哪里？义在何方？你们是汉奸走狗卖国贼，少廉无耻，丧尽天良！（《沙家浜》）

例（7），“有时似乎受伤”是肯定判断，但只是肯定有这种假象，包含着真实情况并非如此的意思，因此后面接着就直截了当地指出：“其实并不……”这样先让一步，后揭出其实质，是欲擒先纵的手法，更能提醒人们不为假象所蒙骗。例（8），“你们号称‘忠义救国军’”是肯定判断，但只是肯定“口头上是”，“打出的旗号是”，也就是说，只是挂羊头卖狗肉。后面通过驳斥指出“你们是汉奸走狗卖国贼”，就一针见血地揭露了敌人的反动本质。从“你们号称‘忠义救国军’”这个判断到“你们是汉奸走狗卖国贼”这个判断，撕去了敌人的画皮，还其本来面目，具有很强的逻辑力量。

再举否定中包含实际肯定意思的例子。鲁迅《论“费厄泼赖”应该缓行》第三部分“论叭儿狗尤非打落水里，又从而打之不可”中，最后一句话是这样的：

（9）以上是顺便说及的话，似乎和本题没有大关系。

“似乎和本题没有大关系”，是从表面上乍一看没有大关系。这个否定判断只是表达了对表面现象的否定，包含着实际上大有关系的意思。鲁迅在文中就明确指出："叭儿狗如可宽容，别的狗也大可不必打了。"他在收尾处说"似乎和本题没有大关系"，是话中有话，启发读者懂得，论证打叭儿狗的问题实际上是和题目有很大关系的。

由上可知，在下判断时，恰当地运用"似乎是、好像是、形式上是、口头上说"等词语，能收到良好的表达效果。

2. 主词、宾词，正确运用

结构完整、主宾相称、主客分明，是正确运用主词、宾词的基本要求。

第一，结构完整。

一个判断必须有明确的主词和宾词，否则就会破坏整个判断结构的完整性。运用中，常见缺主词或缺宾词的毛病，其原因，是没有通过一定的语言形式明确地表达出来。

*(10) 小陈思想像潮水般地涌来，勾起了对暑期生活的回忆。

*(11) 我们注意培养了校外辅导员李永红，每天坚持自学，进步很快。

例*(10)，什么事情"勾起了小陈对暑期生活的回忆"？没头没脑的。例*(11)，谁"每天坚持自学"？是"我们"，还是"李永红"？要靠读者去猜。这是两个缺乏明确的主词的判断。

*(12) 他对同志热情关怀、耐心帮助的精神，我们都很尊敬他。

例*(12)，"……的精神"提出了可以成为主词的事物，但是没有对它作任何肯定或否定，只有后边出现"使我们深受感动"一类的宾词，才能构成判断。

第二，主宾相称。

所谓主宾相称，是指主词和宾词之间真正具有断定与被断定的联系。如果缺乏这种联系，便是主宾不称。

有时，由于思维没有保持一贯性，致使主词和宾词牛头不对马嘴。

这是主宾不称的一种情况。例如：

*(13) 华老栓的性格是一个勤劳、善良而有迷信思想的人。

*(14) 报晓的雄鸡就是集合的信号。

*(15) 鄢师傅在旧社会受的苦只是广大劳动人民的一个代表。

*(16) 中国人民解放军的英勇善战是世界上第一流的军队。

例*(13)，“人”和“华老栓”有种属关系，“人”和“性格”却没有这种关系。应去掉“的性格”，让“华老栓”作主词。例*(14)，雄鸡的“报晓”可以作为信号，因而是从属于“信号”的，而“雄鸡”跟“信号”却没有这种关系。应把“报晓的雄鸡”改为“雄鸡报晓”。例*(15)，“鄢师傅”跟“广大劳动人民的一个代表”指同一对象，“苦”跟“广大劳动人民的一个代表”就没有这种关系。主词应改为“在旧社会受尽了苦的鄢师傅”。例*(16)，“世界上第一流的军队”和“中国人民解放军”有种属关系，因此，主词不应该是“中国人民解放军的英勇善战”，而应该是“英勇善战的中国人民解放军”。

有时，由于照应不周，顾此失彼，致使主词和宾词有一部分不相称。这是主宾不称的另一种情况。例如：

*(17) 有没有坚定的意志是我们能够取得胜利的重要条件。

*(18) 党员反映情况的真实与否，是一个党员对群众负责的标志之一。

*(19) 我们领导同志有没有建设社会主义的雄心壮志，有没有吃大苦耐大劳的革命精神，是促进矛盾向革命方面转化的一个极为重要的条件。

例*(17)，主词提到“有”和“没有”两个方面，宾词只就“有”的方面作出断定，因此主词和宾词有一部分是不相称的。应把“有没有”改为“具有”。例*(18)、例*(19) 毛病跟例*(17) 相似。例*(18)，可在宾词中“对群众”之前加“是否”，使之同主词中的“与否”相称；或者干脆把主词改为“真实地反映情况”。例*(19)，可在宾词中“促进”之前加“能否”，使之跟主词中的“有没有”相称；把主词中的两个“有没有”都改为“具有”也行。

*(20) 实现农业现代化的关键在于路线正确与否。

*(21) 发扬党的优良传统和作风，是我们能否继续革命的大问题。

例*(20)，宾词提到“是”和“否”两个方面，其中只有“是”的方面跟主词相称，“否”的方面跟主词是不相称的。可去掉“与否”。例*(21)，毛病相似。可在主词里的“发扬”之前加“是否”，使之跟宾词中的“能否”相称。

第三，主客分明。

运用主词和宾词，要注意安排词语，使“主”与“客”的关系清楚明确，一目了然。运用中常见主客倒置的毛病，其原因是词语的位置安排不当。例如：

*(22) 那种衣不遮体、食不果腹、天灾人祸的日子从此与盐民断绝了因缘。

*(23) 大多数的知识分子，(在毛泽东思想的哺育下，确有很大的进步，) 刚解放时的精神面貌和现在比确实大不相同。

*(24) 这样可歌可泣的事对我这个刚刚下乡的知识青年当然感到十分新鲜。

例*(22)，主体是“盐民”，应用在主词的位置上，可说成：“盐民从此与那种……日子断绝了因缘。”例*(23)，“确实大不相同”是确实大有进步的意思，主体应该是“现在的精神面貌”。可改为：“现在的精神面貌同刚解放时比……”例*(24)，具有“感到十分新鲜”这种属性的是“我这个刚下乡的知识青年”，不是“这样可歌可泣的事”，这个例子里把主客关系弄颠倒了。应该说成：“我这个刚下乡的知识青年对这样可歌可泣的事……”

“主”和“客”，不是绝对的，要看具体情况而定。比较：

(25) 王主任正在和他研究下一周的工作呢！

(26) 他正在和王主任研究下一周的工作呢！

例(25)以“王主任”为“主”，例(26)以“他”为“主”，这两个判断都没问题。但是，在特定的情况下，并不是用这两个判断中的任何一个都适合的。例如：

*(27) 昨天晚上，有同学对我说："李老师病了，你快去看看他。"我连饭都没有来得及吃，急急忙忙跑到学校，只见王主任正在和他研究下一周的工作呢！

这里，应以"李老师"为"主"，因此，应该说："只见他正在和王主任……"

3. 自圆其说，没有歧义

一个判断本身，不允许同时肯定两种互相对立的现象。不然，便是自相矛盾，无法自圆其说。

*(28) 两天两夜没停的牛毛细雨又下起来了。

例*(28)，"又下起来了"说明曾经停过，但前面又肯定"两天两夜没停"，这就自相矛盾了。似乎可以改成："断断续续地下了两天两夜的牛毛细雨又下起来了。"这个例子，是主词中的用语和宾词中的用语有矛盾。更常见的情况，是宾词内部在用语上互相抵触。例如：

*(29) 他是多少个死难者中幸免的一个。

*(30) 我们（唱着革命歌曲，）一个跟着一个地蜂拥前进。

*(31) 这座水坝即将在今年元旦前建成。

例*(29)，"死难者"指死了的人，"幸免"是没有死。应该说成："多少个同志被敌人杀害了，他是幸免的一个。"例*(30)，"一个跟着一个"是有次序，"蜂拥"是没有次序。可去掉"蜂拥"。例*(31)，"即将"是指未来的时间，"在今年元旦前"是指已经过去的时间。应把"今年"去掉，或把"今年元旦"改为"明年元旦"。

一个判断本身，不允许可以作两种不同的解释。如果义有两歧，模棱两可，就会使意思模糊不清，别人读了不知道它的真正含义是什么。

*(32) 这个问题由书记、厂长和有关单位去商量解决。

*(33) 王小顺指责张学林的建议是别有用心。

这两个判断都有歧义。例*(32)，可以解释为书记、厂长、有关单位共同去解决，也可以解释为书记、厂长是主方，有关单位是客方，书记、厂长去和有关单位商量解决。如果是前一个意思，应在“商量解决”前边加上“共同”或“一块”；如果是后一个意思，应把“去”字移到“和有关单位”的前边。例*(33)，可以解释为王小顺指责“张学林的建议是别有用心”，也可以解释为“王小顺指责张学林的建议”是别有用心。如果是前一个意思，应该说成“王小顺指出，张学林的建议是别有用心”；如果是后一个意思，应该说成“王小顺指责张学林的建议，这是别有用心”。

*(34) 当我九岁时，我清楚地记得母亲把我带到了赵师傅的家。

*(35) 入学的前几天，我觉得大学的一切都是新鲜的。

这两个判断也有歧义。例*(34)，是我九岁时清楚地记得，还是我九岁时被带到了赵师傅的家？可以作两种解释。根据作者的本意，应改为“我清楚地记得，当我九岁时母亲把我带到了赵师傅的家”。例*(35)，从字面上乍一看，是入学之前的几天；从后面的意思看，是入学之后的头几天。根据作者的原意，应改为“入学后的头几天，我觉得大学的一切都是新鲜的”。

（二）多重否定

双重否定、三重否定、四重否定，都是多重否定。常用的是双重否定和三重否定，四重否定偶尔也用。

1. 双重否定，表示肯定

否定、再否定，便是双重否定。两次否定中，一次被另一次所否定，因此，表示肯定的意思。例如：

(36) 这几个原因合起来，使敌人不得不和。（毛泽东《抗美援朝的伟大胜利和今后的任务》）

这个例子里，“不”对“和”加以否定，“不得”又对“不和”加以否定，因此，表示了肯定的意思，即：使敌人只好和。

双重否定，有的在词面上相当于一般肯定判断，如“你不会不赞成的”，相当于“你会赞成的”；“你不该不去看看他”，相当于“你该去看看他”。这样的双重否定，语气比一般肯定判断要委婉些。

有的双重否定，在词面上并不相当于一般肯定判断，如例（36）中的“不得不和”并不相当于“得和”，而是相当于“只好和”。又如，“这个问题不能不解决”，并不相当于“这个问题能解决”，而是相当于“这个问题必须解决”；“没有一个人不称赞他”，不是相当于“有一个人称赞他”，而是相当于“人人全都称赞他”。这样的双重否定，语气比一般肯定判断要强些。

运用双重否定，对于准确地表达语气和心情是很有好处的。但是如果用得不恰当，就会造成“适得其反”的毛病。例如：

*（37）既然下决心起跑了，就没有什么力量可以阻止我们不登上那个顶峰。

例*（37）作者是想说，下定了决心，一定要登上那个顶峰。但是，这里的双重否定用得不恰当。因为，“没有什么力量可以阻止”，等于“什么力量都阻止不了”。那么，什么力量都阻止不了“不登上”，不是恰恰说明“不登上”是必然的，而“登上”是不可能的吗？可见作者把意思说反了。应该去掉“不”字，不采用双重否定的句法。

该用双重否定而不用，也会造成“适得其反”的毛病。例如：

*（38）我们工人脑子里无时无刻都在考虑着工厂的革命和生产的问题。

例*（38）作者是想说，每时每刻都在考虑。但是，“无时无刻”是“没有一个时刻”，没有一个时刻“考虑”，意思跟原意不是恰好相反吗？这里应该采用双重否定句法，说成：“……无时无刻不在考虑着……”

2. 三重否定，表示否定，或包含对事物的否定

在双重否定上加一次否定，便是三重否定。三重否定有时等于“否定＋双重否定”，即等于“否定＋肯定”，是表示否定的。比较：

（39）这件事，没有人不知道。

（40）这件事，不能认为没有人不知道。

例（39）是双重否定，表示“谁都知道”的意思，表达了对事物的肯

定。例（40）是三重否定，表示“不能认为谁都知道”的意思，表达了对事物的否定。

有时，三重否定是“双重否定＋否定”，等于“肯定＋否定”。比较：

（41）没有人不认为这件事是他干的。

（42）没有人不认为这件事不是他干的。

例（41）是双重否定。“没有人不认为”等于“谁都认为”。例（42）是三重否定，表示“谁都认为这件事不是他干的”。这里包含着“这件事不是他干的”这个意思，即包含对事物的否定。

不懂得三重否定表示否定，或者包含对事物的否定，而用三重否定来表达全然肯定的意思，就会造成“适得其反”的毛病。“适得其反”，正是大量地出于三重否定的误用。例如：

*（43）科学发展到今天，谁也不会否认地球不是绕着太阳运行的。

*（44）我想应该是不必叙述，没有谁不会想象不出的。

*（45）全大队没有一个人不认为大队干部能够团结一致不是反骄破满的结果。

例*（43），“谁也不会否认”等于“谁都会承认”；那么，“谁也不会否认地球不是绕着太阳运行的”就等于“谁都会承认地球不是绕着太阳运行的”。这里包含否定的意思。作者是想肯定今天大家都已懂得地球绕着太阳运行的科学道理，但由于三重否定运用不当，把意思说反了。应把三重否定改为双重否定：或者去掉后一个“不”，或者把“否认”改为“认为”。例*（44），“不会想象不出”是“会想象得出”；“没有谁不会想象不出”是“没有谁会想象得出”。作者是想肯定即使不叙述大家也会想象得出，结果，适得其反，说成谁都会想象不出了。应去掉第一个“不”字，改为“没有谁会想象不出的”。例*（45），“没有一个人不认为”等于“每一个人都认为”。“没有一个人不认为……不是反骄破满的结果”，等于“每一个人都认为……不是反骄破满的结果”。作者是想肯定大队干部能够团结一致是反骄破满的结果，但由于多用了否定词，把意思完全说反了。可把“不是”改为“正是”，说成“没有一个人不认为……正是反骄破满的结果”。

在三重否定上再加一次否定，便成为四重否定。四重否定等于“双重否定＋双重否定”，是表示肯定的。例如：

（46）这件事，不能否认无人不知。

例（46）是四重否定。“不能否认”等于“必须承认”，“无人不知”等于“人人皆知”。那么，“不能否认无人不知”，便是等于“必须承认人人皆知”了。可见，是表示肯定的。

四重否定很罕见，不必详加讨论。

（三）反问

反问是用问句形式对事物加以肯定或者否定，也叫反诘。

“反问”的正意，在跟字面相“反”的方面。反问语气是起着对字面意思加以否定的作用的。

如果用肯定形式来反问，就表示否定的意思，相当于一个否定判断。例如：

（47）我们的科学技术人员，为社会主义的科学事业辛勤劳动，怎么是脱离政治呢？（邓小平《在全国科学大会开幕式上的讲话》）

例（47），“……是脱离政治”是肯定形式，加上“怎么……呢”的反问语气，就成了一个否定判断：绝不是脱离政治。

如果用否定形式来反问，就相当于双重否定，表示肯定的意思。例如：

（48）站在我面前的正是两位扭转乾坤，改天换地，领导我党我国人民推倒了三座大山，缔造了社会主义新中国的伟大领袖、历史巨人。这怎能不使我激动呢？（朱敏《深情怀念周伯伯》）

例（48），“不使我激动”是否定形式，加上“怎么能……呢”的反问语气，便是否定再否定，相当于“不能不使我激动”的双重否定，表示肯定的意思：实在使我激动。

如果用双重否定形式来反问，就相当于三重否定，表示否定的意思。例如：

(49) 政府早就贴了布告，不是不许破坏森林竹木吗？

例 (49)，“不是不……”是两重否定，加上“……吗”的反问语气，就等于对双重否定再予以否定，相当于三重否定，表示的是否定的意思，即：不许破坏森林竹木。

有时，反问句后边不用问号，而用感情号。这样的反问句，感叹意味很强，但仍然是用肯定形式表达否定意思，或用否定形式表达肯定意思。例如：

(50) 在旧社会，多少从事科学文化事业的人们，向往着国家昌盛，民族复兴，科学文化繁荣。但是，在那黑暗的岁月里，哪里有科学的地位，又哪里有科学家的出路！（郭沫若《科学的春天》）

例 (50)，用肯定形式问，表示否定意思：在那黑暗的旧社会，没有科学的地位，也没有科学家的出路。句末用感情号，使反问语气带上强烈的感叹意味。

运用反问，可以加强语言的力量，把本来确定的意思表达得十分鲜明，不可辩驳。

比较下面几个句子：

(51) 他可能知道。

(52) 他不可能不知道。

(53) 他怎么可能不知道呢？

例 (51) 是一般的肯定判断，肯定他有知道的可能。例 (52) 是双重否定，强调他肯定知道。例 (53) 是反问，强调他知道是不容置疑的。三个句子所表达的判断基本相同，但语气一个比一个强，情味也不完全一样。

运用反问，在一般情况下不会出错。但是用双重否定来反问，由于否定的层次多了，很容易把意思弄反，情况跟运用三重否定容易造成“适得其反”的毛病相同。例如：

*(54) 谁能否认苏伊士运河不是在埃及国土上？

*(55) 谁能否认这部反映今天工人阶级焕然一新的精神面貌的作品没有教育意义呢？

*(56) 这样悲壮的事，怎么能不使我不感动得流泪呢?

例*(54)，“否认……不是……”是双重否定，加上反问语气，便等于三重否定：“谁也不能否认苏伊士运河不是在埃及国土上。”这样，整个句子所表示的意思便是：“谁都必须承认苏伊士运河不是在埃及国土上。”事实上，苏伊士运河是在埃及国土上，而作者本来是想把这一事实强调出来，但由于多用了一个否定词，使意思反了。应该去掉“不”字。例*(55)毛病相似。作者本想肯定这部作品有教育意义，结果说成“没有教育意义”了。应把“没有”改为“有”，并在“有”字之后添上“深刻的”“很大的”之类字眼。例*(56)也是犯了同样的毛病。作者本想说使我十分感动，结果却说成了“不能使我感动”。两个“不”字，应该去掉一个。

三　单称、特称、全称

一个判断的性质，表现为肯定或否定。我们可以根据判断的“质”，把判断分为肯定判断和否定判断。

一个判断的主词，可以反映某一单独的事物，也可以反映某类事物的一部分，还可以反映某类事物的全部。形式逻辑中把主词反映对象的多少称为判断的“量”。我们根据判断的“量”，又可以把判断分为单称判断、特称判断和全称判断。

(一) 分清单称、特称和全称

主词反映某一单独事物的，叫作单称判断。有的单称判断是肯定判断，叫作单称肯定判断；有的单称判断是否定判断，叫作单称否定判断。例如：

(1) 台湾是中国的神圣领土。(《中华人民共和国宪法》)

(2) 他的姓名并不为许多人所知道。(鲁迅《藤野先生》)

例(1)是单称肯定判断，例(2)是单称否定判断，它们都是单称判断。

(3) 中华民族不但以刻苦耐劳著称于世，同时又是酷爱自由、

富于革命传统的民族。（毛泽东《中国革命和中国共产党》）

（4）我们同“四人帮”的斗争，是一场关系到我们党和国家命运和前途的斗争。（《团结起来，为建设社会主义的现代化强国而奋斗》）

这两个也是单称判断，即单称肯定判断。例（3）的主词是“中华民族”。这个概念反映着由我国各民族集合而成的统一体，被当成一个整体事物，因而由它充当主词的判断也是单称判断。例（4）的主词是“我们同‘四人帮’的斗争”。这个概念反映着我们党同王张江姚集团的许多具体斗争集合而成的统一体，同样被看作一个整体事物，因而由它充当主词的判断也是单称判断。由此我们可以知道，单称判断的主词，有的指某一单个的事物，有的指某个整体事物。

主词反映某类事物的一部分的，叫作特称判断。有的特称判断是肯定判断，叫作特称肯定判断；有的特称判断是否定判断，叫作特称否定判断。例如：

（5）我国知识分子的绝大多数是热爱党，热爱社会主义，拥护毛主席的革命路线的。（《团结起来，为建设社会主义的现代化强国而奋斗》）

（6）现在我们的同志中，有很多人还不懂得这个认识论的道理。（毛泽东《人的正确思想是从那里来的?》）

例（5）是特称肯定判断，例（6）是特称否定判断，它们都是特称判断。

特称判断一般都带“绝大多数、大多数、许多、有的、一些、少数、极少数、基本上”等等语言标志。如例（5），带“绝大多数”；例（6），除了带“中”字，还用“很多”强调出来。

只要不是涉及一类中的全部事物，就都是特称。因此，特称判断的主词反映的事物最多可以比全量仅少一个，最少则可以只有一个。“绝大多数……”“极个别的……”前者可以多到比全量少一个，后者可以少到仅仅一个。它们都是特称判断。

不要把单称判断和特称判断混淆起来。特称判断的主词虽然在原则上可以只涉及一个对象，然而它必须是一类中的一个。例如："我们学校只有个别同学因事没有参加运动会。"这"个别同学"可以是几个同学，也可以是一个同学，但都属于"我们学校"的"同学"。单称判断的主词只有一个对象，人们是把它当作单独事物来断定，而不是当作一类事物中的一个来断定的。

主词反映某类事物的全部的，叫作全称判断。有的全称判断是肯定判断，叫作全称肯定判断；有的全称判断是否定判断，叫作全称否定判断。例如：

(7) 我国革命和建设的一切胜利，都是在马克思主义、列宁主义、毛泽东思想的指引下取得的。(《中华人民共和国宪法》)

(8) 反对科学的人，决不可能是什么革命者。(方毅《在全国科学大会上的报告》)

例(7)是全称肯定判断，例(8)是全称否定判断，它们都是全称判断。

全称判断一般带有"凡是、每一个、一切、所有、全部、任何、毫无例外"等等语言标志。不带语言标志的，可以添加语言标志而不影响原意。如例(8)，可以说成"凡是反对科学的人，都决不可能是什么革命者"。

分清单称、特称和全称，正确地运用这三种判断，是做到判断恰当的一个重要方面。请看范例：

(9) 党委制是保证集体领导、防止个人包办的党的重要制度。近查有些(当然不是一切)领导机关，个人包办和个人解决重要问题的习气甚为浓厚。……此种情形必须加以改变。(毛泽东《关于健全党委制》)

在这段话里，"近查有些(当然不是一切)领导机关，个人包办和个人解决问题的习气甚为浓厚"是特称判断。用了"有些"，再用"当然不是一切"加以强调，便把意思表达得十分精确而鲜明。

再看病例：

*(10) 祖国的一切面貌都发生了巨大的变化。

这里把祖国比喻成一个人，从而把祖国的欣欣向荣的景象比喻成一个人的“面貌”。一个人的面貌只有一个，没有许多个，因此这里的“一切”用错了，应该删去。这个例子，把单称判断误用成全称判断了。

*(11) 在这种情况下，为了保护人民的财产，任何人都会奋不顾身地冲上去的。

“人”包括人民内部的人，也包括敌人。难道敌人也会为了保护人民的财产奋不顾身地冲上去吗？这里用全称判断不准确，应改为特称判断：把“任何人”改为“绝大多数的人”。如果一定要用全称判断，就应把“任何人”改为“任何革命者”之类。

（二）主词、宾词的周延性问题

判断的主词和宾词统称为“名词”。

名词采取概念的全部外延，或者说，涉及一类事物的全部，便是周延的。名词只采取概念的一部分外延，或者说，不是涉及一类事物的全部，只是涉及其中一部分，便是不周延的。

一个概念，只有作为判断的主词或宾词出现时，才存在它是否涉及全部外延的问题，即是否周延的问题。同一个概念，在这个判断中可能是周延的，在那个判断中可能是不周延的。

先说主词的周延性问题。

全称判断的主词是周延的。因为全称判断是对某类事物的全部作出断定，其主词采取了概念的全部外延。例如：“本室所有的书籍都是长篇小说。”“本室所有的书籍都不是长篇小说。”不管是全称肯定判断还是全称否定判断，其主词都涉及了“本室书籍”的全部，因此，“本室书籍”是周延的。

特称判断的主词是不周延的。因为特称判断是对某类事物的一部分作出断定，其主词只采取概念的一部分外延。例如：“本室有些书籍是长篇小说。”“本室有些书籍不是长篇小说。”不管是特称肯定判断还是特称否定判断，其主词都只涉及“本室书籍”的一部分，因此，“本室书籍”在这里是不周延的。

至于单称判断的主词，当然是周延的。因为充当单称判断主词的概念只指一个单独的事物，这种判断的主词当然是采取这个概念的整个外延，所以是周延的。正因为单称判断的主词和全称判断的主词都是周延的，所以在逻辑书里通常把单称判断与全称判断同等看待。

再说宾词的周延性问题。

肯定判断，不管是全称判断还是特称判断，宾词一般是不周延的。例如：

（12）本室有些书籍是长篇小说。

（13）本室所有书籍都是长篇小说。

这两个判断中的宾词都是“长篇小说”，都不周延。例（12），只是断定本室有些书籍是长篇小说中的一部分，没有涉及长篇小说的全部，所以“长篇小说”是不周延的。例（13），只是断定本室所有书籍都属于长篇小说，是一部分长篇小说，并没有断定是长篇小说的全部，所以“长篇小说”同样是不周延的。

否定判断，不管是全称判断还是特称判断，宾词肯定都是周延的。例如：

（14）本室有些书籍不是长篇小说。

（15）本室所有书籍都不是长篇小说。

这两个例子中的宾词“长篇小说”都是周延的。例（14），断定“本室有些书籍”不属于“长篇小说”。“本室有些书籍”被排除在所有的“长篇小说”之外。这里的“长篇小说”涉及了长篇小说的全部，即指长篇小说的任何一本，所以是周延的。例（15），断定“本室所有书籍”不是“长篇小说”。这里的“长篇小说”同样涉及长篇小说的全部，所以也是周延的。

综上所述，我们可以知道：

全称判断的主词是周延的；特称判断的主词是不周延的。

肯定判断的宾词一般是不周延的；否定判断的宾词是周延的。

弄懂主词或宾词在什么情况下周延，在什么情况下不周延，有利于恰当地使用判断。举例来说：

(16) 有些工人是业余作者。

(17) 有些业余作者是工人。

(18) 有些青年不是共青团员。

*(19) 有些共青团员不是青年。

把主词和宾词交换位置，有时可以，有时不行。如把例（16）说成例（17），可以；把例（18）说成例*（19），不行。这是为什么？这种现象，可以从名词的周延与否来解释。在例（16）里，主词“工人”是不周延的，“业余作者”是肯定判断的宾词，也是不周延的。在例（17）里，主词“业余作者”是不周延的，“工人”是肯定判断的宾词，也是不周延的。从例（16）变为例（17），“工人”“业余作者”始终是不周延的，遵守了同一律，所以站得住。在例（18）里，主词“青年”是不周延的，“共青团员”是否定判断的宾词，是周延的。在例*（19）里，主词“共青团员”是不周延的，“青年”是否定判断的宾词，是周延的。从例（18）变为例*（19），周延的变得不周延，不周延的变成周延，违反了同一律，因此出现了错误。以上举的是特称判断的例子。再举几个全称判断的例子：

(20) 农民起义领袖都是反抗封建统治的。

*(21) 反抗封建统治的都是农民起义领袖。

(22) 害怕批评的不是马克思主义者。

(23) 马克思主义者不害怕批评。

把主词和宾词交换位置之后站不站得住，同样要看在名词周延与否这一点上是不是遵守同一律。例（20）里“反抗封建统治的”是肯定判断的宾词，是不周延的，例*（21）里作为主词的“反抗封建统治的”则是周延的，这就违反了同一律，因而例*（21）是站不住的。例（22）里“马克思主义者”是否定判断的宾词，是周延的，例（23）里作主词的“马克思主义者”也是周延的，这就遵守了同一律，因而例（23）同例（22）一样，是精确的判断。

（三）判断的对当关系

判断的对当关系，是指在主词相同、宾词相同情况下全称肯定、全称否定、特称肯定、特称否定、单称肯定、单称否定各种判断之间的真假关系。

主宾词分别相同的单称肯定判断和单称否定判断，必有一真一假，不必多说。下面着重谈谈四种情况：

1. 全称肯定——全称否定

主宾词相同的全称肯定判断和全称否定判断，不能同时都是真的，但可以同时都是假的。例如："本室所有书籍都是长篇小说。""本室所有书籍都不是长篇小说。"这两个判断不可能都是真的。如果前者真，那么后者一定是假的；如果后者真，那么前者一定是假的。但是这两个判断也可能同时都是假的，因为"本室的书籍"可能有些是长篇小说，有些不是长篇小说。

2. 特称肯定——特称否定

主宾词相同的特称肯定判断和特称否定判断，不可能同时都是假的，但可以同时都是真的。例如："本室有些书籍是长篇小说。""本室有些书籍不是长篇小说。"这两个判断，可以同真，但不会同假。因为"本室的书籍"究竟属于哪一种文体，不外乎三种情况：第一，一部分是长篇小说，一部分不是长篇小说；第二，全都是长篇小说；第三，全都不是长篇小说。在第一种情况下，两个判断都是真的。在第二种情况下，前者真，后者假；在第三种情况下，后者真，前者假。可见，不管在什么情况下，都不会有两者同假的可能。

3. 全称肯定——特称否定；全称否定——特称肯定

主宾词相同的全称肯定判断和特称否定判断，或者全称否定判断和特称肯定判断，必有一真一假，不能都是真的，也不能都是假的。例如："本室所有书籍都是长篇小说。""本室有些书籍不是长篇小说。"前者真，后者就假；后者真，前者就假。又如："本室所有书籍都不是长篇小说。""本室有些书籍是长篇小说。"这两个判断不能同时都真，也不能同时都假，必有一真一假。

4. 全称肯定——特称肯定；全称否定——特称否定

主宾词相同的全称肯定判断和特称肯定判断，或者全称否定判断和特称否定判断，它们之间的真假关系是：全称真则特称也真，全称假则特称不一定假；特称真则全称不一定真，特称假则全称也假。例如："本室所有书籍都是长篇小说。""本室有些书籍是长篇小说。"这两个判断，就全称对特称说，前者如果是真的，后者一定也是真的；前者如果是假的，后者可不一定也假，因为后者可能是个符合实际情况的判断。再就特称对全称说，如果后者是真的，则前者不一定也真，因为实际上可能只有一部分书籍是长篇小说；但是，如果后者是假的，那么，前者必定也是假的。又如："本室所有书籍都不是长篇小说。""本室有些书籍不是长篇小说。"这两个判断，前者真则后者也真，前者假则后者是真假不定的；反过来说，后者假则前者也假，后者真则前者是真假不定的。

我们可以把上述四种情况列成一个"逻辑方阵"，如下图：

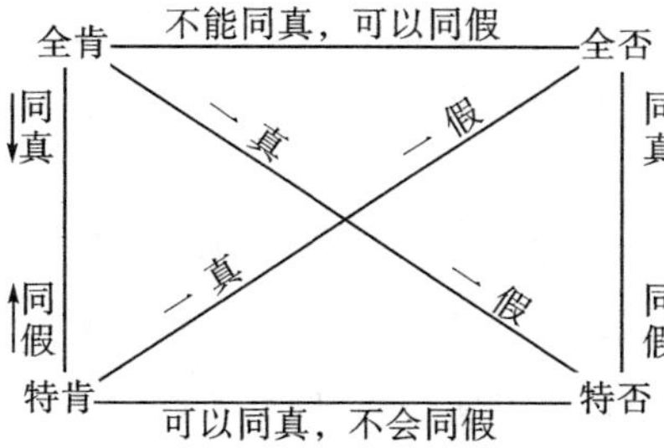

掌握了判断的对当关系，我们就知道，什么样的判断彼此之间才是互相排斥的，不能同真的。这样，我们也就知道，为了驳斥某个荒谬的判断，自己应该提出一个什么样的判断。

比如，资产阶级分子为了掩盖资产阶级的剥削行径，叫嚷什么"有的资本家不是靠剥削起家的"。这是一个特称否定判断，跟它相排斥的是全称肯定判断。针对这个荒谬的特称否定判断，我们指出"任何资本家都是靠剥削起家的"，并且进行分析论证，这样就可以使我们对谬论的批驳具有逻辑力量，令人信服。

又如，"四人帮"别有用心地抽掉"造反"的阶级内容，宣扬"凡是造反的人都是好的"这种谬论，以是否"造反"作为纳新提干的标准，狂热地煽动资产阶级派性。"凡是造反的人都是好的"是一个全称肯定判断，跟它相排斥的是特称否定判断。针对这个荒谬的全称肯定判断，我们强调对“造反”要进行阶级分析，指出有些所谓“造反”的人不是好家伙，并且以新生的反革命分子翁森鹤之流为例来加以论证，就可以给谬论以有力的驳斥。

掌握判断的对当关系，还可以帮助我们在语言运用中更好地识别正误。许多“自相矛盾”的语病，表现为联用互相排斥的两个判断，同时承认它们。例如：

*(24) 来稿如不刊用一律退还，铅印、打印的稿本不退。

*(25) 算术作业都做完了，只剩下一道题还没有算出答数来。

例*(24) 等于说：不刊用的稿子全部退还，有些不刊用的稿子不退。这里联用两个判断，一个是全称肯定判断，一个是特称否定判断。二者不能同真，现在同时承认，岂不自相矛盾？例*(25) 等于说：所有算术作业都做完了，还有算术作业没有做完。这里也有一个全称肯定判断，一个特称否定判断。二者必有一真一假，不能并提。例*(24)，可把“一律”改为“一般”。例*(25)，可把“都”改为“基本上”。

*(26) 我们队里已经没有文盲，绝大多数社员都识字了。

例*(26) 等于说：我们队里所有的人都不是文盲，还有极少数的人是文盲。这里包含一个全称否定判断和一个特称肯定判断，它们互相排斥，不可能都是真的。可在“没有文盲”前加上“基本上”。

*(27) 夜晚，远远望去，整栋楼漆黑一团，只有一个房间有灯光。

*(28) 在从前的年代，四方台向来没人上去过，上去的人就从来没有回得来的。

例*(27)，既然有一个房间有灯光，怎么能说是“漆黑一团”呢？如果把前后两个判断的主宾词改为相同的，便成为：所有房间都没有灯光，有的房间有灯光。可见毛病跟前几例相似。这一例可改为：“夜晚，黑漆漆的，远远望去，整栋楼只有一个房间有灯光。”例*(28)，既然“向来没人上去过”，怎么会有“上去的人”呢？这里包含着两个不能同真的判断，即“四方台任何人都没有上去过”和“四方台有的人上去过”，因此不能自圆其说。从原文的上下文看，应该是有人上去过，所以应该把“四方台向来没人上去过”改为“四方台很少有人上去过”。

四　直言、假言、选言

从主词和宾词之间的联系看，有的判断是主词和宾词直接建立联系，没有任何条件；有的判断是主词和宾词的联系依赖一定的条件；有的判断是主词和宾词的联系有选择性。我们根据判断的主词、宾词之间的“联系”，又可以把判断分为直言判断、假言判断和选言判断。

（一）分清直言、假言和选言

比较下面三个判断：

（1）小饶午后到。

（2）如果16次特快不晚点，小饶午后就到。

（3）小饶或者午后到，或者傍晚到。

这三例都是对小饶到达的时间作出断定的。例（1），主词“小饶”和宾词“午后到”直接建立联系，就是说，宾词对主词直接作出断定，不带条件，也无所选择。例（2），“小饶”和“午后就到”的联系是有条件的，那就是“16次特快不晚点”。整个判断着重反映条件（理由）和结果（推断）的关系。例（3），宾词提出了可供选择的两项，主词并没有直接地、肯定地同其中任何一项联系起来。这种判断反映了主词和宾词的联系有选择性。

例（1）是直言判断。所谓直言判断，是指直接对于事物加以肯定或否定的判断。当然，从“质”看，直言判断可以是肯定判断，也可以是否定判断；从“量”看，直言判断可以是单称判断，也可以是特称判断，也可以是全称判断。如例（1），从“质”看，是肯定判断；从“量”看，是单称判断；把“质”和“量”结合起来看，是单称肯定判断。

例（2）是假言判断。所谓假言判断，是指反映事物间条件关系的判断。这种判断是由两个以上的判断复合而成的，它所包含的每个判断，也有“质”和“量”。如例（2），以一个单称否定判断表示条件，以一个单称肯定判断表示结果，由这两个判断复合成一个假言判断。

例（3）是选言判断。所谓选言判断，是指反映几种情况之间的选择关系的判断。这种判断也是由两个以上的判断复合而成的。它所包含的每个判断同样都有“质”和“量”。如例（3），以一个单称肯定判断指出一种可能，以一个单称肯定判断指出另一种可能，由这两个判断复合成一个选言判断。

运用判断时，分不清直言、假言、选言，也会造成表达上的错误。

例如：

*（4）如果抓好了马列主义、毛泽东思想的学习，各项工作都获得显著的成绩，出现了生动活泼的新气象。

*（5）反对霸权主义，不是中国一个国家的愿望，就是全世界人民的要求。

例*（4），“各项工作都获得显著的成绩，出现了生动活泼的新气象”，说明事实已经如此；因此，整句话应该说成：“由于抓好了马列主义、毛泽东思想的学习，各项工作都获得了显著的成绩，出现了生动活泼的新气象。”这里的判断都是直言判断。如果确实需要用假言判断，就应该说成：“如果抓好了马列主义、毛泽东思想的学习，各项工作一定能获得显著的成绩，一定会出现生动活泼的新气象。”例*（5）是选言判断，“不是……就是……”提出可供选择的两项。但是，中国人民和全世界人民都有反对霸权主义的愿望，这里不存在什么选择关系，因此用选言判断是不对的。应把“不是”改为“不仅是”，把“就是”改为“而且是”，使整个判断成为直言的联言判断。

关于直言判断，前面已从“肯定、否定”“单称、特称、全称”这两个角度作了较多的讨论；至于假言判断和选言判断，虽然组成它们的各个判断都有“肯定、否定”“单称、特称、全称”的区别，但它们作为复合判断，在结构上、语言标志上、运用要求上都有特殊的地方，有必要对它们作进一步的说明。

（二）假言判断

1. 假言判断的结构与语言标志

作为反映事物间条件关系的判断，假言判断重在揭示条件（理由）同结果（推断）之间的依赖关系。因此假言判断也叫条件判断。它由两个部分组成：一部分反映条件，称为“前件”；一部分反映结果，称为“后件”。例如：

（6）如果以为理性认识可以不从感性认识得来，他就是一个唯心论者。（毛泽东《实践论》）

（7）只要大家齐心干，泰山也能搬！

（8）领导者只有先做群众的学生，才能做群众的先生。

例（6），“如果以为理性认识可以不从感性认识得来”是前件，“他就是一个唯心论者”是后件。例（7），“只要大家齐心干”是前件，“泰山也能搬”是后件。例（8），“领导者只有先做群众的学生”是前件，“才能做群众的先生”是后件。

前件、后件都可以比较复杂。

例如：

（9）如果我们不充分发挥社会主义制度的优越性，使社会生产力迅速发展，逐步做到使我国的社会主义制度建立在现代化的大生产的强大物质基础上面，我们也不可能有效地克服资本主义势力的滋长，而且势必在社会帝国主义和帝国主义可能的侵略面前处于挨打地位。（叶剑英《关于修改宪法的报告》）

这是一个假言判断。“如果我们不……”是前件，“我们也不可能……”是后件，它们都比较复杂。

前件一般在后件前面出现。但在倒装句式里，前件出现在后件的后边。例如：

（10）到哪里都行，只要是干革命工作。

“只要……”在后边出现，还是表示条件，因此还是前件。

“如果……就”“只要……就”“只有……才”是假言判断主要的语

言标志。当然不是所有的假言判断都用上这些成套的语言标志，但只要是假言判断，就可以通过这些语言标志去理解它。例如：

(11) 没有贫农，便没有革命。（毛泽东《湖南农民运动考察报告》）

“没有贫农”就是“如果没有贫农”，表示条件，是前件；“便没有革命”是后件。

必须注意，“如果……就”形式的句子有时并不表达假言判断。例如：

(12) 如果一部分的商人、地主和官僚是中国资产阶级的前身，那末，一部分的农民和手工业工人就是中国无产阶级的前身了。（毛泽东《中国革命和中国共产党》）

这是利用“如果……就”的形式把两种相关的情况加以对照，借以加深人们的认识，并不是这两种情况之间存在着条件联系。在这种不表达假言判断的句子中，“如果”后边经常带个“说”字。例如：

(13) 如果说，红梅刚才在同刁德贵交锋的时候，开始还有一点紧张的话，那么，现在问题已经明朗，她对眼前这个人只有蔑视。

(14) 如果说“做什么”反映了人物的立场、观点和品德，那么，“怎样做”也不仅仅是人物的个性问题。

2. 假言判断的类型

假言判断的前件，对后件说来，有的表示充足条件，有的表示必要条件，有的表示充足而必要的条件。根据这一点，假言判断可以分为三种，即充足条件假言判断，必要条件假言判断，充要条件假言判断。

第一，充足条件假言判断。

几个条件都能分别产生同一结果，其中每个条件都是充足条件。因为对产生那一结果说来，有几个条件中的任何一个条件都足够了，所以是“充足”的条件。比方说，对“在正常情况下四十个小时内从汉口到宜昌”这一结果说来，乘汽车、乘火车、乘轮船、乘飞机都是充足条件，只要其中一项就够了。

前件表示充足条件的假言判断，便是充足条件假言判断。例如：

(15) 如果乘汽车，在正常情况下四十个小时内一定可以从汉口到达宜昌。

(16) 如果乘火车，在正常情况下四十个小时内一定可以从汉口到达宜昌。

(17) 如果乘轮船，在正常情况下四十个小时内一定可以从汉口到达宜昌。

(18) 如果乘飞机，在正常情况下四十个小时内一定可以从汉口到达宜昌。

这些都是充足条件假言判断。在语言标志上，常用“如果……就”“只要……就”表示。在前件对后件所起的作用上，可以概括为：有之则必然，无之则未必不然。就是说，有这个条件就行了，但没有这个条件不一定不行。如例（15），有了“乘汽车”这一点，正常情况下必然能在四十个小时内从汉口到达宜昌，但没有这一点，不一定不能产生那样的结果，因为人家还可以乘火车、乘轮船或者乘飞机。

下面的例子，都是充足条件假言判断：

(19) 如果采取消极态度，就会妨碍内地工业的迅速发展。(毛泽东《论十大关系》)

(20) 只要还有一口气，我就要听党和毛主席的话，为把无产阶级革命事业进行到底而奋斗！

第二，必要条件假言判断。

几个条件合在一起才能产生某一结果，其中每个条件都是必要条件。因为对产生那一个结果说来，几个条件中的任何一个条件都是必不可少的，缺了它就不行，所以是“必要”的条件。比方，对于“把课讲得生动深刻”这一结果说来，“认真备课”“专业知识比较丰富”“提高表达能力”等等，都是必要条件，都是不可缺少的。

前件表示必要条件的假言判断，便是必要条件假言判断。例如：

(21) 只有认真备课，才能把课讲得生动深刻。

(22) 只有专业知识比较丰富，才能把课讲得生动深刻。

(23) 只有提高表达能力，才能把课讲得生动深刻。

这些都是必要条件假言判断。在语言标志上，常用“只有……才”表示。在前件对后件所起的作用上，可以概括为：无之则必不然，有之则未必然。就是说，缺了这个条件就不行，但只是具备这个条件不一定能行。如例(21)，若缺少“认真备课”这一点，必定不能把课讲得生动深刻；但仅仅具备了“认真备课”这一条件，不见得就能把课讲得生动深刻。又如：

(24) 革命战争是群众的战争，只有动员群众才能进行战争，只有依靠群众才能进行战争。(毛泽东《关心群众生活，注意工作方法》)

这个例子里两个“只有……才”都是必要条件假言判断。就前一个“只有……才”说，“动员群众”是“进行战争”的必要条件，缺少这一条件，便无法进行革命战争，但仅仅具备这一条件，而不具备“军队”“武器”方面的条件，不一定能“进行战争”。再如：

(25) 研究问题，只有掌握必要的材料，才能做出正确的结论。

(26) 只有虚心向英雄人物学习，才能很好地表现他们的革命精神。

这两例中两个“只有……才”都是必要条件假言判断。

第三，充要条件假言判断。

只有某一个条件才能产生某一个结果，这个条件就是充足而必要的条件。因为对产生那一个结果说来，有这个条件就够了，没有这个条件就不行，所以是“充足”而“必要”的条件。比方说，对“(在正常情况下)三小时内由汉口到达宜昌”这一结果说来，坐飞机就是充足而必要的条件。

充足而必要的条件，简称充要条件。前件表示充要条件的假言判断，便是充要条件假言判断。例如：

(27) 如果乘飞机，三小时内就可以由汉口到达宜昌。

(28) 只要乘飞机，三小时内就可以由汉口到达宜昌。

(29) 只有乘飞机，才可以在三小时内由汉口到达宜昌。

这些都是充要条件假言判断。在语言标志上，有时用“如果……就”“只要……就”表示，着重强调“充足”这一方面；有时用“只有……才”表示，着重强调“必要”这一方面。但只要是充要条件假言判断，都可以说成：“如果……就……，而且只有……才……”。例如：“如果乘飞机，就可以在三小时内由汉口到达宜昌；而且只有乘飞机，才可以在三小时内由汉口到达宜昌。”这种假言判断，在前件对后件所起的作用上，可以概括为：有之则必然，无之则必不然。就是说，有这个条件就行，没有就不行。

再看下面的例子：

(30) 只有掌握现代化工业生产的知识和技能，才能进行现代化工业生产。

(31) 如果迅速发展生产，就能显著改善生活。

(32) 只要帝国主义存在，就有发生侵略战争的土壤。

这些都是充要条件假言判断。它们的前件，对后件说来，既是充足的(有了就够)，又是必要的(必不可少)。

3. 假言判断的运用

假言判断所要断定的，不是前件、后件本身的真假，而是前件与后件之间的条件关系。一个假言判断的真与假，不是取决于它的前件、后件本身的真假，而是取决于前件与后件之间是否存在着条件和结果的依赖关系，即有没有理由和推断的关系。有时，尽管前件和后件本身都是假的，但由于它们之间存在着合乎逻辑的联系，因此它们构成了一个真实的、正确的假言判断。例如：

(33) 不难了解，假如语言能够生产物质资料，那末夸夸其谈的人就会成为世界上最富的人了。(斯大林《马克思主义和语言学问题》)

(34) 如果马克思主义害怕批评，如果可以批评倒，那末马克思主义就没有用了。(毛泽东《关于正确处理人民内部矛盾的问题》)

就前件、后件本身说，都是假的，但整个判断却是正确有力的。这是以某个荒谬的条件作为理由，推断出相应的荒谬的结果，借以确定理由的虚假性。运用这种假言判断来破除谬误，很有力量。

有些假言判断，孤立地看前件或后件，可能是真实的，然而从前件与后件的联系看，则是错误的，甚至是反动的。例如“乌鸦叫”和“有口舌”，孤立地看，它们可能都是事实，但是，它们之间并没有条件和结果的依赖关系，若把它们连成一个假言判断，便是荒谬的了。《水浒》第七回里有一段描写：“智深大喜，吃到半酣里，也有唱的，也有说的，也有拍手的，也有笑的。正在那里喧哄，只听得门外老鸦哇哇的叫。众人有叩齿的，齐道：‘赤口上天，白舌入地。’智深道：‘你们做什么鸟乱？’众人道：‘老鸦叫，怕有口舌。’”“众人”的逻辑是：“若有老鸦叫，就会有口舌。既然现在有老鸦叫，那么，恐怕会有口舌。”显然，“若有老鸦叫，就会有口舌”这样的假言判断，是宣扬迷信的唯心主义的虚假判断。

“四人帮”叫嚷：“卫星上天”就要“红旗落地”。这是一个反动的假言判断。“卫星上天”和“红旗落地”之间根本不存在条件和结果的依赖关系，他们把二者连成一个假言判断，以“卫星上天”作为“红旗落地”的充足条件，是有意制造借口，以便摧残科学，迫害科技人员，把历史拉向后退，使人民永远愚昧无知，使国家沦为半殖民地半封建的社会。

“四人帮”还叫嚷：“革命搞好了，生产就自然而然地上去了。”这又是一个反动的假言判断。他们提出这样的假言判断，以“革命搞好了”作为“生产就自然而然地上去了”的充足条件，是别有用心的。革命搞不好，生产一定搞不好，而且会走上邪路；革命真正搞好了，必然会带动生产，促进生产。然而，要发展社会主义生产，还必须认真学习马列主义、毛泽东思想，努力掌握生产本身的规律，解决生产中的矛盾；还必须加强党的领导，全心全意依靠工人阶级和广大群众，建立健全合理的规章制度，搞好经济核算，开展技术革新和技术革命，开展社会主义劳动竞赛，等等。不做艰苦细致的工作，不解决具体的实际问题，生产是不能自然而然地上去的。他们说什么生产可以“自然而然地上去”，是妄图取消党的领导，把生产搞乱，使社会主义经济陷入无政府状态，导致资本主义复辟。这清楚地暴露了他们的反革命丑恶嘴脸！

我们的同志在写作中用到假言判断，有时犯“条件不足为据”“条件性质表达不当”等毛病。例如：

*(35) 他如果身体强壮，工作起来一定很卖力。

*(36) 经常读报，可以不犯错误。

这两个例子，都是所提的条件不足为据。例*(35)，工作是否卖力，并不决定于身体是否强壮。这里把“身体强壮”作为“工作卖力”的充足条件，显然是站不住的。例*(36)，要“不犯错误”，做好工作，当然需要经常读报，但仅仅“经常读报”还不够，还必须具有其他方面的条件才行。即是说，“经常读报”并不是“不犯错误”的充足条件。这里把“经常读报”当作“不犯错误”的充足条件，不能令人信服。

*(37) 只要进行调查研究，就能写出好的文章来。

这个例子的毛病，是条件性质表达不当。要“写出好的文章”，仅仅“进行调查研究”是不够的；但是，“进行调查研究”是必不可少的条件，缺少它就不可能写出好的文章来。可见，对“写出好的文章”说来，“进行调查研究”是必要条件，而不是充足条件。应该把“只要……就”改为“只有……才”，这样才能把条件的性质恰当地表达出来。

（三）选言判断

1. 选言判断的结构与语言标志

选言判断是断定几种可供选择的情况中必有真实的情况。它所包含的可供选择的各项，都叫选言肢。

有的选言判断包含两个选言肢。例如：

(38) 在科学技术人员中，也有一部分人资产阶级世界观没有得到根本改造，或者受到资产阶级思想的影响比较深，在尖锐、激烈、复杂的阶级斗争中，常常摇摆不定。对于他们，只要不是反党反社会主义的，也要团结教育，发挥他们的专长，尊重他们的劳动，关心和热情帮助他们进步。（邓小平《在全国科学大会开幕式上的讲话》）

（39）被压迫者对于压迫者，不是奴隶，就是敌人，决不能成为朋友，所以彼此的道德，并不相同。（鲁迅《且介亭杂文二集·后记》）

（40）要么战胜困难，要么被困难吓倒。一个革命者的回答当然只能是前者！

例（38），“资产阶级世界观没有得到根本改造”是一个选言肢，“受到资产阶级思想的影响比较深”是另一个选言肢。例（39），“奴隶”是一个选言肢，“敌人”是另一个选言肢。例（40），“战胜困难”是一个选言肢，“被困难吓倒”是另一个选言肢。

有的选言判断包含三个或更多的选言肢。例如：

（41）地主剥削的方式，主要地是收取地租，此外或兼放债，或兼雇工，或兼营工商业。（毛泽东《怎样分析农村阶级》）

（42）他们的基本队伍，或是帝国主义国民党的特务，或是托洛茨基分子，或是反动军官，或是共产党的叛徒，由这些人做骨干组成了一个暗藏在革命阵营的反革命派别，一个地下的独立王国。（毛泽东《关于胡风反革命集团的材料》按语）

例（41）“此外或……或……或……”是选言判断，包含三个选言肢。例（42）“他们的基本队伍，或是……或是……或是……或是……”是选言判断，包含四个选言肢。

选言判断的主要语言标志是：“或者……或者”“不是……就是”“要么……要么”“要就是……要就是”。有的选言判断没有明显地用上这些语言标志，但可以通过这些语言标志去理解它。例如：

（43）前途不外两种，一是中国人民把投降主义克服下去；一是投降主义得势，中国陷于纷乱，抗日阵线趋于分裂。（毛泽东《和英国记者贝特兰的谈话》）

(44) 沉默呵，沉默呵！不在沉默中爆发，就在沉默中灭亡。(鲁迅《记念刘和珍君》)

例 (43) “一是……一是……”相当于“或者是……或者是……”，是选言判断。例 (44) “不……就……”相当于“不是……就是……”，也是选言判断。

2. 选言判断的类型

选言肢之间有两种关系：不相容关系和相容关系。不相容关系是指各选言肢互相排斥，只能有一肢是真的；相容关系是指各选言肢不互相排斥，它们可以同真。根据选言肢之间的不同关系，可以把选言判断分为两种：不相容选言判断和相容选言判断。

第一，不相容选言判断。

有不相容选言肢的判断，叫不相容选言判断。如例 (39)、例 (40)、例 (43)、例 (44)。再例如：

(45) 世界上没有什么超功利主义，在阶级社会里，不是这一阶级的功利主义，就是那一阶级的功利主义。(毛泽东《在延安文艺座谈会上的讲话》)

(46) 任务是艰巨的，要么让任务吓住不敢动，要么鼓足干劲完成它。

不相容选言判断常用“不是……就是……”“要么……要么……”“要就是……要就是……”表示，也可以用“或者……或者……”表示。例如：

(47) 或者是无产阶级的世界观，或者是资产阶级的世界观。(毛泽东《在中国共产党全国宣传工作会议上的讲话》)

(48) 或者把老虎打死，或者被老虎吃掉，二者必居其一。(毛泽东《论人民民主专政》)

第二，相容选言判断。

有相容选言肢的判断，叫相容选言判断。如例 (38)、例 (41)、例 (42)。再例如：

(49) 为什么人的问题他们就还是没有解决，或者没有明确地

解决。(毛泽东《在延安文艺座谈会上的讲话》)

(50) 两军相争，一胜一败，所以胜败，皆决于内因。胜者或因其强，或因其指挥无误，败者或因其弱，或因其指挥失宜，外因通过内因而引起作用。(毛泽东《矛盾论》)

(51) 各种剥削阶级的代表人物，当着他们处在不利情况的时候，为了保护他们现在的生存，以利将来的发展，他们往往采取以攻为守的策略。或者无中生有，当面造谣；或者抓住若干表面现象，攻击事情的本质；或者吹捧一部分人，攻击一部分人；或者借题发挥，“冲破一些缺口”，使我们处于困难地位。(毛泽东《关于胡风反革命集团的材料》按语)

相容选言判断用“或者……或者”表示，一般不用“不是……就是……”“要么……要么”等表示。

3. 选言判断的运用

不管是不相容选言判断还是相容选言判断，各个选言肢不能都是假的，其中至少必须有一个选言肢是真的。为了保证不使选言肢全假，运用选言判断时必须“选肢齐全”，不能漏掉应有的选言肢。如果“选肢不全”，被遗漏的情况便可能恰恰是真实的，因此，整个选言判断便可能是假的，不可信的。

阶级敌人经常作出“选肢不全”的判断，借以达到其罪恶目的。请看《沙家浜》中沙奶奶揭露刁老财的一段唱：

(52) 遭荒年背上了刁家的阎王账，
为抵债他三哥去把活儿扛。
刁老财蛇蝎心肠忒毒狠，
他三哥，终日辛劳，遭受毒打，伤重身亡。
四龙儿脾气暴性情倔强，
闯进刁家论短长。
刁老财他说是夜入民宅，非偷即抢，
可怜他十六岁孩子也坐牢房。

“非偷即抢”等于“不是偷就是抢”，是个选言判断。非常明显，两个选言肢都是假的。因而，整个选言判断必然是荒谬的。刁老财作出这个荒谬的判断，是为了陷害四龙，只能说明他“蛇蝎心肠忒毒狠”而已。

我们在写作中由于看问题不全面，有时也会犯“选肢不全”的毛病。例如：

*(53) 广济或者在广东，或者在广西。

*(54) 鲁迅的《祝福》或者是杂文，或者是回忆录。

广济既不是在广东，也不是在广西，而是在湖北。鲁迅的《祝福》既不是杂文，也不是回忆录，而是一篇小说。可见这两例都是由于“选肢不全”导致“选肢全假”。它们都是不正确的选言判断。再例如：

*(55) 或者是当时我说错了，或者是当时他听错了。

*(56) 动物或者生活在水中，或者生活在陆上。

例*(55) 只提出两种情况：“当时我说错了”和“当时他听错了”。实际上，可能既不是“我”当时说错，也不是“他”当时听错，而是“他”理解错误或者有意歪曲。因此，这个选言判断是不严密、不可信的。例*(56)，遗漏了一种情况，即有的动物是“水陆两栖”的。因此这个判断也是不准确的。

请看一个注意避免“选肢不全”毛病的例子：

(57) 既然不少人在叫喊粮食不够，其中定有原因：要么是个别人说的，统购任务过大了；要么是乡支书说的，有阶级敌人在兴妖作怪；再不然，就是粮食本来够吃，但一部分人不会计划，胡乱浪费了，现在出现了窟窿。

先用“要么是……要么是……”提出两种可能，揭示了在“叫喊”中存在着尖锐的阶级斗争；但事实上可能不止这两种情况，因此又通过“再不然，就是……”补充说明第三种可能。这样，整个判断就全面地、恰当地反映了客观事实。

第三节 推　　理

一　推理和推理的语言形式

（一）什么是推理

推理是由一个或几个判断推出一个新判断的思维形式。例如：

（1）真正的共产主义者是尊重科学的。因此，不尊重科学的决不可能是真正的共产主义者。

（2）凡是历史上发生的东西，都是要在历史上消灭的。资本主义是历史上发生的东西，因此，资本主义是要在历史上消灭的。

例（1），由“真正的共产主义者是尊重科学的”这一个判断，推出“不尊重科学的决不可能是真正的革命者”这一新的判断。例（2），由“凡是历史上发生的东西，都是要在历史上消灭的”和“资本主义是历史上发生的东西”这两个判断，推出“资本主义是要在历史上消灭的”这一新的判断。这两例都是推理。

在推理中，作为推理根据的判断，叫作前提；由前提推出的新判断，叫作结论。例（1）里，“真正的共产主义者是尊重科学的”是前提，“不尊重科学的决不可能是真正的共产主义者”是结论。例（2）里，“凡是历史上发生的东西，都是要在历史上消灭的”和“资本主义是历史上发生的东西”是前提，“资本主义是要在历史上消灭的”是结论。

任何推理，都由前提和结论组成。我们在说话或写作中，常常把几个判断连起来用，借以反映客观事物的联系，但是，并不是只要把判断连起来用就形成推理。判断和判断之间，有各种各样的联系；推理，只是反映其中的一种联系。只有判断与判断之间具有前提和结论的关系，或者说，具有根据和推断的关系，才能算是推理。例如：

(3) 敌我之间和人民内部这两类矛盾的性质不同，解决的方法也不同。简单地说起来，前者是分清敌我的问题，后者是分清是非的问题。（毛泽东《关于正确处理人民内部矛盾的问题》）

在这个例子里，“……矛盾的性质不同”是根据，是前提，“解决的方法也不同”是推断，是结论。它们组成了一个推理。“前者是分清敌我的问题，后者是分清是非的问题”，也联用了两个判断，但不存在前提和结论、根据和推断的关系，只是联言判断。

一般地说，推理是从前提到结论的，即由前提开始，根据前提推出结论。如果把推理的程序倒转过来，先提出结论作为“论题”，然后说出前提作为“论据”，这就不是一般的推理了。这种现象，叫作“证明”。例如：

(4)“四人帮”像蝙蝠害怕阳光一样，极端害怕马克思主义真理的传播。这是因为，群众掌握了马克思主义真理，就会把他们的伪装剥掉，就要把他们打倒。

这是一个证明。“‘四人帮’像蝙蝠害怕阳光一样，极端害怕马克思主义真理的传播”是论题，“这是因为”后边是论据。它由论题开始，然后提出论据。在思维运动的程序上，和一般所讲的推理不相同。不过，证明实际上是借助于推理形式进行的，因此，也可以认为，证明是推理的另一种形态。

（二）推理的逻辑性

推理要有逻辑性，这是正确思维的基本要求之一。

推理的逻辑性，首先是指：推理的前提真实可靠，推理的内容符合客观事物本身的逻辑。要做到这一点，必须站在无产阶级的立场，积极参加三大革命斗争实践，运用辩证唯物主义和历史唯物主义的观点、方法分析事物，说明事物。

一切反动派，由于站在反动的立场，他们所作的推理总是荒谬绝伦，违反客观事物本身的逻辑的。

“四人帮”，为了把一大批在我国民主革命时期参加革命，曾经跟随毛泽东同志南征北战，至今仍在社会主义革命和建设岗位上担负领导责任的老一代的革命家、老党员、老干部统统打下去，达到其篡党夺权的目的，捏造了这样的公式：老干部＝民主派，民主派＝走资派；所以，老干部＝走资派。这是地地道道的混蛋逻辑。大前提、小前提都是荒谬的、反动的，结论当然也是荒谬的、反动的。再看话剧《于无声处》中何是非和何芸的一些对话：

（5）何是非　小芸，我知道你对欧阳有感情，可是，革命利益高于一切，我们必须大义灭亲，把他交出去！

何　芸　（挥着诗集）可他是悼念周总理……

何是非　悼念周总理也不行！

何　芸　什么?!

…………

啊?! 我明白得太晚了！

何是非　明白就好。小芸，坚强些，既然欧阳平成了扛黑旗的急先锋，我们就要恨他，铭心刻骨地恨他！

何　芸　（冷笑几声）铭心刻骨？

“既然欧阳平成了扛黑旗的急先锋，我们就要恨他，铭心刻骨地恨他”是一个推理（省略了大前提“扛黑旗的人我们要恨他”）。这个推理的大前提，包含着对伟大的无产阶级革命家、全国人民衷心爱戴的好总理周恩来同志的极其恶毒的污蔑，包含着对亿万群众悼念周恩来同志的革命行为的极其恶毒的攻击。由这样的大前提推导出来的结论，只能是极其反动的结论。整个推理，充分表明了何是非这种丑类的反动立场和险恶心灵。

由于没有掌握马列主义、毛泽东思想，或者对事物缺乏周密的分析研究，我们的同志也往往会作出荒谬的推理。

比如，前面说过，《主课》中的李敏，断定猪是富裕中农黄喜才毒死的。主要理由是：黄喜才种了花心红苕，同时，黄喜才把死猪挖走埋在自家树下。按照李敏的逻辑，就是：猪是花心红苕沾上老鼠药毒死的。种花心红苕，并且对死猪采取可疑行动的人，一定是把猪毒死的人。既然只有黄喜才种花心红苕，而他的行动又可疑，那么，猪一定是他毒死的。事实上，种花心红苕并对猪采取可疑行动的人，不是没有把猪毒死的可能，但决不是“一定”。前提中把“可能”说成“一定”，这就不对了。由此推导出来的结论，当然也不可靠。李敏之所以作这样的推理，是由于她没有能够运用阶级斗争的观点，对事情进行深入的周密的分析研究。

推理的逻辑性，其次是指：推理的过程符合推理的规则。关于推理的规则，是后面将要着重讨论的问题之一。

（三）推理和复句、句群

复句是包含两个以上的分句的句子。句群是由意义上紧密联系的两个以上句子组成的句法整体。一个推理，有时由一个复句表达出来，有时由一个句群表达出来。例如：

（6）马克思主义是一种科学真理，它是不怕批评的。（毛泽东《关于正确处理人民内部矛盾的问题》）

（7）据大概的计算，他在当权的十一年中所发表的公开言论，有一千万字之多，真是又多又滥又臭又长。因此，《赫鲁晓夫言论》按照现在分集出版的办法，将达十三册之多。（《赫鲁晓夫言论》第三集之“出版者说明”）

例（6）是由复句表达的推理。这个复句有两个分句，第一个分句表示前提，第二个分句表示结论。例（7）是由句群表达的推理。这个句群由两个句子组成。第一个句子是复句，表示前提；第二个句子是单句，表示结论。

在表达推理的复句里，“因为”“由于”“既然”等是表示前提的语言标志，“所以”“因此”“可见”等是表示结论的语言标志。在表达推理的句群里，“所以”“因此”“可见”等是表示结论的语言标志。这些语言标志都可以不出现，但可以添加上去。如例（7），可以在结论前添上“因此”，还可以在前提前添上“由于”。

任何推理都要借助于复句或句群表达出来。离开了复句或句群这些语言形式，推理就无法存在。但是，并不是所有的复句或句群都表达推理。分句和分句之间具有前提和结论的关系的复句，才是表示推理的复句；句子和句子之间具有前提和结论的关系的句群，才是表达推理的句群。

语法书告诉我们，复句里分句之间有种种关系。在句群里，句子与句子之间的关系跟复句里的种种关系基本上相同。就最典型的现象说，具有并列关系、连贯关系、递进关系、转折关系的复句或句群，只成为联言判断，不是推理；具有选择关系的复句或句群，只成为选言判断，也不是推理；具有条件关系、假设关系的复句或句群，只成为假言判断，也不算推理。例如：

(8) 敌我之间的矛盾是对抗性的矛盾。人民内部的矛盾，在劳动人民之间说来，是非对抗性的；在被剥削阶级和剥削阶级之间说来，除了对抗性的一面以外，还有非对抗性的一面。(毛泽东《关于正确处理人民内部矛盾的问题》)

(9) 我们希望和平。但是如果帝国主义硬要打仗，我们也只好横下一条心，打了仗再建设。(毛泽东《在各国共产党和工人党莫斯科会议上的讲话》)

例(8)是个句群，由两个句子组成。两个句子之间是并列关系。后一个句子是复句，分句与分句之间也是并列关系。这个例子，是直言判断的联用。例(9)也是个句群，由两个句子组成。这两个句子之间是转折关系。后一个句子是复句，分句与分句之间是假设关系，形成一个假言判断。这个例子，是直言判断和假言判断的联用。

二　直接推理和间接推理

直接推理是由一个前提直接推出一个结论的推理。

间接推理是由两个以上前提推出一个结论的推理。间接推理包括演绎推理、归纳推理和类比推理。

（一）直接推理

根据判断的对当关系，可以进行直接推理。换句话说，根据判断的对当关系，可以由一个前提推出一个结论。例如：

> （1）既然全班同学肯定都是湖北人，那么，全班同学都不是湖北人的说法当然是错误的了。

我们已经知道，主宾词相同的全称肯定和全称否定，虽然可以同假，但不能同真。如果全称肯定是真的，那么全称否定一定是假的。因此，“全班同学都是湖北人”真，“全班同学都不是湖北人”就假。

> （2）既然有些同学不是湖北人，那么，怎么能说所有同学都是湖北人呢？

主宾词相同的全称肯定和特称否定，必有一真一假。如果特称否定是真的，那么全称肯定便是假的。因此，“有些同学不是湖北人”真，“所有同学都是湖北人”就假。

> （3）既然全体代表都是先进工作者，那么这些代表当然也是先进工作者。

主宾词相同的全称肯定和特称肯定，前者真，后者必真。因此，“全体代表是先进工作者”真，“这些代表是先进工作者”也真。

根据判断的变形，也可以进行直接推理。

所谓判断的变形，是指：1. 换质，即把系词“是”换成“不是”，或把“不是”换成“是”；2. 换位，即调换主词、宾词的位置；3. 换质又换位，即既变换系词，又调换主词、宾词位置。例如：

> （4）所有侵略战争都不是正义的，因此，所有侵略战争都是非正义战争。

这是换质。换质后，结论的宾词和前提的宾词相矛盾，因此作为结论的判断同作为前提的判断，意思并没有改变。

> （5）有些工人是作家，可见，有些作家是工人。

这是换位。换位后没有改变原来名词的外延（“工人”作主词时不周延，作宾词后还是不周延；“作家”作宾词时不周延，作主词后还是不周延)，所以前后两个判断的意思是一致的。

(6) 所有小说都是要塑造典型人物形象的，因此，不塑造典型人物形象的就不是小说。

这是既换质又换位。就“变形”的过程说，是先换质，再换位，即：所有小说都是要塑造典型人物形象的→所有小说都不是不塑造典型人物形象的→不塑造典型人物形象的不是小说。前面所举的“真正的共产主义者是尊重科学的。因此，不尊重科学的决不可能是真正的共产主义者”，这个推理也是直接推理，属于“既换质又换位”的类型，它的“变形”过程是：一切真正的共产主义者都是尊重科学的→一切真正的共产主义者都不是不尊重科学的→不尊重科学的不是真正的共产主义者。

(二) 间接推理一——演绎推理

演绎推理是从一般到特殊的推理。这种推理一般包含两个前提。一个前提代表一般原理，叫大前提；一个前提代表某种事实同一般原理的关系，叫小前提。由大前提、小前提到结论，是用一般的原理推断特殊的事实。例如，“凡是历史上发生的东西，都是要在历史上消灭的”是大前提，代表一般原理；“资本主义是历史上发生的东西”是小前提，代表“资本主义”同大前提的关系；“资本主义是要在历史上消灭的”是结论，是由大前提所说的一般原理经过小前提而阐明的特殊事实。在这种推理里，有一点共同的东西把两个前提联系起来，然后才间接地推出结论，所以这种推理属间接推理。

演绎推理又可以分成好几种：

1. 直言演绎推理

直言演绎推理是大前提、小前提和结论都是直言判断的演绎推理。

例如，“凡是历史上发生的东西，都是要在历史上消灭的”，是个直言判断；“资本主义是历史上发生的东西”，也是个直言判断；“资本主义是要在历史上消灭的”，也是个直言判断。由这些直言判断分别充当大前提、小前提和结论。这样的推理便是直言演绎推理。

直言演绎推理是最常见的一种演绎推理。通常用“三段论”这个名称专指这种演绎推理。

2. 假言直言演绎推理

假言直言演绎推理，简称假言直言推理，由假言判断充当大前提，由直言判断充当小前提和结论。例如：

（7）谁不理“四人帮”那一套，“四人帮”就要迫害谁。时传祥不理“四人帮”那一套，因此他受到了“四人帮”的残酷迫害。

这是个假言直言推理。大前提“谁不理‘四人帮’那一套，‘四人帮’就要迫害谁”，是假言判断；小前提“时传祥不理‘四人帮’那一套”，是直言判断；结论“他受到了‘四人帮’的残酷迫害”，也是直言判断。

假言直言推理也是常见的一种演绎推理。写作中，它的使用频率仅次于直言演绎推理，因此也是我们将要重点讨论的。

3. 选言直言演绎推理

选言直言演绎推理，简称选言直言推理，由选言判断充当大前提，由直言判断充当小前提和结论。例如：

（8）他的问题，要么是敌我问题，要么是人民内部问题。既然大量外调材料证明他的问题不是敌我问题，那么，他的问题当然是人民内部问题了。

（9）在哲学两军对战中，一切哲学家不是属于唯心主义阵营，就是属于唯物主义阵营。妄图超越唯物主义和唯心主义之上的实用主义者实际上属于唯心主义阵营，所以，实用主义者不属于唯物主义阵营。

例（8），大前提“他的问题，要么是敌我问题，要么是人民内部问题”，是选言判断；小前提“大量外调材料证明他的问题不是敌我问题”，是直言判断；结论“他的问题当然是人民内部问题了”，也是直言判断。这个选言直言推理，先提出一个选言判断，接着否定其中一个选言肢，然后作出肯定其中另一个选言肢的结论。例（9），大前提“在哲学两军对战中，一切哲学家不是属于唯心主义阵营，就是属于唯物主义阵营”，是选言判断；小前提“妄图超越唯物主义和唯心主义之上的实用主义者实际上属于唯心主义阵营”，是直言判断；结论“实用主义者不属于唯物主义阵营”，也是直言判断。这个选言直言推理，先提出一个选言判断，接着肯定其中一个选言肢，然后作出否定另一个选言肢的结论。

京剧《智取威虎山》第四场，参谋长说：“用大兵团进剿，等于拳头打跳蚤，不行；把他们引下山来一口一口地吃掉，任务紧迫，也不行。”经过“细分析把作战计划反复推敲”，作了决定：“威虎山倚仗着地堡暗道，看起来欲制胜以智取为高。”这里包含着一个选言直言推理：

或者是用大兵团进剿，或者是把他们引下山来一口一口吃掉，或者是智取。

用大兵团进剿不行（因为那不过是等于拳头打跳蚤），把他们引下山来一口一口吃掉也不行（因为任务紧迫）。

所以，只能智取。

这是先提出可供选择的三种可能，接着否定其中两种，然后作出肯定其中一种的结论。

提出选言前提，然后通过否定进行肯定，这是先破后立，目的在于推出肯定结论，以证明真实的思想。但必须注意，只有选言前提列举了一切可能的情况，才能通过否定进行肯定。如果选言前提并未遍举各种情况，就可能恰好把该肯定的那种情况遗漏了，因此所作的肯定结论就可能是不可靠的。例如：

*(10) 一本书，或者是小说，或者是论文。这本书不是论文，因此它一定是小说。

这里的选言前提没有遍举各种可能。这本书不是论文，但不一定就是小说。

狗头军师张春桥叫嚷：“一个是培养有资产阶级觉悟的有文化的剥削者、精神贵族，一个是培养有觉悟的没有文化的劳动者，你说要什么人？我宁要一个没文化的劳动者，而不要一个有文化的剥削者、精神贵族。”按照张春桥的逻辑，便是：

*要么是有文化的剥削者、精神贵族，要么是没有文化的劳动者。

不能要有文化的剥削者、精神贵族。

所以，只能要没有文化的劳动者。

这里，作为大前提的选言判断只举出两种情况，避而不谈“有社会主义觉悟的有文化的劳动者”。根据这种“未遍举”的大前提，推导出来的结果必然荒唐。“四人帮”为了歪曲和篡改毛泽东同志的教育方针，破坏无产阶级教育事业，利用这种荒谬的选言直言推理来进行诡辩，欺骗群众，说明他们卑劣无耻到何等地步！

提出选言前提，然后通过肯定进行否定，这是先立后破，目的在于推出否定结论，以反驳虚假的思想。但必须注意，只有选言前提的各肢互不相容，并且有一肢是真实的，才能通过肯定进行否定。如果选言肢之间是相容的关系，那么，一种情况被肯定了，另一种情况不一定就是应该被否定的。例如：

*(11) 今天不上堤的，或者是病号，或者是年老的同志。这几个今天不上堤的人都是病号，所以，他们不是年老的同志。

这里的结论是不可信的。难道病号中就不可能有一个年老的同志吗？

4. 纯假言演绎推理

纯假言演绎推理，简称纯假言推理，是两个前提与结论都是假言判断的推理。

(12) 甲：“我要当个海员，亲手把物资送往亚非拉，支援他们的斗争，这才是伟大的国际主义。”

乙：“要是没有咱们装卸工把这些货物装运上船，你拿什么去支援亚非拉？又怎么谈得上国际主义呢？”

乙的话里包含着一个纯假言推理：

要是没有咱们装卸工把货物装运上船，你这个“海员”就拿不出什么去支援亚非拉；

要是你这个“海员”拿不出什么去支援亚非拉，你就谈不上什么国际主义。

因此，要是没有咱们装卸工把货物装运上船，你这个“海员”就谈不上什么国际主义。

两个前提是假言判断，结论也是假言判断。在这种纯假言推理中，第一个假言判断的推断是第二个假言判断的条件，它既受着第一个假言判断的条件的制约，又制约着第二个假言判断的推断；由于它的媒介作用，就可以在结论中确定第一个假言判断中的条件和第二个假言判断中的推断之间的联系。

运用纯假言推理，可以揭示事物间互相制约的复杂联系。

5. 假言选言演绎推理

假言选言演绎推理，简称假言选言推理，也叫“二难推理”。由假言判断和选言判断充当前提；其结论，有的是直言判断，有的是选言判断。

先举个结论是直言判断的例子：

要是今天走，担心事情办不完；要是今天不走，又担心错过会议时间。

要么今天走，要么今天不走。

所以，都有些担心。

这个假言选言推理，两个前提分别是假言判断和选言判断，结论是直言判断。

这种推理，指出如果采取第一种可能，将要引起某一后果，如果采取第二种可能，又要引起另一后果，而事实上必须在这种可能和那种可能中加以选择，结果就往往陷入所谓“进退两难”的境地。因此，人们通常把这种推理叫作“二难推理”。（如果是有第三种可能的，就叫“三难推理”。）

再举个结论是选言判断的例子。

恩格斯在《论权威》一文中，对某些自称为社会主义者的人否定权威的观点作了驳斥，他指出：

（13）或者是反权威主义者自己不知所云，如果是这样，那他们只是在散布糊涂观念；或者他们是知道的，如果是这样，那他们就是在背叛无产阶级运动。在这两种情况下，他们都只是为反动派效劳。

这里也包含着一个假言选言推理：

如果反权威主义者不知道自己所说的是些什么，那末他们是在散布糊涂观念；如果他们知道自己所说的是些什么，那末他们就是背叛无产阶级的事业。

他们或者不知道自己说的是些什么，或者知道自己说的是些什么。

所以，他们或者是在散布糊涂观点，或者就是背叛无产阶级的事业。（总之都是为反动派效劳。）

这个假言选言推理，两个前提分别是假言判断和选言判断，结论是选言判断。

二难推理可以用于不同的场合，起着不同的作用。

有时，用来表示心理活动，反映思想上激烈的矛盾斗争。例如，电影文学剧本《洪湖赤卫队》（人民出版社 1961 年版）中韩母的一段唱词："如今我儿遭祸殃，为娘怎能不心伤。彭霸天，黑心狼，要逼你写信去招降。你要是写了，怎能对得起受苦人和共产党；你要是不写，明天天亮……你……就要离开娘！儿呀，儿呀！你听那催命的更鼓三更响。儿呀，儿呀！为娘怎能看着我儿赴刑场？心如刀绞，好似乱箭穿胸膛。"这里，用了一个二难推理，用三段论式来表示，便是：

你要是写，就对不起受苦人和共产党；你要是不写，明天天亮就要离开娘。

你或者写，或者不写。

因此，你或者对不起受苦人和共产党，或者明天天亮就要离开娘。

这个二难推理，反映了韩母当时极其矛盾的心理状态。后来，通过对往日悲惨生活的回忆，通过韩英对她的启发，她激起了对阶级敌人的无比仇恨，明确了革命者应该选择什么道路，终于坚决地鼓励韩英同敌人斗争到底，表现了一个革命老妈妈宁死不屈的英勇气概。

有时，用于批驳，借以迫使论敌陷于无法摆脱的不利困境。例(13) 就是起这样的作用。再如：

这些话，如果是你捏造出来的，那你就是别有用心；如果不是你捏造出来的，那你就是充当了阶级敌人的传声筒。

要么是你捏造出来的，要么不是你捏造出来的。

因此，你不是别有用心，就是充当了阶级敌人的传声筒。

这样的批驳，尖锐泼辣，使对方进不得，退不了，怎样也摆脱不了受批判、受谴责的处境。

有时，还可以用于催促，借以迫使对方在非此即彼的情况下迅速表态。例如，京剧《智取威虎山》第十场“会师百鸡宴”中，假扮胡标，深入匪穴的杨子荣，机智地迫使座山雕面临非此即彼的选择：“您要是拿我当共军，就立刻把我处置了！您要是拿我当胡标，就放我下山，今天是有他没我，有我没他，留他留我，您随便吧！（摘下值勤带，扔在地上)”这里包含着两个紧密联系的二难推理：

要是拿我当共军，就立刻把我处置了；要是拿我当胡标，就放我下山。

要么拿我当共军，要么拿我当胡标。

因此，要么立刻把我处置了，要么放我下山。

今天，如果有他，就没有我；如果有我，就没有他。

要么有他，要么有我。

因此，你必须决定留我还是留他。

留谁？不留谁？单刀直入，语气急迫，问题一下子尖锐地摆到了座山雕面前。已经取得了座山雕和“众金刚”信任的“胡标”，当然居于有利地位。于是，在“众金刚”的“老九不能走”和“宰了他（栾平)”的叫嚷声中，“愚而诈”的座山雕被催迫着迅速决定取舍，让杨子荣去处决了栾平。由此可见，在催促中运用二难推理，可以诱使或引导对方照着自己的思路去思考，从而做出对己有利的选择。

（三）间接推理二——归纳推理

归纳推理是从特殊到一般的推理。这种推理，从许多具体事实中归纳出一般性的结论。它所包含的前提没有固定的数量，根据实际需要而定，可以是两个，但一般是不止两个。几个前提首先要有一点共同的东西联系起来，然后才能推出结论，所以归纳推理也属于间接推理。

1. 完全归纳推理

如果所列举的作为前提的事例包括一类事物的全部对象，那就是“完全归纳推理”。

例如：

(14) 武昌，有办得很好的学校；汉口，有办得很好的学校；汉阳，也有办得很好的学校。可见，武汉三镇都有办得很好的学校。

这就是一个完全归纳推理。因为，“武汉三镇”就是指“武昌”“汉口”和“汉阳”，对“武汉三镇”来说，“武昌”“汉口”和“汉阳”是它所包括的全部对象。

一类事物的全部对象可能很多很多，我们往往不能一一加以考察，因此完全归纳推理并不是在任何场合都可以运用的。只有在包括的对象不多、可以逐一考察的情况下，我们才能运用这种归纳推理。比方，我们知道汉语实词包括名词、动词、形容词、数词、量词、代词等六类。对六类实词充当句子成分的能力加以考察，我们发现，名词、代词可以充当句子的主要成分，动词可以充当句子的主要成分，形容词可以充当句子的主要成分，数词、量词在一定场合也可以充当句子的主要成分，于是作出结论：实词可以充当句子的主要成分。这就是完全归纳推理。

2. 不完全归纳推理

如果所列举的作为前提的事例只是一类事物里的一部分对象，那就是“不完全归纳推理”。

例如：

(15) 在我国长期的封建社会中，广大农民曾多次举行起义，反抗地主阶级残酷的经济剥削和政治压迫。东汉末年的黄巾起义，宣称“苍天已死，黄天当立”；唐代农民起义的领袖黄巢自称“冲天大将军”；宋初王小波、李顺起义，提出了“均贫富”的口号。所有这些，都表明农民起义的斗争矛头是指向封建统治的。

根据几次农民起义的口号、宣言，说明农民起义的斗争矛头都是指向封建统治。这就是一个不完全归纳推理。

有时，一个不完全归纳推理可能很长。它由一个极其复杂的句群来表达，书面上占有好几段文字。

例如：

(16) 让我再讲一点历史。一九二六年和一九二七年，当着革命军向武汉前进，以至打到武汉、打到河南的时候，发生了唐生智、冯玉祥参加革命的事情。冯玉祥于一九三三年在察哈尔还曾经和共产党一度合作，建立了抗日同盟军。

再一个明显的例子，就是曾经和十九路军一道进攻江西红军的第二十六路军，不是在一九三一年十二月举行了宁都起义，变成了红军吗？宁都起义的领导者赵博生、董振堂等人成了坚决革命的同志。

马占山在东三省的抗日行为，也是统治者营垒中的一个分裂。

所有这些例子都指明：在日本炸弹的威力圈及于全中国的时候，在斗争改变常态而突然以汹涌的阵势向前推进的时候，敌人的营垒是会发生破裂的。(毛泽东《论反对日本帝国主义的策略》)

毛泽东同志从好些事例中归纳出了“敌人的营垒是会发生破裂的”这一结论。这是一个比较长的归纳推理。

写作中最常用的是不完全归纳推理。这是因为，如前所说，我们对一类事物的所有对象往往不可能全部掌握，并且往往也不必要把它们逐一列举出来，只要能充分说明问题，分析一部分对象就行了。毛泽东同志在《农业合作化的一场辩论和当前的阶级斗争》一文中指出：“如果有问题，就要从个别中看出普遍性。不要把所有的麻雀统统捉来解剖，然后才证明‘麻雀虽小，肝胆俱全’。从来的科学家都不是这么干的。只要有几个合作社搞清楚了，就可以作出适当的结论。”这段话，精辟地阐明了怎样科学地运用归纳推理，发人深省。

必须注意，不完全归纳推理的结论往往容易犯“轻率概括”“以偏概全”的错误。为了提高其可靠性，必须详细地占有材料，在正确观点指导下研究各个对象同所要判明的属性之间是否有必然的联系。一般说来，被考察的对象愈多，被考察的范围愈广，结论的可靠性就愈大。

（四）间接推理三——类比推理

类比推理是从特殊到特殊的推理。这种推理，根据两个对象在某些属性上的相同，推出它们在其他属性上也可能相同。比方，我们知道了甲事物有 a，b，c，d 四种属性，又知道了乙事物有 a，b，c 三种属性，那么，就可以推想，乙事物也可能有 d 这种属性。举例来说：有两个青年技术员小张和小赵。小张认真看书学习，为革命努力钻研技术，经常虚心向老师傅请教，在设计工作中已经有所创造；小赵同样地认真看书学习，为革命努力钻研技术，经常虚心向老师傅请教。那么，我们就可以推想，小赵在设计工作中也可能会有所创造。这就是运用类比推理。

写作中，我们经常运用类比的方法揭示事物的发展规律。例如：

(17) 王明对反对他们搞机会主义的人实行“残酷斗争，无情打击”，早已被奔腾前进的历史潮流所淘汰；“四人帮”为了压制革命人民，迫害革命干部，重演王明的故伎，也决不会逃脱彻底覆灭的命运。

把王明和“四人帮”进行类比，指出王明早已身败名裂，被历史所淘汰，“四人帮”也必然落得同样的下场。

又如，《历史研究》一九七五年第一期《沙皇俄国从不改变的目的——世界霸权》一文，指出“老沙皇妄图建立世界霸权”，又指出“新沙皇为了称霸世界到处伸手”；指出老沙皇“最后被革命的洪流吞没了”，又一针见血地指出：

(18) 当前世界人民的革命倾向蓬勃发展，国家要独立，民族要解放，人民要革命，已成为不可抗拒的历史潮流。新沙皇逆历史潮流而动，妄图走老沙皇建立世界霸权的老路，其结果必然遭到比老沙皇更加可耻的失败。

老沙皇和新沙皇都妄图称霸世界，他们何其相似！老沙皇已落了可耻的下场，新沙皇的下场难道会好些吗？通过类比，加深了读者的认识：新沙皇必然遭到比老沙皇更加可耻的失败。

类比推理的结论，是表示可能性的判断，即是说，它所揭示的是一种可能有的情况。为了提高结论的可靠性，运用类比推理必须注意：第一，以事物的本质属性为根据进行类推。否则就只能得出牵强的甚至荒谬的结论。例（17）、例（18）的结论之所以确实可靠，就因为类比时抓住了两个事物的本质属性。第二，尽量掌握类比对象的共同属性。共同属性越多，据此推出的结论可靠程度就越高。比如要说明技术员小赵一定能像技术员小张那样在设计工作中有所创造，就应该以他们的比较多的共同属性为根据，不然，就会使人感到根据不足，从而对结论的可靠性产生怀疑。

苏联《文学报》曾发表一篇奇文，大谈苏联离婚率高的问题，说什么“对目前大量离婚感到惊讶，这几乎是等于对交通事故及其受难者人数的增长感到惊讶”。他把交通事故的增长和离婚率的增长进行类比，借以说明：交通工具发达，事故必定增多；社会不断发展，离婚率必定增长。这是胡扯！交通事故和离婚是风马牛不相及的两件事，根本不能类比。

三　直言演绎推理及其实际运用

（一）直言演绎推理的构成

直言演绎推理，由直言判断分别充当大前提、小前提和结论，共包含三个概念。

例如：

（1）一切历史上发生的东西都是要在历史上消灭的，资本主义是历史上发生的东西，因此，资本主义是要在历史上消灭的。

这个推理里，大前提、小前提、结论都是直言判断；同时，这个推理里，一共只有三个概念：

1. 资本主义

2. 历史上发生的东西

3. 要在历史上消灭的

直言演绎推理中的三个概念，都是“名词”。

结论中作主词的名词，叫小词（如上例的“资本主义”）；结论中作宾词的名词，叫大词（如上例的“要在历史上消灭的”）。它们之所以分别叫作小词、大词，是因为在许多情况下前者所指的范围小，后者所指的范围大。（如上例的小词“资本主义”，包含在大词“要在历史上消灭的”之中。）还有一个名词，在前提中出现两次而在结论中没有出现，叫中词（如上例的“历史上发生的东西”）。之所以叫作中词，是因为它所起的是中介作用。由于在前提里两次使用中词，使我们知道了大词、小词两者同中词都有关系，因而才能在结论中推出大词和小词两者之间的关系；如果没有中词把两个前提联系起来，我们就无法合乎逻辑地推导出结论。从这个意义上说，直言演绎推理也就是借助中词由两个前提推出结论的演绎推理。

一个直言演绎推理，共包含三个概念，也就是共有三个名词：大词、中词、小词。如果把它的结构列成格式，就是这样：

中词——大词

小词——中词

小词——大词

这是最常用的格式，例子如上所举；但也可以是这样：

大词——中词

小词——中词

小词——大词

例如：

（2）复句是包含两个以上分句的句子，这个句子不是包含两个以上分句的句子，所以，这个句子不是复句。

还可以是这样：

中词——大词

中词——小词

小词——大词

例如：

(3) 海豚生活在水里，海豚是哺乳动物，所以，有些哺乳动物生活在水里。

还可以是这样：

大词——中词

中词——小词

小词——大词

例如：

(4) 民族资产阶级具有对革命敌人的妥协性，具有对革命敌人的妥协性的阶级不可能领导人民推翻帝国主义和封建势力，因此，能够领导人民推翻帝国主义和封建势力的不是民族资产阶级。

(二) 直言演绎推理的规则

直言演绎推理有三条主要规则：

1. 每一个直言演绎推理，只能有三个名词，它们各表示一个概念

为了保证只有三名词、三概念，前提中出现两次的中词必须指同一对象。如果中词前后所指不同，实际上表示两个概念，那么，小词和大词之间就没有起媒介作用的东西，因而就无法由前提推出正确的结论。

例如：

*(5) 鲁迅的作品不是一天能读完的，《孔乙己》是鲁迅的作品，所以，《孔乙己》不是一天能读完的。

这个例子里，"《孔乙己》"是小词，表示一个概念；"一天能读完的"是大词，表示一个概念；"鲁迅的作品"是中词，实际上表示了两个不同的概念：在大前提里指鲁迅的全部作品，在小前提里指鲁迅的一篇作品。中词"鲁迅的作品"既然有不同的意思，小词"《孔乙己》"和

大词“一天能读完的”就不能合乎逻辑地通过系词“不是”联系起来。因此，“《孔乙己》不是一天能读完的”这样的结论是不可靠的。

由于中词前后所指不同，致使一个直言演绎推理里实际上出现了四个概念，违反了上面这条规则。这种逻辑错误，通常称为“四概念”或“四名词”的错误。

阶级敌人，为了达到其不可告人的目的，往往故意利用“四概念”“四名词”的推理方法来进行诡辩。请看列宁对德国社会民主党右派的所谓“理论家”库诺夫的一段揭露与批判：

(6) 库诺夫又笨拙又无耻地推论说：帝国主义是现代资本主义；资本主义的发展是不可避免的和进步的，所以帝国主义也是进步的，所以必须跪在帝国主义面前歌功颂德！（列宁《帝国主义是资本主义的最高阶段》）

把库诺夫的推论列成三段论式，就是：

* 帝国主义是现代资本主义，
资本主义的发展是进步的，
所以，帝国主义是进步的。

在这个推理里有四个概念：小词是“帝国主义”，表示一个概念；大词是“进步的”，表示一个概念；中词有两个——“现代资本主义”“资本主义的发展”，前者是指资本主义的腐朽反动的垄断阶段，后者是指资本主义在封建社会内部的发生、发展，它们分别代表两个不同的概念。库诺夫挖空心思为帝国主义辩护，连起码的逻辑规则也不顾，真是“又笨拙又无耻”！

“四人帮”为了破坏教育事业，制造了很多奇谈怪论。比如，谁要是一抓智育，他们就给谁扣上“智育第一”的帽子。他们的逻辑是：

* 搞“智育第一”的人必须受到批判，
你抓“智育”，
所以，你必须受到批判。

这个推理有四个概念：小词是“你”，表示一个概念；大词是“必须受到批判”，表示一个概念；中词有两个——“搞‘智育第一’（的人）”

“抓智育”，它们表示两个不同的概念。非常明显，“四人帮”把资产阶级的“智育第一”和无产阶级的智育混为一谈，把搞“智育第一”和按毛主席的革命路线抓智育混为一谈，从而推出荒谬的结论，他们是在玩弄“四概念”“四名词”的逻辑把戏。

2. 中词至少要在一个前提中周延

中词周延，是指中词采取了概念的全部外延；中词不周延，是指中词只采取了概念的一部分外延。

一个正确的直言演绎推理，它的中词在前提中至少必须周延一次。例如：

(7) 一切知识来自实践，医学是知识，所以，医学来自实践。

中词是“知识”。在大前提里，“知识”是全称判断的主词，它是周延的。

(8) 凡通讯，都写真人真事，这篇文章不是写真人真事，所以，这篇文章不是通讯。

中词是“写真人真事”。在小前提里，“写真人真事”是否定判断的宾词，它是周延的。

(9) 海豚生活在水里，海豚是哺乳动物，所以，有些哺乳动物生活在水里。

中词是“海豚”。在大前提里“海豚”作全称判断的主词，在小前提里“海豚”也是作全称判断的主词，所以都是周延的。

如果在大前提、小前提中出现的中词，两次都不周延，那么，大词的外延和小词的外延可能分别跟中词外延的不同部分发生关系，这样，就没有一个共同的东西把大词、小词联系起来，就无法确定大词和小词之间的关系，因而也就不可能引出可靠的结论。逻辑书里，通常把违反“中词至少周延一次”这条规则的逻辑错误，称为“中词不周延”的错误。例如：

*(10) 国民党反动派的理论都是反动的理论，“有限主权”论是反动的理论，所以，“有限主权”论是国民党反动派的理论。

“有限主权”论是社会帝国主义的反动理论，而不是国民党反动派的反动理论，这里的结论显然不准确。问题在哪儿呢？问题在于，“反动的理论”这个中词，在大前提和小前提中都是肯定判断的宾词，都表示“反动理论的一部分”的意思，因而都是不周延的。它在大前提里是指反动理论的甲部分，在小前提里又是指反动理论的乙部分，各有所指，所以，“国民党反动派的理论都是反动的理论”是对的，“‘有限主权’论是反动的理论”也是对的，“‘有限主权’论是国民党反动派的理论”却是不对的。

再看一例：

*（11）所有海员都会游泳，他既然会游泳，他一定是海员。

这个例子也是犯了“中词不周延”的错误。在大前提里中词“会游泳（的人）”是指会游泳的人中的一部分，在小前提里中词“会游泳（的人）”是指会游泳的人中的一个，都是不周延的。小词“他”和大词“海员”之间没有一个共同的确定的东西联系起来，因此推导出“他一定是海员”的结论就不可靠，不能令人信服，别人听了只会摇头：“不一定！”

鲁迅在《论辩的魂灵》一文中，列举了反动顽固派的好些荒谬的推理，其中一例是：“洋奴会说洋话。你主张读洋书，就是洋奴，人格破产了！”排成论式：

*洋奴会说洋话。
你主张读洋书，
你就是洋奴。

结论是荒谬的。为什么？这个推理的小词是“你”，大词是“洋奴”，中词有两个——“会说洋话”和“主张读洋书”，它们根本不是一回事。可见，犯了“四名词”“四概念”的错误。但是，把“主张读洋书”改为“会说洋话”，行不行呢？

*洋奴会说洋话，
你会说洋话，
所以你是洋奴。

会说洋话的不一定都是洋奴，这里的结论也是荒谬的。这又是为什么？

问题在于，“会说洋话”这个中词，在大前提里指会说洋话的人中的一部分，在小前提里指会说洋话的人中的一个，都不周延。可见，犯的是“中词不周延”的错误。

“四人帮”对深受群众欢迎的小戏《追报表》横加指责，说什么不应该写小会计有错误。为什么呢？他们说，“小会计既是年轻人，年轻人就是红卫兵”，写小会计有错误，就“否定了‘文化大革命’出现的新生力量”。他们的谬论中包含这样的逻辑：

*红卫兵是年轻人，

小会计是年轻人，

所以，小会计是红卫兵。（因此批评小会计就是否定红卫兵，就是否定“文化大革命”出现的新生力量。）

大前提里，“年轻人”指年轻人的一部分，是不周延的；小前提里，“年轻人”指年轻人中的一个，也是不周延的。可见这是一个“中词不周延”的荒谬推理。在这样的推理的基础上引出“否定‘文化大革命’出现的新生力量”的结论，当然只是无耻诡辩，信口雌黄！

3. 前提中不周延的概念，结论中也不应周延

这条规则，要求结论中大词、小词的外延必须同前提中大词、小词的外延相一致。如果大词或小词在前提中是不周延的，在结论里却改为周延，那就是以偏概全，犯了“非法周延”的逻辑错误。

大词非法周延的错误，例如：

*(12) 今天听报告的都是先进工作者，他不是今天听报告的，因此，他不是先进工作者。

大词“先进工作者”，在大前提里作肯定判断的宾词，只指先进工作者的一部分，是不周延的；在结论里作否定判断的宾词，指任何一个先进工作者，可见已被非法改为周延。这样，结论就跟前提没有必然的联系，是不可靠的。

小词非法周延的错误，例如：

*(13) 所有金属都导电，有些固体是金属，所以固体是导电的。

小词“固体”在小前提里是不周延的，“有些”清楚地表明只有一部分固体具有金属的“导电”这种属性；但结论中“固体”却非法周延，所有固体都被说成是导电的，这当然不对。再举一例：

*（14）《红楼梦》是思想性和艺术性结合得很好的书，《红楼梦》是白话小说，所以，白话小说是思想性和艺术性结合得很好的书。

小词“白话小说”，在前提里是指一部，在结论里却是指全部，同样犯了小词非法周延的错误。正确的结论应该是：“有的白话小说是思想性和艺术性结合得很好的书。”

苏联在其一九六九年六月十三日的所谓政府声明中，公然叫嚣：“……到十七世纪上半叶俄国移民开发黑龙江流域时，满洲还是一个不依附于中国的独立的国家，居住着民族上与中国人（汉人）完全不同的民族……”由此，他们胡说“满族人不是中国人，满族人居住的地区不是中国的领土”。他们的叫嚣中，包含着一个荒谬的推理：

*（15）汉族人是中国人，满族人不是汉族人，所以满族人不是中国人。（因此满族人居住的地区不是中国的领土。）

这是地地道道的强盗逻辑！中国是一个统一的多民族的国家，中国人包括许多民族的人，而汉族人只是中国人中的一部分，这是铁的事实。苏联为了实现其对中国领土的扩张主义野心，无耻地玩弄形式逻辑进行诡辩。在他们的推理里，前提中的“中国人”是肯定判断的宾词，是不周延的，结论中的“中国人”是否定判断的宾词，是周延的。可见，他们玩弄的是“大词非法周延”的把戏。这充分说明，苏联搞侵略扩张，什么卑鄙的手法都使出来了！

《园丁之歌》是无产阶级教育路线的一曲赞歌，是社会主义文艺园地的一株新苗，但它却受到了“四人帮”的恶毒攻击。江青气势汹汹地说：“园丁应是共产党员，怎么讲成教师、知识分子呢?”江青的逻辑是：

*园丁应是共产党员，

有些教师不是共产党员，

所以，教师不应是园丁。

这是一个“小词非法周延”的推理：小前提中的“教师”是不周延的，结论中的“教师”却非法改成周延了。事实上，《园丁之歌》里的俞英是一位坚决贯彻执行毛主席的教育方针的优秀教师，是一个忠诚党的教育事业的优秀共产党员，江青为了实用主义的需要，不顾事实，抓住《园丁之歌》一个剧名、一句唱词，煞费苦心地捏造出这种“罪状”，是不值一驳的！

（三）直言演绎推理的实际运用

任何推理，前提如果是虚假的，结论必然也是虚假的。因此，要正确运用直言演绎推理，首先必须做到前提真实。这是第一个基本要求。

一个正确的推理，不仅要求有真实的前提，而且要求符合推理规则，如果不符合推理规则，正如前面已经说过的，由真实的前提也不能推出正确的结论。因此，要正确运用直言演绎推理，还必须遵守直言演绎推理的规则。这是另一个基本要求。

写文章时，用到直言演绎推理，自然不必按照逻辑格式一板一眼地写下来。只要符合以上两个基本要求，为了避免死板呆滞，还有必要讲求语言的简练活泼。下面谈谈几种常见的重要方法。

1. 省略

为了使文字简洁精练，直言演绎推理的“三段”可以有所省略。有时省略大前提，有时省略小前提，有时省略结论。

大前提是大家都知道的一般原理，不必说出，就可以省略。例如：

（16）人民教师是培养革命后代的人，他们应当受到党和人民的尊重。

这个推理省略了大前提“培养革命后代的人应当受到党和人民的尊重”。

小前提表示的是一个非常明显的事实，也可以省略。例如：

（17）与人民为敌的，必定被人民打倒。因此，“四人帮”被人民打倒了。

这个推理省略了小前提"'四人帮'是与人民为敌的"。

不说出结论意思照样清楚，而且语言更加干脆简练，可以把结论省去。例如：

(18) 没有病的都应参加"双抢"，我可没有病呀！

这个推理省略了结论"我应参加'双抢'"。

推理省略式的运用，虽然可以使语言简洁，但也容易隐蔽错误。为了判明某个省略式是否正确，我们可以先恢复其省略的部分，然后再看看它是否符合前面说过的两个基本要求。例如：

*(19) 李师傅青少年时期是在旧社会度过的，所以他文化水平不高。

*(20) 运动员身体都很棒。这个人一定是运动员！

例*(19)，把被省略的大前提恢复起来，便是："凡是青少年时期在旧社会度过的，文化水平都不高。李师傅青少年时期是在旧社会度过的，所以李师傅文化水平不高。"这个推理里的大前提是不真实的。在旧社会，学校为地主资产阶级服务，学校大门为剥削阶级子女开；只是饥寒交迫的劳动人民的子女，才没有学习文化的机会。因此不能说"凡是青少年时期在旧社会度过的，文化水平都不高"。大前提不真实，整个推理也缺乏说服力。其实，这个例子中的"所以"是多余的。把"所以"删去，前后两个判断便不形成推理，而成了联言的判断，分别从两个方面说明"李师傅"的情况，这样便是正确的了。例*(20)，把被省略的小前提恢复起来，便是："运动员身体都很棒。这个人身体很棒，所以他一定是运动员。"这个推理里中词"身体很棒"两次都不周延。在大前提里指身体很棒的人中的一部分，在小前提里指身体很棒的人中的一个。可见，犯了"中词不周延"的错误。

2. 熔合

所谓"熔合"，是指把小前提熔合到结论之中。熔合的结果，是结论的主词部分包含了小前提宾词的内容。

例如："一切上层建筑都有阶级性。戏剧是上层建筑，所以戏剧是有阶级性的。”这个三段式的后两段，可以熔合成：

> 一切上层建筑都有阶级性。作为上层建筑的戏剧，当然是有阶级性的。

“（作为）上层建筑”，本是小前提的宾词，现在用作“戏剧”的定语，被包含在结论的主词之中了。

又如：“为社会主义科学事业作出了重大贡献的科学家是永远被人民崇敬的。李四光、竺可桢等同志是为社会主义科学事业作出了重大贡献的科学家，因此，他们永远被人民所崇敬。”这个三段式的后两段，可以熔合成：

> 为社会主义科学事业作出了重大贡献的科学家是永远被人民崇敬的。李四光、竺可桢等为社会主义科学事业作出了重大贡献的科学家自然永远被人民所崇敬。

“为社会主义科学事业作出了重大贡献的科学家”，本是小前提的宾词，现在用作“李四光、竺可桢等”的同位成分，被包含在结论的主词之中了。

在需要说明小前提所揭示的事物的属性，但又不想把三段都机械地写出来的时候，人们往往采用熔合式，以求语言简练，有变化。

3. 位置变换

小前提一般在大前提之后。为了强调小前提的内容，把小前提放到大前提前头，这就是“位置变换”。例如：

> （21）共产党和民主党派都是历史上发生的。凡是历史上发生的东西，都要在历史上消灭。因此，共产党总有一天要消灭，民主党派也总有一天要消灭。（毛泽东《论十大关系》）

“凡是历史上发生的东西，都要在历史上消灭。”这是大前提。“共产党和民主党派都是历史上发生的。”这是小前提。“因此，共产党总有一天要消灭，民主党派也总有一天要消灭”，这是结论。例（21）变换大、小前提的位置，把小前提“共产党和民主党派都是历史上发生的”放到了前头。这样，就突出了这个小前提，强调了这个小前提所表示的内容。

有时，小前提放到大前提前头之后，结论可以省略。例如：

（22）我们的事业是正义的。正义的事业是任何敌人也攻不破的。（毛泽东《为建设一个伟大的社会主义国家而奋斗》）

“正义的事业是任何敌人也攻不破的。”这是大前提。“我们的事业是正义的。”这是小前提。“所以，我们的事业是任何敌人也攻不破的。”这是结论。例（22）变换大、小前提的位置，突出了小前提，同时，把结论省略了。

4．词面变异

所谓“词面变异”，是指使用词语力求有变化，避免重复同一词语。常见的情况有两种：

第一，运用代词指代前面出现过的词语。例如：

（23）马克思主义是一种科学真理，它是不怕批评的。（毛泽东《关于正确处理人民内部矛盾的问题》）

（24）妄图扭转历史车轮的人，必然受到历史的作弄。“四人帮”也正是这样。

例（23）省略了大前提“任何一种科学真理都是不怕批评的”。结论主词用“它”，指代“马克思主义”。例（24）省略了小前提“‘四人帮’是妄图扭转历史车轮的人”。结论宾词用“这样”，指代“受到历史的作弄”。

第二，换一个说法。例如：

（25）凡是不准人家革命，那是很危险的。白衣秀士王伦不准人家革命，结果把自己的命革掉了。高岗不准人家革命，结果还不是把自己的命革掉了？（毛泽东《农业合作化的一场辩论和当前的阶级斗争》）

这个例子，在同一个大前提下面进行了两次推论。大前提里的“很危险”，比较概括。第一次推论的结论中，变换为一个比较具体的说法：“把自己的命革掉了。”第二次推论的结论中，又改为反问句，相应增加了几个字：“还不是把自己的命革掉了？”这样，就避免了词面的雷同，同时也把话说得更具体、更明确了。

采用“代词指代”的方法，可以使文字简洁明了，节省笔墨。采用“变换说法”的方法，可以使语言富于变化，加强表现力。有时，二者是结合起来用的。例如：

(26) 凡是奸狡的人，都是多疑的。蚱蜢老汉也没少了这个毛病。

(27) 历史上，一切行将灭亡的反动派，都是极端凶狠，然而也是极端虚弱的。在林彪身上也集中体现了这个反动阶级的本性。

例 (26) 省略了小前提“蚱蜢老汉是奸狡的人”。大前提里用“多疑”一词，结论里概括成“毛病”，并用“这个”限定，词面有了变化。例 (27) 省略了小前提“林彪是……反动派”。大前提里用“极端凶狠”“极端虚弱”等词语，结论里概括成“反动阶级的本性”，并用代词“这个”指明，避免了同样词语的简单重复。

词面变异，是为了提高语言的表达效果，但不管怎么“变”，都必须遵守推理规则，不允许犯“四概念”“中词不周延”或“非法周延”等错误。

*(28) 革命青年是朝气蓬勃、富于幻想的。谁能否认有所作为的人是朝气蓬勃、富于幻想的人呢？因此，毫无疑问，有所作为的人不能说不是革命青年。

这个推理，用词上、语气上前后有变化，这是可以的，但它违反了推理规则。我们把它列成三段论式来看看：

*革命青年都是朝气蓬勃、富于幻想的人，
有所作为的人都是朝气蓬勃、富于幻想的人，
所以，有所作为的人都是革命青年。

这里，中词是“朝气蓬勃、富于幻想的人”，两次都不周延。这个例子犯了“中词不周延”的错误，结论是不可信的。事实上，有所作为的人不一定是“革命青年”，这是人所共知的。

5. 前提带证

所谓“前提带证”，是指大前提、小前提带有证明。这样的推理，能增强议论的论证性。例如：

（29）所有的菱形都是平行四边形，因为菱形的两组对边互相平行，所有的正方形都是菱形，因为正方形具有两条互相垂直的在其交点处互相平分的对角线，所以，所有的正方形都是平行四边形。

这里，大前提、小前提都分别带有证明。

再举一例：

（30）为社会主义的科学事业辛勤劳动的同志绝不是“脱离政治”。因为，社会主义事业是有分工的，各行各业的同志在坚持社会主义的政治立场的条件下，努力做好自己岗位的工作，这正是为无产阶级政治服务的具体表现，是有社会主义觉悟的表现。二十八年来，我国绝大多数科学技术人员是为社会主义的科学事业辛勤劳动的。他们热爱党、热爱社会主义，努力同工农兵相结合，满腔热情地对待自己从事的科学技术工作。在受到林彪、“四人帮”百般迫害的时候，他们没有动摇过对党、对社会主义的信任，仍然坚持工作；“四人帮”被粉碎以后，在党中央的英明领导下，他们迸发出更大的革命热情，为实现四个现代化更加奋发努力。这样的科学技术人员，怎么是脱离政治呢？

这里，“为社会主义的科学事业辛勤劳动的同志绝不是‘脱离政治’”是大前提，后边带有证明；“二十八年来，我国绝大多数科学技术人员是为社会主义的科学事业辛勤劳动的”是小前提，后边也带有证明；“这样的科学技术人员，怎么是脱离政治呢?”是结论，用反问句表达“我国绝大多数科学技术人员绝不是脱离政治”的意思。由于大、小前提都带有证明，显得不可辩驳，无法置疑。

四　假言直言推理及其实际运用

（一）假言直言推理的构成

假言直言推理，由一个假言判断和两个直言判断构成。具体点说，有四种情况。

第一，大前提提出一个假言判断，小前提用直言判断肯定前件，结论用直言判断肯定后件。例如：

(1) 要实现科学技术现代化，就必须抓好教育。我们决心实现科学技术现代化，所以，我们必须把教育工作抓好。

第二，大前提提出一个假言判断，小前提用直言判断否定前件，结论用直言判断否定后件。例如：

(2) 只有进行深入的调查研究，才能掌握大量的第一手材料。我没有进行深入的调查研究，所以，我没有掌握大量的第一手材料。

第三，大前提提出一个假言判断，小前提用直言判断肯定后件，结论用直言判断肯定前件。例如：

(3) 只有熟悉英雄人物，才能塑造好英雄人物的形象。他能够塑造好英雄人物的形象，可见他是熟悉英雄人物的。

第四，大前提提出一个假言判断，小前提用直言判断否定后件，结论用直言判断否定前件。例如：

(4) 如果没有特殊的事故，他两点钟肯定到。他两点钟还没到，可见是有特殊的事故。

(二) 假言直言推理的方式

假言直言推理有一定的方式。必须按照一定的方式进行推理，才不会出错。

总的说来，假言直言推理有四种推理方式：

第一，肯定顺推，即顺着先后次序，从肯定前件到肯定后件。从构成上说，就是：大前提是假言判断，小前提用直言判断肯定前件，结论用直言判断肯定后件。

第二，否定顺推，即顺着先后次序，从否定前件到否定后件。从构成上说，就是：大前提是假言判断，小前提用直言判断否定前件，结论用直言判断否定后件。

第三，肯定倒推，即翻转先后次序，从肯定后件到肯定前件。从构成上说，就是：大前提是假言判断，小前提用直言判断肯定后件，结论用直言判断肯定前件。

第四，否定倒推，即翻转先后次序，从否定后件到否定前件。从构成上说，就是：大前提是假言判断，小前提用直言判断否定后件，结论用直言判断否定前件。

我们知道，假言判断包括充足条件假言判断、必要条件假言判断和充要条件假言判断。以充足条件假言判断为大前提的，叫充足条件假言直言推理；以必要条件假言判断为大前提的，叫必要条件假言直言推理；以充要条件假言判断为大前提的，叫充要条件假言直言推理。它们所遵循的推理方式，是有所不同的。

充足条件假言直言推理，可以“肯定顺推”“否定倒推”，但不能“否定顺推”“肯定倒推”。例如：“物体受到摩擦，就会生热。”这是一个充足条件假言判断。以它为大前提，可以“肯定顺推”：

这个物体受到了摩擦，

所以，它一定会生热。

也可以“否定倒推”：

这个物体未生热，

可见，它没有受到摩擦。

再举两例：

(5) 为人民利益而死，就比泰山还重；替法西斯卖力，替剥削人民和压迫人民的人去死，就比鸿毛还轻。张思德同志是为人民利益而死的，他的死是比泰山还要重的。（毛泽东《为人民服务》）

(6) 如果孔丘能先知，他应当在见到颜渊之前就知道颜渊没有被匡人杀死；既然孔丘以为颜渊被匡人杀害了，可见孔丘并不能先知。

例（5）对张思德同志作了很高的评价。从逻辑推理的角度说，先提出假言判断“为人民利益而死，就比泰山还重”（大前提），接着肯定张思德同志是为人民利益而死的（小前提），最后肯定张思德同志的死是比泰山还要重的（结论），这就是“肯定顺推”。例（6）驳斥“先知”论，说明孔丘不能“先知”。从逻辑推理的角度说，先提出假言判断

“如果孔丘能先知，他应当在见到颜渊之前就知道颜渊没有被匡人杀死”（大前提），接着对后件加以否定，“孔丘以为颜渊被匡人杀害了”（即“孔丘并不是在见到颜渊之前就知道颜渊没有被匡人杀死”）（小前提），最后对前件加以否定，“孔丘并不能先知”（结论），这就是“否定倒推”。

充足条件假言直言推理，无论采用“否定顺推”还是“肯定倒推”的方式，都不能得出可靠的结论。

先看“否定顺推”的例子：

*（7）如果乘汽车，在正常情况下四十个小时内一定可以从汉口到达宜昌。（大前提）他没乘汽车，（小前提）所以，他不可能在四十个小时内从汉口到达宜昌。（结论）

这就是“否定顺推”。他虽然没乘汽车，但可能乘火车、轮船等，因此不能断定“不可能在四十个小时内从汉口到达宜昌”。又如：

*（8）如果有烟，肯定有火。现在看不到烟，因此，肯定没有火。

*（9）如果听到笑声，里面一定有人。现在听不到笑声，所以，里面不会有人。

这两例也是“否定顺推”。例*（8），看不到烟，不一定没有火。例*（9），里面可能有人，只是没有笑，或者没有笑出声来，因此，不能断定“里面不会有人”。这些例子的毛病，都是误用“否定顺推”的方式。

再看“肯定倒推”的例子：

*（10）如果乘汽车，在正常情况下四十个小时内一定可以从汉口到达宜昌。（大前提）现在他四十个小时内已从汉口到达了宜昌，（小前提）可见，他准是乘汽车。（结论）

这就是“肯定倒推”。他四十个小时内从汉口到达宜昌，可能是乘火车或乘轮船，不能确认“准是乘汽车”。又如：

*（11）如果爱占小便宜，就搞不好跟同志们的团结。你搞不好跟同志们的团结，肯定是你爱占小便宜。

*(12) 如果一个人的体温超过常温很高，他一定是病了。小张病了，因此他的体温一定超过常温很高。

例*(11)，搞不好跟同志们的团结不一定是爱占小便宜。例*(12)，病了不一定体温很高。这些例子的毛病，都是误用“肯定倒推”的方式。

必要条件假言直言推理，跟充足条件假言直言推理恰好相反，可以“否定顺推”“肯定倒推”，但不能“肯定顺推”“否定倒推”。例如：“只有认真钻研教材，才能把课讲得生动深刻。”这是一个必要条件假言判断。以它为大前提，可以“否定顺推”：

你不认真钻研教材，
怎么能把课讲得生动深刻呢？

也可以“肯定倒推”：

他把课讲得生动深刻，
可见，他是认真地钻研了教材的。

再举两例：

(13) 只有坚决反对超级大国特别是社会帝国主义的侵略政策和战争政策，才能推迟世界大战的爆发。目前西方有些人采取绥靖主义的政策，妄图牺牲别人，保全自己，这只能助长侵略者的野心，加速战争的到来。

这是“否定顺推”。“目前西方有些人……保全自己”，等于说“不是坚决反对……侵略政策和战争政策”；“只能助长侵略者的野心，加速战争的到来”，等于说“不能推迟世界大战的爆发”。

(14) 只有专心致志，精益求精，不畏劳苦，百折不回，才有可能攀登科学高峰。著名数学家陈景润能够在数学研究中攀登高峰，这说明他是专心致志，精益求精，不畏劳苦，百折不回的。

这是“肯定倒推”。小前提“著名数学家陈景润……”肯定后件，结论“这说明他……”肯定前件。

必要条件假言直言推理，如果采用“肯定顺推”或“否定倒推”的方式，都不可能得到可靠的结论。先看“肯定顺推”的例子：

*(15) 只有认真钻研教材，才能把课讲得生动深刻。（大前

提）他认真地钻研了教材，（小前提）因此，他一定能把课讲得生动深刻。（结论）

这就是“肯定顺推”。把课讲得生动深刻需要许多方面的条件，仅仅“认真钻研教材”还不够，因此“一定能把课讲得生动深刻”的结论不能令人信服。又如：

*（16）只有了解农村，才能做好农村工作。他对农村是了解的，因此，他一定能做好农村工作。

*（17）只有进行调查研究，才能做出正确的结论。他既然已经进行了调查研究，那么，他是一定能做出正确的结论的。

这两例也是“肯定顺推”。例*（16），做好农村工作，仅仅“了解农村”还不够，还需要许多方面的条件，比方要有马列主义的方法，要有群众观点，要具备劳动人民的思想感情，等等。因此，这里的“一定能做好农村工作”的结论不能令人信服。例*（17），对问题做出正确的结论，仅仅“进行调查研究”还不够，还必须具备别的条件，比方立场正确、方法对头等等。因此，这里的“一定能做出正确的结论”这一论断也不可靠。这些例子的毛病，都是误用“肯定顺推”的方式。

再看“否定倒推”的例子：

*（18）只有认真钻研教材，才能把课讲得生动深刻。（大前提）你不能把课讲得生动深刻，（小前提）可见，你没有认真钻研教材。（结论）

这就是“否定倒推”。“你”不能把课讲得生动深刻，可能是别的原因，不一定就是“没有认真钻研教材”。又如：

*（19）只有年满十八岁，才有选举权。这个人没有选举权，可见他未满十八岁。

*（20）只有考试合格，才能升大学。他没能升大学，可见，他考试不合格。

这两例也是“否定倒推”。例*（19），没有选举权，不一定就是“未满十八岁”，可能是别的原因，比方，可能是因犯罪而被剥夺了选举权。例*（20），“他考试不合格”的结论也不可靠，可能他考试是合格的，只是体检不合格。这些例子的毛病，都是误用“否定倒推”的方式。

充要条件假言直言推理，四种方式都可以采取。它既可以“肯定顺推”“否定倒推”，不同于必要条件假言直言推理；又可以“否定顺推”“肯定倒推”，不同于充足条件假言直言推理。例如：“如果掌握了现代化工业生产的知识和技能，就能进行现代化工业生产。”这是一个充要条件假言判断（如果掌握了这方面的知识和技能，就能进行现代化工业生产。而且只有掌握这方面的知识和技能，才能进行现代化的工业生产）。以这个假言判断为大前提，可以“肯定顺推”：

这些同志掌握了现代化工业生产的知识和技能，

所以，他们能进行现代化工业生产。

也可以“否定顺推”：

这些同志没有掌握现代化工业生产的知识和技能，

所以，他们不能进行现代化工业生产。

也可以“肯定倒推”：

这些同志能够进行现代化工业生产，

所以，他们一定掌握了现代化工业生产的知识和技能。

也可以“否定倒推”：

这些同志不能进行现代化工业生产，

所以，他们肯定没有掌握现代化工业生产的知识和技能。

（三）假言直言推理的实际运用

运用假言直言推理，第一个基本要求是：作为大前提的假言判断必须站得住。

所谓“站得住”，是指：前件和后件之间确实存在着理由和推断的依赖关系。前面说过，假言判断的真实或虚假，并不取决于前件和后件本身的真实或虚假，而取决于前件和后件之间是否存在着依赖关系，即理由和推断的关系。如果确实存在着这种关系，那么作为大前提的假言判断便是真实的。例如：

(21) 如果马克思主义害怕批评，如果可以批评倒，那末马克思主义就没有用了。（毛泽东《关于正确处理人民内部矛盾的问题》）

这是一个充要条件假言判断。前件和后件都是假的，但由于它们之间存在着理由和推断的关系，所以这个假言判断是完全真实的。以这个假言判断为大前提，就可以进行推理：

事实上，唯心主义者不是每天都在用各种形式批评马克思主义吗？抱着资产阶级思想、小资产阶级思想而不愿意改变的人们，不是也在用各种形式批评马克思主义吗？相反，马克思主义者就是要在人们的批评中间，就是要在斗争的风雨中间，锻炼自己，发展自己，扩大自己的阵地。

可见，马克思主义是科学真理，是百战百胜的武器。

这是一个充要条件假言直言推理，采取“否定顺推”的方式，从否定前件到否定后件。

如果一个假言判断的前件和后件之间不存在理由和推断的依赖关系，这个假言判断就是虚假的判断。以这样的假言判断作为大前提，整个假言直言推理必然是荒谬的。

例如，“四人帮”有这样一个荒唐逻辑：

* 谁关心群众生活，谁就是搞物质刺激。
你关心群众生活，
所以，你是搞物质刺激。

“关心群众生活”同“搞物质刺激”之间根本不存在理由和推断、条件和结果的关系。“四人帮”把二者硬扯在一起，组成一个假言判断，是居心险恶的。以这样的假言判断作为大前提进行推理，结论怎么会不是荒谬、反动的呢？

运用假言直言推理，另一个基本要求是：必须正确采用推理方式。要做到这一点，必须注意分清作为大前提的假言判断是充足条件的，还是必要条件的，还是充要条件的。如上所述，充足条件假言直言推理和必要条件假言直言推理是采用不同的推理方式的，用得不对就会产生逻辑错误。

在符合以上两个基本要求的前提下，写文章时为了避免呆板，使语言显得简练活泼，假言直言推理也常常采用省略、熔合、词面变异等办法。

1. 省略

假言直言推理的大前提、小前提和结论也都可以省略。例如：

(22) 近几百年来，由于封建制度的腐朽和殖民主义、帝国主义的侵略，我们国家的科学文化落后了。(《提高整个中华民族的科学文化水平》)

(23) 今天，由于现代科学技术的日新月异，生产设备的更新，生产工艺的变革，都非常迅速。(邓小平《在全国科学大会开幕式上的讲话》)

这两例都省略了大前提。例（22）省去的大前提是："如果受到腐朽的封建制度的统治和受到殖民主义、帝国主义的侵略，一个国家的科学文化就要落后。"例（23）省去的大前提是："如果科学技术迅速发展，生产设备就会迅速更新，生产工艺就会迅速变革。"

(24) 如果少征公粮，就要缩小八路军、新四军，那是对日本帝国主义有利的。所以，这种意见，实际上是代表日本帝国主义、帮日本帝国主义忙的。(毛泽东《抗美援朝的伟大胜利和今后的任务》)

(25) 如果我们的工人不具备相当的科学文化水平，不学习新的生产技能，那么，对现代化工业生产就难以掌握。如果我们的农村人民公社社员没有相当的科学文化水平，不懂得使用电力、机器、化肥、农药等等，不学会科学种田，也就不能适应农业现代化的需要。如果我们的解放军指战员，没有现代军事科学技术知识，那就不能掌握现代化的武器装备，不能很好地组织和指挥现代化战争。相反地，只要亿万群众掌握了这些知识和技能，他们就不但可以成为熟练的工人、农民和士兵，而且在他们中间一定会涌现出大批的技术专家、革新家、发明家、科学家。因此，我们一定要十分重视提高全民族科学文化水平这件事。(《提高整个中华民族的科学文化水平》)

这两例都省略了小前提。例（24）省去的小前提是："这种意见主张少征公粮，不利于发展八路军、新四军。"因上文已把事实交代清楚，所以这个小前提不必说出。例（25），大前提是三个“如果……”和一个“只要……”，从不同的角度和侧面对事物间条件与结果的关系进行断定。省去的小前提是：“我们要使我们的工人能够掌握现代化工业生产，使我们的农民能够适应农业现代化的需要，使我们的解放军指战员能够掌握现代化的武器装备和组织、指挥现代化战争，使亿万群众不但可以成为熟练的工人、农民和士兵，而且可以成为技术专家、革新家、发明家、科学家。”这个小前提不言自明，写出来反而显得啰嗦。

（26）一部作品，只要政治上符合六条标准，艺术上还比较好，就可以发表。这部作品，我认为，是政治上符合六条标准，艺术上也比较好的。

这个例子省略了结论：“这部作品可以发表。”由于已在小前提里清楚地说明这部作品符合发表的条件，因此这个结论可以省去。

2. 熔合

假言直言推理也可以把小前提熔合到结论之中。熔合的结果，是结论的主词部分包含了假言大前提中前件或后件所表达的意思。例如：

（27）路线正确，无往不胜。我们党的正确的路线，永远引导我们从胜利走向胜利。

（28）只有顽固地站在与人民为敌的立场，才会反对四个现代化。疯狂反对四个现代化的“四人帮”，就是一小撮与人民为敌的反动派。

例（27），小前提是“我们党的路线正确”，现在熔合进结论，成了结论的主词“我们党的正确的路线”。这个结论的主词，包含着对假言大前提中的前件加以肯定的内容。所以，这个例子实际上是从肯定前件到肯定后件，即采用“肯定顺推”的方式。例（28），小前提是“‘四人帮’疯狂反对四个现代化”，现在熔合进结论，成了结论的主词“疯狂反对四个现代化的‘四人帮’”。这个结论的主词，包含着对假言大前提中的后件加以肯定的内容。所以，这个例子实际上是从肯定后件到肯定前件，即采用“肯定倒推”的方式。

有时，这种熔合主要是借助“的”字改变句子结构而造成的。例如：

(29) 哪里有压迫，哪里就有反抗。恶霸地主黄毛狼的残酷剥削和压迫，激起了全村贫苦农民的愤怒和反抗。

这个推理本来包含这么三段：“哪里有压迫，哪里就有反抗。恶霸地主黄毛狼对全村贫苦农民残酷剥削和压迫，因此，激起了全村贫苦农民的愤怒和反抗。”若去掉“因此”，在小前提中加“的”字，便成为：“恶霸地主黄毛狼对全村贫苦农民的残酷剥削和压迫，激起了……”为了简练，再去掉“对全村贫苦农民”，便成为：“恶霸地主黄毛狼的残酷剥削和压迫，激起了……”这样，“恶霸地主黄毛狼的残酷剥削和压迫”就成了结论的主词，小前提就熔合进结论了。

3. 词面变异

运用假言直言推理，为了说理的需要，为了语言的活泼、有变化，也常常讲求词面的变异。具体办法，同前面讲直言演绎推理时所说的差不多，一个是代词指代，一个是变换说法。

(30) 在开国前夕毛主席曾经说过：“只要我们坚持人民民主专政和团结国际友人，我们就会是永远胜利的。”依靠这两个最基本的条件，我们已经取得了社会主义革命和社会主义建设的伟大胜利，也必定能够在为实现新时期的总任务而斗争中取得更大的胜利。(叶剑英《关于修改宪法的报告》)

(31) 劳动者只有具备较高的科学文化水平，丰富的生产经验，先进的劳动技能，才能在现代化的生产中发挥更大的作用。在我们的社会里，广大劳动者有高度的政治觉悟，他们自觉地刻苦钻研，提高科学文化水平，从而必将在生产中创造出比资本主义更高的劳动生产率。(邓小平《在全国科学大会开幕式上的讲话》)

例 (30)，引用毛泽东同志所作的一个假言判断作为大前提。“依靠这两个最基本的条件”是小前提，肯定前件。在这个小前提里，用“两个最基本的条件”概括“坚持人民民主专政和团结国际友人”，并且用代词“这”加以指代，由于结构关系，还添加了动词“依靠”，这样，词面就有了很大的变化。"我们已经取得了社会主义革命和社会主义建设的伟大胜利，也必定能够在为实现新时期的总任务而斗争中取得更大的胜利"是结论，肯定后件。这个结论，紧扣"永远胜利"，变换为具体的说法，词面的变异也很大。例（31），先用"只有……才……"提出假言大前提。接着，用"在我们的社会里，广大劳动者有高度的政治觉悟，他们自觉地刻苦钻研，提高科学文化水平"这一小前提肯定前件，用"从而必将在生产中创造出比资本主义更高的劳动生产率"这一结论肯定后件。小前提和前件，结论和后件，词句有同有异，富于变化。

4. 双管齐下

所谓"双管齐下"，是指从互相对立的两个方面同时提出假言大前提，然后双管齐下，分别进行推论。采用这一办法，能够在对比中阐明事理，给人以深刻的印象。例如：

> （32）干部作风好，干群关系就密切；干部作风恶劣，干群关系就受到严重损害。焦裕禄关心群众，处处为群众着想，因此群众把他当作贴心人；有的干部违法乱纪，强迫命令，打骂群众，因此群众见了他们好像见了老虎，哪里会向他们说内心话？我们一定要使我们党的优良传统和作风不断发扬光大，以保证新时期总任务的胜利实现。

首先就提出两个假言判断，代表正、反两个方面。接着，以第一个假言判断为大前提进行推论，指出焦裕禄作风好（关心群众，处处为群众着想），因此干群关系很密切（群众把他当作贴心人）；又以第二个假言判断为大前提进行推论，指出有的干部作风恶劣（违法乱纪，强迫命令，打骂群众），致使干群关系受到了严重损害（群众见了他们好像见了老虎，哪里会向他们说内心话）。这样就造成了强烈对比，使读者深深懂得，一定要使我们党的优良传统和作风不断发扬光大，只有这样才能保证新时期总任务的胜利实现。再如：

> （33）为了揭穿"天命观"的不可信，屈原举了很多历史和传说中同"天命观"相矛盾的例子：齐桓公九合诸侯，功劳可算很

大了，按“理”说应该受到天的恩赏，但他却被几个手下人害死了。传说中舜的弟弟象，是一个做了很多坏事的歹徒，按“理”应受天罚，但他却享尽荣华富贵，子孙繁衍。

这也是“双管齐下”，包含两个假言直言推理，不过都有所省略。把它们补成完整的形式，基本意思是：

如果有什么“天赏”，有功该受天赏的人就不会有不好的遭遇；

如果有什么“天罚”，有罪应受天罚的人就不会享受荣华富贵。

齐桓公功劳很大，却被几个手下人害死了，可见没有什么“天赏”；

舜的弟弟象做了很多坏事，却享尽荣华富贵，可见没有什么“天罚”。

通过这样的“双管齐下”的推理，既说明了事物的这一面，又说明了事物的另一面，从而充分揭穿了“天命观”的不可信，使人感到那种谬论是多么可笑。

五　各种推理的综合运用

各种推理方法都不是彼此孤立的。因此，写作时用到的推理方法往往不是单一的、孤立的。这一部分，着重从三个方面，谈谈各种推理彼此结合、配合使用的情况。

（一）归纳推理和演绎推理的衔接

毛泽东同志在谈到“人类认识的两个过程的互相联结——由特殊到一般，又由一般到特殊”时指出：“这是两个认识的过程：一个是由特殊到一般，一个是由一般到特殊。人类的认识总是这样循环往复地进行的，而每一次的循环（只要是严格地按照科学的方法）都可能使人类的认识提高一步，使人类的认识不断地深化。”归纳推理和演绎推理，就是反映“由特殊到一般”和“由一般到特殊”这两个认识过程的。它们虽然是两种不同的推理方法，但二者有着内在的联系，可以互相补充，互相证明。归纳推理可以为演绎推理提供前提，演绎推理可以反过来证明归纳推理的结论的正确性。

写作中，归纳推理和演绎推理可以互相衔接。这有两种情况。一种情况是，归纳推理的结论同时是演绎推理的大前提。这种情况，在字面上直接地反映了“由特殊到一般”和“由一般到特殊”这两个过程的互相联结，即从许多个别的、特殊的事物中归纳出共同的东西，让人们认识其共同的本质，接着，又以这种共同的认识为指导，进一步说明另一特殊事物。例如，在同两位拉丁美洲人士的一次谈话中，毛泽东同志指出：

> (1) 整个历史证明这一点，人类阶级社会的几千年的历史证明这一点：强的要让位给弱的。美洲也是这样。（毛泽东《美帝国主义是纸老虎》）

在这段话之前，毛泽东同志分析了弱小者战胜强大者的许多事实。他指出：“孙中山力量很小，清朝的官员看不起他。他多次起义总是失败。最后，还是孙中山推翻了清朝。大，不可怕。大的要被小的推翻。小的要变大。”“袁世凯的力量比孙中山的大。但还是照这个规律：力量小的，同人民联系的，强；力量大的，反人民的，弱。尔后，孙中山的资产阶级民主革命派同我们共产党合作，把袁世凯留下来的军阀系统打败了。”“蒋介石统治中国，得到全世界各国政府的承认，统治了二十二年，力量最大。我们力量小，原先有五万党员，经过反革命的镇压，只剩下几千党员。敌人到处捣乱。但还是照这个规律：强大的失败，因为它脱离人民；弱小的胜利，因为它同人民联系在一起……”“抗日战争的时候，日本很强大，……但是，日本军国主义，还有德国希特勒，也是照这个规律，没几年就倒了台。”“我们的枪炮不如国民党。国民党军队四百万，打了三年，累计起来，被我们消灭了八百万。在美帝国主义帮助下的国民党打不赢我们。强大的打不赢，弱小的总是胜利。”正是在分析这许许多多历史事实的基础上，毛泽东同志归纳出“强的要让位给弱的”的结论，阐明了脱离人民的强者最终必定被同人民联系在一起的弱者所打败这一普遍性的规律。这是运用归纳推理。以这一普遍性的规律为大前提，毛泽东同志作了推断："美洲也是这样。"这便是运用演绎推理了。有归纳，有演绎，逻辑性很强。

另一种情况是，归纳推理的结论同时是演绎推理的小前提。在这种情况下，演绎推理是对归纳推理的结论作进一步的引申或推断。例如，五届人大第一次会议的政府工作报告指出：

> (2) 这一切充分表明，党中央提出的抓纲治国战略决策一年初见成效的要求已经胜利实现，而且情况比预期的还好。全国人民欢欣鼓舞，全世界革命人民也为我们高兴。苏联领导集团攻击我们政权"不稳"，咒骂我们"走进了死胡同"，幻想我们背离马列主义、毛泽东思想的轨道，这一切都在铁的事实面前彻底破产了。让那些小丑们去狂叫吧，伟大的中国人民将继续乘风破浪，奋勇前进！

在这段话前边，以"我们摧毁了'四人帮'及其余党的资产阶级帮派体系……""我们的人民打碎了'四人帮'的精神枷锁……""我们的军队粉碎了'四人帮'妄图毁我长城的阴谋……""我们的广大干部砸烂了'四人帮'的'钢铁工厂'和'帽子工厂'……"等九个排比段，从各方面列举了我国一年多来的深刻变化。在这段话里，"这一切充分表明，党中央提出的抓纲治国战略决策一年初见成效的要求已经胜利实现，而且情况比预期的还好"，这是以前边所列举的种种情况为前提推导出来的结论，它和它的前提构成了一个归纳推理。以这一归纳推理的结论为小前提，文章又进行了两次演绎，形成了两个演绎推理。第一个演绎推理的大意是：

> 只要我们取得胜利，全国人民就高兴，全世界革命人民就高兴。（大前提）
>
> 我们取得了抓纲治国战略决策一年初见成效的伟大胜利，（小前提）
>
> 因此，全国人民高兴，全世界革命人民也高兴。（结论）

这是一个假言直言推理，采用"肯定顺推"的方式。第二个演绎推理的大意是：

如果情况真像苏联领导集团所攻击和咒骂的那样，我们就不可能取得伟大的胜利。（大前提）

我们取得了抓纲治国战略决策一年初见成效的伟大胜利，（小前提）

可见，苏联领导集团的攻击和咒骂完全是无耻谰言。（结论）

这也是一个假言直言推理，采用的是“否定倒推”的方式。报告中先对事实加以归纳，然后从两个侧面进行演绎，表现出强大的逻辑力量，大长了革命人民志气，大灭了反动派的威风！

（二）归纳推理和演绎推理的协作

有时，为了说明同一个问题，可以同时使用归纳推理和演绎推理。在这种情况下，归纳推理和演绎推理各尽所能，紧密协作，从不同角度说明同一事理，从而大大地提高了论断的说服力。

《解放军文艺》一九七五年第七期报告文学《山沟里的小地震台》第二部分，写大地震即将发生之前，领导干部和工作人员怎样做出论断。为了节省篇幅，下面摘引其重要部分，细节描写只好略去。

(3) 这正是二月一日的深夜，山谷里静极了。突然，地震仪的记录笔尖微微地颤动了几下。这微小的变异，不禁使邓素珍心头一震，她立即摇动计算器，很快辨明了震中的方向、距离。这是一次在离台二十公里处发生的零点八级地震。……自打建台以来，附近山区从没发生过这类情况。为什么冷丁冒出个小小的“零点八”来？党支部立即组织大家分析、判断。……为了这个小小的“零点八”，他们费尽了心血。“零点八”不是孤立的、偶然的现象，可是它跟什么联系着呢？大家在灯下逐字逐句地读着《矛盾论》，边读边苦苦思索着。当他们读到：“按照唯物辩证法的观点，自然界的变化，主要地是由于自然界内部矛盾的发展。”“一个大的事物，在其发展过程中，包含着许多的矛盾。”大家的眼睛更亮了，坚定了跟踪追击的信心。……电话机叮铃铃地响了……耳机刚刚放好，电话铃又响了……群众纷纷报来的各种异常现象，使小台站的同志更加重视那个“零点八”了。它决不是偶然的。于是，小台站进入了“战斗状态”。然而，真正展开激烈的战斗，那还是二月三日的夜里。……这一夜，他们连续记录了五百零二次地震，最大的达到四点七级。……支委会上，在紧急而认真地研究之后，很快就集中了大家的正确意见：（一）小震频繁、有感地震增多并密集在一个地区发生，可能因小断裂串通使地下岩层猛烈错动，大地震即将形成。（二）各群众测报点报来的地下水、动物异常等资料，与仪表的反映一致。多方面证明了地下岩层变形，矛盾已经激化。……市地震办公室灯火通明。领导干部和工作人员一起，正忙着综合来自各方面的地震前兆资料。经过一阵紧急的会商，便认定石硼峪地震台提出的重要依据和广大群众测报点报来的情况是一致的：本地区即将发生破坏性地震。

能够对大地震即将发生作出正确的判断，是地震台领导干部和工作人员认真学习毛泽东同志的著作、坚决依靠广大群众、对问题进行了深入细致的研究的结果。从逻辑推理的角度说，他们既运用了演绎推理，又运用了归纳推理。支委会上肯定下来的第一点意见，便是用的演绎推理：地下岩层猛烈错动，大地震就会形成。（大前提）现在，小震频繁、有感地震增多并密集在一个地区发生，可能因小断裂串通使地下岩层猛烈错动，（小前提）所以，大地震即将形成。（结论）支委会上肯定下来的第二点意见，用的则是归纳推理，即根据各群众测报点报来的地下水、动物异常等资料，归纳出地下岩层已经变形的结论。这两点意见，运用的是不同的推理方法，说明的却是同一个问题。因此，市地震办公室领导干部和工作人员进一步集中到一点，认定：“石硼峪地震台提出的重要依据和广大群众测报点报来的情况是一致的：本地区即将发生破坏性地震。”

（三）各种推理的配合使用

写作中，根据实际需要，各种推理可以配合使用。

长篇小说《红岩》第十章，写许云峰被捕以后，在敌人的“宴会”上同敌人进行了坚决的斗争。请看一开始许云峰是怎样同敌人交锋的：

(4)“今天这桌盛宴，使我想起了一件事。从前，我当工人的时候，厂长老想请我吃饭。也像你们这样，摆满了山珍海味。厂长为什么要恭维我这个穷工人呢？因为我是工人代表。厂长想用油水糊住我的嘴巴！当时，我看了满桌酒菜，摇摇头说酒席办得太少。厂长给弄糊涂了。我就告诉他：一桌酒菜只能塞住一个人的嘴巴，可是塞不住全厂工人的嘴巴！”

…………

“你们听着。”许云峰站在席边，旁若无人地侃侃而言：“我刚才说过，厂长的酒菜塞不住工人的嘴巴。那么，今天的筵席又有什么用处？请我吃饭，无非因为我是共产党员，地下党的负责干部，在工人中有你们害怕的号召力！你们想想，如果我和众人所不齿的特务同席共宴，我许云峰当然变得一钱不值，在群众中毫无作用了，这样一来，你们岂不是弄巧成拙，白白赔本么？”

这里包含着一个类比推理和一个演绎推理：

1.“从前，我当工人的时候，厂长老想请我吃饭。也像你们这样，摆满了山珍海味。”“厂长的酒菜塞不住工人的嘴巴。那么，今天的筵席又有什么用处？”这是类比推理。说明敌人的筵席对坚强不屈的革命者毫无作用。先把“从前”和“今天”的类似情况作比较，在对敌人“你的话未免离题太远”的说法加以驳斥之后，再进行类推，提出结论“今天的筵席又有什么用处”，表现了推理运用的灵活性。

2.“如果我和众人所不齿的特务同席共宴，我许云峰当然变得一钱不值，在群众中毫无作用了，这样一来，你们岂不是弄巧成拙，白白赔本么？”这里转用反问语气表达了一个推理：“如果我和你们这些为众人所不齿的特务同席共宴，我就变得一钱不值，在群众中毫无作用，如果我变得一钱不值，在群众中毫无作用，你们想利用我的目的就达不到，你们就弄巧成拙，白白赔本；因此，如果我和你们这些为众人所不齿的特务同席共宴，你们就必然是弄巧成拙，白白赔本！”两个前提和结论都是假言判断。这是演绎推理中的纯假言推理。通过揭示事物间的内在联系，对敌人进行痛斥和嘲笑。

这两个推理，都在“宴”字上做文章，先类推、后演绎，互相配合，有力地说明了敌人阴谋的必然破产，表现了许云峰的坚定、敏锐和对反动派的极度蔑视。

《红岩》第二十一章，写“红旗特务”郑克昌化名“高邦晋”，打入监狱，妄图了解监狱党组织的情况。他的行动、言语，引起了监狱里许多同志的怀疑。请看孙明霞对江姐说的几句话：

(5)“江姐！”孙明霞被提醒了。她点着头说：“我倒想起一个小问题，高邦晋不是告诉小余，说老许现在关在梅园吗？”

“他是说过，”江姐问，“你觉得有什么问题？”

“不管老许是否在梅园，”孙明霞说：“老许离开渣滓洞的时候，敌人做得那么机密，谁也不知道关在何处，高邦晋怎么可能在二处听到这样机密的事情？”

望着江姐带着鼓励的眼色，孙明霞又说道：“我是学医的，我知道骨折要裹石膏，‘披麻戴孝’根本不应该在脚上箍个石膏筒。”她认真地思索着说：“我疑心，他是个十分危险的敌人。”

这里包含着三个推理：

1.“老许离开渣滓洞的时候，敌人做得那么机密，谁也不知道关在何处，高邦晋怎么可能在二处听到这样机密的事情？”这是用反问语气表达的一个假言直言推理。它的完整形式是：“只要是敌人做得很机密，谁也不知道的事，决不可能在二处（牢房里）听到。老许关在哪里是敌人做得很机密，谁也不知道的事，因此，高邦晋不可能在二处（牢房里）听到。”这个假言直言推理采用“肯定顺推”的方式。进行这一推理，目的在于利用其结论来否定“高邦晋”向余新江说过的一句话：“我在二处牢房里听说过，他现在关在梅园——美国顾问处。”因此，实际上又包含着一个直接推理，即：既然“高邦晋”不可能在二处牢房里听到这样机密的事情，那么，“高邦晋”说他在二处牢房里听到了这样机密的事情便是假的。由“不可能听到”的真，推知“听说过”的假，从而断定“高邦晋”是说假话。

2.“‘披麻戴孝’根本不应该在脚上箍个石膏筒。”这句话实际上也表达一个直接推理："'披麻戴孝'根本不应该在脚上箍个石膏筒，因此，说由于'披麻戴孝'而在脚上箍个石膏筒是不真实的。"（上文已交代"高邦晋"告诉几个幼稚的学生，他受了"披麻戴孝"的刑法后腿上箍个石膏筒。）这个直接推理，由前一判断的真，推知后一判断的假，从而断定"高邦晋"又是说假话。

3．"我疑心，他是个十分危险的敌人。"这是孙明霞根据以上所说的可疑情况作出来的判断。以上所说的可疑情况是前提，这一判断是结论，组成了一个归纳推理。至此，孙明霞已经透过现象抓住了事物的本质，作出了一个令人信服的结论。

这三个推理，有直接推理，也有间接推理；有演绎推理，也有归纳推理。它们充分说明了，孙明霞在尖锐复杂的阶级斗争中，头脑清醒，善于分析问题，善于进行推断，能够识破伪装的敌人。

从上面两个例子可以知道，不同推理方式的变换使用，可以更好地从不同的角度推断事物，使对事物所作的分析具有论证性和说服力，从而加深人们对事物的认识。

当然，以上所谈，远不能概括各种推理综合运用的全部情况。只能说，我们仅仅指出几种现象，并举些例子作些分析而已。这样做，是为了说明不能把各种推理方法看成孤立的东西。

形容词短语

酒肴与餐具
——代序

吃酒席，目的在于品尝那些佳肴美酒，不在于吃餐具。然而毕竟要有一套合用的餐具来盛装佳肴，饮酒进菜。餐具很有些讲究，不仅不是可有可无的，也不应当是马马虎虎的。它本身要成套，不能是乱糟糟的杂七杂八的一堆。每套餐具还应当和酒肴相配合，什么样的酒肴就用与之相适应的盘、杯、碗、匙。餐具要让人使用方便，制作、色彩最好协调一些，有点艺术性，让人用着舒适，多少起点促进食欲的作用。设计餐具、制作餐具，都不是很容易的事。

明眼人一看就知道，这里是想用餐具比喻教学语法的语法体系。这个比喻很浅薄。凡比喻也很难做到比得绝对贴切，严丝合缝，完全吻合。

学校的教学语法，任务是让学生明了一种语言（这里说的是汉语）的语法规律、规则，并且能够在听、说、读、写的语言活动中实地运用，以期有助于提高语言能力。在教学语法中，语法体系是工具，是手段，不是教学的最终目的。教学语法工作者如果把主要精力用在探究语法体系以至沉溺于语法体系的分歧论争之中，那是很不妥当的。回到上边那个比喻：设计餐具、制作餐具都是重要的，然而那不是厨师的任务。厨师的任务是把酒肴备妥，做好，并且适合对象的需要，做给小孩儿或老年的，量不妨少一点，做得软一些，好消化一些；做给青壮年的，量就不妨多一些，还有些耐咀嚼、耐消化的东西；做给南方人或北方人，中国人或外国人，也应有所区别，如此等等。设计、制作餐具，也不是宴会主人的任务。主人的任务是使客人吃得高兴，吃得受用，吃了有益。并不排除这种可能性：主人和厨师都是餐具设计专家。然而，今天既是主人和厨师，首先要把主人和厨师的任务完成好，不应主次不分，把注意力倾注在餐具上。

但是，毕竟得有个体系。在基础教育阶段，全国各地各学校使用的教学语法的语法体系，宜于大体一致。张老师一个讲法，王老师一个讲法；一中一个讲法，二中一个讲法；甲地一个讲法，乙地一个讲法：如果这样，那对教学工作是极端不利的，对语法学本身的发展也是不利的。

现在已经在部分地区、部分学校开始使用并且将要陆续更广泛使用的教学语法体系是《中学教学语法系统提要（试用）》（以下简称《提要》）。1981 年 7 月在哈尔滨举行了一次全国性的规模盛大的“语法和语法教学讨论会”。重要议题之一是讨论如何修改从五十年代中期开始在全国使用的《暂拟汉语教学语法系统》（以下简称《暂拟系统》）。经过充分讨论，会议商定了修改的原则和要点。随后又用了两年多的时间，经过起草，反复征求意见，反复修改，产生了目前这个《提要》，于 1984 年经有关领导部门批准公布试用。《提要》不是一个全新的体系，是在《暂拟系统》的基础上修订而成的。不过作为一个体系，必然是一个整体，因而改动某一点往往要牵动其他若干点，所以看上去好像改动还是不小。这样就会使不少教师和其他有关的人对这个体系感到陌生。为了帮助大家熟悉《提要》，有助于语法教学，人民教育出版社参与制定的部门和有关同志计划组织编写一套丛书，按照《提要》的内容，化整为零，分解为若干题目，写成若干本小书，每书一题，多举些实例，这样可以把每个问题讲得清楚明白一些。这项工作得到语言学界和语文教学界许多学者的热情支持，分别认了题目，认真编著。现在稿子陆续写出，经过编辑处理，就要相继交付排印了。编辑部门要我把这套丛书的产生经过和意图说一说，于是写了这篇代序。

需要说明两点。为丛书写稿的同志们各有自己的语法观点。大家支持这个《提要》，是为了教学工作的需要，并不意味着每一位都全面同意《提要》的讲法，放弃了自己的观点。所写的稿子里也不免间或带进点本人的看法，以至与《提要》不完全一致。编辑部愿意保留每位作者的稿子的本来面目，不加改动，有点不同的讲法未尝不好。至于在中学教学，则建议以《提要》为准。这是一。其二，实际主持这套丛书的编辑工作的，是庄文中、黄成稳两位同志。还有田小琳同志也曾出过力，只是目前脱离了这项工作，所以没有列名。我本人则只不过对这套丛书起了点促成作用而已。不敢掠美，所以也应当说一声。尽管如此，我仍代表丛书的编辑者和出版者向支持这项工作、为丛书写稿的学者们和关心这套丛书的读者们致以衷心的谢意。

张志公

1987 年 3 月

第一节 形容词短语的基本结构

一 形容词短语的结构特点

（一）什么是形容词短语

在结构组织上，形容词短语以形容词为主体构件。因此，可以这么说：形容词短语是以形容词为主体的短语。

任何短语，都由两个或两个以上的词构成。构成某个短语的每一个词，都是这个短语的构件。构件包括主体构件和非主体构件。形容词短语和动词短语、名词短语的根本区别，就在于它们的主体构件分别为形容词和动词、名词。《中学教学语法系统提要（试用）》（以下简称《系统提要》）讲名词短语时指出“名词短语以名词为主体”；讲动词短语时指出“动词短语是以动词为主体的短语”；讲形容词短语时《系统提要》没有说带定义性的话，但显然可以这么类推：形容词短语是以形容词为主体的短语。

以形容词为构件的主体，这是形容词短语在结构组织上的突出特点。基本情况，有以下两种：

1．短语可以分出中心构件和向心构件，中心构件由形容词充当。作为中心构件，形容词自然是主体构件。

可以分出中心构件和向心构件的形容词短语，有的是一种偏正式形容词短语。这种形容词短语，前边是起修饰作用的向心构件，后边是由形容词充当的中心构件。如下图所示：

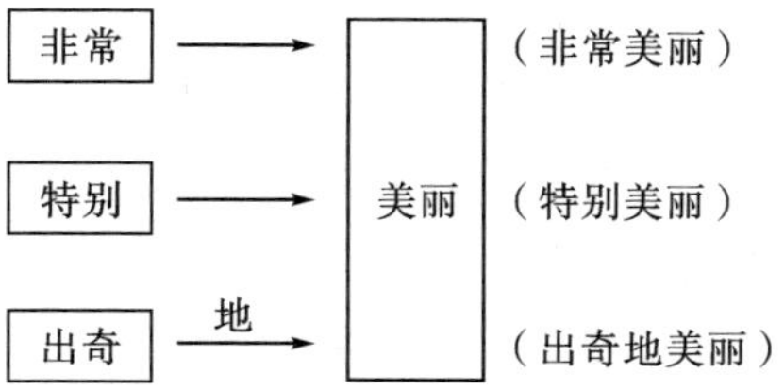

可以分出中心构件和向心构件的形容词短语，有的是一种后补式形容词短语。这种形容词短语，前边是由形容词充当的中心构件，后边是起补充作用的向心构件。如下图所示：

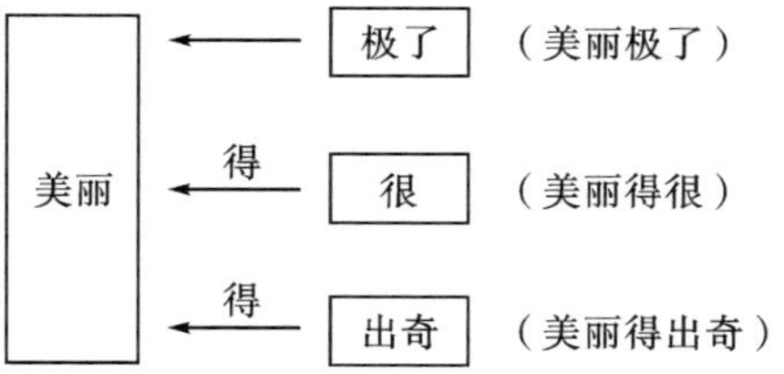

2. 短语分不出中心构件和向心构件，其前后构件由两个或几个形容词联合充当。由于分不出中心与向心，联合使用的形容词都算主体构件。这是一种联合式形容词短语。如下图所示：

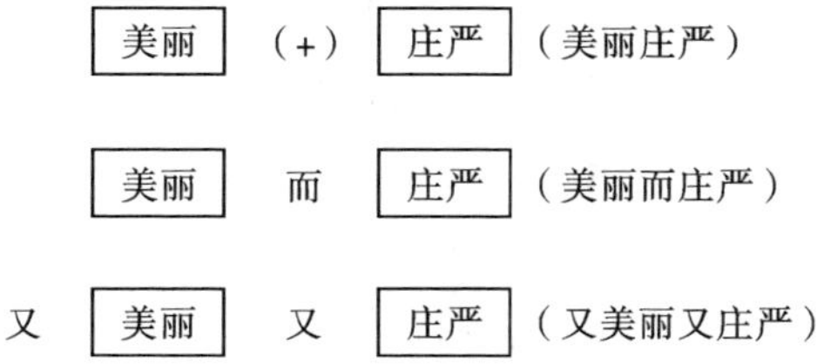

（二）怎样辨别形容词短语

辨别形容词短语，必须而且只能根据这类短语的结构特点。

1. 既然形容词短语以形容词为主体构件，那么，要辨别形容词短语，首先必须能够辨别形容词。

形容词的基本特点是能受程度副词的修饰，不能带宾语。大部分形容词符合这一基本特点。《系统提要》里，简介形容词时共列举九个例词：

表示性质（高、好、小、美丽、优秀）

表示状态（迅速、匆忙、愉快、急躁）

上面的例词，不管是表示性质的，还是表示状态的，全都不能带宾语。其中，有八个能自然地接受多种程度副词的修饰：

很高	比较高	相当高
很好	比较好	相当好
很小	比较小	相当小
很美丽	比较美丽	相当美丽
很迅速	比较迅速	相当迅速
很匆忙	比较匆忙	相当匆忙
很愉快	比较愉快	相当愉快
很急躁	比较急躁	相当急躁

“优秀”这个形容词，由于受到自身词义的制约，不大能接受多种程度副词的修饰，但仍然可以像另外八个形容词那样接受“特别”这样的程度副词的修饰：

特别高	（个子特别高）
特别好	（环境特别好）
特别小	（体积特别小）
特别美丽	（校园特别美丽）
特别优秀	（他的学习成绩特别优秀）
特别迅速	（这孩子反应特别迅速）
特别匆忙	（这次转移特别匆忙）
特别愉快	（这段日子过得特别愉快）
特别急躁	（老班长脾气特别急躁）

凡是能受程度副词的修饰而不能带宾语的词，可以断定为形容词。就辨别形容词说，这是最基本的一点。此外，还要注意以下三点。

A. 有的动词能受程度副词的修饰，但是，它们又能带宾语。

这样的动词一般是心理活动动词。《系统提要》中简介动词时提到表示心理活动的动词，共列举五个例词：想，爱，恨，忘记，希望。

其中，“忘记”不能受程度副词的修饰，能够带宾语，跟形容词不会相混。例如：* 很忘记｜忘记了所有的事。其他四个，虽能受程度副词的修饰，却又能带宾语：

很想　　　很想快点长大

很爱　　　很爱这块土地

很恨　　　很恨这种伪君子

很希望　　很希望你能快点来

除了心理活动动词之外，比似动词“像”也可以受程度副词的修饰，并且可以带宾语：

很像　　　很像他爸爸

特别像　　特别像我的一位老同学

不能带宾语，这是形容词的必要条件。在这一点上，形容词同心理活动动词、比似动词有明显的区别。作图表示：

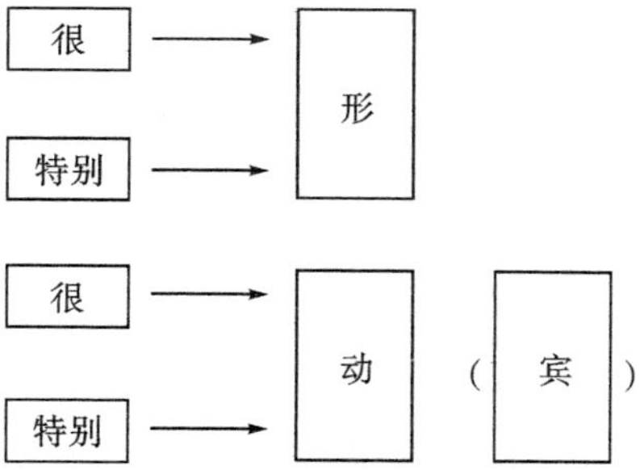

B. 有的形容词，不仅不能带宾语，而且不能受程度副词的修饰。

这样的形容词，大致可以分为下面两种情况：

第一，形容词本身包含有程度，因而前边不能再加程度副词。比如偏正式形容词“深红、浅绿、金黄、雪白、笔直、冰凉”等等，偏的部分已表示性状的程度，因而不能加上程度副词说成“很深红、很浅绿”等等；又如带叠语素的形容词“红通通、绿油油、黄灿灿、白茫茫、硬邦邦、笑嘻嘻、水汪汪”等等，叠音部分既有摹状或拟声的作用，同时又强调了性状的程度，因而也不能再加程度副词说成“很红通通、很绿油油”等等。

第二，形容词本身表示固定的、没有程度高低之分的性状，因而加不上程度副词。如“真正的人”的“真正”，不能说成“很真正”；“唯一的办法”的“唯一”，不能说成“很唯一”。

能受程度副词修饰并且不能带宾语，这是大多数形容词的共同特点。少数形容词不能受程度副词的修饰，则是由于受到自身词义的制约。

C. 有的词，经常用作形容词，但有时带上宾语，临时用成了动词。

带宾语是动词的决定性特征。一个词，尽管经常性用法是形容词，但只要带上了宾语，就应判定为动词。例如：

红了脸

黑了心

大着胆子

低着声音

作为形容词，“红、黑、大、低”都可以受程度副词的修饰；一旦用作动词，它们就不能再加程度副词了。比较：

脸很红	*很红了脸
心很黑	*很黑了心
胆子很大	*很大着胆子
声音很低	*很低着声音

2. 既然形容词短语以形容词为主体构件，那么，一个形容词短语不能不包含有形容词。

首先，不能将含心理活动动词的短语误认为形容词短语。例如：

(1) 路我是非常熟悉的。(鲁彦周，中 a36)①

(2) “你喜欢我们这里吗？”

---

① 为了节省篇幅，例子后边括号里一般只注明作者，以及例句出处的简称和页码。“中 a”和下面的“花 b”等等都是简称，详见“例句出处的简称”。

"喜欢！太喜欢了！"

"你喜欢这里的什么？"（鲁彦周，中a41）

例（1），"熟悉"是心理活动动词，它后边可以带上宾语。把句子稍作变换，"路我是非常熟悉的"可以说成"我是非常熟悉那一带的路的"，其中"那一带的路"便是"熟悉"的宾语。可见，"非常熟悉"是动词短语，而不是偏正式形容词短语。例（2），"喜欢"是心理活动动词。在上下文的两个问句里，"喜欢"分别带上宾语"我们这里"和"这里的什么"；在中间的答句里，"喜欢"后边也可以出现宾语："喜欢！太喜欢你们这里了！"可见，"太喜欢（了）"也是动词短语，而不是偏正式形容词短语。又如：

（3）我对这个突然冒出来的人又羡慕又妒嫉。（鲁彦周，中a42）

（4）对女儿，他似乎比我更疼惜和金贵。（黄虹坚，花a214）

例（3），"羡慕"和"妒嫉"都是心理活动动词，它们的后边都可以出现宾语：羡慕这个突然冒出来的人，妒嫉这个突然冒出来的人。因此，"又羡慕又妒嫉"是动词短语，而不是联合式形容词短语。例（4），"疼惜"是常用的心理活动动词，"金贵"在这里也用作心理活动动词，这两个心理活动动词的后边可以出现宾语："他似乎比我更疼惜和金贵我们这个女儿。"因此，"疼惜和金贵"也是动词短语，而不是联合式形容词短语。

其次，不要混淆起形容描写作用的短语和形容词短语这两个概念。形容词短语一定有形容描写作用，但有形容描写作用的短语不一定都是形容词短语。有的名词短语，特别是有的动词短语，是有形容描写作用的。比如在"一衣带水的邻邦"里，"一衣带水"比喻仅隔一水，极其邻近，自然有形容描写作用。但"一衣带水"是"数量名"结构，构造上跟"一书架书"相似，不包含形容词，因此不是形容词短语，而是名词短语。又如：

（5）我的这身装束，在这个地方出现，当然也非常引人注目。（鲁彦周，中a40）

"引人注目"有形容描写作用，"非常引人注目"跟"非常突出"之类意思有近似之处。但是，"引人注目"在结构关系上是个兼语式："人"是"引"的宾语，同时又是"注目"的主语。一般认为，兼语式短语属动词短语；按《系统提要》的说法，兼语式短语是由动词短语和主谓短语套接构成的短语。不管怎么解释，由于"引人注目"或"非常引人注目"不包含形容词，因而不能分析为形容词短语。

3. 既然形容词短语以形容词为主体构件，那么，一个短语即使包含形容词，并且整个短语有形容描写作用，但如果其中的形容词不是主体构件，它也不是形容词短语。

有的名词短语，既有形容描写作用又包含形容词。比如：

远距离地操纵
长时间地观察
高规格地接待
大规模地动员
多线索地描写

"远距离、长时间、高规格、大规模、多线索"在这里都充当状语。语义上，它们偏重于"远、长、高、大、多"，这一点有的特别明显，如"远距离地操纵"相当于"远远地操纵"，"长时间地观察"相当于"长久地观察"；但是，结构上，它们以名词"距离、时间、规格、规模、线索"为中心构件，名词前边的形容词只是向心构件，因此，它们不是形容词短语。再看这个例子：

(1) 我要最大限度地把你们身上的油水挤出来[①]（马铭，当 154）

作状语的"最大限度"包含形容词"大"，"最大限度地"有跟"彻底干净地"近似的意思，但是，在结构组织上，名词"限度"是中心构件，前边的"最大"只是向心构件，因此"最大限度"是名词短语。当然，就"最大"本身说，这是一个形容词短语，然而，这个形容词

① 本书的例子，不一定引用原文的完整的一句。从这个例子起，书里的用例末尾一般不用标点符号。

短语只是被包含在一个名词短语里头的并未占据主体构件的位置的短语。

同样，有的动词短语既有形容描写作用又包含形容词。例如：

(2) 他看见了一对明亮的眼睛和两片涂得很红的嘴唇（张贤亮，优 213）

(3) 他还故作轻松地安慰我："小意思，擦破点皮。"（李斌奎，优 307）

例 (2)，"涂得很红" 作定语，描写 "嘴唇"，包含形容词 "（很）红"，但这是一个 "动＋补" 的结构，动词 "涂" 是主体构件，因此不是形容词短语。例 (3)，"故作轻松" 作状语，形容 "安慰我" 时的神态，包含形容词 "轻松"，但这是一个 "状＋动＋宾" 的结构，动词 "作" 是主体构件，因此也不是形容词短语。

二　偏正式形容词短语

偏正式形容词短语是形容词带修饰成分的短语，其基本结构是 "状＋形"。如果用 A 代表形容词，这类短语可以简称为 "状 A" 短语。

（一）由词充当状语的 "状 A" 短语

"状 A" 短语里的状语，有时由词充当。下面介绍几种主要的或值得注意的事实。

1. "状" 为程度副词

最常用的程度副词是 "很"：

(1) 她的衣着很入时（陆文夫，中 a18）

(2) 他们这一对，很相配呀（程乃珊，月 22）

(3) 我们浩光可以上报一个很特别的节目呢（程乃珊，月 20）

(4) 他们都不笑了，很恭敬地等在那里（鲁彦周，中 a37）

(5) 他活得很实际（周梅森，花 a10）

除 "很" 之外，其他程度副词也常用。用 "最、更、更加" 的，例如：

(6) 她可能有四十出头了，穿了件最普通的农家妇女的褂子（鲁彦周，中 a40）

(7) 小晶说完那句话，我就更仔细地打量她（洪峰，获 b10）

(8) 到了我父亲那辈儿，这一方的光景败坏得更加厉害（浩然，家 150）

用“非常、十分、万分、特别、格外、极其、极、异常、无比、无限”等的，例如：

(9) 沈进先觉得这件事非常棘手（陆文夫，中 a24）

(10) 但那用色的大胆和那饱蘸在画笔中的热情，却跃然纸上，十分传神（程乃珊，月 5）

(11) 一时显得万分沮丧（方家骏，月 29）

(12) 她的笑，特别妩媚，使我也不禁微笑了（鲁彦周，中 a40）

(13) 那天晚上，广州城里格外沉寂（徐向前，语二 42）

(14) 极其仔细地捕捉着他们的一字一句（程乃珊，月 19）

(15) 他头上是一顶破毡帽，身上只一件极薄的棉衣（鲁迅，语三 117）

(16) 这是异常豪华的公寓式套房（赵淑侠，花 b179）

(17) 脚下却感到无比坚硬（海涛，家 15）

(18) 但是，比起无限丰富的精神生活来，那算得了什么（吴伯箫，语三 76）

用“比较、较、颇、相当、有点”等的，例如：

(19) 妈妈说得比较认真，尚媛不敢笑了（鲁彦周，中 a61）

(20) 恐怕难度较大（程乃珊，月 21）

(21) 茅舍很暗，却整洁，有花露水的香，颇淡雅的（乔瑜，当 73）

(22) 他的笑有点古怪（鲁彦周，中 a37）

(23) 文笔相当流畅（傅荻，花 b200）

用“太、过分、过于”的，例如：

(24) 也许是城市太繁华？变化太快？视野太开阔？（胡辛，

中 a217）

（25）你过分斯文，说话咬文嚼字（海岩，当 176）

（26）你们不要把事情想得过于严重（周梅森，花 b 7）

用方言口语色彩较浓的“蛮、挺”的，例如：

（27）竟是蛮标准的普通话（胡辛，中 a219）

（28）他挺得意地回到自己的座位上去了（程乃珊，月 19）

用帮助表达感叹语气的“好、真、何等、多么、多”[①] 等的，例如：

（29）眼下，他那双熬出了火的满是血丝的眼睁得好大（胡辛，中 a224）

（30）他真笨！真笨！（周梅森，花 b10）

（31）当年，我是何等认真地牵着草绳，用木灰定点啊（胡辛，中 a223）

（32）那时我是多么幼稚啊（鲁彦周，中 a45）

（33）多好的兄弟！（周梅森，花 b15）

有的程度副词，后边带个“为”，凑成两个音节，一起作双音节形容词的状语：

（34）宗璞穿的也是极为朴素的衣衫（叶文玲，中 a209）

（35）又到了一个更为可怕的空白区里（陆文夫，中 a8）

（36）朱科长竟是一个颇为英俊的青年（陆文夫，中 a9）

（37）乔伟直视着刘强，他现在已能较为沉稳地说话（王刚，当 83）

有的程度副词，后边带个“是”，凑成两个音节，一起作双音节形容词的状语：

（38）这些日子，家中光景很是惨淡（朱自清，背影[②]）

（39）这剧团的人，极是辛苦（廖时香，同 55）

---

① 现代汉语里，“多么”已不表示疑问，可以看作程度副词。“多”有时是疑问代词，但在用于感叹句可以改说成“多么”时，应算程度副词。

② 背影，篇名。凡是仅从某篇或某部作品中引用一两个例子的，只注明篇名或书名，不用简称。

一部分双音节程度副词，作状语时后边可以出现结构助词“的（地）”。例如：

（40）环绕着一株枝叶婆娑的大树，成百的彩色缤纷的蝴蝶正在翩翩飞舞，衬着水中的倒影，确实是非常地美（语二 108）

（41）冬天的百草园比较的无味；雪一下，可就两样了（鲁迅，语一 110）

（42）他们是多么的失望啊！（方志敏，语一 122）

加“的（地）”，是为了取得强调的效果。下面的例句，前边的“状 A”不用“的”，后边的“状 A”特意加个“的”：

（43）今天我朱至诚非常激动！非常的激动（廖时香，同 66）

由“程度副词＋形容词”构成的状 A 短语，有的整体性很强。其中的形容词对程度副词具有依赖性，不大能离开程度副词，或者说不大能不用程度副词。例如：

（44）眼前这个瘦伶伶的小姑娘敢叫胖胖？真逗（罗建琳，花 a171）

（45）他家有三间新瓦房，很气派（刘学林，花 b195）

（46）新来的女打字员打扮得异常新潮（黄虹坚，花 a231）

2.“状”为其他副词

除了程度副词，范围副词“都”和表示肯定或否定的副词也经常用作状语。例如：

（1）也许美丽的姑娘都娇嫩（刘学林，花 b189）

（2）乔伟又一次对自己说她的确漂亮（王刚，当 83）

（3）“文革”中，那里下放过一个农学院教授，影响不小（胡辛，中 a223）

（4）我的灵魂未必纯净，但我相信，我对自己的态度是真诚的（王刚，当 91）

（5）我心中未免酸楚（廖时香，月 54）

祈使句里，否定副词“别”有时也用作形容词的状语。例如：

（6）你别认真，听过了就算（沈善增，月 32）

(7) 妈！你别罗嗦，不能老占线（徐怀中，优 8）

(8) 你们可别偏心（凤章，月 47）

3. “状”为形容词

这是一种形容词作形容词的状语的现象。常见的是用“出奇”作状语：

(1) 眼睛出奇地大（罗建琳，花 a170）

(2) 他的眼珠出奇地混浊（陆永基，花 a67）

(3) 被狂风洗劫过的世界出奇地宁静（黄虹坚，花 a212）

也有用别的形容词作状语的，例如：

(4) 公路意外的开阔（李斌奎，优 292）

(5) 无论是小三还是小海，……在秦老师面前，却惊人地相似（马铭，当 171）

4. “状”为指示代词

“如此、这样、那样”可以用来指代性状的程度，因此可以用来作形容词的状语：

(1) 一口一声“密斯”、“密斯特”的，穿得又如此花哨（程乃珊，月 15）

(2) 即使是小小的教导主任，竟也如此耗神（程乃珊，月 20）

(3) 何况他穿得这样单薄，大衣的领口处，可以看见赤裸裸的颈项（方家骏，同 24）

(4) 钱倒是蛮多的，但幸福和爱情是不是也那样多呢（李国文，优 95）

“这么、那么”一般充当状语，它们修饰形容词的用例比“这样、那样”还要常见：

(5) 我长这么大，还是头一回见到蓝颜色的花（李国文，优 84）

(6) 原来是这么有趣，到今天我才知道太阳是圆的（从维熙，人 16）

(7) 当了妈妈的杜璇变胖了，肤色还是那么白润（姜滇，十 68）

(8) 她们在谈论这个问题的时候，神情都是那么自然，语调是那么平静（徐怀中，优7）

指示代词作状语，一般不带“的（地）”。但也有带“的（地）”的：

(9) 我们都无话，暗想这人竟如此的认真（廖时香，月55）

(10) 只是那个年华是那样地短（程乃珊，月21）

(11) 他一刹那又想起上午视察完工地后，丁猛对自己个别谈话中的批评，是那样地中肯，那样地恳切（柯云路，优112）

(12) 难道女的喜欢男的讽刺她，她就那么地贱？（沈善增，月32）

（二）由短语充当状语的“状A”短语

“状A”短语里的状语，有时由短语充当。下面介绍几种主要的或值得注意的事实。

1.“状”为“比”字短语

“比”字短语是一类介宾短语。这类短语经常用来修饰形容词。例如：

(1) 到家总比两个女儿迟（凤章，月47）

(2) 纽约的消费比别的城市高（刘索拉，获a45）

(3) 不见得我的劳动观念就比你差（徐怀中，优49）

以上几例“比”字短语修饰单音形容词。

(4) 倒不是他比他的领导高明（李国文，优81）

(5) 你看她爸爸比我矮小，我从不嫌弃他（刘富道，优272）

(6) 比拖拉机安逸呢，还坐不惯（胡辛，中a219）

以上几例“比”字短语修饰双音形容词。

有时，“比”字短语后边先出现“更、还、还要”之类副词，接着才出现形容词。这是一种扩展式形容词短语[①]，“比”字短语和“更、还、还要”之类都是状语。例如：

---

① 关于扩展式形容词短语，第三节第一部分集中介绍。

(7) 我的身体渐渐康复，比以前更强健（李勃等，十 101）

(8) 陈奂生想到这里，听见自己的心扑扑跑得比打钟还响（高晓声，优 205）

(9) 他害怕比死还要艰难的生存（周梅森，花 b9）

在“比……还……”之类格式里，有时嵌进前后相同的名词，如“比木头还木头”。在这种情况下，后边的名词已临时转化成了形容词。“比木头还木头”，等于说“比木头还呆板”。又如：

(10) 他是谁？比贝多芬还贝多芬吗（王刚，当 84）

(11) 我们的恋爱比柏拉图还要柏拉图（胡辛，中 a222）

有一类现象，跟“比”字短语作状语的现象有关系，但情况比较特殊，有必要顺带提及。先看这个例子：

(12) 运动员们一个比一个要强（徐怀中，优 5）

这类现象，“比”字前后用同形的数量短语，句子的主语和同形的数量短语之间有总说和分指的关系。如上例，“运动员们”是总说，“一个”“一个”是分指。这类句子里用了“比”字，但不好只把“比一个”之类分析为状语。似可把“一个比一个”之类整个分析为状语，看作一种特殊的“主动宾”结构。同类的例子：他的论文一篇比一篇深刻。｜新盖的楼房一栋比一栋高大。｜这些日子一天比一天暖和。

2.“状”为比况短语

比况短语是带比况助词“似的、一样、一般、般的”之类的短语。这类短语有时用来修饰形容词。例如：

(1) 还有一头像猪鬃一样粗硬的黑头发（张林，优 317）

(2) 这梦是美妙的，像得奥斯卡大奖一样美妙（傅绪文，啄 103）

(3) 不仅是貌美，心地也像水晶一般清澈（孙砺，中 b153）

(4) 再援着藤条往上爬，竟像猿猴般轻捷（罗旋，优 410）

比况短语前端经常用“像”，有时也用“如”：

(5) 这虽说像梦一样怪诞，却又如石头一样真实（何士光，优 56）

(6) 那声音如阳光一样灿烂(余华,获 b26)

比况短语里有时不出现"像、如"之类:

(7) 叶丽华的脸色顿时变得纸一般惨白(宋树根,啄 11)

有的形容词短语,在形式上不是"比况短语+形容词",但从语义上看,显然相当于"比况短语+形容词"。例如:

(8) 从三十多米高度看下去,人成了黑豆大的小点点(张威,啄 37)

"黑豆大"是"名+形",但不是主谓关系,而是偏正关系,相当于"像黑豆一般大"。这是一种由名词和形容词构成的特殊的偏正式形容词短语。

3."状"为数量短语

表物量的数量短语有时用来修饰形容词。常见的是其中的量词表示度量衡单位。例如:

(1) 才十来斤重,比挑水轻松多了(廖时香,月 57)

(2) 头发约莫一寸长,显然好久没剪了(阿累,语二 19)

(3) 进入农场的唯一通道是一条三十多里长的土堤(海岩,当 175)

(4) 下面是十几米深的山涧(乔瑜,当 63)

这类形容词短语里的数量部分可以用"多"来提问,不能用"多少"来提问;并且可以用"这么、那么"去替换。这说明数量部分主要表示程度,用作形容词的状语[①]。如例(1)可说:

多重?

十来斤重。

才这么重,比挑水轻松多了!

数量短语"一片"也可以用作形容词的状语。例如:

(5) 苦竹溪一片漆黑(鲁彦周,中 a62)

---

① 对这类短语的具体分析,可参看拙作《谈"数量结构+形容词"》,见《中国语文》1965 年第 1 期。

(6) 放眼四望，山岭田地，一片艳红（胡辛，中 a217）

(7) 晚霞把校园里高大的杨树顶涂得一片金黄（张抗抗，优 246）

这里的“一片”强调度量，数词限于“一”。但它不能自由地替换成“很、非常”之类程度副词，因此仍然是数量短语。

三 后补式形容词短语

后补式形容词短语是形容词带补充成分的短语。其基本结构是“形＋补”。这类短语可以简称为“A 补”短语。

（一）由词充当补语的“A 补”短语

“A 补”短语里的补语，有时由词充当。下面是几种主要的或值得注意的事实。

1.“补”为程度副词

程度副词“很”经常充当形容词的补语。形容词和“很”之间要求用“得”。例如：

(1) 这时，日头正西斜，毒得很（郭雪波，花 b83）

(2) 方二五和菱角儿哼洋曲，谈影星，快活得很（廖时香，月 61）

(3) 只有那些毛毛糙糙的小青年，才会以为世间万事容易得很（沈善增，月 32）

程度副词“极”也经常充当形容词的补语。“极”后边一般带“了”。例如：

(4) 想到这里，它灰心极了（叶圣陶，语二 55）

(5) 宣灏被拷打，受折磨，同志们难过极了（罗广斌等，语一 65）

(6) 生硬极了的脸，细看有些像木头人（乔瑜，当 49）

“死、透”有时是程度副词，相当于“极”：

(7) 牙用多了，会向外突出，难看死了（徐怀中，优 43）

(8) 七姐看到二愣……，恼火透了（孙砺，中 b156）

“万分、无比”等也可以用作形容词的补语，但不要求用“得”，也不要求带“了”。例如：

(9) 我在她面前直感到羞愧万分（方家骏，月 29）

(10) 那影子漆黑无比（余华，获 b26）

比较地说，程度副词能作补语的要比能作状语的少得多。

2.“补”为形容词

形容词“出奇”既可以用作形容词的状语，也可以用作形容词的补语。例如：

(1) 这石头重得出奇（海涛，家 21）

(2) 空荡荡的大楼里静得出奇（程永新，家 80）

(3) 是奇怪，见鬼了。怪得出奇（郭雪波，花 b101）

(4) 娜娜似乎冷静得出奇（哲夫，花 a43）

(5) 吕宏捧着那张省报，脸色阴沉得出奇（张抗抗，优 261）

此外，“可×”式形容词，如“可怜、可爱、可憎”之类，可以作补语：

(6) 更感到自己柔弱得可怜（陆文夫，中 a6）

(7) 两个对坐时，眼瞪着眼，最最无聊，无聊得可怖（萧飒，获 a197）

“发×”式形容词，如“发亮、发黑、发青”之类，可以作补语：

(8) 他的脸色黑得发亮（李斌奎，优 307）

(9) 我望见了那一排排绿得发黑的古树（鲁彦周，中 a35）

(10) 头儿脸气得发青（孙砺，中 a150）

下例补语只用“紫”，但可以说成“发紫”：

(11) 耳根红得紫了（乔瑜，当 51）

还有一些双音形容词，能起强调性状程度的作用，可以充当补语。例如：

(12) 交换额大得惊人（海涛，家 21）

(13) 她们全是一群母猴子，丑得吓人（廖时香，月 61）

(14) 他好像热得厉害(何士光,优 59)

(15) 我说这些干嘛?也许是快乐得糊涂了(苏叔阳,花 b62)

还有一些双音形容词,既能表明性状的程度,又能描写突出性状的特点,它们也可以用来充当补语。例如:

(16) 冬青依然绿得耀眼(陆永基,花 a90)

(17) 乌桕树的叶瓣,红得深沉(姜滇,十 65)

(18) 宛音默美得大方,尤慕莲美得清秀(姜滇,十 56)

(19) 油菜花黄了,黄得狂妄;麦苗绿了,绿得优雅(栈桥,人 54)

"多"这个形容词,既可以作别的形容词的补语,也可以作"多"的补语。例如:

(20) 确实,他瘦多了(李斌奎,优 307)

(21) 自然要死多得多的红血球(罗建琳,花 a175)

顺带指出:动词只有"发抖"可以作形容词的补语。"发×"式形容词是"发+形",而"发抖"是"发+动"。例如:

(22) 琴儿气得发抖(孙砺,中 a149)

(二) 由短语充当补语的"A 补"短语

"A 补"短语里的补语,有时由短语充当。下面是几种主要的或值得注意的事实。

1. "补"为形容词短语

有的形容词短语可以充当"A 补"里的补语。例如:

(1) 等着吧,不要得意得太早了(柯云路,优 134)

(2) 西面山洼里那一片柿树,红得多么好看(峻青,秋色赋)

有的由"形容词+形容词短语"构成的"A 补"短语,结构相当特殊。它采取"A 得不能再 A"的形式,中心词 A 和补语里的 A 是同一个词重复使用。例如:

(3) 这地方不是人住的,与世隔绝,六亲不认,麻烦得不能再麻烦了(朱崇山,家 119)

(4) 我们那时候都觉得二十岁还远,三十来岁的人应该老得

不能再老了（马原，获 b134）

(5) 然后拉着孜孜简单得不能再简单的行李，去了为她租下的别墅（傅绪文，啄 103）

(6) 在蒙特利公园市开了一间规模小得不能再小的餐馆（赵淑侠，花 b173）

2. “补”为动词短语

许多动词短语可以充当形容词的补语。略举几例：

(1) 他精灵得过了头（朱崇山，家 121）

(2) 我惊讶得几乎叫出声来（鲁彦周，中 a46）

(3) 看，忙得连胃痛药都忘带，一去没个影子（李国文，优 75）

有的充当形容词的补语的动词短语，是连动式或兼语式。例如：

(4) 她兴奋得安不下心来做功课（程乃珊，月 7）

(5) 他的面孔黑里带白，瘦得教人担心（阿累，语二 19）

顺带指出：包含“可以”的短语也可以用作形容词的补语。“可以”本是能愿动词，但这里的“可以”功能上已跟形容词相似。例如：

(6) 脸皮结实得很可以（乔瑜，当 59）

(7) 这姑娘天真得也够可以的了（张长，中 a148）

3. “补”为主谓短语

有的主谓短语可以充当“A 补”里的补语。例如：

(1) 二愣气得双手直颤（孙砺，中 b148）

(2) 突然，全乐队陷入静谧，静得人耳鸣（廖时香，月 69）

由形容词和主谓短语构成的“A 补”，有一种值得注意的情况：从句子的结构形式看，“A 补”短语有时形成非主谓句。主谓短语里的主语可以提到句首，充当全句主语，使句子变为主谓句。例如：

(3) 头发触到孟蓓的头上，气得她躲了好几回（陈建功，优 381）

→她气得躲了好几回

(4) 她要提前临产了，疼得她在担架上来回打滚（郭雪波，花 b112）

→她疼得在担架上来回打滚

4.“补”为比况短语

比况短语有时用来充当“A补”里的补语。例如：

(1) 那姑娘漂亮得像个仙女似的（陆文夫，中 a12）

(2) 如果我当时照照镜子，脸色一定是白得像乒乓球一样（张抗抗，优 242）

值得注意的是：“A补”里的补语有时由“像+名”充当，不用比况助词。由于比况助词是比况短语的结构标志，因此不用比况助词的“像+名”只能算是动宾短语，即动词短语。例如：

(3) 看似干瘦无力的手硬得像铁（孙砺，中 b157）

(4) 排队买饭，不喊了，不闹了，老实得像根木桩子（陈建功，优 388）

“似+名”也是动宾短语，有时也用作“A补“里的补语：

(5) 小岛美丽得似天堂（朱崇山，家 119）

(6) 海湾的水蓝得似一块嵌在黄色大地戒指上的蓝宝石（傅绪文，啄 105）

5.“补”为数量短语

数量短语有的可以充当“A补”里的补语。例如：

(1) 我们还是老实一点吧（毛泽东，选 149）

(2) 这几个研究生，都很扎实，很用功，只是外文根柢差一些（冰心，优 342）

(3) 腰包瘪了壳，和姑娘说话也软三分（罗吉万，月 75）

如果形容词是“漆黑”，数量短语“一片、一团”既可以作状语，也可以作补语。例如：

(4) 起床时，天色已经漆黑一片（傅绪文，啄 118）

(5) 不论是近百年的和古代的中国史，在许多党员的心目中还是漆黑一团（毛泽东，选 145）

数量短语“一点、一些”，有时简省成“点、些”。从形式上看，“A补”里的补语只用了一个量词。例如：

(6)“轻点!”我气哼哼地翻了他一眼(李斌奎,优 304)

(7)马仔想找一个清静点的地方(孙砺,中 b153)

(8)丹丹,你冷静些,公安厅的同志也来了(张威,啄 49)

(9)小齐,坚强些!这一拨可就咱们两个像模像样的男子汉哇(周梅森,花 b13)

四　联合式形容词短语

联合式形容词短语是由形容词和形容词联合构成的短语。其基本结构是“形+形”。这类短语可以简称为“AA”短语。

(一)不用关联词语的“AA”短语

有的“AA”短语,A 与 A 直接组合。这类“AA”短语大体可以分为下面两种情况。

1. 离析性较强的“AA”

A 与 A 的组合较松散,可以加上“而”,将它们离分开来。例如:

(1)厨房宽敞明亮(朱崇山,家 108)

(2)他的声音宏亮清晰,充满了革命的热情和必胜的信心(徐向前,语二 46)

(3)这是一间阴暗潮湿的房子(陆文夫,中 a8)

(4)方大姐依稀记起那个漂亮文静的姑娘(朱崇山,家 122)

(5)将那本影集拿出来虔诚深情地看(陆永基,花 a93)

(6)她长得高大丰满(张贤亮,优 217)

“宽敞明亮”可以说成“宽敞而明亮”。其他类推。

2. 凝结性较强的“AA”

A 与 A 结合较紧密,它们之间不能加上“而”。例如:

(1)我希望自己活得光明磊落(苏叔阳,花 b70)

(2)他毕竟是个忠厚老实的好人呀(陆永基,花 a91)

(3)他承认郝国华是一个勤奋用功的教师(程乃珊,月 3)

(4)他有学历,新鲜热辣的大学生(朱崇山,家 108)

(5) 桂味荔枝爽甜可口（朱崇山，家 123）

(6) 锅三家的满面青乌紫红，哭告到族长锁爷门下（张石山，月 41）

“光明磊落”不能说成“光明而磊落”，“忠厚老实”不能说成“忠厚而老实”。其他类推。

这种“AA”短语里的形容词不一定限于两个，如“青乌紫红”，应该是四个单音形容词的联合使用。同类的例子：稳准狠｜多快好省。

（二）带有关联词语的“AA”短语

有的“AA”短语，A 与 A 之间使用关联词语，形成特定格式。主要的有以下几种。

1. “A 而 A”

“而”前后两个 A 都是单音形容词：

(1) 他是一个高而瘦的老人（鲁迅，语一 111）

(2) 他只有二十多岁，身材不高，脸长而白（徐向前，语二 46）

(3) 我怕，怕这迟到的爱情再为我留下长而深的寂寞与苦涩（苏叔阳，花 b68）

“而”前后两个 A 都是双音形容词：

(4) 赤裸的手白皙而柔软（哲夫，花 a34）

(5) 齐志钧耳旁老是回响着一个单调而固执的轰鸣（周梅森，花 b9）

(6) 快速而急促的脚步声，这是小女儿珠珠（凤章，月 45）

“而”前后两个 A 分别是单音形容词和双音形容词：

(7) 多、索、多，三声空弦音，一拧弦轴就准而稳当（廖时香，月 68）

(8) 砖墙上有许多浮雕，……人物都矮而呆丑（廖时香，月 52）

(9) 有一轮圆而清洁的月亮悬在天空正中央（洪峰，获 b10）

“而”有时关联三个形容词，说成“AA 而 A”。

(10) 撑着巨伞树冠的阔叶林上洒满阳光，晶晶莹莹，忽忽闪闪，灿烂、明媚而动人（海涛，家 4）

(11) 我打算给他们办个热烈、隆重而简朴的婚礼(苏叔阳,花 b75)

2. "又 A 又 A"

"又……又……"关联的两个 A 都是单音形容词:

(1) 秋生喝了一口,又苦又辣(肖亦农等,家 52)

(2) 铁弹打在又厚又韧的颈皮上,只伤着外表(罗旋,优 413)

(3) 通往农场的大路早已被又浓又深的黑暗吞没(海岩,当 182)

"又……又……"关联的两个 A 都是双音形容词:

(4) 觉得又新鲜又振奋(罗建琳,花 a176)

(5) 鹅窝铺着厚厚的稻草,又干净又舒服(王治花,人 117)

(6) 在竹节的地方穿通一个洞洞,就可以接到几口又纯净又清凉的水(徐怀中,优 41)

"又……又……"关联的两个 A 分别是单音形容词和双音形容词:

(7) 钢笔字写得又快又漂亮(蒋子龙,优 183)

(8) 她又得很开的两腿又长又丰满(马原,获 b130)

(9) 他上身穿着……破棉袄,又大又臃肿(浩然,家 160)

如果出现三个形容词,可以连用三个"又",说成"又 A 又 A 又 A":

(10) 天空又高又亮又蓝,大地又绿又厚(张长,中 a146)

(11) 一缕又酸又苦又痛的柔情,从我的心底里升起(鲁彦周,中 a73)

(12) 她又委屈又羞辱又伤心,不由嘤嘤地抽泣起来(宋树根,啄 29)

3. "A 而又 A"

"而又"前后的两个 A,一般都是双音形容词。从内部关系看,有的接近"且又",有的接近"但又"。下面分组举例。

[a 组]

(1) 看得出姑娘是热情而又爽快(罗旋,优 404)

（2）朱世一大喊大叫，朱老太跳上跳下，斗争得紧张而又激烈（陆文夫，中 a15）

（3）我也天真而又虔诚地照她指点的做了（浩然，家 149）

[b 组]

（4）献给古老而又年轻的鄂尔多斯大地（肖亦农等，家 25）

（5）你这个老实而又窝囊的一把手（蒋子龙，优 171）

（6）重温那个甜蜜而又痛苦的梦（肖亦农等，家 49）

少数形容词可以前后重复，中间用“而又”。在这种情况下，“A 而又 A”大体相当于“十分 A”：

（7）这是 1901 年夏天，这一天平常而又平常（高建群，中 b10）

“而又”有时也可以关联三个形容词，说成“AA 而又 A”：

（8）一进营区我就感到周围的气氛变得严峻肃穆而又悲壮（李斌奎，优 312）

（9）可是，这又是个多么美丽奇特而又神秘的地方（张长，中 a145）

4.“A 又 A”和“既 A 又 A”

A 和 A 之间，有时可以只用一个“又”来关联。例如：

（1）一群孩子时常举一些狼心狗肺列队逛街，嘴唇周围黑又亮（张石山，月 39）

（2）一个女孩子的祈祷，应该是热烈又羞怯，含而不露（程乃珊，月 6）

如果出现三个形容词，可以说成“AA 又 A”：

（3）笑得迟钝勉强又可怜（刘学林，花 b196）

（4）居然守着一个如此古板、厉害又丑陋的老太婆过了这么多年（海岩，当 182）

A 和 A 之间有时还可以用“既……又……”来关联。例如：

（5）满口新名词，口齿利落，头脑清楚，既庄重又活泼（哲夫，花 a34）

(6) 母亲既和蔼又严厉地拨拉开我的手(浩然,家 148)

有时还有“既A而又A”的说法,强调AA间隐含的转折性。例如:

(7) 大街上川流不息地来往着互不相识的人,既热闹而又冷漠(张贤亮,优 228)

5.“A且A”和“A而且A”

A与A之间有时只用一个单音的“且”。例如:

(1) 我的道路远且长(赵淑侠,花 b170)

(2) 胡强老婆比她大十几岁,……心地坦白且善良(马原,获 b155)

(3) 这样来钱快且省力(傅绪文,啄 100)

“且”有时成对使用,说成“且A且A”。例如:

(4) 第二天,又忽然从报纸上看到苏夏坠楼身亡的消息,刘斐且惊且喜(张威,啄 48)

如果出现几个形容词,在作定语的情况下,可以有“A且A且A”的说法。例如:

(5) 她看着我,长且密且黑且翘的睫毛慢慢地下阖又抬起(刘学林,花 b187)

A与A之间有时用双音的“而且”。“而且”更强调A与A之间具有递进性。“而且”前后两个形容词,一般音节相等:或者都是单音节的,或者都是双音节的。例如:

(6) 只听那琴声,硬硬的,是三弦琴,饱而且亮(廖时香,月 50)

(7) 曾经十分丰满红润的脸蛋变得黑而且脏(洪峰,家 63)

(8) 小胡同的人们自爱而且自尊(罗建琳,花 a170)

(9) ……这就是房门打开时的弧度。无疑这弧度是优雅而且从容的(余华,获 b25)

如果有三个形容词联合使用,可以有“AA而且A”的说法。例如:

（10）邢大姐卧倒的姿势却又像老太太，笨拙、惊慌而且别扭（乔瑜，当 66）

6. “A 和 A”

A 与 A 之间的关联词语有时用“和”。例如：

（1）细细的眼睛里流露着诚恳和谦恭（张抗抗，优 245）

（2）她并没有感到意外和惊奇（郭雪波，花 b100）

（3）他在门前稍稍停了一会，脸上又出现那种深沉和恍惚的神情（李斌奎，优 306）

如果出现三个形容词，可以说成“AA 和 A”。例如：

（4）他和他们一样，心头也充满失望、恐惧和悲凉（周梅森，花 b8）

（5）仿佛置身在童年时候的天真、纯朴和烂熳的日子里（朱崇山，家 111）

“A 和 A”格式一般不大能单独充当句子的谓语。可参看下节第三部分“‘AA’短语充当谓语”。

第二节　形容词短语的造句功能

一　对形容词短语造句功能的总认识

（一）形容词和形容词短语造句功能的一致性

《系统提要》在讲形容词短语的用途时指出："形容词短语的功能和形容词一样，可以作定语、状语、补语、主语、谓语、宾语。"这就是说，从总体看，在能够充当各种成分上，形容词短语的功能跟形容词具有一致性。

试以形容词"紧张"和形容词短语"特别紧张"为例，加以比较：

1. 作定语

紧张的生活节奏

特别紧张的生活节奏

2. 作谓语

心情紧张

心情特别紧张

3. 作状语

紧张地注视着事态的发展

特别紧张地注视着事态的发展

4. 作补语

生活确实过得紧张

生活确实过得特别紧张

5. 作主语

紧张对身体健康是有损害的

特别紧张对身体健康是有损害的

6. 作宾语

感到紧张

感到特别紧张

（二）形容词和形容词短语造句功能的差异性

形容词和形容词短语的造句功能具有一致性，这是大而化之的说法，是把所有形容词当作一个整体和把所有形容词短语当作一个整体来进行比较而得出的结论。其实，如果作深入的考察，通过具体现象的比较仍然可以看到，形容词和形容词短语的造句功能具有一定的差异性。

首先，从充当句子成分看，某些形容词短语可以充当某种成分，其中的形容词却不能单独充当这种成分。

比方，“这么A、那么A”可以用在“有、没（有）”后边作宾语，其中的A却不能单独这么办。比较：

真有这么贵吗？	*真有贵吗？
当然有这么贵！	*当然有贵！
真没那么高吗？	*真没高吗？
确实没那么高！	*确实没高！

下面是几个实际用例：

（1）哪有这么严重（柯云路，优111）

（2）她的本领只有那么大，不能像太阳那样亮（语二64）

（3）告了我也就是告了你自己，你没这么蠢（孙砺，中b174）

（4）你要轰动世界，没那么容易（傅绪文，啄122）

显然，在这种情况下，形容词短语和其中的形容词在造句功能上是并不相同的。

又比方，“很多、不少”是形容词短语，“多、少”是形容词，它们的造句功能有时也不一样。比较：

他买了很多书　　　　　　　* 他买了多书
这方面的书他买了很多　　　* 这方面的书他买了多
他买了不少书　　　　　　　* 他买了少书
这方面的书他买了不少　　　* 这方面的书他买了少

下面是两个实际用例：

(5) 凝视着窗外灯光更加寥落的夜晚，他想了很多（柯云路，优 148）

(6) 只此一招，就为七姐赚了不少（孙砺，中 b144）

“很多、不少”可以作定语，“多、少”不能；在名词中心词不出现的情况下，“很多、不少”可以充当宾语，指称事物，“多、少”不能。可见，它们在造句功能上有着明显的差别。

其次，从形成句子类型看，某些形容词短语比单个形容词更容易成为特定的句子模式。

比方，“A＋主谓短语”的“A 补”短语，有时充当非主谓句，全句没有主语；单个形容词，当然不能造成这种结构特殊的句子。上节第三部分曾举过例子，这里再举几个：

(7)（寒风一吹，）冷得他直打战战（方南江等，优 588）

(8)（小时候有一回上树摘海棠花，不想叫蜜蜂螫了一下，）痛得我差点儿跌下来（杨朔，语二 101）

(9)（但是老道奇像一头疲懒的牲口，哼了两声，又没有动静了，）急得那年轻姑娘恨不得钻进车头里去（李国文，优 76）

又比方，“A＋数量短语”的“A 补”短语，很容易成为祈使句，而单个形容词却不怎么容易。如“高点！”这是明显的祈使句；如果单说一个“高”，即使能成为祈使句，也需要在特别具体的语境中才能显示出来。再看几个例子：

(10) 给我泡一杯茶，浓一点（赵丹涯，蓝天也是属于你的）

(11) 老实点儿，跟你闹着玩儿（林斤澜，紫藤小院）

(12)“文明点！”周晓英不吃这套（枫亚，周晓英收鲜）

从以上的分析可以知道，在句法功能上，形容词短语比形容词更加灵活，具有更大的适应性。关于这一点，例证当然不限于上面所举的这几种。以作谓语说，观察语言事实可以随时看到，单个形容词作谓语尽管可以成立，念起来却往往不怎么顺口；如果加上修饰成分或补充成分，组成形容词短语，情况就不一样了。这也说明在造句中形容词短语的适应性要比形容词强得多。

二　形容词短语充当定语

充当定语是形容词短语最基本的功能之一。

（一）“状 A”短语充当定语

“状 A”作定语一般带“的”。例如：

（1）最高的那棵白杨树顶枝叉上赫然挂着一蓬老鸹窝（马原，获 b150）

（2）这么浅显的道理还用说吗（沈善增，月 34）

（3）鼻翼剧烈地扇动着，发出风哨般奇怪的声音（色波，获 b49）

（4）小王庄出名的灵人，办了一件像笨人一样笨的笨事（锦云等，优 164）

“很长、这么多”等“状 A”作定语，不一定要求带“的”。例如：

（5）小陶用剪刀完全剪碎了，花了很长时间（徐怀中，优 37）

（6）小脚一听古瓶能卖那么多钱，心里格登了一下（马铭，当 165）

“好 A、多么 A”等作定语，可以跟后边的名词一起构成非主谓句。例如：

（7）好冷的雪光！（场长也没睡觉吧？）（韩少功，优 467）

（8）多可爱的小生灵啊！（对人无所求，给人的却是极好的东西。）（杨朔，语二 104）

有时，“状 A＋的”构成“的”字短语，充当主语或宾语。它的后边如果添加一个可以成为中心词的名词，“状 A”就会成为定语。

例如：

(9) 更惊恐的还是监区里的“暴徒”（海岩，当 187）

(10) 女演员听说他笨，特意给他挑了一首最简单的，可他还是左教右教背不出（锦云等，优 153）

(11) 这世间比自己可怜的大有人在（廖时香，月 54）

例 (9)，“更惊恐的”作全句的主语，如果说成“更惊恐的人”，“更惊恐”便是定语。例 (10)，“最简单的”作动词的宾语，如果说成“最简单的曲子”，“最简单”便是定语。例 (11)，“比自己可怜的”作句子的主语，如果说成“比自己可怜的姑娘”，“比自己可怜”便是定语。

（二）“A 补”短语充当定语

“A 补”短语作定语一般带“的”。例如：

(1) 他一手一个大得惊人的提包（张献，获 b109）

(2) 一件大红毛衣上钉绿得耀眼的扣子（黄虹坚，花 a22b）

(3) 涉及到一个红得发紫的著名科学家（张威，啄 57）

(4) 他的眼睛看着壕沟外晴朗得过分的天空（沙开华，月 80）

(5) 住招待所吧，安排清静一点的地方睡一夜就好了（高晓声，优 204）

由于“A 补”中的“补”可以是一个比较复杂的短语，因此作定语的“A 补”有时较长。例如：

(6) 这副情景，使庄重得毫无表情的董副主任也感动了（张贤亮，优 226）

(7) 那悠扬悽惋的少女的哭声，不乞怜于谁，……那单纯得令人怅惘的哭声呵（乔瑜，当 65）

(8) 一个清秀得有几分孱弱的姑娘在他的眼前出现了（宋树根，啄 6）

(9) 连日来，暖和得如同三月阳春的气候，骤然变得冷起来（峻青，语一 58）

(10) 那件肮脏得已经变了颜色的士兵衬衣的胸襟内侧，醒目地写着三个钢笔字：徐正家（宋树根，啄 8）

由于作定语的“A补”有时是“A＋像……似的”，定语和中心语之间可以不出现“的”。例如：

（11）他走到一片柔软得海绵似的沙滩上（张树满，家195）

（三）“AA”短语充当定语

“AA”短语充当定语要求带“的”。有的作定语的“AA”是不带关联词语的：

（1）欢快优美的舞曲撩得行人都想跳起来（海涛，家9）

（2）为纪念碑举行庄严隆重的奠基礼（周定舫，语二31）

（3）郑昊觉得被一种温暖柔软的东西撞击了一下（海涛，家12）

（4）她们完全适应了从早到晚整齐划一的紧张生活（徐怀中，优3）

（5）是一个粗壮傻大的小伙子（罗建琳，花a179）

有的作定语的“AA”带关联词语：

（6）那种正直而慈祥的眼光，使我立刻感到身上受了父亲的抚摩（阿累，语二19）

（7）那又浓又翠的景色，简直是一幅青绿山水画（杨朔，语二101）

（8）在我们这块古老而又贫穷的土地上，也可说是相当豪富了（肖亦农等，家28）

（9）他有一副宽且厚的嗓子，可塑性很强（程乃珊，月26）

（10）我的高兴和失望的神经可都麻木了（蒋子龙，优175）

三　形容词短语充当谓语

充当谓语是形容词短语另一个最基本的功能。

（一）“状A”短语充当谓语

各类“状A”短语都可以充当谓语。例如：

（1）脸盘很大，眉毛很浓，个子不高（鲁彦周，中a37）

（2）你来了，你来了。你那么温存，你那么热情，你那么坦

率，你那么诚恳（苏叔阳，花 a67）

(3) 那声音出奇地响（张献，获 b109）

(4) 电话站四周一片寂静（徐怀中，优 40）

(5) 得了博士学位以后，我们又同时回国，不过他的成绩比我好（冰心，优 336）

(6) 紫娥说完自个笑起来，笑声像银铃般动听（罗旋，优 411）

(7) 她身上穿的衣服，像花儿一样艳丽（张树满，家 195）

有时作谓语的“状 A”短语前边加个表示强调语气的“是”。去掉“是”，不改变原句的结构关系。例如：

(8) 现状是不美妙（柯云路，优 134）

(9) 看到那一个个羞答答的、渴慕的、讨好的微笑，她是多么得意啊（宋树根，啄 17）

有时作谓语的“状 A”短语前后套上表示强调语气的“是……的”。去掉“是……的”，不改变原句的结构关系。例如：

(10) 对于他的死，我是很悲痛的（毛泽东，语一 85）

(11) 在整个八路军医务系统中，他的医术是很高明的（毛泽东，语一 84）

（二）“A 补”短语充当谓语

各类“A 补”短语都可以充当谓语。例如：

(1) 这查大大，是个临时工，性情冷僻得很（廖时香，月 62）

(2) 电话车闷热得要命，几个人吐了（徐怀中，优 17）

(3) 你老实点，不然，小心我对你不客气（宋树根，啄 13）

(4) 她声音（低下去，）低得不能再低（马原，获 b142）

(5) 店里冷得像地窖一样，冷气从裤管里向上钻（阿累，语二 17）

(6) 敌人气得敲着桌子站起来（语一 41）

(7) 干部们一走，六姐妹高兴得一个个拍着手跳（徐怀中，优 7）

有时，作谓语的“状 A”和“A 补”前后连用。形容词相同，但前一个加“状”，后一个带“补”。它们实际上分别充当复句里前后分句的谓语，但后一分句不出现主语，因此“状 A”和“A 补”总是连用的。这种连用格式，可以是反复强调某种性状。例如：

(8) 这里真静，静极了（鲁彦周，中 a53）

(9) 一切都很普通，普通极了（罗建琳，花 a170）

更多的时候，这种连用格式不仅反复强调了某种性状，而且通过“A 补”中的补语对性状的程度作具体的描写或说明。例如：

(10) 不过，你这个人真愚，愚得可爱（苏叔阳，花 b72）

(11) 她脸色很冷峻，冷峻得和她的年龄不相称（鲁彦周，中 a46）

(12) 她此时的态度极真诚，真诚得几乎感动了我（刘学林，花 b198）

(13) 他的家里非常简朴，简朴得使我不敢相信这是金厂长的家（蒋子龙，优 191）

“像……”经常出现在这种连用格式里“A 补”的补语部分：

(14) 声音很弱，弱得像风（傅绪文，啄 125）

(15) 东胡家巷里的生活实际上很平静，平静得像条小河（陆文夫，中 a17）

(16) 他们离自己很遥远，远得就像在地球上望着星星（方家骏，月 26）

（三）“AA”短语充当谓语

不带关联词语的“AA”短语可以作谓语。例如：

(1) 小唐年轻灵活，消息灵通（石言，中 b73）

(2) 生活服务公司的黄年有瘦削精干，心眼儿好（乔迈，当 9）

(3) 男的高大壮实，女的秀雅苗条（叶华，月 84）

(4) 这地方金贵森严，可看不惯的地方也多（朱崇山，家 119）

(5) 这屋子偪促阴沉，让人有些透不过气来（高建群，中 b37）

带有关联词语的“AA”短语也经常作谓语。例如：

(6) 大思想家盯着她看，眼神懒散而傲慢（周梅森，花 b43）

(7) 慈慈生下来就是先天性的心室缺损，呼吸短促而艰难（黄虹坚，花 a213）

(8) 这块土地平坦而又辽阔（浩然，家 150）

(9) 船队停泊的港湾，宁静而又安全（刘大伟等，当 40）

(10) 郝老四又矮又胖（周梅森，花 b9）

(11) 山脊又高又陡，有的地方形成断裂（徐怀中，优 17）

(12)（独女）美艳且聪明，很为一方称道（麦天枢，中 b192）

(13) 乔佛肉麻且恶心。（王刚，当 98）

不同关联词语构成的格式可以结合使用。例如：

(14) 他手指枯黄且又细又长，挪动棋子时有点痉挛的动作叫人忘不了（马原，获 b134）

“又……又……”关联“细”和“长”，“且”关联“枯黄”和“又细又长”。

必须指出：“AA”短语里，“A 和 A”格式不大能单独用作谓语。当“A 和 A”在句子的谓语部分里出现时，它的前边还得出现别的成分。例如：

(15) 这时我紧急处置了。从来没有这么果断和冷静，从来没有这么稀里糊涂（乔瑜，当 68）

(16) 他俩又相遇了，而且那么突然和意外（海涛，家 7）

(17) 十几年来的磨炼，使她变得蔑视一切，异乎寻常地淡漠和冷峻（柯云路，优 130）

(18) 但小祥在我心里的位置却越来越鲜明和特殊（海岩，当 188）

试对比：

{我从来没有这么果断和冷静
？我果断和冷静

{他俩的相遇是那么突然和意外
？他俩的相遇突然和意外

{她异乎寻常地淡漠和冷峻
{? 她淡漠和冷峻

{小祥在我心里的位置愈加鲜明和特殊了
{? 小祥在我心里的位置鲜明和特殊了

四　形容词短语充当状语

形容词短语也经常充当状语。

(一)“状 A”短语充当状语

大多数“状 A”短语可以充当状语。最常见的是“程度副词＋A”和“不＋A”。

“程度副词＋A”和“不＋A”短语充当状语，有时重在对行为的描写，一般带“的(地)”。例如：

(1) 他在饭桌上很仔细地打开红布小包(柳青，语二 75)

(2) 队伍还是极迟慢地向前行动(陆定一，语一 17)

(3) 那女人十分清脆地笑了几声(洪峰，获 b7)

(4) 手也不老实地胡摸一气(马铭，当 170)

也有不带“的(地)”但可以加上“的(地)”的：

(5) 汽车很快开到了医院(语一 13)

(6) 拿起包到柜台付了钱，很快跑了过去(张威，啄 52)

“程度副词＋A”短语充当状语，有时重在对行为的评议，不带“的(地)”，也不大能加上“的(地)”。例如：

(7) 他激动地站起来——他很少这样激动(傅绪文，啄 103)

(8) 她们都嫁了人，但仍然生活在一起，极少分离(陆昭怀，当 112)

(9) 在这样的清晨赶山路，最好有个旅伴(李国文，优 91)

“这么、那么＋A”短语也常作状语，要求带“的(地)”。例如：

(10) 既然这么认真地检查了她们的轻装情况，说明不让女兵班上前方的话，纯粹是谣言(徐怀中，优 7)

(11) 依群是那么赤诚地望着我(胡辛,中 a225)

“比字短语+A”的短语有时也能作状语,要求带“的(地)”。例如:

比风还快地消失得无影无踪

比猴子还敏捷地在林子里窜来窜去

“状 A”短语中,“出奇地平静”之类和“八斤重”之类不能作状语。“比况短语+A”的短语也不大能成为状语。如上例如果说成“像猴子般敏捷地在林子里窜来窜去”,就应该分析为“像猴子般+(敏捷地+在林子里窜来窜去)”,其中的“像猴子般”“敏捷(地)”都是状语。

(二)“A 补”短语充当状语

一部分“A 补”短语可以充当状语。一般带“的(地)”。例如:

(1) 她幸福万分地抬起头,然而,却深深地失望了(宋树根,啄 30)

(2) 全组狼狈退场,那女演员气得鼓鼓地指着他说:“你真是个笨人!”(锦云等,优 153)

(3) 孩子冻得眼泪汪汪地往家跑(锦云等,优 161)

“A+(一)量”的“A 补”短语作状语,不带“的(地)”:

(4) 我简单一点说(马原,获 b156)

(5) 都想努一把力,好快些翻过山去(陆定一,语一 18)

(三)“AA”短语充当状语

不带关联词语的“AA”短语经常充当状语,要求带“的(地)”。例如:

(1) 人们轻松愉快地听着钱工客气的开场白(柯云路,优 120)

(2) 她还在一步一步地吃力艰难地攀登着(李国文,优 78)

(3) 他详细认真地填了这份表格(程乃珊,月 3)

(4) 把父亲撒种时候的情景,生动逼真地描绘出来(浩然,家 180)

带有关联词语的“AA”,特别是“A 而 A”“A 而又 A”,也经常充当状语，也要求带“的（地）”。例如：

（5）他胆怯而固执地要求：“她要您现在就回去。”（张贤亮，优 214）

（6）他警觉而灵活地转过了身（周梅森，花 b41）

（7）（陌生的姑娘）冷漠而又仔细地打量着这间布满灰尘和锅烟的小土屋（张贤亮，优 230）

（8）她情急而又慌乱地比划着各种手势（叶文玲，优 554）

（9）（母亲）又哀又怨地把我数叨一遍（浩然，家 149）

（10）我愣怔一下，既委屈又恼怒地大声喊（浩然，家 187）

（11）她看懂了老师的手势，自负又得意地笑了（程乃珊，月 7）

五　形容词短语充当补语

形容词短语也经常充当补语。

（一）“状 A”短语充当补语

作补语的“状 A”，使用频率最高的是“程度副词＋A”。中心语和“状 A”之间一般用“得”。例如：

（1）毛妹的爸爸刘伯伯死得很惨（徐怀中，优 27）

（2）因为他“气焰嚣张”，被斗得最厉害（柯云路，优 131）

（3）打那以后，叶丽华来得更殷勤了（宋树根，啄 11）

（4）昼夜都想，想得相当苦（乔瑜，当 45）

“这么、那么＋A”也常作补语。例如：

（5）我没想到你到得这么早（沈善增，月 35）

（6）那近似恶作剧的嬉闹，他们都看得那么认真（陆昭怀，当 120）

“比字短语＋A”和“比况短语＋A”的格式，也可以充当补语。例如：

（7）小海从小就长得比小三好看（马铭，当 160）

（8）看到女儿生活得比想象的好，她自然得到慰藉（姜滇，

十 59）

（9）李云云也笑了，笑得像夕阳一样明媚（孙砺，中 b154）

（10）早已放弃练功，结果腰身变得水桶一般粗（旋叔青，花 a139）

“数量短语＋A”有时也充当补语，它同中心语之间大都不用“得”：

（11）纷纷扬扬的大雪下了半尺多厚（杜鹏程，语二 89）

（12）老杨等他走了十几步远，故意向大家道（赵树理，李有才板话）

也有用“得”的，但较少见：

（13）遍地里绿葱葱的麦子，已经长得一筷子多高（李准，两代人）

这里“长”和“一筷子多高”之间用作为补语标志的结构助词“得”。“筷子”是临时借用的量词，“一筷子多高”跟“一尺多高”结构相同。

（二）“A 补”短语充当补语

“A 补”短语一部分可以充当补语。中心语和“A 补”之间用“得”。例如：

（1）（大姑娘）笑得甜极了。陈奂生看看她，真是绝色（高晓声，优 206）

（2）她们比上班的时候穿得漂亮多了（姜滇，十 48）

（3）他赶紧闭上眼，想把这印象保留得久一些，印得深一些（海涛，家 5）

（4）女儿脸色变得苍白如纸（从维熙，人 15）

有的句子，乍一看连续使用了两个结构助词“得”。然而，这两个“得”实际上表明两个不同的层次：前一个“得”表明整个“A 补”是补语，后一个“得”表明“A 补”短语中 A 后有补语的结构关系。例如：

（5）来了个女实习生，他已经来劲了，两人谈得投机得很（程乃珊，月 20）

也有中心语和“A补”之后不用“得”的。例如：

(6) 等你再长大些，就全明白了（马铭，当169）

这里未用“得”，“长大些”等于说“长得大一些”。

（三）“AA”短语充当补语

带有关联词语的“AA”短语经常充当补语，要求用“得”。采取“A而A”形式的，例如：

(1) 布景搭得精致而逼真（赵淑侠，花b181）

(2) 夫妻虽然性格迥异，生活却过得融洽而和睦（罗旋，优147）

(3) 一个浑身湿漉漉的士兵拄着枪，踉踉跄跄，一步步向他走来，走得艰难而执着（周梅森，花b27）

采取“A而又A”形式的，例如：

(4) 他活得认真而又仔细，对自己的生命极其负责（周梅森，花b30）

(5) 他举起话筒，语气变得严肃而又亲切（蒋子龙，优177）

(6) 那丰满红润的脸颊，也变得粗糙而又消瘦（肖亦农等，家50）

采取“又A又A”形式的，例如：

(7) 又仰脸大笑，笑得又野又怪（刘学林，花b186）

(8) 拢了拢剪得又薄又短的头发（萧飒，获a193）

(9) 那结儿打得又牢靠又好看（徐怀中，优25）

采取其他形式的，例如：

(10) 有时唱着唱着就哭了，哭得伤心且尽兴（马原，获b140）

(11) 一路上，他尽可能表现得严肃和矜持（哲夫，花a32）

不带关联词语的“AA”也可以充当补语，也要求用“得”。例如：

(12) 湖州姑娘陆文蓝长得娇小玲珑（姜滇，十88）

(13) 这屋里大床、衣柜、桌椅等家具漆得黑红锃亮（李兰妮，当221）

(14) 刚才有一段迪斯科，她扭得活脱潇洒（姜滇，十49）

(15) 我要讲得详尽、透彻，毫不隐瞒任何最细微的部分（陆永基，花 a80）

(16) 庆功会开得隆重热烈，可是表新从头到尾都没有去看那红红火火的会场布置（陈冲，中 a136）

六 形容词短语充当宾语

有的时候，形容词短语可以充当宾语。

(一)"状 A"短语充当宾语

"感到"后边的宾语可以由"状 A"短语充当。例如：

(1) 这里的一草一木……现在陡然感到更加亲切（张贤亮，优 216）

(2) 可是，他却感到特别惬意（宋树根，啄 4）

(3) 能对她说……我和你在一起感到太压抑吗（王刚，当 89）

(4) 钱工睁大眼睛，感到太突然了（柯云路，优 127）

"觉得"相当于"感到"，它的后边也经常出现由"状 A"短语充当的宾语。例如：

(5) 你不觉得太过分了吗（柯云路，优 136）

(6) 拿回家烤烤，总觉得挺香（马铭，当 152）

(7) 这还用问我？你自己没觉得不自在？（张抗抗，优 253）

(8) 我是不愿意说，觉得不光彩（马铭，当 172）

"显得"这个动词，它的后边也经常出现由"状 A"短语充当的宾语。例如：

(9) 用手托着下颏，显得非常非常失望（张贤亮，优 216）

(10) 眉毛弯弯的，脸是蛋形脸，显得很温柔（何立伟，人 48）

(11) 我从来没看到过她的脸显得这么亲切（张抗抗，优 246）

(12) 她脸色确实显得比我还健康（从维熙，人 25）

此外，某些"状 A"短语可以用在别的动词后边充当宾语。主要情况有：

1. “有、没”后边的宾语可以由“这么、那么A”“多A”“数量A”充当。例如：

到底有多长？

大概有七八尺长。

真的有这么长吗？

肯定没那么长！

2. “付出、得到”之类动词后边的宾语可以由“这么、那么多”“这么、那么少”充当。例如：

付出了那么多，就该得到那么多！

付出了那么多，却得到了那么少！

付出了那么少，却得到了那么多！

3. “管得着”“顾不了”之类动词短语后边的宾语可以由“这么、那么多”充当。例如：

管得着这么多吗？

管不着这么多！

顾得了那么多吗？

顾不了那么多！

（二）“A补”短语充当宾语

“A补”短语有时作“感到”或“觉得”的宾语。例如：

（1）大青感到幸福极了（王治花，人119）

（2）哪怕是远远的一声狗叫，也会觉得亲切异常的（李国文，优74）

（3）我在他面前直感到羞愧万分（方家骏，月29）

“A补”短语有时作“显得”的宾语。例如：

（4）夜，显得安静极了（柯蓝，人87）

（5）他今天显得兴奋异常（傅绪文，啄114）

（6）她很懂得修饰，……比她年龄要显得年轻多了（李国文，优73）

（7）……比杂志上显得老些（廖时香，月67）

跟“状A”短语相比较，“A补”短语充当宾语的能力要小一些。

（三）“AA”短语充当宾语

“AA”短语有时作“感到”或“觉得”的宾语。作宾语的“AA”一般带有关联词语。例如：

（1）她说她也闹不清，心里头总觉得又甜又空（苏叔阳，花b66）

（2）这朦胧而淡泊的烟雾真使人觉得压抑和郁闷（张抗抗，优252）

（3）自己要是娶了这个女人，会使她感到满意和幸福吗（郭雪波，花b111）

“AA”短语有时作“显得”的宾语。作宾语的“AA”有的带有关联词语，有的不带。例如：

（4）那堵黄土墙很厚，窗子嵌在墙上显得又小又远（海迪，人102）

（5）它们都已经被埋在许许多多十几二十层的大厦中间，显得矮小而古老（陈卓乾，花a118）

（6）雨从天上斜斜飘落下来，雨丝亮晶晶的，显得透明银亮（海迪，人103）

（7）这是一个女人的声音，在这黑夜里，在这荒滩上，更显得凄厉刺耳（宋树根，啄7）

“AA”短语有时充当“作到、充满、恢复了、失去了、表现出了”等的宾语。大都采取“A和A”的形式。例如：

（8）要作到谦虚谨慎并不容易（《系统提要》用例）

（9）乌溜溜的小眼睛里盛满了惊惶和困惑（李兰妮，当221）

（10）尚武强点了点头，重又恢复了自信与威严（周梅森，花b24）

（11）他认为第一次来信就寄来芳照的姑娘，有失稳重和矜持（从维熙，人19）

（12）沉着若定的徐处长此刻也表现出了困惑和不安（张威，

啄 50)

“AA”短语和“状 A”短语相比较，充当宾语的能力有同有异。

七　形容词短语充当主语

有的时候，形容词短语也能充当主语。如果把形容词短语的造句功能分一下类、排一下队，应该是：第一，作定语和谓语；第二，作状语和补语；第三，作宾语；第四，作主语。相对地说，作主语的现象比作宾语的现象还要少。这是因为，“感到、觉得……”“显得……”能构成形容词短语作宾语的比较能产、比较活跃的特定格式，而形容词短语作主语的格式虽然也有一些，但在实际语言运用中是并不活跃的。

(一)“AA”短语充当主语

“AA”短语作主语的句子，主要有这几种：1. “是”字句。谓语部分里用“是”。2. 形容词谓语句。谓语部分里用形容词“好、必要”之类。3. 能愿句。谓语部分里用能愿动词“能、会”之类。4. “使”字句。谓语部分里用“使”类动词构成兼语式。例如：

谦虚谨慎是一个人的美德。(“是”字句)

谦虚谨慎怎么不好?(形容词谓语句)

谦虚谨慎能增强团结。(能愿句)

谦虚谨慎使他赢得了信任。(“使”字句)

语言运用中，句子在构造上用词上可能略有变化，不一定那么规整。看几个实际用例：

(1) 长而空不好，短而空就好么？也不好(毛泽东，选 173)

(2) 年轻而且健康，是多么的好啊(哲夫，花 a33)

(3) 干渴、饥饿和失望，使他几乎变成了另一个人(海涛，家 23)

例 (1)，“长而空”“短而空”作主语，谓语部分里用了“好”。例 (2)，“年轻而且健康”作主语，谓语部分里用了“是”，还用了“好”。例

(3),“干渴、饥饿和失望”作主语，谓语部分里用“使”构成兼语式。

有时，“AA”短语作主语的句子不属于以上几种类型。这时，“AA”所表示的性状被当成施事。例如：

(4) 哀伤和绝望击倒了这个粗壮汉（郭雪波，花 b101）

“哀伤和绝望”作主语，它是“击倒了这个粗壮汉”的施事。

（二）“状 A”短语和“A 补”短语充当主语

“状 A”短语、“A 补”短语作主语，很罕见。《系统提要》讲形容词短语的用途时，提到形容词短语可以作主语，所举的是“AA”短语的例子，即：谦虚谨慎是一个人的美德。

“状 A”“A 补”作主语所受的限制，确实比“AA”作主语更大。不过，在特定的结构中，比方在“是”字句、形容词谓语句等里头，“状 A”“A 补”有时还是有成为主语的可能。例如：

过分自信是他的最大弱点。

过分自信当然不好!

过分自信会影响你的进步的。

过分自信使他遭到了惨败。

“过分自信”是“状 A”短语，这里充当主语。又如：

长得惊人是这几个人写文章的共同特点。

长得适度才好。

“长得惊人”“长得适度”是“A 补”短语，这里充当主语。再看这个例子：

(1) 当时，她不但不心疼被摔碎的东西，还暗自庆幸自己的脚放过，大一点儿的确不一样。(马铭，当 166)

“大一点儿”是“A 补”短语，这里充当主语。句子的谓语部分里用了“一样”,“一样”是形容词。

第三节　有关形容词短语的几个问题

一　关于形容词短语的扩展形式

（一）什么是扩展式形容词短语

名词短语、动词短语和形容词短语都可以在基本结构形式的基础上添加别的成分，形成扩展形式。形容词短语的扩展形式，是以“状 A”“A 补”“AA”作为主体构件带上别的成分构成的结构形式。扩展式形容词短语，指形容词短语的扩展形式，是以形容词短语基本式为主体构件的形容词短语。例如：

（1）我不甘心，太不甘心（孙砺，中 a150）

（2）（罗天柱）喝着酽酽的红茶，异常热情而兴奋地向桂芬一家介绍起部队上的事儿（郭雪波，花 b93）

例（1），“不甘心”是“状 A”基本式，“太不甘心”是“状＋状 A”扩展式。例（2），“热情而兴奋”是“AA”基本式，“异常热情而兴奋”是“状＋AA”扩展式。

《系统提要》里没有提到扩展式形容词短语，集中介绍形容词短语时所举的例子全都是基本形式。但是，《系统提要》实际上是承认扩展式形容词短语的事实的。

首先，《系统提要》承认形容词短语不仅仅限于一些基本形式。在讲形容词短语的构成时，《系统提要》列举了三种基本形式：状＋形；形＋补；形＋形。在讲形容词谓语句时，《系统提要》指出这类句子“谓语是形容词或形容词短语”，所举的例子中又有这么一种：

哥哥比弟弟高半头（状语＋形容词＋补语）

显然，《系统提要》认为“比弟弟高半头”（状＋形＋补）整个是一个形容词短语，充当这个句子的谓语。

其次，《系统提要》承认“状＋形＋补”的构造有不同的层次，即：“状＋（形＋补）”。看这个例子：

木箱比纸箱重五十二斤（《系统提要》3.3.1）

这个句子的结构跟上一个句子完全相同。使用这个例子时，《系统提要》重在介绍形容词短语的基本形式，只指出“重五十二斤”是“形＋补”的形容词短语，为了突出“重五十二斤”，特意加了个括号：“（木箱比纸箱）重五十二斤”。显然，从形容词谓语句这个角度来分析，“木箱”是主语，“比纸箱重五十二斤”是谓语；而从加括号可以看出，《系统提要》认为“比纸箱重五十二斤”“比弟弟高半头”这种形容词短语在层次上应该是“（比纸箱）重五十二斤”“（比弟弟）高半头”。可见，可以认为，“重五十二斤”“高半头”是形容词短语的基本形式或简单形式，“比纸箱重五十二斤”“比弟弟高半头”是形容词短语的扩展形式或复杂形式。

应该指出：《系统提要》既然承认成分的组合有不同的层次，为什么析句时又采用“状语＋形容词＋补语”这样的分析方法呢？这完全是为了简化句子分析的手续。从教学上说，这种析句方法具有一定的简便性。

下面介绍几种主要的扩展式形容词短语。《系统提要》在“注②”里特别提到：“短语在汉语中很重要，而构成和运用的情况又很复杂。”对于形容词短语，不仅应该了解它的基本形式或简单形式，而且有必要了解它的比较复杂的扩展形式。

（二）几种主要的扩展式形容词短语

1．“状状 A”式

“状状 A”的层次关系是“状＋（状＋A）”。例如：

（1）我这个人真的变坏了，思想意识很不健康（陆文夫，中a10）

(2) 能连年评上先进，是多么不容易啊（程乃珊，月 15）

(3) 翁豪威是有点太过分（程乃珊，月 20）

(4) 别太悲观，我们需要振作起来（徐怀中，优 28）

(5) 在这方面，女人们的鼻子似乎更比男人灵（张石山，月 38）

(6) 锅三夹一柄长把子镰慢吞吞出门，不比别人快，却也不比别人慢（张石山，同 40）

2. “状 A 补”式

“状 A 补”的层次关系是“状＋（A＋补）”。常见的是“比字短语＋A 补”的形式，例如：

(1) 回去的路似乎比来时短得多（陈冲，中 a105）

(2) 这个活比泥瓦匠轻松多了，但是八小时限得死死的（姜滇，十 46）

(3) 你是不是觉得比以前喝的淡一些（沈善增，月 34）

(4) 文霞比他大一个月。上学的时候，个子比他高好几厘米，还比他高一年级（沙开华，月 79）

“副词＋A 补”的形式也比较常见，例如：

(5) 我家很穷困，他家稍微宽裕一些（玛拉沁夫，优 501）

(6) 上面的路虽然还是陡，但并不陡得那么厉害了（陆定一，语一 20）

“A 补”前边如果同时出现副词和比况短语，就会形成更复杂的形式“状状 A 补”，其层次关系是“状＋［状＋（A＋补)］”。例如：

(7) 做起事来，更比以前有劲得多了（高晓声，优 210）

(8) 她有的是力气，收入并不比一个年轻工人的收入低多少（周克芹，优 575）

“有劲得多”是“A 补”，前边的“更”和“比以前”都是“状”；“低多少”是“A 补”，前边的“并不”和“比一个年轻工人的收入”都是“状”。

顺便指出：例（6）（8）里的“并不”实际上是两个副词结合在一起充当状语，表示否定。“并”不能单独成为状语，如不能说“并陡”“并低”。

3. “状AA”式

“状AA”的层次关系是“状＋（A＋A）”。

其中的AA，有的不带关联词语。例如：

（1）黑胡子爷爷似乎很欢快开心（郭雪波，花b84）

（2）他还察觉到她身上表现出来的成熟感，显得她更美丽庄重（朱崇山，家112）

（3）眼神也太沉郁冷漠了（黄虹坚，花a208）

（4）孩子们愈发活泼可爱了（罗建琳，花a171）

（5）长白山的原始大森林，竟是如此温柔可爱（洪峰，家61）

其中的AA，有的带有关联词语。例如：

（6）我在那里住得十分安逸而自由（冰心，获a39）

（7）这洪水远比想象的大而可怕（郭雪波，花b113）

（8）如果缺了这件大衣，她就不会这么既潇洒又庄重（姜滇，十86）

（9）轻轻地翻动着手掌，十分认真和虔诚（黄虹坚，花a220）

（10）幽幽深谷显得骇人的清静和阴冷（李斌奎，优292）

有时，“AA”前面出现两个状语，形成“状状AA”，其层次关系是“状＋［状＋（A＋A）］”。例如：

（11）对她老人家反而比以前更礼貌亲切（朱崇山，家110）

有时，状语后边联合使用三个形容词，形成“状AAA”，其层次关系是“状＋（A＋A＋A）”。例如：

（12）她的小说，写得很聪明、雅致、俏皮（黄虹坚，花a214）

（13）而且我爱的人如此善良、年轻、美好，我被幸福击昏了（苏叔阳，花b68）

4. “AA补”式

“AA补”的层次关系是“（A＋A）＋补”。例如：

（1）妈妈焦虑消瘦得只剩下一把骨头，她终于病倒在床上（朱崇山，家113）

（2）这女人……雅洁秀气得像个碧玉观音娘娘（朱崇山，

家 118)

(3) 八重樱就丰满红润一些，近似北京城里春天的海棠（冰心，樱花赞）

“AA 补”里的“AA”大都不带关联词语；如果带关联词语，一般是“和”。例如：

(4) 怎样才能变得丰富和聪明一些呢（张抗抗，优 258）

上例用“和”，“丰富和聪明”是联合短语，带补语“一些”。再看这个例子：

(5) 他脸上有一种恼怒而又严肃得过分的神情（海迪，人 103）

上例用“而又”，“恼怒”和“严肃得过分”组成联合短语，即“A＋A补”。“过分”只是“严肃”的补语，而不是“恼怒而又严肃”的补语。

有时，“AA 补”前边还可以出现状语，形成更加复杂的“状 AA 补”，其层次关系是“状＋［（A＋A）＋补］”。例如：

(6) 我们的方案明显比另两个成熟完美得多（陆永基，花 a78）

5. “状 A 状 A”式

“状 A 状 A”的层次关系是“（状＋A）＋（状＋A）”。

有的“状 A 状 A”形式，不用关联词语。例如：

(1) 荔枝也许是世上最鲜最美的水果（杨朔，语二 102）

(2) 教师对教育专栏的文章，可是看得最仔细最认真了（程乃珊，月 9）

(3) 中兴的腰上还有一道被野猪牙齿豁得很深很长的伤口（洪峰，家 63）

(4) 他们已经是中学生了，……会做很精致很嘹亮的鸽哨（罗建琳，花 a174）

如果出现三个联合项，就会形成“状 A＋状 A＋状 A”。例如：

(5) 这三年小王庄的人们和全国一样，正忙于编造各种最完美、最高尚、最圣洁的口号（锦云等，优 163）

有的“状 A 状 A”形式，带有关联词语，常见的是“又”。例如：

(6) 眉毛这么粗又这么黑(浩然，家 148)

(7) 每次进山，妻子都是很平静又很细心地替他打点行装(洪峰，家 62)

(8) 少将有个很淳朴又很忧郁的母亲(乔瑜，当 51)

(9) 常默在家，正晾衣服，姑娘们的那种，很花哨又很暧昧的那种(乔瑜，当 73)

有时，联合的两项是“A”和“状 A”，其中的“状 A”采取“不 A”的形式。这时，两项之间要求用“又……又……”关联，形成“又 A 又状 A”的说法。如：又贵又不结实｜又窄又不干净｜又小又不好吃。又如：

(10) 听说到云梯山去的路又远又不好走(语二 63)

有时，联合项有三个，都是“状 A”。这时起关联作用的“又”可以用在第二与第三项之间。例如：

(11) 他从很荒凉很贫苦又很遥远的北方来(乔瑜，当 50)

有时，“状 A 状 A”前边出现对它整个起修饰作用的状语，形成更加复杂的“状状 A 状 A”，其层次关系是“状＋［(状＋A) ＋ (状＋A)］”。例如：

(12) 凭三天考试决定一个人终身从事的专业，……是极其不合理和不科学的(程乃珊，月 19)

(13) 她比我更聪明、更自信，她不需要戴一副男人的面具(黄虹坚，花 a204)

上例是“状＋状 A 状 A”。如果再出现一个联合项，比如“比我更聪明更自信又更年轻”，便成为“状＋状 A 状 A 状 A”。

有时，“状 A 状 A”后边出现对它整个起补充作用的补语，形成更加复杂的“状 A 状 A 补”，其层次关系是“［(状＋A) ＋ (状＋A)］＋补”。例如：

(14) 让夏天更繁茂、更舒畅、更热烈些吧(张抗抗，优 266)

上例实际上是“状 A 状 A 状 A＋补”。如果减去一个联合项，比如“更舒畅更热烈些”，便成为“状 A 状 A＋补”。

二　关于联合式短语和主谓式短语

（一）联合式短语的问题

有的重要著作讲短语时不提联合式短语，比如《现代汉语八百词》，指出形容词短语是形容词加连带成分，举了四个例子：极其重要｜很高｜大两岁｜好点儿[①]。前两例是偏正式，后两例是后补式，其中没有联合式。

《系统提要》通过语文刊物第一次同广大读者见面时，在形容词短语部分未提联合式：

3.3.1　形容词短语的构成

状＋形（很高兴｜十分慎重）

形＋补（红极了｜高兴得很｜高兴得跳起来｜重五十二斤）[②]

《系统提要》在印成单行本时才添加联合式：

3.3.1　形容词短语的构成

状＋形（很高兴｜十分慎重）

形＋补（红极了｜高兴得很｜高兴得跳起来｜（木箱比纸箱）重五十二斤）

形＋形（生动活泼｜机智勇敢｜谦虚谨慎）[③]

在科学语法系统里，学者们有不同的观点和处理问题的方法，这是无可非议的。然而，作为教学语法系统，添加联合式短语却是完全必要的。

首先，可以保持系统的一致性。

《系统提要》的前身是《暂拟系统》（《暂拟汉语教学语法系统》），“短语”在《暂拟系统》里叫作“词组”。在《暂拟系统》所讲的词组

---

① 吕叔湘主编：《现代汉语八百词》，商务印书馆 1980 年版，第 5 页。

② 《中学语文教学》1984 年第 2 期。

③ 人民教育出版社中学语文室：《中学教学语法系统提要（试用）》，人民教育出版社 1984 年版。

里，是有联合词组这一类的。至于发表在《中学语文教学》上面的《系统提要》，尽管在集中介绍形容词短语时不提联合式，但在其他地方却多次使用了联合式短语的例子。例如：

形容词短语作主语：谦虚谨慎是一个人的美德（3.3.2）

形容词短语作状语：英勇壮烈地牺牲了（3.2.4）

显然，只有在“形容词短语的构成”部分添加“形＋形”，才能使整个系统从理论解释到实例分析具有一致性。

其次，可以增强系统的解释力。

《系统提要》认为，语素、词、短语等都是语法单位，而短语是一种“由词组成的”语法单位。“谦虚谨慎、生动活泼、少而精、又快又好”等等不能说不是由词组成的语位单位，如果它们不算短语，短语的定义就会失去解释力。

再从语言事实来看，联合式短语和偏正式短语、后补式短语往往结合使用，形成多种多样的扩展式短语。如果不提联合式短语，好些语言事实很难解释清楚。例如：

（1）天底下的事儿偏就这么古怪奇巧（苏叔阳，花 b26）

（2）月光下显得愈发娴静动人（海涛，家 6）

（3）碑身显得更加庄严、雄伟（周定舫，语二 32）

（4）这儿的厨房阳台比白马湖的还宽敞明亮（朱崇山，家 120）

“这么古怪奇巧”是“这么＋古怪奇巧”，从总体看，是偏正式形容词短语。这个形容词短语内部，“古怪奇巧”作为主体构件同“这么”相对待，它肯定是个语法单位。作为一个语法单位，它肯定不是一个词，而只能是一个短语。既然是短语，它到底是什么结构方式的短语呢？显然，只有采取“形＋形”的联合式的提法，才能把语言事实解释清楚。其他各例情况相似。

但是，也应该看到，同偏正式短语、后补式短语相比较，联合式短语有一些麻烦的问题，需要特别指出的是：

1. 联合项可能词性不同

常见的情况是联合前项用形容词，联合后项用动词短语。例如：

(1) 阿蓉唱了，深情而缠绵，怨艾而充满希望地看着他（哲夫，花 a33）

(2) 他俊秀而常挂着笑容的面孔上罩着深重的忧郁（赵淑侠，花 b171）

(3) 她趁此机会婉转而又有分量地说了几句（程乃珊，月 17）

(4) 金厂长在会上做了个简短而又深得人心的报告（蒋子龙，优 190）

(5) 她又格格地笑了，笑得那么畅快和无拘束（张长，中 a147）

例（1）（2），“而”关联形容词和动词短语。例（3）（4），“而又”关联形容词和动词短语。例（5），“和”关联形容词和动词短语。

有时联合前项用形容词短语，联合后项用动词短语。例如：

(6) 她再三向上面推荐李华，理由很中肯而又有说服力（朱崇山，家 111）

上例“而又”关联形容词短语“很中肯”和动词短语“有说服力”。

这类联合式短语是形容词短语还是动词短语？教学中遇到这类现象怎么处理？我们认为，可以算形容词短语。因为，这类短语不仅整个有形容描写作用，而且联合项中居前导地位的是形容词。如果联合项有三个，其中两个是形容词，那么形容词的主导地位就更加明显。例如：

(7) 当时我只注意和这个聪明、开朗而又非常吸引人的尚嫂交往（鲁彦周，中 a41）

“而又”关联的三项，有两项是形容词，一项是动词短语。

2. 有的形式很难分析为一个短语

一般情况是：两个联合项出现于句子的谓语部分，联合项之间有较大的停顿，书面上用了逗号，后一项可以分析为另一个分句，认为是承前省略主语。例如：

(1) 心里又痛快，又痛苦（刘富道，优 285）

(2) 这好地方嘛，又清静，又宽敞（柳青，语二 76）

上例可以分析为复句。“（又）痛快”和“（又）痛苦”，“（又）清静”

和“（又）宽敞”，都充当分句的谓语。“又……又……”表示分句间具有并列关系。

教学中，为了确定单句与复句，我们不得不依赖于停顿与标点。看这几个例子：

(3) 她的手很长很软，根本不像是一个卖猪肉的姑娘的手（苏叔阳，花 b63）

(4) 小乔是刚毕业不久的高中生，单纯、调皮、美丽、多情，在设计院很讨人喜爱（陆永基，花 a77）

(5) 走出高层楼群，蓝天又变得开阔了。抬头望去，它却那么深邃，那么高远（姜滇，十 64）

例 (3)，“很长很软”直接联用，可以算联合短语。例 (4)，“单纯、调皮、美丽、多情”中间只加顿号，可以算联合短语。例 (5)，“那么深邃，那么高远”中间用了逗号，不算一个联合短语，“那么深邃”和“那么高远”可以分析为前后分句的谓语。大家知道，单句与复句之间没有绝对的明确的界限，但是，教学中又不能不管单句与复句的界限问题。在不得已的情况下依赖于标点，这是没办法的办法。

（二）主谓式短语的问题

《暂拟系统》里，主谓词组同联合词组、偏正词组、动宾词组等并列。“主谓”也好，“联合、偏正、动宾”也好，指的都是组成部件之间的相互关系。因此，《暂拟系统》对这几个词组的分类标准是一致的。

《系统提要》里，主谓短语同名词短语、动词短语、形容词短语并列。名词短语、动词短语和形容词短语是根据组成部件中主体构件的性质划分出来的类，而主谓短语却是根据组成部件之间的相互关系划分出来的类，这么看来，在分类标准上有不一致之处。不过，《系统提要》是这么解释主谓短语的：“在大多数情况下，主语是一个名词短语或者是一个名词、代词；谓语是一个动词短语或者一个动词，一个形容词短语或者一个形容词。” (3.4.1) 这就是说，主谓短语一般是“名＋动”短语或“名＋形”短语。作为“名＋动”“名＋形”短语，让它跟名词短语、动词短语、形容词短语并列，在分类标准上应该说还是具有一致性的。

这里需要指出的是：主谓短语中的“名＋形”一类，作用上或功能上有时相当于一个形容词，因此在某种程度上跟形容词短语有一些瓜葛。例如：

(1) 唉，我真命苦（哲夫，花 a11）

(2) 世界上再没有比她更心好的藏族老阿妈了（李国文，优 75）

例（1），“命苦”在“真命苦”的语法环境中很像一个形容词，“真命苦”整个很像一个偏正式形容词短语。然而，“命苦”实际上不是一个形容词，而是一个“名＋形”的主谓短语。例（2），“心好”在“比她更心好”的语法环境中近似一个形容词，“比她更心好”乍一看似乎可以判定为形容词短语。然而，“心好”本身肯定不是一个形容词，而是一个“名＋形”的主谓短语。又如：

(3) 一个身子佝偻而面容和善的老头儿站在回廊上（姜滇，十 66）

“身子佝偻而面容和善”无疑是个联合式短语。由于前后项都包含形容词，前后项之间又用“而”关联，因而很像是一个联合式的形容词短语。但是，“身子佝偻”和“面容和善”都是“名＋形”的主谓短语，而不是《系统提要》所说的形容词短语。

教学中遇到上面所说的现象如何解释？应该怎样回答这样的问题：“真命苦”“比她更心好”是什么性质的偏正式短语？“身子佝偻而面容和善”是什么性质的联合式短语？为了避免跟《系统提要》的分类结果相抵触，似乎可以这么回答：“真命苦”之类是主谓短语带上状语构成的偏正短语，“身子佝偻而面容和善”之类是两个主谓短语组合而成的联合短语，它们在性质上相当于或接近于形容词短语。再看几个例子：

(4) 我要是不命大，能巧遇恩人秦先生吗（浩然，家 154）

(5) 你呀，太心实了，什么人的话都信（浩然，家 175）

(6) 人们都比往常胆子大了，都不害怕（浩然，家 170）

“不命大”“太心实”“比往常胆子大”都是“状＋主谓”的偏正短语，它们近似偏正式形容词短语。

顺带指出：有些联合短语由形容词和主谓短语组合而成。由于居前导地位的是形容词，这类短语可以跟由形容词和动词短语组合而成的联合短语一样，认为是形容词短语。例如：

(7) 她敬佩地看着眼前这个英俊而抱负远大的年轻军人（郭雪波，花 b100）

“英俊”是形容词，“抱负远大”是主谓短语，“英俊而抱负远大”可以认为是联合式形容词短语。

三　特殊的形容词短语

（一）事物性形容词短语

《暂拟系统》认为动词、形容词可以充当主语、宾语；用在主宾位置上的动词、形容词如果带上定语，便是名物化用法。《系统提要》取消了名物化的说法，认为动词、形容词可以充当主语、宾语，并且可以带上定语。比较：

要保持安静

要保持校园的安静

前一例，“安静”单独作宾语，《暂拟系统》和《系统提要》都认为“安静”是形容词。(《系统提要》3.2.1关于形容词作宾语的例子中，有一个就是“保持安静”。) 后一例，“校园的安静”是宾语，“校园(的)”是“安静”的定语。这里的“安静”，《暂拟系统》认为是名物化用法，而《系统提要》不用名物化用法这种特殊用语来指称，只一般性地认为它还是形容词。

从一个词本身的词性说，名物化问题语法学界有很大的争论，为了减少学生的学习负担，《系统提要》不提“名物化”的说法，这是经过慎重的考虑的。但是，如果要确定一个短语的性质，就必然会出现这么一个问题：充当主语、宾语的“校园的安静”之类“定＋形”短语，是名词短语还是形容词短语？

首先，不能说是名词短语。因为，名词短语是“以名词为主体”短语（《系统提要》3.1），而这类短语的作为中心词的主体构件是形容词，特别是，如果形容词先带上状语然后再带定语，那就更无法说成名词短语。例如：

（1）生意上的不顺利并不能使她伤心（孙砺，中 b157）

（2）阿菊对于上次“应变”时的过于冲动有了深刻的自省（陈冲，中 a103）

“生意上的不顺利”是“定＋（状＋形）”，其中的“状”是否定副词“不”；“上次‘应变’时的过于冲动”也是“定＋（状＋形）”，其中的“状”是程度副词“过于”。这两个短语肯定都不是“以名词为主体”的短语。

其次，不能说是一般的形容词短语。按定义，形容词短语是以形容词为主体的短语，“校园的安静”“生意上的不顺利”之类既然以形容词为主体，自然应该算是形容词短语，但是，“定＋形”不是形容词短语的基本结构形式，“定＋形”短语不能充当谓语、定语、状语、补语，只能充当主语、宾语，意义上具有事物性，作用上相当于名词短语。因此，“定＋形”短语可以叫作事物性形容词短语，可以认为是一类特殊的形容词短语。

在实际语言运用中，事物性形容词短语经常充当句子的主语、动词的宾语，有时也充当介词的宾语。下面分别举例。

充当主语的，例如：

（3）她的坦率，令我感激（黄虹坚，花 a229）

（4）鲁迅的冷，应该解释为不见火焰的白热（郭沫若，浪漫主义和现实主义）

（5）街上的冷静使她的声音显得特别响（老舍，骆驼祥子）

充当动词的宾语的，例如：

（6）徐丽莎第一次感到了男人的冷漠（陆文夫，中 a13）

（7）活泼的更见活泼，庄重的越发要显示自己的庄重（徐怀

中，优 5）

（8）杜复昌知道尤慕莲的执拗（姜滇，十 97）

（9）短发，细嫩脸坯上泛着素净的纯朴（苏炜，花 a97）

充当介词的宾语的，例如：

（10）他一下子垮了——被尚武强的宽厚击垮了（周梅森，花 b13）

（11）此刻，我不禁要为这荒唐的天真失声悲笑了（陆永基，花 a88）

有时，事物性形容词短语的主体构件是“AA”联合式形容词短语，“定＋AA”同“定＋A”的功能完全相同。A 与 A 之间若用关联词语，一般是“和”。

充当主语的，例如：

（12）他的果断和强硬有效地驾驭了整个儿局面（海岩，当 185）

（13）他的聪明和努力都是以使他的志愿成为事实（老舍，骆驼祥子）

（14）走到这里时我一身的疲惫与沉重，忽然蓦地卸落了（李彬勇，获 b124）

充当动词的宾语的，例如：

（15）许多人都私下议论我的残忍和虚伪（陆永基，花 a77）

（16）这遥远的边疆，向战士们展示了它的富饶美丽（徐怀中，优 17）

（17）可他还保持着高度的威严和镇静（周梅森，花 b11）

（18）我永远感激你的真诚、高尚与大度（苏叔阳，花 b75）

充当介词的宾语的，例如：

（19）不，为今天的丰盛富足干杯吧（姜滇，十 91）

（20）从这时开始……我和我的单纯、开朗、真诚暂时告别了（鲁彦周，中 a66）

（二）动态化形容词短语

《系统提要》在介绍动词短语的“动＋补”的形式时，讲了“补语是趋向动词”的现象，所举的例子是：走过去｜掉下来。《系统提要》在介绍形容词短语的“形＋补”的形式时，没有提到趋向动词充当形容词的补语的例子。

事实上，好些形容词可以带上由趋向动词“起来、下来”之类充当的补语。换句话说，有的形容词短语可以采取“形＋趋向动词”的形式。例如：

(1) 只要组织上把她的问题澄清，她就会愉快起来（鲁彦周，中 a51）

(2) 我嗅到了空气里有一股甜丝的香味，我的心也甜起来了（鲁彦周，中 a41）

(3) 筏子在湖湾才平稳下来（海涛，家 7）

(4) 刚刚还是天高云淡的晴空呢，这会儿就阴暗下来了（海涛，家 5）

但是，“形容词＋趋向动词”的形容词短语毕竟具有特殊性。这可以从以下两个方面来观察。

一方面，“形容词＋趋向动词”表示某种性状的变化已经开始，或者某种性状的变化往下持续。形容词后边充当补语的趋向动词不是表示具体的趋向，而是用来表示性状变化的时态的。有时，跟“起来、下来”之类相配合，形容词前边还可以出现“开始、渐渐、突然”之类跟时间变化有关的状语。例如：

(5) 两位放排人开始紧张起来（鲁彦周，中 a63）

(6) 她念了几句，不知想起什么，脸色渐渐暗淡下来（鲁彦周，中 a61）

(7) 他的衣着突然整洁起来（陆文夫，中 a6）

(8) 老太太的口气突然缓和下来了（陆文夫，中 a13）

由于“形容词＋趋向动词”表示性状的变化，有明显的动态，它的句法功能跟一般的形容词短语并不完全相同。这类短语主要充当谓语，或出现在句子的谓语部分里面。有时，为了强调性状的变化，它也可以用在“变（得）”的后边充当补语。比较：

他就会愉快起来

他就会变得愉快起来

另一方面，“形容词+趋向动词”尽管具有动态，但其中的形容词并没有转化成为动词。从语法特点看，其中的形容词不能带宾语，而且往往可以受程度副词“更加”的修饰。例如：

(9) 这样我就更加坚强起来（阿累，语二 21）

(10) 地势渐渐更加陡起来（陆定一，语一 16）

(11) 一路走来，便觉得头上凉嗖嗖，更加懊恼起来（高晓声，优 201）

(12) 这些毫无文采的语言，非常形象地说明了他工作的意义，使他对未来的希望更加明确起来（张贤亮，优 228）

(13) 但街道上却似乎更加热闹起来了（宋树根，啄 22）

除了“更加”，“形容词+趋向动词”中的形容词还可以受其他程度副词如“非常、十分”等等的修饰。例如：

(14) 他一下子收敛了先前的傲慢和淡漠，变得非常友好起来（陆永基，花 a78）

(15) 只要我们对他们说清楚了红军是什么，没有不变忧为喜，同我们十分亲热起来（陆定一，语一 17）

(16) 中学时代剩下了最后一个学期，班上的气氛格外紧张起来（刘学林，花 b190）

(17) 于是，这种自发的集市在沙乡异常活跃起来（郭雪波，花 b83）

根据“形容词+趋向动词”各个方面的特点，这类短语可以叫作动态化形容词短语，可以认为是一类特殊的形容词短语。《系统提要》只能介绍一般的现象，讲形容词短语时只能介绍其基本形式，这是无可非议的；但是，为了更加全面地认识语言事实，在了解了一般的形容词短语之后，进一步了解一下特殊的形容词短语，这无疑也是很有必要的。

例句出处的简称

中 a：《中国作家》1985 年第 3 期
中 b：《中国作家》1987 年第 5 期
花 a：《花城》1987 年第 3 期
花 b：《花城》1987 年第 4 期
当：《当代》1987 年第 5 期
优：《1980 年全国优秀短篇小说获奖作品集》，上海文艺出版社 1981 年版
月：《小说月报》1987 年第 3 期
获 a：《收获》1987 年第 4 期
获 b：《收获》1987 年第 5 期
家：《小说家》1984 年第 4 期
语一：初中《语文》第一册，人民教育出版社 1978 年第 1 版
语二：初中《语文》第二册，人民教育出版社 1978 年第 1 版
语三：初中《语文》第三册，人民教育出版社 1978 年第 1 版
啄：《啄木鸟》1987 年第 5 期
人：《人民文学》1986 年第 10 期
十：《十月》1987 年第 4 期
选：《毛泽东著作选读（甲种本）》，人民出版社 1966 年版

“教学语法丛书”书目

《语法和语法体系》	胡明扬
《语素》	徐 枢
《名词·动词·形容词》	施关淦
《数词·量词·代词》	王希杰
《虚词》	陆俭明 马 真
《名词短语》	史锡尧
《动词短语》	于根元 张理明
《形容词短语》	邢福义
《介宾短语·复指短语·固定短语》	范 晓
《主谓短语·主谓句》	吴为章
《非主谓句》	陈建民
《析句法》	龚千炎
《把字句·被字句》	饶长溶
《连动句·兼语句》	吴启主
《复杂单句》	高更生
《复句》	黄成稳
《句群》	庄文中
《句子的用途》	刘月华
《语法和左邻右舍》	田小琳
《现代汉语语法的特点》	李临定

词类辨难

内容提要

本书列举了二百多个现代汉语里较难归类的词，着重从语法特点方面进行了归类辨析。结合辨析，讲解了词的分类准则和词的归类要求；介绍了“直接判定”“排他”“类比”等归类方法；探讨了同型异类现象、实词、虚词、短语词等的归类问题；论述了动词、形容词性质的临时转移现象——动词、形容词的名物化和形容词的动态化。

编辑说明

“现代汉语知识丛书”是高等学校现代汉语课的教学辅助读物，也可供中学语文教师和其他语文工作者参考。丛书包括现代汉语的绪论、语音、文字、词汇、语法、修辞六部分，内容力求深入浅出，普及现代汉语知识。

丛书由现代汉语知识丛书编辑室负责组稿工作。语音部分由语音编辑组负责编审；绪论、文字、词汇部分由词汇编辑组负责编审；语法修辞部分由语法编辑组编审。文字改革出版社、湖北人民出版社、甘肃人民出版社协作出版。

编辑丛书贯彻“百家争鸣”的方针，不强求观点完全一致，因此，丛书与《现代汉语》教材难免有不同的地方，请读者注意。

我们恳切希望作者和读者给我们大力支持，多提宝贵意见，使这套丛书编得好些。

“现代汉语知识丛书”编辑室

一、词的分类和词的归类

（一）词的分类

词，可以从不同的角度、根据不同的准则来分类。比如：根据音节，可以分为单音词和复音词；根据结构，可以分为单纯词和合成词；根据来源，可以分为通用词、方言词、文言词、外来词；等等。

语法上所说的词类，是指词的语法分类，具体点说，是指根据词的语法特点，结合词的意义划分出来的词的类别。

词的语法特点，包括词在形态、组合能力和造句功能三方面表现出来的特点。

什么是形态？形态是指构词和构形的语法形式。

现代汉语里，构词的语法形式包括前缀和后缀[①]。它们有构成新词的作用，并且有作为词类标志的作用。例如：

老 X：老三、老大、老张

X 子：剪子、胖子、月子

① 高等学校文科教材《现代汉语》（黄伯荣、廖序东主编）里，实词素等于我们这里所说的词根，虚词素等于我们这里所说的前缀和后缀。

X化 {绿化 / 工业化 / 合作化}

这里的“老”是前缀，附加在词根“三、大、张”的前边。前缀“老”有构成新词的作用：老三≠三，老大≠大，老张≠张。不管词根是不是名词性的，只要是用“老”构成的词，都是名词。因此，它可以看作名词的标志。

这里的“子、化”都是后缀，分别附加在“剪、胖、月”和“绿、工业、合作”的后边。它们都有构成新词的作用：剪子≠剪，胖子≠胖，月子≠月；绿化≠绿，工业化≠工业，合作化≠合作。不管词根是什么词性的，凡是用“子”构成的词都是名词，用“化”构成的词一般是动词。因此，它们可以分别作为名词和动词的标志。

构形的语法形式，也就是词的变化方式。在现代汉语里，构形的语法形式有两种：1. 重叠式——把词或词素重叠起来表示某种语法意义。2. 黏附式——把具有词尾性质的助词黏附在实词后边表示某种语法意义①。这两种构形的语法形式也可以体现词的不同特性。比较：

观看	观众
观看观看（观看一下）	——
观看着（正在观看）	——
观看了（已经观看）	——
观看过（曾经观看）	——
——	观众们（观众不止一个）

“观看”是动词，能按ABAB方式重叠，能带上“着、了、过”，表示某种语法意义；“观众”是表人名词，能带上“们”，表示某种语法意义。动词“观看”和名词“观众”性质不同，构形的语法形式也不同。

什么是组合能力？某类词可以跟一些什么词发生组合关系，不能

① “着、了、过、们”等，是助词。它们附着在一个动词或一个名词、代词后边时，很像词尾。

跟一些什么词发生组合关系，这就是词的组合能力。例如：

一个观众	都观众（×）
两把剪子	不剪子（×）
三种办法	也办法（×）

“观众、剪子、办法”都是名词，可以跟表物量的数量结构“一个、两把、三种”等组合，组合以后产生修饰关系；它们不能跟“都、也、不”等副词组合。

都观看	一个观看（×）
不剪除	两个剪除（×）
也办理	三个办理（×）

“观看、剪除、办理”都是动词，可以跟副词“都”等组合，组合以后产生修饰关系；它们的前面不能直接用“一个”之类表物量的数量结构。有时有“一个上来，一个下去”的说法，但是，第一，这里的“一个”称代了人物，不单纯表示数量；第二，“一个”和“上来、下去”组合以后不是产生修饰关系，而是产生主谓关系。

可见，组合能力的不同，体现出词的特性的不同。

什么是造句功能？词在句子中能不能充当句子成分，能充当什么句子成分，这就是词的造句功能。例如“观众、剪子、办法、观看、剪除、办理”可以充当句子成分，而“和、如果、从、对于、的、吗”不能单独充当句子成分；“观众、剪子、办法”可以充当主语、宾语，不能单独充当谓语，而“观看、剪除、办理”可以充当谓语，在一定条件下才能充当主语、宾语。这就是说，在造句功能上同样也体现出词的不同特性。

在划分词类的时候，形态、组合能力和造句功能这三个方面的特点都应考虑。不过，汉语是一种缺少发达形态的语言，正如吕叔湘先生所指出：“汉语有没有形态变化？要说有，也是既不全面也不地道的玩意儿，在分析上发挥不了太大的作用。”[①] 因此，汉语里词的语法特点主要表现在组合能力和造句功能这两方面，尤其突出地表现在组合

① 吕叔湘：《汉语语法分析问题》，商务印书馆 1979 年版，第 11 页。

能力这一方面。

词的语法特点和词的意义是有联系的。有相同的语法特点的词，在意义上也会有共同之处；反过来说，在意义上有共同之处的词，也往往（当然也不一定）具有相同或相近的语法特点。比如上面所举的“观众、剪子、办法”，它们具有相同的语法特点，在意义上也有共同之处：都表示人或事物。

意义是划分词类的重要参考标准。划分词类时既要根据语法特点，又要结合词的意义，这样才能做到准确、合理。比如，要判断是同类的一个词还是不同类的两个词，必须结合意义来考虑才行。比较：

严厉的人　　　　特别的人

严厉批评他　　　特别批评他

这里，作定语的“严厉”和作状语的“严厉”在意义上是一样的，它们是同类的一个词，即形容词。作定语的“特别”和作状语的“特别”在意义上是不相同的，前者是形容词，后者是副词，不能因前者是形容词而判定后者也是形容词。显然，肯定作定语和作状语的“严厉”都是形容词，而肯定作定语和作状语的“特别”分别是形容词和副词，这是结合意义才能做到的。又比如，在考察词的组合能力时，要知道一个词能不能跟什么词组合，能不能在什么样的格式中出现，也必须结合意义才能得到明确的答案。比较：

很严厉的人　　　　很特别的人

很严厉地批评了他　　　　很特别地批评了他（×）

“严厉”，不管作定语还是作状语，都能受程度副词的修饰（可见是同类的一个词）；“特别”，作定语的能受程度副词的修饰，作状语的不能(可见是不同类的两个词)。怎么知道能不能受程度副词的修饰呢？如果离开了意义，那是无从知道的。

当然，我们说的是“结合”词的意义，而不是“根据”词的意义。尽管意义“不失为重要的参考项”①，但不能不加控制地使用意义的标

① 吕叔湘：《汉语语法分析问题》，商务印书馆 1979 年版，第 12 页。

准。词类毕竟是词在语法上的分类，分类的“根据”，起“判决”作用的因素，应该还是语法特点。只有抓住语法特点，划分词类才有客观标准，才可以避免主观臆断，避免出现那种“仁者见仁，智者见智”的情况。

根据语法特点，结合词的意义，首先可以把现代汉语里的词分为实词和虚词。能够在句子中充当一般的句子成分（主语、谓语、宾语、定语、状语、补语）的，叫实词；不能在句子中充当一般的句子成分的，叫虚词。实词和虚词的划分，就语法特点说，造句功能起决定作用。

进一步又可以把实词分为名词、动词、形容词、数词、量词、副词和代词，把虚词分为介词、连词、助词和语气词①。另外，叹词是一个特殊的词类，因为它不能充当句子的一般成分，所以算虚词②。这十二种词类的划分，特别是各类实词的划分，就语法特点说，组合能力起最重要的作用。

词类这一概念，通常是指名、动、形、数、量、副、代、介、连、助、语气、叹这些类别。

（二）词的归类

词的分类，是从全局着眼，研究根据什么样的原则或标准把词分为哪些类别；词的归类，是从一个一个具体的词出发，考察它们的特性，判定应该把它们分别归入哪个词类。二者有紧密的联系：只有在词的分类的一般原则指导下，才能谈得上词的归类；也只有在充分地深入地研究一个个词的特性，解决好归类问题的基础上，才能最终解决词的分类问题。但是，二者毕竟有着不同的着眼点，代表着两个不

---

① 许多语法著作，把语气词叫语气助词，算助词的一小类。这里采取高等学校教材《现代汉语》（黄伯荣、廖序东主编）的处理办法。

② 叹词进入了句子，充当了句子的一般成分，就不再算虚词，因为它已临时转化成实词，如“哎呀了一声”，“哎呀”是动词。

同的角度。

词的归类原则，跟词的分类是一致的，这就是：根据词的语法特点，结合词的意义。不过，这是就总的方面说的。事实上，具体的词千千万万，它们的情况错综纷繁，并不是每一个词都具有某类词的所有的语法特点，并不是每个词都具有明显的作为某类词的意义。因此，在总的原则下，还得强调几个基本要求。

1. 给词定性归类时，必须紧紧扣住词的语法特点。

有时，某个词的词类意义相当模糊，只有依靠语法特点才能有把握地给它归类。比如“起码”这个词，从意义上是很难确认属于哪一类的。但是，从语法特点上去考察，我们可以看到，这个词可以作定语、状语，可以在谓语部分里用在“是……的”之间，并且不管用在哪里，前边一般都可加程度副词“最”或“顶”：

（最）起码的条件

（最）起码的要求

这是“起码”作定语，前边可加程度副词；

（最）起码也要修建八栋宿舍

（顶）起码必须走三天

这是“起码”作状语，前边可加程度副词[①]；

修建八栋宿舍是（最）起码的

走三天是（最）起码的

这是“起码”用在“是……的”之间，前边也可加程度副词。可见，“起码”应归入形容词，因为别类词不具备这样的语法特点[②]。

有时，甲乙两个词可能在意义上是近似的，但不一定属于同一个

---

① 《人民文学》1979 年第 12 期上就有这样的例子：“最起码要找个遮阳避雨的棚子。”（张武《看“点”日记》）

② 《〈现代汉语八百词〉选例（1）》把“起码”分为“形、副”两类，但也承认二者都能在前面加“最、顶”。（见《中国语文》1979 年第 3 期，第 197 页）作者们忽视了“起码”在组合能力上的共性，也忽视了副词不能受“最、顶”修饰的事实。

词类。应该归入哪一类，还是要依据词的语法特点。比较“迅速”和“迅即”：

迅速处理	迅即处理
非常迅速地处理	——
动作迅速	——
动作非常迅速	——

意义上，“迅速”“迅即”是近似的；语法上，它们却有不同的特点。“迅即”只能作状语；“迅速”不仅能作状语，而且能作谓语，它的前边能加程度副词。可见，“迅即”是副词，“迅速”是形容词。再比较“突然”和“忽然”：

突然出现	忽然出现
非常突然地出现	——
出现得很突然	——
突然事件	——
这件事很突然	——

“忽然”和“突然”意义相近，但语法上却具有不同的特点。“忽然”应归入副词，“突然”应归入形容词。

2. 根据语法特点给词定性归类时，必须分清一般规律和特殊现象。不能只看到一般而抹杀特殊，也不能以特殊来否定一般。

比如，名词这类词有好几个语法特点，其中，在组合能力上的主要两个是：

A. 一般能受表示物量的数量结构的修饰。例如：一个学生、两位客人、三头牛、四匹马、五棵白菜、六架飞机、七个假日、八座图书馆。

B. 一般不能受副词的修饰。例如，不能说：不学生、都客人、很牛、刚马、已经白菜、忽然飞机、不假日、都图书馆。

这两个特点都只是一般。

名词当中也有不受物量结构修饰的。其一，专有名词，如“鲁迅、北京”等等。只在有特殊需要时，它们才可以受物量结构的修饰。例如："三个臭皮匠，抵得一个诸葛亮。"（这是为了同前面的"三个"对举）"哪能有几个北京呢？"（这是为了强调）"千千万万个雷锋在成长。"（这里的"雷锋"已经借用来表示雷锋式的一类人）。其二，泛指性名词，如泛指人或事物的"人群、马匹"等等，泛指时间的"当年、平时"等等。其三，方位名词和具有明显方位意义的其他处所名词。前者如"前、后、东边、西边"等等，后者如"桌上、乡下、国外"等等。

不是名词，也有受物量结构修饰的。最常见的是某些形容词有时受物量结构的修饰，比如："一丈高、三尺长、四寸厚、八尺深、五斤重"。这里，修饰形容词的物量结构是"数词＋度量衡单位"。这种数量结构在修饰形容词时性质是比较特殊的：它们可以用"多"来提问，不能用"多少"来提问；并且可以用"这么、那么"去替换。例如："多高？——一丈高。——真的这么高吗？""多深？——八尺深。——真的那么深吗？"可见，这里的物量结构具有表示程度的性质，它们是修饰形容词，而不是修饰名词。

再从跟副词的关系看，名词也不是完全跟副词相排斥。在某种条件下，某些副词也可以修饰名词或以名词为中心的词组。这主要有四种情况：其一，名词带上数量结构，可以受表示范围或频率的副词的修饰，例如："只两尺布。""仅仅一个人。""大约三辆汽车。""共两块钱。""才三张桌子。""又一阵暴雨。""再一个问题。"其二，表示人或事物的名词受副词"净"或"光"的修饰，共同用在处所词后边，表明某一地点普遍存在着某种人或事物，例如："炕上净人。""园里净游客。""江岸净岗哨。""山上净树。""河边净杂草。""屋里光书。""那儿净矿石。"其三，时间名词，在用来作谓语，直接对某个时点加以表述的时候，可以受某些表示迟早或频率的副词的修饰，例如："今天已经星期六了。""今天才星期五呢。""明天又星期天了。""今天已经初九了。""今天才初八呢。""明天又初十了。""后天又八月中秋了。"其四，许多方位名词和某些方位意义明显的其他处所名词，可以受某些副词的修饰。常见的是受"最"的修饰，如"最前、最后、最前面、最后面、最上头、最下头、最南方、最北方、最底层、最前线”；单纯方位词还可以受“不、太”等的修饰，如“不前、不后、太前、太后”。可见，不能绝对地说名词就是不能同副词发生组合关系。

不管哪一类词的基本的语法特点，都不可能完全对外具有封闭性、对内具有普遍性。重要的，是首先要掌握一般，在这个基础上，进一步了解特殊。这样，在给词归类时，就可以知道，一般规律在哪些情况下不起作用，特殊现象只是在哪些条件下才能成立，从而不致机械地用一般来衡量一切，也不致把特殊同一般混为一谈。

3．根据语法特点给词定性归类时，必须明确所据的特点对某类词说来是充足条件还是必要条件。分不清条件的性质，往往得不出正确的结论。

所谓充足条件，是指“有之必然，无之未必不然”的条件，也就是“有它就够，没有它不一定不行”的条件。比如，“能够带宾语”对动词说来是一个充足条件，只要符合这一条件就一定是动词（如“在于”：一年之计在于春；问题不在于进度，而在于质量；去不去在于你自己）①，但不符合这一条件不一定不是动词（如“咳嗽”“睡觉”）。又比如，“能够重叠，表示动作短暂或尝试的意思”对动词说来也是一个充足条件，只要符合这一条件就一定是动词（如“休息”：你应该休息休息），但不符合这一条件的不一定不是动词（如“在于”“例如”）。

每一类词，都可能有好些充足条件。这些充足条件，有的对整类词的适用面大些，有的对整类词的适用面小些，但不管大与小，只要抓住了一条，就可以给一个词定性归类。

一般的语法书里所列举的词的语法特点，都是重要的、普遍性较大的几个方面。这是对的，因为作为一类词的特点，不必也不应把那些适用面很小的一一列举出来。但是，在给词归类时，只要是符合充足条件的特点，即使适用面极小，也是很有用的。因此，我们要善于

① 少数代词例外。代词是一类特殊的实词，少数代词是能带宾语的（如“你能怎么样了人家？”），但它们之所以能带宾语，正是因为它们代替了动词。

发现并随机应变地运用这样的条件来鉴别词性。例如："一天到晚地X"，在这样的句式里，能够受"一天到晚地"修饰的X一定是动词[①]。这就是一个充足条件。"睡觉、咳嗽"之类，固然可以用别的办法证明是动词，但只要指出它们能够在这样的句式中出现（"一天到晚地睡觉"，"一天到晚地咳嗽"），就足够说明它们是动词了。

所谓必要条件，是指"无之必不然，有之未必然"的条件，也就是"少了它一定不行，但有了它不一定能行"的条件。比如，语法书里讲副词的语法特点时，总要指出"副词能够作状语"。对副词说来，能够作状语就是必要条件。一个词，如果不能作状语，它不可能是副词；但如果能作状语，它可能是副词，也可能是其他类的词。

必要条件不能当作充足条件来使用。以"刚才"来说，这个词可以作状语，例如：

（1）刚才发生了一件事。

这里，"刚才"是"发生了"的状语。如果我们仅仅看到这个词能作状语就说它是副词，这就是把必要条件当作充足条件来使用了。实际上，"刚才"是时间名词，而时间名词是可以作状语、定语等的。再看下面的用法：

（2）这件事就发生在刚才。

（3）到刚才，什么事都还没发生。

（4）情况比刚才好多了。

"刚才"可以用在"在、到、比"等介词后边，一起组成介词结构，这是名词所具有的特点，副词不能这么办。可见，弄错条件的性质，把必要条件当作充足条件来使用，所得的结论是不可靠的。

那么，必要条件能起什么作用呢？如果说，充足条件可以帮助我们懂得符合某一条件便是某类词，必要条件的最大好处便是帮助我们懂得，不符合某一条件的就一定不是某类词。比如，在词语、句子之间起连接作用并表示某种关系的连词，不能成为一个句法结构里的中

① 少数代词例外。代词能进入这样的语法环境，是因为它指代了动词。

心语。这是作为连词的一个必要条件。符合这一条件，即不能成为结构中心，不一定就是连词，因为别类词也有不能成为结构中心的；但如果不符合这一条件，即可以成为结构的中心，那么，就一定不是连词。比如用于分句或句群之间的“不然”，有的著作说是连词。事实上，这个“不然”前边可以加“要”或“再”，后边还可以带上“的话”。例如：

（5）他一定开会去了，不然，为什么这么晚还不回来？

（6）他一定开会去了，不然，就是找同志们谈心去了。

例（5）的“不然”可以说成“要不然”或“要不然的话”，例（6）的“不然”可以说成“再不然”或“再不然的话”。显然，在“要不然（的话）”“再不然（的话）”里，“不然”处于中心地位。我们顶多只能说“要不然（的话）”“再不然（的话）”整个是连词性的短语词，却不能说其中的“不然”是连词①。另一方面，我们也不能说加上“要……的话”之类时“不然”不是连词，不加上“要……的话”之类时“不然”是连词，因为不管加不加“要……的话”之类，“不然”的意义和作用并未发生变化。再看一例：

（7）这一点正表明抗大是一个最革命最进步的学校，如若不然，他们就不会反对了。

这里，“如若”是连词②，“不然”是假设分句里表意的中心。能够说这个“不然”是连词吗？现代汉语里，这个“不然”结合较紧，意义较虚，但还是表示跟“这样”相对的意思，在上下文意允许的条件下可以和“这样”互相替换。它和“这样”的词性应该是相同的。比较：

（8）你应该答应他，不然，他会不高兴的。

（9）你应该答应他，这样，他会高兴的。

---

① “要不”“再不”是“要不然”“再不然”的简缩形式，也可以整个看作连词性短语词。它们包含“不然”的意思，正像“要不然（的话）”“再不然（的话）”包含着“不然”一样。

② “要不然”相当于“如若不然”，“要”即“如果”“如若”。

(10) 还得让一些水流走。不然,堵着的水又会冲坏了堤。

(11) 还得让一些水流走。这样,堵着的水才不会冲坏了堤。

"这样"是代词,把跟"这样"相对的"不然"划归代词是自然的①。不可否认,用在分句间的"不然"有关联作用,但有关联作用也只是作为连词的必要条件,具备这一条件的不一定就是连词。代词"(就)这样"就经常用在分句或句群之间起帮助过渡、承上启下的关联作用。

应该进一步指出的是,必要的条件如果同别的条件合在一起,就可能成为必要而充足的条件。比如,"单纯充当状语(少数还能充当补语),不能充当主语、宾语,不能用在介词之后组成介词结构,不能用在'是……的'之间,在一般情况下不能充当定语",这便是作为副词的必要而充足的条件②。又比如,"单纯起连接作用,表示语句之间的某种抽象的语法关系,不能成为一个句法结构里的中心语",这便是作为连词的必要而充足的条件。这种条件,"有之必然,无之必不然",当然可以据以判定词的归属。

① 准确点说,这个"不然"是代词性短语词。

② 为了行文的简便,下面称为"纯状语性"。

二、词的归类的几个方法

有的词，语法特点比较明显；有的词，并没有什么明显的语法特点。有的词，可以直接指明其词性；有的词，却只能用间接的方法说明它属于哪一类。情况不同，采取的方法也应有所不同。下面，介绍直接判定、排他、类比等方法。

（一）直接判定

所谓直接判定，是根据某类词的语法特点直接判定某个词属于某一类。这是通常采用的方法。它的公式是：

凡符合 A 类语法特点的，属 A 类。
X 符合 A 类的语法特点，
所以，X 属 A 类。

凡符合 B 类语法特点的，属 B 类。
Y 符合 B 类的语法特点，
所以，Y 属 B 类。

举几个词为例。

1. “例如”

这个词可以带名词或名词性结构，而所带的名词或名词性结构只能分析为宾语。例如：

（1）有些地方的游击战争，全部活动地区开始都是游击区，例如冀东的游击战争。

（2）现在许多地方的游击战争，例如五台山等处，是由正规军派出强大的支队去发展的。

“例如冀东的游击战争”和“例如五台山等处”都只能分析为动宾结构，而不可能分析为别的什么结构。尽管这类动宾结构比较特殊，在句子里是充当独立成分，但不能否认“例如”是带上了宾语。这就是说，“例如”符合作为动词的充足条件，可以直接判定它是动词。跟“例如”相当的还有“比如、譬如”等，它们也是动词。

2. “着想”

这个词在句子里总是出现在“为……”“替……”“从……”等的后边，受这些介词结构的修饰，有时还可以带上时态助词“过”。比如，“为大家着想”，“从大处着想”，“你什么时候替我着想过?”

能够在“为谁 X 过”这类格式中 X 位置上出现，这是作为动词的充足条件。“着想”既然符合这一条件，它无疑是动词。

3. “不便”

这个词，可以受程度副词的修饰，不能带宾语。比如：“在这儿，吃住很不便，交通更不便。”又如：“甲：我不便去找他。乙：你不便，我更不便。”

能受程度副词的修饰，并且不能带宾语，这是作为形容词的充足条件。“不便”既然符合这一条件，自然可以判定它是形容词。

顺便指出，用在动词前边作状语的“不便”，跟用在动词前边作状语的“难、容易”之类特性相同，它们都是形容词。比较：

不便：不便进，更不便出。
→进不便，出更不便。

难：难进，更难出。
→进难，出更难。

容易：容易进，更容易出。
→进容易，出更容易。

4. “总算”

这个词具有“纯状语性”。它除了用在动词、形容词前边作状语之外，不能在其他语法环境中出现。例如：

（1）哎呀，总算又找到你了！

（3）小高呢，从小当篾工，总算在家里念过几天书。

（3）小孩子的字能写成这样，总算不错了。

从字面上看，“总算”有点像动词。但是，我们抓住了“纯状语性”这一点，可以毫不迟疑地断定它是副词。

（二）排　他

所谓排他，是通过排斥其他各种可能，借以肯定只有某种可能。这一方法，在某个词缺乏明显的作为某类词的语法特点，难以直接判定其词性的时候，可以采用。它的公式是：

或者是A类，或者是B类，或者是C类。

X不可能是A类，不可能是B类，

所以，X是C类。

举几个词为例。

1. “必然”

这个词可以充当句子成分，不可能是虚词。在实词里，它不可能是名词、动词和代词，更不可能是数词或量词。剩下来，还有两种可能：或者是副词，或者是形容词。

“必然”可以作定语，如“必然产物，必然结果，必然趋势”；可以在谓语部分里用于“是……的”之间，如“这是必然的”。有时“必然”也作状语，但是我们可以通过结构变换的方法，说明它仍然有出现于“是……的”之间的可能。如“必然取得最后胜利”，可以变换为“取得最后胜利是必然的”。所有这些，都不是副词所能具有的特点。

这个词，要直接判定它是形容词，理由不够充足。因为，它不能受程度副词的修饰，不完全符合形容词的“能受程度副词的修饰，不能带宾语”这一必要而充足的条件。虽然它可以作定语，可以用在“是……的”之间，但这是不能用来作为判定它是形容词的充足理由的，因为别类词也可以这么办。现在，通过排他排除了其他各种可能，特别是排除了副词，我们就可以有把握地判定它是形容词了。

2. “空前”

要直接判定这个词的词性，更是困难。我们也可以采取排他的办法。

这个词，或者是副词，或者是时间名词，或者是动词，或者是形容词，此外没有别的可能。

首先，“空前”尽管可以作状语，如“空前繁荣”，但不可能是副词，因为它有这样的用法：

（1）一八八七年，他刚刚九岁时，一场空前的水灾毁灭了他家的土地、房屋和牲畜，夺去了他的全部亲人的生命。

（2）这次规模空前的盛会，检阅了成就，训练了队伍。

例（1）里“空前”充当“水灾”的定语，例（2）里“空前”充当“规模”的谓语。这是副词不可能具有的特点。

其次，“空前”尽管在意义上跟时间概念有联系，但不可能是时间名词。因为，时间名词可以用在介词后边，组成介词结构，如“从前”→“在从前”，“目前”→“到目前”；“空前”不能用在“在、到”等的后边，不具有时间名词的特点。

再次，尽管在“空前绝后”这样的结构里，“空前”是动词性结构——动宾结构，但作为一个词单用，“空前”不具有动词的任何特点，如不能带宾语，不能带“着、了、过”，不能受“没”否定等等，因此，也不可能是动词。

通过排他，只剩下形容词一项。我们再结合它可以充当定语、谓语的功能来考虑，就完全可以判定，它是个形容词。

3. “人身”

要直接判定这个词的词性，也有困难。我们同样可以采取排他的办法。

这个词，或者是副词，或者是形容词，或者是名词。此外，没有别的可能。

首先，“人身”不是副词。“人身自由、人身事故”这样的用法，是副词不可能有的。

其次，也不是形容词。比如“恶毒攻击”，“恶毒”是形容词，后边可加“地”，说成“恶毒地攻击”，而“人身攻击”则不能说成“人身地攻击”。相反，“人身攻击”可以扩展成“人身受到攻击”，形容词不能这么办。

通过排他，只剩下名词一项，我们再结合它可以充当主语（“人身受到攻击”）的功能来考虑，就完全可以判定，它是个名词。

（三）类　比

所谓类比，是已知甲词属某类，由此推知只能跟甲词同类的乙词也属某类。这一方法，在某个词难以直接判别其词性时，也可以采用。它的公式是：

X 只能跟 Y 同类。

Y 是 A 类，

所以，X 也是 A 类。

举几个词为例。

1. “会心”

这个词，动、形、名的比较明显的语法特点都难找到。在“会心的微笑”这样的用法里，像动词，也像形容词，因为动词、形容词都可以占据“会心”的位置（如“赞赏的微笑”，“赞赏”是动词；“亲切的微笑”，“亲切”是形容词）。在“别有会心”这样的用法里，像是动词，但也不能肯定不是名词，因为动词、名词都可以占据“会心”的位置（如“别有领悟”，“领悟”是动词；“别有天地”，“天地”是名词）。

“会心”和“会意”意义相同。尽管能用“会意”的地方不一定都能用“会心”，但凡能用“会心”的地方都能用“会意”。这说明，“会心”在意义上、用法上从属于“会意”，跟“会意”是有同类关系的。

"会意"可以证明是动词。如"他一使眼色，我就会意了"。这是动词经常出现的语法环境。虽然形容词也能在这样的语法环境中出现(如"天一冷，树叶就黄了"[①])，但"会意"不具备形容词的明显特征，不可能归形容词。所以，"会意"只能是动词。

既然无法证明"会心"是动词以外的别类词，而它又跟动词"会意"同类，那么，可以判定它也是动词。

2. **"相反"**

"相同"是形容词，它可以受"很不"或"不很"的修饰（"很不相同""不很相同"），不能带宾语。吕叔湘先生在《语文札记》中，就把它归入形容词，跟"一致、一样"等放在一块[②]。

"相反"和"相同"意义相对，结构相同，用法上也有许多相似之处。比较：

完全相同的看法
完全相反的看法
他们的意见完全相同
他们的意见完全相反

另外，"相反"和"相同"一样，不能带宾语，也找不到其他能证明它是动词的充足理由。

既然这样，"相反"也应跟"相同"一样，归入形容词。

3. **"无须"**

这个词，有人说是动词，有人说是副词。如果是动词，"无须操心""无须告诉你"是动宾结构，其中的"操心""告诉你"是宾语；如果是副词，"无须操心""无须告诉你"是偏正结构，其中的"无须"是状语。究竟是动词还是副词，从"无须"本身很难求得令人信服的答案。

---

① 事实上，这里的"黄"已经"动态化"。参看"七、动词形容词词性的临时转移"里"形容词的动态化"部分。

② 吕叔湘：《语文札记》，《中国语文》1965年第5期，第346页。

“无须”和“不必”都是对“必须”的否定，意义完全相同，用法也差不多。比较：

（1）这件事，你无须操心。
　　这件事，你不必操心。

（2）这件事，无须你操心。
　　这件事，不必你操心。

“不必”肯定是副词。跟“不必”意义相同、用法相似的“无须”，也应当是副词。从反面说，我们没有足够的理由来证明它不是副词，而是动词。

当然，“无须”可以说成“无须乎”，但“无须乎”仍然可以用“不必”去替换，它还是副词。例如：

（3）无须乎大惊小怪！
　　不必大惊小怪！

（4）我知道怎么干，无须乎别人插手。
　　我知道怎么干，不必别人插手。

运用类比方法，进行比较，进行替换，可以看出词的共同性质，便于定性归类。但是，这一方法是在一定条件下才能起作用的。这就是，大前提必须是“X 只能跟 Y 同类”。“只能”意味着 X 不可能是 Y 所属的词类以外的别类词，如“会心”，它只能跟动词“会意”同类，而不存在属于动词之外的词类的可能。在这样的前提下，才能判定“会心”应归动词。要是甲乙两词虽然意义上相似或相关，有时可以互相替换，但在语法特点上可以证明它们分属不同的词类（如“迅速”和“迅即”，“突然”和“忽然”），那么，就不能简单类比，借以证明甲和乙同类，或乙和甲同类。

（四）多种方法的综合使用

为了提高结论的可靠性，增强结论的说明力，直判、排他、类比这些方法可以综合使用，让它们互相配合，互相辅助，共同说明问题。

举几个词为例。

1．“可惜”

这个词，可以受程度副词的修饰（如“很可惜、非常可惜、十分可惜”），不能带宾语（如可以说“他摔坏了腿，大家都感到可惜”，但不能说“他摔坏了腿，大家都可惜他”）。它符合作为形容词的必要而充足的条件，是形容词——这是直接判定。

这个词经常用在动词或动词结构前边，会不会是副词呢？我们可以在保持意义同一的条件下进行结构变换，借以说明作状语的“可惜”还是形容词。例如：

（1）他的著作，可惜全都散失了。

（2）他的著作全都散失了，真可惜！

（3）他的著作全都散失了，这是十分可惜的事。

具有“纯状语性”的副词，不可能采取这样的变换方式。可见，“可惜”也不是副词——这是排他。

直判辅之排他，对“可惜”词性的判定就更有把握。

顺便指出，“可惜”有时包含有“糟蹋”的意思，常带“了”，如“可惜了这块材料”。这样的“可惜”是动词，跟上面所说的“可惜”不同。

2．“而今”

“而今”可以直接用在介词的后边，跟介词组成介词结构，如“到而今”。具有这样的特点的，一般是名词——这是直接判定。

“而今”就是“现在”。凡能用“而今”的地方都能用“现在”。“现在”是名词，“而今”自然也是名词——这是类比。

有直判又有类比，“而今”是名词的结论更能令人信服。

3．“不一”

用直判法判定这个词的词性，比较困难。我们可以采取别的方法。

首先，除了形容词、动词或副词，“不一”不可能是别类的词。它不会是副词，因为它总是充当谓语，如“质量不一，长短不一，意见不一”。它也不会是动词，因为找不到属于动词的任何特点。既然这样，就只有可能是形容词了——这是排他。

“不一”和“一样、一致”相对，如“长短不一——长短一样”，“意见不一——意见一致”，它们的词性应相同。“一样、一致”是形容词，“不一”也应是形容词——这是类比。

有排他，有类比，可以更有力地肯定这个词是形容词。

4. “就是了”

这是个短语词。它附着在句子末尾表示“不必疑虑”或“如此而已”的语气。例如：

(1) 我们说到做到，你放心就是了。

(2) 这事谁不知道？我不过不说就是了！

前一例里表示“不必疑虑”，后一例里表示“如此而已”。去掉它，不影响句子的基本结构，不变动句子的基本意思。所有这些，都符合作为语气词的条件。可见，它应归入语气词——这是直接判定。

这个“就是了”，不可能分析为谓语，更不可能分析为补语或别的什么成分。因此，它不是能充当句子成分的实词。就虚词说，它也不可能属介词、连词或助词①。剩下来，只有可能归语气词——这是排他。

表示“不必疑惑”的“就是了”，相当于“便了”；表示“如此而已”的“就是了”，相当于“罢了”。它或者能替换为“便了”，或者能替换为“罢了”。“便了”“罢了”是语气词，“就是了”也应归语气词——这是类比。

这里，直判、排他、类比三种方法都运用了。这三种方法彼此配合，相辅相成，能更好地证明结论的可靠性。

方法的运用是灵活的。以上我们分别举出一些词来分析，目的在于说明怎样运用某种方法，决不是说，判定一个词的词性，就只能用那一种或那几种方法，而不能用别的方法。究竟用哪种方法，不用哪种方法，先用哪种方法，后用哪种方法，这些都决定于具体情况和实际需要，应以说明问题、解决问题为准则，不能定下固定的程式。

---

① 这里的“助词”，不包括有的语法书所说的“语气助词”。

三、同形异类现象的归类

所谓同形异类，是指词的形式相同，但实际上属于不同的词类：在甲语法环境中，是A类；在乙语法环境中，是B类。例如：

工作：
- 在边疆工作过三年。
- 这几项工作都很重要。

困难：
- 这几种困难我们都能克服。
- 行动很困难。

麻烦：
- 这件事很麻烦。
- 麻烦了您了！

“工作”，有时是动词，有时是名词；“困难”，有时是名词，有时是形容词；“麻烦”，有时是形容词，有时是动词。“工作”“困难”和“麻烦”，都是同形异类。

同形异类的词，各类的使用频率，有的可能大些，有的可能小些。例如：

车：
- 一辆车
- 车水

死：
- 死得光荣
- 把问题看得太死

热：
- 天气很热
- 加点儿热

“车”，有时是名词，有时是动词。名词“车”的使用频率比动词“车”大。“死”，有时是动词，有时是形容词。动词“死”的使用频率比形容词“死”大。“热”，有时是形容词，有时是名词。形容词“热”的使用频率比名词“热”大。

一个词，究竟属于哪一类，在进入句子以后就可以确定。就是说，在某个句子中，一个词要么属 A 类，要么属 B 类，不再是异类的了。因此，要善于结合具体的语法环境来判定词的归属。例如：

(1) 这是性质完全不同的两类矛盾。

(2) 在阶级社会中战争与和平这样矛盾着的事物，在一定条件下具备着同一性。

(3) 我心里很矛盾。

例 (1) 里，“矛盾”受表示物量的数量结构的修饰，是名词。例 (2) 里，“矛盾”带上了“着”，是动词。例 (3) 里，“矛盾”受程度副词的修饰，不具备动词的任何特点，是形容词。

同形异类的词，一般在词源上有一定的血缘关系，只不过是有的关系明显，有的关系不大明显，有的则由于引申再引申的结果，渊源关系已经十分模糊了。按照王力先生的意见，凡是有渊源关系的，一般都是兼类现象，即一个词“兼属两个以上的词类”；来源不同的，是同音词，不是兼类，如“打人”的“打”和“一打毛巾”的“打”；历史上虽有一定的关系，但一般人已意识不到这种关系的，也算同音词，不是兼类，如“钢刀”的“刀”和“一刀纸”的“刀”①。兼类和同音的划界，有时是很难的。拿一般人是否意识到渊源关系作为划界的标准，不容易得出明确的结论。读过古书和没读过古书的人，古书读得多和古书读得少的人，对同一现象的看法可能是不很一样或很不一样的。特别是，从理论上讲，凡是不同类的词，必然代表着不同的概念，因而都很难说是同一个词。比如，名词“锁”（“买了一把锁”）和动词“锁”（“把门锁上”），前者表示一种金属器具，后者表示一种动作，能说是同一个词吗？又比如，名词“科学”（“物理学是一门科学”）和形容词“科学”（“这种工作方法不科学”），前者指一种知识体系，后者表示一种性质，能说是同一个词吗？吕叔湘先生指出：“有时候一个语

---

① 王力：《词类》，新知识出版社 1957 年版，第 16～18 页。

素可以用于两个词类，意思密切相关，例如‘一把锁’和‘锁上门’的‘锁’，‘一个姓’和‘他姓姚’的‘姓’。是一个语素、一个词呢，还是一个语素、两个词？一般认为词类不同就得算两个词，可是基本意义不变只是一个语素，这样就该作为一个语素、两个词。如果可以这么处理，那么像‘把门’的‘把’，‘把门锁上’的‘把’，‘一把锁’的‘把’，就是一个语素三个词了。”[①] 吕先生的“词类不同就得算两个词”的论断，是科学的。为了探讨词的归类方法问题，我们把形式相同（首先是语音形式相同，反映在书面上是字形相同）而分属不同词类的词统称为同形异类现象，不在兼类和同音的问题上纠缠。所涉及的词，一般是在词源上有关系的，但也不完全排斥只能算狭义的同音词的现象。

同形异类现象增加了词的归类问题的复杂性。如果既有异类情况，又有难归类的问题，归类起来就更感麻烦了。这一部分，主要针对较难判定归属的同形异类的词，在遵守词的归类原则和归类要求的前提下，突出谈谈方法的运用和条件的坚持这两个问题。

（一）归类方法的运用

同形异类的词，如果分属 A，B，C 三类，那么，不管是属 A 类，还是属 B 类，还是属 C 类，为了令人信服地确定其词性，都必须根据实际需要，针对具体情况，运用一定的方法来加以论证。所用的方法，还是直判、排他、类比等。A，B，C 三类可以用同一种方法，也可以分别用不同的方法；每类可以只用一种方法，也可以同时用多种方法。下面举些例子，略加分析。

1. “根本”

“根本”有时作主语、定语，能出现在“从……上”之间，不能受副词修饰。例如：

---

① 吕叔湘：《汉语语法分析问题》，商务印书馆 1979 年版，第 17 页。

（1）解放前，农民的根本就是土地。

（2）啥都没有置几亩土算事！地是根本。

（3）问题必须从根本上解决。

这种情况下的“根本”，符合名词的语法特点，它是名词。

“根本”有时作定语，能受程度副词“最”的修饰，不能带宾语。例如：

根本问题　最根本的问题

根本原因　最根本的原因

这种情况下的“根本”，符合形容词的语法特点，它是形容词。

“根本”有时只能作状语，不能充当别的成分，不能受程度副词的修饰。例如：

（4）一问，她根本对任何球类活动都没有兴趣。

（5）他站起来看了我一眼，好像根本没和我发生过任何纠葛一样。

（6）去年冬天根本不冷。

这种情况下的“根本”，符合副词的语法特点，它是副词。

这里，判定“根本”分属名词、形容词和副词，都是采用直接判定的方法。

2.“临时”

“临时”有时作定语或状语，表示时间的短暂，能带上“性”字。它大都能出现在“是的”之间，意义跟作定语、状语时是一样的。例如：

（1）防汛指挥部是个临时组织，……而他也是临时从水利科调来的。

前一个“临时”作定语，能带“性”（“临时性组织”），能出现在“是……的”之间（“这个组织是临时的”）；后一个“临时”作状语，也能带“性”（“他到防汛指挥部，这是临时性的调动”），也能出现在“是……的”之间（“他从水利科调来是临时的”）。同类的例子如：

（2）回到指挥部，马上召开了临时战地会议。

(3)“我们矿上政治部老冯同志说，你调回单位了。”老尹说，“听说临时在跑小矿?”

例(2)的“临时”作定语，例(3)的“临时”作状语，都表示时间的短暂。

这种表示时间短暂的“临时”，要么是形容词，要么是时间名词，再没有别的可能。它会不会是时间名词呢?不是。它不能跟“在、到”组成介词结构，无法证明是时间名词；再说，时间名词也不能带上“性”字。(当然，动词和一般名词等也能带上“性”字，如“创造性、人民性”，但“临时”根本不可能是动词或一般的名词。)可见，它只能是形容词。

“临时”有时作状语，表示“临到事情发生的时候”，不能带“性”字，不能用在“是……的”之间。例如：

(4) 不能临时抱佛脚!

(5) 事先准备好，省得临时着急。

这样的“临时”，要么是形容词，要么是时间名词，要么是副词。首先，它不具备形容词“临时”的任何特征，无法证明是形容词。其次，它不能说成“在临时”或“到临时”，无法证明是时间名词。可见，它只能是副词，即时间副词。

这里，判定“临时”有时是形容词，有时是副词，都是采用排他的方法。

3. “就是”

“就是”有时是两个词。如“这就是阿菊婆”里，“就”是副词，“是”是动词。这里说的是结合成了合成词或短语词的“就是”。

有时，“就是”作状语，可以用“只、仅仅、偏偏、的确”等去替换。例如：

(1) 他就是喜欢语文和数学，对别的功课兴趣不大。

(2) 不管他怎么催，我就是不去!

(3) 这孩子就是聪明，难怪老师这么喜欢。

例（1）的“就是”可以换成“只”或“仅”，例（2）的“就是”可以换成“偏”，例（3）的“就是”可以换成“的确”。“只、仅、偏、的确”等是副词，跟它们同类的“就是”也可以划归副词。

有时，“就是”表示假设性让步，可以用“即使”去替换；或者表示转折，可以用“不过、可是”之类去替换。例如：

（4）只要大家齐心协力，就是有天大的困难，这个任务也能完成。

（5）精神还不错，就是胃口不大好。

例（4）的“就是”可以换成“即使”，例（5）的“就是”可以换成“不过”或“可是”。“即使、不过、可是”等是连词，跟它们用法相同的“就是”也应划归连词。

有时，“就是”用在句末表示某种语气，相当于“就是了”，可以用“便了”或“罢了”去替换。例如：

（6）我去就是，你放心吧！

（7）我不过随便说说就是，你别太认真了！

例（6）的“就是”可以换成“便了”，例（7）的“就是”可以换成“罢了”。“便了、罢了”是语气词，“就是”和前面说过的“就是了”一样，也应划归语气词。

有时，“就是”用于句首表示评判，相当于“对”或“不错”。例如：

（8）就是，就是，您的话很对！

（9）就是，不错，是这么个情况。

这里的“就是”，可以说成“对”或“不错”。“对”是形容词，“不错”可以说是形容词性短语词。“就是”既然可以跟“不错”并用，可以替换为“对”或“不错”，也应承认是形容词性的。

以上，判定“就是”具有副词、连词、语气词等多种词性，都是采用类比的方法。

4．“加以”

“加以”后边常带由双音动词充当的宾语，如“加以总结”“加以讨论”。“加以”后面的动词，实际上已经名物化[1]，它们可以带上定语，例如：“加以科学的总结”“加以认真的讨论”。再如：

(1) 外来干部和本地干部的关系，必须加以很好的注意。

(2) 为此目的，就要像马克思所说的详细地占有材料，加以科学的分析和综合的研究。

这里，“加以”后边的“注意、分析、研究”，都是带上了定语的名物化动词，它们显然是宾语。

既然“加以”能带宾语，它就可以肯定是动词。

但是，“加以”并不是在任何场合都是动词。例如：

(3) 现在是爆烈弹呀、烧夷弹呀之类的东西已经做出，加以飞机也很进步，如果要做名人，就更容易了。

(4) 他非常聪明，加以特别用功，所以进步很快。

首先，这里的“加以”连接分句与分句，表示进一层的关系。这说明，它具有连词的特点。其次，它可以用连词“并且、而且”之类去替换，应跟“并且、而且”等同类。再次，它不具备动词“加以”的上述特点，不同于动词“加以”。可见，这种“加以”属于连词。

以上，在证明“加以”是动词时，用直接判定的方法；在证明“加以”是连词时，综合使用了直接判定、类比和排他的方法。

（二）归类条件的坚持

在判定同形异类现象的归属时，必须始终坚持归类中起决定作用的条件。不能情况一复杂，就把起决定作用的条件抛开不管，而采取简单化的办法。那样，容易产生违反同一律的错误，从而造成混乱。

举些例子，略加讨论。

1. “一起”

在多数情况下，“一起”是处所名词。它表示“同一个处所”的意

---

① 参看“七、动词形容词词性的临时转移”里“动词形容词的名物化”部分。

思，有时兼表时间，即表示“同一处所和同一时间”。作为处所名词，它可以用在“在、到”的后边。如果“在、到”是动词，它就是宾语；如果“在、到”是介词，它就跟“在、到”一起组成介词结构作状语或补语。例如：

(1) 我们又在一起了！

(2) 我们又到一起了！

(3) 我们又在一起工作了！

(4) 我们又走到一起了！

(1)(2) 两例，“在、到”是动词，“一起”作宾语。例 (3)，“在”是介词，“在一起”作“工作”的状语。例 (4)，“到”是介词，“到一起”作“走”的补语。

能够跟“在、到”发生组合关系，这是“一起”作为名词的决定性条件。不管它在什么情况下出现，都应坚持使用这一条件。例如：

(5) 大革命失败后，他们一起领导了具有历史意义的“八一”南昌起义。

(6) 雷锋又同列车员一起打扫完车厢，才离开车站。

这里的“一起”单独充当状语。但是，它们的前边可以添上“在”，说成“在一起”：“在一起领导了……起义”，“同列车员在一起打扫完车厢”①。应该承认，这里的“一起”还是名词。再如：

(7) 我家的后面有一个很大的园，相传叫百草园。现在是早已并屋子一起卖给朱文公的子孙了。

(8) 这几次试验一起花了多少时间？

这里充当状语的“一起”，前边直接加“在”比较别扭；但在保持句子基本意义不变的前提下，可以变换为“合到一起”或“合在一起”：“百草园早已和屋子合到一起卖给……”，“几次试验合在一起花

① “和（跟、同）……一起……”固然常用，“和（跟、同）……在一起……”也不罕见。如《在延安文艺座谈会上的讲话》中就有“和共产党、八路军、新四军在一起从事于伟大解放斗争”的用法。

了……”。这种变换形式证明“一起”还是可以跟“在、到”发生组合关系，它还是名词。

有时，“一起”作状语，单纯表示时间，怎么变换都无法让它出现在“在、到”后边。这样的“一起”，才不是名词，而是副词。例如：

(9) 大家听我的口令一起拉！

这个“一起”具有纯状语性，是时间副词。

我们不能认为，出现在“在”“到”后边的“一起”才是名词，而凡是单独作状语的“一起”都算副词。这样处理，简便是简便，但在判定副词时把必要条件当充足条件来使用了。如果在词性单一时按某条件归类，在词性复杂时不能坚持这一条件，那便是不遵守同一律了。

除了名词、副词两种用法之外，“一起”有时是数量结构，如“一起案件”。这是明显的，不必多说。

2. “本来”

“本来”有时是形容词，作定语，表示“原有、原先”之类的意思，如“本来面目”“事物的本来的辩证法”“这件衣服的本来的颜色”。把这种“本来”判为形容词，比较容易接受，因为它不可能是副词或别类的词。

“本来”有时是副词，作状语，表示理所当然的语气，如“本来就该这么办！”“当天的功课，本来就应该当天做完。”“本来嘛，学习文化就得下功夫。”把这种“本来”判为副词，也容易接受，因为它不可能在形容词的位置上出现，不可能是形容词。

有时，“本来”归形容词还是归副词，可能引起争论。这涉及依据什么条件来判别的问题。例如：

(1) 这种纸花的颜色本来是很鲜艳的。

(2) 他本来身体很瘦弱，现在可结实了！

(3) 组织上本来已经决定把他留下，可是他还是坚决要求去支援新建单位。

一方面，“本来”作状语；另一方面，“本来”表示“原先”的意思，可以在保持基本意义不变的情况下，通过结构变换，出现在“事物的本来的情况”这样的格式里：如例（1）可以说成“颜色鲜艳是这种纸花的本来情况”（还可以说成“这种纸花的本来的颜色是很鲜艳的”），例（2）可以说成“身体瘦弱是他的本来情况”，例（3）可以说成“事情的本来情况是组织上已经决定把他留下”。从前一方面看，它像副词“本来”；但从后一方面看，它跟作定语的“本来”是性质相同的。设A＝作定语，表示“原有”“原先”意思的“本来”；B＝作状语，表示“原先”意思的“本来”；C＝作状语，表示理所当然语气的“本来”。那么，归类上可能有这样的分歧：

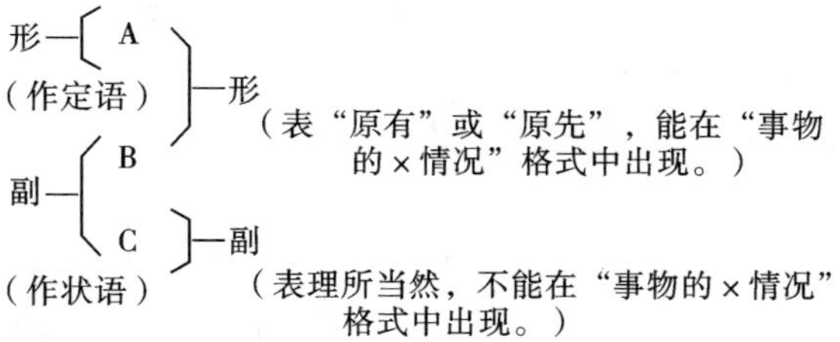

把BC都归副词，是因为它们都作状语。但是，作状语的不一定是副词，这样的归类显然缺乏充足理由。既然A和B在意义上有明显联系，在结构上都能在“事物的×情况”格式中出现，那么，把它们都归入形容词，才是遵守同一律，坚持归类条件。

跟“本来”类似的情况，并不罕见。以“直”来说，在“直路”里是形容词，在“直哭”里是副词，这是没问题的。在“向对岸直射过去、向上直升”里，虽然作状语，但仍然是形容词，不能算副词。

3. **“一样”**

“一样”有时是形容词，有时是助词。

形容词“一样”，作定语、谓语、补语对可以受“不、不很、很不”等的修饰，作状语时可以替换为“同样”。例如：“一样的看法（作定语）→不一样的看法，很不一样的看法”；“现在男女都一样（作谓语）→以前男女不一样，很不一样”；“写得一样不一样？（作补语）→写得不一样，不很一样”；“新老干部一样需要不断学习（作状语）→新老干部同样需要不断学习”。

助词“一样”，附着在词语后边表明比似关系，跟“像”字相配合，成为“像……一祥”的格式；它不能受“不、不很、很不”之类的修饰，不能用“同样”去替换，一般可以替换为“似的”。例如：“像鲜血一样→像鲜血似的↛像鲜血不一样”；“好像飞一样→好像飞似的↛好像飞同样”。

用助词“一样”的“像”字句，有时表示比喻，有时表示比较(即表示同类事物的相比关系)。如“像鲜血一样”“好像飞一样”都是比喻，又如：

(1) 我们要像雷锋一样全心全意为人民服务。

(2) 他长得像他父亲一样。

这两例都不是比喻，而是比较。其中的“一样”不能说成“不一样”，也是助词。

不管表示比喻还是比较，用助词“一样”的句子有时未用“像”字。但是，可以添上“像”，或者可以把句子改为“像”字句。比如“牛马一样的生活”，可以加上“像”：“像牛马一样的生活”。又如“大伯大娘把我们当作自己的亲儿女一样”，可以改成“像”字句：“大伯大娘把我们像自己的亲儿女一样地看待。”

在大多数情况下，形容词“一样”和助词“一祥”容易辨别。但在下面的句子里，就出现了纠缠的现象：

(3) 我跟他一样喜欢打乒乓球。

(4) 我跟他一样高。

(5) 我妹妹长得和我母亲一样。

这类用“和、跟”的句子也表示比较，跟表示比较的“像”字句是近似的。但是，这里的“一样”能受“不”或“不很、很不”的修饰，又不同于“像”字句中的“一样”。例如：

(6) 我跟他不一样，不喜欢打乒乓球。

(7) 我跟他不一样高。

(8) 我妹妹长得和我母亲不一样。

助词不能受副词的修饰。这里的“一样”既然能受副词的修饰，它就不是助词，而是形容词。从表面上看，“他长得像他父亲一样”和“他长得跟他父亲一样”差不多，然而，实质上它们是不同的。这可以从它们的不同的变换形式清楚地看到。比较：

像他父亲一样	跟他父亲一样
像他父亲不一样（×）	跟他父亲不一样
像他父亲不很一样（×）	跟他父亲不很一样
像他父亲很不一样（×）	跟他父亲很不一样

可见，“像……一样”中的“一样”是助词，“和（跟）……一样”中的“一样”是形容词，不能混为一谈。

如果以表示比似为条件，仅仅依靠“像他父亲一样”和“跟他父亲一样”的表面相似现象来下判断，抛开能否受“不、不很、很不”等修饰这样的特点，那就不是坚持归类的条件，不能在归类中始终保持标准的确定性和一贯性。

四、一些实词的归类

归类中，各类词都不同程度地存在着自身的特殊问题，有必要分别说一说。这一部分讨论一些实词。量词问题不大，不讨论。

（一）几个名词

判别名词，首先要抓住几个重要特点，如能受物量结构的修饰，能同介词组合，能作主语宾语，等等。但是，由于这些特点对内不一定具有普遍性，对外不一定具有封闭性，因此，在给具体的词定性归类时，必须注意分清条件的性质，善于抓住一切对论证有利的条件，并且善于灵活地运用直判、排他、类比等方法。

1.“最近”“最后”“末了”

“最近”有时表示跟“最远”相对的意思，是两个词：“最”是副词，“近”是形容词。例如：

（1）奇怪的是，靠大队会计最近的一个生产队长，这会儿不仅不去“抢肥料”，反而缓缓地走到门口，坐在门坎上，吹燃纸煤，吸起旱烟来。

“最近”有时是一个时间名词，指说话前或后不久的日子。它可以出现于“在、到”之类后边，不同于时间副词。比较：

（2）最近周小梅对女书记的态度，却似乎有些令人捉摸不定。

（3）这点粗浅道理，直到最近我才算弄清楚！

“最后”有时明显地表示跟“最前”相对的意思，相当于“最后面”，是两个词：“最”是副词，“后”是方位词。例如：

(4) 名单上，你排在最前，他排在最后。

在大多数情况下，“最后”结合很紧，整个表示一段时间或某种次序的末尾，相当于“末后”。表示跟时间意义有关时，结合最紧，应归时间名词，如“战斗到最后胜利”；不表示时间，只跟位置次序意义有关时，结合松些，更像短语词，可算处所名词，也可看作相当于处所名词的短语词，如“改动了最后一节”①。

表示时间的“最后”，经常作状语，但它的前边可以添加介词“到”，因此，不同于时间副词。比较：

(5) 最后，大家一致同意巧巧和几个老贫农的意见，我们买了一部抽水机。

(6) 到最后我们几乎是每爬一阶歇一下。

“末了”相当于“最后”，有时是时间名词。例如：

(7) 末了，他笑一笑说道，“那时候我们的确有‘无穷的忧虑’！……”

(8) 结果连续十五发，越打越差劲，末了的两发竟然脱靶而飞了。

有时“末了”单纯表示跟位置次序有关的意义，可算处所名词。例如：

(9) “黄家阿嫂，不认得我了吧？卢大哥托我带信来了！”末了这句话也是约好的。

(10) 第五行末了的那个字我不认得。

2. “早”“清早”“一清早”

名词“早”在现代汉语里总是跟“晚”并举使用。“早”和“晚”可以分别用在“从”和“到”的后边，成为两个介词结构连用的格式。例如：“从早到晚（干活儿）。”这种“早”可以用“早晨”或“早上”去替换。

---

① 陆志韦等《汉语的构词法》把“最后”列为副词。（科学出版社 1957 年版，第 74 页）但是，“我们要坚持斗争到最后”“斗争到最后一口气”这样的用法都说明“最后”不是副词。

"早"还经常用作形容词和副词。

形容词"早"可以前加"很、最、太、比较"之类或后加"点儿、得多、得很"之类，如"你来得很早；我来得最早；我比你早点儿；我比你早得多"。在某些特定的格式里，不能直接在"早"的前后添加表示程度或比较的成分，但实际上还是包含着有关的意思。比如"老师早！——同学们早!"实际上包含着带有程度的赞叹，借以表示客气："老师，您好早！——同学们，你们也很早!"

副词"早"总是作状语，可以替换为"早已、早就"，常跟句末语气词"了"相呼应。例如："他早调到北京去了。""我早不干这一行了。"

"清早"只能用作名词。它可以直接同介词组合成介词结构。例如：

(1) 工作棚的板壁已经在清早被全部拆去。

"清早"有时同"一"组合成"一清早"。这是个名词性短语词，还是表示"清早"的意思，可以儿化("一清早儿")，也可以同介词组成介词结构。例如：

(2) 揭幕典礼将在上午九时进行，从一清早公园中心的广场上就挤满了人，大家纷纷议论着、期待着。

3. "原来"

"原来"有时表示"起初，未变之前"的意思。它可以用在"是"字前后，形成主宾同形的格式。例如："原来是原来，现在是现在!"根据它可以在"是"字前后作主语、宾语，再类比"刚才是刚才，现在是现在"之类用法，可知它也是时间名词。

运用中，时间名词"原来"经常作定语，大体上可以用"以前、过去"之类去替换。例如：

(1) 不久，土改开始了，原来的妇女主任是富农成分，被群众罢免了，把我选上了。

(2) 公安局不收，让他回原来的学校!

时间名词“原来”也经常作状语。这种“原来”不应被看作副词。例如：

（3）原来驻扎在这里的几个主力团都调走了。

（4）他原来是什么“菜市口老四”，特别厉害。

这里的“原来”，可以通过结构变换，出现在“是”字后边，成为宾语。例如：［甲］几个主力团原来驻扎在这里。——［乙］那是原来，现在已调走了。又如：［甲］他原来是什么“菜市口老四”。——［乙］那是原来，现在不是了。

这种“原来”也大体相当于“以前、过去”，它往往和时间名词“现在”对照使用。例如：

（5）原来是一个孩子跑去接，现在是五六个孩子等着迎啦！

有时“原来”表示有所发现，有所领悟，只能作状语。这样的“原来”才是副词。例如：

（6）啊呀！原来冯在山就是老冯！

（7）啊，是她，原来是她！

这里的“原来”不具备名词的任何特点，不应和作状语的时间名词“原来”混为一谈。

4.“一生”

“一生”经常作主语、宾语。尽管不能受数量结构的修饰，不能直接同“在、到”等组成介词结构，但也只能归入名词，而不可能是别类的词。例如：

（1）周恩来同志的一生，是为共产主义事业光辉战斗的一生，是坚持继续革命的一生。

（2）他为争取中国人民解放事业和共产主义事业的胜利，无私地献出了自己的一生。

前一个“一生”作主语，后三个“一生”作宾语。

“一生”指“一辈子”，包括从生到死的整个过程，具有明显的时间性。因此，它可以像时间名词那样，作状语。例如：

（3）父亲一生注重实践。

(4) 我真舍不得同这个全身浸透了硝烟，瓦斯，一生披风沐雨的刚强的老同志分手。

这里，“一生”分别作“注重”和“披风沐雨”的状语。

（二）几个动词（附“一定”）

判别动词，抓住能带宾语这一点是最重要的。但是，它对内不具有普遍性，因此还必须注意发现和利用其他一切有利于论证的根据，并且善于灵活地运用各种方法。

1. “类似”

“类似”跟动词“像”一样，可以受“很、非常”等程度副词的修饰，在这一点上接近形容词；但它又可以受“相”的修饰，特别是可以带宾语，这是形容词不具备的特点。例如：

很类似　　很像

相类似　　相像

类似神话　　像神话

综合考察“类似”的语法特点，并比较同类的“像”，它显然应归动词。

2. “仿佛”

“仿佛”有时是动词。有两种情况：一种是可以用“类似”去替换，能受“相”的修饰；一种是可以用“如同”去替换，能带宾语。例如：

(1) 我的情况，同十年前相仿佛。

(2) 山北面闪着几点星光，仿佛冬天昏暗的夜空出现的几点星星。

例(1)，“仿佛”受“相”修饰，可以替换为“类似”；例(2)，“仿佛”带宾语“（冬天昏暗的夜空出现的）星星”，可以替换为“如同”。

除了动词用法之外，“仿佛”还可以用作副词，表示揣度的语气，能用“似乎”去替换。例如：

(3) 他的脸色仿佛有些悲哀，似乎想说话，但竟没有说。

(4) 他觉得天气仿佛成心跟他过不去。

这里的“仿佛”是副词，相当于“似乎”。前一例里“仿佛”和“似乎”交错使用，是为了变异词面，避免呆板。

“像、好像、似”等，用法跟“仿佛”相近，有时是动词，有时也用作副词。比如“我像在哪儿见过他，可怎么也想不起来”，这里的“像”相当于“似乎”，是副词。又如：

(5) 花儿为什么这样红？红得好像燃烧的火！

(6) 她望了望所有的人，好像在和家人告别，同云周西村的乡亲们告别，嘱咐大家不要悲伤。

例（5）的“好像”是动词，带宾语“（燃烧的）火”（“好像燃烧的火”是动宾结构，作“红”的补语），可以替换为“如同”。例（6）的“好像”是副词，可以用“似乎”去替换。又如：

(7) 正值夕阳西下，彩霞似火。

(8) 此事，似应从速办理。

例（7）的“似”是动词，带宾语“火”，可替换为“如”；例（8）的“似”是副词，可替换为“似乎”。

3. “够”

“够”有时是动词。它可以作谓语，可以带宾语。例如：

(1)“像这样的椽子能不能当电杆？”

“尺码不够。”

“用两根接一根呢？”

“那就够了。”

这里，“够”充当谓语。又如：

(2) 你要不依我，就不够朋友啦。

(3) 咱互助组把今年的麦子全卖了，也不够两头骡子的价！

这两例里，“够”带名词宾语。再如：

(4) 咱现在粮食也不是不够吃！

(5) 他们带了十七斤马肉，原以为够用，没想到肉吃光了，还是望不见草原。

这两例里，“够”带动词宾语。再如：

（6）这样的椽子够高吗？

（7）这点粮食够他吃三天吗？

例（6），“够”带形容词宾语；例（7），“够”带主谓结构充当的宾语。

不管带不带宾语，带什么样的宾语，动词“够”都可以用“X不X”的格式提问。例如：“尺码够不够？”“够不够朋友？”“够不够吃？”“够不够高？”“够不够他吃三天？”

动词“够”有时也能受“很”的修饰，但它同时又能带宾语，因此，不可能是形容词。例如：

（8）你很够朋友，在下手以前，还给对手打个招呼。

“够”有时用在补语的位置上，它后边实际上隐含着宾语“分量”之类（虽然“分量”之类一般不出现），可见还是动词。例如：

（9）我睡够了！

（10）也许，当年对这本小说的缺点批判不够？

“睡够了”等于说“睡够了量”，“批判不够”等于说“批判得不够分量”。

有时“够”不是动词。它修饰形容词，不能说成“够不够”，可以替换为程度副词“很、相当”之类。这样的“够”是副词。例如：

（11）你为这二十吨小钢筋确实够辛苦的了。

（12）也许，当年对小说的精华部分理解得也不够准确，不够深刻？

4.“留神”

“留神”有时是动词，表示“小心、注意、提防”之类的意思，可以带宾语，可以用“不、没”否定。例如：

（1）留神汽车！

——你怎么不留神汽车？

我当时没留神汽车。

（2）留神撞坏东西！

——你怎么这么不留神？

我当时实在没留神。

有时“留神”不是动词。它相当于“仔细、认真”之类形容词，总是作状语，不能用“没”否定，有时可以受程度副词“特别”的修饰。这样的“留神”是形容词。例如：

(3) 我留神观察很久了。

——今天我还要特别留神地观察一下。

注意：“我没留神观察？谁说的?”这里的“留神”还是形容词。“没”不是修饰“留神”，而是修饰“留神观察”的。

5. “是”

“是”的用法很多，一般用作动词，带宾语，表示判定。它像别的动词一样，可以说成“X不X……，X……不X”。例如：

是老虎　　像老虎　　打老虎

是不是老虎　　像不像老虎　　打不打老虎

是老虎不是　　像老虎不像　　打老虎不打

动词“是”后边一般是名词或名词性结构。有时也可以是动宾结构、主谓结构、兼语结构等，但可以回答“什么”的问题，所以实际上带有名词性，如“我们的任务是攻占高地”。

动词“是”后边的词语也有不能回答“什么”的问题的。但“是”重在表示判定，往往有肯定判断和否定判断相对使用，如“他不是当演员，而是当教师”。有时虽然只出现一个肯定判断，但实际上隐含着一个相对的否定判断，如“我第一次见到他是在张先生家里”，实际上隐含着“不是在别的地方”这一判断。

动词“是”有时不能说成“是不是”，如“满头是汗”，但不能否认它的动词性质，因为它后面出现了名词宾语。

还有一种“是”，可以归助动词。它用在动词或形容词前边起表示有所肯定或有所强调的辅助作用，往往可以说成“X不X……”“不X不……”。例如：

我是懂了。

你是不是懂了？

我不是不懂，是不想说。

6. “一定”

“一定”有时是助动词，表示意志坚决或确定无疑。

助动词的突出特点是用在动词形容词前边起辅助性的作用，可以说成“X不X……”“不X不……”。“一定”具有这一特点。比较：

可能去　　　　一定去

可能不可能去　　一定不一定去

不可能不去　　不一定不去

一般把“一定”算副词。但是副词根本不能进入“X不X……，不X不……”的格式，这个词，在语法特点上跟典型的助动词大同小异，而跟副词只能说是小同大异，因此归入助动词较合适。把它放在副词里，似乎是“不纯分子”。相反，许多书把“必须”算助动词，但这个词不能说成“必须不必须……”“不必须不……”，在语法特点上跟副词大同小异，而跟助动词则小同大异，因此应归入副词。把它放在助动词里，会对助动词起破坏作用。

“一定”有时表示“规定（的）”“必然（的）”“特定（的）”“相当（的）”等意思，一般用作定语。这样的“一定”是形容词。例如：“一个工厂哪能没有一定的规章制度？”“文章的深浅跟篇幅的长短没有一定的关系。”“一定的文化是一定社会的政治和经济的反映。”“他的技术水平已经有了一定的提高。”

（三）几个形容词

能受程度副词的修饰，不能带宾语，这是形容词最重要的特点。但是，不完全符合这一特点的形容词，为数不少。好些形容词是不能受程度副词修饰的。这跟形容词本身的意义有关。有的形容词，本身包含有程度，因而不能再加程度副词。这有两种情况：一是偏正式的形容词，偏的部分已表明性状的程度，如“深红、浅绿、金黄、雪白、笔直、冰凉”等等；一是带叠音后缀的形容词，叠音部分既有摹状或拟声的作用，同对也表明了性状的程度，如“红通通、绿油油、黄灿灿、白茫茫、硬邦邦、笑嘻嘻、水汪汪”等等。有的形容词，表示固定的、没有程度高低之分的性状，因而加不上程度副词。如“真正的人”的“真正”，不能说成“很真正”。为了讨论的方便，我们管这种形容词叫固态形容词。

由于好些形容词不一定具有形容词的最明显、最基本的特点，给它们判定词性时同样必须善于利用各种条件和善于运用各种方法。

1. “正”“副”“绝对”“相对”“内在”“外在”

这些形容词都是固态的。它们可以作定语，有的还可以在谓语部分里用于“是……的”之间。例如：

正队长	他是正的
副队长	他是副的
绝对真理	这是绝对的
相对真理	那是相对的
内在因素	
外在因素	

虽然它们不能受程度副词的修饰，且作定语和能用于“是……的”之间不是作为形容词的充足条件，但是我们可以通过排他法的运用，排除作为副词、动词、名词等等的可能性，从而肯定它们是形容词。

除了这几个之外，“真（真话）、假（假话）”“初等、中等、高等、特等、头等”“唯一（唯一泉源）”“无形（无形战线）”“权宜（权宜之计）”“特定（特定环境）”“天然（天然景色）”“日常”“永久”“切身”“公共”“袖珍”等等，也是固态形容词。

按照同样模式构成的形容词，可能有些是固态形容词，有的则向非固态形容词转化。如“初级、中级、高级、超级、低级、特级”，其中的“低级、高级”可以说成“最低级、最高级”；“微型、小型、中型、大型”，其中的“小型、大型”可以说成“最小型、最大型”。

2. “男”“女”“公”“母”“雄”“雌”

这些词，作定语时表性质，是固态形容词。

名词也可以作定语表性质，如“木头房子、木头人”，那么怎么知道“男”“女”“公”“母”之类作定语时不是名词呢？

凡是作定语的名词，都可以通过添加词语的办法使之出现在动词或介词的后边，如“用木头做的房子，像木头一样的人”。这是用“扩展”的办法造成名词的语法环境，借以显示一个词的名词性质。再拿“外国青年”来说，它可以说成“从外国来的青年”，可见“外国”是名词；然而，“男青年”则和“小青年”一样，不能采取这样的“扩展”办法，可见“男”和“小”同类，应归形容词。

根据这种“扩展”办法，我们可以知道“彩色”是名词，而不是形容词。例如：彩色铅笔→有彩色的铅笔，彩色电视→有彩色的电视。

“男、女”如果用作主语、宾语，指某种性别的人，如“男耕女织、生男育女”，那当然是名词，不必赘说。

3. “故意”

“故意”也是固态形容词。它可以出现在“是……的”或“不是……的”之间。例如：

(1) 我看，你是故意的。

(2) 请原谅，我不是故意的。

“故意”也可以作状语，后面有时带“地”，有时不带。这样的“故意”很像副词。例如：

故意提高声音　　故意地把声音提高

故意涂改几个字　　故意地涂改了几个字

但是，这种作状语的“故意”，可以通过结构变换出现在“是……的”或“不是……的”之中，因此不可能是副词。例如：“故意提高声音”→“提高声音是故意的”，“提高声音不是故意的”。又如：

(3) 宋老定故意把鞭子啪的连响三声……

这里的“故意”同样可以变换其在语言结构中的位置：“宋老定啪响鞭子是故意的”，“宋老定啪响鞭子不是故意的”。

4. “难免”

“难免”是形容词，可以作定语，可以在谓语部分里用于“是……

的”之间，有时也可以受“很”修饰。例如“难免的现象”“这是难免的”“搬家碰坏一些东西，也很难免”。

“难免”也经常充当状语，乍一看和“不免”差不多。实际上，它们的词性是不同的。比较：

(1) 任务没完成，难免心情焦躁。

→任务没完成，心情焦躁是难免的。

(2) 任务没完成，不免心情焦躁。

→任务没完成，心情焦躁是不免的。(×)

“难免”是形容词；“不免”具有纯状语性，是副词。

5. “单独”

“单独”一般作状语，很像副词。例如：

单独行动　　单独地行动

单独生活　　单独地生活

单独发展　　单独地发展

但是，它有时候可以作定语。例如：

(1) 有时看见那个年青的工人，单独一个人坐到清水河车站下车，没有那两三个年青的女工在一起。

(2) 我们不能把她看成一个单独的人。

(3) 在一次单独的电视采访中，一名学生领袖发表了对有关问题的意见。

例 (1) “单独”作“一个人”的定语，例 (2) “单独”作“人”的定语，例 (3) “单独”作“电视采访”的定语。

另外，它也可以由状语转化为定语。比较：

(4) 我们反对你单独（地）行动。

(5) 我们反对不遵守命令的单独（的）行动。

例 (4) “单独地行动”，“单独”是“行动”的状语；例 (5) “单独的行动”，“单独”是“行动”的定语。

这些特点，都是副词所不具备的。这个词，要么是副词，要么是形容词，没有别的可能。既然不属副词，那么，自然应归形容词。

6. “无谓”

“无谓”可以用作定语，也可以用于谓语部分，前面附加“真、真是、太”之类表示强调的成分。例如：

(1) 我们不能作无谓的牺牲。

(2) 为这点小事吵架，真是无谓！

(3) 为这点小事吵架，太无谓了！

这个词，无法证明是动词。相反，它出现于一般形容词出现的语法环境（如“太X”）里，应归形容词。

7. “许久”

“许久”不能作定语，也不能作谓语；但是，能作状语和补语。例如：

(1) 他许久没来了。

(2) 大家商量了许久，才想出办法来。

这个词不可能是时间副词。因为既能作状语又能作补语，这不是时间副词所具备的特点。再说，它可以用“很久”去替换，而“很久”明显地是形容词性的结构。所以，它只能归形容词。

8. “抱歉”“抱愧”

“抱歉”表示心中不安，“抱愧”表示心中有愧，从意义上说有一定的动态。但是，它们能受程度副词的修饰（“很抱歉”“很抱愧”），不能带宾语，应根据语法特点归入形容词，可以看作形容心理动态的形容词。

类似的词，还有“惭愧、着急、愤怒、兴奋、愉快”等等。

9. “整”“整整”

“整”有多种意义，分属不同词类。“仪容不整”的“整”是形容词，“整人”“整旧如新”的“整”是动词，这都不必讨论。

“整”有时表示“完全，无剩余或不残缺”的意思，常跟量词、准量词或数量结构配合使用。有时，插在数量之间（“三整天”）；有时，用在数量之前（“整三年”）；有时，用在数量之后（“八年整”）。这个“整”，应归形容词。因为，能插入数量之间的只是少数几个形容词，别类词不行。比较：

一整块　一满碗　一大块　一小碗

“整整”是“整”的叠用形式，有强调的作用，跟“满满”是“满”的叠用形式一样。它们都是形容词，既可以用在数量结构之前，也可以用到动词前边。例如：

谈了整整一夜　　装了满满一碗

整整地谈了一夜　　满满地装了一碗

“数词＋形＋量词”的格式，若数词是“一”，可以省去，剩下“形容词＋量词”。如“整套”是“一整套”的省略形式，“整夜”是“一整夜”的省略形式。

（四）几个数词（附“一带”）

辨认数词，最主要的是紧扣“能跟量词组合”这一根本特点。

1.“许多”“多”

在动补结构里，“许多”能够跟动量词组合，一起作补语。例如：

唱了许多遍

问了许多次

去了许多回

在以名词为中心的偏正结构里，它虽然经常直接修饰名词，但也可以跟物量词组合，一起作定语。例如：

许多家具　　许多套家具

许多战士　　许多名战士

许多杂志　　许多种杂志

再看下列例子：

(1) 木头上坐满了人，许多张年轻战士的脸，许多对漆黑发亮的眼珠，全朝着舞台。

(2) 许多个忙碌的日子之后，我终于有机会造访了自己向往已久的华盛顿菲里阿美术陈列馆。

形容词不能像这样直接地同量词组合。可见，这个词是数词而不是形容词[①]。

必须指出，表示数目较大的数词，是常常可以直接修饰名词的。有的数词，还可以按 AABB 式重叠，表示强调。因此，可以直接修饰名词和可以按 AABB 式重叠，不能成为否认“许多”是数词的理由。比较：

许多新同学　　　　二百多新同学

许许多多革命先烈　　千千万万革命先烈

跟数词“许多”相当的，是数词“多”[②]。凡是能跟量词、准量词组合成数量结构，能替换为“许多”的“多”，都应归数词。请看下边的例子：

（3）在居住中国的十四年间，大卫神甫曾把许多种中国特有的动植物介绍给海外的科学世界，其中包括三种中国最著名的特产动物。

（4）北宋学者沈括，著有《梦溪笔谈》，通晓多种科学，可是在诗词方面，他却出过笑话。

这里，“许多种”“三种”“多种”都是数量结构。例（3）的“许多种”可以说成“多种”；例（4）的“多种”也可以说成“许多种”。

2. “好些”

“些”是物量词。它和其他物量词一样，可以跟数词“一”组成数量结构，可以跟指示代词“这、那”组成指量结构，也可以单用于动宾之间。例如：

个	件	些
一个	一件	一些
这个	这件	这些
有个人	有件事	有些问题

---

① 陆志韦等《汉语的构词法》说：“‘许多’是形容词，不是数词。”（科学出版社 1957 年版，第 45 页）吕叔湘先生在《语文札记》中认为：“应该归入数量词一类，一般等于数词加量词，或者说是不需要带量词的数词，但是偶然也带量词。”（《中国语文》1965 年第 5 期，第 344 页）

② “多”属多种词类。参看“五、一些虚词的归类”里“几个助词”部分对“多”的解说。

“些个”是复合的物量词。它同样可以和“一”组成数量结构，和“这、那”组成指量结构，如“一些个、这些个”。“些个”和“几个”都可以加“好”强调程度，如“好些个”“好几个”，但“几个”本身是数量结构，不能再加数词“一”说成“一几个”，而“些个”则可以说成“一些个”。

这里要特别讨论一下数词“好些”。

“好些”和“许多”特性相同，可以跟物量词组合，也可以跟动量词组合。例如“好些碗饭、好些本书、好些位朋友、好些支钢笔”，“去过好些次、看过好些遍、说了好些回”，等等。

“好些碗”等跟“好些个”有所不同。首先，不能说“些碗、些本、些位”等已结合成词，却可以说“些个”已结合成词。如在“他是弟弟，你应该让他吃些个”里，“些个”单用，而“些碗”之类是不能单用的。这说明，“好些碗”等是“好些/碗”，而“好些个”则是“好/些个”。其次，在“好些碗、好些本”这类说法里，“碗、本”等的量词性很强，使用时必须注意它们跟事物的配搭习惯；而在“好些个”里，“个”已和“些”结合成“些个”（“些个”就是“些”，“个”已弱化，只有帮衬作用，不单独起计量作用），因而不必注意“个”和事物的配搭习惯。如“今天他买了好些个业务书”，这里给“书”计量的是“些个”，而不是“个”。这说明“好些/碗”等是“数·量”，而“好/些个”是“程度·量”。学者们对“好些”“些个”“好些个”“好些碗”等现象的看法分歧很大①。根据上面的分析，较妥当的处理应该

① 胡附《数词和量词》认为量词“些”后面可加“个”说“些个”或“好些个”。（新知识出版社 1957 年版，第 35 页）丁声树等《现代汉语语法讲话》认为“些个”是复合量词，前头可加“好”字。（商务印书馆 1961 年版，第 177 页）陆志韦等《汉语的构词法》把“好些”算数词，认为号称数词在语法上是可以怀疑的，但归入别类词更不妥当，“好些/个/人”可以勉强作为数/量/名。（科学出版社 1957 年版，第 45 页）《现代汉语八百词》把“好些”归数词，认为“好些个”和“好些本”“好些回”等都是“数+量”。（商务印书馆 1980 年版，第 229 页）《现代汉语词典》既收“好些”，说是等于“许多”，指出也说“好些个”；又收“些个”，说是等于“一些”。（商务印书馆 1973 年版，第 399、1135 页）

是：a. “好些”在单用或跟“个”以外的量词配合使用时，算数词；b. “些个”是复合量词，“一些个”是数量结构；c. “好些个”是“程度·量”的结构，不同于“好些碗”之类，但它结合较紧，作用跟“好些”相当，可算数词性短语词。

“好几碗、好几回”和“好些碗、好些回”有些相像，但它们的结构并不相同： “好几碗、好几回”是“程度·数·量”，可以不说“好”，只说“几碗、几回”；“好些碗、好些回”是“数·量”，不能只说“些碗、些回”。

3. “无数”

“无数”也是数词。它表示极大的数目，作定语时后边一般不带量词。但是，也有带量词的。例如：

（1）无数颗星星在茫无涯际的宇宙中运动着。

（2）黄狄把眼睛睁得圆圆的，那眼光像射出无数个奇怪的问号。

至于同“次、回、遍”之类动量词结合作状语或补语，则是常见的。例如：

（3）往夕，我天天望见宝塔，无数次从它脚边走过。

（4）我骑了一整天马，问了无数次路。

有时，“无数”不是数词。在“心中无数”这样的用法里，“无数”形容不知底细，没有把握，是由动词“无”和名词“数”组合而成的形容词性短语词。

4. “千万”

“千万”有时是数词。它经常跟量词一起组成数量结构。例如：

（1）千万盏电灯连成了一片。

（2）千万座高山峻岭，都被我军占领了。

数词“千万”可以重叠成“千千万万”。例如：

（3）千千万万烈士的鲜血洒遍了祖国的河山。

有时“千万”不是数词。它用于祈使句，作状语，可以用“务必”去替换。这样的“千万”是副词。例如：

(4) 我把它放在砂罐里，你千万记着带走！

(5) 阴雨天，你千万来不得！

副词“千万”有时重叠成“千万千万”。例如：

(6) 千万千万不能马虎大意！

5. **“半”**

“半”有时是数词，表示“二分之一”。没有整数时，“半”用在量词前边；有整数时，“半”用在量词后边。例如：

半尺　　三尺半

半斗　　四斗半

半斤　　五斤半

“半尺”之类是单一的数量结构；“三尺半”之类，是由“三尺＋半尺”凝固而成的，所以实际上是数量结构的复合凝固格式。

“半”有时同“一”组合成“一半”，还是表示“二分之一”的意思。跟“半”有所不同的是，“一半”经常指称事物，作主语或宾语。例如：

(1) 社长的话，一半是夸奖，一半是责备。

(2) 种子，我们留一半，分给他们一半。

这里的“半”具有量词性质。“一半”往往可以说成“一大半、一小半”，可见应算数量结构。(比较：一大块、一小块)

6. **“一带”**

在“杨家沟一带”这类结构里，“一带”应该归数量结构。因为没有另立小题来讨论一些数量结构，所以把它附在这里。

有人说“一带”是助词。这一说法难以成立。请看下列例子：

(1) 延安一带的人，把父亲叫大，读如达。

(2) 二十来岁的时候，就成了这一带的红人。

(3) 现在，马兰回来了，就是从毛主席住的那一带回来的。

“延安一带”可以说成“这一带”或“那一带”。“一带”能受“这、那”的修饰，成为一个偏正结构里的中心语，它不可能是助词。再看这个例子：

(4) 那年秋天，雨多洪大，这一带都淹了。

这里，“(这) 一带”是主语。这更说明它不可能是助词。

“一带”会不会是处所名词或方位名词呢？事实上，它确实可以跟处所名词或方位名词对照使用。例如：

(5) 峨眉山，九老洞一带的拱桐花，牛心岭附近的报春花，洗象池以上的冷杉，伏龙寺周围的桢楠，再加品种繁多的杜鹃花，珍贵的动物小熊猫，别处一般都是稀罕的。

但是，任何一个处所名词或方位名词本身都表示处所或方位的意义，都能单独跟介词组合（如“在附近有许多报春花”，“在周围有许多杜鹃花”，“跟以上没什么不同”）；“一带”则必须跟“这、那、地方”等组合起来，才能表示处所的意义，它单独不能跟介词组成介词结构(如可以说“在这一带”，却不能只说“在一带”)。可见“一带”不同于处所名词或方位名词。

数量结构是能够指称人物、处所等的。在“名＋数量名”的复说结构里，如果前边的“名”表示属概念，后边的“名”表示种概念，后边的“名”就可以省去，剩下“名＋数量”，其中的“数量”就起指称人物、处所等的作用。比较：

(6) 杨家沟一带地方发生了地震。

(7) 杨家沟一带 发生了地震。

(8) 杨部长一行人参观了学院图书馆。

(9) 杨部长一行参观了学院图书馆。

例 (7)“一带”指称“一带地方”；例 (9) “一行”指称“一行人”。这几例里，“杨部长一行人”和“杨家沟一带地方”，“杨部长一行”和“杨家沟一带”，是完全同类的结构。“一带”和“一行”一样，都应是数量结构。再看几例：

(10) 这一来，马家大院那一带旱地都会变成水田，生长谷子！

(11) 你们看，这个村庄，你们看这一带树林，全都是我熟悉的地方。

(12) 从前，我们这带的红花姑娘们，在同伴新婚的初夜，总要偷偷地跑到新房的窗子外面、板壁下边去听壁脚。

例 (10) 的“一带”不能说是附在“马家大院”后边的助词，也不能说它本身就是个处所名词。例 (11) 的“一带”更只能归数量结构。例 (12)“一带”说成了“带”。“这带”是“这一带”的简缩形式，像“这片”是“这一片”的简缩形式一样。这可以进一步说明“带”的量词性质，同时也说明“一带”不是助词或处所名词。

(五) 几个副词

判别副词，必须结合意义紧扣纯状语性这一条件，并且注意运用各种方法。

1. “继续”

“继续”有时作宾语，表示与某一事有连续关系的另一件事。这样的“继续”是名词。例如：

(1) 中国革命是十月革命的继续。

“继续”有时作谓语，表示事物活动或事情变化的延长。它可以带状语和补语，也可以带由名词性词语充当的宾语。这样的“继续”是动词。例如：

(2) 这种情况还在继续。

(3) 这种情况一直继续到现在。

(4) 这种情况继续了很长一段时间。

“继续”也经常用在动词或动词结构的前边。这时，“继续”是作谓语还是作状语？把这一点弄清楚，对于给这个词定性是很重要的。先看一例：

(5) 务必使我们的同志继续地保持谦虚、谨慎、不骄不躁的作风，务必使同志们继续地保持艰苦奋斗的作风。

“继续”带了“地”，明显是状语。标题是“继续保持……”，正文里说成“继续地保持……”，这说明状语“继续”后边可带“地”也可不带“地”。再如：

（6）我继续地固执地寻求着。

不用“地”说成“我继续固执地寻求着”，意思是一样的。这也说明状语“继续”后边用不用“地”是自由的。再看两例：

（7）这部伟大的历史巨著，正待我们全体科学工作者和全国各族人民来共同努力，继续创造。

（8）他停了一下，又继续说：“到正月十五那天，我们大家又团聚在一起了。”

例（7），“共同努力”和“继续创造”是同样的结构。对比之下，“继续”的状语身份是明显的。例（8），把“继续”分析为状语，很好理解。若分析为谓语，“说：‘正月十五那天，……’”就得整个成为“继续”的宾语，这是说不通的。

那么，作状语的“继续”属哪类词？我们认为，是副词。从它们身上，已找不到动词的特点。再说，它们一般都可以用副词“仍然”或“照样”来替换。

在“继续动着”这个格式或意思相近的其他格式里，“继续”替换为“仍然”或“照样”都可以。例如：

（9）年轻的红军，在极端困难的情况下，继续顽强地斗争着。

（10）伤势稍有好转，我含着感激的眼泪离开了王大娘和乡亲们，继续过着流浪的生活。

在“继续动下去”这个格式或意思相近的其他格式里，“继续”可以替换为“照样”。例如：

（11）……产量很快就增加了，因此社管会要他们继续干下去。

（12）疲困的战士从滑溜的泥巴地上爬起来继续行军。

必须指出，在特定的语言环境中，动词“继续”也可以带动词宾语[①]。但是，这个宾语实际上是“继续”的潜在的逻辑主语，它可以移

① 作“继续”的宾语的动词，实际上已名物化。参看“七、动词形容词词性的临时转移”里“动词形容词的名物化”部分。

到句首成为真正的主语。例如：

继续不继续射击？

继续射击！

射击继续！

在一般情况下，如果原句中“继续”后边的动词不能前移为主语，同时“继续”可以带“地”，可以换成“仍然”之类，那么，都应承认它是副词。例如：

(13) 画轴继续展开。

(14) 它们从来不争，不计较什么，还是继续劳动，继续酿蜜。

例（13），说成“画轴展开继续”不成话，说成“画轴继续地展开”“画轴仍旧展开”却很顺当；例（14），说成“还是劳动继续，酿蜜继续”不成话，说成“还是继续地劳动，继续地酿蜜”，“还是照样劳动，照样酿蜜”却很顺当。这里的“继续”是副词，而不是动词。

2. **“开始”**

“开始”具有名词、动词、副词三种词性。例如：

(1) 他开始是徒工，后来成了优秀的工程师。

(2) 他开始了新的斗争生活。

(3) 他开始唱起来了。

例（1）“开始”是时间名词；例（2）“开始”是动词；例（3）“开始”是副词。时间名词“开始”可以替换为“起初、最初”，容易辨别。动词“开始”和副词“开始”的区别却要讨论一下。

首先，要承认“开始”像“继续”一样，有时可以作状语，有副词用法。比较：

正在唱着

已经唱了

曾经唱过

继续唱下去

开始唱起来

很明显，动词“唱”的前后附加成分都起着表示时态的作用：“正在……着”表示动作的进行，“已经……了”表示动作的完成，“曾经……过”表示动作的经历，“继续……下去”表示动作的延续，“开始……起来”表示动作的始现。“正在”“已经”“曾经”“继续”“开始”的句法地位是相同的，它们应该都是状语，应该都是副词。

进一步，要看到副词“开始”和动词“开始”有区别。

动词“开始”有下列不同于副词“开始”的特点：

第一，可以作谓语。例如：

(4) 现在伟大的经济建设工作即将开始，而地质工作必须走在前面。

(5) 合浦珠的采捞，从汉代就开始了，至今已有将近两千年的历史。

第二，可以带由名词性词语充当的宾语；带宾语时，一般后加“了”。例如：

(6) 从此，父亲在政治上开始了一个崭新的起点。

(7) 刘胡兰在艰苦的环境中开始了新的斗争生活。

第三，也可以带动词宾语[①]，但动词宾语前边可以添加定语，而且整个宾语部分可以很自然地移到主语部分。比较：

(8) 他们披着长发，拿着武器，又开始了战斗。

(9) 战斗又开始了。

(10) 他们不久就开始了对海、陆丰红色区域的“围剿”。

(11) 他们对海、陆丰红色区域的“围剿”不久就开始了。

副词“开始”有下列区别于动词“开始”的特点：

第一，副词“开始”不带“了”，后边的动词谓语或“动词谓语＋宾语”一般可加“起来”或“起……来”。例如：

(12) 他在银行的存款开始增加起来。

---

① 作“开始”的宾语的动词，实际上已名物化。参看“七、动词形容词词性的临时转移”里“动词形容词的名物化”部分。

这里，动词谓语“增加”后加“起来”。再如：

(13) 中华人民共和国九百六十万平方公里上面的劳动人民，现在真正开始统治这地方了。

(14) 说着，就开始讲总理革命的一生。

例 (13)，可以说成“现在真正开始统治起这地方来了”；例 (14)，可以说成“就开始讲起总理革命的一生来了”。

第二，副词“开始”是时间状语，它前边如果出现情态状语，可以移到它的后边，直接修饰动词谓语。比较：

(15) 于是大家紧张地开始背伞。

(16) 于是大家开始紧张地背伞。

第三，副词“开始”表示初始，如果把句子改造得带有文言味，就可以知道副词“开始”大都可以简缩为“初”或“始”。例如：

(17) 布谷鸟开始歌唱。

(18) 情况已开始有了一些改变。

例 (17)“开始歌唱”可以压缩为“初唱”；例 (18)“开始有了一些改变”可以压缩为“始有改变”。

总之，不要把副词“开始”和动词“开始”混为一谈。

3. “恐怕”

一般情况下，“恐怕”是语气副词，在句子里作状语。它跟“大概、也许”等语气副词用法相同，地位比较灵活，往往既可以出现在主语前边，也可以出现在主语后谓语前。例如：

(1) 这五年“社会大学”，我可真懂得什么叫“社会”啦。姚一真呢，她恐怕也毕业了。

(2) 可惜天气不佳，恐怕你们看不见日出了。

有时“恐怕”不是副词。它表示“担心”的意思，作谓语，带宾语。这样的“恐怕”是动词。例如：

(3) 我因为常见些但愿不如所料，以为未必竟如所料的事，却每每恰如所料起来，所以很恐怕这事也一律。

像“担心”一样，这里的“恐怕”是一个表示心理活动的动词。

4. “一律”

“一律”有时是副词，总是作状语，大都可以用“一概”去替换。例如：

(1) 人民法院审判案件，除法律规定的特别情况外，一律公开进行。

(2) 它所有的丫枝一律向上，而且紧紧靠拢。

有时“一律”是形容词，不是副词。这种“一律”，相当于“相同”，一般作谓语。如“千篇一律”“规格一律”，又如鲁迅《祝福》里“（很恐怕）这事也一律”。

5. “附带”

“附带”有时是副词。它修饰动词，作状语，可以用“顺带”来替换。如：“附带说几句，附带写几句，附带谈谈两个问题。”

有时“附带”是形容词，不是副词。这种“附带”表示“非主要”的意思，可以作定语，也可以在谓语部分里用于“是……的”之间。如“附带条件，这个条件是附带的”。

比较下列用法：

(1) 除此以外，还得附带声明几句。

(2) 除此以外，还有一个附带的声明。

前者作状语，表“顺便”；后者作定语，表“非主要”。二者意义不同，应分属副词、形容词两类。

6. “难以”“足以”

“难”是形容词，“难下咽”可以说成“很难下咽”，还可以说成“下咽难，下咽很难”。但“难”和“以”结合成“难以”，就只能用在状语的位置上，不再具有形容词的特点，应归副词。

能不能说“难以”是动词，它后边的动词是宾语呢？不能。我们无法证明“难以”后边的动词是宾语，因而无法证明“难以”是动词。比较：

给以援助	难以援助
给以适当的援助	——

"给以"后边的"援助"能带定语，可知是宾语，由此可以证明"给以"是动词。"难以"后边的"援助"不能带定语，无法证明是宾语。相反，"难下咽"和"难以下咽"，"难援助"和"难以援助"意思相同，承认它们有"形＋动"和"副＋动"的区别，但说它们都是偏正结构，这是容易理解和接受的。

"足以"也总是用在状语位置上，如"足以说明问题"。它跟"难以"一样，应归副词。

"足以"表示完全可以的意思，能不能算助动词呢？不能。它不具备作为助动词的必要条件，如不能说成"足以不足以……"或"不足以不……"。

7. "宁可""宁肯""宁愿"

"宁可""宁肯""宁愿"都是语气副词，强调抉择的决心。它们经常用于取舍关系的复句，跟上文的"与其"或下文的"也不"呼应，有一定的关联作用。例如：

(1) 闻一多拍案而起，横眉怒对国民党的手枪，宁可倒下去，不愿屈服。

(2) 我宁肯硬着头皮让她骂三天，也不愿替自己留这条不光彩的路。

(3) 我们宁愿帮千人万人，不能帮助他老张！

这几个词，虽然有一定的关联作用，但不是连词。它们的修饰作用，即状语性，在某些句子里，是十分明显的。例如：

(4) 为了党的事业的成功，我毫不稀罕那华丽的大厦，却宁愿居住在卑陋潮湿的茅棚。

(5) 本来他可以坐汽车去，但是他宁愿步行穿过公园。

这里的"宁愿"显然不是连词。

再比较：

(6) 与其他受累，宁可我多干点。

(7) 宁可我多干点，也不让他受累。

(8) 为了不让他受累，我宁可多干点。

（9）我还是宁可多干点的好。

说“宁可”是副词，四句都解释得通；说“宁可”是连词，后两句就解释不通了。

顺便指出：作为语气副词，“宁可”可以用在谓语前主语后，也可以用在主语前边。例如：

（10）自己宁可吃点亏，也不叫亏了人。

（11）宁可自己吃点亏，也不叫亏了人。

8. “反而”“反倒”

“反而”表示跟上文意思相反或出乎预料和常情之外，是个语气副词。它常用于“不但不(没)……反而……”这种类型的递进句，有一定的关联作用，但不是连词。

首先，“不但不（没）……反而……”实际上等于“不但不（没）……而且反而……”，“不但”和“而且”呼应，“不（没）”和“反而”呼应[①]。所以，不能用“不但不（没）……反而……”这样的格式来证明“反而”是连词。例如：

（1）我不但不不嫉妒，反而更高兴。

这句话，实际上隐含着“而且”，即：“我不但不嫉妒，（而且）反而更高兴。”跟“不但”呼应的，是隐含着的“而且”，不是“反而”。

其次，“反而”不一定用于递进句。例如：

（2）时间长了，大伙儿反而忘了她的真实姓名。

（3）特别使莫达志惊异的是他的公司在解放后反而走运了。

这里，“反而”的修饰作用特别明显，它们显然不是连词。

口语里，“反而”多说成“反倒”。例如：

（4）事情一说通，我心里反倒痛快了。

（5）常是这样，人要是饿了常心慌，如饥饿过度，反倒没什么感觉了。

为了变异词面，避免呆板，“反而”“反倒”可以交错使用。例如：

---

① 在一次讨论会上，张拱贵先生发表过这一意见，不敢掠美。

(6) 他这样多管闲事，社员们不讨厌，反而觉得社里经常有这样一个敢说敢叫的人，反倒提醒着大家对公共财产的爱惜。

(六) 几个代词

代词起代替名词、动词、形容词、数词 (或数量结构) 和副词的作用，它们在语法上的特点，分别跟所代的词类基本相同。把它们集拢成为一类，主要是根据在代替作用上的共同点。

凡是代词，都具有极大的不定性。就是说，它本身并不固定地跟某一具体的人物、行动、性状等发生联系，或代甲，或指乙，要进入具体的语言环境才能确定下来。如果一个词具有动词的语法特点，但同时具有极大的不定性，应该看作代词；如果一个词具有名词的语法特点，但同时具有极大的不定性，也应该看作代词。比如“你能怎么样人家?”“怎么样”带宾语，有动词特点，但“怎么样”所指不定，所以是代词。又比如“到这儿来，在这儿坐，从这儿动身”，“这儿”用在“到、在、从”后边，具有处所名词的特点，但它所指的处所是不定的，所以也是代词。

总之，给代词归类，要注重考虑其跟具体事物、行动等发生联系的非固定性，即不定性。

1. “一切”

“一切”统指一定范围内的所有事物。它所指的对象具有极大的不定性，所以是代词。例如：

(1) 邵华回来，他老人家详细地询问了江陵的一切。

(2) 上述一切，还没有包括一月一日战犯求和声明中的一切宝贝。

例 (1) 的“一切”指江陵的全部事物；例 (2) 的两个“一切”分别指全部上述的事项和全部“宝贝”。离开了这些具体的语言环境，“一切”是空灵的。

“一切”可以充当主语、宾语和定语。充当主语、宾语时，“一切”

统指全部事物，相当于名词。充当定语时，“一切”偏重于指代事物的数量，相当于数量结构。比较“一切”和“一群”：

(3) 这是我们向一切反共英雄们的诚恳的劝告。

(4) 他笼络着一群他所认为可以做喽罗的大夫们。

从“一切……们”和“一群……们”的用法，可知“一切”的作用和“一群”之类数量结构是相当的。但是，它本身不是数量结构：“一”不是数词，“切”不是量词。

“一切”有时叠用成“一切一切”，强调事物的周遍。若在中间加“的”，说成“一切的一切”，同样是强调，但在意味上，作为中心语的“一切”重在指事物，作为定语的“一切”重在指数量。

2.“任何”

“任何”总是作定语，统指事物的数量，相当于数量结构。它也可以跟“们”呼应使用，形成“任何……们”的格式。例如：

(1) 处在今天的国际环境中，殖民地半殖民地的任何英雄好汉们……

可见“任何”的作用也同“一群”之类数量结构相当。

但是，“任何”本身不是数量结构。它同样具有不定性，基本上相当于作定语的“一切”，是代词。比较：

(2) 一切困难都将被中国人民的英勇奋斗所战胜。

(3) 任何困难和障碍物，我们和全国人民一道一定能够加以克服，而使中国的历史任务获得完成。

(2)(3)两例中的“一切”和“任何”可以互换。

“任何”和“一切”也有不同：“任何”重在强调一类事物的每一个，可以跟“一个、一种”之类连用，而“一切”重在强调一类事物的全部，不能跟“一个”“一种”之类连用。比较：

(4) 一切中国共产党人，一切中国共产主义的同情者，必须为着现阶段的目标而奋斗，……对于任何一个共产党人及其同情者，如果不为这个目标奋斗，……就不是一个自觉的和忠诚的共产主义者。

"一切中国共产党人"，"一切"可以换成"任何"；"任何一个共产党人"，"任何"不能换成"一切"。

正由于"任何"重在强调一类事物的每一个，所以更多的时候它能够用"哪""什么样（的）"之类代词去替换。例如：

（5）哥白尼地动学说撼动人类意识之深，自古以来没有任何一种创见，没有任何一种发明，可以和它相比。

（6）只要我们依靠群众，坚决地相信人民群众的创造力是无穷无尽的，因而信任人民，和人民打成一片，那就任何困难也能克服，任何敌人也不能压倒我们，而只会被我们所压倒。

例（5）的两个"任何"都可替换为"哪"，例（6）的两个"任何"都可替换为"什么样的"。通过这样的替换，也可帮我们判定"任何"是代词。

3．"所有"

"所有"也统指事物的数量，作定语，相当于数量结构。它同样可以跟"们"呼应使用，形成"所有……们"的格式。例如：

（1）我们在这里向所有为和平、民主、民族独立和人类进步而真诚奋斗的文艺家们表示崇高的敬意。

应该承认"所有"的表数作用，但它不是数量结构，也无法证明是数词。它具有不定性，跟"任何"一样，基本上相当于作定语的"一切"。比较：

（2）所有文艺工作者，都应当认真钻研、吸收、融化和发展古今中外艺术技巧中一切好的东西，创造出具有民族风格和时代特色的完美的艺术形式。

（3）一切社会主义的和爱国的文艺工作者，一切维护祖国统一的文艺工作者，都要更好地互相帮助、互相学习，把全部精力，集中于文艺的创作、研究或评论。

这两句，见于同一篇文章中先后紧接的两段。同是对"文艺工作者"，一句用"所有"，一句用"一切"，从修辞上说，是用词有变化，从词性上看，我们可以由此知道"所有"和"一切"性质相同。

“所有”重在指明并强调某一范围内事物的全数没有遗漏。在用来修饰“这一切”或“这一些”时，这一作用尤为突出：说“所有这一切”，“所有”强调“这一切”没有遗漏；说“所有这些”，“所有”强调“这些”没有遗漏。

有时，“所有”不是代词。在“归人民所有”这样的格式里，“所有”是动词性的短语词；在“尽其所有”这样的格式里，“所有”是名词性的短语词。

4.“全”

“全”有时是代词。比较：

(1) 永定河上的卢沟桥，在北京附近，桥长二百六十五米。

(2) 赵州桥非常雄伟，全长五十点八二米。

例(1)的“桥”和例(2)的“全”可以互换。“全”明显地起指代“桥”的作用。

我们还可以通过类比看到“全”的代词性质。

首先，“全”跟“每”一样，可以跟某些量词或准量词组合。它们的特性是相同的。比较：

全套(设备)　　全年(收入)

每套(设备)　　每年(收入)

“每”具有极大的不定性，不跟某个数目(定数或概数)发生固定的联系，所以尽管能用在量词前边，但不是数词而是代词。“全”跟“每”特性相同，也应是代词。至于形容词“大、小、整”之类，尽管可以在量词前边出现，但前边还可以再出现数词，因而跟“每、全”是有区别的。比较：

一整套　　一全套(×)

一大套　　一每套(×)

其次，“全”常跟“各”相呼应，一个统指，一个分指，分工合作，彼此配合。它们的性质是相同的。比较：

全世界各国

全国各省

全省各县

全校各系

全系各年级

全年级各班

既然“各”是分指代词，“全”应是统指代词。

“全”有时作状语，表示范围，起副词的作用，但它的指代性是明显的。例如：

(3) 屯子里，除了一家姓张的恶霸地主之外，全是扛长工打短工的。

(4) 我们这些卖票的、开车的，虽说有个职业，其实全是“在业游民”。

(5) 沙丘的移动虽然慢，可是所到之处，森林全被摧毁，田野全被埋葬，城郭变成丘墟。

这里，“全”或者指扛长工打短工的，或者指卖票的、开车的，或者指森林，或者指田野，它没有跟某类事物发生固定的联系。因此，把这种作状语的“全”归入代词，算副词性代词，较为恰当。至于“全都”，这是由表范围的代词“全”和表范围的副词“都”结合而成的一个短语词。它只作状语，不再能在别的环境出现，所以，应归入副词。

除了代词用法之外，“全”有时是形容词，能用“完备”或“齐全”去替换，可以作谓语（“设备很全，品种很全”）或作补语（“苗未出全，钱已收全”）。

5. **“全体”“全部”“各位”“诸位”“整个”**

“全体”也是代词。作定语时，“全体”统指人物的全数，相当于数量结构，如“全体代表，全体同学，全体送行的人”。它也可以跟“们”呼应使用。例如：

(1) 要使全体青年们懂得，我们的国家现在还是一个很穷的国家。

作主语或宾语时，“全体”统指全部的人或事物，相当于名词。例如："全体出动！""局部服从全体。"

"全部"含义跟"全体"近似，常作定语或状语，统指人或事物的全数。例如：

(2) 几乎全部旅客都进了这个旅馆或那个旅馆。

这里，"全部"作定语。如果说成"旅客几乎全部都进了……"，"全部"以"旅客"为前词，作状语。不管是作定语还是作状语，都统指数量，相当于数量结构。

"全部"实际上是由代词"全"和量词"部"结合而成的。用类似方式构成的"各位""诸位"，也可以看作代词，或者叫代词性短语词。作定语时，它们统指人物的全数，是数量代词，可以跟"们"呼应使用。例如：

(3) 诸位朋友们：今天让我来说个新故事。

"各位""诸位"作呼语，或者作主语、宾语或兼语，统指全部对象，相当于名词。例如：

(4) 诸位：你道这个"铁笔御史"是谁呢？

(5) 请各位屋里坐！

"整个"在结构上是"形＋量"，但结合很紧，已成了一个词。它接近于"全部"，或者用作定语，或者用作状语，都有统指的作用，也是数量代词。例如：

(6) 整个装束像出门作客一样。

(7) 空中，屋顶上，墙壁上，地上，都白亮亮的，白里透点红，从上至下整个地像一面极大的火镜。

作为词，这里的"整个"前边不能加数词"一"，不同于"整块、整套、整天"之类（它们前边能加数词"一"："一整块、一整套、一整天"①）。

6. "凡""凡是""大凡"

"凡"用在名词或名词性结构前边，作定语，统指事物的全数，相

① 参看"四、一些实词的归类"里"几个形容词"中关于"整""整整"的解说部分。

当于作定语的“一切”，是代词[①]。例如：

(1) 凡讨妖怪做老婆的人，脸上就有妖气的。

(2) 晋察冀边区的军民，凡亲身受过白求恩医生治疗和亲眼看过白求恩医生的工作的，无不为之感动。

例 (1)，“凡”用在以名词为中心的偏正结构的前边；例 (2)，“凡”用在“的”字结构的前边。从逻辑上说，这两例都是全称的直言肯定判断。

“凡”常常和“是”结合成“凡是”。“凡是”相当于“凡”，也是个表统指的数量代词。例如：

(3) 按照集中营的惯例，凡是进行秘密组织或者宣传活动的人，立刻处死。

(4) 花鸟草虫，凡是上得画的，那原物往往也叫人喜爱。

“凡是”都可以说成“凡”。说“凡是”，显得比较口语化。从逻辑上说，这两例也是全称的直言肯定判断。

“大凡”也用作名词性结构的定语，统指事物的绝大多数，接近于“凡”，也是表统指的数量代词。例如：

(5) 大凡重视人才的年代，往往国势强盛，文化繁荣。

“大凡”只是统指事物的绝大多数，从逻辑上说，用“大凡”的判断只是特称判断，而不是全称判断。

7. “所谓”

“所谓”也是代词。它的作用，一是指示事物，点明讨论范围，有“所说的”的意思；二是指示事物，加以否认或贬斥，有“某些人所说的”的意思，意味上接近于“说什么”或起否定作用的“什么”。例如：

(1) 所谓放下包袱，就是说，我们精神上的许多负担应该加以解除。

---

① 杨伯峻《中国文法语文通解》把“凡”归入表“总指”的指示形容词。(见商务印书馆 1956 年版，第 75 页) 杨先生所说的“指示形容词”，包括“这、那”等作定语的指示代词。

(2) 所谓“黑线专政”，完全是林彪、“四人帮”的诬蔑。

例 (1)，指点所要讨论的事物，后边加以解说；例 (2)，指点所要否定的说法，后边加以抨击。

不管是指点范围的“所谓”，还是含有贬义的“所谓”，都具有指代性质。至于指的是什么，要由具体的语言环境来决定，这跟别的代词是一样的。从造句功能上看，“所谓”总是作定语。它不表示数量，可以说是具有形容词性质的代词。

“所谓”有时跟“无”结合成“无所谓”。“无所谓”是短语词，属动词。它有时相当于“说不上”，有时相当于“不在乎”或“没什么关系”。例如：

(3) 我想：希望是本无所谓有，无所谓无的。这正如地上的路；其实地上本没有路，走的人多了，也便成了路。

(4) 到哪儿我都无所谓！

(5) 这是一个什么地方？也许对一般人来说是无所谓的，但对她们来说却终生难忘！

8. “另外”“旁”“旁人”

“另外”是个旁指代词，指“在说过的之外”，相当于“此外”或“其他”。例如：

(1) 鲁迅先生团起浸湿的纸，揉烂了，把它放进炉子里。他擦干两手，将另外三张空白毛边纸收起……

(2) 小黑子她妈一摆手，几十个妇女就抬走了十一个伤员；她和另外三个妇女抬着吕有怀躺的这副担架，随后走去。

例 (1) “另外”指“浸湿的纸之外”；例 (2) “另外”指前面所说的“几十个妇女之外”。

这个词，有时用在动词前边，很像副词；有时用在主语前边，关联上下两句，很像连词。但是，不管用在哪里，它都对上文所说的事物或事情有所指代，都是在进入具体环境以后才获得明确的意义，所以，不必另外把它归入副词、连词。比较：

(3) 我们又找了另外几个人。

(4) 我们又另外找了几个人。

(5) 另外，我们又找了几个人。

把这里的“另外”分别归到不同的词类，是缺乏充足的理由的。

“旁”相当于“其他、另外”，也是旁指代词。例如：

(6) 他有旁的事先走了。

(7) 旁的问题都解决了吗？

“旁”和“人”结合成“旁人”，是人称代词，跟“人家”相近。例如：

(8) 这件事由我负责，跟旁人不相干。

有时“旁”不是代词，而是方位词，等于“旁边”，如“路旁、车旁、牛棚旁、旁若无人、目不旁视”。

9. “人”“个人”

“人”通常是名词，但有时用作代词，可以替换为“人家”。例如：

(1) 这些人……对人是马克思主义，对己是自由主义。

(2) 别欺侮人！

“个人”是个短语词。有时，表达跟“集体”相对的意思，可归名词。例如：

(3) 集体领导和个人负责，二者不可偏废。

(4) ……结果是腐朽庸俗的作风发生，使党和革命团体的某些组织和某些个人在政治上腐化起来。

有时，“个人”是代词，相当于“我”，在正式场合发表意见时使用。例如：

(5) 个人认为这个办法是非常合理的。

五、一些虚词的归类

这一部分，举出各类虚词中值得讨论的一些词略加分析。叹词问题不大，不讨论。

（一）几个介词

介词一定同名词或其他词语组成介词结构。介词结构出现于谓语部分里时，后边一定还有动词谓语。介词单独连着主语说出来站不住，介词结构单独连着主语说出来也站不住①。如“他从北京来”，介词“从”和“北京”组成介词结构；“从北京”是状语，后边出现了动词谓语“来”。只说“他从”，站不住；只说“他从北京”，也站不住。简而言之，必须同名词等组成介词结构，不能充当谓语，这是介词的必要而充足的条件。

1. “本着”

“本着”是介词，相当于“按照、遵照、遵循”。由“本着”组成的介词结构总是作状语，可用于谓语前主语后，也可以用在主语前边。例如：

（1）今天和往后，我仍然是本着这个意愿去决定一切的。

（2）本着真诚合作的精神，两国政府签订了技术协定。

这个介词，一定要带“着”；不带“着”，仅仅一个“本”，反而不是介词。可见它和“为着、按着”有所不同。当然，“本着”也好，

① “这间屋子朝南”之类里，“朝”是动词。

“为着、按着”也好，“着”只能算构词成分，不是时态助词。

2. “论”

“论”经常用作动词。比如：“就事论事”“不能相提并论”。

有时，“论”是介词，接近于“按照”。它或者表示按照某种类别来谈，或者表示按照某种单位来说。

表示按照某种类别来谈时，“论”字介词结构常用在主语前边，后有停顿；也可用在谓语前主语后，但主语后边一定有停顿。例如：

(1) 论体力，今日的薛书记已不能与当年的薛营长比了。

(2) 论本事，据说她数数只能数到一百，再往上，她就不知道该怎么数了。

(3) 这位同志，论资格确实很老了。

表示按照某种单位来说时，“论”跟量词或有数量意义的名词组成介词结构，用在谓语前主语后。例如：

(4) 鸡蛋论斤卖，咸蛋论个儿卖。

(5) 水果论筐交售给国家。

(6) 工资论天数计算。

“论＋量词”这种介词结构后边有时不出现动词谓语。这是因为，这个动词已在前边出现。在这种情况下，“论”可以算动词，它后边的量词可算宾语。例如：

(7) 问：买鸡蛋是论斤还是论个儿？
答：论个儿。

3. “归”

“归”一般是动词，作谓语，带宾语。例如：“物归原主”“条条江河归大海”。

有时，“归”是介词，可以替换为“由”。由“归”组成的介词结构，总是用于谓语前主语后作状语。例如：

(1) 饭归你做，菜归我买。

(2) 图片部分归制图组完成。

如果“归”后边不出现动词谓语，“归”不可能是介词。比较：

(3) 资料归你们搬，纸张归我们运。

(4) 资料归你们，纸张归我们。

例 (3) 里“归”是介词，例 (4) 里“归”是动词。

4. “临”

“临”有时是介词，大体相当于“到”，跟“动词+时 (前)”这种包含有时间意义的词语组成介词结构，作状语。“临”字介词结构，可以用于谓语前主语后，也可以用于主语前边。例如：

(1) 她临死前还不准我写信告诉你。

(2) 临走时，他带着央金一同去见主人，请求让她跟他一起走。

在跟“临”组成介词结构的动词的后边，也不一定出现“时、前”之类，但可以添加上去。例如：

(3) 她临死还喊你的小名，脸上还有笑容，好像并不难过。

(4) 临走，明华也偷偷把送给玉春的礼物，包进她脱在地头上的花夹袄里了。

这里，“临死”可以说成“临死前”，“临走”可以说成“临走时”。

“临”和“时”如果直接组合，中间不出现动词，就会成为合成词“临时”。前面说过，“临时”分属形容词和副词。

有时，“临”是动词，表示“来到”或“靠近”的意思，作谓语，带宾语。例如：

(5) 真是双喜临门!

(6) 这个镇子三面临山。

动词“临”可以成为连谓式里的第一个谓语。这样的“临”不要当成介词。例如：

(7) 总工程师亲临现场指导。

这是个连谓式句子，“临”是第一个谓语，“指导”是第二个谓语。如果“临”的宾语“现场”不出现，“临”和“指导”仍然组成连谓式；如果第二个谓语“指导”不出现，句子仍然站得住。例如：

(8) 总工程师亲临指导。

（9）总工程师亲临现场。

例（8），“临”是第一个谓语，“指导”是第二个谓语。例（9），“临”是谓语。这两例的“临”，都是动词。

5．“赶”

“赶”往往用作动词，这是明显的。有时，它也用作介词，大约相当于“到”。“赶”字介词结构表示等到某个时候，可以用在谓前主后，也可以用在主语前边。例如：

（1）我赶年下再回家。

（2）大家赶天黑再走。

（3）赶春暖花开的时候我就来。

（4）赶队长回到办公室人们早已讨论开了。

例（1）（2），“赶年下”“赶天黑”用在谓语前边；例（3）（4），“赶春暖花开的时候”“赶队长回到办公室”用在主语前边。

6．“等”“等到”

“等”有多种用法。有时是介词，相当于“到”。“等”字介词结构表示时间，常采取“等……时（后）”的形式。有时不用“时、后”之类，但可以添上去。例如：

（1）等我们坐在药场吃饭时，小姑娘又蝴蝶般地飞来，在老秦耳朵边悄悄告诉她……

（2）你们心疼人家，等你们娶媳妇的时候，人家才能心疼你们。

（3）等你死了，我再好好干。

例（1）是“等……时”，例（2）是“等……时候”，例（3）可以说成“等你死了后”。

“等到”是“等”和“到”的复合形式，也可以用作介词。例如：

（4）等到听完公安局同志的情况介绍、翻完宗卷之后，他的脸上才显露出强烈的表情来。

7．“拿”

“拿”经常用作动词，如“不准乱拿东西”。但是，在下列两种情况下，“拿”是介词。

一是“拿”起引进所凭借的工具、材料、方法等的作用，可以用“以”或“用”去替换。谓语部分里单用“拿”字结构站不住。例如：

拿尺量

拿灯光照

拿泥土捏

拿话激他

二是“拿”起引进处置对象的作用，可以用“把”或“对”去替换。谓语部分里单用“拿”字结构同样站不住。例如：

（1）你别拿我开玩笑！

（2）我简直拿你没办法！

8.“替”

“替”可以用作动词，也可以用作介词。

动词“替”可以用“代替”去替换。例如：

（1）他没来，我替他！

（2）你上去，把8号替下来！

介词“替”可以用“为”去替换。例如：

（3）大家都替他高兴！

（4）替法西斯卖力，替剥削人民和压迫人民的人去死，就比鸿毛还轻。

动词“替”和介词“替”的区别相当微妙。先观察两个用动词“替”的句子：

（5）我替你值班。

（6）他替我出工。

这里的“替”是动词，充当第一谓语，后边的“值班”“出工”也是动词，充当第二谓语，它们组成连谓式。这类句子有两个重要特点。第一，在“A替B动”里，单说“A替B”，站得住。如例（5）（6）可以只说“我替你”，“他替我”。第二，“B”和“动”之间存在着已然的或肯定的联系。如例（5），“你”和“值班”之间有“你”本来已在“值班”或“你”本来应该“值班”的关系。例（6）的“我”和“出工”之间也是这种关系。

用介词“替”的“A 替 B 动”，不具备上述两个特点。

首先，有时单说“A 替 B”根本不成话。例如：

(7) 儿子不能替父亲的错误负责。

这里，“替”是介词。只说“儿子不能替父亲的错误”，不行。

其次，就算单说“A 替 B”能站得住（实际上不符合原意），“B”和“动”之间也不存在联系，或不存在肯定的联系。例如：

(8) 你放心，我替你做主！

这里，“替”也是介词。虽然表面上“我替你”跟“我替你值班”中的“我替你”一样，但是，“你”和“做主”之间本来并没有肯定的联系，跟“你”和“值班”之间的关系不同。

此外，介词结构“替……”可以修饰表示心理状态的动词或形容词，动宾结构“替……”后边不能出现这类词语。例如：

(9) 我心里有点替她惋惜。

(10) 我不在意，他倒替我着急。

（二）几个连词

给连词定性归类，要特别注意三点。

其一，连词有的单个起连接作用，有的跟别的连词或有关联作用的其他词语配成对起连接作用。不管是单个还是配对，它都只有连接作用，如前所说，它不能成为结构的中心。

其二，连词既然起连接作用，它就不是单向性的，而是双向性或多向性的，就是说，一个连词总要关涉到两个或两个以上的单位或方面；只要有连词出现，不管是单个还是配对，都一定有它所关涉到的两个以上单位或方面出现。如果一个词可以单向，可以不在两个单位或方面之间起作用，那么，它就不应是连词。比如“与其”和“宁可”，“与其”是双向的：只要用“与其”，一定带出“舍”与“取”两个方面，形成两个分句；“宁可”虽然常跟“与其”呼应使用，但它可以单向，不一定双向，如“我宁可不去!”① 所以，“与其”是连词，“宁可”是副词。

其三，用在分句与分句之间时，连词可以出现在主语前边，表示所涉及的单位包括主语在内；也可以出现在谓语前边，表示所涉及的单位是分句的谓语部分。比较：

（1）不但他应该去，而且你也应该去。

（2）他不但应该去，而且应该带头去。

（3）因为他有病，所以老师没让他去。

（4）他因为有病，所以没去。

同是“不但……而且”，例（1）里用在主语前边，例（2）里用在谓语前边；同是“因为……所以”，例（3）里用在主语前边，例（4）里用在谓语前边。

可以灵活地出现于谓语前或主语前，这是连接分句与分句的连词的重要特点。是否具备这一特点，可以作为判别在分句间起关联作用的词是不是连词的根据。一般说，如果是不能出现在主语前面的，不算连词，如“如果……就……”“无论……都……”中的“就”和“都”。当然，有的词尽管能活动于主语前主语后，但可以单向，那也不算连词，如“宁可”。“宁可”是语气副词，某些语气副词和时间副词可以用在主语前边，但它们又是单向的。

下面讨论几个应归连词的词。

1.“然后”

“然后”表示连贯关系，即表示情况的前后紧接，接近于“于是”。“然后”可以用在谓语前边，也经常用在主语前边。例如：

（1）他用两个铃铛似的大眼睛看着我，然后走到箩筐前。

（2）又走了一阵，他又回头向我们笑了笑，然后他先坐下来，“歇歇吧！”他说。

例（1）“然后”用在谓语前边，例（2）“然后”用在主语前边。

① 参看“四、一些实词的归类”里“几个副词”部分对“宁可”的分析。

“然后”后边，往往用“又、便、才”等副词（它们也有一定的关联作用）。如例（1），可以说成“然后又走到箩筐前”。又如：

（3）他把汤放在火上暖着，取开一个手巾包，拿出两块包米干粮给我丈夫，然后又从衣兜里摸出五个煮熟的鸡蛋……

如果句子有主语，连词“然后”和副词“又、便、才”之类分别用在主语前后，如“然后他又从衣兜里摸出五个煮熟的鸡蛋”。“然后他又……”之类和“但是他却……”一样，也是连词、副词配合使用，而连词居主语前、副词在主语后的格式。再看一例：

（4）如果有人送点什么吃的给他，他总要工作人员先送给毛主席和我父亲一些，然后自己才肯吃。

2.“至于”

“至于”有时用在分句或句子之间，表示另提一事，是个连词。有的语法书把这个词归入介词，这是值得商榷的。

首先，“至于”后边的词语往往是施事，或者是判断、描写、评议的对象，它们显然是句子的主语。若把“至于”当作介词，就会抹煞它们的主语地位，使句子的分析得不到合理的解释。例如：

（1）王大增当然是合格的，至于我，却是一个大老粗，胆气倒还马马虎虎，别的可就谈不上。

（2）我目睹中国女子的办事，是始于去年的，……曾经屡次为之感叹。至于这一回在弹雨中互相救助，虽殒身不恤的事实，则更足为中国女子的勇毅，虽遭阴谋秘计，压抑至数千年，而终于没有消亡的明证了。

例（1），“却是一个大老粗”的主语，显然是“我”。作为连词，“至于”用在后面分句的主语之前，把前后分句所说的两个人、两种情况关联了起来。这样的解释，是很自然的。如果说“至于”是介词，“至于我”便是介词结构，这样，就把后面分句的主语抹掉了，就给析句增添麻烦了。例（2）也一样，“这一回……事实”显然是“更足为……明证了”的主语，连词“至于”用在这一主语前边，把上下两句关联了起来。若把“至于”解释为介词，结果就会抹掉后一句的主语。

其次，“至于”后边的词语有时是“受事”，但仍然可以分析为主语，即受事主语。若把“至于”当作介词，理论上、实践上都会带来问题。例如：

(3) 至于这个问题，则从未好好讨论过。

这类句子，把“至于这个问题”算介词结构作状语，主语可以认为是省略了“我们”之类。但是，从理论上说，“至于”能用在施事主语前头，为什么不能用在受事主语前头？再从实践上看，若按“施”“受”把“至于”分为连词和介词，也行不通。例如：

(4) 至于这个问题，则值得好好讨论一下。

(5) 至于这个问题，则是值得好好讨论的关键问题。

能说例（3）（4）（5）里的“至于”有什么不同吗？若说例（3）里的“至于”是介词，例（5）里的“至于”是连词，例（4）里的“至于”又是什么词呢？

总之，表示另提一事的“至于”应归连词。在由“至于”引出的另一个句子或另一个分句中，主语或是施事，或是受事，或是跟“施”“受”无关，情况是各种各样的。

有时，“至于”不是连词而是动词，表示达到某种程度。例如：

(6) 不及格？不至于吧？

3. “果然”

“果然”常用作副词，表示事实和所说或所料的相符。如“果然名不虚传”，“果然不出所料”。

“果然”有时是连词，表示假设，可以替换为“如果”。特殊点的是，它有“如果确实”的意思，因此能说成“果真”。可用于谓语前主语后，也可用于主语前边。例如：

(1) 你果然爱她，你就应该帮助她。

(2) 果然你愿意参加，那我们太欢迎了。

4. “万一”

“万一”有时指不如意的特殊情况，作宾语，属名词，如“以防万一”。有时用来强调有极少的可能性，作状语，属副词，如“计划暂不宣布，以免万一走漏消息”。

有时，“万一”表示假设，一般可以替换为“如果”，是连词。主语出现时，常用在主语前边。例如：

(1) 万一有个差错，看你怎么向党交代?

(2) 万一我有个好歹，八角坳的党组织还在，反“夺田”已经开始了，我们能搞起来!

连词“万一”还可以跟“如果”“要是”“即使”之类连用。由于“万一”重在假设有不如意的特殊情况发生，所以和“如果”“要是”“即使”之类连用并不是简单的重复。例如：

(3) 如果万一是由于你不在人世了——写到这里我浑身颤栗了一下——我就独身过一辈子。

(4) 要是万一遇见敌人，我顶住，你们把东西一扔，就顺着河滩往对面山上跑。

(5) 好坏两方面都要充分估计到，即使万一发生意外，也不至于手忙脚乱。

5. **“比方”**

“比方”有时是名词，指打比的事实，如“这不过是个比方”。有时是动词，或者可以用“相比”来替换，如“可以用松柏来比方”；或者可以用“例如”来替换，例如：

(1) 比方美国的国务卿艾奇逊之流，他们对于现代中国和现代世界的认识水平，就在中国人民解放军的一个普通战士的水平之下。

有时，“比方”表示假设，可以替换为“如果”，是连词。例如：

(2) 他的隶书真好，比方我求他写一副对联儿，他不会拒绝吧?

这种“比方”，《现代汉语词典》指出“它表示‘假如’的意思”，又进一步指出“它用于有话要说而故意吞吐其词时”[①]。这准确地说明

---

① 中国科学院语言研究所词典编辑室编：《现代汉语词典》，商务印书馆1979年版，第56页。

了连词“比方”的作用。

6. “一旦”

“一旦”有时表示“忽然之间”，作状语，是副词。如“同学四年，一旦离别，确实舍不得！”

有时，“一旦”表示某种特定条件，可以替换为“只要”，是连词。常用在谓前主后，也可以用在主语前边。例如：

(1) 代表先进阶级的正确思想，一旦被群众掌握，就会变成改造社会、改造世界的物质力量。

(2) 不能认为新制度一旦建立起来就完全巩固了，那是不可能的。

这里，“一旦”用在主语后边。

(3) 一旦你停止学马列主义，你不相信实践的检验，那么，你就会逐渐地变成一个思想僵化的人。

这里，“一旦”用在主语前边。

7. “管”“别管”

“管”有时属名词或量词，有时属动词或介词。

有时，“管”表示无条件，可以替换为“不管”或“无论”，用在主语前边。这样的“管”是连词。例如：

(1) 管他是谁，搞特殊化就不行。

(2) 管你吃也罢，不吃也罢，都得坐下来聊聊。

必须注意，介词“管”表示处置，可以替换为“把”，跟连词“管”有明显的不同。比较：

(3) 你管我叫山鹰也罢，叫野鸡也罢，我不在乎！

(4) 管你叫我山鹰也罢，叫我野鸡也罢，我不在乎！

例(3)“管”可以替换为“把”，是介词；例(4)“管”可以替换为“无论”，是连词。

“别管”也是连词，可以用“无论”去替换。例如：

(5) 别管是谁，一律凭票进场。

当然，在“别管他”里，“别管”不是一个词，而是“副词+动词”。

（三）几个助词

助词总是附着于实词或实词结构，帮助实词或实词结构表达某种附加的意义。有的助词单纯表示语法意义（如结构关系和时态），有的助词也带有一定的词汇意义，但所有的助词都是独立性极差的，用排他法来说，都是既归不进各类实词，也归不进其他各类虚词的。

除了“着、了、过”“的、地、得、所”“们”“似的”等之外，还有一些助词。下面讨论几个。

1．“多”

“多”分属几个不同的词类。除了是动词（“多了一个人”）、形容词（“人很多”）、数词（“多种、多次”）、副词（“多有办法!”）、代词（“多高?”）之外，有时是助词。

助词“多”附着在数词或数量结构（包括准数量结构）后边，表示有零头。例如：

十多亩	二十多斤	三十多岁
一亩多	两斤多	三岁多
十五亩多	十五斤多	十五岁多

若“数词”是“十”和“十”的倍数，包括“一百、一千、一万”等，“多”用在数词后边，然后再用量词或准量词；若个位数是“一”至“九”，必须先用量词或准量词，“多”附在整个数量结构后边。作语法分析时，“十多、二十多”也可以看作一个数词，这正如“你们、我们”可以看作一个代词一样。至于“十五斤多”之类，应认为前边是数量结构，“多”是助词。

这个“多”能不能看作形容词？不能。形容词不可能同时出现在这两个格式里的 X 的位置上：

数 X 量（十多亩）

数量 X（一亩多）

这个“多”能不能看作数词？它跟“半”不是很相像吗？比较：

两斤多　　　三岁多

两斤半　　　三岁半

其实，“半”和“多”并不相同。作为数词，“半”后边可以补出量词，比如“两斤半”，可以说成“两斤＋半斤”；作为助词，“多”的后边是不能补出量词的，比如“两斤多”，不能说成“两斤＋多斤”。

2.“来”

“来”有时是趋向动词，或单用，或附在动词后边表示趋向或趋势。在下面几种情况下，“来”是助词。

第一，附着在数词或数量结构（包括准数量结构）后边，表示概数。

附“来”的数词，限于“十”及其倍数。例如：

二十来斤　　　三十来里

四十来岁　　　五十来人

附“来”的数量结构，限于“个位数＋度量衡单位”，而且后边一般出现“重、长、高、宽”之类形容词。例如：

三斤来（重）　　四里来（长）

五尺来（高）　　一丈来（宽）

这种助词“来”，一般都能用助词“多”去替换。

第二，附着在序数词“一、二、三、四”之后，帮助表示理由的列举。例如：

(1) 老秦一来不懂这种管饭只是替做一做，将来还要领米，还以为跟派差派款一样；二来也不知道家常饭就行，还以为衙门来的人一定得吃好的。他既是这样想，就把事情弄大了。

“一来”“二来”在这里作状语，也可以整个算序数词。

第三，附着在表示时间的某些名词、数量结构、准数量结构后边，帮助表示时段。即表示从过去某一时间起到说话时为止的一段时间。例如：

古来　　　长期来　　　几天来

七八个月来　　　千百年来

跟这种“来”相当的“以来”，也是助词。例如：

长期以来　　几个月以来

建国以来　　粉碎“四人帮”以来

第四，附着在用于句末的动词或动词性结构后边，帮助表示某种行为活动曾经出现，相当于“来着”。例如：

(2) 找到地里，又会听到这么一句话：“前时还在这儿来，这会谁知上哪儿去了!”当你再找到别的地块上，人们又会告诉你：“刚还在来，可能上五队去了。”

(3) 昨天我怎么跟你们说来的?

顺便指出，附在动词后边的趋向动词，往往虚化，具有程度不同的助词性质。特别是像“看来、想来”之类的“来”，是相当接近助词的。

3. “开外”

这个词，附着在某些数词或数量结构（包括准数量结构）后边，表示“还要多”的意思，接近于助词“多”。

附“开外”的数词，总是用来表示年岁。例如：

五十开外　　七十开外

附“开外”的数量结构，一般用来表示年岁，其次用来表示距离或时间。例如：

五十岁开外　　七十岁开外

二十米开外　　六十里开外

五年开外　　五星期开外

4. “等”“等等”“云云”“云”

“等”附着在名词或并列结构后边，表示事物的数量不止一个。有时表示有所省略，有时表示加以归总。例如：

(1) 人们排成两行站在堤上，陆续不断地往前传递木桩、芦席、沙袋等各种器材。

(2) 他曾经访问过法国、西德、英国和意大利等四个西欧国家。

"等"一般用在并列结构后边，但也可以用在一个名词后边。例如：

(3) 小部分站在中立地位，但倾向于投降，例如宝庆等县。

"等等"也表示有所省略，但比"等"强调意味更重。例如：

(4) 脸水等等，他都准备好了。

(5) 扒钉、钢筋头、机器零件等等东西，共八千多斤。

"等等"常用于句子结束处。例如：

(6) 由于无产阶级的领导，根本地改变了革命的面貌，引出了阶级关系的新调度，农民革命的大变动，反帝国主义和反封建主义的革命彻底性，由民主革命转变到社会主义革命的可能性，等等。

"云云"有"如此如此"的意思，附着在某些语句之后表示结束或有所省略。例如：

(7) 这个电文，延安到今天还没有收到，但其内容已经明白，据说是第三国际既已解散，中国共产党也应"解散"，还有"马列主义已经破产"云云。……这一类（物以类聚）国民党人的嘴里，是什么东西也放得出来的……

(8) 国民党中央宣传部部长吴国桢宣称，"政府在此战争中全居守势"，并提出所谓恢复交通的办法。……中央发言人告记者称：吴氏所说"守势"云云，全系撒谎。

现代汉语书面语里，常用"云云"，有时也用"云"。例如：

(9) 连唯一可信的弟子也已经失掉，孔子自然是非常悲痛的，据说他一听到这消息，就吩咐去倒掉厨房里的肉酱云。

(10) 总之，梁先生自认是一切中国人的代表，这些书既为自己所不懂，也就是为一切中国人所不懂，应该在中国断绝其生命，于是出示曰"此风断不可长"云。

5. "不过"

"不过"有时属于副词，表示范围，可以替换为"仅仅"；有时属于连词，表示转折，可以用"只是、可是"之类去替换。例如：

(1) 苏冠兰摆摆手，爽快地说："艺术不过是唱歌、跳舞、弹琴、画画儿……这一切又有什么用?"

(2) 我同父亲在一起时，一直学习钢琴、提琴和作曲，不过，最擅长的还是舞蹈。

例(1)的"不过"是副词，例(2)的"不过"是连词。

有时，"不过"属助词。它附着在形容词或心理活动动词后边，强调达到了最高限度，常跟形容词等前边的"再、最"之类副词呼应使用。如"聪明不过，再聪明不过，最聪明不过；喜欢不过，再喜欢不过，最喜欢不过"。又如：

(3) 洁琼气不过，骂了那家伙一顿。

(4) 您法力高深，见识渊博，兼任这两项职务是再恰当不过了！

这个"不过"可以说是助词性短语词。它强调极度，跟副词"极"有点相似，但根本不能作状语，不具备副词的必要条件，再说跟"再、最"呼应时也不能替换为"极"。因此它是不能归入副词的。

6. "连"

"连"有时属于动词，表示连接的意思，如"心连心"；有时属于副词，表示连续的意思，如"连发三封信"；有时属于介词，表示"包括在内"的意思，如"连我共来了八个人"，"连皮重二十斤"。

有时，"连"是助词。它附着在名词、名词性结构或其他词语的前边，起强调作用，后边用"都、也"之类呼应。例如：

(1) 他连工具都自己带来了。

(2) 她连个委员都不是，怎能当主任呢?

(3) 他连一声也不吭。

(4) 我连喜欢都喜欢不过来呢！

这种"连"，有人说是介词。但是，它后边的词语常常表示施事，介词说解释不通。例如：

(5) 这一下，不光是妇女，连男人们也都笑了起来。

(6) 为什么高兴，连她自己也说不出来。

说“连”是介词，“连男人们”“连她自己”就是介词结构。这一来句子的主语就被抹掉了。能不能说后边是受事时“连”算介词，后边是施事时“连”算助词呢？也不行。首先，不管后边是施事还是受事，“连”所起的作用是一样的，不能人为地劈成两半；再说，有时“施”“受”很难断定。例如：

(7) 他连头都没抬，只说了句：“好么！”

(8) 他笑得连嘴也合不拢来。

“头”“嘴”是施事还是受事？我们既然承认有受事主语，为什么不可以承认有时助词“连”是强调受事主语的呢？事实上，“连”不仅可以强调各种主语（包括施事的、受事的和中性的），还可以强调状语［如例（3）的“一声”］和复用的谓语中的前一谓语［如例（4）的“喜欢”］。

这种“连”，有的学者说是副词，如张志公先生的《语法学习讲话》[①]。的确，在“他连一声也不吭”“我连喜欢都喜欢不过来呢”里，“连”比较接近副词，但是，统观“连……都（也）……”这一格式，“连”大都附着于名词或名词性结构，而副词则是一般跟名词互不相容的。这就是说，“连”不符合副词的条件，不应归副词。

这种“连”，有时可以替换为“甚至”，能不能说是连词？也不能。首先，它有时不能替换为“甚至”或别的连词；其次，它有时明显地是单向的，如“笑得连嘴也合不拢来”里，“连”不能换成“甚至”，同时，它是单向的，不具有连词的双向性。

在递进句中，“连”的前边有时出现“甚至”或“就”。例如：

(9) 你毕竟长着一个联邦调查局的鼻子，甚至连别人私生活的讯息也闻得出来。

(10) 不但我佩服他，就连从前反对过他的人，也不得不赞扬他。

例（9），“连”是助词，“甚至”是连词。例（10），“就”实际上也是

① 张志公：《语法学习讲话》，上海教育出版社 1962 年版，第 76 页。

连词，相当于“即使”；“连”是助词。但是，“就连”结合较紧，可以看作短语词，归连词。

（四）几个语气词

语气词附着在句末，表示某种语气。一般附着在整个句子的末尾，表示陈述、疑问、祈使或感叹语气；少数专门附着在偏正复句中偏句的末尾，表示跟该分句相应的假设、条件等语气。有的语气词，如“啊”，也能用在主谓之间或并列成分之间，但就基本用法说，还是用于句末。

语气词总是附着的。单独使用的词，不可能是语气词，如“啊”，附于句末时是语气词，单独使用时是叹词。

下面讨论几个语气词。

1. “好了”

这个词，用在句末表示陈述或祈使的语气，带有允诺、劝诱、让步等意味，大致相当于早期白话中的“便了”，也可替换为“就是了”。去掉它，不影响句子基本结构的完整性。例如：

（1）你如果不愿进宫，等她认真提到的时候，我替你婉谢好了。

（2）你悄悄地叫婵娟把衣服给你，不要声张好了。

（3）一首一尾你要加些什么话，也由你斟酌好了。

（4）吉先生：……怎样写法？

吉太太：随便写几句好了。

如果“好了”前边出现“就”，“好了”不是语气词。比较：

（5）子兰，你去好了。

（6）你去就好了！

例（5）等于“你去就是了”，“好了”是语气词。例（6）是紧缩句，动词“去”和形容词“好”都是谓语，“了”是语气词。

如果“好了”单用，也不是语气词。例如：

（7）好了，好了，你们两位不必互相标榜了。

这里的“好了”是“形容词＋语气词”。应承认“好”和“了”结合较紧，跟单用的“算了”“行了”之类一样，略带叹词意味，但肯定不属语气词。

2.“得了”

“得了”也表示陈述或祈使的语气，跟“便了、好了、就是了”基本相同，但略带不满意味。例如：

（1）你放心，我明天一定去，绝不让生产受影响得了。

（2）你走得了，家里的事不用你操心。

“得了”前边出现“就”，也不是语气词。例如：

（3）我也不预备睡觉，随便坐坐就得了。

“随便坐坐就得了”也是紧缩句，“坐坐”和“得了”都是动词，作谓语。

“得了”单用，也不是语气词。例如：

（4）得了，得了，别闹了！

这里的“得了”也是动词。只能说，它跟单用的“算了”“行了”之类一样，略带叹词意味。

3.“不成”

“不成”用在疑问句句末，表示揣度或反问的语气。常跟前面的“难道、莫非”等呼应。例如：

（1）你老人家这么大的年纪了，难道要人成天表扬你不成？

（2）莫非支部书记的这种性格，对于别的人们也有什么传染性不成？

在能替换为“不行”时，“不成”不是语气词。例如：

（3）在那里，爬上三十里的大山，爬上二十里的沙滩，还可以找到清水泉、污水井；现在可不成了，走了好几天，依然望不见水的踪影。

这里的“不成”可以换成“不行”，可以不用在句末。它不是语气词，应归动词。

4. **“的话”“的缘故”“起见”**

“的话”用在复句里假设分句的末尾，表示假设语气。常跟前面的“如果、要是、假如万一”等呼应使用。例如：

(1) 要是你猛抬眼看见了前面远远有一排——不，或者只是三五株，一株，傲然地耸立，像哨兵似的树木的话，那你的恹恹欲睡的情绪又将如何？

假设分句有时倒装在结果分句的后边。“的话”仍然可以出现在倒装的假设分句的末尾。例如：

(2) 语文，是几门很难教的功课之一，如果不说它是最难教的一门功课的话。

同“的话”结构相似，而且也用在偏句末尾的，是“的缘故”。它附着在原因分句的末尾，常跟前面的“因为、由于”等呼应，表示释因语气，也可以划归语气词。比如：“因为山洪暴发的缘故，汽车好几天没进山来了。”

“起见”也是语气词，作用跟“的缘故”有相通之处。它用在目的状语（有的语法书认为是目的分句）的末尾，跟前面的“为、为了、为着”等呼应，表示强调目的的语气。比如：“为慎重起见，一定要报请上级批准。”这个词，乍一看像是动词，受“为”字介词结构的修饰；实际上，它不能单用，不能受副词的修饰，去掉以后并不影响句子的基本结构，所以，不可能是动词，应归语气词。

5. **“也罢”**

“也罢”有时是语气词。有两种用法。

其一，“也罢”用在句子末尾，作用跟“便了、好了、得了、就是了”相近，并带有只好容忍或只能如此的意味。例如：

(1) 他既然那么忙，我暂时不找他也罢。

(2) 他很久没来了，其实呢，不来也罢。

其二，“也罢”分别用在两个以上偏句或成分的后边，表示“无条件”的语气，即强调任何情况下都不会影响某种结果的出现或某种结论的成立。常跟前面的“无论、不管”呼应。例如：

(3) 历史上不论中国的战争也罢，印度的战争也罢，都是孤立的。

(4) 其实，看天也罢，点香也罢，真正当钟用的还是你爷爷。

(5) 干也罢，不干也罢，眼下到了年根儿啦，社员们谁家不做点年菜磨点豆腐？

"也罢"单用，不是语气词。例如：

(6) 也罢！好歹先找队长谈谈。

这里的"也罢"跟单用的"也行、算了、得了"一样，应归动词。当然，应承认它们都略带叹词意味。

6. "也好"

"也好"有时是语气词，相当于"也罢"。例如：

(1) 既然有了孩子，让她先回姑姑家也好。

(2) 在车站躲一下也好，要是在柳村下车，那不是正走在路上吗？

这两例的"也好"，相当于第一种用法的"也罢"，也可以替换为"好了"。

(3) 公私分明也好，不分明也好，反正大家都是党员，都要替党负责。

(4) 铁厂也好，钢厂也好，或者是别的什么工厂也好，反正那里有千千万万只精巧坚强的手，正配合着全国人民一致的节奏，用钢铁铸造着祖国的江山。

这两例的"也好"，相当于第二种用法的"也罢"。

"也好"单用，不是语气词。例如：

(5) 也好，在工会主任直接领导下做工作，学的东西多了，进步也快。

"好"是形容词，"也"是副词。

句子里的"也好"，如果不能用"也罢"替换，也不是语气词。例如：

(6) 这小张师傅，民主作风也好。

这里，“好”是形容词，作谓语；“也”是副词，作状语。

7. “的”

“的”有时是结构助词，有时是语气词。

语气词“的”用于句末加强肯定的语气，去掉它不会改变句子的基本意思。例如：

他知道的。　　他不会不答应的。

他知道。　　他不会不答应。

语气词“的”常常同句中表示肯定或强调的助动词“是”呼应使用，造成了“是……的”的形式，如“他知道，他是知道的”；结构助词“的”常常同词或词组组成“的”字结构，用作动词“是”的宾语，出现于句末，也造成了“是……的”的形式，如“他是报社的”。怎样区别“是……的”中两种不同的“的”，这是个麻烦的问题。这里提出两点办法：

第一，看看能不能把“的”去掉，并且把“是”改成“的确”。如果能，“的”便是语气词；如果不能（站不住或改变原意），“的”便是结构助词。比如：“他是很聪明的”，可以说成“他的确很聪明”，这里的“的”是语气词；“这张桌子是石头的”，说成“这张桌子的确石头”，站不住，这里的“的”是结构助词；“我是教书的”，说成“我的确教书”，改变了原意，这里的“的”也是结构助词。

第二，结合语言环境，看看整个句子是不是给事物分类的判断句。如果是，“的”便是结构助词；如果不是，“的”便是语气词。比如“他是愿意帮忙的”，孤立地看，两种可能性都有。然而，在“他愿意帮忙，他愿意帮忙的，他是愿意帮忙的”这样的语言环境中，重在强调，而不重在分类，“的”是语气词；在“别人都袖手旁观，只有他才是愿意帮忙的”这样的语言环境中，重在分类，说明他属于“愿意帮忙的”一类人，“的”是结构助词。

六、短语词的归类

所谓“短语词”，是在凝固程度上比词松一点，又比词组紧一点的一种语言单位。吕叔湘先生说过：“‘来不及’、‘看中了’之类介乎词和短语之间的东西，可以叫作‘短语词’。”①

短语词的存在是个事实。但是，短语词的范围是很难划定的。有的，很难说它还没有凝固成词；有的，很难说它就不是一个词组。我们不企图给短语词划出清楚的界限。这是不可能的！前几节中，已经涉及了一些短语词，有的点出是短语词，有的也未加点明。这里，我们只想就一部分现象集中地讨论一下短语词的归类问题，以便能从一个新的角度、新的侧面加深对归类原则、要求与方法的认识。

首先应该知道，有的短语词是直接凝固的，有的短语词是减缩凝固的。如“按理”和“按说”，“按理”表示“按照情理”的意思，是由一个介词和一个名词直接凝固而成的副词性短语词；“按说”表示“按照事实或情理来说”的意思，是由“介·名·动”经过减缩而凝固成的副词性短语词。

其次应该知道，短语词的词性跟它本身的结构成分不能说完全没有关系，但是，凭结构成分不能决定它们的归属。起决定作用的，还是语法特点。比如“据说”和“按说”，都是“介（名）·动”，但前者属动词，后者属副词。又如，前一结构成分是“不”的短语词，词性是大不一样的。有的属名词，如“不是（派他的不是）、不韪（冒天下之大不韪）”；有的属动词，如“不齿、不甘、不愧、不吝、不惜”；

① 吕叔湘：《汉语语法分析问题》，商务印书馆1979年版，第10页。

有的属形容词，如“不错、不等、不法、不公、不力、不祥、不一”；有的属副词，如“不妨、不禁、不日、不消、不用”；有的分属几类，如“不拘”分属动词（“不拘小节”）和连词（“不拘什么任务，我都愿意完成”），又如“不堪”分属动词（“不堪其苦”）和形容词（“疲倦不堪”），再如“不成”分属动词（“我不成了，实在走不动了!”）、形容词（“这部电影太不成!”）和语气词（“难道就这样算了不成?”）。

最后，必须知道，有的短语词并不具有明显的作为某类词的语法特点，也是比较难以归类的。因此，给它们定性归类时，同样必须善于利用一切可以利用的条件，善于灵活地运用直判、排他、类比等方法。

下面分别从实虚两个方面举些例子来谈谈。

（一）实词性的一些短语词

判别实词性短语词，办法和要点跟判别一切实词相同。

1. “不是”“不韪”

“不是”可以作宾语，并且可以带由数量结构充当的定语。由此，可以判断它应归名词。例如：

（1）镇平妈忙向叔叔一再赔不是。

（2）羊子给她送去，最好再给他赔个不是。

这里的“不是”都作“赔”的宾语。后一个“不是”带定语“个”。

“不是”若作“是”的宾语，常带领属性定语。例如：

（3）婵娟，我看还是你的不是。

“不韪”也可以作宾语，并且带定语。如在“冒天下之大不韪”里，“不韪”作“冒”的宾语，并带定语“天下”和“大”。它虽然不能受数量结构的修饰，但也不能出现在谓语的位置上，不可能属动词或形容词。由此可以判定它属名词。

2. “禁得住”“禁不住”“保不住”

“禁得住”表示承受得住的意思，可以带宾语，是动词性短语词。

例如：

(1) 怎么禁得住那么大的风？

(2) 这种东西禁得住太阳晒吗？

“禁不住”分属不同词类。有时表示承受不住的意思，可以带宾语，是动词性短语词；有时表示不禁、不由自主的意思，具有纯状语性，是副词性短语词。例如：

(3) 根本禁不住那么大的风！

(4) 我禁不住笑了起来。

例（3）的“禁不住”属动词，例（4）的“禁不住”属副词。

“保不住”和“禁不住”情况相似，分属动词和副词。有时，表示不能保持的意思，可以带宾语，是动词性短语词，如：“同志，不加油干，就保不住红旗了！”有时，表示有可能但不一定的意思，具有纯状语性，是副词性短语词，如：“这个天儿很难说，保不住会下雨。”

3. **“据说”**

“据说”属动词。但是，它前边不能加副词，后边不能带时态助词，在句子里总是充当独立成分，可以活动于主语前后（如“据说这件事早就传开了”，“这件事据说早就传开了”），要对它的动词词性作直接判定是困难的。

判定它属动词，很大程度上只能依赖于跟“听说”的类比。“据说”是“据别人说”，“听说”是“听别人说”，许多时候“据说”和“听说”可以互换。例如：

(1) 叭儿狗一名哈巴狗，南方却称为西洋狗了，但是，听说倒是中国的特产……

(2) 然而终于将那谋主释放了，据说是因为已经成了民国，大家不应该再修旧怨罢。

例（1）也可以用“据说”，例（2）也可以用“听说”。可见，“听说”“据说”有相似之处。“听说”肯定是动词（可以带宾语，可以带时态助词，如“我也听说过这件事”），那么，有类似之处的“据说”，也应是动词。

4. “了不起”“差不多”

“了不起”应归形容词，这好判断，因为它可以受程度副词的修饰（“很了不起、非常了不起”），不能带宾语。

“差不多”也应归形容词，但它不能受程度副词的修饰，难以直接判定，只能运用排他和类比的方法来给它定性。例如：

（1）两只箱子的重量差不多。

（2）两只箱子差不多重。

（3）这只箱子差不多有十公斤重。

例（1）里作谓语，例（2）里用在形容词前边作状语，例（3）里用在动词前边作状语。不管出现在什么位置上，都有“相差很少、相近”的意思。

这样的“差不多”，不应归副词，因为它能充当谓语；也不应归动词，因为它不能带宾语，并且找不到作为动词的其他根据。另一方面，它可以用“接近、相近”或“几乎相同”去替换，“相近、相同”是形容词，“接近”也可以用作形容词（“比分相当接近”），因此，把它归入形容词是恰当的。

有时“差不多”表示“一般、普通”的意思，带“的”作定语。这样的“差不多”归形容词更不会引起争论。例如：

（4）差不多的人他是看不上眼的！

（5）差不多的价钱就可以了！

5. “差点儿”

“差点儿”有时应归形容词。这样的“差点儿”表示质量稍次的意思，作谓语或定语，可以用形容词性的“稍差、较差”去替换。例如：

（1）价钱还合理，就是货色差点儿。

（2）差点儿的货色他们不肯要！

“差点儿”有时应归副词。这样的“差点儿”表示某种事情接近实现或勉强实现，具有纯状语性，一般能替换为副词“几乎”。例如：

（3）我说这句话的时候，鼻子一酸，差点儿流出了眼泪。

（4）当时我差点儿没被录取。

例（3）“差点儿”表示事情接近实现，例（4）“差点儿”表示事情勉强实现，它们都能替换为“几乎”。

“差点儿”也可以说成“差一点（儿）”。例如：

（5）“哼！还不认账哩！”快话撇撇嘴，“差一点没闹翻天！”

这里是相当于“几乎”的“差一点”，属副词。

有时“差点儿”是“动词＋量词”（“差一点”是“动词＋数量结构”），不是短语词。其中的动词“差”可用动词“欠缺”去替换。例如：

（6）纸张够了，就是颜料还差点儿。

6. “从此”“借故”等等

“从此”本是介词结构，“借故”本是动宾结构，但在句子里它们结合得相当紧，成了一个运用单位，可以看作短语词。

作为短语词，它们只能归入副词，因为充当状语是它们的“专职”。例如：

（1）我从此没去了。

（2）我借故没去了。

（3）我从此借故没去了。

例（1）单用“从此”，表时间；例（2）单用“借故”，表方式方法；例（3）连用“从此”和“借故”，既表时间又表方式方法。

由介词结构或动宾结构凝固而成的副词性短语词是比较多的。例如“从头、按理、趁便、趁势、趁早、乘机、乘兴、乘虚、就地、就近、顺便、顺手、沿路、到处、依次、随后、随口、借口、抽空、连年、连日、连夜、劈头、倾巢、迎面、逐年、逐月、逐日、改日、改天、尽情、尽兴”等等。

当然，并不是所有的由介词结构或动宾结构凝固而成的短语词都属副词。属不属副词，还是得根据语法特点来判别。比如“尽心”和“竭力”，结构相同，意义相似，但“尽心”可以说成“很尽心”，可以作谓语，“竭力”却不能说成“很竭力”，只能作状语。例如：

（4）她尽心地为我们办事。

(5) 她对我们确实很尽心。

(6) 他竭力地为我们辩护。

(7) 他对我们确实很竭力。(×)

可见,“竭力”属副词,“尽心”属形容词。

7.“十分之一”

“十分之一”即十分中的一分,本是个“数量”修饰“数(量)”的偏正结构。它本身结合较紧,可以看作短语词,归数词。它后边有时还可以出现量词,一起组成数量结构,如“十分之一秒”。

“二分之一、五分之三、百分之五十”等等,都是这类短语词。

(二) 虚词性的一些短语词

判别虚词性短语词,办法和要点跟判别一切虚词相同。

1.“总之”

“总之”应归连词。它用于词语、分句或句群之间,表示下文是总结性的话。例如:

(1) 人的社会实践,不限于生产活动的一种形式,还有多种其他的形式,阶级斗争,政治生活,科学和艺术的活动,总之社会实际生活的一切领域都是社会的人所参加的。

(2) 但在前几天,我忽然在无意之中看到一本日本文的书,可惜忘了书名和著者,总之是关于中国戏的。

例(1)“总之”用在词语之间,表示归总;例(2)“总之”用在分句之间,引出结语。

“总之”会不会是副词?从例(1)在名词性结构之间表示分合的用法看,副词不可能具有这样的特点。因此,它不是副词。

“总之”有时说成“总而言之”。就现代汉语说,“总而言之”还是可以看作连词性短语词。不过,相对地看,“总之”是更接近合成词的短语词,“总而言之”是更接近词组的短语词。

2.“反之”

“反之”用在分句或句群之间,引出在内容上跟上文相对或相反的上文，是个表示对照关系的连词性短语词。例如：

(1) 由于事物范围的极其广大，发展的无限性，所以，在一定场合为普遍性的东西，而在另一一定场合则变为特殊性。反之，在一定场合为特殊性的东西，而在另一一定场合则变为普遍性。

(2) 常常，梅书记给她讲的道理她懂得了，后来经林副书记一说，她又糊涂了。反之，在林副书记那儿听来的有板有眼的理论，经梅书记三言两语，却又把她送上了五里云端。

"反之"和"相反"意思接近，但词性不同。"相反"能作定语，"反之"不能。"相反"有时也用在分句或句群之间，但它后边可以带"地"，或者前边可以加"恰恰、正好"或其他修饰成分，因此不能把"相反"算连词。例如：

(3) 所谓形而上学的或庸俗进化论的宇宙观，就是用孤立的、静止的和片面的观点去看世界。……和形而上学的宇宙观相反，唯物辩证法的宇宙观主张从事物的内部、从一事物对他事物的关系去研究事物的发展……

这里，"相反"带介词结构状语"和形而上学的宇宙观"。如果说单用时算连词，带状语后算形容词，这是难以令人信服的。不能否认，"相反"单用时意义较虚；但是，顶多只能算形容词的弱化用法。

"反之则不然"是个包含假设关系的紧缩句，由动词"反"、代词"之"、关联副词"则"、副词"不"和代词"然"组成。这里的"反之"不宜看作短语词。从上下文之间的关系看，"反之则不然"往往整个起承上启下的作用，是个"关联句"，有明显连接性，但包含在"反之则不然"中的"反之"却不应分离出来单独算连词。

3. **"此外"**

"此外"也属连词，连接分句或句群，引出上文所说的情况之外的其他情况。例如：

(1) 自从有阶级社会存在以来，世界上的知识只有两门，一门叫作生产斗争知识，一门叫作阶级斗争知识。自然科学、社会科学，就是这两门知识的结晶，哲学则是关于自然知识和社会知识的概括和总结，此外还有什么知识呢？没有了。

(2) 此外，锻炼身体也很重要。有了强壮的身体，才能把工作做得更好，才能学习得更好。

“此外”有时说成“除此之外”。“除此之外”也可以看作短语词，归连词，但它更接近于词组，而“此外”更接近于合成词。

“另外”和“此外”意义相近，但“另外”是指示代词，可以作定语，如“将另外三张空毛边纸收起”，而连词性的“此外”没有这样的用法。

4. “再说”

“再说”用在分句或句群之间表示推进一层，相当于“而且、况且”，也应归连词。例如：

(1) 算了吧，党委不是让你十号才正式提天气预报吗，再说县站也没说有冰雹。

(2) 照你说，咱们都应该替自己留条路，大家高高兴兴，都没意见。那样办得到吗？再说，这是一条什么样的路呵！

在“别忙，等一等再说”里，“说”是动词，“再”是副词，“再说”不是短语词，而是偏正结构的词组。

5. “无奈”

“无奈”有时属连词，用在分句之间表示转折，可以替换为“可是、但是”，但带有“不如意”的意味。例如：

(1) 昨天本想去游泳，无奈天不作美，下起大雨，只好作罢。

(2) 本想马上告诉他，叫他早点高兴高兴，无奈他正和别人研究事情，只好待会儿再说。

有时“无奈”属形容词，表示“没有办法”的意思，可以出现在“出于无奈、他也无奈”这样的语言环境里，也经常单独作状语。例如：

(3) 这时刘长春已欠了一身饥荒，取借无门，无奈只好三文不值两文地卖掉仅有的财产——两间半房子，才卖了四百元钱。

这种“无奈”不能替换为“可是、但是”之类，不是连词；其次，也不可能是副词，因为它可以充当谓语（“他实在无奈，只好卖掉房子”），可以在“出于”后边出现（“他出于无奈，只好卖掉房子”），而副词没有这样的用法。再说，它也不可能是别的什么词。可见，只能归入形容词。

6.“别说”

“别说”也属连词，用于递进关系的复句，表示浅一层的情况不算什么，还有深一层的情况。有时出现在前一分句，大体相当于“不仅”，整个复句是由浅入深的关系；有时出现在后一分句，大体相当于“何况”，整个复句是以深证浅的关系。例如：

（1）别说是水，连片雪也找不到了。

（2）连片雪也找不到，别说是水！

例（1）相当于“不仅……而且……”的递进句，例（2）相当于“尚且……何况……”的递进句。再如：

（3）别说是嫁妆，连一双像样的鞋都没有穿出来。

（4）连一双像样的鞋都没有穿出来，别说是嫁妆！

例（3）“别说是嫁妆”等于说“不仅是嫁妆”，例（4）“别说是嫁妆”等于说“何况是嫁妆”。

有时“别说”是“副词＋动词”，等于“不要说”，是一般的词组，不是短语词。例如：

（5）爹，你别说了，还是怨我工作没做好。

7.“之类”“之流”“者流”

“之类”是“这一类”的意思，但从现代汉语句子中的用法看，也可以看作短语词。它附着在名词或并列结构后边表示事物的数量不止一个，接近于“等”或“等等”，应归助词。例如：

（1）此后似乎事情还很多，如“白状元祭塔”之类，但我现在都忘记了。

（2）成绩好的有奖励，譬如奖一辆纺车，奖毛巾、肥皂、笔记本之类。

“之流”“者流”作用跟“之类”相近，也是助词性短语词。例如：

(3) 无名氏文学如《子夜歌》之流，会给旧文学一种新力量，我先前已经说过了；现在也有人介绍了许多民歌和故事。

(4) 农民运动发展的结果，农民的文化程度迅速地提高了。不久的时间内，全省当有几万所学校在乡村中涌出来，不若知识阶级和所谓“教育家”者流，空唤“普及教育”，唤来唤去还是一句废话。

七、动词形容词词性的临时转移

在一定条件下，动词、形容词的词性可以临时发生某些变化。有时，动词、形容词向名词转移；有时，形容词向动词转移。这样，就出现了动词形容词名物化的现象，出现了形容词动态化的现象。

（一）动词形容词的名物化

所谓“动词形容词的名物化”，是指动词形容词充当主语或宾语，取得了名词的一部分特点，但并未完全转化为名词。这是动词形容词在性质上向名词临时转移的现象。

名物化的情况，主要有四种。这些情况，实际上反映了动词形容词名物化的条件。

1．由动词或形容词充当谓语的主谓结构，在“主・谓”之间加“的”，成为偏正结构，用于主语部分或宾语部分，其中的动词或形容词便成为句子的主语或宾语，能回答“什么”的问题。这是名物化的一种情况。例如：

（1）人喊叫→
人的喊叫→
这确是人的喊叫

（2）他迂→
他的迂→
我心里暗笑他的迂

“喊叫”是动词，“迂”是形容词，“人喊叫”和“他迂”都是主谓结构。主谓之间加“的”，说成“人的喊叫”“他的迂”，便成为偏正结构，“喊叫”“迂”是其中的中心语。在“这确是人的喊叫”里，“喊叫”作“是”的宾语，回答“什么”的问题，带定语“人（的）”，这是动词名物化；在“我心里暗笑他的迂”里，“迂”作“暗笑”的宾语，回答“什么”的问题，带定语“他（的）”，这是形容词名物化。再比较：

（3）总理逝世，一开始也不敢告诉他。

（4）总理的逝世，在老一代革命家的心里，就是这样地引起了深深的悲痛。

例（3）“总理逝世”，“总理”是主语，“逝世”是谓语；例（4）“总理的逝世”，“逝世”是中心语，作主语，“总理（的）”是定语。例（4）的“逝世”是名物化用法。又如：

（5）党中央很关心我们这些革命后代的安全，周伯伯专门派人找到了我。邓妈妈受党的委托，受周伯伯的委托，亲自到成都来接我。

这里“安全”是“关心”的宾语，带定语“我们这些革命后代（的）”，这是形容词名物化；“委托”是“受”的宾语，分别带定语“党（的）”“周伯伯（的）”，这是动词名物化。

2. 由动词或形容词充当中心词的“状语（地）·中心词”的偏正结构，在前后两部分之间加“的”，或把“地”换成“的”，就成为“定语（的）·中心语”的偏正结构。这种偏正结构充当主语部分或宾语部分，其中的动词或形容词便是主语或宾语，能回答“什么”的问题。这是名物化的又一种情况。例如：

（1）在对立面的斗争中发展→
在对立面的斗争中的发展→
这是在对立面的斗争中的发展

“在对立面的斗争中发展”是“状语·中心语”的偏正结构，“在对立面的斗争中的发展”是“定语（的）·中心语”的偏正结构，在“这是在对立面的斗争中的发展”里，“发展”作“是”的宾语，带定语

“在对立面的斗争中（的）”。这是动词名物化。

（2）无尽地悲忿→

无尽的悲忿→

在旧中国，洞庭湖……只有满湖的血泪，无尽的悲忿

“无尽地悲忿”是“状语（地）·中心语”的偏正结构，“无尽的悲忿”是“定语（的）·中心语”的偏正结构。在“只有……无尽的悲忿”里，“悲忿”是“有”的宾语，带定语“无尽（的）”。这是形容词名物化。再比较：

（3）我们热烈欢呼这次大会的圆满成功。

（4）我表示衷心的拥护和热烈的欢呼。

例（3），“欢呼”是谓语，“热烈”是状语。例（4），“表示”是谓语，“衷心的拥护和热烈的欢呼”是宾语部分，其中的“拥护”“欢呼”是中心语，分别带定语“衷心（的）”“热烈（的）”。例（4）的“拥护”“欢呼”是名物化用法。再比较下面两个“关怀”：

（5）我们敬爱的周总理不仅是在关怀我的子女，也是对整个革命后代的关怀啊！

前一个“关怀”作谓语，是动词的一般用法；后一个“关怀”作“是”的宾语，带定语“对整个革命后代（的）”，是动词的名物化用法。

这种名物化用法的形成，是以动词形容词为中心的偏正结构出现于主语部分或宾语部分，“偏·正”之间有时用“的”。如果直接出现于谓语部分，并改“的”为“地”，名物化的现象就不再存在。比较：

（6）他们曾有过两次秘密的会见。

（7）他们曾经两次秘密地会见。

例（6），“会见”作宾语，带定语“两次”“秘密（的）”，这是动词的名物化用法；例（7），“会见”作谓语，带状语“两次”“秘密（地）”，这是动词的一般用法。

上述1、2两种情况，有时是结合的。即一个结构如果失去名物化的条件，或者说离开名物化的环境，那么，不是只变为“主·谓”或

"状·谓"，而是变为"主·状·谓"。例如：

(8) 大会作出的决议，受到了全体代表的热烈拥护。

(9) 全体代表热烈拥护。

例 (8)，"拥护"是动词名物化用法，作"受到了"的宾语，带定语"全体代表（的）"和"热烈"（可添"的"）。例 (9)，"全体代表"是主语部分，"热烈"是状语，"拥护"是谓语。

值得注意的是，"主·状·谓"的结构在进入名物化的环境之后，如果其中的"状"是不能成为定语的副词，那么，其中的"状·谓"是一起名物化的。例如：

(10) 他的不老实，是谁都知道的。

"他不老实"是"主·状·谓"。例 (10) 里"不老实"是整个作主语，整个名物化。不能说"老实"单独名物化，作主语，"不"是它的状语。不然，就会导致主语带状语的说法，造成理论上的混乱。当然，在"不老实"这个偏正结构内部，副词"不"是形容词"老实"的状语[①]。

3. 动词充当以"进行"为代表的动词（包括"作了、加以、开始、停止、结束、继续"等）的宾语，有时带定语，有时不带定语。这是名物化的第三种情况。例如：

进行研究　　进行科学研究
进行学习　　进行政治学习
进行创作　　进行文学创作
进行改革　　进行教学改革
进行调查　　进行社会调查

这里的"研究、学习、创作、改革、调查"，不管带不带定语，都是名物化用法。

这种名物化的条件，就是动词作"进行"等的宾语。为什么作"进行"等的宾语能成为条件呢？一方面，"进行"或能替换为"进行"

① 黄伯荣、廖序东主编的《现代汉语》教材就是这样处理的。这非常正确。

的动词作谓语，后边的宾语不会由典型的名词充当。因此，“科学研究、政治学习”之类尽管很像名词，但在用于“进行”后边时应是名物化用法，而不应算名词；另一方面，“进行”之类作谓语，后边充当宾语的动词尽管有时不带定语，像是一般动词，但也应看作名物化用法，因为在这种情况下它前边只能添加定语，而不能添加状语，这说明它已不同于一般的动词。比较：

（1）这位首长和这位司机要进行热烈的谈话了。

（2）这位首长和这位司机要热烈地进行谈话了。

“热烈”在宾语“谈话”前边出现时，带“的”作定语；在谓语“进行”前边出现时，带“地”作状语。这里的“谈话”，不管带不带定语，都是“进行”的宾语，都是名物化用法。再看两例：

（3）他只能在这汽车的颠簸中，闭闭眼睛，积蓄力量，再作勇猛的跃进。

（4）看他们的演出，陈主任已经给我作了安排。

这里充当谓语的“作”都可以替换为“进行”。例（3）“跃进”带定语“勇猛（的）”，是名物化用法；例（4）“安排”可以带上“很好（的）”之类定语，也是名物化用法。

4. 动词或形容词单独充当或者并列充当宾语或主语，虽不带定语，但能回答“什么”的问题。这是名物化的第四种情况。例如：

（1）讨论之后，大家对书记作出的生产安排，一致表示同意。

（2）我慢慢回过头来，酣睡的人的呼吸那样匀称，我的心里充满了温暖。

（3）疼爱和打骂一点都不矛盾。

例（1），动词“同意”单独作宾语；例（2），形容词“温暖”单独作宾语；例（3），动词“疼爱”和“打骂”组成并列结构作主语。它们都已名物化，回答“什么”的问题。

这种名物化的条件，就是动词形容词出现在主语宾语的位置上，并且能回答“什么”的问题。有的语法书，认为只有带上定语的才算名物化。这一说法，解释不了许多语言事实。例如：

(4) 我们应当向英勇的中国人民志愿军和朝鲜人民军表示庆贺和敬意。

(5) 迫切希望革命事业向前迈进的心情，不能简单地表现为焦躁和牢骚。

例 (4)，“敬意”是名词，跟它并列的“庆贺”应是动词的名物化用法。由于“庆贺”已经名物化，已经在一定程度上具有跟一般名词共同的性质，它才能跟名词并列使用。不然，如果一个是动词，一个是名词，这两个性质完全不同的词怎么能并列起来？同样，例 (5)的“牢骚”是名词，跟它并列的“焦躁”也应是形容词的名物化用法。

知道了名物化的几种主要情况，还得知道哪些现象不算名物化。

首先，动词或形容词充当宾语，但只能回答“怎么样”的问题，其性质并未向名词转移，不是名物化用法。例如：

(6) 敌人企图破坏。

(7) 我不想去。

(8) 这个经验值得重视。

“破坏”“去”“重视”都充当宾语，但都只能回答“怎么样”的问题。它们也不能带定语。如“这个经验值得重视”，不能说成“这个经验值得大家的重视”。它们都是一般的动词，而不是名物化用法。应知道，“什么”是名词性代词，向事物，跟它相应的是名词性词语；“怎么样”是非名词性代词，向动作、性状、方式等等，跟它相应的不是名词性词语。只能回答“怎么样”的问题的词语，在性质上不可能是名物化的。

其次，具有名词的最根本的特征，比如受表示物量的数量结构的修饰的，已经完成了对名词的转化，应算名词。例如：

(9) 打倒了“四人帮”，这是我国革命历史上又一个伟大的转折。

(10) 科学是老老实实的学问，来不得半点虚假。

例 (9)，“转折”作宾语，受物量结构“一个”的修饰。这里，动词已临时转化成了名词。例（10），“虚假”作宾语，受物量结构“半点”的修饰。这里，形容词已临时转化成了名词。

再次，分属动词和名词的词，或者分属形容词和名词的词，在出现于名词经常使用的语法环境里时，应算名词。例如：

（11）在学习中遇到困难或者问题的时候，要多向老师请教，多和同学研究，多开动脑筋。

（12）最后，祝你们身体好，学习好，工作好！

“困难”或是名词，或是形容词，在这里是名词；“学习”“工作”或是名词，或是动词，在这里都是名词。

（二）形容词的动态化

所谓“形容词的动态化”，是指形容词带上了某种表示性状变化的成分，具有一定的动态，但并未完全转化为动词。这是形容词在性质上向动词临时转移的现象。

形容词动态化的情况，主要有三种。这些情况，同样反映了形容词动态化的条件。

1. 形容词用在“已经……了”之类的格式之中，表示某种性状的变化已经完成。例如：

（1）杯里的水已经凉了。

（2）天黑了，路滑，拿这盏小桔灯照你上山吧！

例（1），“凉”前加“已经”，后带“了”，表示已“变凉”的意思。例（2），“黑”后带“了”，前可加“已经”，表示已“变黑”的意思。

这种动态化的形容词，仍然可以受程度副词“很、更”等的修饰。例如：

（3）夜，已经很深了。

（4）时间，已经很长了。

（5）外面更黑了。

“深、长、黑”受程度副词的修饰，说明仍然具有形容词的性质；另一方面，带上“已经”“了”，又说明具有一定的动态。

这种格式的否定形式是“还没……”。例如：

（6）天还没黑，演出开始了。

“还没黑”是对“已经黑了”的否定。这种否定形式中的形容词，也是动态化的。

2. 形容词用在“曾经……过一阵”之类格式之中，表示某种性状存在过一段时间。例如：

（1）晚上，雨小过一阵，风也曾平息下来。

（2）他确实曾经神气过好几年。

例（1），“小”后边带“过”，再带动量补语，表示“小”的状态持续过一个时段。例（2），“神气”前边加“曾经”，后边带“过”，再带动量补语，表示“神气”的状态持续过一个时段。总之，说明某种性状曾经出现，但后来起了变化，不再存在。这种动态化的形容词，有时也能受程度副词“略微、稍微”的修饰，如“雨略微小过一阵”。

这种格式的否定形式是“从来没……过”。例如：

（3）这一带从来没热闹过。

“从来没热闹过”是对“曾经热闹过”的否定。这里的形容词，也是动态化用法。

3. 形容词用在“顿时……起来”“逐渐……下去”等格式之中，表示某种性状的变化已经开始，或某种性状的变化往下持续。例如：

（1）我顿时紧张起来。

（2）炉火的微光渐渐暗下去。

例（1）表示“紧张”的状态立即开始，例（2）表示“暗”的状态持续发展，都包含有变化的意思。

有时，“性状变化的开始”和“性状变化的持续”这两方面可以并列使用，互相映衬，在对照中说明客观事实。例如：

（3）敌人一天天烂下去，我们一天天好起来。

这里的“烂”和“好”同样都已动态化。

这种格式里，动态化形容词前边的表示时间的词语可以不用，只在后边出现趋向动词；也可以只在前边出现表示时间的词语，后边不出现趋向动词。例如：

(4) 从潼关到宝鸡的列车到达郭县站的时候，天色暗下来了。

(5) 他满身灰尘的后影，刹时高大了。

例 (4)，“暗下来”等于说“逐渐暗下来”，但并未出现“逐渐”之类时间词；例 (5)，“刹时高大”等于说“刹时高大起来”，但并未出现“起来”这一趋向动词。可见，只要后带“起来”“下去”“下来”之类，或者前加“立即”“突然”“顿时”“刹时”之类，形容词所表示的性状都具有动态。

这种动态化的形容词，也可以受程度副词“更加”的修饰，如“我顿时更加紧张起来”，“天色更加暗下去”。

除了以上三种情况之外，有的形容词还可以带“着”表示性状的正在持续。例如：

(6) 金宝掀门进来，很疲乏，面孔灰暗着。

这里带“着”的“灰暗”也是动态化的。不过，能以这样的方式表示动态的形容词是不多的。

一般的语法书，只谈动词形容词的名物化，避而不谈形容词的动态化。从上面所列举的各种现象看，形容词动态化的事实是无法否认的。而动态化的条件，归总起来说，就是形容词作谓语时前后出现了常在动词前后出现的语言因素，即跟时间意义有关的副词、时态助词、趋向动词等等。我们知道，动词是从动态上反映事物的行为变化，形容词是从静态上反映事物的性质状态。一个形容词，当它附加上时间副词、趋向动词等等之后，尽管仍然表示事物的性质状态，但它已不是“静态”的了。因此，承认这些现象是形容词的动态化用法，跟动词形容词名物化的现象一样，都是词性临时转移的现象，这是有利于认识语言事实的。

当然，如果一个形容词已经具备动词最根本的特征——带宾语，那么，它就完成了对动词的转化，应该承认它已临时转化成了动词。

著名诗句“春风又绿江南岸”，“绿”就是形容词临时转化成了动词。又如：

（7）他红着脸说：“我就是爱说梦话……”

（8）老板却黑起脸抵塞地说：“你怕撞着败家鬼啰！……”

“红（着）”“黑（起）”都带宾语“脸”，它们都已用作动词了。

索 引

说明：书里重点讨论或附带提到的词，包括短语词，凡是笔者认为有必要列出的，都在这里按音序列出，并注明词性和页码。词性后加“…”的，表示列举未尽。

后　记

这本小书，偏重于讨论词的归类的几个方法，并且偏重于分析一些比较难以归类的词。汉语的词类问题，是十分复杂、十分令人头痛的问题。对于怎样辨别一个个具体的词的词性，特别是怎样判定一些较难归类的词的归属，大家的不同意见必然会更多。笔者大胆地提出了自己的一些想法、疏漏、乖舛之处在所难免，恳切希望得到同志们的指正。

写作过程中，经常翻阅中国科学院语言研究所词典编辑室编的《现代汉语词典》(试用本)、中国社会科学院语言研究所等几个单位的同志们编写的《现代汉语八百词用法初稿》(油印本)和北京大学中文系汉语专业编的《现代汉语虚词例释》(湘潭地区教师辅导站铅印本共两册)，引用了这些著作中的一些例句。卢卓群同志、蒋平同志帮我抄写，并同我讨论了一些问题。初稿写成后，黄伯荣先生提了好些宝贵的意见。在这里，一并表示衷心的感谢。

此书再版时，将补充一些遗漏的难以归类的词。请《现代汉语》教材协作单位的同志和其他同志大力协助，将词目寄给丛书编辑室，以便转交笔者。

邢福义

1981 年 5 月

电大语法学习问答

前　　言

张志公先生主编的中央广播电视大学教材《现代汉语》中册，是专讲现代汉语语法的。为了简便，我们管它叫“电大语法教材”。

这本小册子，按照教材的顺序，根据教材的说法，采用问答的形式，简括地介绍教材的基本内容。小册子里的一部分内容，曾在《语文教学与研究》（华中师范学院）连载。连载前，张志公先生在给《语文教学与研究》编辑部的信中说：“电大正式学员 11 万，半正式的倍于此数，辅导教师的队伍也很庞大，他们都迫切需要辅导性的材料。你刊既评介教材，又连载辅导文章，一定受到热烈欢迎。”（见《语文教学与研究》1983 年第 4 期“编者的话”）连载后，许多读者曾来信，希望集成册子，以便于翻阅。

笔者是师范学院的教师，为帮助读者学习和掌握一部具有广泛群众性的教材出一点力，是自己应尽的社会义务。若有不符合教材原意之处，请志公先生和小琳、振铎、文中、成稳等编者同志原谅和指正。

代序：建立教学语法的教材结构系统的探索

——评介张志公主编《现代汉语》中册

现代汉语语法研究正在从两个方面深入开展。一个方面是学术语法研究，另一个方面是教学语法研究。二者互相配合，互相影响，互相促进。

教学语法在努力吸收学术语法比较成熟的结论的基础上偏重于研究解决教什么、怎么教的问题。张志公先生主编的《汉语知识》，1959年由人民教育出版社出版，是根据1955年至1957年陆续出版的初级中学《汉语》课本改编而成的，其中第三编是语法；二十多年之后，张志公先生又主编《现代汉语》上、中、下册，1981年1月起由人民教育出版社陆续出版，这是中央广播电视大学教材，中册专讲语法。从《汉语知识》中的《语法》编到《现代汉语》中册，人们可以看到，跟学术语法研究一样，教学语法研究也在不断深入。为了亿万学生，学者们正在不懈地进行着艰苦的探索。

这里打算着重对《现代汉语》中册的结构系统进行评析。

（一）“单线纵穿”和“双线横穿”

《汉语知识》语法编由四个部分组成：①概要；②词类；③单句；④复句。概要部分是从词到句、由小到大地简述，后面三个部分则是按照概要所采用的线索作进一步的详解。这样的结构系统，线索是单一的，内容是纵的排列的，可以称之为单纯的“单线纵穿”的结构系统。

《现代汉语》中册由三个部分组成：①概论；②组合；③表达。此外，还附上了涉及语法理论基础知识的专题，附录了词类表、词组表和常用的句型句式表，提供了主要的参考书籍。

在概论部分，《现代汉语》中册在讲了什么是语法、为什么要学习语法之后，从小到大地简介语素、词、词组、句子和句组，仅用三十二页的篇幅。贯穿这一部分的是一条纵线，写法基本上相当于《汉语知识》语法编的“概要”。

“组合”是个外延很大的概念。语素和语素组合成词，词和词组合成词组，词、词组组成句子或者充当句子，句子和句子组合成句组，所有这些都是“组合”。在组合部分，《现代汉语》中册首先讨论汉语组合的特点，然后分别讨论涉及全部组合或部分组合的“语序”“关联”“搭配”“扩展”和“变换”，用了近百页的篇幅。这一部分，以阐述组合单位为出发点，“从语法形式、语法结构入手讲到形式和结构所表达的意义，以及运用这些形式和结构的时候需要注意的问题”[①]。贯穿这一部分的是一条横线，一条从形式到意义的横线，一条从外到里的横线。

学习语法，必须落实到实用。正确的表达，是教学语法特别关心的课题。《现代汉语》中册在“表达”部分分别讨论了“肯定·否定”“存现·消失”“时间·空间”“程度·范围”“数量”“指称”“因果”“动态”和“语气情态”等重要问题，也用了近百页的篇幅。这一部分，把内容作为阐述问题的起点，“从一些重要的语法意义入手讲到表达这些语法意义所需要的语法形式和语法结构，以及表达这些意义的时候需要注意的问题”[②]。贯穿这一部分的也是一条横线，然而却是一条从意义到形式的横线，一条从里到外的横线。

---

① 见《现代汉语》中册“编者的话”。

② 见《现代汉语》中册“编者的话”。

总起来看，《现代汉语》中册先用“单线纵穿”的办法，由小到大地介绍各种语言单位，然后采用“双线横穿”的办法，既从形式到意义，又从意义到形式，从两个不同的侧面介绍了语法现象，阐明了语法规律。这样的结构系统，是“单线纵穿”和“双线横穿”相结合，以“双线横穿”为主的结构系统。自从《汉语知识》出版以来，讲现代汉语语法的教材，包括相当多的高等学校教材，都是采取单纯的“单线纵穿”的讲法。《现代汉语》中册自出机杼，提出了一个富于特色的结构系统，作了一次有益的尝试，这种勇于探索的精神无疑是值得赞许的。

（二）“双线横穿”和知识的容量

“单线纵穿”，所有的问题都必须在一条纵线上开展，不能出轨，不能越级，不能混类。“双线横穿”，可以不受这种束缚。由于问题可以分别在两条横线上展开，活动场地比较广阔，可以比较自由地讨论一些需要讨论的问题。

比如，在组合部分，《现代汉语》中册比较各级语言单位的组合方式、组合手段和组合关系，揭示汉语组合的特点；分析语序的强制性和选择性，用实例说明从总体看语序具有强制性，从局部看语序又具有一定的选择性，词组一旦构成句子，语序便有更大的选择余地，而复句的组成，语序不是主要的语法手段；专节讲“变换”，说明句式可以变换，语言使用单位可以变换，揭示了主谓句和非主谓句之间、主谓句的这种句式和那种句式之间、单句和复句之间、复句和句组之间的可以互相变换的关系。这样的问题，都是在单纯的“单线纵穿”结构系统中不大可能讲得那么集中、那么深入的问题。

又如，在表达部分，《现代汉语》中册在讲“表示时间的词语”时，把所有表示时间的语言单位，包括时间名词、时间副词、某些代词和某些词组，都放在“时间”意义的表达之下来分析，指出它们有的意义确切，有的意义模糊，说明它们或者表示某个确定的时间——

有定指称，或者表示不确定的时间——无定指称，或者表示某一段时间——时段，或者表示某件事情的前后，或者询问时间；在讲“表示程度的词语”时，既讲副词，即通常所说的程度副词，又讲表示程度的其他词语，包括一部分形容词重叠式、有的数量词组和有的指别词；在讲“数量”时，既指出汉语中表达数量主要使用数词、量词和数量词组，还指出汉语中表示数量的还有别类的词，比如少数形容词。这样的问题，在单纯的“单线纵穿”结构系统中都是不大可能这么讲的。

可见，从形式入手，可以综合起来集中地讨论一些对各种语法形式、语法结构都起作用的问题；从意义入手，可以打破甲类词和乙类词的界限，这种语言单位和那种语言单位的界限，围绕某种意义的表达组织材料。每条横线上都有新的活动余地，因而可以扩大教材的容量，使之能够容纳更多的对学生有用的知识。

（三）“双线横穿”和教材的实用性

教学语法必须力求实用。《现代汉语》中册采用以“双线横穿”为主的结构系统，编者明确地指出，是“为了加强语法教学的实用性”[①]。翻看全书，可以看到编者力图把实用问题贯彻到两条横线的各个环节上面。

在从形式到意义这条横线上，“语序”一节里有“语序反映一定的逻辑事理和语言习惯”一小节；“关联”一节里有“理解和使用关联词语应注意的几点”一小节；“搭配”一节里有“搭配的习惯性”“各种成分的搭配”“句子构造的间架和表达重点”三小节；“扩展”一节里有“扩展时应注意的问题”一小节；“变换”一节里有“变换是运用语言的一种方法”“单句句式的变换”“单句与复句的变换”“复句与句组的变换”四小节。这些小节，都集中地或比较集中地讨论实用问题。

在从意义到形式这条横线上，“肯定·否定”一节里有“表示肯

① 见《现代汉语》中册的“编者的话”。

定、否定应注意的几个问题”一小节；“存现·消失”一节里有“存现句的变换形式”一小节，还有关于存在句多用于描写的讨论；“时间·空间”一节里有“运用表示时间和空间的词语应注意的问题”一小节；“程度·范围”一节里有“运用表示程度的词语应注意的问题”“运用表示范围的词语应注意的问题”两小节；“数量”一节里有“运用数词应注意的问题”“运用量词应注意的问题”“数量词组的作用”三小节；“指称”一节里有“运用人称代词应注意的问题”“运用疑问代词应注意的问题”“运用指别词应注意的问题”三小节；“因果”一节里有“因果句的使用”一小节。这些小节，也都集中地或者比较集中地讨论实用问题。另外，“动态”和“语气情态”两节，实际上既介绍了语法事实，也讨论了运用问题。

单纯的“单线纵穿”结构系统不是不能讨论实用问题。比如，在讲了名词、动词、形容词之后，可以谈谈名词、动词、形容词的运用问题；在讲了数词和量词之后，可以谈谈数词、量词和数量词组的运用问题；等等。事实上，好些语法教材就是这么做的。不过，采用“双线横穿”的办法，由于问题不限于只在一条纵线上展开，有了更大的活动余地，可以把不同类别的词语和不同级别的单位加以比较分析，并且联系语法的“左邻右舍”来说明问题，因而可以更好地加强教材在教学中的实用性。

（四）“双线横穿”和汉语特点的揭示

语法具有民族特点。讲汉语语法，在适当的地方点明汉语的特点，既能加深学生对汉语语法现象的认识，又能加强教学的实用性。《现代汉语》中册通过从形式到意义、从意义到形式的两条线索，较多地揭示了汉语语法的特点。

从形式入手的“组合”部分，从立论行文可以感觉到，编者是紧扣汉语特点来分节的。首先，组合容易，各级组合具有一致性，这一点十分明显，有必要先讲“汉语组合的特点”一节。组合有直接组合和关联组合，关联是汉语的一种重要组合方式，因此又有“关联”一节。汉语是非形态语言，汉语的组合，实质问题是语义配搭，因此又有“搭配”一节。所有的词组和所有的复句都可以层层扩展，各种扩展格式都存在着反映汉语特点的规律性，因此又有“扩展”一节。汉语组合灵活自如，句式变化多样，各种组合、各种句式往往可以变换使用，因此又有“变换”一节。

从意义入手的“表达”部分，差不多每一节也都可以看到点明汉语特点的论断。比如，在“肯定·否定”一节，指出“在现代汉语里，表示肯定的判断句一般都要用判断动词‘是’”，不用“是”的名词性谓语句“带有习惯性，一般多用于口语”；在“存现·消失”一节，指出“汉语里，句子在表现人或事物的存在、出现或消失时，有特定的语法手段”；在“时间·空间”一节，指出表达时间、空间的观念，汉语里“主要采用的是语汇方式”；在“程度·范围”一节，指出“汉语表示程度的高低、范围的大小有多种方式”；在“数量”一节，指出“现代汉语的一个特点是量词应用的普遍化”；在“指称”一节，指出“现代汉语里有一套比较简明的代词来表示指称”，“表示指称的词语经过不断新陈代谢，数目上由多到少，用法上由繁趋简”；在“动态”一节，指出“在汉语中，表示动态的手段很多，变化灵活”；诸如此类，不一而足。

既让学生从组合这一侧面对汉语语法结构的特点有所掌握，又让学生从表达这一侧面了解汉语有哪些值得注意的特点，这是采用“双线横穿”的办法的又一个好处。在这一点上，同《汉语知识》相比，《现代汉语》中册显然是一大进步。

（五）总　评

教学语法系统，实际上包括:(1) 教材所采用的科学系统；(2) 教材所采取的结构系统。前者主要属于讲什么的问题，后者主要属于怎么讲的问题。

在科学系统上，《汉语知识》语法是依据“暂拟汉语教学语法系统”编写成的；《现代汉语》中册则“是着重参考了1981年‘全国语法和语法教学讨论会’提出的《〈暂拟汉语教学语法系统〉修订说明和修订要点》以及据此而产生的普通学校用的《教学语法系统试行方案》两次征求意见稿，并且参考了高等院校用的几种现代汉语教材和一些专著，综合整理形成的”。《现代汉语》中册和《汉语知识》语法编具有继承性，但在好些问题上也是富于新意的。《现代汉语》中册重视了语言结构的层次性，明确地指出：“语言是具有层次性的。一个句子，从表面上看，好似一串珠子，词语一个挨着一个排在一条直线上（有人把这种情况看作句子的线条性的特点），然而实质上，句中词语是逐层组合而成的。”这反映了正确的语言观和方法论。此外，在词类问题上，在词组问题上，在一些句式的解释上，也有新的提法，作了新的处理。科学系统问题，不是本文的重点，只能略说几句。

在教材的结构系统上，如上所述，《现代汉语》中册和《汉语知识》语法编有了很大的不同。以“双线横穿”为主的结构系统，是一个很有特色的结构系统，有利于知识容量的扩大，有利于教材实用性的加强，有利于汉语特点的揭示。当然，不能说以“双线横穿”为主的结构系统在任何问题上都优于单纯的“单线纵穿”的结构系统。比方说，采用单纯的“单线纵穿”的办法，基本知识讲得比较集中，比较透彻，而采用“双线横穿”的讲法，则显得有些零散，有的问题又嫌重复，这个问题有待于进一步解决。在按“双线横穿”为主的结构系统阐述问题的过程中，《现代汉语》中册也有好些不够严密的地方。比方，有的地方说“直接组合有时也使用虚词，比如偏正词组有时要用助词‘的’，联合词组有的要用连词‘和’‘同’等”（第34页），有的地方又把“和、同”跟其他连词放在一起，都说是“关联词组使用的虚词”（第60页）。那么“A和B”这样的组合到底是直接组合还是关联组合？又如，在“组合”部分讲因果关系，说因果关系包括现实因果关系、假设因果关系和条件因果关系，在“表达”部分讲“因果”，却只讲说明因果和推论因果，而它们都只属于前面所说的现实因果关系，另外两种因果关系全被撇开了。那么，因果复句的外延到底有多大？这种有矛盾或不一致的情况还有一些，也有待于作进一步的修改。不过，无论如何，这种结构系统的出现，在教学语法发展史上无疑具有进步性和推动作用。

四十年前，吕叔湘先生写《中国文法要略》（以下简称《要略》），实际上也采用类似的结构①。以1956年的修订本来说，《要略》上卷是“词句论”，讲了“字和词”“词的种类和配合”“叙事句”“表态句、判断句、有无句”“句子和词组的转换”“繁句”“句法的变化”；下卷是“表达论”，下卷之上讨论“范畴”，讲了“数量”“指称”“方所”“时间”“正反·虚实”“传信”“传疑”和“行动·感情”，下卷之下讨论“关系”，讲了“离合·向背”“异同·高下”“同时·先后”“释因·纪效”“假设·推论”“擒纵·衬托”。略加比较就可以知道，《现代汉语》中册的结构系统和《要略》有一定的渊源。《要略》“当初写书是为供中学教师参考”（修订本序）。经过几十年的实践，特别是经过“暂拟系统”产生以来二十多年的摸索，《现代汉语》中册的出版，使人感到在结构系统上既有继承又有创新，打破了老是那么一套的讲法，人们可以从中得到启示：路子可以不止一条，模式可以不止一个，关键在于勇敢探索！

（原载《语文教学与研究》1983年第4期）

① 吕叔湘《中国文法要略》，1942年出版上卷，1944年出版中、下卷；1956年出版经过修订的合订本（商务印书馆）。

问　　答

1．什么是语法？什么是语法学？为什么要学习语法？

语法是使用同一种语言的人共同理解、共同接受、共同遵守的语言组合法则的总和。

语法学是研究语言组合法则的科学。

学习语法（对汉族人来说，学习现代汉语语法就是学习母语语法）能够产生两种作用：①对于自己须臾不能离的语言具有一点科学的认识；②有助于提高理解和运用语言的能力，有助于提高辨别语言运用中正误优劣的能力。

2．基本的语言单位有哪几种？哪是备用单位，哪是使用单位？

基本的语言单位有语素、词、词组、句子和句组。由句组组成的成段成篇的话，不是基本的语言单位。

语素是语言的备用单位。句子是使用单位，句组也是使用单位。词和词组不仅能够组合成句子，而且在一定的条件下可以成为句子，所以既是备用单位又是使用单位。

3．为什么说语言的组合法则是有规律可循的？

语言材料和语言单位能够协同起来成为传递信息、交流思想的工具，就靠组合。组合总要通过一定的手段，表示一定的关系。使用哪些手段和表示哪些关系都是约定俗成的，成为大家都能理解、接受、遵守的法则的。法则一定具有条理性，并非杂乱无章，而且不轻易变动。因此，语言的组合法则即语法规则，总是有规律可循的。

4．语法规则有哪些明显的特点？

第一，有条理；第二，表示概括的抽象的语法关系；第三，约定俗成，大家遵守；第四，不轻易变动，在一个特定的时期内相当稳定；第五，每种语言的语法系统各有自己的特点。

5. 怎样正确认识“语法体系分歧”的问题？

一种语言的客观存在的语法系统只有一个。由于人们对这个系统的认识未必准确、全面、深刻，而人们掌握语言材料的情况有所不同，研究语法时所持的观点、所依据的理论、所采用的方法有所不同，再加上人们讲语法、写语法书的对象和目的也不同，因此，对客观存在的一个语法系统往往讲成了好些个不同的系统，造成了“语法体系分歧”的情况。不是语法系统本身有什么分歧，而是讲语法的讲法有分歧。在语法学的学术研究领域，有分歧是好事，而不是坏事。不过，在语法教学领域，最好有个共同采用的系统，以免在教学中产生混乱，影响教学工作的进行。

6. 语素和词的“实”和“虚”可以从哪两方面来看？

语素和词都有实虚之分。语素有实素和虚素，词有实词和虚词，还有介于实虚之间的半实半虚可实可虚的情形。所谓“实”和“虚”，可以从两个方面来看：①从意义上看，所谓实就是表示实在的意义，所谓虚就是不表示实在的意义。②从语法功能上看，凡实素都能以语序为手段直接组合成实词，相互间产生一定的关系；凡实词，都能以语序为手段直接组合成词组，相互间产生一定的关系，在特定条件下，有的实词还能单独成为句子。至于虚素和虚词，除了少数例外，一般不具备实素和实词的那些功能。

7. 虚素和虚词有什么作用？

虚素和虚词表示语法意义，作为组合实词的手段，表示某种结构关系或某种语气，成为某类词组或句子的标志。实素和实词是大量的，虚素和虚词（包括半虚的）比较少，不难列举。然而，虚素和虚词数目虽小，从语法的角度看，由于它们是表示语法意义和组合关系的，因而非常重要。掌握虚素和虚词的用法，对于掌握汉语，关系很大，是学习汉语语法的一个重点。

8. 什么是语素？语素可以分为哪几类？

语素是语音和语义的最小结合体，是构成词的材料。语素的分类主要看意义。大体说来，有以下几类：①实素——包括名素、动素和形素；②半实素——指构成代词的语素；③半虚素——指不能独立成词、和别的语素组合时有固定位置、活动能力有限的一些语素；④虚素——指只能构成典型虚词的一些语素。

9. 什么是词？词类有哪几种？

词是语言中最基本的造句单位。也可以说，词是最小的自由活动的语言片段，是最小的造句单位。词的分类主要看功能，有时参考一下它们表示的意义。

词类，即词在语法上的分类，有十一种：①名词；②动词；③形容词；④数词；⑤量词；⑥代词；⑦介词；⑧副词；⑨连词；⑩助词；⑪叹词。名词、动词、形容词、数词和量词是实词，代词是半实词，介词和副词是半虚词，连词和助词是虚词，叹词是特殊词类。

10. 什么是词的功能？

所谓功能，指的是：①词本身单独成句的能力。②词在组合中的活动情况：经常同哪些词组合，组合的时候经常处于什么位置，组合起来产生什么关系，经常可以同哪些词互相替换（指都可以用在那个位置上，不是指意义相同或相近）。

11. 部分名词、量词、动词、形容词可以有什么样的重叠方式？表示什么意思？

某些单音节名词和量词可以按“AA”的方式重叠，表示“每”的意思。动词可以按“AA”或“ABAB”的方式重叠，表示动作行为短暂或反复或这样作试试之类的意思，按“AA”式重叠时中间可以加“一”。形容词可以按“AA（的）”或“AABB”的方式重叠，重叠以后有加重语义的作用。

12. 代词有哪几类？

代词有三类：①人称代词；②疑问代词；③指别词。

13. 什么是词组？为什么说词组是学习和研究汉语语法的一个重点？

词组是由词和词组合而成的语言单位，也叫短语。汉语的句子，大多数是由词组构成的，所以词组很重要。掌握了词组的构成、性能和组合中应当注意的问题，可以认为已经掌握了汉语句法的基础，因此，学习和研究汉语语法，词组是一个重点。

14. 词组是怎样构成的？主要有哪些类型？

汉语里词组的样式很多。从大的方面说，有两种情况：①有的词组是由实词和实词直接组合成的，主要靠语序表明组成部分之间的关系，包括主谓词组、述宾词组、偏正词组、述补词组、联合词组、复指词组、连动词组、兼语词组和一些用特定的实词构成的词组——方位词组、数量词组、能愿词组、趋向词组。②有的词组是实词借助于虚词组合成的，或者由实词和特定的虚词组成词组，或者借助于特定的虚词表明组成部分之间的关系，包括介词词组（也称介宾词组）、助词词组和关联词组。此外，汉语里还有一些惯用词组，包括成语和习用语。

15. 什么是词组的性能？词组有哪些基本性能？

词组的性能，指词组作为一个整体，具有某种词类的性质，或者某种造句的功能。

词组的基本性能有三种：①有的词组是名词性词组，也叫名词短语，具有名词的句法功能；②有的词组是动词性词组，也叫动词短语，具有动词的句法功能或部分功能；③有的词组是形容词性词组，也叫形容词短语，具有形容词的句法功能。此外，主谓词组功能很多，可以作主语、谓语、定语、状语、宾语和补语；数量词组经常作定语，间或可以作其他成分；介词词组经常作定语、状语，间或可以作其他成分。

16. 什么是词组的二合现象和多合现象？

词组的二合现象，指的是词组由两个部分组合而成的现象。大量的词组是二合的。

词组的多合现象，指的是词组由三个或更多的部分直接组合而成或连环套合而成的现象。各部分直接组合而成的多合词组，关系单纯，或者表示联合关系，或者表示连动关系；连环套合而成的词组，由两个二合词组套在一起构成，关系不单纯，如兼语词组有三个部分，第一、第二部分之间是述宾关系，第二、第三部分之间是主谓关系。词组的多合现象是汉语的特点之一。

17. 什么是扩展的词组？扩展词组和多合词组的关系怎样？

词组里又包含着词组，这样的词组是扩展的词组。扩展的词组是多层次的。

多合词组也是词组扩展的一种方式，但情况比较特殊：各部分直接组合而成的多合词组，是单一层次的；连环套合而成的多合词组，实际上是多层次的，不过层次关系有不止一种可能，可以认为 a 和 bc 之间是第一层次，b 和 c 之间是第二层次，也可以认为 ab 和 c 之间是第一层次，a 和 b 之间是第二层次。

18. 什么是句子？句子的主要标志是什么？

句子是语言的使用单位，它能表示一个相对完整的意思，完成传递一个简单的信息、表达一个简单的思想感情的任务。

句子的主要标志是成句的语调，有时候还需要成句的语气助词。在正常的口语表达中，句子与句子之间有一个明显的较长的停顿；在书面上，句子末尾用句号或者问号、叹号。

19. 句子有哪四种基本用途？

句子的四种基本用途是：①表陈述，即述说一件事，这样的句子叫陈述句；②表疑问，即提出一个问题，这样的句子叫疑问句；③表祈使，即表示要求或制止，这样的句子叫祈使句；④表感叹，即表示某种感情，这样的句子叫感叹句。

20. 什么是主谓句和非主谓句？主谓句主要有哪几种？非主谓句主要有哪几种？

由主谓词组加一定的语调（有时带上语气助词）构成的句子，是主谓句；由单词或主谓词组以外的词组加一定的语调（有时带上语气助词）构成的句子，是非主谓句。

主谓句，主语和谓语有的简单，有的复杂。从全句的表达作用看，谓语的性质更值得重视。按照谓语的性质来分，主谓句主要有以下四种：①名词性谓语句；②动词性谓语句；③形容词性谓语句；④主谓谓语句。

非主谓句大都比较简短。主要有以下四种：①名词性非主谓句；②动词性非主谓句；③形容词性非主谓句；④叹词句。

21. 对于动词性谓语句，应着重掌握哪些样式？

动词性谓语句的样式很多，学习中应着重掌握以下几种样式：①作谓语的是一般的述宾词组；②作谓语的述宾词组里有双宾语；③作谓语的述宾词组里的宾语是主谓词组；④“把”字句；⑤“被”字句；⑥作谓语的述宾词组是判断动词“是”加判断宾语；⑦作谓语的是连动词组；⑧作谓语的是兼语词组。

22. 为什么说存现句是特殊的主谓句？

存现句是表示存在和出现（或相反的方面不存在和消失）的句子。这种句子有以下几点特殊之处：①主语一定是表处所的词或方位词组；②谓语里的动词一定是可以表示存在或出现的方式的动词，并且一定用上“着”或“了”或趋向动词；③主语和谓语之间不是“谁（什么）是什么、做什么或怎么样”这样的陈述与被陈述的关系；④作谓语的述宾词组里，宾语往往是动作的施行者。因为有这些特殊之点，所以说是特殊的主谓句。

23. 什么是独立成分？有哪几种？

独立成分是不跟主语、谓语等发生特定的结构关系的成分，是主语、谓语等以外的句子成分。

独立成分有三种：①呼语；②应答感叹语；③插入语。

24. 什么是复句？主要特点有哪些？

复句是由两个或两个以上的单句组合而成的句子。组成复句的单句都叫分句，因此，也可以说，复句是由两个或两个以上的分句组合而成的句子。

复句的主要特点是：①包含两个或两个以上的分句；②复句可以由分句和分句直接组合而成，也可以借助虚词把分句关联起来，表示一定的关系；③分句有表明句子还没有完全结束的语调，分句后边有或者可以有一个较小的停顿，书面上用句中标点（逗号、分号等）表示。

25. 直接组合成的复句和借助虚词构成的复句有什么区别？有什么联系？

直接组合成的复句，分句间不用虚词，关系比较松散，往往可以断开来作为单句独立存在。这类复句显得自然、轻捷，但有时不够严密。借助虚词构成的复句，分句间用特定的虚词，明显地表示选择、递进、转折、因果、假设、条件等关系。这类复句逻辑性强，连词的使用有重要作用。

从分句间的语义关系来说，直接组合成的复句和借助虚词构成的复句是基本上相通的。直接组合成的复句，分句间的关系是隐含的，有的可以通过添加特定的虚词去理解其关系，添加特定的虚词以后便成为借助虚词构成的复句；借助虚词构成的复句，分句间的关系是明显的，有的也可以将特定的虚词去掉，使它变化成为直接组合成的复句。

26. 什么是多重复句？

有两个或者两个以上层次的复句，叫作多重复句。多重复句是复句的扩展格式。复句里，如果一个或每个分句本身又是一个复句，这个复句就有了两个层次，就成为二重复句。依此类推，有三个层次的是三重复句，有四个层次的是四重复句……。二重复句、三重复句、四重复句等，都是多重复句。

27. 什么是句组？复句和句组的界限是不是绝对的？

句组是由一组有明晰的中心意思的前后衔接连贯的句子组合而成的语言单位，也叫句群或语段。

在不少情况下，复句和句组的界限不是绝对的。从书面上说，一个复句，有时可以把分句间的逗号改为句号，这就成为句组；一个句组，如果略加改造，也可以变成一个复句或者多重复句。

28. 句组和段落有什么不同？

语法上所说的句组和讲文章时所说的段或段落是不同的概念。句组大体上都可以改造成为一个复句或者多重复句；至于文章里的段，有的只有一个句子，这自然不是句组，有的又很复杂，实际上包含着不止一个句组。

29. 什么是组合？汉语的五级语言单位是怎样组合起来的？

采取一定的方式，依靠一定的语法手段，把两个或两个以上较小的语言单位组织起来，构成一个较大的语言单位，这种现象叫作组合。

语素和语素可以组合成词，词和词可以组合成词组，词或词组带上一定的语调（有时要带上必要的语气助词）可以构成句子，句子和句子可以进一步组合成词组。汉语的五级语言单位就是这样由小到大一级一级地组合起来的。

30. 汉语组合的特点是什么？

第一，汉语的组合很容易。汉语是非形态语言，不受形态的制约，两个语言单位只要在语义上搭配得拢，在逻辑事理上讲得通，符合语言习惯，就可以组合。

第二，各级语言单位的组合具有一致性。不管是组合方式、组合手段还是组合关系，基本上是相同的。就组合方式来说，都能采用直接组合的方式，有的还能采用关联组合的方式；就组合手段来说，都能依靠语序，有的还能依靠虚词；就组合关系来说，采取直接组合的都产生联合、修饰、陈述、支配、补充等关系，采取关联组合的都产生并列、递进、选择、转折、因果、假设、条件等关系。

31. 为什么说词组在汉语的组合中具有特殊的重要性？

汉语的组合到了词组这一级，各种组合方式、组合手段和组合关系都已具备。大多数的句子是由词组构成的。主谓词组带上不同的语调，可以构成不同的主谓句；主谓词组以外的各种词组带上一定的语调，可以构成各种非主谓句。词组是构成句子的基础。把词组作为学习重点，掌握词组的构成、各种词组的组合关系和组合中应注意的问题，可以掌握汉语句法的基础。因此，在汉语组合中，词组一级具有特殊的重要性。

32. 汉语组合有哪些方式？它们所采用的语法手段有什么不同？

汉语的组合方式主要有两种，一种是直接组合，另一种是关联组合。直接组合，以语序为主要的语法手段；关联组合，以使用起关联作用的虚词为主要的语法手段。

33. 什么是语序？语序在汉语中有什么重要性？

语序，是指各级语言单位在组合中的排列次序。合成词中语素的排列次序，词组或单句中各个成分的排列次序，复句中各个分句的排列次序，句组中各个句子的排列次序，所有这些排列次序都是语序。

语序是汉语的一种重要的组合手段。各级语言单位的直接组合，主要靠语序显示其组合关系。一定的语序产生一定的组合关系，语序不同，组合关系往往不同。因此，语序在汉语中显得特别重要。

34. 在语言表达上，要注意组合语序的哪两个方面的问题？

汉语的语序反映了语言单位之间的语义搭配关系，也就是反映了一定的逻辑事理。语序不同，所反映的语义搭配关系也不同，所反映的逻辑事理也不同。即使是语序比较灵活的组合，比如联合关系的组合，也同样受到逻辑事理的制约。有时，如果语序不对，就会产生歧义。

汉语的语序又反映了一定的语言习惯。它是说汉语的人约定俗成的。即使是组成部分哪个在前哪个在后都不影响逻辑事理的组合，比如两个组成部分在意义上是相同、相近或对立的联合式合成词，由于大家共同的语言习惯确定了只这样说，而不那样说，因此语序往往不能任意变动。

在语言表达上，既要注意组合的语序在语义搭配方面是否合乎逻辑事理，又要注意语序是否合乎语言习惯。

35. 汉语的语序为什么具有强制性？这种强制性表现在什么地方？

汉语的语序既反映一定的逻辑事理，又反映一定的语言习惯，一定的关系往往由一定的语序来表达，因此语序是具有强制性的。这种强制性表现在，有的语序是硬性的，人人都得服从，不能随意改变，不然，就或者改变组合关系，或者改变意义，或者根本不能发生组合关系。有的语序有一定的灵活性，但这种灵活性是有限的。语素和语素的组合，词和词的组合，其语序一般都是硬性的。

36. 什么是语序的选择性？怎样正确理解语序的选择性？

语序的选择性，是指在表达同样意思时有些成分的排列次序可以有不同的排列办法，人们可以根据表达需要加以选择。比如，有的状语既可以放在中心语前边，也可以挪到主语前头；又如，表示方式状态的状语可以用在表示处所方向的状语后边，也可以用在表示处所方向的状语前边；再如，表示数量的定语可以用在动词性定语前边，也可以用在动词性定语后边。

语序，强制性之中有一定的灵活性。比如，状语在前或定语在前，中心语在后，这是有强制性的，但当状语或定语不止一个时，它们的排列次序有时就有一定的选择性。所以，强制性是从总体、全局来说的，选择性是从局部来说的。但不管是强制性语序还是选择性语序，都必须正确反映逻辑事理和语言习惯。

37. 单句各种成分的语序选择性怎么样？

单句各种成分的语序，比单个词组的语序有更大的选择余地。这是因为，词组一旦加上一定的语调构成句子，就成了交际中的使用单位，受着语言环境和表达需要的制约，使得有的成分的位置可以挪动。比如，在特定的语言环境中，为了特定的目的，可以把谓语移到主语的前头，可以把定语或状语挪到中心语的后头。

38. 复句里分句的语序有没有选择性？

单句和单句组成复句，除了表示并列和承接关系的复句外，一般都是采用关联组合的方式，语序不是主要的语法手段。但是在复句里分句的语序也有一般语序和特殊语序两种。采用特殊语序，是为了表达的需要，突出前一分句或让后一分句起补充说明的作用。比如：“不但我这样说，大家都这么说。”这是一般语序。“大家都这么说，不但我这么说。”这是特殊语序。“不管怎样疼痛，他忍受着。”这是一般语序。“他忍受着，不管怎样疼痛。”这是特殊语序。可见，复句里分句的语序也有一定的选择性。

39. 关联组合的特点是什么？虚词在关联组合中有什么重要性？

汉语各级语言单位的组合，主要依靠语序和虚词。关联组合的特点表现在：不是以语序为主要手段，而是以起关联作用的虚词（简称关联词语）为主要手段。在关联组合中，各部分是相互依存的，它们的关系非常紧密。

虚词是表示关联组合内部的逻辑关系的必不可少的标志。一定的标志显示一定的关系，标志不同，关系就不一样。比方，同样的语言材料，如果以“不但……而且……”为标志，便是递进关系；以“因为……所以……”为标志，便是因果关系；以“如果……就……”为标志，便是假设关系。

40. 关联组合是否跟语序无关？

关联组合并非与语序无关。带有明显的虚词标志的复句，是关联组合，但它们的分句语序往往有一般语序和特殊语序的区别。比如：“不管工作中遇到多大困难，他从不灰心丧气。”虚词“不管”标明这个复句是关联组合，分句的排列是一般语序。如果说成：“他从不灰心丧气，不管工作中遇到多大的困难。”仍然是关联组合，但由一般语序变换成了特殊语序了。可见，语序在关联组合中同样起着作用，只是不像对直接组合那么重要。

41. 关联组合所反映的逻辑关系有哪些类型？它们的主要的标志是什么？

关联组合所反映的逻辑关系有两大类：

①因果关系。包括：A. 现实因果关系，相当于通常所说的因果关系，主要标志是“因为……所以……”“既然……就……”；B. 假设因果关系，相当于通常所说的假设关系，主要标志是“如果……就……”“即使……也……”；C. 条件因果关系，相当于通常所说的条件关系，主要标志是“只有……才……” “只要……就……” “不论……都……”。

②非因果关系。主要包括：A. 并列关系，主要标志是“既……又（也）……”“一边……一边……”“一方面……另一方面……”；B. 承接关系，主要标志是“（先）……又（再、接着、然后）……”；C. 递进关系，主要标志是“不但……而且……”；D. 选择关系，主要标志

是“（或者）……或者……”“不是……就是……”“宁可……也不……”“与其……不如……”；E. 转折关系，主要标志是“（虽然）……但是（可是、却、然而、不过）……”。

42. 关联词语包括哪些词类？它们是怎样起关联作用的？

关联词语，即起关联作用的虚词，主要是连词，此外，还有一部分副词和少数临时虚化了的实词。

在关联组合中，关联词语有的单个使用，在有关的部分之间起关联作用；有的配对使用，前后呼应，在有关的部分之间起关联作用。配对使用的，或者是连词和连词配对，或者是连词和副词配对，或者是副词和副词配对。副词和副词配对，往往可以组成一些固定的格式，如“一……就……”“越……越……”“再……也……”“不……不……”“非……不……”等。

43. 由实词临时虚化而来的关联词语主要指一些什么样的词？

由实词临时虚化而来的关联词语，主要是一些表示时间的名词和一部分代词，如“今天买到票今天走，明天买到票明天走”，“谁赞成谁举手”。这些实词虚化以后，不表示它们原来的实在意义，而变成一种虚指。不过，它们既有关联作用，又没有失去它们原有的充当某种成分的语法功能，因此跟其他关联词语也有所不同。

44. 理解和使用关联词语应注意哪些问题？

在对关联词语的理解和使用上，应注意下列几点：①同一个关联词语，在不同的上下文中可以表示不同的组合关系；②某些关联词语，用法和表示的组合关系有同有异，要注意辨别，正确选用；③有些关联词语需要配对使用，要注意甲词和乙词能否配对，配对以后表示什么逻辑关系，不能乱套；④不管是单个使用还是配对使用，所用的关联词语都必须符合关联组合中各部分之间客观存在的逻辑关系。

45. 组合中的实质问题是什么？汉语里有什么突出的表现？

组合，不管是直接组合还是关联组合，实质问题都是语义搭配。即除了符合语言习惯，必须合乎逻辑事理。

汉语是非形态语言，每类词的语法特点主要表现在造句功能上面。

甲词和乙词并列使用，不必考虑是否具有相同的形态，而要看是否合乎逻辑事理，合乎语言习惯；甲成分和乙成分配合使用，无须考虑性、数、格是否一致，而要看是否合乎逻辑事理，合乎语言习惯；同样，单句和单句能否组成复句，句子和句子能否组成句组，也是由搭配是否合乎逻辑事理和语言习惯来决定的。

46. 习惯性说法是怎样形成的？怎样正确看待？

语言单位的搭配有很强的习惯性。有些话，看起来不合逻辑事理，但长期以来大家都这么说，已经约定俗成，因而成了大家都能理解和接受的习惯性说法。

不合逻辑的习惯性说法不容援例，不能随便类推。由于只是个别现象，说法固定，而且大家都能理解，因而不会影响语言的规范。

47. 怎样检查句子成分的搭配？

首先，要检查主语和谓语、述语和宾语、述语和补语、定语和中心语、状语和中心语，看看能否搭配；检查定语和中心语、状语和中心语时，还要看看所用的定语或状语是不是必要的。

其次，如果某个成分包含两个或几个并列的项目，就要注意检查这个成分同另一成分的搭配是否做到了照顾全局，有没有顾此失彼的毛病。

最后，如果中心语前边有几个定语或状语，还要注意检查排列的顺序是否恰当。

48. 怎样才能看清句子的基本间架？句子的基本间架是否就是句子的表达重点？

一个句子总有个基本的间架。分析句子时，为了先把句子的基本结构勾勒出来，遇到偏正词组就先把中心语抓住，遇到述宾、述补词组就先把述语抓住，只要抓住了中心语和述语，并将它们搭配成一个相对完整的架子，就能看清句子的基本间架。如果间架不完整，就说明句子有结构残缺的毛病。

无论是表达还是理解，既要掌握句子构造的基本间架，又要掌握句子表达的重点。句子的表达重点不一定就在句子的基本间架上面，相反，定语、状语、补语往往是表达重点之所在，如果这些修饰、限制、补充成分用得不准确、恰当，句子也有毛病。

49. *什么是扩展？扩展和层次的关系怎样？*

一个语言单位同别的语言单位一层套一层地组合起来，越组合越大，成为多层次的语言单位，这样的现象就是扩展。

语言具有层次性，句中的词语往往是逐层组合起来的。语言单位的扩展和语言的层次性密切相关。语言单位一扩展，层次往往增多；反过来说，层次一增多，语言单位就会扩展。

50. *长句是怎么长起来的？学习句法的三个主要方面是什么？*

单句或复句中，词组层层扩展，或者分句层层扩展，单句或复句的结构就复杂起来，成了一个长句。

间架、层次、中心与非中心的相互依存，这是学习句法的三个主要方面。

51. *词组的扩展有哪些方式？*

词组的扩展方式主要有三类：①延伸式扩展。联合、连动和复指词组可以采取这种扩展方式。联合词组和连动词组，联合项目和连动项目可以不止两个，各项本身又可以是词组。复指词组，其中一个部分可以是并列几个项目的词组。②连环式扩展，即两种或三种词组连环地套在一起。多合词组，除联合、连动词组之外，可以采取这种扩展方式。最典型的是兼语词组，此外，还有“状—述—宾”“状—述—补”之类格式的词组。这种词组，可以根据上下文决定的语义重点作不同的切分，不能机械地一刀切两半。③加合式扩展。偏正词组可以采取这种扩展方式。主要有两种情况：A. 修饰成分一项递加一项地修饰中心语，即“[(a→b)→c]→中心语”；B. 修饰部分的几项合起来一起修饰中心语，即“(a+b+c)+中心语”。

52. *单句结构复杂的原因是什么？扩展词组充当句子成分有哪些值得注意的比较特殊的情况？*

单句结构复杂的原因，是多层次的扩展词组充当更大的词组的成分，而这个更大的词组构成了一个单句。换个角度说，一个单句由一个多层次的扩展词组充当，它的成分仍然是多层次的扩展词组，这样的单句结构就比较复杂或者特别复杂。

下面几种扩展词组充当句子成分的情况比较特殊，值得注意：①扩展的主谓词组作谓语；②扩展的联合词组充当定语或状语；③连动词组或兼语词组作谓语，或者连动词组与兼语词组套起来作谓语。

53. *多重复句是怎样构成的？常见的有哪几种？*

复句中的一个分句与另一个分句产生一种逻辑关系，构成一个层次。如果一个或每个分句又是一个小复句，这就构成第二个层次，整个复句就成为二重复句；层层扩展，越来越复杂，就构成更多的层次，整个复句就成为三重或三重以上的复句。

常见的多重复句是：①二重复句。它由单句和复句或者复句和复句构成。②三重复句。它的基本组成部分是二重复句。就是说，它的一个或每个组成部分是二重复句。③四重复句。它的基本组成部分是三重复句。在语言运用中，五重和五重以上的复句也有，但比较少见。

54. *复句中分句扩展时要特别注意什么问题？*

复句中分句扩展时，要特别注意分句之间的层次，注意分句的语序，做到层次清楚，关系明晰，前后照应，没有夹缠不清的毛病。

55. *为什么说变换是语言运用的一种必需而有效的方法？*

一个词组或者句子，往往可以表达不同的意思；一个意思，也往往可以用不同的句式或不同的语言单位来表达。在语言运用中，善于变换词语的位置或增减个别词语，善于变换使用不同的句式，善于变换使用感情色彩不同、语体色彩不同、语气不同的语言单位或说法，可以准确地传情达意，收到表达的最佳效果。所以，变换是运用语言的一种必需而又有效的方法。

56. *可以变换使用的单句句式主要有哪些？*

主要有：①主谓句和非主谓句。（如：太阳出来了。——出太阳了。）②常式句和变式句。变式句有谓语移到主语的前面（如：出来呀，你!），定语挪到中心语的后面（如：我还期待着新的东西的到来，无名的，意外的。），状语挪到中心语的后面（如：他吃力地站起来，慢慢儿地。）等情况。③主动句和被动句。（如：他弄脏了衣服。——他把衣服弄脏了。——衣服被他弄脏了。）④陈述句和反问句。（如：他不会说这种糊涂话。——他难道会说这种糊涂话吗?）⑤肯定句和否定句。(如：这本书的内容深。——这本书的内容不浅。)

57. 单句和复句怎样变换?

单句变换成复句：有的，增加个别词语，而基本上不增减语义。如："桃花杏花都开了。→桃花开了，杏花也开了。"有的，可以把修饰成分分成两个或几个分句来叙述。如："他们都是怀有远大理想、志愿到祖国最需要的地方去的应届毕业生。→他们都是应届毕业生，怀有远大理想，志愿到祖国最需要的地方去。"单句变换成复句，句子结构比较松。

复句变换成单句：有些复句，可以省略一些词语，取消分句间的停顿，使之变换成单句。如："你要说，你就说。→你要说就说。"这种单句形式的复句，结构紧凑。

58. 复句和句组能否变换?各有什么表达效果?

有时，增减个别词语，把多重复句中的几层意思用几个句子来表达，就可以把多重复句变换成句组。跟多重复句相比较，句组语句简短明快，结构较松。

有时，增减个别词语，把句组中的几层意思用分句形式来表达，就可以把句组变换成多重复句。跟句组相比较，多重复句组织严密，结构紧凑。

59. 什么是判断?判断有哪两种基本形式?

对人和事物有所断定，或者断定某个人是什么样的人，某个事物具有什么样的属性，或者断定某个人不是什么样的人，某个事物不具有什么样的属性，这就是判断。

判断有肯定和否定两种基本形式。表示肯定的判断是肯定判断，表示否定的判断是否定判断。

60. 什么样的句子是判断句?判断一定要由判断句来表达吗?

包含判断动词"是"的陈述句，是典型的判断句。一些表示日期、天气、时令、籍贯、年龄等的名词性谓语句，如“昨天星期日”“我广东人”之类，带有习惯性，多用于口语，也是判断句。

判断句是陈述句的一种。判断句一定表达判断，但表达判断的不一定就是判断句。不管是表示肯定还是表示否定，除了使用判断句之外，大量的是使用其他的陈述句，有时还使用反问句。

61. “是”主要有哪些用法？

“是”的基本用法是表示肯定判断。从句法的角度看，它和判断宾语构成一个述宾词组充当谓语；从表达的角度看，它把主语和判断宾语联系起来，表示二者之间具有同一关系或从属关系。

用“是”表示肯定判断的句子，谓语有时用“是……的”的格式。这有两种情况：①“的”是语气助词，“是”和“的”可以去掉，如“任务是十分紧急的”；②“……的”是助词词组，“是”和“的”不能去掉，如“他是演话剧的”。

“是”还有很多用法，特别值得注意的是这几种：①表示存在，和表示存在的“有”相当，如“校门口是一条宽阔的柏油马路”；②加强肯定语气，后头常有“多么”“这么”之类词语，如“生活是多么广阔”；③用来打比方，把被比喻的对象和用来比喻的事物联系起来，如“生活是海洋”。

62. 常用的表示否定的词语有哪些？它们有什么样的用法？

表示否定的词语主要有“没”和“不”。“没”有时用来否定事物的存在，带宾语，或跟“有”一起带宾语（“没关系”“没有关系”），有时用来否定行为的完成，作状语，也可以说成“没有”（“没来”“没有来”）。“不”用在判断动词“是”前头，表示主语和判断宾语之间没有同一关系或从属关系，偶尔用在“不男不女”“不三不四”这样的习惯说法里。

在书面语中，表示否定的还有“非”“无”“未”等。“非”相当于“不是”。“无”相当于带宾语的“没、没有”。“未”相当于作状语的“没、没有”。

63. 表示肯定和否定可以采用什么样的句式？

表示肯定，一般用肯定句式，有时也用双重否定的句式，还可以用否定的反问句式。表示否定，一般用否定句式，有时也可以用肯定的反问句式。

有时，肯定句式和否定句式表示大致相同的意思，因此可以互相变换，不过在语意上有轻重强弱的区别。

64. 语言运用中，表示肯定、否定应注意什么问题？

第一，要根据实际的需要，灵活运用肯定或否定的表达方式；第二，要根据实际情况，正确区分肯定、否定所反映的实在性、可能性和必要性；第三，要从实际出发，正确反映肯定、否定的范围的大小、程度的轻重；第四，要根据不同的场合和对象，来考虑怎样肯定或否定，做到表达得体。

65. 存现句的构成大致可以分为几个部分？存现句大致可以分为哪几类？

存现句是一种特殊的主谓句，它的构成大致可以分为三个部分：①处所词语（或时间词语）；②动词；③名词（或“数＋量＋名”）。即：处所词语（或时间词语）＋动词＋名词（或“数＋量＋名”）。如：

主　语	谓	语
处所词语（或时间词语）	动词	名词（或“数＋量＋名”）
古　代	有	一个人
西南天上	起　了	乌　云

存现句大致可以分为两类：①表示事物存在的存现句，通常叫作“存在句”；②表示事物出现或消失的存现句。

66. 存在句中，动词和后边的名词有什么特点？

有的存在句，是表示单纯存在的。动词常用“有”，有时也用“是”；后边的名词表示存在的人或事物。

有的存在句，是表示以怎样的姿态、情状存在的。动词一般带“着”，或者代表人或物静止性的动作，如“站着、坐着”，或者代表安放物件的动作，如“挂着、放着”，都不表示动作的进行，只表示动作产生的状态，“动词＋着”大体相当于“有”；后边的名词表示人或物，常带有作定语的数量词语，如“站着一个人、挂着一幅画”。这种存在句的动词，有时不带“着”，而用“坐满了”“挂满了”这样的形式。

67. *表示事物出现或消失的存现句中，动词和后边的名词有什么特点？*

这种存现句，动词或者用“出现、发生、走、死（了）”之类，或者用趋向动词“来、进来（了）”之类，或者用“动词＋ 趋向动词”，如“跑过来、爆发出”之类。后边的名词，表示出现或消失的某种人或事物，常带有表示数量或跟度量有关的定语。

68. *存现句有什么样的变换形式？*

主要有两种：①在处所词前加上介词“从、在”等，组成介词词组，改变句子原来的结构。如：“山坡上卧着些小村庄”，“山坡上”是主语；“在山坡上卧着些小村庄”，“在山坡上”是状语。②用“有”，可以使一个存现句变成另一个存现句。如“前面又下来一个伤员”和“前面又有一个伤员下来了”，都是存现句，意思相同，但用“有”之后，“一个伤员”是“有”的宾语，又是“下来”的主语。后一句是包含兼语词组的存现句。

69. *汉语里时间和空间的表达方式有什么特点？*

汉语没有形态变化，和英语、俄语等有形态变化的语言不同。汉语表示时间、空间，主要采用的是语汇方式，也就是用某些实词（如名词中的方位词、时间词，表示专有地名的名词等），或用一些词组（联合词组、偏正词组、介词词组等）来表示。比如，在英语里，表示行为动作发生的时间分为现在时、过去时、将来时，动词用形态变化把它们表示出来；在汉语里，可以在动词前面加表时间的名词或副词来表示现在、过去、将来的时段或时点，在动词后面可以加表示动态的助词。

70. *汉语中表示时间的词语有哪些？它们可以作什么成分？*

第一，名词性的词语，包括表示时间的名词和词组，还有个别疑问代词。从意义上看，有确切的，有模糊的，大致可以分为五类：①表示某个确定的时间的（有定指称），如“今年”；②表示不确定的时间的（无定指称），如“有一年”；③表示某一段时间的（时段），如

“三年”；④表示某件事情前后的时间、不指明确定的日期钟点的，如“三年前”；⑤询问时间的，如“几时”“哪一年”。这些表示时间的词语，可以作主语、宾语，作定语、状语，第三类可作补语；如果前面加上介词，组成介词词组，可以作状语、补语、定语。

第二，副词，即时间副词，如“正在、曾经、将要”等等，用作状语。

此外，助词“着、了、过”，趋向动词“起来、下来、下去”，可以用在动词、形容词后边，表示跟时间相联系的动态。

71. *汉语中表示空间的词语有哪些？它们可以作什么成分？*

第一，处所词语，大致有四类：①表示地方的专用名词性词语，如“中国”“天安门广场”；②名词加方位词构成的方位词组，如“书桌上”“北京以南”；③指代处所的代词，如“这儿”“那里”；④不指固定地方的处所词，如“附近”“四面八方”。这些处所词语，可以作主语、宾语，作定语、状语；前面加上介词，组成介词词组，可以作状语、补语、定语。

第二，方位词，包括单纯的方位词（如“上、下、东、西”等）和合成的方位词（如“以上、前边、东西”等）。方位词可以单独用作状语、主语等，但一般是同别的词或语素组合成名词，或者同其他词或词组组合成方位词组，表示处所或时间，充当成分的能力跟一般的名词性处所时间词语基本上相同。

72. *运用表示时间和空间的词语应注意什么问题？*

第一，要区别时间词语和空间词语的确切义和模糊义，该确切的时候要确切，该模糊的时候要模糊。

第二，要注意时间词语、空间词语在表达中关联上下文的作用。应按照一定的时间顺序或一定的空间位置的顺序来运用相应的时间词语或处所词语。有时，可以前后配合使用时间名词或处所名词，使之产生关联作用，并表示不定指。

73. *程度和范围的表达方式主要有哪些？*

汉语表示程度的高低、范围的大小有多种方式。主要的是：①可以在动词、形容词（或动词性词组、形容词性词组）的前面加上一定的副词来表示；②可以用一些形容词、数量词或比较固定的格式（如“连……都……”）来表示；③可以采用比喻、夸张等一些修辞手段来表示。

74. 表示程度的词语有哪些？它们作什么成分？

第一，副词，即程度副词，如“很、极、太、更、多么”等等。它们一般作状语，“很”和“极”还可以作补语。

第二，一部分形容词的重叠形式，如“长长（的）”“老老实实（的）”。它们表示程度的加重或减轻，多表示加重；可以作谓语、定语、状语、补语。

第三，有的数量词语，如“百分之百”“十有八九”，它们表示程度较高，一般作状语或定语。

第四，有的指别词，如“这么、那么”等，可以指示程度，作状语。

75. 运用表示程度的词语应注意什么问题？

第一，要恰如其分。汉语中表示程度的词语很丰富，表达的方式也多种多样。为了表明程度高低的细微差别，可以采用各种各样的说法。选用什么程度词语，要和客观实际相符，不要避重就轻，也不要避轻就重，特别是不要滥用表示程度高的词语。

第二，要适当得体。谦语、礼貌语言中表示程度的词语的选择很有讲究，要注意做到适当得体。

76. 表示范围的词语有哪些？一般作什么成分？

表示范围的词语有副词、数量词、名量词的重叠形式及一些词组等。有的表示“全称”，是表示“全部”的词语，如“所有、每一个、都、统统、没有一个……不”等；有的表示“特称”，是表示“部分”的词语，如“个别、一些、少数、绝大多数、百分之几”等。它们一般作定语或状语，有的也能作主语或宾语。

77. 运用表示范围的词语应注意什么问题？

第一，不要随意省略表示范围的词语。表示部分的词语一般是不能省略的；表示全部的词语有时候可以省略，但省略后表达的意思必须是明确的。

第二，不要造成前后矛盾的现象。表示全部的词语和表示部分的词语一般不能在一句话里同时出现；如果在前后句子里出现，应注意不要自相矛盾。

78. 什么词可以表达数量？数量的表达是不是一定要求十分精确？

汉语中，表达数量主要使用数词、量词和数量词组，此外，少数形容词也可以表达数量。

数量的表达也有确切义和模糊义之分。有时需要确切，有时需要极其精确，有时模糊一些也无妨，这取决于具体的交际场合和交际需要。

79. 数词有哪些类型？

从构成上看，数词可以分为简单数词（如“一、九”）和复合数词（如“十一、九百”）；从意义上看，数词可以分为基数（如“一、十一”）和序数（如“第一、第十一”）。基数表示数目的多少，序数表示事物在计算或排列时的次序。分数、倍数、概数各有特点，但从表示数目的多少看，也可以认为是基数中的几个小类。

80. 运用数词应注意什么问题？

第一，“二”和“两”意义相同，用法不全一样，要注意它们的区别。

第二，数量的减少用分数，数量的增加多用倍数，增加不到一倍时则常用分数。用分数和倍数表示减少或增加，必须交代清楚。

81. 量词有哪些类型？

从意义和用法上看，量词可以分为：①名量词，即表示人或事物的单位的量词，如“个、群、些、斤”等；②动量词，即表示动作行为的单位的量词，如“下、回、阵、遭”等。从构成上看，量词可以分为：A. 简单量词，如上面所举的量词；B. 复合量词，即表示复合单位的量词，如“人次、架次、秒立方米、吨公里”等。

82. 运用量词应注意什么问题？

现代汉语的一个特点是量词应用的普遍化。运用量词要注意：第一，量词同事物或行为动作的搭配要符合语言习惯。第二，量词前面要用数词或“这、那”；只有数词是“一”，在某些情况下才可以把“一”省去。第三，量词一般不能省略，只有在某些特定的格式中才有例外。第四，单音量词可以重叠起来表示“每”的意思，重叠后前边可不加数词，后边可以不用名词。

83. 数量词组有哪些值得注意的用法？

数词和量词的组合叫作数量词组。下面几种用法值得注意：第一，表示物量的数量词组经常作定语，表示动量的数量词组经常作补语。第二，某些动词后边的“数量词组＋名词”，用来从数量方面说明事物的效用、方式、价值、增减等等。第三，数量词组可以重叠，表示轮番、逐次的意思。第四，数量词组有时活用，它们不表示原来的意义，只是言其多，或言其少，或表示杂乱的意思。（文言语句和成语中，数词也有这样的活用。）

84. 现代汉语指称的表达方式有什么特点？

现代汉语有一套比较简明的代词用来表示指称，主要有人称代词、指别词和疑问代词。和古代汉语相比较，汉语里表示指称的方式不断简化，不断完善，到了现代，表示指称的词语数目上由多到少，用法上由繁趋简。

85. 运用人称代词应注意什么问题？

第一，要掌握“我们”和“咱们”的差别。第二，要注意“他、她、它”和“他们、她们、它们”的用法。第三，要注意“自己、自个儿”“人家、人”和“大家”的用法。第四，要注意人称代词活用的现象，懂得“我、你、他”等人称代词在句中有时不是实指，不是定指，而是不定指。第五，要了解书面语中人称代词前面加定语的现象及其作用。

86. 运用疑问代词应注意什么问题？

第一，疑问代词一般用来表示疑问。在表示疑问时，不同的疑问代词各有针对性。第二，疑问代词有时表示反问或感叹，即用在反问句或感叹句里起强调作用，不要求回答。第三，疑问代词有时表示不定指，即用在句中指不确定的人、物或某种性状、数量、程度、动作等。第四，疑问代词有时表示任指，即在句中有强调一切的作用，如“谁”指任何人，“什么”指任何事物等。

87. 运用指别词应注意什么问题？

第一，“这、那”和用“这、那”构成的合成词用来指示区别事物。一般说，“这”表近指，“那”表远指。第二，“这”“那”常常连起来活用，并不确指某个人或某种事物，往往带有强调一切的意思。第三，“这”“那”不仅可以指代一个词、一个词组，还可以指代一个句子、一个句组、一个段落甚至几个段落。此外，“这样”“那么”用在句中既有指代作用，又起关联作用，“这样”多承上，“那么”多启下。

88. 表达因果关系有哪两种情况？它们的典型句式是什么？

人们表达因果关系，即现实因果关系，有两种情况：①说明因果，即就已经知道的原因和结果来说明事物之间的因果联系。典型的句式是“因为 A 所以 B”。有时，先说结果后说原因，比较典型的句式是“A，因为 B”“××之所以 A，是因为 B”。②推论因果，即根据已知的真实的原因，推出未知的正确的结果。典型的句式是“既然 A，就 B”。

89. 运用因果句应注意什么问题？

第一，正确揭示事物间的因果联系。事物间没有因果关系，却用因果句，就会犯“强加因果”的错误；把结果当成原因，就会犯“因果颠倒”的错误；一个原因可以产生几个结果，一个结果的产生可能有几个原因，考虑不全面，就会犯“说法片面”的错误。第二，不要把有因果联系的两件事当作非因果联系地去表达。第三，注意表示因果关系的虚词的运用。什么时候成对使用，什么时候单用，什么时候不用，要根据表达需要，分别处理，各得其宜。

90. 什么是动态？怎样表示动态？

所谓动态，是指动作、行为、发展变化的进展情况，如开始或未开始，完成或未完成等。表示动态的情形不同：或者由动词、形容词的本身来表示，近似形态语言的词形变化，如“让我看看”；或者紧挨在动词、形容词的前后加上虚化比较显著的近于语法成分的词，如“这封信他看了”。

91. 怎样表示尚未完成的动态？

尚未完成的动态有两种情况：一种是尚未开始；一种是已经开始，正在进行。

表示尚未开始的动态，可以采用下面几种方式：①在动词、形容词前加能愿动词，如“能考取”“愿意去”。②单音节动词和一部分双音节动词重叠，如“进来坐坐！”“休息休息吧！”③动词重叠中间再嵌入“一”，如“快上炕上暖一暖！”

表示已经开始、正在进行的动态，可以采用下面的方式：①动词或形容词后边加“着”，表示进行或持续，如“凉爽的风轻轻地吹拂着”。②动词或形容词后边加“起来、下去”之类趋向动词，表示动作性状正在持续下去，如“水涨起来了”“霞光渐渐地淡下去”。

92. 怎样表示已经完成的动态？

表示已经完成的动态，可以采用下面的方式：①动词或形容词后边加上“了、过”，如“看了、看过”。②动词或形容词后边加上一定的趋向动词，如“他脱下大衣就坐下看书”。必须注意：在祈使句中，“动词＋了”“动词＋趋向动词”只表示将要完成，如“你快把大衣脱了吧！”“脱下大衣坐下！”

93. 语气和语气词是一一对应的吗？

告诉别人一件事，用陈述语气；询问别人一件事，用疑问语气；要求或制止别人做某件事，用祈使语气；表示某种强烈感情，用感叹语气。一种语气又有不同的情态；同一语气，用词不同，情态就有一定差别。各种语气情态，都可以使用语气词。语气和语气词并不是一一对应的。一个语气词可以表示不同的语气，一种语气也可以用不同的语气词来表示。

94. 陈述句的语气词主要有哪些？

大多数陈述句不带语气词。需要的时候，也可以用语气词。所用的语气词，主要有“的”“了”“呢”“嘛”“吧”等。陈述句带上不同的语气词，语气情态就有所不同。

95. 疑问句有几种？可以带什么语气词？

疑问句有三种：①是非问句。这是一种要求回答“是”或“非”，“有”或“没有”的疑问句，由陈述句带上疑问语调构成，有时带语气词“吗”“吧”。②特指问句。这是一种要求回答句中疑问代词所指内容的疑问句，包含疑问代词是构成这种句式的主要因素，有时带语气词“呢”或“啊”。③选择问句。这是一种要求选择一项来回答的疑问句，采用肯定否定相叠的方式，有时带语气词，主要是“呢”。此外，问句的形式可以用来反问，成为反问句。反问是明知故问，反问句表达跟陈述句相同的语义。

96. 祈使句可以带什么语气词？

祈使句表示的祈使语气有刚柔缓急之别，可以不用语气词，也可以带语气词“吧”“了”“啊”。“吧”多用在要求别人做某件事的祈使句，“了”多用在要求别人不做某件事的祈使句，如“快走吧，别看了!”

97. 感叹句常带什么语气词？

感叹句带有强烈感情，带有感叹语气，表达喜、怒、哀、乐、惊、忧、恐等多种多样的情态，句末常带语气词“啊”。

“啊”有时发生音变。由于前边音节的韵母不同，“啊”分别念“ya、wa、na”等，有人就分别写成“呀、哇、哪”等。

（原载《语文教学与研究》1983 年第 5～7 期）

附　　录

一　有关词性的几个问题

（一）词类和词性

词类是词的语法分类，是根据词的语法功能划分出来的词的类别。

任何事物都可以从不同的角度分类。词也是这样。根据音节的不同，可以分为单音词和复音词；根据结构的不同，可以分为单纯词和合成词；根据来源的不同，可以分为外来词、文言词等等；根据语法功能的不同，可以分为名词、动词、形容词等等。语法书告诉我们，现代汉语的词包括名词、动词、形容词、数词、量词、代词、副词、介词、连词、助词、叹词十一类，这里指的就是词类。

词性是词的语法属性，是词在语法类别上显现出来的特性。

每一个词都有一定的语法特性。比如“桌子”这个词，可以说“一张桌子、两张桌子”，但不能说“不桌子、很桌子”，这就是“桌子”一词在语法类别上显示出来的特性，而这种特性是名词的特性，所以“桌子”是名词。又如“漂亮”这个词，可以说“不漂亮、很漂亮”，但不能加数量修饰，不能带宾语，这就是“漂亮”一词在语法类别上显示出来的特性，而这种特性是形容词的特性，所以“漂亮”属于形容词。在语法练习中，我们常常见到这样的题目：“指出下列各词的词性：观众、观看、美观……。”这是要求我们判明“下列各词”的语法属性，指出它们属于哪一类，如指出“观众”是名词，“观看”是动词，“美观”是形容词。

词类着眼于总体，说的是词性相同的一类的词；词性着眼于个体，说的是类属相同的一个一个的词。词类和词性是从不同的侧面对事物进行概括的结果。

（二）根据什么判明词性

判明词性，必须根据词在语法功能上的特点，即“语法特点”。只有根据语法特点，判别词性才有客观标准，才能有把握地给词定性归类，才可以避免主观臆断，避免出现那种“仁者见仁，智者见智”的情况。看下面的对话：

老师：“刚才”是什么词？为什么？

学生甲：“刚才”是名词，因为它表示时间。

学生乙：“刚才”既然表示时间，它就应该是副词。

这里，学生甲和学生乙都是根据意义来判别“刚才”一词的词性。事实上，名词里有时间名词，表示时间，副词里有时间副词，也表示时间，只从意义上指出“表示时间”，用以说明“刚才”是名词或副词，谁也说服不了谁。如果抓住语法特点，指出“刚才”可以用在“在、到、比”等介词后边，一起组成介词结构（如：“这件事就发生在刚才。”“到刚才，什么事都还没发生。”“情况比刚才好多了。”），符合名词的语法特点，而不符合副词的语法特点，因此是名词，这就可以令人信服了。再看下面的对话：

老师：“起码”是个什么词？为什么？

学生甲：“起码”是形容词，因为它表示事物的性状。

学生乙：“起码”是形容词，因为它能受程度副词的修饰，不能带宾语，如“最起码的条件”，“最起码必须走三天”，“修建八栋宿舍是最起码的”，可见它符合形容词的语法特点，应归形容词。

学生甲和学生乙“是形容词”的结论都对。但学生甲赖以引出结论的根据是意义，不能令人信服，因为你认为这个词表示性状，别人可不一定认为这个词表示性状。学生乙抓住语法特点来判别“起码”的词性，他的判断是难以反驳的。

紧紧扣住词的语法特点，这是在给词定性归类时的一个基本要求。下面再举几个例子来说说。

1. “如今”

“如今”可以用在“到”的后面，说成“到如今”，它有时充当定语，如“如今的事”，可见它是名词（时间名词），而不可能是副词。

2. “无谓”

“无谓”可以受程度副词“太”的修饰，不能带宾语，比如：“为这点小事吵架，太无谓了！”可见这个词虽然在字面上有点像动词，但它符合形容词的语法特点，可以判定是形容词。

3. “许多”

“许多”能跟量词组合，一起作定语或一起作补语，如：“许多套家具”“许多种杂志”“唱了许多遍”“去了许多回”。形容词不能像这样直接地同量词组合，可见这个词是数词，而不是形容词。

有的词，在不同的语法环境中具有不同的特性，属于不同的词类。要判明它们的词性，也必须从不同的语法环境出发，紧紧扣住它们的语法特点。举几个例子来说。

1. “加以”

“加以”后边常带由双音动词充当的宾语，如“加以总结”，“加以讨论”；“加以”后边的动词实际上已经名物化，可以带上定语，如“加以科学的总结”，“加以认真的讨论”。既然“加以”能带宾语，它就符合动词的语法特点，可以肯定是动词。

但是，有时“加以”用来连接分句与分句，表示进一层的关系，如：“他非常聪明，加以特别用功，所以进步很快。”这里的“加以”符合连词的语法特点，应归连词。

2. “矛盾”

有时“矛盾”能受表示物量的数量结构的修饰，如“这是性质完全不同的两类矛盾”，符合名词的语法特点。有时“矛盾”能带上时态助词，如“在阶级社会中战争与和平这样矛盾着的事物在一定条件下具备着同一性”，符合动词的语法特点。有时“矛盾”能受程度副词的修饰，如“我心里很矛盾”，符合形容词的语法特点。可见，“矛盾”有时是名词，有时是动词，有时是形容词。

3. “多”

“多”有时能受程度副词的修饰，不带宾语，属形容词，如“人很多”；有时作谓语，带宾语，属动词，如“多了一个人”；有时跟量词组合成为数量结构，属数词，如“他通晓多种科学”，“他来过多次”；有时作状语，表示程度，属副词，如“多有办法!”有时用于特指问句，起询问数量或程度的作用，属代词，如“这块料子多长?”有时黏附于某个结构，表示附加意义，属助词，如“三岁多”。

（三）避免“词性误用”

把属于甲类的词误用为属于乙类的词，这是“词性误用”。这种毛病要注意避免。下面分几个方面举些例子来谈谈。

名词误用为动词。例如：

（1）大家在科研中对“四人帮”的干扰进行了抵制，并且欲望党中央有一天把这帮魔鬼打倒。

（2）我这样说，或者有人将要疑问……

（3）他认为，小生产者都应当集体起来。

“欲望”“疑问”“集体”都是名词，这里误用成了动词，应该分别改为“盼望”“怀疑”“组织”。

名词误用为形容词。例如：

（1）他不爱说话，人很本分，也很本事。

（2）那时候“四人帮”横行，再没有比他们更无赖，更强盗的了！

（3）排球运动员使劲而技巧地托着球，不让对方有空子可钻。

“本事”“强盗”“技巧”都是名词，这里误用成了形容词，应该分别改为“能干”“蛮横”“灵巧”。

动词误用为名词。例如：

（1）今晚我们开迎接元旦的联欢。

（2）有人散布种种捏造，我们要追查。

"联欢""捏造"都是动词，这里误用成了名词。"联欢"应改为"联欢会"，"捏造"应改为"谣言"。

动词误用为形容词。例如：

(1) 这小伙子很刻苦，很钻研，将来一定很有出息。

(2) 他哈哈笑着，贪图地看着地上的财物。

(3) 老师的临别赠言是那么诚挚，那么勖勉。

"钻研""贪图""勖勉"都是动词，这里误用成了形容词。"很钻研"应改为"肯钻研"，"贪图"应改为"贪婪"，"那么勖勉"应改为"那么有力地勖勉着我"。

形容词误用为动词。例如：

(1) 这位老战士的话充沛着多么可贵的革命激情啊！

(2) 红旗在空中飘扬，歌声在空中嘹亮。

(3) 我对不起您，今天特地给您写信，向您抱歉。

"充沛""嘹亮""抱歉"都是形容词，这里误用成了动词。例 (1) 的"充沛"可改为"充满"；例 (2) 可以说成"红旗飘扬，歌声嘹亮"，让动词"飘扬"和形容词"嘹亮"分别直接充当谓语；例 (3) 的"抱歉"应改为"道歉"。

必须指出：不能把"词性活用"和"词性误用"混为一谈。有时，由于表达的需要，凭借上下文的条件而临时转变词性，这是"词性活用"，可以取得积极的修辞效果。例如：

(1) 这个连长太"军阀"了！(曲波《山呼海啸》上册)

(2) 老大在闹革命那年"自由"下一个婆姨，一个孩子而今也满院跑了。(柳青《在故乡》)

"军阀"是名词，这里活用成形容词，表示"军阀作风太严重了"的意思。"自由"有时可用作名词，有时可用作形容词，这里活用成了动词，表示"以自由恋爱的方式找下"的意思。"军阀""自由"都加上引号，表明是特殊用法。这样的特殊用法，显然可以增强语言的情味。

(原载《湖北电大通讯》1983 年第 2 期)

二　词的归类的几种方法

有的词，语法特点比较明显；有的词，并没有什么明显的语法特点。有的词，可以直接指明其词性；有的词，却只能用间接的方法说明它属于哪一类。情况不同，采取的方法也应有所不同。下面，介绍直接判定、排他、类比等方法。

（一）直接判定

所谓直接判定，是根据某类词的语法特点直接判定某个词属于某一类。这是通常采用的方法。它的公式是：

凡符合A类语法特点的，属A类。
X符合A类的语法特点，
所以，X属A类。
凡符合B类语法特点的，属B类。
Y符合B类的语法特点，
所以，Y属B类。

举几个词为例。

1.“例如”

这个词可以带名词或名词性结构，而所带的名词或名词性结构只能分析为宾语。例如：

（1）有些地方的游击战争，全部活动地区开始都是游击区，例如冀东的游击战争。

（2）现在许多地方的游击战争，例如五台山等处，是由正规军派出强大的支队去发展的。

“例如冀东的游击战争”和“例如五台山等处”都只能分析为动宾结构，而不可能分析为别的什么结构。尽管这类动宾结构比较特殊，在句子里是充当独立成分，但不能否认“例如”是带上了宾语。这就是说，“例如”符合作为动词的充足条件，可以直接判定它是动词。跟“例如”相当的还有“比如、譬如”等，它们也是动词。

2. “着想”

这个词在句子里总是出现在“为……”“替……”“从……”等的后边，受这些介词结构的修饰，有的还可以带上时态助词“过”。比如，“为大家着想”，“从大处着想”，“你什么时候替我着想过?”

能够在“为谁X过”这类格式中X位置上出现，这是作为动词的充足条件。“着想”既然符合这一条件，它无疑是动词。

3. “不便”

这个词，可以受程度副词的修饰，不能带宾语。比如：“在这儿吃住很不便，交通更不便。”又如：“甲：我不便去找他。乙：你不便我更不便。”

能受程度副词修饰，并且不能带宾语，这是作为形容词的充足条件。“不便”既然符合这一条件，自然可以判定它是形容词。

顺便指出，用在动词前边作状语的“不便”，跟用在动词前边作状语的“难、容易”之类特性相同，它们都是形容词。比较：

不便：不便进，更不便出。
→进不便，出更不便。

难：难进，更难出。
→进难，出更难。

容易：容易进，更容易出。
→进容易，出更容易。

4. “总算”

这个词具有“纯状语性”。它除了用在动词、形容词前边作状语之外，不能在其他语法环境中出现。例如：

(1) 哎呀，总算又找到你了!

(2) 小高呢，从小当篾工，总算在家里念过几天书。

(3) 小孩子的字能写成这样，总算不错了。

从字面上看，“总算”有点像动词。但是，我们抓住了“纯状语性”这一点，可以毫不迟疑地断定它是副词。

（二）排他

所谓排他，是通过排斥其他各种可能，借以肯定只有某种可能。这一方法，在某个词缺乏明显性的时候，可以采用。它的公式是：

或者是A类，或者是B类，或者是C类，

X不可能是A类，不可能是B类，

所以，X是C类。

举几个词为例。

1.“必然”

这个词可以充当句子成分，不可能是虚词。在实词里，它不可能是名词、动词和代词，更不可能是数词或量词。剩下来，还有两种可能：或者是副词，或者是形容词。

“必然”可以作定语，如“必然产物，必然结果，必然趋势”；可以在谓语部分里用于“是……的”之间，如“这是必然的”。有时“必然”也作状语，但是我们可以通过结构变换的方法，说明它仍然有出现于“是……的”之间的可能。如“必然取得最后胜利”，可以变换为“取得最后胜利是必然的”。所有这些，都不是副词所能具有的特点。

这个词，要直接地判定它是形容词，理由不够充足。因为，它不能受程度副词的修饰，不完全符合形容词的“能受程度副词的修饰，不能带宾语”这一必要而充足的条件。虽然它可以作定语，可以用在“是……的”之间，但这是不能用来作为判定它是形容词的充足理由的，因为别类词也可以这么办。现在，通过排他排除了其他各种可能，特别是排除了副词，我们就可以有把握地判定它是形容词了。

2.“空前”

要直接地判定这个词的词性，更是困难。我们也可以采取排他的办法。

这个词，或者是副词，或者是时间名词，或者是动词，或者是形容词，此外没有别的可能。

首先，“空前”尽管可以作状语，如“空前繁荣”，但不可能是副词，因为他有这样的用法：

(1) 一八八七年，他刚刚九岁时，一场空前的水灾毁灭了他家的土地、房屋和牲畜，夺去了他全部亲人的生命。

(2) 这次规模空前的盛会，检阅了成就，训练了队伍。

例 (1) 里“空前”充当“水灾”的定语，例 (2) 里的“空前”充当“规模”的谓语。这是副词不可能具有的特点。

其次，“空前”尽管在意义上跟时间概念有联系，但不可能是时间名词。因为，时间名词可以用在介词后面，组成介词结构，如“从前”→“在从前”，“目前”→“到目前”；“空前”不能用在“在、到”等的后边，不具有时间名词的特点。

再次，尽管在“空前绝后”这样的结构里，“空前”是动词性的结构——动宾结构，但作为一个词单用，“空前”不具有动词的任何特点，如不能带宾语，不能带“着、了、过”，不能受“没”否定等等，因此，也不可能是动词。

通过排他，只剩下形容词一项。我们再结合它可以充当定语、谓语的功能来考虑，就完全可以判定，它是个形容词。

3. “人身”

要直接判定这个词的词性，也有困难。我们同样可以采取排他的办法。

这个词，或者是副词，或者是形容词，或者是名词。此外，没有别的可能。

首先，“人身”不是副词。“人身自由、人身事故”这样的用法，是副词不可能有的。

其次，也不是形容词。比如“恶毒攻击”，“恶毒”是形容词，后面可加“地”，说成“恶毒地攻击”，而“人身攻击”则不能说成“人身地攻击”。相反，“人身攻击”可以扩展为“人身受到攻击”，形容词不能这么办。

通过排他，只剩下名词一项，我们再结合它可以充当主语（“人身受到攻击”）的功能来考虑，就完全可以判定，它是个名词。

（三）类比

所谓类比，是已知甲词属某类，由此推知只能跟甲词同类的乙词也属某类。这一方法，在某个词难以直接判别其词性时，也可以采用。它的公式是：

X 只能跟 Y 同类。

Y 是 A 类，

所以，X 也是 A 类。

举几个词为例。

1. “会心”

这个词，动、形、名的比较明显的语法特点都难找到。在“会心的微笑”这样的用法里，像动词，也像形容词，因为动词、形容词都可以占据“会心”的位置（如“赞赏的微笑”，“赞赏”是动词；“亲切的微笑”，“亲切”是形容词）。在“别有会心”这样的用法里，像是动词，但也不能肯定不是名词，因为动词、名词都可以占据“会心”的位置（如“别有领悟”，“领悟”是动词；“别有天地”，“天地”是名词）。

“会心”和“会意”相同。尽管能用“会意”的地方不一定都能用“会心”，但凡能用“会心”的地方都能用“会意”，这说明，“会心”在意义上、用法上从属于“会意”，跟“会意”是有同类关系的。

“会意”可以证明是动词，如：“他一使眼，我就会意了。”这是动词经常出现的语法环境。虽然形容词也能在这样的语法环境中出现（如“天一冷，树叶就黄了”），但“会意”不具备形容词的明显特点，不可能归形容词。所以“会意”只能是动词。

既然无法证明“会心”是动词以外的别类词，而它又跟动词“会意”同类，那么，可以判定它也是动词。

2. “相反”

“相同”是形容词，它可以受“很不”或“不很”的修饰（“很不相同”“不很相同”），不能带宾语。吕叔湘先生把它归入形容词，跟“一致、一样”等放在一块。

“相反”和“相同”意义相对，结构相同，用法上也有许多相似之处。比较：

完全相同的看法

完全相反的看法

他们的意见完全相同

他们的意见完全相反

另外，“相反”和“相同”一样，不能带宾语，也找不到其他能证明它是动词的充足理由。

既然这样，“相反”也应跟“相同”一样，归入形容词。

3. “无须”

这个词有人说是动词，有人说是副词。如果是动词，“无须操心”“无须告诉你”是动宾结构，其中的“操心”“告诉你”是宾语；如果是副词，“无须操心”“无须告诉你”是偏正结构，其中的“无须”是状语。究竟是动词还是副词，从“无须”本身很难求得令人信服的答案。

“无须”和“不必”都是对“必须”的否定，意义完全相同，用法也差不多。比较：

（1）这件事，你无须操心。
这件事，你不必操心。

（2）这件事，无须你操心。
这件事，不必你操心。

“不必”肯定是副词。跟“不必”意义相同、用法相似的“无须”也应当是副词。从反面说，我们没有足够的理由来证明它不是副词。例如：

无须乎大惊小怪！

不必大惊小怪！

我知道怎么干，无须别人插手。

我知道怎么干，不必别人插手。

运用类比方法，进行比较，进行替换，可以看出词的共同性质，便于定性归类。但是，这一方法是在一定条件下才能起作用的。这就是，大前提必须是“X只能跟Y同类”。“只能”意味着X不可能是Y所属的词类以外的别类词。如“会心”，它只能跟动词“会意”同类，而不存在属于动词之外的词类的可能。在这样的前提下，才能判定“会心”应归动词。要是甲乙两词虽然意义上相似和相关，有时可以替换，但在语法特点上可以证明它们分属不同的词类（如“迅速”和“迅即”、“突然”和“忽然”），那么，就不能简单类比，借以证明甲和乙同类，或乙和甲同类。

（四）多种方法的综合使用

为了提高结论的可靠性，增强结论的说服力，直接判定、排他、类比这些方法可以综合使用，让它们互相配合，互相辅助，共同说明问题。

举几个词为例。

1．“可惜”

这个词，可以受程度副词的修饰（如“很可惜、非常可惜、十分可惜”），不能带宾语（如可以说“他摔坏了腿，大家都感到可惜”但不能说“他摔坏了腿，大家都可惜他”）。它符合作为形容词的必要而充足的条件，是形容词。——这是直接判定。

这个词经常用在动词或动词结构的前边，会不会是副词呢？我们可以在保持意义同一的条件下进行结构变换，借以说明作状语的“可惜”还是形容词。例如：

（1）他的著作，可惜全都散失了。

（2）他的著作全都散失了，真可惜。

（3）他的著作全都散失了，这是十分可惜的事。

具有“纯状语性”的副词，不可能采取这样的变换方式。可见，“可惜”也不是副词。——这是排他。

直判辅之排他，对“可惜”词性的判定就更有把握。

顺便指出，“可惜”有时包含有“糟蹋”的意思，常带“了”，如“可惜了这块材料”。这样的“可惜”是动词，跟上面所说的“可惜”不同。

2．“而今”

“而今”可以直接用在介词的后边，跟介词组成介词结构，如“到而今”。具有这样的特点的，一般是名词。——这是直接判定。

“而今”就是“现在”。凡能用“而今”的地方都能用“现在”。“现在”是名词，“而今”自然也是名词。——这是类比。

有直判又有类比，“而今”是名词的结论更能令人信服。

3．“不一”

用直接判定法判定这个词的词性，比较困难。我们可以采取别的方法。

首先，除了形容词、动词或副词，“不一”不可能是别类的词。它不会是副词，因为它总是充当谓语，如“质量不一，长短不一，意见不一”。它也不会是动词。因为找不到属于动词的任何特点。既然这样，就只有可能是形容词了。——这是排他。

“不一”和“一样”“一致”相对，如“长短不一—长短一样”，“意见不一—意见一致”。它们的词性应相同。“一样、一致”是形容词，“不一”也应是形容词。——这是类比。

有排他，有类比，可以更有力地肯定这个词是形容词。

4．“就是了”

这是个短语词。它附着在句子末尾表示“不必疑虑”或“如此而已”的语气。例如：

（1）我们说到做到，你放心就是了。

（2）这事谁不知道？我不过不说就是了！

前一例里表示“不必疑虑”，后一例里表示“如此而已”。去掉它，不影响句子的基本结构，不变动句子的基本意思。所有这些，都符合作为语气词的条件。可见，它应归入语气词。——这是直接判定。

这个“就是了”，不可能分析为谓语，更不可能分析为补语或别的成分，不会是实词。就虚词说，它也不可能属介词、连词等。剩下来，只有可能归语气词。——这是排他。

表示“不必疑虑”的“就是了”，相当于“便了”；表示“如此而已”的“就是了”，相当于“罢了”。它或者能替换为“便了”，或者能替换为“罢了”。“便了”“罢了”是语气词，“就是了”也应归语气词。——这是类比。

这里，直判、排他、类比三种方法都运用了。这三种办法彼此配合，相辅相成，能更好地证明结论的可靠性。

方法的运用是灵活的。以上我们分别举出一些词来分析，目的在于说明怎样运用某种方法，绝不是说，判定一个词的词性，就只能用那一种或那几种方法，而不能用别的方法。究竟用哪种方法，不用哪种方法，先用哪种方法，后用哪种方法，这些都决定于具体情况和实际需要，应以说明问题、解决问题为准则，不能定下固定的程式。

（节选自邢福义《词类辨难》，甘肃人民出版社 1981 年版，略有删改）

复句与关系词语

编者的话

语言是人类一切共同活动的基础，是人类须臾不可离的重要工具。因此，普及语言知识，使广大群众，特别是广大青年，认识到学习语言的重要意义，从而自觉地学好自己的母语，这对提高全民族的科学文化水平，加速社会主义物质文明和精神文明的建设，都将具有不可忽视的作用。

语言科学需要发展，汉语规范化的各项任务需要认真地落实，积极地完成，这就要求我们抓紧时间培养出一批语言研究和语言教学的专业人才。

我们编辑这套“汉语知识丛书”，就是想为汉语知识的普及和专业人才的培养贡献一些力量。

“汉语知识丛书”力求把普及和提高结合起来，也就是说力求做到既有基础知识的介绍，也有对学术问题的探讨；既有对语言实际运用的指导，也有对语言理论比较深入的阐述。

在学术问题上，我们尊重著者们各自的观点，不在这方面提出编者的要求。因此这套丛书中在涉及语言观点，特别是语法体系时，很可能出现分歧甚至对立。这应该看作正常的现象，唯有真正做到百家争鸣，才能促使科学迅速发展。读者对不同观点进行认真的比较，将会启发自己更加深入地思考有关的问题。

“汉语知识丛书”共分三辑：第一辑，语言的一般知识；第二辑，现代汉语知识；第三辑，古代汉语知识。

编者力量薄弱，常用举鼎绝膑之感，因此诚恳地希望专家和读者及时地提出宝贵意见，对我们的工作给予指导。

第一节 复句和关系词语简说

一 什么是复句

复句是包含两个或两个以上分句的句子。

关于复句，应该明确下面几个问题：

第一，一个复句是一个句子。任何句子，包括复句，都有一个统一全句的语调，句末有较大的停顿，书面上用句号或者问号、感叹号。

第二，每个复句，都包含两个或两个以上的分句。复句里的分句，可以由主谓句充当，也可以由非主谓句充当。非主谓句包括动词性非主谓句，即通常所说的无主句，还包括名词性非主谓句，即通常所说的独词句或独语句。常见的情况，是主谓句和主谓句组成复句，分别充当分句；有时，主谓句和非主谓句，非主谓句和非主谓句，也可以组成复句，分别充当分句。从这个意义上说，复句是由两个或两个以上主谓句或非主谓句组成的句子。

第三，复句里的各个分句，是相对独立的，同时又是互相依存的。

所谓相对独立，是说：每个分句都有“句”的性质和地位，甲分句不是乙分句里的一个成分，乙分句也不是甲分句里的一个成分。

所谓互相依存，有三个方面的意思：（一）甲分句和乙分句产生一定的关系，这就是说，它们处在一定的关系之中。（二）甲分句和乙分句往往由特定的关系词语联结起来，特定的关系词语往往形成特定的句式。这就是说，它们往往出现在特定的句式之中。（三）甲分句可以依赖于乙分句而省略某个成分，成为“蒙后省”的分句；乙分句可以依赖于甲分句而省略某个成分，成为“承前省”的分句。这就是说，它们可以互相依赖而有所省略。

第四，分句和分句之间，有比较明显的停顿，书面上用逗号、分号等表示这种停顿。如果没有明显的停顿，两个分句紧缩在一起，中间不用表示分句停顿的标点符号，便成为紧缩句。

看下面四组例子：

[第一组]

(1) 这个问题如果不解决，我们这些人就交不了帐。(《邓小平文选》365 页)

(2) 山青了，树绿了，花开了，梅江水哗哗的响声也变得格外清脆了。(刘兰生《探索星空奥秘的年轻人》，初中《语文》第三册 106 页)

例 (1) 有两个分句，都由主谓句充当，即“主谓句＋主谓句”。例 (2) 有四个分句，都由主谓句充当，即“主谓句＋主谓句＋主谓句＋主谓句”。

[第二组]

(3) 忽然乌云密布，下了一阵大雨。(佚名《学画》，小学《语文》第二册 91 页)

(4) 起风了，门前那棵古怪希奇的古树在“扑簌簌”作响。(董秋生《“引诱者”罪》，《芙蓉》1983 年第 4 期 129 页)

(5) 徐枫将窗子关上，啊，好大的风。(杨杰《我们这一茬》，《清明》1983 年第 3 期 78 页)

(6) 半月春风，草绿了，桃花打苞了。(谢璞《二月兰》，湖南人民出版社 1963 年版 32 页)

例 (3) 有两个分句，前分句是主谓句，后分句是无主句，即“主谓句＋无主句”。例 (4) 有两个分句，前分句是无主句，后分句是主谓句，即“无主句＋主谓句”。例 (5) 有两个分句，前分句是主谓句，后分句是独语句，即“主谓句＋独语句”(“啊”是独立成分)。例 (6) 有三个分句，前一个分句是独语句，后两个分句都是主谓句，即“独语句＋主谓句＋主谓句”[①]。

［第三组］

(7) 喔，下雨啰，结冰啰。（陆星儿《达紫香悄悄地开了》，《收获》1983 年第 4 期 125 页）

(8) 多么熟悉的山路，多么难忘的生活！（谭谈《小路遥遥》，《芙蓉》1983 年第 4 期 130 页）

(9) 一阵铃声，上课了。（《人民日报》1971 年 5 月 24 日）

(10) 突然一阵雷声，下起大雨来了。（佚名《送雨衣》，小学《语文》第二册 51 页）

例（7）有两个分句，都由无主句充当，即“无主句＋无主句”（“喔”是独立成分）。例（8）有两个分句，都由独语句充当，即“独语句＋独语句”。例（9）有两个分句，前分句是独语句，后分句是无主句，即“独语句＋无主句”。例（10）也有两个分句，也分别由独语句和无主句充当，即“独语句＋无主句”。

［第四组］

(11) 我在桌前坐下，随手拿起一张报纸来看。（冰心《小橘灯》，初中《语文》第二册 99 页）

(12) 金华愣了半天，然后又和安倩对看了一眼，起身传达命令去了。（黄蓓佳《秋色宜人》，《收获》1983 年第 4 期 37 页）

(13) 望见这天然屏障，邹丽梅反倒安心了。（从维熙《北国草》，《收获》1983 年第 3 期 193 页）

(14) 一连坐了几天火车，又坐了一整天的汽车，毕小龙和杨水生来到了一个崭新的世界！（谭谈《小路遥遥》，《芙蓉》1983 年第 4 期 139 页）

例（11）有两个分句。前分句是主谓句，后分句也是主谓句，但主语承前分句的主语而省略，即“主谓句＋省略句”。例（12）有三个分

---

① 关于名词性非主谓句充当分句，参看邢福义《论定名结构充当分句》（《中国语文》1979 年第 4 期）。

句。前一个分句是主谓句，后两个分句的主语都承前省略，即“主谓句＋省略句＋省略句”。例（13）有两个分句。后分句是主谓句；前分句也是主谓句，但主语蒙后分句的主语而省略，即“省略句＋主谓句”。例（14）有三个分句。第三个分句是主谓句，第一、第二分句的主语蒙后省略，即“省略句＋省略句＋主谓句”。

从理论上、原则上说，复句有自己的特点，跟单句的界限应该是清楚的。然而，在实际上，单句和复句往往纠缠不清，一个句子究竟是单句还是复句，有时很难确认，大家的意见可能很不一致[①]。这里，我们不讨论单复句的界限问题。我们要指出的，是从典型的现象看，从单句和复句的两个极端看，它们的区别还是明显存在的，因此，单复句界限不清的问题并不影响我们专门讨论复句的问题。比较这两个例子：

（15）小李和小孙都考上了大学。

（16）小李考上了大学，小孙也考上了大学。

这两个例子的内容是相同的，但前一例只由一个主谓句构成，它是单句，后一例由两个主谓句构成，它是复句。

本书所涉及的复句，一般都是比较典型的复句。

二　因果类复句、并列类复句和转折类复句

根据分句与分句之间的关系，我们把复句分为因果类复句、并列类复句和转折类复句三大类。

因果类复句，指分句与分句之间有着因果联系的一类复句。主要包括：（一）客观地述说事物间的因果关系的复句，简称“因果句”；（二）根据某种理由来推断事物间的因果联系的复句，简称“推断句”；（三）根据某种假设来推断事物间的因果联系的复句，简称“假设句”；（四）根据某种条件来推断事物间的因果联系的复句，简称“条件句”；（五）根据某种条件来推断事物间的因果联系，同时又有明显的假设意

① 可参看郭中平《单句复句的划界问题》（《中国语文》1957 年第 4 期）。

味的复句，简称“条件假设句”；（六）从行动和目的的关系的角度来揭示事物间因果联系的复句，简称“目的句”。

并列类复句，指分句与分句之间只有并举关系而没有因果联系的一类复句。包括：（一）平排并举的复句，简称“并列句”；（二）按动作先后顺序列举情况的复句，简称“连贯句”；（三）以递进的方式列举情况的复句，简称“递进句”；（四）以选言的方式列举情况的复句，简称“选择句”。

转折类复句，指分句与分句之间具有逆转关系的一类复句。逆转关系，有的是因果性逆转，即结果与原因相忤逆；有的是并列性逆转，即并举的两事之间有转折。这类复句包括：（一）单纯的转折复句，简称“转折句”；（二）先让步后转折的复句，简称“让步句”；（三）假言否定性的转折复句，简称“假转句”。

为了便于查看，下面将各类复句列成一表：

复句大类	复句小类	举例
因果类复句	因果句	因为他提交了论文，所以人家才邀请他。
	推断句	既然他提交了论文，人家准会邀请他。 既然人家邀请他，准是他提交了论文。
	假设句	如果他提交论文，人家就会邀请他。
	条件句	只有他提交论文，人家才会邀请他。
	条件假设句	只要他提交论文，人家就会邀请他。
	目的句	他决定提交论文，以便人家邀请他。
并列类复句	并列句	他提交了论文，我提交了对学会工作的书面意见。 他既提交了论文，又提交了对学会工作的书面意见。 他是提交了论文，而不是提交了对学会工作的书面意见。
	连贯句	他提交了论文，接着又提交了对学会工作的书面意见。
	递进句	他不但提交了论文，而且提交了对学会工作的书面意见。
	选择句	参加这次会议的人，或者提交了论文，或者提交了对学会工作的书面意见。

续表

复句大类	复句小类	举　　例
转折类复句	转折句	他提交了论文，但是没有提交对学会工作的书面意见。
	让步句	虽然他提交了论文，但是人家没有邀请他。 即使他提交论文，人家也不会邀请他。 无论他提交多么好的论文，人家都不会邀请他。 人家宁可邀请水平低一点的人，也不邀请他。
	假转句	因为他提交了论文，否则人家不会邀请他。 除非他提交论文，否则人家不会邀请他。 要么提交论文，否则就得提交对学会工作的书面意见。

确定以上复句的类别，是根据产生于分句与分句之间的关系。我们严格遵守这一原则。比如，用“如果……就……”构成的复句和用“即使……也……”构成的复句通常被归为一类，都叫作假设句，这显然只着眼于前一分句，而不管前后分句之间的联系。从前后分句的联系看，这两种复句一是顺承，一是逆接，很不相同，因此我们把它们分别归入了因果类复句和转折类复句。

我们尽量采用通行的术语。但为了能够反映比较重要的语言事实，不得不增添了“假转句”。另外，为了能够比较深入地揭示语言事实，不得不采用了“容认性让步”“虚拟性让步”“抉择性让步”等说法。

三　什么是关系词语

这里所说的关系词语，是指可以用来联结分句与分句，标明分句与分句之间的关系的词语。

关于关系词语，应明确以下两个问题：

第一，标明抽象的关系，可以成为表示特定关系的复句形式标志。例如：

(1) 孟人霞虽然已经作了体检，但还不是最后决定。既然情况有出入，还需要调查。如果属实，可以纠正。（曹玉林《祠堂里

的学校》，《当代》1982 年第 3 期 172 页）

这里有三个复句。“虽然……但……”标明第一个复句有让步转折关系，是让步句的形式标志；“既然……（就）……”标明第二个复句有推论因果的关系，是推断句的形式标志；“如果……（就）……”标明第三个复句具有假设的因果关系，是假设句的形式标志。让步关系、推论关系和假设关系都是抽象的关系，而不是具体句子的含义。

第二，可大可小，词性多样，有的并不属于同一个语言单位。

首先，单位可大可小，既包括词，也包括“语”。如“如果”是词，“如果说”实际上是“语”，或者是短语词。又如“否则”是词，“否则的话”实际上是“语”，或者是短语词。

其次，词性多样，既包括连词，也包括副词，还包括别类的词语。比如“无论……都……”，“无论”是连词，“都”是副词。又如“或者……或者……”表示选择关系，是连词，“是……还是……”也表示选择关系，却是主要依靠判断动词构成的关系词语。

再次，有的并不属于一个语言单位，尽管可以结合起来标明某种关系，但并没有组合起来成为一个整体。比如“不但不……反而……”，其中的“不但不”不是一个语言单位。“不但不哭，反而笑了起来”，从结构层次上说，是“不但/不哭”，而不是“不但不/哭”。

总而言之，关系词语是根据联结分句、标明关系的共同点聚合拢来的一些词语的总称，它撇开了词和词组的区别，撇开了甲类词和乙类词的界限，有时甚至突破了结构层次的限制。

四 关系词语对复句关系的显示、转化和强调

凡是关系词语，都可以用来标明复句关系。然而，由于添加关系词语的基础不同，标明复句关系时又有显示、转化和强调的区别。

所谓显示，是说：本来两个分句之间隐含某种关系，人们运用表明这种关系的关系词语把这种关系显示出来。比如：“她很用功，因此成绩很好。”“很用功”和“成绩很好”之间本来存在因果关系，“因

此”显示了这种关系。又如：“她很用功，但成绩不好。”“很用功”和“成绩不好”之间本来存在转折关系，“但”显示了这种关系。

所谓转化，是说：本来两个分句之间隐含甲种关系，或者本来两个分句之间已用某种关系词语标明了甲种关系，人们却添加表示乙种关系的词语，使之转化成为乙种关系。比如：“他既有学问，又不耻下问。”“既……又……”标明了这个复句是并列句。如果添加表示转折的“但”，说成“他既有学问，但又不耻下问”，就把并列句转化成了转折句。

所谓强调，是说：本来两个分句之间隐含某种关系，这种关系已用某种关系词语有所显示，人们却再用更加明显地表示这种关系的词语，把这种关系强调了出来。比如：“这种浪费现象即使不严重，也应该引起我们的高度重视。”“不严重”和“应该引起我们的高度重视”之间本来有转折关系，“即使……也……”是表示先让步后转折的句式，因此已经显示了这种关系，但是，如果觉得还需要强调，就可以添加“但”，说成：“这种浪费现象即使不严重，但也应该引起我们的高度重视。”这样，这个复句的转折关系便被突出地强调出来了。

明确关系词语对复句关系的显示、转化和强调的区别，对于了解复句形式和内容的关系、甲种形式和乙种形式的关系，不无好处。这本书中，在分析关系词语形成的各种具体句式时，我们有时使用这三个概念。

本书主要讨论关系词语。但关系词语是个庞杂的概念，不必多加讨论的，或者在能不能算关系词语上大家的意见不一定一致的，本书一般不涉及。

第二节　因果类复句常用的关系词语

一　因果句式："因为……所以……"

（一）"因为……所以……"句式和同类说法

"因为……所以……"表示述说性因果关系，是因果句的代表句式。例如：

（1）因为他想跟苦三儿说说话的心情越来越急切，所以送饭的间隔也越来越缩短了。（常庚西《深山新喜》，《长城》1982年第1期141页）

"因为"用于表示原因的分句。可以用在主语前边，如上面的例子；也可以用在主语后边、谓语前边。例如：

（2）贫农，因为最革命，所以他们取得了农会的领导权。（毛泽东《湖南农民运动考察报告》）

"因为"也可以说成"由于"。例如：

（3）由于我们党员的政治觉悟、斗争经验、工作岗位、文化程度、社会活动的条件，都各不相同，所以，各个同志需要特别注意修养或者着重注意修养的方面，也就会各有差别。（《刘少奇选集》上卷109页）

（4）由于深，所以湖水并不浑浊。（张承志《黑骏马》，《小说月报》1983年第4期29页）

"因为、由于"有时跟表示语气的"的缘故"配合使用。例如：

（5）因为这个错误长期残留在党内的缘故，因为在党内揭发与反对这种错误之斗争异常不够的缘故，更因为这种错误是在实际工作与实际斗争中千百次重复表演的缘故，所以它给党、给革命的损害也最大。(《刘少奇选集》上卷23页)

"所以"用于表示结果的分句。如果结果分句出现主语，"所以"一定用在主语前边。以上各例，"所以"都出现在结果分句的主语之前。

"所以"也可以说成"因此、因而、故"等。例如：

(6) 因为任何缺点和错误，都是对人民不利的，因此也就对党不利。(《刘少奇选集》上卷350页)

(7) 由于不了解武装斗争在中国革命中的重要性，因而犯了不重视军队工作，不学习军事知识的错误。(《刘少奇选集》上卷342页)

(8) (晚饭花就是野茉莉。)因为是在黄昏时开花，晚饭前后开得最为闹哄，故又名晚饭花。(汪曾祺《晚饭花》，《十月》1982年第1期196页)

"所以"和"因此"有一点不同，这就是："所以"只能用在表示结果的后分句的主语前边，而"因此"不仅可以用在主语前边，有时也可以用在主语后边。例如：

(9) 由于河床的弯折过于频繁的缘故，河床底零乱的卵石像被人抛得四处皆是，整个草滩因此像个废弃的料石场。(此例见于文学作品，在三十多年后的今天已无法补上具体出处。敬请原谅。——作者注)

原因分句里只要出现"因为"或"由于"，整个复句就有了作为因果复句的明显标志，结果分句里可以不出现"所以、因此"之类。例如：

(10) 因为饿，她已经没有力气跑跑跳跳。(老舍《四世同堂·饥荒》，《十月》1982年第2期158页)

(11) 由于当时党对于全面建设社会主义的思想准备不足，"八大"提出的路线和许多正确意见没有能够在实践中坚持下去。

(《邓小平文选》371 页)

结果分句里只要出现“所以、因此”之类，整个复句同样有了作为因果复句的明显标志，原因分句里可以不出现“因为”或“由于”。例如：

(12) 老炳父子住的地方偏僻，所以来晚了一步。(罗旋《红线记》，《1980 年全国优秀短篇小说评选获奖作品集》，上海文艺出版社 1981 年版 403 页)

(13) 已经开始上山了，因而端坐的姿势使人感到有些后倾。(袁和平《沼泽地带》，《十月》1982 年第 1 期 172 页)

(14) 选举只能每二年进行一次，过多的选举，没有必要，并将妨害工作，因此，除代表大会外还需召集代表会议来检讨与布置工作。(《刘少奇选集》上卷 362 页)

(二) 因果联系的已然和未然

“因为……所以……”句式和同类说法一般表示已然的因果联系，即就已实现的事情来述说因果。

但是，“因为……所以……”句式和同类说法所说的原因和结果不一定都是已然的。这有三种情况：

1. 原因是已然的，结果是未然的。即由已然的原因引出未然的结果。例如：

(15) 因为人民有这种想法，所以要去试一试和平的但也是麻烦的方法。(《周恩来选集》上卷 273 页)

(16) 在第二类地区，因为平分尚不彻底，贫雇农仍占多数，贫民团的独立领导作用尚未失去，因此应该组织贫农团，并使其在农民中起领导作用……(《周恩来选集》上卷 294 页)

前一例结果分句里有“要”，“要去试一试”是尚未“试”；后一例结果分句里有“应该”，“应该组织”是尚未组织。

2. 原因是未然的，结果也是未然的。即由未然的原因引出未然的结果。例如：

(17) 许多时候须反复失败过多次，才能纠正错误的认识，才能到达于和客观过程的规律性相符合，因而才能够变主观的东西

为客观的东西。（毛泽东《实践论》）

原因分句和结果分句包含“能”“能够”，所说的事都是未然的。

3. 原因是未然的，结果是已然的，即由未然的原因引出已然的结果。例如：

（18）今天下午可能要下雨，因此他把雨伞带走了。

“下雨”尚未成为事实，“把雨伞带走”已经成为事实。

可见，不能绝对肯定地说“因为……所以……”句式和同类说法表示现实的因果关系。不过，这类句式重在客观地述说事物的因果联系，因此，即使所说的事是未然的，也给人以重视客观事实、一切从客观情况出发的感觉。

（三）由因到果和由果溯因

1. 由因到果

结果总是产生于原因之后。因此，因果句一般是前分句表示原因，后分句表示结果，即由原因说到结果。“因为、由于”是显示原因的语法形式。为了取得强调的效果，还可以说成“就因为、正因为、正是因为、正由于、正是由于”等。例如：

（19）就因为他当着我们面说出这样的话，把我们都激恼了。（肖马《钢锉将军》，《当代》1983年第3期22页）

（20）正因为没有人见过龙，这里有龙的想法便变得更加有魅力了。（王蒙《青龙潭》，《小说月报》1983年第4期41页）

（21）正是因为列宁建立了那么一个好的党，才能取得十月革命的胜利，建立了第一个社会主义国家。（《邓小平文选》41页）

2. 由果溯因

有时，人们采用由果溯因的句法，前分句表示结果，后分句表示原因。例如：

（22）这条河里所以有那么多的“傻大姐”生存，因为河的上游，经过一温泉地带……（从维熙《北国草》，《收获》1983年第3期206页）

由果溯因有两种情况：

第一，有的重在分析断定结果产生的原因。在形式上，常用“（之）所以……（是）因为……”之类前后呼应的格式。前面结果分句如果有主语，“（之）所以”之类用在主语后边；后面原因分句不管有没有主语，“（是）因为”之类都用在前头。如例（22）用“所以……因为……”。又如：

（23）我们党之所以有力量，就因为党代表着最广大人民的利益。（胡耀邦《全面开创社会主义现代化建设的新局面》）

（24）党所以能取得上述许多方面的胜利，归根到底，是由于坚持了马克思主义的理论和实际相结合的原理，坚持了马克思主义的人民创造历史的科学原理。（胡耀邦《全面开创社会主义现代化建设的新局面》）

（25）她之所以没有当时揭发这件事，完全是因为她有些怜悯他。（江奇涛《人鸟岛》，《钟山》1983年第3期15页）

只要后分句前头用了“是因为、就因为”之类带“是、就”的表因词语，即使前分句不用“（之）所以”之类，也是分析断定结果产生的原因。例如：

（26）小伙子说出这话，是因为远远看见，老支书忙人阿爷在山脚下放羊哩！（轩锡明《赶马车的小伙子》，《小说月报》1983年第4期84页）

后面原因分句对结果所作的分析断定，有时并列肯定否定两个方面，有时只说否定方面。例如：

（27）党内斗争之所以必要，并不是由于我们主观地嗜好斗争，而是由于在党的发展过程中产生了党内原则上的分歧。（《刘少奇选集》上卷161页）

（28）我不能迁就苏格尔，这不仅仅是因为他是可尊敬的上级。（从维熙《黄金岁月》，《十月》1982年第1期188页）

第二，有的重在补充说明结果产生的原因。语流中，一般是顺着上文说出某种结果，紧接这个结果，又补说一个原因；形式上，只在补说原因的分句前头用“因为”，“因为”前边不用“正（是）、就”之类。例如：

(29) 你该明白我是多么惦念她，因为我深知她前途的泥泞。(张承志《黑骏马》，《小说月报》1983 年第 4 期 19 页)

(30) 几个人的笑谈没能继续下去，因为又开来了一辆引人注目的汽车。(王蒙《青龙潭》，《小说月报》1983 年第 4 期 44 页)

(四)“因为”的介词用法

“因为”有时是介词，用在名词性词语前边，一起组成介词结构作状语。去掉“因为”，后边的名词性词语成不了分句；同时，去掉“因为”，整个句子往往站不住。“由于”情况相同。例如：

(31) 你……不能因为自己，而毁了她的一生。(从维熙《北国草》，《收获》1983 年第 3 期 242 页)

(32) 因为表姐的事，姑妈家整日风风雨雨。(叶文玲《小溪九道弯》，《小说月报》1982 年第 2 期 25 页)

(33) 我也是由于一个偶然的机会，才得知他俩在调查马队长的事。(贺星寒《高空跳板》，《红岩》1982 年第 2 期 231 页)

二 因果句式：“……以致……”

(一)“……以致……”句式和同类说法

“……以致……”述说前后分句之间的因果联系，也是一种因果句式。这一句式，强调乙事受到甲事的强烈影响，而乙事是一种不好的或不正常的结果。例如：

(1) 他被这突然来临的事震动了，以致就像受到电击一般，精神处在半痴半呆的状态之中。(张贤亮《灵与肉》，《1980 年全国优秀短篇小说评选获奖作品集》，上海文艺出版社 1981 年版 226 页)

(2) 她凝望得那么专心，以致我站在门口半晌她也没有察觉。(王火《白下归梦》，《收获》1983 年第 3 期 68 页)

例 (1)，“……精神处在半痴半呆的状态之中”是受到“被这突然来临的事震动”的强烈影响而产生的不好的结果；例 (2)，“我站在门口半响她也没有察觉”是受到“她凝望得那么专心”的强烈影响而产生的不正常的结果。

有时前分句用“因为、由于”，构成“因为……以致……”的句式。例如：

(3) 由于他脖子弯得太低了，以致使别人无法看见他脸上的表情。(从维熙《北国草》，《收获》1983 年第 3 期 216 页)

(4) 由于编辑人员各有不同的任务和种种其他个人情况，私人信件又不便统一拆阅登记，以致时有延误，也极易丢失，查找也极为不便。(编辑部《重要启事》，《当代》1983 年第 4 期 128 页)

这两例，由于标志明显，一看就知道是因果句。这里的“以致”也可以说成“因而”，但用“以致”，明显地强调了原因对结果的影响。

有时，“以致”和“因此”可以同时使用。例如：

(5) 还有个别的人受不起旧社会剥削阶级的引诱，看到了花花世界，看到了金钱美色，他们就动摇起来，以致因此犯罪，直至叛变党和革命。(《刘少奇选集》上卷 147 页)

用“因此”，直接说明前后分句之间有因果关系；用“以致”，着重说明某种原因会导致某种不好的结果。二者配合使用，可以取得强调的效果。

“以致”也可以说成“致使”。例如：

(6) (共产党主张成立联合政府，就为制止内战。) 现在蒋介石拒绝了这个主张，致使内战有一触即发之势。(毛泽东《评蒋介石发言人谈话》)

(7) 次数太多了，致使游行队伍完全失掉了“游行”二字应有的威仪。(韦君宜《洗礼》，《小说月报》1982 年第 6 期 2 页)

这里的“致使”相当于“以致”。不过，由于包含“使”字，“致使”更加强调了引发和导致某种后果的意义。

“以致”也可以说成“以至”。例如：

(8) 好像文学有一种魔力，把我们拉到另一个幻想的世界，以至我完全忘记了自己在什么地方。(张抗抗《夏》，《1980 年全国

优秀短篇小说评选获奖作品集》254页）

(9) 某些人因为对于这些问题不能解答，以至悲观失望起来。（《刘少奇选集》上卷150页）

这里的“以至”相当于“以致”。不过，“以至”引出的结果不一定都是不好的或不正常的情况。例如：

(10) 像果麻这样的边防点，团结的好事那是层出不穷的，单是凉棚就体现了一种团结，以至很难发现不团结的人和事。（刘克《康巴阿公》，《十月》1983年第4期124页）

（二）由因引果和由果引果

从用“以致”引出结果的基础或根据看，“……以致……”句式所表示的因果联系有两种情况。

1. 由因引果。前分句叙述某种作为原因的事情，后分句通过“以致”引出不好的或不正常的结果。在这种情况下，“以致”引出结果的基础本身就是起因。看这两个例子：

(11) 这音响像梦中的幻影一般朦胧，又像远方的闷雷一样沉重，以致欧姆感到一阵晕眩。（建安《在金皇冠的阳光下》，《小说月报》1982年第5期61页）

(12) 他不住地在楼板上踱来踱去，以致看门的王老头好几次不放心地上楼来……（垦拓《蓝云湖流过这里》，《钟山》1983年第3期207页）

例(11)，“这音响……”是“欧姆感到……”的起因；例(12)，“他不住地……”是“看门的王老头好几次不放心地……”的起因。

2. 由果引果。先述说某种事情，引出一个顺承的或逆接的结果，接着以这一结果为原因，通过“以致”引出不好的或不正常的结果。在这种情况下，“以致”引出结果的根据，实际上又是另一件事情的结果。这样的“……以致……”句式，被包含在多重复句之中，是多重复句里的一个组成部分。例如：

(13) 除此以外，党员就不应该有个人地位、个人名誉、个人英雄主义以及其他个人打算等等个人的独立目的，否则，就会使

自己离开党的利益，以致走到在党内进行投机。（《刘少奇选集》上卷131页）

这里，“使自己离开党的利益”对上文说是逆接的结果，对下文说又是“走到在党内进行投机”的原因。这个例子是二重复句，“……否则……”构成第一层次，假转关系；“……以致……”构成第二层次，因果关系。

三 推断句式：“既然……就……”

（一）“既然……就……”句式和同类说法

“既然……就……”表示推断性因果关系，是推断句的代表句式。例如：

（1）既然把我当工程师用，就要给我工程师的条件。（肖力《钢锉将军》，《当代》1983年第3期35页）

由“把我当工程师用”的原因，推断了“要给我工程师的条件”的结果。

“既然”用于前分句。可以用在主语前边，如例（1）；也可以用在主语后边、谓语前边。例如：

（2）二奎既然能把房门的钥匙给她，就很可能把我的打算告诉她。（毛志成《小镇风情》，《当代》1983年第3期244页）

“既然”可以说成“既”。例如：

（3）既拿来，我就不再拿回去。（常庚西《深山新喜》，《长城》1982年第1期147页）

“就”用于后分句。后分句若出现主语，“就”用在主语后边；主语前边有时还出现“那么、那”或“则”。例如：

（4）我们既然解决了提高和普及的关系问题，则专门家和普及工作者的问题也就可以随着解决了。（毛泽东《在延安文艺工作座谈会上的讲话》）

后分句如果不出现主语，“那么、那”可以直接跟“就”连用，但

“则”不行。例如：

(5) 她既然爱好音乐，那末就从音乐方面去打动她的心。(张英《她，怎么办?》，《长城》1982年第1期109页)

后分句如果是反问句，常常不用“就”；不是反问句的，有时也不用“就”。例如：

(6) 你既然不愿意工作，国家为什么还要照发工资呢？(《邓小平文选》11页)

(7) 既然有了血痕了，当然不觉要扩大。(鲁迅《记念刘和珍君》)

跟“既然”或“既”呼应，后分句前边有时用“所以、因此”。这就明显地标示了推断句的前后分句之间的因果联系。例如：

(8) 冀平同志这部著作既然用的是这个系统，所以我想请读者同志费一点时间，容我把它的产生过程和主要特点大略说一说。(张志公《吕冀平〈汉语语法基础〉序》)

(9) 这个最低纲领，既已全部为人民政治协商会议所接受，因此，中国共产党拥护人民政治协商会议并为实现它的共同纲领而奋斗，乃是当然的事情。(《刘少奇选集》上卷434页)

(二) 据因断果

“既然……就……”句式，有时以因为据，推断结果。有两种情况：

1. 根据是已然的，结论是表示对客观情况的推断的。后分句一般包含有表示可能性、必要性、肯定性的词语，如“可能、必须、要、得、一定”等等。例如：

(10) 查档案既无结果，还得作调查。(韦君宜《平常疑案》，《十月》1982年第1期129页)

(11) 他们既然能从县委弄到这样的信，难道就不能把你的话反映上去？(常庚西《深山新喜》，《长城》1982年第1期128页)

2. 根据是已然的，结论是表示主观方面的反应的。后分句包含有只好接受某种事实的意思，有时用“只好、只有”之类语气副词。

例如：

(12) 既然领导定了我带工，我服从分配。(常庚西《深山新喜》，《长城》1982 年第 1 期 132 页)

(13) 既然上帝不赏脸，只有不在乎这个了。(叶永刚等《别有蹊径》，《小说月报》1982 年第 3 期 87 页)

跟“因为……所以……”相比较，“既然……就……”重在推断，主观性较强，而“因为……所以……”重在述说，客观性较强。看这两个例子：

因为他反对，会议才开不成。

既然他反对，会议就开不成。

前一例是客观地述说事实，后一例是主观地推断事物的发展。再看这两个例子：

因为他反对，我只好留下来。

既然他反对，我只好留下来。

前一例，偏重于就客观的事实说明因果；后一例，偏重于就主观的推断来论说因果。

（三）据果断因

“既然……就……”句式，有时以果为据，推断原因。所据的结果是已然的事实，但推断的原因不一定是事实。例如：

(14) (但是他又想，) 既然党组织叫他联系，一定没有问题。(罗广斌等《挺进报》，初中《语文》第一册 95 页)

(15) 有的反对给刘少奇同志平反，认为这样做违反了毛泽东思想；有的则认为，既然给刘少奇同志平反，就说明毛泽东思想错了。这两种看法都是不对的。(《邓小平文选》255～256 页)

例 (14)“党组织叫他联系”是已然事实，然而是不是“没有问题”却不一定，不能绝对排斥他因欺骗了组织而暂时取得组织信任的情况。例 (15)“给刘少奇同志平反”是事实，但“毛泽东思想错了”却不是事实。这一例的后边已明确指出“是不对的”。

这种推断句，后分句常用“一定”“准是”之类词语。但是，这类词语只表明说话人的肯定口气，从跟事实的联系看，同“说不定”没有什么分别。比较：

既然他不来开会，一定是闹情绪。

既然他不来开会，说不定是闹情绪。

用“一定”口气坚决肯定，用“说不定”口气灵活。但不管是用“一定”还是用“说不定”，“闹情绪”可能都是事实，或者都不是事实。

（四）“但”类词进入“既然……就……”句式的现象

“但”类词指“但是、但、可是、可、然而、却”等连词或关联副词。“既然……就……”句式里有时可以加上“但”类词。加上“但”类词之后，后分句不再出现“就”，而常常出现“偏偏”。这是一种“据因反断”的句式。例如：

(16) 怪事也就在这儿，既然人们不信任接待员燕育民，却又偏偏跑来找他。（张凤洪《房管局长焦老头》，《长城》1982 年第 3 期 117 页）

(17) 既然愿意寻你的姑娘那么多，可你为什么偏偏跟我过不去？（申跃中《清水河畔一盏灯》，《十月》1983 年第 1 期 158 页）

这两例，都是先以某种原因为根据，然后从反面作出推断。例 (16) 后分句用“却又偏偏”，例 (17) 后分句用“可……偏偏”。

从隐含的关系看，这种句式是由推断句和转折句凝缩而成的。例 (16) 等于说“既然人们不信任接待员燕育民，人们就不会跑来找他，可是人们却又偏偏跑来找他”，例 (17) 等于说“既然愿意寻你的姑娘那么多，你就可以去找别人，可是你却偏偏跟我过不去”。采用这种凝缩句式，可以突现事情的怪诞反常。从词面上前分句与后分句的关系看，这种句式已被转化成了转折类复句。

四　假设句式：“如果……就……”

（一）“如果……就……”句式和同类说法

“如果……就……”表示假设与结果的关系，是假设句的代表句式。所谓假设，实际上是一种待实现的原因，因此，假设句也属于因果类复句。例如：

(1) 如果能够真实、全面、深刻地把群众情绪反映出来，作用就很大。(《刘少奇选集》上卷404页)

“如果……就……”有时说成“如果……那么就……”。例如：

(2) 如果生活失去了令人向往的前景和理想，那么就不会召唤人们紧张地全力以赴地去工作。(赵丹涯《蓝天，也是属于你的》,《芙蓉》1983年第4期99页)

“如果”也可以说成“要是、假使、假如、如、倘若、倘或、倘、设使、设若、如若、若”等等，它们都是显示假设关系的形式标志；跟“如果”之类呼应的关系词语有时可以不用。略举几例：

(3) (久居姑苏，也许并不觉得这城市怎么清幽，) 倘若是从外地来，那感觉就大不同了。(姜滇《清水湾，淡水湾》,《十月》1983年第3期69页)

(4) 假使你一个人害怕，我送你回去。(鄢国培《巴山月》,《长江》1982年第3期207页)

(5) 他如去辽宁，注销杭州户口，人家会以为他发了神经病。(张抗抗《在丘陵和湖畔，有一个人……》,《十月》1982年第1期69页)

表示假设语气的“的话”，也有显示假设分句的作用。它常同“如果”之类配合使用，也单独使用。例如：

(6) 假使真有能力把供销干下去的话，他肝胆涂地也要报知遇之恩。(高晓声《陈奂生包产》,《人民文学》1982年第3期34页)

(7) 辛姨，你不讨厌我的话，我会常来的。(阿耀《序奏》,《小说月报》1983年第2期75页)

(二)“如果……就……”句式的运用

这一句式，运用极为广泛，跟陈述、疑问、祈使、感叹等等用途都有关系。

1. 推知性的“如果……就……”

有时，“如果……就……”表示由某种假设推知某种结果。重在客观地展示事物的发展。结果分句一般用包含“能、会、得”之类助动词的陈述句，也用相当于陈述句的反问句。各举一例：

(8) 一千四百方石头，如果四个月的任务争取三个月完成的话，连起带运，每人每天至少得搞一方石头。（常庚西《深山新喜》，《长城》1982 年第 1 期 135 页）

(9) 要是不当采购员，到明年年底，不就归进那百分之七里头去了吗！（高晓声《陈奂生包产》，《人民文学》1982 年第 3 期 33 页）

2. 应变性的“如果……就……”

有时，“如果……就……”表示由某种假设引发某种应变的行动。重在从主观上表明态度和对策。结果分句用陈述句，反映为主观意志所支配的行动，主语一般是第一人称的“我、我们、咱们”等。例如：

(10) 你如果不娶我，我就死！（浩然《姑娘大了要出嫁》，《春风》1982 年第 1 期 45 页）

(11) 他们要是再想从队中打四类分子，咱们全体社员一块当。（常庚西《深山新喜》，《长城》1982 年第 1 期 130 页）

3. 质疑性的“如果……就……”

有时，“如果……就……”表示由某种假设导出某种疑问。结果分句用疑问句。例如：

(12) 如果你那个车间完不成计划，理由是什么？（蒋子龙《拜年》，《人民文学》1982 年第 3 期 11 页）

(13) 阿俊，如果让马永泰来当组长，有什么不好？（于炳坤《凤凰归来》，《红岩》1982 年第 2 期 95 页）

4. 祈使性的“如果……就……”

有时，“如果……就……”表示由某种假设引出某种祈求。结果分句用祈使句。例如：

(14)（他叮嘱我，）要是把故事写进小说，千万不要把他写成英雄。（从维熙《黄金岁月》，《十月》1982 年第 1 期 192 页）

(15) 兄弟，要是就为了跟哥哥我要钱解穷，还是实说吧！(毛志成《大门道的主人》,《红岩》1983年第2期80页)

5. 评说性的“如果……就……”

有时，“如果……就……”表示由某种假设引出某种针对假设情况所做的评说。结果分句对假设分句有按注作用，带形式主语“这、那”，或能添加形式主语“这、那”。有三种情况：

第一，结果分句用“那该多么……”“那真太……了”之类的感叹句。例如：

(16) 要是大嫂当了队长，把花洞收拾起来，那该多好！(毛志成《大门道的主人》,《红岩》1983年第2期70页)

(17) 如果那时陈秀把生命毁在这“审查审查也有好处”的政治运动中，真是太不值得了。(刘炜《弱者》,《芙蓉》1982年第3期195页)

第二，结果分句用包含“是、像”之类动词的陈述句。例如：

(18) 倘使他能够到北京见到毛主席，那将是他一生最大的幸福。(巴金《杨林同志》,《建国以来短篇小说》上册，上海文艺出版社1981年版178页)

(19) 夫妻俩要不吵不闹呀，就像炒菜没放盐！(叶文玲《晚雪》,《十月》1982年第2期201页)

第三，结果分句用包含“好、不好、对、不对”之类形容词性词语的陈述句。例如：

(20) 如果一辈子都不同工人农民见面，这就很不好。(毛泽东《在中国共产党全国宣传工作会议上的讲话》)

6. 落实性的“如果……就……”

有时，用“如果……就……”句式，是借假设分句来诱发结果分句，以便落实说话人的某种结论。假设分句是铺垫的东西，起提醒对方的作用；结果分句用信多于疑的问句，也用“应当是……”“一定是……”之类陈述句。各举一例：

(21) 如果我没有认错的话，您就是著名记者陆琴方同志吧？

（张笑天《公开的内参》，《小说月报》1982 年第 4 期 65 页）

（22）书记假如不健忘，应当记得两年前他上电大引起的一场风波。（张抗抗《在丘陵和湖畔，有一个人……》，《十月》1982 年第 1 期 49 页）

（三）“如果……”分句的后置

假设分句“如果……”有时可以出现在结果分句的后边。这样的假设句式，假设分句有补充说明的作用，同时，由于次序特殊，假设分句也有引人注意的作用。例如：

（23）她原是可以救活的，如果及时送到医院的话。（向明《一曲遥寄》，《当代》1982 年第 4 期 111 页）

（24）他戴太太一定是一名导演家，如果是生在现在这个二十世纪五十年代的话。（巴人《莽秀才造反》，《当代》1982 年第 4 期 246 页）

后置的假设分句大多既用“如果”之类，又带“的话”。也有不带“的话”的。例如：

（25）我一定来，要是明天不下雨。（《现代汉语语法讲话》用例）

（四）“如果……”的单用

对话中，语流中，如果结果分句的意思上文已经出现，假设分句“如果……”可以单独用来提问，但要求带“呢”，即采取“如果……呢”的形式。例如：

（26）“……又比如，我考上大学了，调离本队，我就可以检举揭发，公开说也不怕。那时候，想整我也不行了。”“你——”陈芳问，“如果你考不上大学，又没有其他人冲到前面去当靶子呢？”（贺星寒《高空跳板》，《红岩》1983 年第 2 期 220 页）

（27）“唐芳能在家当一辈子老姑娘？她还有几天就要出门子呀！”

“她要是来个‘女娶男’呢？”（毛志成《大门道的主人》，《红岩》1983 年第 2 期 62 页）

（28）哦，爱爱，你到那里去，会不会是为了继续你的幻想呢？任何真实也不能搅扰你的梦了。但是，如果你真的还在从那三块青石片搭起的窗口中向外探望着呢？（陶正《女子们》，《当代》1983年第4期11页）

五 假设句式："要不是……就……"

（一）"要不是……就……"句式和同类说法

"要不是……就……"表示反事实的假设与结果。看下面几个例子：

（1）要不是鲁鲁差点丧命，我还不会发现在这荒僻的旷野会有这么多的秘密武器。（马佳《林声》，《收获》1982年第6期93页）

（2）要不是不愿意被人打扰，我们就干脆在房里干了。（陈世旭《遥远的地平线》，《百花洲》1982年第6期10页）

（3）白娘子要不是游湖遇雨，怎能碰见许仙？（刘绍棠《小荷才露尖尖角》，《人民文学》1982年第2期6页）

（4）那晚上要不是老娘下了他的蒙心药，那北京姑娘就莫想活命了。（谢璞《寻找》，《芙蓉》1982年第3期167页）

这里，不管是假设还是结果，都在事实的反面。从这几个例子，可以知道：第一，"要"就是"如果"，表示假设。不过，"要不是"经常结合使用，有一定的凝固性，是近似短语词的语言单位。主语不出现时，它用于句首；主语出现时，它可以用于主语前，也可以用于主语后。第二，跟"要不是"呼应使用的，一般是关联副词"就"，但"就"不一定非出现不可。第三，前分句里，由"要不是"引出的部分可以用肯定句式，也可以用否定句式。后分句里，经常由"就"引出的部分既可以是肯定句式，也可以是否定句式，还可以是反问句式。

"要不是"可以说成"如果不是"。但"如果不是"可以分开来用在主语前后，凝固程度显然没有"要不是"那么强。看这个例子：

（5）如果不是杜辉煌堵了他上大学的门，他也许不会下决心另辟蹊径；如果不是杜辉煌一再设置障碍，他也磨不出这样的韧

性。(张抗抗《在丘陵和湖畔，有一个人……》，《十月》1982 年第 1 期 67 页)

这里的“如果不是”用在主语前边。也可以用到主语后边：“杜辉煌如果不是堵了他上大学的门……杜辉煌如果不是一再设置障碍……”还可以分开用在主语前后：“如果杜辉煌不是堵了他上大学的门……如果杜辉煌不是一再设置障碍……”“要不是”没有分开来用在主语前后的用法。

“要不是”也可以说成“若不是”，二者用法一样。例如：

(6) 若不是一棵大树挡住，我不知要滚下去多远。(谢璞《寻找》，《芙蓉》1982 年第 3 期 158 页)

(7) 若不是眼下有急事，他真想坐下来休息一下。(宇心《雾中鼓声》，《昆仑》1983 年第 1 期 100 页)

这里的“若不是”可以换成“要不是”。不过，“若不是”的使用频率要比“要不是”低。

(二)“要不是……就……”句式表达的实际内容

这一句式，是借假设的形式来表达已然的因果关系的内容。这可以从下面两个变化形式清楚地看到：

1. “要不是 A，就 B”隐含“之所以非 B，就因为是 A”的意思，可以把后者续上。例如：

(8) 要不是鲁鲁差点丧命，我还不会发现……这么多的秘密武器；我之所以能发现这么多的秘密武器，就因为鲁鲁差点丧命。[例 (1) 的后续式]

(9) 要不是不愿意被人打扰，我们就干脆在房里干了；我们之所以没有干脆在房里干，就因为不愿意被人打扰。[例 (2) 的后续式]

(10) 白娘子要不是游湖遇雨，怎能碰见许仙？她之所以能碰见许仙，就因为是游湖遇雨！[例 (3) 的后续式]

(11) 那晚上要不是老娘下了他的蒙心药，那北京姑娘就莫想活命；那北京姑娘之所以能活命，就因为那晚上老娘下了他的蒙

心药。[例（4）的后续式]

续上后者，可以显现隐含的语义。当然，正因为“要不是A，就B”本身就隐含“之所以非B，就因为是A”的意思，所以在实际的语言运用中，后者总是不再出现，硬要续上，反而给人以画蛇添足之感。

2. 可以在“要不是A”中间插入表示原因的“因为”“由于”之类连词。例如：

(12) 要不是因为鲁鲁差点丧命，我还不会发现……这么多的秘密武器。[例（1）的插入式]

(13) 要不是因为不愿意被人打扰，我们就干脆在房里干了。[例（2）的插入式]

(14) 白娘子要不是因为游湖遇雨，怎能碰见许仙？[例（3）的插入式]

(15) 那晚上要不是因为老娘下了他的蒙心药，那北京姑娘就莫想活命了。[例（4）的插入式]

可见，“要不是”引出的A是表示原因的。不用“因为”，A表示原因就是隐性的，加上“因为”，便成为显性的了。在实际语言运用中，插入“因为”的例子并不少见。其他各类假设复句是不能这么办的。例如：

(16) 其实，要不是因为丈夫气色不好，怕他病倒，她又何尝不希望丈夫把报告准备得天衣无缝，无懈可击。（曾德厚、木杉《有意无意之间》，《当代》1983年第1期5页）

(17) 现在，要不是因为出了这场斗殴事件，人们也许早把他忘个一干二净了。（伊始《斗殴》，《百花洲》1983年第1期61页）

(18) 如果不是因为她七八年考上了本市的K大学，她是应该被称为“钢城女诗人”的。（王继、陈振家《阳春巴人曲》，《百花洲》1983年第1期29页）

(三)“要不是……就……”句式的修辞作用

本来是已然的因果关系，却偏要用假设的形式来表达，这是为了取得一定的修辞效果。大体说来，这一句式有两种作用。

1. 反证释因，加强句子的容量和论证性

这一句式，前后分句在语义关系、逻辑关系上是具有“回归性”的。它从“假设不是因为A”出发，经过推断，回转来归结到对否定的否定，即肯定，从而指明正是“因为A”。它包含一个比较完整的间接证明，用的是假言反证法。其证明过程是：

命题：正是因为A

证明：如果非A，则B，

事实非B，

可见，是非非A，即A。

如例（1），通过反证说明了之所以能发现那么多的秘密武器，正是因为“鲁鲁差点丧命”。又如例（2），通过反证说明了之所以没在房里干，正是因为“不愿意被人打扰”。再看这个例子：

（19）当初，赵淑贤要不是为了自己的前途和幸福，敢拼敢斗，那个娘家恰恰会苦害她一辈子。（浩然《姑娘大了要出嫁》，《春风》1982年第1期6页）

这里，从假设不是“……敢拼敢斗”出发，合乎逻辑地引出“那个娘家恰恰会苦害她一辈子”的推断；然而事实上她并没有被那个娘家苦害一辈子，因而又必然合乎逻辑地回转来否定假设的“不是”，证明了所要证明的命题：正是因为“……敢拼敢斗”。

由于“要不是A就B”本身就是一个证明，有推理，有回归，如前所说，本身就包含有“之所以非B就因为是A”的意思，所以，容量大，所表示的内容比一般直接解释因果关系的复句丰富得多；同时，由于“要不是A就B”本身就是一个证明，是用反证的方法来论说事物之间已然因果联系，所以，跟直接述说因果关系的复句比较起来，更有论证性，更能显示说理的逻辑力量。比较：

（20）要不是来了共产党，哪有俺这个日月过呢？（陈登科《风雷》第一册上册55页）

（21）因为来了共产党，俺才有这个日月过。

（22）俺之所以有这个日月过，就因为来了共产党。

后两句是直接说明事物之间的因果联系；前一句，既在内容上包含后两句的意思，又在说法上具备后两句所没有的反证论说性。

2. 反证强调，突出甲事对乙事的决定性影响

这种假设句，反证的目的既是指明原因，更是强调原因的重要意义。如例（1），强调“鲁鲁差点丧命”对能够发现那么多的秘密武器具有决定性影响；又如例（2），强调“不愿意被人打扰”对不在房里干具有决定性影响。再看这个例子：

（23）吴蓓感到很委屈，要不是她前年抱病留在城里，要不是待业，要不是为了减轻家里的负担，要不是妈妈哭得昏天黑地、三姑像赶火车似地催着她，她才不结婚呢！（郑万隆《红灯 黄灯 绿灯》，《当代》1982 年第 3 期 64 页）

“她”为什么“结婚”？通过反证，所有的原因都被强调得特别突出，使人感到“前年抱病留在城里”“待业”“为了减轻家里的负担”“妈妈哭得昏关黑地……”都起了决定性的作用。

六 假设句式：“如果说……那么……”

（一）“如果说……那么……”句式和同类说法

“如果说……那么……”表示说法上的假设与结论之间的关系，也形成一种假设句式。例如：

（1）如果说我在泰山路上是翻着什么历史稿本，那么现在我才算翻到我们民族的真正宏伟的创业史。（杨朔《泰山极顶》，初中《语文》第五册 126 页）

这里，以“我……翻着什么历史稿本”的说法为假定的前提，引出“现在我才算翻到……创业史”的结论。

“如果说”是这类句式的基本标志。有时只用“如果”，但可以添上“说”。因此，看起来是“如果……那么……”，实际上却是“如果说……那么……”。例如：

(2) 如果一部分的商人、地主和官僚是中国资产阶级的前身，那么，一部分农民和手工业工人就是中国无产阶级的前身了。(毛泽东《中国革命和中国共产党》)

(3) 对于一个知识分子来说，如果字如其人，那么，书房也如其人。(德兰《求》,《收获》1982 年第 1 期 105 页)

跟“如果说”配合使用的关系词语一般是“那么”。有时用“那么……就……”，如例 (2)；有时只用“则”或“就”，或者“那么、则、就”都不用。例如：

(4) 如果说万青青像一棵茁壮的小树，她则像小树上一根细细的枝桠。(陆北威《年轻人》,《人民文学》1982 年第 1 期 34 页)

(5) 如果说她是反毛泽东思想，你也同样是。(刘炜《弱者》,《芙蓉》1982 年第 3 期 189 页)

(二)“如果说……那么……”句式的内部联系

“如果说……那么……”句式里前后分句之间的关系并不单纯。主要有三种情况。

1. 比较

通过“如果说……那么……”的句式来比较两个说法、两种情况，借以互相印证，加深印象。

有的，前后两项没有对立关系，是一种“顺较”，如以上各例。有的，前后两项具有对立关系，是一种“逆较”。例如：

(6) 如果说在内战时期左倾机会主义路线统治苏区和红军党的时间并不算很长，在遵义会议以后已经基本上纠正过来了的话，那末，左倾机会主义路线统治白区党组织的时间是很长的。(《刘少奇选集》上卷 246 页)

这里，“不算很长”和“是很长的”在意义上是对立的。

2. 解注

前分句用“如果说”引出某个说法，后分句对这个说法加以解注，借以深化认识。后分句的主语，或者复用前分句里的某个关键词语，或者用指示代词“这、那”。例如：

(7) 如果说做学问有什么诀窍，那么最大的诀窍就是勤奋。

(8) 对于我，如果说也有幸福的时代，那就是在农村度过的童年岁月。(孙犁《澹定集·答吴泰昌同志》,《花城》1982年第3期102页)

例(7)，前分句里提到“诀窍”，后分句的主语里包含“诀窍”。例(8)，后分句的主语用“那”，也可以说成“这”。

3. 反证

前分句用“如果说”引出某个需要否定的荒谬说法，后分句由这个荒谬说法进一步引申出明显可笑的结论，使人从结论的可笑反转来认识前头说法的虚假。例如：

(9)(我们号召觉悟的工人加入有群众的黄色工会，在黄色工会里面建立反对派，……)如果说，觉悟的工人站在黄色工会外面进行这些工作，比在黄色工会里面更容易些，那加入黄色工会建立革命反对派的决议就是发疯！(……布尔什维克是能够跑到黄色工会的“泥坑”中，进行长期的耐性的艰苦工作，把那大部分陷在黄色工会“泥坑”中的“落后”工人们拯救出来。)(《刘少奇选集》上卷17页)

“加入黄色工会建立革命反对派的决议”完全正确，当然不是发疯。由此，反转来可以证明“觉悟的工人站在黄色工会外面进行这些工作……更容易些”的说法是错误的。

前面谈过，“要不是……就……”句式也有反证作用。但“要不是……就……”是反证归真，目的在于证实；“如果说……那么……”则是反证归谬，目的在于反驳。

(三)“但”类词进入“如果说……那么……”句式的现象

“如果说……那么……”句式在用于“逆较”的时候，为了强调突出相比较的两项之间矛盾对立的关系，可以插入“但”类词。

常见的是“如果说……那么—却……”的说法。例如：

(10) 如果说在晓芒身上明显地闪现着作者所赋予的理想色彩(因之笔触有时不免生硬)，那么小乔却是一个被描绘得十分真实、

精彩的人物。（陈惠芬《相识在广袤的大地上》，《花城》1983年第2期233页）

（11）如果说，一向讲究“哥儿们义气”的庞喜在那次审判事件中并没有表现出“为朋友两肋插刀”的勇气的话，那么，在他当了“官”之后，却表现出了一种“苟富贵，毋相忘”的大度。（杨东明《人生的不等式》，《收获》1983年第2期149页）

如果把“那么”说成“那”，就成为“如果说……那—却……”。例如：

（12）如果说，袁野的冤案是有形的，那她的却是无形的……（遇罗锦《天使》，《百花洲》1983年第3期129页）

（13）如果说月牙营镇秋天的繁盛占了一季山葡萄市的地利，那夏嫂的豆腐坊的真正兴隆却不是借山葡萄的光，它真正兴隆的原因是占了天时，占了一个漫长寒冷而又缺乏蔬菜的天时。（朱春雨《沧桑小户》，《百花洲》1983年第2期63页）

要是“那么、那”不出现，就成为“如果说……却……”。例如：

（14）如果说香妹对银庄的指使和专断一直使我不悦的话，她这次的言行举止却令我大为满意了。（陶正《女子们》，《当代》1983年第4期19页）

要是“如果说”里“说”字不出现，就成为“如果……却……”。例如：

（15）假如这张脸上曾有过一些美的东西的话，今天却已经荡然无存了。（周梅森《小镇》，《花城》1983年第2期6页）

有时后分句前头用“可”，“那么”或“那”不能再出现。例如：

（16）如果说我们过去有点糊涂，可现在已经阵线分明，我们还能糊涂下去吗？（申文钟《山翠菊香》，《长江》1983年第2期219页）

（17）如果说是工作作风问题，可我又觉得不尽然。（张晓明《青山遮不住》，《清明》1983年第3期145页）

"如果说……那么……"是假设句式，"却、可"之类进入这一句式之后，就转化成了转折类复句。

七 假设句式："与其……不如……"

（一）"与其……不如……"句式和同类说法

"与其……不如……"表示假设与结论两件事情的舍取关系，有经过权衡决定取舍的意思。这是一种性质比较特殊的假设句式。例如：

（1）与其分散让敌人抓去杀戮，不如在这里跟敌人拼。（罗旋《红线记》，《1980年全国优秀短篇小说评选获奖作品集》，上海文艺出版社1981年版401页）

"分散让敌人抓去杀戮"是假设，是所要舍弃的事情；"在这里跟敌人拼"是结论，是所要择取的事情。"与其"接近于"要是、如果"之类词语。

跟"与其"呼应的"不如"常常说成"还不如"。例如：

（2）与其造那么多炼不出铁的小高炉，还不如给老百姓盖一点房，改善居住条件呢！（李国文《花园街5号》，《十月》1983年第4期9页）

（3）这个梦与其二十年后被粉碎，还不如现在就粉碎！（赵丹涯《蓝天，也是属于你的》，《芙蓉》1983年第4期108页）

跟"与其"呼应的关系词语，有时用"宁可、宁肯、宁愿、毋宁"等。例如：

（4）我怎么会呢？与其吃它们，宁肯咬掉我身上的肉！（字心《雾中鼓声》，《昆仑》1983年第1期131页）

（5）这责任与其让李自成来负，毋宁是应该让卖友的丞相牛金星来负。（郭沫若《甲申三百年祭》，《新华日报》1944年3月19日）

后分句如果用反问，就不用关系词语。例如：

（6）与其让我活着去做一具僵尸，为什么不让我躺在这儿，用我仅有的短暂生命做一点贡献呢？（顾笑言《洪峰通过峡谷》，

《花城》1983 年第 3 期 80 页）

“与其”和“不如”都可以带上“说”字，形成“与其说……不如说……”的格式。这是借用“与其……不如……”句式来比较两个判断，从而决定舍取：舍弃较差较劣的判断，择取较好较优的判断。例如：

（7）这次他报名去北大荒，与其说是为了开垦“北大仓”，不如说为了追踪俞秋兰更为确切。（从维熙《黄金岁月》，《十月》1982 年第 1 期 117 页）

（8）与其说是受累，还不如说是受骗！（李国文《花园街 5 号》，《十月》1983 年第 4 期 58 页）

（二）“与其……不如……”句式的构成基础

这一句式的构成基础，是推论因果的关系。包含有这样的意思：或者 A，或者 B；不能取 A，所以取 B。看这个例子：

（9）与其把握他，不如把握自己；把握了自己，也就把握了将来。（赵丹涯《蓝天，也是属于你的》，《芙蓉》1983 年第 4 期 108 页）

或者把握别人，或者把握自己。把握别人把握不了将来，把握自己才能把握将来。既然“把握他”的假设应该否定，那么，“把握自己”的结论就应该肯定。

（三）“与其……不如……”句式和用“如果”的假设句式

作为一种特殊的假设句式，用“与其”的复句和用“如果”的复句在用法上有好些相似之处。比较：

1.“如果……还不如……”和“与其……还不如……”。例如：

（10）如果一个人这样生活在世界上，还不如把自己泡在福尔马林药水瓶里保险呢！（李国文《花园街 5 号》，《十月》1983 年第 4 期 21 页）

（11）与其等将来闯了大祸被撤职，还不如知趣点，早点退休……（李民发《马班长闲话》，《当代》1982 年第 4 期 19 页）

前一例用“如果……还不如……”，后一例用“与其……还不如……”。

前一例的“如果”可以说成“与其”，后一例的“与其”可以说成“要是”。

2.“如果……宁可……”和“与其……宁可……”。例如：

（12）如果要你来指点我这个厂长该怎么当法，我宁可不当！（陈冲《厂长今年二十六》，《当代》1982年第6期13页）

（13）与其要这样的宝贝，孙琦宁肯要许英杰。（陈冲《厂长今年二十六》，《当代》1982年第6期20页）

前一例用“如果……宁可……”，后一例用“与其……宁肯……”。后一例的“与其”可以说成“如果”，前一例的“如果”也勉强可以说成“与其”。

3.“如果说……不如说……”和“与其说……不如说……”。例如：

（14）如果说这是为了不让妻子担忧，倒不如说这是为了我的男子汉的尊严。（陆柱国《除夕夜》，《昆仑》1983年第1期137页）

（15）与其说他困了，不如说他也摆起了架子。（从维熙《黄金岁月》，《十月》1982年第1期192页）

前一例用“如果说……倒不如说……”，后一例用“与其说……不如说……”。前一例的“如果”可以说成“与其”，后一例的“与其”也可以勉强说成“如果”。

不过，“与其……不如……”句式是有自己的特殊作用的。首先，它具有假设性和贬弃性。即它提出某种假设，加以贬弃，在这基础上引出结论。其次，它具有权衡性和抉择性。即对两件事情权衡好坏得失，从而决定舍弃其一，选择其一。这样的作用，用“如果”的句式一般是没有的。

顺便指出，许多语法书把“如果……就……”和“即使……也……”归为一类，把“与其……不如……”和“宁可……也……”归为一类。但是，“即使……也……”和“宁可……也……”都表示让步转折关系，属于“转折”的关系范畴，因此本书里放在“转折类复句常用的关系词语”一节中讨论。

八　条件句式："只有……才……"

（一）"只有……才……"句式和同类说法

"只有……才……"表示条件与结果的关系，是条件句的代表句式。所谓条件，实际上也是一种假设的待实现的原因，因此条件句也属于因果类复句。例如：

（1）只有勤奋耐苦，才能在社会里站稳脚跟。（雁宁《回答》，《红岩》1983年第2期110页）

"只有……才……"里，"才"的后边经常出现助动词"能"。但也有用别的助动词，或不用助动词的。例如：

（2）只有我们的同志尊重群众，信任群众，群众才会尊重我们，信任我们。（《刘少奇选集》上卷60页）

（3）只有徐副书记来了，他们才在一起说说笑笑。（张锲《改革者》，《当代》1982年第5期29页）

前分句出现主语时，"只有"一般用在主语前边。有时，"只有"也用在主谓之间。例如：

（4）你们说："党只有在政治上去动员，才能迅速夺取工人群众去实际组织武装暴动。"这样的解释，显然将日常斗争与准备武装暴动对立起来。（《周恩来选集》上卷50页）

条件和结果有先后之分：实现条件在先，产生结果在后。为了强调这一点，"只有……才……"句式中可以插入"首先""然后"之类词语。例如：

（5）（问题还没有解决）只有先在市委内部统一认识，才能作出决定。（《周恩来选集》上卷56页）

（6）只有自己是完全正派的，然后才能矫正别人的不正派。（《刘少奇选集》上卷209页）

（7）只有自己首先不动摇，然后才能帮助动摇的人，克服人家的动摇。（《刘少奇选集》上卷209页）

如果条件或结果不止一项，那么，“只有”或“才”都可以多次使用。例如：

（8）只有对这些弊端进行有计划、有步骤而又坚决彻底的改革，人民才会信任我们的领导，才会信任党和社会主义，我们的事业才有无限的希望。（《邓小平文选》293页）

（9）只有这个矛盾的逐渐解决，只有在党内加强马克思列宁主义——无产阶级科学思想的教育与锻炼，不断克服小资产阶级以及其他各阶级反映在党内的思想，我们党的建设和党的事业，才能进步，才能发展。（《刘少奇选集》上卷327页）

“除非……才……”相当于“只有……才……”。例如：

（10）除非大山崩塌，它才会随之毁灭。（张抗抗《在丘陵和湖畔，有一个人……》，《十月》1982年第1期86页）

“必须……才……”也相当于“只有……才……”。例如：

（11）必须战胜这些敌人，才能完成我国的资产阶级民主革命。（《刘少奇选集》上卷127页）

（二）“只有……才…”所表示的条件

作为条件句式，“只有……才……”所表示的条件是强制性的。它把某种条件限定为必不可少的不满足不行的条件，语气坚决，迫使接受，迫使考虑。例如：

（12）只有坦白交代，才能考虑从宽处理。

通过“只有”提出“坦白交代”的条件，没有商量的余地。

对于结果的实现说来，强制性条件不一定就是唯一条件。检验唯一条件的标准，是“没有这个条件就不行，有了这个条件就足够”。完全符合这一标准的，才是唯一条件。如例（12），“坦白交代”是唯一条件，缺它不行，有它就够。但是，通过“只有”提出的条件有时不是唯一条件。例如：

（13）只有呼吸到空气，人才能活着。

作为“人能活着”的条件，“呼吸到空气”是缺少不得的，因为不呼吸空气人不能活着；但不是有了就够的，因为仅仅呼吸空气人也不能活着。可见，这个条件不是唯一条件。

事实上，“只有……才……”句式的作用在于带强制性地迫使人们去认识所提条件的决定性影响。至于所说的条件是唯一的还是非唯一的，说话人并不关心，听话人也并不关心，而且有时也难区别清楚。看这两个例子：

（14）只有自己对于原则问题具有明确性，才能改正人家的不明确。（《刘少奇选集》上卷 209～210 页）

（15）只有经常接近广大的群众，才能增加自己的勇气。（《周恩来选集》上卷 330 页）

这两例里所提的条件，是不是唯一条件呢？是不是仅仅具备了所提的条件就够了呢？很难判明，也不必判明，重要的是必须努力满足所提的条件。

（三）“只有……才……”的非复句用法

有时，“只有……才……”句式不是复句。即是说，“只有……”和“才……”两部分之间不是分句与分句的关系。这有两种情况：

1. “只有……才……”用来联结主语和谓语，只要去掉这一关联格式，就可以明显看到两个部分之间的主谓关系。例如：

（16）只有这种人的态度，才是正确的态度。（《刘少奇选集》上卷 107 页）

（17）只有杨新，才对代销店与施工队的关系感兴趣。（贺星寒《高空跳板》，《红岩》1983 年第 2 期 236 页）

2. “只有……才……”用来联结状语和谓语，只要去掉这一关联格式，就可以明显看到前一部分是状语。例如：

（18）这些话只有在文件上、开会时才用。（贺星寒《高空跳板》，《红岩》1983 年第 2 期 206 页）

（19）只有在铲除愚昧和丑恶的杂草之后，科学之树才会结出丰硕的果实。（赵丹涯《蓝天，也是属于你的》，《芙蓉》1983 年第 4 期 103 页）

九 条件假设句式："只要……就……"

(一)"只要……就……"和"如果……就……"

"只要……就……"既表示条件和结果的关系，又表示假设和结果的关系。这一句式，是根据某种条件来推断事物间的因果联系，同时又有明显的假设意味。它的前分句，可以说表示条件性的假设，也可以说表示假设性的条件。例如：

(1) 只要共产党永远依靠群众，就是不可战胜的。(《刘少奇选集》上卷234页)

表示条件假设的分句和表示结果的分句都可以是多项的。例如：

(2) 只要我活着，只要我还捧着公家的饭碗，你就休想跟腊月结婚！(张一弓《张铁匠的罗曼史》，《十月》1982年第1期27页)

(3) 只要一万万五千万人翻身，我们的力量就比蒋介石大，后备力量就比他大得多。(《刘少奇选集》上卷395页)

这一句式和"如果……就……"句式有很多相同之处。在内容上，都表示一符合前分句所说的假设情况，一满足前分句所提的假定要求，就会出现后分句所说的结果。在形式上，"如果"常同"就"呼应使用，"只要"也常同"就"呼应使用；"如果……"后边可以加上"的话"，"只要……"后边也可以加上"的话"。例如：

(4) 凡是八路军、新四军所到之区域，只要有可能的话，就不能不建立抗日民主政权……(《刘少奇选集》上卷174页)

但是，从语言运用上说，"只要……就……"和"如果……就……"是有区别的。

首先，语义表达上重点不同。

采用"如果……就……"这种句式，重在表明所说的情况仅仅是假设。尽管许多时候"如果"可以换成"只要"，但替换之后假设语气随着发生微妙的变化。不仅如此，在"纯粹假设"的场合，"如果"是不能换成“只要”的。比如，“如果我牺牲了，请把这份材料转交给党组织”。“我牺牲”是纯假设，前头只能用“如果”，不能用“只要”。又如：

(5) 如果美国人民问到共产党为什么作战，我该怎样回答呢？（毛泽东《和美国记者安娜·路易斯·斯特朗的谈话》）

(6) 如果马克思主义害怕批评，如果可以批评倒，那末，马克思主义就没有用了。（毛泽东《关于正确处理人民内部矛盾的问题》）

这里用“如果”引出的情况，都是纯粹假设的情况。改用“只要”，不行。

采用“只要……就……”这种句式，重在表明提出了某种作为特定条件的假设。尽管许多时候“只要”可以换成“如果”，但条件意味也会相应减弱或消失。不仅如此，在以事实为假定性条件时，“只要”是不能换成“如果”的。比如，“只要我还有嘴巴，我就要说话！”事实是“我还有嘴巴”。这是以事实作为假定的条件，前头用“只要”，不能改为“如果”。又如：

(7) 诸葛亮……说道：“要分手了。临别，我赠公谨一言：皇叔身边只要有亮在，将永远——东合孙吴，北拒曹兵。”（梁信《赤壁之战》，《芙蓉》1983年第4期71页）

“亮在”是事实。现在用来作为假定的条件，前头要用“只要”，不应用“如果”。

这两种句式在语义表达上着重点的不同，在它们互相衔接前后连用时可以看得更加清楚。例如：

(8)（指着顽皮的孩子，妈妈恼火地说：）只要看到你这个样子，我就恼火；以后如果再看到你这个样子，我就要打你了！

前边的“看到你这个样子”，是以事实为条件，用“只要”，不能用“如果”；后边的“再看到你这个样子”是纯粹的假设，用“如果”，不能用“只要”。

其次，正反推论中用法有别。

“如果……就……”可以用于正反两面同时推论，即可以同时从正反两面提出假设，作出推断。例如：

(9) 如果他有这本书，他一定借给你；如果他没有这本书，他也会帮你借的。

(10) 如果我不外出，我就陪你玩几天；如果我外出，我就让小张接待你。

这种两面假设、正反推论的说法，是很普遍的。

“只要……就……”则一般不用来同时从正反两面进行推论。常见的情况是：从两面中选择一面，强调其条件性，用“只要”引出；然后以另一面为纯粹假设，用“如果”引出。比较地说，强调条件性的一面是更积极的、更需要着重说明的一面。先看有问题的说法：

*(11) 只要他有这本书，他一定借给你；只要他没有这本书，他也会帮你借的。

*(12) 只要我不外出，我就陪你玩几天；只要我外出，我就让小张接待你。

这是从正反两面同时设置假定的条件。这样的说法是很别扭的。即使有时能勉强站得住，那也不是很好的表达法。再看：

(13) 只要他有这本书，他一定借给你；如果他没有这本书，他也会帮你借的。

(14) 只要我不外出，我就陪你玩几天；如果我外出，我就让小张接待你。

这就很畅达了。先说“只要……就……”，具有条件性，突出了需要着重强调的一面；后说“如果……就……”，只有假设性，从另一方面补足了需要说明的意思。

可见，作为一般假设式，“如果……就……”可以形成两面假设、正反配合的用法，正反两面一般轻重平衡，显得比较客观、冷静；作为条件假设式，“只要……就……”则在正反两面中具有选择性和强调作用，它偏重于其中的一面，使之突出。

（二）“只要……就……”和“只有……才……”

“只要……就……”既表假设，又强调条件，因此和“只有……

才……”也有相同之处。但是，在语言运用上，二者是有区别的。

首先，条件的性质有所不同。

有的条件，是充足条件，即“有它就够”；有的条件，是必要条件，即“缺它不得”。“只要……就……”在表示单纯的充足条件时，不能改成“只有……才……”。例如：

(15) 只要乘1路电车，就可以从武昌到汉口。

“乘1路电车”是单纯的充足条件，满足了这个条件就可以出现从武昌到汉口的结果。但是，人们乘4路电车、10路汽车或轮渡也可以从武昌到汉口，所以“乘1路电车”这一条件并不是缺少不得的。这个例子，不能改说成：“只有乘1路电车，才可以从武昌到汉口。”

反过来说，“只有……才……”在表示单纯的必要条件时，不能改成“只要……就……”。例如：

(16) 只有认真备课，才能把课讲得生动深刻。

“认真备课”是单纯的必要条件。若缺少“认真备课”这一点，必定不能把课讲得生动深刻，但“认真备课”这一点并不是有了就够，光做到这一点不见得就能把课讲得生动深刻。这个例子不能改说成：“只要认真备课，就能把课讲得生动深刻。”

其次，强调的重点有所不同。

有时，同样的内容，既可以说成“只有……才”，又可以说成“只要……就……”。但是，“只有……”表达的是强制性条件，着重强调“必要”的一面，口气坚定，要求偏严；“只要……”表达的是宽容性的条件，着重强调“足够”的一面，口气缓和，要求偏宽。比较：

(17) 只有你去，才能解决问题。

(18) 只要你去，就能解决问题。

前一例，要求偏严，限定非“你去”不能解决问题；后一例，要求偏宽，显得结果的出现并不很难。再比较：

(19) 只有坦白交代，才有出路！

(20) 只要坦白交代，就有出路！

前一例，口气坚定而严厉，意味着“不坦白交代”就只有死路一条，是警告性的说法；后一例，口气灵活宽容，意味着不隐瞒就会有好的结果，是劝告性的说法。

可见，“只有……才……”重在说明某种结果在严格的条件下才能出现；而“只要……就……”则重在强调某种结果在一定条件下不难出现。

（三）“只要……”分句的后置和单用

“只要……”分句有时后置。后置以后，既有补充说明的作用，也有强调突出的作用。例如：

（21）到哪里都行，只要是给党办事！（陶承《我的一家》，文字改革出版社 1959 年版 201 页）

（22）我们还是比较乐观的。拖那么一两年大概可以，只要平时调理得好。（程乃珊《蓝屋》，《钟山》1983 年第 4 期 31 页）

（23）我看倒是值得考虑，只要政策许可的话。（李国文《花园街 5 号》，《十月》1983 年第 4 期 15 页）

在说话的语流中，紧接上文的意思，可以只出现“只要……”。在这样的情况下，表示结果的分句隐而不现，但意思明显。例如：

（24）胖所长：“这次回来，是长住？是短居？”苏小琴：“难说，吃开口饭的，只要有听客。”（张重天等《琵琶声声》，《十月》1982 年第 1 期 153 页）

（25）说嘛，啊，不要有顾虑。有什么意思谈出来就好，尤其是对我，啊，当然，只要是善意的。（张晓明《青山遮不住》，《清明》1983 年第 3 期 144 页）

（26）这你放心，那房子是我修的。只要你到时候别泄气！（李国文《花园街 5 号》，《十月》1983 年第 4 期 50 页）

十　条件倚变句式：“越……越……”

（一）“越……越……”句式及其特点

“越……越……”也说“愈……愈……”，是一种条件倚变句式，大体相当于“只要……就……”。例如：

(1) 你们（不爱听，我偏讲，）越讨厌，我越使劲讲！（李国文《花园街5号》，《十月》1983年第4期18页）

(2) 时间越长，胡义老爷子越喜欢这个小伙计……（吴正格《御厨传奇》，《小说月报》1983年第2期12页）

“越……越……”有时说成“越是……越是……”。例如：

(3) 越是爱她，越是希望她得到幸福！（肖为《不能改正的错误》，《花城》1983年第3期99页）

(4) 白杏越是无视生活的困窘拮据，他心里就越是觉得酸楚不安。（李起超《巴巴坳风情》，《红岩》1983年第2期29页）

“越是”和“越”也常常呼应使用，成为“越是……越……”。例如：

(5) 人们越是预感到还要持续高温，就越向往江岸的清凉和林荫路里的静谧。（李国文《花园街5号》，《十月》1983年第4期39页）

(6) 经验已经证明了，你越是老实，就越有人来欺负你。（顾笑言《洪峰通过峡谷》，《花城》1983年第3期45页）

“越”引出的部分一般充当谓语，但也可以充当补语。不过，充当补语时不能说成“越是”。例如：

(7) 我弹得越响，他吼得越凶。（李国文《花园街5号》，《十月》1983年第4期96页）

“越”或“越是”可以三次连用，成为“越……越……越……”或“越是……越是……越是……”。例如：

(8) 他越跟陶惠贞接触，就越觉得她是一块无价之宝，也就越怕这无价之宝失落在他人之手。（黄继树《女贞》，《清明》1983年第3期27页）

(9) 阿猫的口吃病就这么讨厌，越是认真，越是着急，越是讲不清。（边震遐《秋鸿》，《收获》1983年第3期168页）

这类复句，前分句是倚变的条件或依据，后分句是倚变的结果，在前后分句的关系上有两点值得注意：

第一，前分句对后分句是因果相关。前分句是作为条件的原因，有的可能是事实上的原因，只不过当作假设性的条件说了出来。这一点，从“越……越……越……”的格式可以看得更清楚。例如：

(10) 阿猫这孩子，从一学会说话起就口吃。越高兴，越着急，也越结巴。(边震遐《秋鸿》，《收获》1983 年第 3 期 152 页)

(11) 向红的事拖的时间越长，舆论对赵大川和向红越有利，麦万金等人就越焦急。(顾笑言《洪峰通过峡谷》，《花城》1983 年第 3 期 76 页)

例 (10)，可以说成：“越高兴，越着急，因而也越结巴。”例 (11)，可以说成：“……越长，……越有利，……因而就越焦急。”

第二，后分句对前分句是连锁反应。前一件事的分量增加到什么程度，后一件事的分量也相应伴随增加到什么程度。为了强调这种分量伴增的关系，“越……越……”有时可以说成“越……更……”。例如：

(12) 会议沉默的时间越长，有勇气打破僵局的发言者就更少。(李国文《花园街 5 号》，《十月》1983 年第 4 期 83 页)

这里的“更”也可以说成“越”。用“更”，强调出了事实上分量的伴增。

(二)“却”字进入“越……越……”句式的现象

“越……越……”句式的后分句，有时表示一种并非正常的结果。例如：

(13) 父亲越是对自己这样亲切，赵大川越感到内疚。(顾笑言《洪峰通过峡谷》，《花城》1983 年第 3 期 50 页)

“越亲切，越感到温暖”，这种现象是正常的；“越亲切，越感到内疚”，这种现象是不正常的。

结果不正常，就意味着条件与结果之间隐含着转折性。如果需要强调出这种转折性，就可以添加“却”字。如例 (13)，可以说成：“父亲越是对自己这样亲切，赵大川却越感到内疚。”再看下面的例子：

(14) 这人也怪！人家越冷淡他，他却越亲热。（徐绍武《孀居》，《芙蓉》1983 年第 4 期 182 页）

(15) 火车越近南京，我却越感到情怯。（陈白尘《云梦断忆》，《收获》1983 年第 3 期 142 页）

(16) 她总想看见他。这念头愈强烈，却愈胆怯。（遇罗锦《天使》，《百花洲》1983 年第 3 期 105 页）

由于“却”字的出现，“越……越……”复句便被转化成了转折类复句。

（三）“越……越……”紧缩句

“越……越……”句式经常构成紧缩句，表示一种倚变的关系。例如：

(17) 程老越想越是心里七上八下的。（黄蓓佳《秋色宜人》，《收获》1983 年第 4 期 15 页）

(18) 小老头越说越来劲。（陆星儿《达紫香悄悄地开了》，《收获》1983 年第 4 期 118 页）

构成紧缩复句的“越……越……”，常说成“越来越……”，表示分量随着时间的推移而增加。例如：

(19) 你真是越来越不像话！（黄蓓佳《秋色宜人》，《收获》1983 年第 4 期 45 页）

(20) 我没有权力带他走！她心里越来越明白。（陆星儿《达紫香悄悄地开了》，《收获》1983 年第 4 期 137 页）

十一　目的句式：“……以便……”

（一）“……以便……”句式和同类说法

“……以便……”表示行动和目的之间的关系。前分句表示行动，是实现某种意图的凭借；后分句表示目的，是采取某种行动所要获取的结果。这是一种获取性的目的句式。例如：

(1) 老赵尽力使车子跑得平稳，以便总指挥睡得安宁。（杜鹏

程《工地之夜》，《建国以来短篇小说》上册，上海文艺出版社1981年版428页）

前分句所表示的行动有时是已然的，如例（1），有时是未然的，例如：

（2）如果不去，请你明天告诉我们，以便我们在第二名或第三名中继续选择。（廖静文《往事依依》，《收获》1982年第4期37页）

后分句出现主语时，"以便"用在主语前边，如例（1）（2）；后分句若不出现主语，"以便"用在谓语前边，例如：

（3）我们现时只能先从我们内部查起，以便脱掉我们的干系。（鄢国培《巴山月》，《长江》1982年第3期206页）

用在谓语前边的"以便"可以说成"以"。这时"便"字的意思是隐含的。例如：

（4）不可不注意团结我们的真正的朋友，以攻击我们的真正的敌人。（毛泽东《中国社会各阶级的分析》）

用在主语前边的"以便"也可以说成"借以、用以"。这时以某种行为作为某种凭借的意思就显得突出。例如：

（5）只有小马，偶尔会发几句调皮的议论，或仰起脖子打几个又长又响的呵欠，借以轻松轻松。（陆北威《年轻人》，《人民文学》1982年第1期34页）

（6）她把一名男华侨请到家中作客，事后在小镇街上闲逛，借以增辉。（毛志成《小镇风情》，《当代》1983年第3期242页）

有时"以便"可以说成"好让"，重在表明通过某种行动便于实现某种目的。"好让"总是用在主语的前边。例如：

（7）到了刘永桂参军的时候，乡亲们就约和着，在他入伍头三天，帮助他和湄秀订了婚，好让他走后，他妈在家有个亲人照顾。（黄天明《爱的波涛》，《长江》1982年第3期13页）

（8）有时候，这闺女还装作在院里找什么东西，拿着灯出来，好让小明看清楚一点。（王笠耘《春儿姑娘》，《当代》1982年第3期191页）

虚化的“好”也可以表示目的。但“好”总是用在谓语前边，后分句出现主语时就用在主谓之间。例如：

(9) 你要不忙就去找找会计，好领我去看看房子。(铁凝《东山下的风景》,《长城》1983 年第 3 期 127 页)

(10) 离婚吧，离了婚，你好回上海。(闻波《秋水》,《作品与争鸣》1982 年第 7 期 14 页)

(二)“……以便……”句式中前后分句的因果联系

“……以便……”句式中，前分句和后分句互为因果。

一方面，前分句表示实现某种目的的依据、凭借，实际上就是使某种目的得以实现的原因。如果把“以便”之类抽去，可以添上“因为这样……可以……”的说法，基本意思不变。这说明，可以认为前分句是因，后分句是果。如例 (1)，可以说成：“老赵尽力使车子开得平稳，因为这样，总指挥可以睡得安宁。”又如：

(11) 我决定尽量多参加一些体力劳动，多学习一些农活，以便取得一套起码的养家糊口的本领。(刘鹏越《安魂曲》,《芙蓉》1982 年第 1 期 177 页)

这一句也可以说成：“我决定……多学习一些农活，因为这样，可以取得一套养家糊口的本领。”

另一方面，后分句表示所要达到的目的，实际上也是需要采取某种行动的原因。若把“以便”改说成“是为了、是因为要”，前分句里就可以加上“之所以”。从这一方面看，又可以认为前分句是果，后分句是因。如例 (11)，可以说成：“我之所以决定……多学习一些农活，是为了取得一套起码的养家糊口的本领。”还可以说成：“我之所以决定……多学习一些农活，是因为要取得一套起码的养家糊口的本领。”

运用中常见“之所以……是为了……”的说法，一般都可以改说成“……以便……”。例如：

(12) 他的瓜之所以切开论牙卖，在很大程度上是为了控制瓜粒的外流。(张武《瓜王轶事》,《小说月报》1982 年第 2 期 44 页)

这一句也可以说成：“他的瓜总是切开论牙卖，以便控制瓜粒的外流。”

十二 目的句式:"……以免……"

(一)"……以免……"句式和同类说法

"……以免……"也表示行动和目的之间的关系。前分句表示行动,是实现某种意图的凭借;后分句表示目的,是采取某种行动所要避免的结果。这是一种免除性的目的句式。例如:

(1) 我点点头,赶紧转身而去,以免眼泪又要涌出。(航鹰《前妻》,《小说月报》1982年第7期59页)

前分句所表示的行动有时是已然的,如例(1),有时是未然的,例如:

(2) 如果此种斗争已经发生,则应劝告干部采取公平态度解决问题,以免脱离群众。(《刘少奇选集》上卷382页)

"以免"有时说成"以防"。例如:

(3) 棋力占优势的人,落子更要小心谨慎,以防在疏忽大意中受到挫折……(苏策《臭棋》,《当代》1983年第3期200页)

口语里,"以免"常说成"免得"。例如:

(4) 你要信得过我,骑我的车先走,免得家里担心。(刘富道《南湖月》,《1980年全国优秀短篇小说评选获奖作品集》200页)

(5) 我跟着她走,听她摆布,免得被她看作土包子、假道学。(胡小胡《在省城》,《人民文学》1982年第3期71页)

口语里也常说成"省得"。例如:

(6)(他们的头发卷得特别厉害,那发里的虱子可难对付哩,所以)女人索性都剃光头,省得麻烦。(杜埃《在巴斯布尔山上》,《花城》1983年第3期179页)

带"省得"的目的分句,有时可以放到行动分句的前边。这是一种特殊的说法,可以起强调突出的作用。带"以免"的目的分句不能这么办。例如:

(7)(你看,我怕把水缸冻裂了,围上了一圈茅草;)省得你

去挑水，我在缸里存上一缸雪块。（从维熙《北国草》，《收获》1983年第3期195页）

（二）“……以免……”和“……以便……”

“以免”和“以便”都是连词，用它们联结的复句，分别表示目的是避免什么和目的是获取什么。但是，这两种句式是相通的：

第一，就“以免”说，在意义上“以免”等于“以便避免”。如果把“以免”说成“以便避免”，联结前后分句的关系词语便是“以便”，免除性目的句便变成获取性目的句。例如：

（8）心地善良的希尔曼夫妇，从来不问佛来德在德国的经历，以免引起他痛苦的回忆。（德兰《求》，《收获》1982年第1期55页）

这是免除性目的句。如果说成“……以便避免引起他痛苦的回忆”，便成了获取性目的句。

第二，就“以便”说，“以便”之类后边的部分可以是否定形式。只要把否定词去掉，就可以把“以便”之类改成“以免”之类，获取性目的句就可以变为免除性目的句。例如：

（9）可是敌人还是要拼死争夺，好使自己的主力不致覆灭。（魏巍《谁是最可爱的人》，青年出版社1952年版2页）

这是获取性目的句。如果说成“可是敌人还是要拼死争夺，免得自己的主力覆灭”，便成了免除性目的句。

第三节　并列类复句常用的关系词语

一、并列句式："既……也……"

（一）"既……也……"句式及其构成基础

"既……也……"是并列句式，表示属性的并列。常见的情况是前后分句或者都用肯定句式，或者都用否定句式。前后分句的音节数目常常相同或相近。

前后分句都用肯定句式的，例如：

（1）顾丝丝呢，既饱尝过苦，也倍受过甜。（姜滇《清水湾，淡水湾》，《十月》1982年第3期83页）

（2）这些话既激怒了他，也提醒了他。（常庚西《深山新喜》，《长城》1982年第1期110页）

前后分句都用否定句式的，例如：

（3）她既没有到过水暖班，也没有见过管子钳工。（孙淑敏《白云》，《春风》1982年第1期183页）

（4）（听到这个消息，大家态度都很淡漠，）既说不上惋惜，也谈不上高兴。（曹玉林《祠堂里的学校》，《当代》1982年第3期162页）

有时，肯定句式和否定句式可以分别充当前后分句，成为并列的两项。例如：

（5）她的回答和态度，都是鲜明的，既平和、礼貌，也不虚套、迁就。（徐绍武《孀居》，《芙蓉》1983年第4期190页）

"既……"和"也……"的前边可以都出现主语。前后两个主语可以是不相同的，也可以是相同的。例如：

（6）房钱既拿不出来，饭钱也没着落。（邓友梅《那五》，《小说月报》1982 年第 1 期 67 页）

（7）我既习惯别人这样来评论我，我也习惯这样看待生活。（马佳《找，能找到》，《收获》1982 年第 2 期 165 页）

“既……也……”后边如果还有第三项需要强调地说出来，可以添加“更……”，成为“既……也……更……”。例如：

（8）说她是工农兵大学生，她的出身，既不是工人，也不是农民，更不是当兵的。（顾笑言《洪峰通过峡谷》，《花城》1983 年第 3 期 58 页）

（9）这小子当年在批斗会上既不打人，也不骂人，更不让你坐“喷气式”，（但他那出口成章的……社论式语言，往往问得你满头冒汗。）（熙高《假如生活能倒流》，《十月》1983 年第 4 期 202 页）

从构成基础看，“既……也……”句式有两种情况：

第一种，属性与属性之间本来就是并列关系，“既”和“也”的作用在于从形式上显示这种并列关系。如例（3）（5）（6）都是这种情况。再看两例：

（10）剧本把青鸟作为一种象征，既体现人类精神上的幸福，也体现人类物质上的幸福。（陆星儿《呵，青鸟》，《收获》1982 年第 2 期 123 页）

（11）蔡老师说得平平静静，自自然然，既没有激昂的词句，也没有深奥的道理……（曹玉林《祠堂里的学校》，《当代》1982 年第 3 期 173 页）

前一例，“既……也……”关联的是肯定句式，后一例，“既……也……”关联的是否定句式。减去“既”和“也”，剩下“体现人类精神上的幸福”和“体现人类物质上的幸福”，“没有激昂的词句”和“没有深奥的道理”，显然都是一般的并列关系。

第二种，属性与属性之间本来隐含转折关系，“既”和“也”的作用在于把转折关系转化成为并列关系，从而形成并列复句，强调两种属性的同时存在。如例（1）（2）（4）都是这种情况。再看两例：

（12）对面前的这人既产生同情，也感到惋惜。（牟崇光《闪光的珍珠》，《人民文学》1982年第3期48页）

（13）（饺子）吃得一个不剩，既没人叫太饱，也没人说不够。（白桦《冬日梦中的大雷雨》，《十月》1982年第3期44页）

前一例“既……也……”关联的是肯定句式，后一例“既……也……”关联的是否定句式。减去“既”和“也”，剩下“产生同情”和“感到惋惜”，“没人叫太饱”和“没人说不够”，相互间存在着一定的对立性和逆转性。

（二）“但”类词进入“既……也……”句式的现象

“既……也……”句式，如果构成基础是转折关系的，就可以加上“但”类词，使之成为“既……但也……”的句式。如例（1）（2）（4）（12）（13）都可以加上“但、却”之类。又如：

（14）她既没有踊跃赞同，但也没有露出一丝不愿意的样子。（於梨华《又见棕榈　又见棕榈》，福建人民出版社1980年版77页）

（15）爱情既是一首优美的歌曲，但也是难谱的乐章，难弹的琴……（从维熙《北国草》，《收获》1983年第3期244页）

（16）这么些年，既听不到他们一点点自我批评，可也听不到他们一句互相埋怨的话……（白峰溪《风雨故人来》，《十月》1983年第5期39页）

在转折关系的基础上用“既……也……”，是把转折关系转化成为并列关系，从而形成并列复句；再加“但”类词，则是又把并列复句转化成为转折复句。由于在“既……也……”的基础上再添加“但”类词，这类复句既强调了属性同时存在的一面，又突出了属性间的逆转关系。

二　并列句式：“既……又……”

（一）“既……又……”句式及其构成基础

“既……又……”也是并列句式，表示属性的并列。前后分句音节数目常常相同或相近，前后分句的肯定或否定形式也常常一致。例如：

(1) 赵汉中既是严师，又是慈母。(姜滇《蔚蓝的海峡》，《长城》1982 年第 1 期 41 页)

(2) (干这一行，他手脚笨拙。) 包出的饺子，既不漂亮，又不牢实。(谭谈《小路遥遥》，《芙蓉》1983 年第 4 期 158 页)

不过，也有前后分句音节数目不相等和肯定否定不一致的说法。例如：

(3) 她的服饰全部接近年龄的底线，既不到刺眼的程度，又显得年轻大方。(景风《菜市场里》，《人民文学》1982 年第 3 期 57 页)

由“既……又……”标明的并列的属性，总是两项。如果还有一项需要列举，就可以在“既……又……”的后边添加“同时……”“还……”或“更……”，成为“既……又……同时……”“既……又……还……”或“既……又……更……”。例如：

(4) 郑国荃夫妇对于他，既敬重，又感恩，同时倾注羡慕之心。(姜滇《蔚蓝的海峡》，《长城》1982 年第 1 期 41 页)

(5) 既门当户对，又才貌双全，还加上个专业对口——两人都是搞环保工作的。(黄继树《女贞》，《清明》1983 年第 3 期 5 页)

(6) 刘邦在垓下大战取得全胜之后，率领亲随巡视战场，既有天下初定的得意，又有一生征战的回忆，更有满目疮痍的感慨。(公衡《水巷琵琶声》，《清明》1983 年第 3 期 118 页)

从构成基础看，“既……又……”句式也有两种情况：

第一种，本来就是并列关系，“既”和“又”的作用在于显示这种并列关系。例如：

(7) 你爸回来了，既有实权，又有威望，求他给秀芳办办不可以吗？(浩然《姑娘大了要出嫁》，《春风》1982 年第 1 期 49 页)

(8) 他们三三两两在村头上转游，既卖这里缺少的土产，又讲他们近两年来的变化。(高晓声《陈奂生包产》，《人民文学》1982 年第 3 期 37 页)

第二种，本来隐含着转折关系，“既”和“又”的作用在于把转折关系转化成并列关系，从而形成并列复句。例如：

(9) 我想着你，既想马上见到你，又怕马上见到你。(王中才《龙凤砚》，《春风》1982年第1期140页)

(10) 哪个单位出个先进人物，既是哪个单位的光荣，又是哪个单位领导的包袱。(郑万隆《红灯　黄灯　绿灯》，《当代》1982年第3期67页)

(二)“但”类词进入“既……又……”句式的现象

凡是构成基础是转折关系的“既……又……”句式，都允许“但”类词进入，从而形成“既……但又……”的句式。如例(10)可以说成“既是哪个单位领导的光荣，但又是哪个单位领导的包袱”。再看下面的例子：

(11) 他既希望周奉宛能办成此事，却又怕她弄不好捅出麻烦来……(张笑天《没画句号的故事》，《收获》1983年第1期236页)

(12) 我既感到了摆脱一种负担的轻松，却又有一种相形见绌的沉重。(陆星儿《呵，青鸟》，《收获》1982年第2期131页)

(13) ……既不肯结网，却又注意地打听，有谁在转这个“结网”的念头。(竹林《阿大和他的秃尾巴狗》，《百花洲》1983年第1期77页)

“但”类词进入了“既……又……”句式，就把并列复句转化成为转折复句。这种转折复句，既强调了属性同时存在的一面，又突出了属性间的逆转关系。

(三)“既……又……”和“既……也……”的区别

有时，前后两项之间可以用“既……又……”，也可以用“既……也……”。但是，用“既……也……”，后项表示补说另一层相关的意思，重点一般在前项；用“既……又……”，后项表示另起一层独立的意思，前后两项都被强调。比较：

(14) 他既没有大学的文凭，经济状况也不好，我不干！

(15) 他既没有大学的文凭，经济状况又不好，我不干！

例（14）用"既……也……"，说话人主要关心的是"没有大学的文凭"，"经济状况不好"有补说的性质。例（15）用"既……又……"，"没有大学的文凭"和"经济状况不好"成了同样关心、同样重视的两个方面。

有时，前后两项之间只能用"既……又……"，不能用"既……也……"。这时，后项所指的绝对不是次要的能用来做补充说明的事，而是另外一件跟前项所指对立明显并且值得强调的事。例如：

（16）（苦三儿的心跳得更厉害了！……）既怕她说，又愿意她说。（常庚西《深山新喜》，《长城》1982年第1期140页）

这里的"既怕她说，又愿意她说"不能说成"既怕她说，也愿意她说"。

三　并列句式："又……又……"

（一）"又……又……"句式及其构成基础

"又……又……"也表示属性的并列。一般联结两个肯定形式，有时也联结两个否定形式。例如：

（1）两间一套的房子，又简单，又杂乱。（胡小胡《在省城》，《人民文学》1982年第3期72页）

（2）这人真是祖传的爱多管闲事，又不是个工程师，又不多挣工资加班费，厂里改革不改革与你有什么相干呀?!（郑万隆《红灯　黄灯　绿灯》，《当代》1982年第3期61页）

如果并列的属性不止两项，可以在"又……又……"的后边再加"又……"成为"又……又……又……"。例如：

（3）秉康又能干，又勤快，对你又那么好……（张弦《回黄转绿》，《人民文学》1982年第3期20页）

有时，"又……又……"用于并列三项中的后两项，第一项前边不出现"又"，但可以添上"又"。例如：

（4）老崔是党员，又是书记，又是校长，（在政治运动中，自然

比我们忙得多。)(王中才《龙凤砚》,《春风》1982年第1期126页)

有时,“又……又……又……”用于并列四项中的后三项,第一项前边不出现“又”,但可以添上“又”。例如:

(5)她是老婆,又是老妈子,又是厨子,又是护士。(王蒙《相见时难》,《十月》1982年第2期49页)

“又……又……”有时说成“又是……又是……”。如果有三个并列项,也可以说成“又是……又是……又是……”。不过,用“又是……又是……又是……”时,第一项前边的“又是”必须用,不能省去。例如:

(6)上午他叫小阮、小冯两个年轻人,又是和泥,又是搭墩,又是拣漏,又是粉墙,整整一天忙得不亦乐乎。(曹玉林《祠堂里的学校》,《当代》1982年第3期164页)

从构成基础看,“又……又……”句式有三种情况:

第一种,本来就是平列关系,“又……又……”的作用在于从形式上显示这种关系。例如:

(7)鼎足式的,式样又新颖,又匀称。(姜滇《蔚蓝的海峡》,《长城》1982年第1期35页)

(8)(吴菲拉开椅子请我坐。……)她又熟悉,又随便。(胡小胡《在省城》,《人民文学》1982年第3期69页)

第二种,本来隐含转折关系,“又……又……”的作用在于把转折关系转化成为并列关系,形成并列复句,强调两种属性的并存。例如:

(9)你呀!又想吃,又怕烫。(从维熙《北国草》,《收获》1983年第3期231页)

(10)崔贤对张希亮是七分提防,三分敬重。又靠这座山,又躲着山上的荆棘。(王中才《龙凤砚》,《春风》1982年第1期134页)

第三种,本来隐含连贯关系,“又……又……”的作用在于把连贯关系转化为并列关系,以便把先后发生的动作强调成同时发生的动作,制造紧张热烈的气氛。在这种情况下,“又……又……”一般说成“又是……又是……”。例如:

(11) 他又是扳我的肩膀，又是捶我的胸。（王宗仁《夜明星》，初中《语文》第3册45页）

(12) 我们去后，他又是倒茶，又是拿糖，又是留饭。（郭从林《年轻的心》，《当代》1982年第3期181页）

(二)“又……又……”和“既……又……”的区别

构成基础是并列关系的，用“又……又……”显得集中紧凑，用“既……又……”则显得相对松弛。比较：

(13) 他呀，又喝酒，又抽烟，又喜欢玩牌，坏习惯多着呢！

(14) 他呀，既喝酒，又抽烟，又喜欢玩牌，坏习惯多着呢！

前一例，重在把问题集中起来说，有点像集束手榴弹，三个一起甩出；后一例，重在把问题分别开来说，有点像三个手榴弹一个一个地甩出。

构成基础是转折关系的，“既……又……”可以直接添加“但”类词，“又……又……”一般不能直接添加“但”类词。例如：

(15) 宝全又恨他，又巴不得他来，酸溜溜儿的说不上啥滋味。（锦云、王毅《“大能人”趣话》，《小说月报》1982年第2期67页）

“恨他”和“巴不得他来”有转折性。若说成“既恨他，又巴不得他来”，可以直接添加“但”类词：“既恨他，但又巴不得他来”；可是在“又恨他，又巴不得他来”的基础上，在保留第一个“又”的情况下，不能直接说成“又恨他，但又巴不得他来”。

构成基础是连贯关系的，只能用“又（是）……又（是）……”，不能用“既……又……”。例如：

(16) 我妈呢，在一边又是骂，又是笑，又是打，又是拉，又是出点子，总算把我爸那榆木脑袋瓜说开窍了。（张凤洪《房管局长焦老头》，《长城》1982年第3期122页）

这里，连用五个“又是”，根本不能换成“既……又……”。即使只出现“又是……又是……”，也不好换成“既……又……”。

此外，“又……又……”在复句里出现的位置要比“既……又……”灵活。有时，“又”和“又”可以分别用在前后分句里的补语前边，“既”和“又”不能这么用。例如：

(17) 他一头钻了进去，领会得又深刻，记得又牢固。(楚良《新演诸葛》，《作品与争鸣》1982年第7期20页)

这里，“又……又……”着重显示“深刻”和“牢固”这两种属性的并列关系，不能说成“……领会得既深刻，记得又牢固”。

四 并列句式：“也……也……”

(一)“也……也……”句式及其构成基础

“也……也……”也是并列句式，表示类同或相关的两种情况的并列。例如：

(1) 孟蓓呢，眼角也像在笑，嘴角也像在笑，还是轻轻的声音：“谁让你用的是圆筷子……”(陈建功《丹凤眼》，《1980年全国优秀短篇小说评选获奖作品集》，上海文艺出版社1981年版385页)

(2) 说话嗓门也高了，脸色也好看了。(蒋子龙《一个工厂秘书的日记》，《1980年全国优秀短篇小说评选获奖作品集》，上海文艺出版社1981年版173页)

如果类同或相关的情况有三种，就可以说成“也……也……也……”。例如：

(3) 回家去，酒也好，菜也香，喝得也清静，多好。(陈建功《辘轳把胡同9号》，《小说月报》1981年第12期18页)

“也……也……”复句中，前后分句如果都是肯定形式，那么，分句的主语不同，如例(1)(2)(3)；前后分句如果都是否定形式，那么，分句的主语可以不同，也可以相同。例如：

(4) 听说你病啦，饭也吃不下，觉也睡不好。(陈建功《丹凤眼》，《1980年全国优秀短篇小说评选获奖作品集》，上海文艺出版社1981年版385页)

(5) 也宝也不哭，也不笑，也不说话，只是紧紧地抱着奶奶。(茹志鹃《她从那条路上来》，《收获》1982年第4期204页)

这两例前后分句都是否定形式。前一例两个分句主语不同，后一例三个分句主语相同。

“也……也……”句式有时单独成为复句，前后不出现别的分句。这时，如果前后分句都是肯定形式，那么每个分句都要求带“了”；如果前后分句都是否定形式，就不受这个限制。例如：

(6) 鸡也飞了，蛋也打了。（张贤亮《河的子孙》，《当代》1983 年第 1 期 124 页）

(7) 你也别发火，我也不要生气。（马烽《我的第一个上级》，《建国以来短篇小说》上册，上海文艺出版社 1978 年版 2 页）

例（6）前后分句都是肯定形式，都带“了”；例（7）前后分句都是否定形式，都不带“了”。

从构成基础看，“也……也……”句式是单纯的，都是并列关系。这就是说，甲情况与乙情况之间本来存在并列关系，“也……也……”的作用在于显示这种关系。

（二）“也……也……”和“又……又……”的区别

首先，“又……又……”关联的两个分句，主语往往相同；“也……也……”关联的两个分句，主语一般不同。比较：

(8) 你我相处半月，酒也呷了，烟也抽了，这两分船钱本来不应该收你的。（吴雪恼《船家》，《小说月报》1982 年第 6 期 90 页）

(9) 你我相处半月，又呷酒，又抽烟，这两分船钱本来不应该收你的。

例（8）用“也……也……”，主语分别是“酒”和“烟”；例（9）用“又……又……”，主语都是“你我”。

其次，“也……也……”关联的两个分句，谓语可以是相同的；“又……又……”关联的两个分句，谓语一定是不相同的。看这个例子：

(10) 山也绿，水也绿，真是一片绿色的世界！

前后分句的谓语都是“绿”。这里，不能用“又……又……”。

再次，有时，“也……也……”和“又……又……”都可以用，但“也……也……”表示两种情况密切结合，重在相关性；“又……

又……”表明一种情况之外又有一种情况，重在相对性。比较：

(11) 他家是冒尖户，钱也多，粮也足，日子过得红火极了！

(12) 他家是冒尖户，钱又多，粮又足，日子过得红火极了！

例(11)用“也……也……”，可以说成“钱也多，粮也多”，偏重于强调“多”和“足”两种情况的相关性；例(12)用“又……又……”，可以说成“又有钱，又有粮”，偏重于强调“钱”和“粮”两种事物的相对性。

此外，“也……也……”的构成基础是并列关系；“又……又……”的构成基础除了并列关系，还可以是转折关系、连贯关系。

五　并列句式：“一边……一边……”

(一)“一边……一边……”和同类说法

“一边……一边……”也是并列句式，表示两个动作正在同时进行。前后分句的两个动词都可以带上“着”字。例如：

(1) 迟大冰一边漫无目的地走着，一边遥望着广漠的绿野。(从维熙《北国草》，《收获》1983年第4期230页)

常见的情况，是两个动词中有一个带“着”，另一个不带。但也有都不带“着”的。例如：

(2) 鲁玉枝一边笑着，一边闪到一棵老枫树后……(从维熙《北国草》，《收获》1983年第4期230页)

(3) 苏老师一边说，一边对他微微地笑着。(黄蓓佳《这一瞬间如此辉煌》，《花城》1983年第3期81页)

(4) 顾新雨一边洗脸，一边听宋伯伯向那女同志介绍。(李心田《两个蟋蟀》，《人民文学》1982年第3期65页)

如果同时进行的动作不止两个，可以在“一边……一边……”后边再加“一边……”或者“同时……”。例如：

(5) 她一边说，一边笑，一边就跑。(田中禾《月亮走，我也走》，《当代》1983年第4期124页)

(6) 他一边把黑胖子扶下条案，一边问，同时拿眼睛盯住那欲逃不逃继续犯横的小男孩儿。(郑效农《花鸟鱼市》，《当代》1982 年第 3 期 222 页)

"一边……一边……"中的"一边"，有时可以略去前面的一个，成为"(一边)……一边……"。例如：

(7) 也宝只好仍拿在手里，一边拉着哥哥默默地走着。(茹志鹃《她从那条路上来》，《收获》1982 年第 4 期 191 页)

(8) 倪老师爽快地答应着，一边就坐到了钢琴旁边，把琴盖揭开。(黄蓓佳《这一瞬间如此辉煌》，《花城》1983 年第 3 期 32 页)

"一边……一边……"中的"一边"，有时可以略去后边的一个，成为"一边……(一边)……"。例如：

(9) 一边走，方亮的心里仍在不住地翻腾。(陈冲《无反馈快速跟踪》，《十月》1982 年第 4 期 31 页)

(10) 我一边说着，思前想后，也忍不住冒泪花儿了。(王笠耘《春儿姑娘》，《当代》1982 年第 3 期 190 页)

"一边……一边……"有时说成"边……边……"。例如：

(11) 青年们边望着我微笑，边互相窃窃私语。(马烽《结婚现场会》，《1980 年全国优秀短篇小说评选获奖作品集》，上海文艺出版社 1981 年版 362 页)

(12) 伊品超边遐想着，边细针密线地缝着。(徐绍武《孀居》，《芙蓉》1983 年第 4 期 175 页)

(二)"一边……一边……"句式的构成基础

这一句式的构成基础，是甲动作和乙动作同时进行的并列关系。"一边……一边……"的作用，在于显示这种并列关系。但是，所谓动作同时进行，实际上又有两种情况：

第一，某一时间内甲动作与乙动作自始至终同时进行，互不干扰，是典型的并列关系。例如：

(13) 是那天，我拉着孩子在外面一边晒太阳，一边看着水泥篮球场上的飞行员们做预习准备。(海波《彩色的鸟，在哪里飞

徊?》，《小说月报》1982 年第 7 期 38 页）

“晒太阳”和“看着……做预习准备”是在所说的时间内始终同时进行的互不干扰的两个动作。

第二，某一时间内，甲动作与乙动作交错进行，互有干扰，这是一种具有交替性质的并列关系。例如：

(14) 我和两个客人，一边饮酒，一边吸烟，一边畅谈。（肖为《不能改正的错误》，《花城》1983 年第 3 期 94 页）

在所说的时间内，“饮酒”“吸烟”和“畅谈”这三个动作都在进行，但它们并不总是同时进行，而是有所交替的。

(三) 不是关系词语的“一边……一边……”

“一边……一边……”有时不是关系词语，而是表明位置关系的处所名词。或者用在“是”字前边作主语，或者用在主谓结构前边作状语，可以用“左边……右边……”“这边……那边……”之类说法去替换。例如：

(15) 这里连接着一条后楼房的水泥走廊，一边是水泥栏杆，一边是佣人和孩子住的后房。（茹志鹃《她从那条路上来》，《收获》1982 年第 4 期 194 页）

(16) 一边，战士们和警卫员顶牛；一边，战士们和张辉孟对着吸烟，说着掏心掏肝的亲切话。（黄天明《爱的波涛》，《长江》1982 年第 3 期 25 页）

例 (15) 前后两个“一边”都作主语；例 (16) 前后两个“一边”都作状语。

六 并列句式：“一面……一面……”

(一)“一面……一面……”和“一边……一边……”

“一面……一面……”也是并列句式，它关联同时进行的两个具体动作，或者关联同时采取的两种非短时性的行为。

有时，关联正在同时进行的两个具体动作。例如：

(1) 杜丽一面拭汗，一面瞅着徐竹卿和那些大汽车小汽车。(鲁彦周《春前草》,《小说月报》1982 年第 3 期 24 页)

(2) 老熊一面走，一面用前掌拨开一路的树叶。(张曼菱《有一个美丽的地方》,《当代》1982 年第 3 期 139 页)

有时关联不是在短暂的时间里同时进行的两种行为。例如：

(3) 一面决不滥用浪费，一面努力发展生产。(毛泽东《必须学会做经济工作》)

(4) 这些人开始结成各种秘密的或者半公开的组织，一面在全国范围内互相串联，一面同台湾以及国外的政治力量相勾结。(《邓小平文选》160～161 页)

关联两个具体动作的“一面……一面……”，相当于“一边……一边……”，二者可以互换。如例 (1) 可以说成“杜丽一边拭汗，一边瞅着……那些大汽车小汽车”。“一面……一面……”中也可以略去一个“一面”。例如：

(5)（凉粉客）一面说，一双小黄眼珠就在炕头桌面上溜来溜去。(王宝成《海中金》,《收获》1983 年第 4 期 149 页)

(6) 有位老人在路上来回地敲铓锣，一面喊着傣话。(张曼菱《有一个美丽的地方》,《当代》1982 年第 3 期 129 页)

如果需要标明三个具体动作同时进行，也可以说成“一面……一面……一面……”。例如：

(7) 照旧例，近年是每逢节根或年关的前一天，他一定须在夜里十二点钟才回家，一面走，一面掏着怀中，一面大声地叫道：“喂，领来了!”(鲁迅《端午节》)

关联两种非短时性行为的“一面……一面……”，不能换成“一边……一边……”。如例 (3) 不能说成“一边决不滥用浪费，一边努力发展生产”。又如：

(8) 她一面读书，一面做着零零星星的活计，用自己的力量养活自己。(姜滇《清水湾，淡水湾》,《十月》1982 年第 3 期 75 页)

这里所说的“读书”和“做着零零星星的活计”都不是在短暂时间里

完成的活动，因此不宜用“一边……一边……”。如果说成“她一面看书，一面织着毛线衣”，那么，就可以改说成“她一边看书，一边织着毛线衣”，这是因为，这里的“看书”和“织着毛线衣”都是短时性的具体动作。

（二）“一面……一面……”句式的构成基础

在关联同时进行的两个具体动作时，“一面……一面……”的构成基础跟“一边……一边……”相同，是并列关系。

在关联非短时性的两种行为时，“一面……一面……”的构成基础有两种。一种是并列关系。如例（3）的“决不滥用浪费”和“努力发展生产”是并列关系，例（4）的“……互相串联”和“……相勾结”是并列关系，“一面……一面……”的作用是从形式上显示这种关系。另一种是转折关系。“一面……一面……”的作用是把这种关系转化成为并列关系，形成并列复句，表明两种行为的同时存在。例如：

（9）一面在口头上宣称实行“民主”，“还政于民”，一面又在实际上残酷地压迫人民的民主运动，不愿意实行丝毫的民主改革。（毛泽东《论联合政府》）

（10）（当时，武汉的环境是困难的，在敌人封锁、内部动摇的情况下，把最后的希望押在冯玉祥身上……）冯玉祥一面与武汉来的这些人应付，一面宣布他要去徐州会蒋介石。（《周恩来选集》上卷170页）

（三）“但”类词进入“一面……一面……”句式的现象

构成基础是转折关系的“一面……一面……”，可以添加“但”类词，进一步把它转化成为转折复句。如例（9）可以说成“一面在口头上宣称实行‘民主’，‘还政于民’，一面却又……”，例（10）可以说成“冯玉祥一面与武汉来的这些人应付，但一面又宣布他要去徐州会蒋介石”。再看下面的例子：

（11）军阀对红军曾三次“会剿”，每次都含着两方面的意义：一面固然是在共同进攻革命势力，一面却又是军阀为了准备自己战争，必须先求解决红军以固后防……（《周恩来选集》上卷32页）

(12) 一面虽在抗日，一面又采取消极的作战政策，并且还被日本侵略者经常选择为诱降的对象。(毛泽东《论联合政府》)

(13) 老孟一面用了十分敬畏的神情朝老太太看，一面却悄悄地跑到派出所去找户籍警老刘同志作了秘密报告。(张廷竹《五十四号墙门》，《芙蓉》1983 年第 2 期 7 页)

例 (11) 加上“固然……却……”，例 (12) 加上“虽”，例 (13) 加上“却”。这样，“一面……一面……”的并列复句便转化成了转折复句。

七　并列句式：“一方面……另一方面……”

(一)“一方面……另一方面……”句式和同类说法

“一方面……另一方面……”也是并列句式，表示两个方面的情况的并列。例如：

(1) 国民党一方面同我们谈判，另一方面又在积极进攻解放区。(毛泽东《关于重庆谈判》)

主语如果只在第一分句出现，“一方面……另一方面……”用在这个主语后边，如例 (1)；如果两个分句都出现主语，“一方面”和“另一方面”分别用在主语前边。例如：

(2) 在解放区，一方面，军队应实行拥政爱民的工作，另一方面，民主政府应领导人民实行拥军优抗的工作，更大地改善军民关系。(毛泽东《论联合政府》)

(3) 在这种非常复杂的形势下，一方面我们没有在大敌当前犯进攻“自家人”的错误，另一方面我们也没有在反共顽固派武装进攻面前，犯毫不抵抗、一味退让的右倾机会主义的错误。(《刘少奇选集》上卷 280 页)

“另一方面”可以不用“一”，说成“另方面”。例如：

(4) 党一方面必须对于错误思想进行严肃的斗争，另方面又必须充分地给犯错误的同志留有自己觉悟的机会。(毛泽东《矛盾论》)

"另一方面"有时可以说"又一方面"。例如：

(5) 中央认为应使干部对于党内历史问题在思想上完全弄清楚，同时对于历史上犯过错误的同志在作结论时应取宽大的方针，以便一方面，彻底了解我党历史经验，避免重犯错误；又一方面，能够团结一切同志，共同工作。(毛泽东《学习和时局》)

"另一方面"有时单用，前面分句不出现"一方面"。例如：

(6) 那个"对象目标"就算真像兄弟夸的那么流油光，也得让她当妈的看着顺眼、符合心意，还得让女儿高兴；另一方面，人家男方那头也得同意才行呀！(浩然《姑娘大了要出嫁》，《春风》1982年第1期5页)

"另一方面"有时不用"另"，整个句式说成"一方面……一方面……"。例如：

(7) 那时候一方面和平了，一方面又埋伏了文章。(《周恩来选集》上卷194页)

(8) 但是我们一方面取之于民，一方面就要使人民经济有所增长，有所补充。(毛泽东《抗日时期的经济问题和财政问题》)

(二)"一方面……另一方面……"句式的构成基础

这一句式的构成基础有时是一般的并列关系。后分句里"另一方面"常跟"也""又"等配合使用。例如：

(9) 一方面，我们已用事实证明给老百姓看，我们有力量打倒蒋介石；另一方面，老百姓也不要蒋介石……(《周恩来选集》上卷230页)

(10) 一方面，用武力掩护了群众的生产；另一方面，又用劳力进行了普遍的帮助。(毛泽东《游击区也能够进行生产》)

这一句式的构成基础有时是互相矛盾的两方面情况，有转折关系。后分句里"另一方面"多跟"又"配合使用。例如：

(11) 他一方面侈谈工业化的计划经济，另一方面又憧憬于《礼运》大同之篇……(《周恩来选集》上卷149～150页)

(12) ……你们一方面要求人家来做，另一方面又把违反政协

决议的东西写在国民党二中全会的决议上，这不能不说其中包含了欺骗。（《周恩来选集》上卷 230 页）

（三）“但”类词进入“一方面……另一方面……”句式的现象

构成基础具有转折性的“一方面……另一方面……”，可以添加“但”类词，使之转化成为转折复句。如例（11）（12）可以很自然地添加“但、却”之类。再看这几个例子：

（13）一方面，他们不能禁止自己不犯已经知道的错误，他们明知故犯；但另一方面，他们又要禁止别的党员向上级报告及在会议上批评他们。（《刘少奇选集》上卷 191 页）

（14）在目前，我们一方面应当动员群众向国民党政府提出要求，允许救国会的公开，允许各种非法团体的登记，允许言论、集会、罢工的自由；但是另一方面，我们还应当利用各种灰色的团体去组织群众，加入各种已有的合法团体去进行工作。（《刘少奇选集》上卷 63～64 页）

（15）……蒋介石又发表了一个谈话，一方面是承认我们，可是另一方面，还是说要取消红军，取消苏区。（《周恩来选集》上卷 196 页）

（16）许多人都有一种好奇的心理，他一方面说你是“无巧不成书”，另一方面却又“无巧不看书”。（陆文夫《误会与巧合》，《钟山》1982 年第 3 期 237 页）

这里，“一方面……另一方面……”把本来具有转折性的两个方面转化成了并列关系，形成了并列复句；再加上“但”类词，又把并列复句转化成为转折复句。这样的转化，既能明确揭示事情的两面性，又能突出两面之间的逆转关系。

（四）“一方面……（另）一方面……”同“一面……一面……”的区别

“一面……一面……”在关联两种非短时性行为时，一般同“一方面……（另）一方面……”相通。如“冯玉祥一面与武汉来的这些人应付，一面宣布他要去徐州会蒋介石”（《周恩来选集》上卷 170 页），也可以说成“冯玉祥一方面与武汉来的这些人应付，另一方面又宣布他要去徐州会蒋介石”。但是，这两种句式是有很大的不同的。

首先，“一方面……（另）一方面……”可以用在主语前边，“一面……一面……”一般不用在主语前边。

其次，“一方面……（另）一方面……”所关联的限于两项，“一面……一面……”可以延伸成为“一面……一面……一面……”，所关联的不限于两项。

再次，“一面……一面……”可以关联具体的动作，“一方面……（另）一方面……”不能用来关联具体的动作。如可以说：“施芬兰一面说，一面往外走。”（肖为《不能改正的错误》，《花城》1983 年第 3 期 96 页）但不能说：“施芬兰一方面说，一方面往外走。”

最后，在用来关联非短时性行为时，“一方面……（另）一方面……”重在表明存在两个方面的情况，分开来说的意味较强；“一面……一面……”重在表明同时采取两种行为，合起来看的意味较强。比较：

（17）她一方面苦苦练琴，一方面也选修中国古典诗词。（姜滇《蔚蓝的海峡》，《长城》1987 年第 1 期 55 页）

（18）她一面苦苦练琴，一面选修中国古典诗词。

前一例重在分别说出“她”在学习中的两个方面的情况，后一例重在说明“她”同时进行两种学习活动。

八　连贯句式：“……然后……”

（一）“……然后……”句式及其种类

“……然后……”表示动作的先后连贯。这是一种连贯句式。它的构成基础，也是动作的连贯关系。

根据动作的已然和未然，“……然后……”句式可以分为两种：

1. 已然性的。所说的动作都已实现，各分句都用陈述句式。例如：

（1）我们隔着山谷挥手，然后各奔前程。（张曼菱《有一个美

丽的地方》,《当代》1982 年第 3 期 128 页)

(2) 卫伟愣了一小会儿,然后,悄悄地把资料夹回了乐谱里。(黄蓓佳《这一瞬间如此辉煌》,《花城》1983 年第 3 期 25 页)

2. 未然性的。所说的动作都未实现,前后分句有时用祈使句式,或带有一定的祈使语气。例如:

(3)《关于建国以来党的若干历史问题的决议》通过以后,要组织大家认真学习,然后要引导大家认真读点书。(《邓小平文选》336 页)

(4) 下班前,你把老金送到我家门口,然后,就请你自便。(蒋子龙《一个工厂秘书的日记》,《1980 年全国优秀短篇小说评选获奖作品集》,上海文艺出版社 1981 年版 184 页)

不管是已然性的连贯还是未然性的连贯,前后分句都用肯定形式,不用否定形式。

不管是已然性的连贯还是未然性的连贯,“然后”后面的分句如果出现主语,“然后”要用在主语之前。例如:

(5) 欧阳慧看着大家,然后她端起一碗,捧到刘钊面前……(李国文《花园街 5 号》,《十月》1983 年第 4 期 66 页)

(6) 我先送他上车,然后我们一块儿回去。(黄天明《爱的波涛》,《长江》1982 年第 3 期 8 页)

(二)“然后”的作用

“然后”一词,在显示连贯关系的同时,还可以在叙述中划分动作的步骤和节奏。请看几个包含不止两个分句的例子:

(7) 丁猛在屋里踱了个来回,然后走到桌前,把全部预算书摞到一块,往钱工面前一撂……(柯云路《三千万》)

(8) 心心胜利地挺直腰板,举起梅花扳手向她走远了的母亲示威地挥舞,然后赔不是地招呼乡亲们上车。(李国文《月食》,《当代》1982 年第 3 期 77 页)

(9) 黄成宾摇摇头,取下眼镜揩拭水汽,然后戴好,呆呆地看着洪老板出神。(鄢国培《巴山月》,《长江》1982 年第 3 期 224 页)

例（7）是“A，然后B，C，D”。“然后”既显示连贯关系，又把第一个动作和第二、三、四个动作分成两个步骤，形成两个节奏。例（8）是“A，B，然后C”。“然后”既显示连贯关系，又把第一、二个动作和第三个动作分成两个步骤，形成两个节奏。例（9）是“A，B，然后C，D”。“然后”既显示连贯关系，又把第一、二个动作和第三、四个动作分成两个步骤，形成两个节奏。

“然后”究竟在哪个分句之后出现，是自由的，完全取决于表达的需要。换句话说，由说话人划分步骤的需要所决定。看下面的例子：

（10）她下了草滩，一直走到婶婶湖边，铺了一张什么东西在跳板上，然后坐下来，弹响了吉他。（池莉《有土地，就会有足迹》，《长江》1982年第3期159页）

（11）她下了草滩，一直走到婶婶湖边，铺了一张什么东西在跳板上，坐下来，然后弹响了吉他。

（12）她下了草滩，然后一直走到婶婶湖边，铺了一张什么东西在跳板上，坐下来，弹响了吉他。

（13）她下了草滩，一直走到婶婶湖边，然后铺了一张什么东西在跳板上，坐下来，弹响了吉他。

例（10）是“A，B，C，然后D，E”，例（11）是“A，B，C，D，然后E”，例（12）是“A，然后B，C，D，E”，例（13）是“A，B，然后C，D，E”，“然后”可以用在任何一个位置上，意思一样，但步骤性和节奏感起了微妙的变化。

有时，“然后”可以跟“又、就、才”之类副词结合使用，说成“然后又（就、才）”。这样更可以加强步骤性和节奏感。例如：

（14）他从挎着的布包里取出一个装着蛋糕的纸袋递到黄成宾面前，让他过目，然后又放回布袋里。（鄢国培《巴山月》，《长江》1982年第3期226页）

“A，然后又B”清楚地表明了从“取出”到“放回”的两个步骤。

有时，“然后”可以跟前分句的“先、首先”之类呼应使用，形成“先（首先）……然后……”的句式。这样，动作的步骤性和节奏感更加鲜明。例如：

(15) 现在呢，先到办事处吃午饭，然后洗洗澡，睡个午觉。(顾笑言《洪峰通过峡谷》，《花城》1983 年第 3 期 85 页)

“先 A，然后 B，C”明显地把动作的程序分成了“吃午饭”和“洗澡”“睡午觉”两个步骤。

有时，“然后”可以和前面分句或后面分句的“又、再”之类呼应使用，形成“……又（再）……然后……”或“……然后……又（再）……”的句式。在这种情况下，不管分句有多少，都把动作的过程分成了三个步骤。例如：

(16) 戴笠自己从衣钩上取下博士帽戴上，又客气了几句，然后握手而别。(鄢国培《巴山月》，《长江》1982 年第 3 期 206 页)

(17) 她利索地解下缠着的布带，把木盒放在矮凳上，然后把伤腿搁在木盒上，再用葛巾罩住，闷住药气。(罗旋《红线记》，《1980 年全国优秀短篇小说评选获奖作品集》，上海文艺出版社 1981 年版 405 页)

例（16）是“A，又 B，然后 C”，三个分句形成三个节奏；例（17）是“A，B，然后 C，再 D，E”，五个分句形成三个节奏。

九　连贯句式：“……接着……”

（一）“……接着……”句式及其作用

“……连着……”也是连贯句式，显示动作的先后连贯，重在强调动作与动作互相承接。例如：

(1) 隔壁传来倒茶的响声，接着是警卫员喊首长接电话。(黄天明《爱的波涛》，《长江》1982 年第 3 期 32 页)

(2) 邹丽梅眼睛湿润了，接着，两滴硕大的泪珠涌出眼帘。(从维熙《北国草》，《收获》1983 年第 3 期 230 页)

“接着”有时也跟“又、就”等副词结合使用，说成“接着又”

“接着就”。例如：

(3)（亚女）微微地蹙起了眉尖，摇了摇头，接着又打起了我无论如何也不明白的手势。（叶文玲《心香》，《1980 年全国优秀短篇小说评选获奖作品集》，上海文艺出版社 1981 年版 541 页）

(4) 冷风穿透一层层衣服，收干了皮肤上的热汗，接着就侵入肌肤，刺向骨干。（池莉《有土地，就会有足迹》，《长江》1982 年第 3 期 140 页）

“接着”前边有时加“紧”，构成短语词“紧接着”，显得更加强调动作的紧接。例如：

(5) 一个茶房送来了茶碗，紧接着就有人送上一块洒了香水的热毛巾。（邓友梅《那五》，《小说月报》1982 年第 7 期 69 页）

（二）“……接着……”和“……然后……”的区别

“接着”和“然后”往往可以互换。看这个例子：

(6) 在座的长辈们都点头称是，然后由老四叔主持，换了庚帖，翁柯和茂漪饮了订婚酒，接着大家随便饮酒吃菜，夜深方散。（王中才《龙凤砚》，《春风》1982 年第 1 期 110 页）

这里前边用“然后”，后边用“接着”。让它们对调，前边用“接着”，后边用“然后”，意思不变。

但是，“然后”着重表明动作分先后，“接着”着重表明动作相承接。

在动作行为明显分为先后两段时，宜用“然后”。如“你先把他送走，然后请你自便”，若说成“你先把他送走，接着请你自便”，就不那么自然。又如：

(7) 如果有人送点什么吃的给他，他总要工作人员先送给毛主席和我父亲一些，然后自己才肯吃。（朱敏《深情忆念周伯伯》，初中《语文》第六册 17 页）

这里的“然后”也不好换成“接着”。

在需要表明动作一个紧接一个发生时，用“接着”比用“然后”显得流畅。看这个例子：

(8) 每天天还没亮，母亲就第一个起身，接着听见祖母起来的声音，接着大家都离开床铺，喂猪的喂猪，砍柴的砍柴，挑水的挑水。(朱德《母亲的回忆》，初中《语文》第五册99页)

这里连用两个“接着”，突出了动作的紧接性，具有紧张感，若换成“然后”，比较别扭。再比较：

(9) (他刚下车，那一串) 送煤进城，然后拉化肥回来 (的大车队，正从他面前经过……) (李国文《月食》，《1980年全国优秀短篇小说评选获奖作品集》，上海文艺出版社1981年版77页)

(10) (当我) 目送亚女出了门，接着又分明望见小元的影子在自家的院子里晃动时，(我像吞了一个秤砣，立时愧疚得无地自容了……) (叶文玲《心香》，《1980年全国优秀短篇小说评选获奖作品集》，上海文艺出版社1981年版554页)

例 (9) “送煤进城”和“拉化肥回来”之间肯定还有好些动作行为，如吃饭、休息、买点小东西等等。用“然后”，强调了“送煤进城”和“拉化肥回来”这两个动作的先后性。例 (10) “目送亚女出了门”和“又分明望见小元的影子……晃动”在短时间中相继发生，用“接着”，强调了这两个动作的紧接性。若将这两例中的“然后”和“接着”互换，都不如原来贴切。

连贯句中用“接着”，应该说，也能表明动作的步骤性和节奏性，但是，跟“然后”相比，还是一个重在“紧接”，一个重在“先后”。看这个例子：

(11) 他吸了一口烟，又很快把烟筒里的烟灰吹掉，接着又吸，又吹。(严阵《数声风笛》，《钟山》1983年第3期151页)

这里，“接着”把动作分成了“吸——吹——”和“吸——吹——”的不同步骤，形成了不同的节奏，然而，强调的是一个步骤与一个步骤之间、一个节奏与一个节奏之间的紧接，若换成“然后”，重点便变成强调先后了。

十　连贯句式："……这才……"

（一）"……这才……"句式及其作用

"……这才……"表示动作的连贯，也是一种连贯句式。"这才"是"这时才"的意思，意味着"不到这时还不会"。例如：

（1）山虎如梦初醒，这才明白父女俩的心意。（罗旋《红线记》，《1980年全国优秀短篇小说评选获奖作品集》，上海文艺出版社1981年版413页）

（2）亚女满意极了，双手接过捧在胸前，几乎是向我鞠躬似地点了一下头，这才迈着轻盈的脚步走了。（叶文玲《心香》，《1980年全国优秀短篇小说评选获奖作品集》，上海文艺出版社1981年版541页）

"这才"关联的分句有时主语相同，有时主语不同。主语不同，前后分句都有主语时，"这才"用在后分句主语的后边。例如：

（3）亚女红了脸，勇敢地跨出了矮墙，我这才鼓足了勇气，朝她家走去。（叶文玲《心香》，《1980年全国优秀短篇小说评选获奖作品集》，上海文艺出版社1981年版551页）

不管前后分句的主语是否相同，"这才"引出的动作往往指人物由前面的动作而产生的某种反应，因此，有的时候，前后分句之间有着隐隐约约的因果联系，但是，总的说来，主要还是显示连贯关系。例如：

（4）傍晌午，他瞧见在附近地里干活的社员都收工了，这才回到地边。（浩然《能人楚世杰》，《长城》1982年第3期71页）

（5）这两年，我画了一百零八座影壁，有个八十八岁的老画师下乡走马看花，连看我十几幅影壁画，连叫十几声好，还要写一篇文章，替我刷个广告，文化馆这才打算给我举办影壁画展览会。（刘绍棠《柳伞》，《十月》1982年第4期43页）

跟"这才"同义的"这时才"也可以构成连贯复句，但"这时才"可以被主语隔开，"这才"却不能被主语隔开。这说明，"这才"已结合成为一个近似短语词的单位，在结合程度上跟“这时才”有所不同。例如：

(6) 阿鸽原路摇船回村，这时她才发现，身边少了什么。(姜滇《阿鸽与船》，《小说月报》1982年第6期51页)

“这时她才……”不能说成“这她才……”。

(二) 不表示连贯关系的“……这才……”

有时，“这才”不表示连贯关系，但这种“……这才……”跟表示连贯关系的“……这才……”有很大的不同。先看例子：

(7) 应当把这一二年上边提倡说谎话所造成的影响，也写进去，这才完整。(韦君宜《洗礼》，《小说月报》1982年第6期7页)

(8) 路见不平，拔刀相助，这才是美人儿理想的情人。(韦君宜《洗礼》，《小说月报》1982年第6期6页)

从这两个例子可以知道，首先，“这”是指物代词，不表示时间，不等于“这时”。其次，“这”充当句子的主语，“才”作状语，“这才”没有结合成为一个语言单位。再次，“才”引出的是形容词或带“是”的判断结构，不表示动作，对前面的分句起解注的作用。

十一　递进句式：“不但……而且……”

(一)“不但……而且……”句式和同类说法

“不但……而且……”表示以一层意思为基点向另一层意思顺递推进。这是递进句的典型句式。例如：

(1) 不但应该使每个车间主任、生产队长对生产负责任、想办法，而且一定要使每个工人农民都对生产负责任、想办法。(《邓小平文选》136页)

跟“不但”作用相当，常同“而且”呼应使用的还有“不仅、不单、不只、不光、不独、非但”等。例如：

(2) 这不仅是科学界、教育界的问题，而且是整个国家的重大政策问题。(《邓小平文选》48页)

(3) 群众不只是盼望电气化，而且有力量自己搞电气化。(孙

谦《南山的灯》，《建国以来短篇小说》上册，上海文艺出版社1978年版223页）

（4）他不单单要说这支歌编了四十年，而且特别说明这支歌是全中国各族人民编的。（李增正《〈东方红〉的故事》，初中《语文》第一册56页）

（5）似乎在这之前，他连想都没想过，然而今夜，非但想，而且隐隐觉得有点恨。（陈传瑜《自忖》，《人民文学》1982年第2期107页）

跟“而且”作用相当，常同“不但”之类呼应使用的还有“并且、且、甚至”等。例如：

（6）下面就是首阳村，所以不但常有砍柴的老人和女人，并且有进来玩耍的孩子。（鲁迅《采薇》）

（7）这女人不单开荒地多，且是惹不起的人物，（乡里人睁大双眼盯着她．打算照着葫芦画瓢。）（张贤华《小镇的墟天》，《人民文学》1982年第2期32页）

（8）这位不速之客是谁？和韩潮记忆里的伯爵惟妙惟肖，不但外貌酷似，神态相仿，甚至那种没落衰微的贵族气息，也一模一样。（李国文《花园街5号》，《十月》1983年第4期7页）

“不但”之类是构成递进复句的充足条件。只要前面分句用了“不但”之类，后面不用“而且”之类，只用某个副词，甚至副词也不用，仍然可以成为递进句式。例如：

（9）不但学生应该尊重教师，整个社会都应该尊重教师。（《邓小平文选》106页）

（10）这个问题不光是铁道部门存在，其他地方和部门也同样存在。（《邓小平文选》5页）

（11）不光是生活，是生命。（田芬《金钥匙》，《十月》1982年第1期159页）

“而且、并且、且、甚至”也是构成递进复句的充足条件。只要前后分句之间用了它们，也成为递进句式。例如：

(12) 邮局离得很远，而且不通公共汽车。(李陀《魔界》，《小说月报》1982 年第 5 期 31 页)

(13) 这样，每年她就有三个月可以离开乡村，并且拿到一百来块钱。(刘宾雁等《千秋功罪》，《十月》1982 年第 3 期 8 页)

(14) 那干部比曹光荣小几岁，且又生得面嫩、消瘦，(所以颇显年轻。)(薛勇《红灯和绿灯》，《长城》1982 年第 1 期 18 页)

(15) 楼里楼外的一切，都那么新奇，甚至带有一点神秘色彩。(刘宾雁等《千秋功罪》，《十月》1982 年第 7 期 10 页)

“不但”之类是预示递进语势的词语。在前分句不用“不但”之类时，由于没有预示，因此后分句的递进语势显得突兀而起。突兀的意味，“并且、且”较弱，“而且”较强，“甚至”特强。不管突兀意味是强是弱，采用没有预示的递进说法都是由于语流中顺叙的需要，即需要首先顺着上文的意思叙述下来，然后才突然推进。

(二)“不但……而且……”句式的构成基础

“不但……而且……”的构成基础并不单一。主要有以下几种。

1. 典型的并列关系。在这种情况下，前后两项可以互换位置。究竟以哪一项为递进的基点，取决于说话者的表达需要。例如：

(16) 这孩子不但能听懂一些中国话，还能写不少中国字。(边震遐《火凤凰》，《十月》1982 年第 3 期 194 页)

(17) 我眼下不光开机子，还学修理。(浩然《姑娘大了要出嫁》，《春风》1982 年第 1 期 6 页)

(18) 这两人不仅胖瘦不匀，性格也截然不同。(燕平《小镇旧痕》，《长城》1982 年第 1 期 75 页)

例 (16)，“能听懂一些中国话”和“能写不少中国字”是并列的两件事。能听懂中国话的不一定能写中国字，因为他学中国话可能只是通过听和说；能写中国字的不一定能听懂中国话，因为他学中国字可能只限于书面材料，没有经过听说训练。根据表达意图和强调重点，既可以说“不仅能听懂一些中国话，还能写不少中国字”，也可以说“不仅能写不少中国字，还能听懂一些中国话”。其他两例类推。

2. 范围上或程度上的某种递进关系。这实际上还是并列关系，只是语义上后项范围较大，程度较深，因此不能同前项倒过来说。例如：

(19) 请你们出去作报告，不光在咱牛角沟光荣，在全公社全县都光荣。(常庚西《深山新喜》,《长城》1982年第1期133页)

(20) 不光她自己生在上海，长在上海，而且她的爸爸妈妈、爷爷奶奶，还有爷爷奶奶的爷爷奶奶等等，等等，都是生在上海长在上海的。(范小青《屋檐下》,《小说月报》1982年第3期90页)

这两例前后项之间有范围上的递进关系。前一例，“在咱牛角沟光荣”和“在全公社全县光荣”实际上还是并列关系，但后者比前者范围大，不能说成“不光在全公社全县光荣，而且在咱牛角沟也光荣”。后一例也一样。又如：

(21) 三年工夫，不仅欠账还清，而且，在企业自有基金方面，成了临江首户，真正的百万富翁。(李国文《花园街5号》,《十月》1983年第4期12页)

(22) 他……仿佛向我证明：他不仅是个人，而且是个很大的人。(杜鹏程《夜走灵官峡》，初中《语文》第二册111页)

这两例前后项之间有程度上的递进关系。前一例，“欠账还清”和“成了……百万富翁”实际上还是并列关系，但后者比前者程度深，不能说成“不仅成了……百万富翁，而且欠账还清”。后一例，“是个人”和“是个很大的人”实际上是反复并列，但后者深入一层揭示了属性，不能说成“他不仅是个很大的人，而且是个人”。

3. 因果关系。后项依赖前项而产生，是在前项基础上出现的结果。“不但……而且……”标示由原因到结果的递进，是把因果关系转化成为递进关系。例如：

(23) 现在，不但许多事情都搞清楚了，而且许多人都觉得在精神上高大起来。(姜滇《清水湾，淡水湾》,《十月》1982年第3期95页)

(24) 这个吃红苕长大的女人，不仅给他带来了从来没有享受过的家庭温暖，并且使他生命的根须更深地扎进这块土地里……（张贤亮《灵与肉》，《1980年全国优秀短篇小说评选获奖作品集》，上海文艺出版社1981年版235页）

这两例如果去掉“不但……而且……”“不仅……并且……”，可以把“因而”添加上去，可见前后项之间本来存在因果联系，由于“不但……而且……”句式的转化，才成为递进复句。

有时，隐含的因果关系可以先用“因而、因此”之类显示出来，然后再用表示递进关系的词语加以转化，清楚地标示出从原因到结果的递进。例如：

（25）……别人把这看成是一件惨事，并因此而可怜我，甚至同情我；我不需要！（陈浩泉《香港狂人》，《花城》1983年第4期83页）

“因此而”显示因果关系，加上“并”和“甚至”，便又进一步转化成为递进句式。

4. 转折关系。前后项代表相对立的两个方面，二者之间有转折性。“不但……而且……”标示由一个方面向另一个方面的递进，是把转折关系转化成为递进关系。例如：

（26）小白同志，你看我这个团中央书记处书记，不但做促进工作，还做你的“促退”工作。（从维熙《黄金岁月》，《十月》1982年第1期109页）

这一例，若去掉“不但……还……”，可以加上“既……却又……”。可见前后项之间本来存在转折关系，由于“不但……而且……”句式的转化，才成为递进复句。

应该指出：因果忤逆的转折关系不能转化为递进复句。例如：

*（27）他不但很瘦，而且精神十分饱满。

这是病例。“很瘦”和“精神十分饱满”因果相悖，只能用“但、却”之类关联，不能说成“不但……而且……”。

（三）三级递进的句式

在“不但……而且……”后边添加“甚至……”，可以形成三级递进的句式。例如：

(28) 在五十年代和六十年代初期，它生产的多种型号的车床，不仅装备了大半个中国的机械生产，而且远销亚非拉，甚至竟开拓到欧罗巴。(耿耿《人的问题》，《百花洲》1983 年第 4 期 14 页)

这里用“不仅……而且……甚至……”表示三个层级的连续递进。

三级递进句式中，副词“也、还”也可以用来引出其中一个层级。只要第一分句出现“不但”之类，“不但……也……而且……”“不但……还……也……”等都可能成为表示三级递进的句式。例如：

(29) 大自然不光长栋梁材，也长小草，而且长得更多……(池莉《有土地，就会有足迹》，《长江》1982 年第 3 期 145 页)

(30) 一场荒火，不仅夺去了马俊友同志的生命，还烧毁了我们的一片麦子，也烧焦了垦荒队员的心。(从维熙《北国草》，《收获》1983 年第 4 期 254 页)

前一例等于说：不光长栋梁材，也长小草；不仅长小草，而且长得更多。后一例等于说：不仅夺去了马俊友同志的生命，还烧毁了我们的一片麦子；不仅烧毁了我们的一片麦子，而且烧焦了垦荒队员的心。这两个例子都表示了三个层级的连续递进。

三级递进句式中，第一项也可以不出现“不但”之类预示递进的连词，但后两项必须用表示递进关系的连词“而且、并且、甚至”等。例如：

(31) 一年后，我要让两百号人有活干，有饭吃，而且要生活得比付出同等劳动的其他人一样好，甚至要更好。(绍六《镶金边的彩云》，《花城》1983 年第 4 期 49 页)

(四)“不但……而且……”句式中谓语的蒙后省现象

这一句式，前分句的谓语可以蒙后省略。例如：

(32) 不仅文艺界，其他方面也有类似的问题。(＝不仅文艺界有类似的问题，其他方面也有类似的问题。)(《邓小平文选》345 页)

有时，蒙后省略的是谓语的主要部分。剩下的，除了主语，还有助动词和作状语的介词结构。例如：

(33) 我们不仅要从思想上，而且要从工作制度上创造有利于杰出人才涌现和成长的必要条件。(＝我们不仅要从思想上创造有利于杰出人才涌现和成长的条件，而且……) (《邓小平文选》185 页)

(34) 只要我们党的领导是正确的，那就不仅能够把全党的力量，而且能够把全国人民的力量集合起来，干出轰轰烈烈的事业。(＝不仅能够把全党的力量集合起来，干出轰轰烈烈的事业，而且……) (《邓小平文选》231 页)

十二　递进句式："不但……连一也……"

(一)"不但……连一也……"和"不但……而且……"

"不但……连一也……"是"不但……而且……"的下位句式，也表示以一层意思为基点，向另一层意思顺递推进。前分句用"不但、不仅、不光"等，后分句用"连一也"。"连"可以说成"就连"或"就是"，"也"可以说成"都"，有时"也、都"可以不用。例如：

(1) 他不但没有到过外省，连县界也没出过。(李满天《力原》，《1980 年全国优秀短篇小说评选获奖作品集》，上海文艺出版社 1981 年版 537 页)

(2) 不但我心里相信他，就连从前反对过他的人，现在也认为他确是处处为群众的利益工作的。(张志公《语法学习讲话》用例)

(3) 不单是尖端武器、常规武器有科研问题，就是减轻战士身上带的东西的重量，同样有科研问题。(《邓小平文选》20 页)

"连一也"前边可以再出现"而且"，成为"不但……而且连一也……"。例如：

(4) 时间一天一天过去了，他不但未按期回贵阳，而且连一封信也没写给我。(廖静文《往事依依》，《收获》1982 年第 4 期 69 页)

这一句式，通过“连—也”强调地显示情况的极端，后分句有时是夸张的说法。例如：

（5）不但深翻不了一丈，就连一层地皮也揭不下来。（刘绍棠《柳伞》，《十月》1982 年第 2 期 42 页）

如果去掉“连、就连、就是”，后分句表示极端的情况便是隐含的，整个复句就会成为一般的“不但……而且……”格式的复句。但是，并不是所有一般的“不但……而且……”格式的复句都隐含向极端情况递进的意思。比较：

（6）不但我辞职，我们老一代的都不兼职了。（《邓小平文选》309 页）

（7）不但我不干，最听他指挥的那几个人都不干了！

这两例都不用“连”，都属于一般的“不但……而且……”格式的复句。但前一例不隐含向极端情况递进的意思，只能添上“而且”，不能添上“连”；后一例隐含向极端情况递进的意思，可以加上“连”，成为“不但……连—都……”的句式。

（二）“不但……连—也……”句式的构成基础

这一句式的构成基础比较单纯，都是并列关系。并列的两项，具有递进性和类同性。具有递进性，是说甲项和乙项在程度上或范围上有某种递进关系；具有类同性，是说甲项和乙项的谓语所指是同类的或相同的。例如：

（8）阿雪的铺子前门庭若市，不光年轻人挤，连上了年纪的也来瞧新鲜……（范小青《屋檐下》，《小说月报》1982 年第 2 期 92 页）

（9）从此以后，陈奂生的身份显著提高了，不但村上的人要听他讲，连大队干部对他的态度也友好得多……（高晓声《陈奂生上城》，《1980 年全国优秀短篇小说评选获奖作品集》，上海文艺出版社 1981 年版 209 页）

例（8），年轻人怎么样和上了年纪的人怎么样是并列的两件事，在程度上、范围上，后者对前者说是进了一层。从谓语看，“挤”和“来瞧新鲜”是同类的事，如果说成“不光年轻人挤，连上了年纪的人也挤”，谓语便是相同的。例（9）可以类推。

（三）“不但……连—也……”句式中谓语的蒙后省略现象

这一句式的前后分句，如果主语不同，谓语完全相同，那么，为了避免词面的重复，前分句的谓语可以蒙后省略。例如：

（10）不但她，连学贯中外古今的毕部长也说不出。（=不但她说不出，连学贯中外古今的毕部长也说不出。）（李国文《月食》，《1980年全国优秀短篇小说评选获奖作品集》，上海文艺出版社1981年版83页）

（11）咳，这些天，不光孩子，连大人都乏呀。（=不光孩子乏，连大人都乏。）（锦云、王毅《“大能人”趣话》，《小说月报》1982年第2期64页）

十三　递进句式：“不但不……反而……”

（一）“不但不……反而……”句式和同类说法

“不但不……反而……”表示以一个否定意思为基点向一个肯定意思反递推进。例如：

（1）我不但不嫉妒，反而更高兴。（张扬《第二次握手》211页）

“不但不”有时说成“不仅不”“非但不”。例如：

（2）我不仅不觉得热，反而觉得冷得发抖。（白桦《冬日梦中的大雷雨》，《十月》1982年第3期50页）

（3）侉大爷非但不笑，脸色反而严肃起来……（王笠耘《春儿姑娘》，《当代》1982年第3期186页）

“不但”之类后边的否定形式也可以用“没有”，即“不但没有……反而……”。例如：

（4）就这样，他们不但没有再追究这封信，反而一下把我提成了排长……（张抗抗《在丘陵和湖畔，有一个人……》，《十月》1982年第1期55页）

"反而"也可以说成"反倒"。例如：

(5) 那次亭子里的事，她说你是才子风度，不仅不生气，反倒佩服你！（张抗抗《在丘陵和湖畔，有一个人……》，《十月》1982年第1期81页）

(6) 不少工人为胡万通扫街而感动，他不仅没有失身份，在群众中反倒长了身价。（蒋子龙《拜年》，《人民文学》1982年第3期5页）

后分句前头也可以用"相反"。例如：

(7) 学生把坚定正确的政治方向放在第一位，这不仅不排斥学习科学文化，相反，政治觉悟越是高，为革命学习科学文化就应该越加自觉，越加刻苦。（《邓小平文选》101页）

有时，后分句前头用"而且"，而不用表示跟上文意思相反的"反而"之类。这时，"不但不……而且……"相当于"不但不……反而……"。例如：

(8)（只有一个人不笑。）不但不笑，而且明显地流露出不满的神色……（李国文《花园街5号》，《十月》1983年第4期11页）

(9) 他不仅不后悔起用郎平，而且下大力锤炼她。（鲁光《敬你一杯酒》，《人民文学》1982年第1期6页）

"还"也可以在后分句出现，跟"不但不"之类呼应使用。这时"不但不……还……"相当于"不但不……反而……"。例如：

(10) 她不仅不生气，脸上还挂着一种小姑娘似的顽皮。（韦光《新上任的考勤员》，《人民文学》1982年第4期98页）

(11) 我遇到难处求到他眼前，他不但见死不救，还落井下石。（常庚西《深山新喜》，《长城》1982年第1期139页）

有时后分句什么关系词语都不用，但可以添上"反而、反倒"，也可以添加"而且、还"。例如：

(12) 这样，不仅不能成为建设"红色根据地"的力量，很可能成为贫下中农身上的负担。（刘鹏越《安魂曲》，《春风》1982年第1期177页）

(二)"不但不……反而……"句式的构成基础和"反而"的作用

"不但不……反而……"句式的构成基础是对立关系。具体点说，是有转折性的否定意思和肯定意思的对立关系。有的是同一件事情的否定方面和肯定方面的对立，如例（2）的"不觉得热"和"觉得冷得发抖"；有的是有联系的两件事情的否定与肯定的对立，如例（4）的"没有再追究这封信"和"一下子把我提成了排长"。

这种句式的递进性，是由"不但"之类来显示的。"反而"的作用，是跟"不""没有"呼应，强调肯定意思跟否定意思的对立，它本身并不表示递进。看这个例子：

(13) 这样，不仅不能成为促进派，反而可能成为促退派。

这里，"不仅"显示递进的基点，使前后分句之间产生递进关系。"反而"只强调前后意思的对立，单说"不能成为促进派，反而可能成为促退派"不成为递进复句。

"反而"本身不表示递进，这一点在它跟"而且"同时使用时可以清楚地看到。例如：

(14) 家丑不可外扬，而且说出去反而让人家笑他是傻瓜。(郑万隆《红灯　黄灯　绿灯》,《当代》1982年第3期63页)

这是个递进句。作为递进句，起决定作用的是"而且"，跟"反而"无关。

凡是只在后分句用"反而"的复句，可以在"反而"的前边加"却"，或者可以干脆把"反而"换成"却"。这类复句，可以认为是隐含转折词"却"的转折复句，而不宜看作递进复句。例如：

(15) 即使拥护他的人直截了当地告诉他，他也不生气，反而爽朗地笑了起来……(张武《瓜王轶事》,《小说月报》1982年第2期43页)

(16) 那位"皇后"并没有拦他，反而得意地笑了，那尖酸的笑声像一支响箭追踪着他。(郑万隆《红叶，在山那边》,《小说月报》1983年第2期56页)

例（15）可以说成"……却反而爽朗地笑了起来"，例（16）可以说成

"……却（反而）得意地笑了"。

十四 递进句式："尚且……何况……"

（一）"尚且……何况……"句式和同类说法

"尚且……何况……"表示以一层意思为基点向相比之下不值一提的另一层意思反逼递进。例如：

（1）爹去世已经整整十年了，当年的县劳模尚且被人淡忘，何况他撇下的孤儿呢？（王钢《野瓣花儿》，《小说月报》1982年第2期48页）

以当年的县劳模被人淡忘这一层意思为基点，强调出孤儿同样会被人淡忘这一层意思。既然劳模也被人淡忘，那么，孤儿被人淡忘自然是不在话下的。

前分句有时不用"尚且"，而用"都、还、也、连一也（都）"等。例如：

（2）这浑浊的空气，好人都受不了，何况肺病患者。（燕平《小镇旧痕》，《长城》1982年第1期82页）

（3）一头骡子有时还尥蹶子呢，何况车！（李国文《月食》，《1980年全国优秀短篇小说评选获奖作品集》，上海文艺出版社1981年版76页）

（4）连土地都难以做到旱涝保收，何况人？（李国文《花园街5号》，《十月》1983年第4期48页）

有时前分句不用任何关系词语，但包含有"尚且"的意思。例如：

（5）常言说：望山跑死马，何况行人是在饥饿疲乏中步行呢。（杨尚武《追匪记》，《建国以来短篇小说》上册，上海文艺出版社1978年版464页）

后分句的"何况"前边往往加"更"。例如：

（6）据我所知，就连北大那几位死去的名教授的书画古玩，尚且在劫难逃，更何况苏伯伯那区区几柜书呢？（达理《卖书》，

《十月》1983年第4期147页）

(7) 连草原上的乳牛都知道爱护自己的犊子，更何况你打的是自己的儿子！（从维熙《黄金岁月》，《十月》1982年第1期182页）

后分句用“何况、更何况”，一定成为反问句式。有时后分句不用“何况、更何况”，而用“更不用说、更不必说”之类，这便成为陈述句式。例如：

(8) 见面尚且怕，更不必说敢有托付了。（鲁迅《为了忘却的记念》）

有时，只要前分句用了“尚且”之类，后分句可以不用“何况、更不用说”等。例如：

(9) 对梁倩尚且如此这般，对别人又该如何呢？（张洁《方舟》，《收获》1982年第2期19页）

如果“尚且……何况……”之类后边还有一个递进项，那么就可以添加“更何况……”或“又何况……”，成为“尚且……何况……更何况……”或“尚且……何况……又何况……”之类。例如：

(10) 结婚？谈何容易。现在黄花闺女还嫁不出去，何况她这离婚的四十岁的女人，更何况她还有一个儿子。（张洁《方舟》，《收获》1982年第2期23页）

(11) 连北京都有那么多人迷“参考片”，何况在这大西北的兰州！又何况陆老师这种难得搞到一张“内部参考片”票的中学老师！（刘心武《相逢在兰州》，《人民文学》1982年第2期48页）

（二）“何况……”分句的结构特点

带“何况、更何况”的后分句是反问句，书面上一般用问号或感叹号。“何况、更何况”后边的部分一般是跟前分句里某个词语相比较的词语。常见的情况，是跟前分句的主语相比较的表示人或事物的词语；有时，是跟前分句的状语相比较的表示处所、时间或对象的词语。这取决于“不值一提”的事项到底是什么。比较：

(12) 他尚且搬不动，何况你我！

(13) 他在这儿尚且如此放肆，何况在别的场合！

（14）他在这时候尚且如此放肆，何况在别的时候！

（15）他对你尚且如此放肆，何况对我们！

这里，“你我”是跟前分句主语相比较的表示人的词语，“在别的场合”“在别的时候”“对我们”是跟前分句状语相比较的表示处所、时间、对象的词语。

“何况”也可以引出由主谓结构充当的完整的句子形式。这有两种情况：①既需要引出被强调的事物，又需要揭示其某个方面的特性，因此得采用主谓结构；②既需要引出被强调的事物，又需要说明另一事物同它的关系，因此得采用主谓结构。比较：

（16）煤渣尚且有用，何况人呢！

（17）煤渣尚且有用，何况人还有两只手呢！

（18）煤渣尚且有用，何况你还是个人呢！

（19）煤渣尚且有用，何况你所唾弃的还是人呢！

例（16），“何况”只引出被强调的事物——跟前分句主语“煤渣”相比较的“人”。例（17），“何况”引出的是一个主谓结构，“人”是被强调的事物，“还有两只手”揭示其一个方面的特性；例（18）（19），“何况”引出的也是主谓结构，“人”是被强调的事物，“你”和“你所唾弃的”都是用来说明跟“人”有从属关系的事物。

（三）“尚且……何况……”句式同“不但……连—也……”句式的区别

首先，“尚且……何况……”和“不但……连—也……”是递进方向完全相反的两种句式。任何“尚且……何况……”递进复句，都可以改为“不但……连—也……”递进复句，办法是把“尚且 B 何况 A”说成“不但 A 就连 B”。比较：

{不但小风浪经得住，就是大风浪也经得住！
{大风浪尚且经得住，何况小风浪！

{不但大风浪经不住，就连小风浪也经不住！
{小风浪尚且经不住，何况大风浪！

有时，把“尚且……何况……”改为“不但……连—也……”需要在字面上按基本意思略加改动。例如：

见面尚且怕，更不必说敢有托付了。
不但害怕有所托付，就连见面也害怕。

煤炭渣尚且可以铺路，何况她还是个人呢！
不仅人有用，就连煤炭渣也有用。

在递进方向上，“不但……连一也……”是由低到高顺推而进，“尚且……何况……”是由高向低反逼而进。如果以A代表较低的级层，以B代表较高的级层，那么，“不但……连一也……”就是以A为基点向B顺推，“尚且……何况……”就是以B为基点向A反逼。如图：

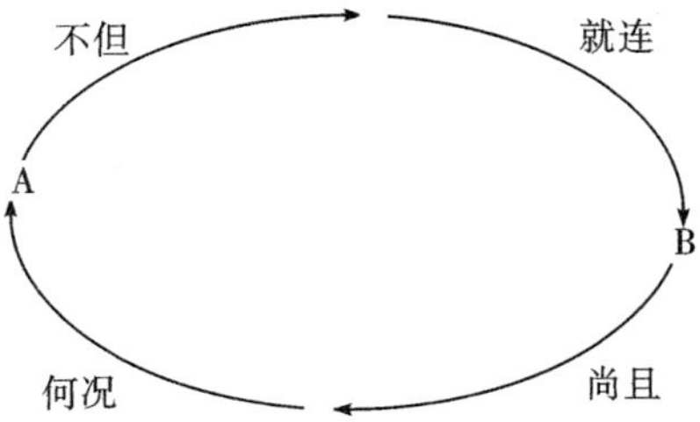

其次，“尚且……何况……”和“不但……连一也……”的构成基础有所不同。“不但……连一也……”的构成基础，是程度上或范围上的某种递进关系，实质上还是并列关系，而“尚且……何况……”的构成基础，则是推论关系，属因果关系。比较：

大风浪尚且经得住，何况小风浪！
既然大风浪经得住，小风浪当然也经得住！

“尚且……何况……”有推论关系，因此能改说成推断句。再比较：

不但小风浪经得住，就是大风浪也经得住！
*既然小风浪经得住，大风浪当然也经得住！

“不但……连一也……”没有推论关系，因此不能改说成推断句。

可见，“尚且……何况……”是以高逼低，以深证浅，包含着推论。这种句式的作用，在于把因果关系转化成为递进复句，从而突出地加强“不在话下”“不值一提”之类的意味。

（四）跟“尚且……何况……”句式有某种相似之处的两种句式

1．“……何况……”

形式上，前分句不用“尚且”，也不能补上“尚且”；内容上，前分句提出一个理由或作出一个判断，后分句通过“何况”再补加一个理由。所补加的理由，指难于做到的事情或不同寻常的事物。例如：

（20）场上爆发了一阵热烈的掌声。因为五发四中已经是优秀了，何况这个五发四中是从虎穴里掏得的虎子！（任斌武《开顶风船的角色》，《建国以来短篇小说》上册，上海文艺出版社 1978 年版 260 页）

（21）如果一切重新开始，她会找到一个比大亮更好的，何况还有一个“山盟虽在，锦书难托”的人呢。（郑万隆《红灯 黄灯 绿灯》，《当代》1982 年第 3 期 61 页）

（22）不消说，这是个苦差事，更何况还是远离林场，单独作业。（刘树德《山路曲曲弯弯》，《小说月报》1982 年第 5 期 54 页）

这类句子中的“何况”或“更何况”，可以改说成“况且”。前后两层意思是并列的关系，而不是推论的关系。“何况”的作用，在于引出补加的一层意思，借以反转来加强前面所说的理由或所作的判断。由于有一定的反逼意味，这种句式也可以认为是一种反逼性的递进句式。

2．“尚且……反倒……”

形式上，前分句用“尚且”，后分句不用“何况”之类，而用“反倒、倒反、竟然、居然”等；内容上，前分句提出某种事实作为议论的基点，后分句强调出跟基点相抵触的事情，并带有不满或赞赏的情味。例如：

（23）看不上眼的王胡尚且那么多，自己倒反这么少，这是怎样的大失体面的事呵！（鲁迅《阿 Q 正传》）

（24）如此重大的事情厂长尚且不能个人决定，他竟然违背原则，擅自作主！（《现代汉语八百词》用例）

（25）父亲对我们讲话尚且采取商量的口吻，你在我面前居然

如此放肆!(《现代汉语八百词》用例)

这类句子的构成基础是转折关系。前后分句的联系跟“尚且……何况……”恰好相反。比较:

(26) 这么大的石头,大人们尚且搬不动,何况他只是个十二三岁的小孩子!

(27) 这么大的石头,大人们尚且搬不动,他这个十二三岁的小孩子反倒搬动了。(真了不起!)

例(26)是说:大人搬不动,小孩子更搬不动。前后分句的意思不是对立的。例(27)是说:大人搬不动,小孩子却搬动了。前后分句的意思是对立的。

“反倒”之类是强调前后分句意思对立的词语。“反倒”之类前边可以加“却”,也可以干脆把“反倒”之类改说成“却”。如例(23)可以说成“看不上眼的王胡尚且这么多,自己却(倒反)这么少……”。

可见,这类句子应划归转折类复句。尽管前分句用了“尚且”,但不足以表明它们是递进复句。

十五　递进句式:“别说……连—也……”和“连—也……别说……”

(一)“别说……连—也……”同“不但……连—也……”的联系和区别

“别说……连—也……”基本上相当于“不但……连—也……”。后分句常用“连(就连)—也(都)”;前分句的“别说”可以换成“不但、不仅”之类。例如:

(1) 别说人,连双眼睛都挤不进去。(王润滋《卖蟹》,《1980年全国优秀短篇小说评选获奖作品集》,上海文艺出版社1981年版691页)

(2) 别说姑娘们,连与他同年龄的小伙子,他都从不敢主动

与他们搭讪。（程乃珊《蓝屋》，《钟山》1983 年第 4 期 6 页）

（3）别说羊角垴的这位军烈属，就连被撂在一边的伊汝，也至少半信半疑看待她的来访。（李国文《月食》，《1980 年全国优秀短篇小说评选获奖作品集》，上海文艺出版社 1981 年版 88 页）

前分句的“别说”也可以说成“甭说、慢说、不要说”等。例如：

（4）甭说人的手艺不如前，就连这红砖也不比早先，好像是豆腐渣捏出来的……（李国文《花园街 5 号》，《十月》1983 年第 4 期 8 页）

（5）不要讲这使裘干事大感意外，就连我们其他人也吃了一惊。（曹玉林《祠堂里的学校》，《当代》1982 年第 3 期 165 页）

后分句的“连（就连）”也可以说成“就是”。例如：

（6）没上过山的人，别说扛着百十斤的水泥袋，就是空手往上爬，也会感到十分吃力。（常庚西《深山新喜》，《长城》1982 年第 1 期 126 页）

（7）山高皇帝远，解放以来，慢说省、地、县的工作人员从未来过这穷乡僻壤，就是公社的干部也是一年半载不着边儿。（常庚西《深山新喜》，《长城》1982 年第 1 期 124 页）

前分句用了“别说”之类，后分句有时不用“连、就连”之类，只用“也、还”等副词。例如：

（8）（虽然穷得当当响，可是小成旺却在双亲温暖的手掌中长到七八岁。）好家伙，不用说讲话，乡村里流行的时曲小调也会唱好一摞哪。（李满天《成旺爷》，《长城》1982 年第 1 期 179 页）

（9）要是抓不住，别说官儿做不成，还要押进京城治罪。（王笠耘《春儿姑娘》，《当代》1982 年第 3 期 193 页）

（10）别说教他们，教你也成！（叶辛《追回的青春》，《十月》1982 年第 4 期 96 页）

同“不但……连—也……”相比较，“别说……连—也……”句式在表意上有其特殊之处。这就是，“别说”之类表示对事物的贬低和轻视，或者表示对事物的抬高并排除。

在以较弱较低的事物为基点向较强较高的事物顺递推进时，“别说”之类表示对事物的贬低和轻视，是借贬低弱者来评议强者，说明强者跟弱者具有类同性；在以较强较高的事物为基点向较弱较低的事物顺递推进时，“别说”之类表示对事物的抬高并排除，是借排开强者来突出弱者，说明弱者跟强者具有类同性。比较：

（11）别说同事讲话他不听，就是院长讲话他也敢反驳。

（12）别说院长讲话他不敢反驳，就是同事讲话他也不敢不听。

例（11）是由低级层事物向高级层事物推进，“别说”表示对“同事讲话”的贬低和轻视，突出地说明“院长讲话”的实际效果并不比“同事讲话”强。例（12）是由高级层事物向低级层事物推进，“别说”之类表示对“院长讲话”的抬高和排除，突出地说明“同事讲话”的实际效果并不比“院长讲话”差。这两例里的“别说”都可以改为“不但、不仅”之类，但改为“不但、不仅”之类之后，“贬低轻视”和“抬高排除”之类的意思也会随之消失。

（二）“连—也……别说……”同“别说……连—也……”的联系和区别

“别说……连—也……”往往可以改说成“连—也……别说……”。比较：

（13）别说是嫁妆，连一双草鞋都没穿出来。（刘真《春大姐》，《建国以来短篇小说》上册，上海文艺出版社1981年版300页）

（14）连一双草鞋都没穿出来，别说是嫁妆！

然而，“连—也……别说……”跟“别说……连—也……”是有区别的。主要表现在两个方面。

第一，在递进的方向上，“别说……连—也……”相当于“不但……连—也……”，“连—也……别说……”相当于“尚且……何况……”。如例（13）（14），分别相当于：

（15）不但没有什么嫁妆，连一双草鞋都没有穿出来！

（16）草鞋尚且没穿出来，何况是嫁妆！

这就是说，“连—也……别说……”是反逼性递进句，它隐含推论因果的关系，“连—也……”部分是递进的基点，实际上也是一种推论的根据，“别说……”部分是递进的终结，实际上也是一种推论的结果。当然，“连—也……别说……”跟“尚且……何况……”也有不同：“何况……”一定是反问句，“别说……”一定是陈述句。

第二，在语言形式上，“连—也……别说……”句式的“别说”前边可以加“更”，“别说……”末尾可以加“了”，成为“连—也……更别说……了”，“别说……连—也……”句式不能这么办。如例（14）可以说成：“连一双草鞋都没穿出来，更别说是嫁妆了！”又如：

（17）……他连科室那几个坐办公室的姑娘都分不清楚，更别说别的姑娘。（程乃珊《蓝屋》，《钟山》1983年第4期6页）

（18）……连动物都不会有，更不要说会有男人出现。（黄铁男《一个犯过错误的男人》，《花城》1983年第4期69页）

例（17），“别说”前边加“更”，可以带“了”，说成“更别说别的姑娘了”。例（18），“不要说”前边加“更”，可以带“了”，说成“更不要说会有男人出现了”。

十六 选择句式：“……或者……”

（一）“……或者……”句式和同类说法

“……或者……”是选择句式，它联结两个或几个选择项，表示情况的选择或交替。例如：

（1）有些人从地方上拿东西，或者低价购买。（《邓小平文选》18页）

“或者”有时成对使用，前后呼应，说成“或者……或者……”。如果有三个选择项，就可以说成“或者……或者……或者……”。例如：

（2）或者是无产阶级世界观，或者是资产阶级世界观。（毛泽东《在全国宣传工作会议上的讲话》）

(3)（她渴望立即参加到他的生活中去，）或者主宰他的生活，或者依附于他的生活，或者两样都有，矛盾而又合理地同时存在；（只要是两个人的生活融汇在一起，怎么都行。）（陈冲《无反馈快速跟踪》，《十月》1982 年第 4 期 33 页）

“或者”有时说成“或是、或则”，也可以只说“或”。例如：

(4) 就他的志向来说，他更愿意教化学、物理，或是当一个治疗克山病的医生。（张抗抗《在丘陵和湖畔，有一个人……》，《十月》1982 年第 1 期 53 页）

(5) 至今还有一些高级干部，所到之处，或则迎送吃喝，或则封锁交通，或则大肆宣扬，很不妥当。（《邓小平文选》290 页）

(6) 那些来自全球各个角落的新闻、轶事，常使他激动不已，或愤慨，或讪笑，或惊讶，或焦虑。（陆星儿《啊，青鸟》，《收获》1982 年第 2 期 103 页）

“（或者）……或者……”变成疑问句，要用“（是）……还是……”。比较：

(7) 现在，你面临着两条道儿的选择，是往好里走，还是破罐破摔？（李国文《花园街 5 号》，《十月》1983 年第 4 期 69 页）

(8) 现在，你面临着两条道儿的选择：或者往好里走，或者破罐破摔！

在无条件让步句中，前分句如果包含两个选择项，那么，既可以用“还是”，也可以用“或者”，不过用“还是”时可以说成“是……还是……”，用“或者”时不能说成“或者……或者……”。比较：

(9) 无论教语文，还是教历史，他都能行。

(10) 无论教语文，或者教历史，他都能行。

(11) 无论是教语文，还是教历史，他都能行。

*(12) 无论或者教语文，或者教历史，他都能行。

(二)“……或者……”句式所表示的选择关系

这一句式所表示的选择关系，可以分为三类。

1. 可能性选择：可供选择的是两种或几种可能的情况。各选择项都指未然的事。

有时，选择项是穷尽遍举的，事实上不存在其他的情况；有时，选择项是重点枚举的，事实上不一定不存在别的可能。例如：

（13）这样，就只有两条路走，或是袁沛文跟陶慧贞走，或是袁沛文跟陶慧贞断，这都是佟英所不愿意的。（黄继树《女贞》，《清明》1983年第3期28页）

（14）抬回去或者当儿子，或者做女婿……（罗旋《红线记》，《1980年全国优秀短篇小说评选获奖作品集》，上海文艺出版社1981年版402页）

例（13）的两个选择项是穷尽遍举的，前边的“只有两条路走”强调了不存在别的可能。例（14）的两个选择项是重点枚举的，原文所用的省略号表明了不一定不存在第三、第四种可能。

可能性选择项之间，可以是互相排斥的，如“袁沛文跟陶慧贞走”和“袁沛文跟陶慧贞断”，“当儿子”和“做女婿”；也可以是不互相排斥的，例如：

（15）（这样郁郁闷闷地呆下去，）或者是发神经病，或者是重进国民党的监狱，或者是受到左翼学生的怀疑、冷落、孤立乃至难以设想的残酷打击，（没有一条活路。）（王蒙《相见时难》，《十月》1982年第2期46页）

这里所说的三种情况，可能只出现一种，但也有可能同时出现两种或三种。

2. 交替性选择：所说的情况，或者同时在不同对象身上交替发生，或者先后在同一对象身上交替发生。各选择项都指已然的事。例如：

（16）这些客人都穿着不怕泥水的翻毛马靴，或者打着绑腿。（从维熙《黄金岁月》，《十月》1982年第1期184页）

（17）尹影一回家就埋头在书堆里，或者咬着笔杆苦思冥想，对着稿纸沉吟发愣。（张弦《回黄转绿》，《人民文学》1982年第3期19页）

表示情况同时在不同对象身上交替发生时，“或者”有“有的”的意思，如例（16）。常见的情况是连用两个或几个“或者”。例如：

（18）每天清晨都有许多人在公园里锻炼，或者跑步，或者打拳，或者做操。（《现代汉语八百词》用例）

（19）我就认识几个这样的，或是为了进大学抱铁饭碗，或是为了出国一去不回，或是满脑子个人的功名利禄。（陈冲《无反馈快速跟踪》，《十月》1982 年第 4 期 29 页）

例（18）连用三个“或者”，等于说“有的……有的……有的……”；例（19）连用三个“或是”，也相当于“有的……有的……有的……”。

“或者”是连词，“有的”是相当于名词的代词性短语词，但它们有时可以在前后分句同时使用，在表意上具有同一性。例如：

（20）有男有女，有老有少，……或者诉说自身的不幸；或者请他们给自己的孩子命名；有的索性跪在马车前不起来，拍胸大叫，要求伯爵率领回到俄国去打布尔什维克。（李国文《花园街 5 号》，《十月》1983 年第 4 期 87～88 页）

表示情况先后在同一对象身上交替发生时，“或者”有“有时”的意思，如例（17）。也常常连用两个或几个“或者”。例如：

（21）（张铁匠）不时地转向每一个发问者，古铜色的四方脸庞上露出庄重的微笑，或颔首认可，或笑着辟谣，或婉言解释，或郑重说明。（张一弓《张铁匠的罗曼史》，《十月》1982 年第 1 期 4 页）

这一例连用四个“或”，等于说“有时……有时……有时……有时……”或“一会儿……一会儿……一会儿……一会儿……”。

3. 措词性选择：提出两种说法，表明在措词上可以有所选择。“或者”一般带“说”。例如：

（22）他刚回国，对我们的生活还不够了解，或者说还不习惯。（黄进捷《沉雷》，《长城》1982 年第 1 期 221 页）

（23）我感到画家像突然惊异地发现了什么，或者说作画时忍不住某种情绪的流露。（袁和平《沼泽地带》，《十月》1982 年第 1 期 174 页）

“或者说”的前后两项，一般是从不同角度描述说明事物，不分轻重；有时，后项是前项的程度上的加深。例如：

(24) 这个人，对党还是有意见，或者说，有不少意见。(王中才《龙凤砚》，《青春》1982 年第 1 期 135 页)

表示程度加深的措词性选择，“或者说”可以说成“或者甚至”。如例 (24) 可以说成“……或者甚至有不少意见”。看这两例：

(25) 莲莲却一切依然如故，或甚至比过去更狭隘更平庸。(张弦《银杏树》，《小说月报》1982 年第 6 期 80 页)

(26) 假如他坚持的意见不那么正确，或者甚至是错误的，那么结果会是——我不敢想了，低下头去看稿。(王安忆《迷宫之径》，《小说月报》1982 年第 5 期 52 页)

“一切依然如故，甚至比过去更狭隘更平庸”，“他坚持的意见不那么正确，甚至是错误的”，都是递进复句，加上了“或、或者”，就转化成了选择复句，表示措词性选择。

十七 选择句式：“不是……就是……”

(一)“不是……就是……”句式和同类说法

“不是……就是……”也是选择句式，也表示情况的选择或交替，但强调非此即彼，二者必居其一。例如：

(1)（怎么……二十多年军龄，官儿却越当越小呢?）不是没本事，就是犯了错误，二者必居其一。(刘宾雁《因为我爱……》，《当代》1983 年第 3 期 14 页)

(2) 最近，只要一丢饭碗，她站起来就走。不是给这个或者那个打电话，就是在房间里写东西。(李国文《花园街 5 号》，《十月》1983 年第 4 期 74 页)

“不是……就是……”总是联结两个选择项。如果还有一个选择项需要补充说明，就可以再加上“再就是……”“再不就是……”“要不就是……”等。例如：

(3) 然而在排练时却遭到了不少麻烦，不是场地安排不过来，就是学生没有时间唱，再就是乐队不凑手。(姜滇《蔚蓝的海峡》，《长城》1982年第1期47页)

(4) 这些日子来，他夜里常常出去。不是借口开会，就是借口去同志家坐坐，要不就干脆什么也不说，吃罢晚饭就匆匆走了。(郭从远《年轻的心》，《当代》1982年第3期181页)

(5) 这样大的孩子在驾驶室里没个老实劲，不是摸摸变速杆，就是动动仪表盘，要不就瞅着窗外乱喊乱叫。(张贤亮《肖尔布拉克》，《十月》1983年第4期13页)

有时，"不是……就是……"可以说成"除了……就是……"。"除了"相当于"不是"，"除了……就是……"构成复句，而不是单句。例如：

(6) (万秀芳) 心灵好学，一天除了写，就是看。(浩然《姑娘大了要出嫁》，《春风》1982年第1期29页)

(二)"不是……就是……"句式所表示的选择关系

根据选择情况的不同，"不是……就是……"句式可以分为两类。

1. 可能性选择：表示有两种情况可供选择，强调非此即彼。两个选择项都指未然的或未经证实的事。例如：

(7) 积四十年和二十八年的经验，中国人不是倒向帝国主义一边，就是倒向社会主义一边，绝无例外。(骑墙是不行的，第三条道路是没有的。)(毛泽东《论人民民主专政》)

(8) 按本地的习惯，女人用彩色丝线绣鞋垫，不是为自己准备嫁妆，就是为未来的女婿准备礼品。爱爱都是为了谁呢？(陶正《女子们》，《当代》1983年第4期10页)

2. 交替性选择：表明两种情况在不同时间或不同地点交替出现，也强调非此即彼。两个选择项都指已然的、已成为事实的事。例如：

(9) 每回她来，都是匆匆忙忙的。不是开会晚了，就是要赶去干什么。(谌容《独自怎生得黑》，《人民文学》1982年第4期33页)

(10) 路西边不是丝茅夹阻，便是榛蔓拥塞。(罗旋《红线

记》,《1980年全国优秀短篇小说评选获奖作品集》,上海文艺出版社1981年版409页)

十八 选择句式:"要么……要么……"

(一)"要么……要么……"句式和同类说法

"要么……要么……"也是选择句式,也表示非此即彼的选择。例如:

(1) 邹达海自认为是养蛐蛐的行家,决心在这小小的躯体上孤注一掷,要么发家,要么成为抱着瓢子要饭的花子。(从维熙《黄金岁月》,《十月》1982年第1期110页)

(2) 那些不了解他的人,要么对他产生误解,要么被他的才华惊倒。(郑效农《花鸟鱼市》,《当代》1982年第3期210页)

如果有三个选择项,可以说成"要么……要么……要么……"。例如:

(3) 县委领导在研究善后处理此事时,曾经有过几种打算,把一应家具变卖了,连同银行存款,要么一起寄交环珲河北老家的家属,要么全部交作党费,要么充作县委机关的职工福利。(古华《云烟街夜话》,《钟山》1983年第4期62页)

"要就是……要就是……"相当于"要么……要么……"。例如:

(4) 处在今天的国际环境中,殖民地半殖民地的任何英雄好汉们,要就是站在帝国主义战线方面,变成世界反革命力量的一部分;要就是站在反帝国主义战线方面,变成世界革命力量的一部分。(二者必居其一,其他的道路是没有的。)(毛泽东《新民主主义论》)

"要不……要不……"相当于"要么……要么……"。例如:

(5) 我要不就留在家给她带孩子,当保姆;要不,就搬出去。(江浙成等《深夜,凝视的眼睛》,《当代》1982年第2期43页)

(6) 怎么办?要不认栽赔人家,要不找管理处去,交税就得

受保护!(郑效农《花鸟鱼市》,《当代》1982 年第 2 期 224 页)

(二)“要么……要么……”和“不是……就是……”的区别

这两种句式大体相同,但也有区别。

从语意表达上看,在用“不是……就是……”表示可能性选择时,是客观地分析情况,指明并强调二者必居其一;在用“要么……要么……”表示可能性选择时,则往往带有较多的主观情绪,既强调二者必居其一,又有催促对方迅速作出抉择的意味。看这个例子:

(7)“你要么答应,要么拒绝——”不知为什么,刘钊忽然想起那次在劳动农场,掐住张武脖根的情景……(李国文《花园街 5 号》,《十月》1983 年第 4 期 80 页)

这里用“要么……要么……”,是刘钊逼着丁晓在“答应”和“拒绝”二者之中迅速作出抉择。若说成“你不是答应,就是拒绝——”,催逼的意味和语气就没有了。

从用法上看,如果第一选择项已在上文出现,后边可以单用表示第二选择项的“要么……”。“不是……就是……”中的“就是……”不能这么用。例如:

(8)“我还是那句话,到上海去。……”圣荃说得简简单单。不过句句实在。翠翠摇着头只是不响。……“要么到乡下去?”奶奶另找了个办法。(茹志鹃《她从那条路上来》,《收获》1982 年第 4 期 239 页)

把圣荃和奶奶的话联系起来,等于提出了“要么到上海去,要么到乡下去”的可能性选择。这个例子里,奶奶接着圣荃的话只说“要么到乡下去?”显然,“不是……就是……”没有这样的用法。

第四节 转折类复句常用的关系词语

一 转折句式："……但是……"

（一）"……但是……"句式和同类说法

"……但是……"表示转折关系，是一种单纯的转折句式。这一句式，直截了当地揭示甲事与乙事之间的转折关系，前分句不用预示转折的词语。例如：

（1）她想笑，但是笑不出。（鲁彦周《春前草》，《小说月报》1982年第3期15页）

"但是"经常说成"但"。例如：

（2）他劝大家回去，但谁都不走。（李国文《花园街5号》，《十月》1983年第4期122页）

跟"但是、但"相当或相近的还有"可是、然而、不过、只是、就是、却"等。例如：

（3）她曾经是个柔弱的女孩子，可是岁月的风刀雕刻了她性格的刚毅。（汤吉夫《晚恋》，《长城》1983年第3期28页）

（4）守杰下了夜班，早该回来了，可还没见人影儿。（单学鹏《啊，"美人鱼"号……》，《长城》1983年第3期64页）

（5）女儿话里的辛辣味儿令她反感，然而不能说这些话没有一点道理。（朱崇山《生活的轨迹》，《长城》1983年第3期45页）

（6）张二娃对"早点"这个词是很陌生的，不过，他猜想"早点"大概就是早饭吧！（丁茂《张木匠上工》，《长城》1982年

第 1 期 101 页）

（7）你有问必答就是了，只是不要冒犯她的忌讳。（刘绍棠《虎头牌坊》，《长城》1983 年第 3 期 43 页）

（8）妈连开飞机的胆都有，就是没有闲工夫……（乔雪竹《今夜霜降》，《花城》1983 年第 4 期 119 页）

（9）她眼里含着泪花，却勉强笑着。（王火《夜的悲歌》，《十月》1982 年第 4 期 143 页）

“但是、可是、然而”等是连词，“却”是关联副词，它们经常在后分句配合使用。例如：

（10）我没来过这山村，但对连贯这一带村子的这条山区铁路却很熟悉。（铁凝《东山下风景》，《长城》1983 年第 3 期 126 页）

（二）“……但是……”句式的构成基础

总的说来，这一句式的构成基础是事物的矛盾对立或相互差异。具体点说，有下面三种情况。

1. 直接对立：两件事情同时存在，互相对立。说“A，但是 B”，A 和 B 各代表直接对立的一个方面。例如：

（11）画家都应该是勤于观察的，但也有一些闭门造车的画家。（廖静文《往事依依》，《收获》1982 年第 4 期 46 页）

（12）事情明摆着，这孙大拿是假货，可共产党是真的。（耿耿《人的问题》，《长城》1983 年第 3 期 21 页）

2. 因果违逆：甲事为因，乙事是逆着甲事而出现的结果。说“A，但是 B”，等于说“A，所以非 B，但实际上 B”。例如：

（13）他白发如雪，但精神矍铄。（边震遐《火凤凰》，《十月》1982 年第 3 期 193 页）

（14）他的作品我见得很少，但每幅都给我留下了相当深的印象。（袁和平《沼泽地带》，《十月》1982 年第 1 期 174 页）

3. 稍有抵触：两件事情同时存在，并不对立，但稍有抵触。说“A，但是 B”，目的是以乙事对甲事加以订正或补充。例如：

（15）剧是必须从序幕开始的，但序幕还不是高潮。（毛泽东

《继续保持艰苦奋斗的作风》)

(16)“是城市吗?”我问道，但立即为自己的饶舌而发窘了……(廖静文《往事依依》,《收获》1982 年第 4 期 43 页)

(三)“却”和“但是”之类的区别

连词“但、但是、可是、然而”等和关联副词“却”有时可以互换。例如:

(17) 她是家里最小的娃儿，却一点也不娇气。(刘宾雁《千秋功罪》,《十月》1982 年第 3 期 7 页)

这里的“却”可以换成“但”。

然而,“却”和“但是”之类也有好些区别。

第一，在用法上，如果后分句出现主语，或者出现表示处所、时间、对象的状语，或者出现带有在什么时候、在哪一方面意义的动词性结构，“却”要用在它们的后边。这时，“却”不能换成“但”。例如:

(18) 他身上有那么多刺，我却喜欢和他在一起。(张曼菱《有一个美丽的地方》,《当代》1982 年第 3 期 137 页)

“却”用在主语“我”的后边。又如:

(19) 他平时口才很好，这会儿却结结巴巴讲不出话来。

(20) 他平时口才很好，在领导面前却不敢开口。

(21) 他平时口才很好，对她却像是一个不善于表达的小学生。

“却”用在状语“这会儿”“在领导面前”“对她”的后边。再如:

(22) 他平时口才很好，讲起课来却总是条理不清。

(23) 我能下地了，做田里活却不便了。(叶文玲《小溪九道弯》,《小说月报》1982 年第 2 期 21 页)

“却”用在动词性结构“讲起课来”“做田里活”的后边。

第二，在作用上,“却”重在从意义上标明转折点,“但是”之类重在对前后分句划出转折界线。看这个例子:

(24) 别看她是一个女同志，笛子吹得却很到家呢!(严阵

《数声风笛》，《钟山》1983 年第 3 期 155 页）

“却”用在补语“很到家”的前边，标明并强调“很到家”是转折点。再看几个“却”和“但是”之类同时使用的例子：

（25）她已经多年不出远门，感到什么都有点新奇，但有时却又忘了是在旅行中。（陈学昭《怀念》，《花城》1983 年第 2 期 222 页）

（26）她端坐在那儿，一动也未动，但在脑海里却忽然掀起一片片疑云。（程树榛《人约黄昏后》，《当代》1983 年第 3 期 91 页）

（27）别瞧（尤康明）时常去学校闹革命闹得欢，然而对于老杨，却可以说是绝对的赤胆忠心。（遇罗锦《天使》，《百花洲》1983 年第 3 期 117 页）

（28）他要去找了，但刚动身，却又改变了主意。（刘振华《张文礼开茶馆》，《钟山》1983 年第 3 期 78 页）

（29）他反对我流“咸水”，但说起这些事情，我却发现他的眼眶会突然潮湿起来。（焦祖尧《跋涉者》，《当代》1983 年第 2 期 88 页）

（30）他也许有点婆婆妈妈，有点儿女情长，但在工作上，他要认准了怎么干，却是轻易不动摇的。（李国文《花园街 5 号》，《十月》1983 年第 4 期 20 页）

在这几个例子里，“但是”之类用在分句与分句的交界线上，表示它们之间具有转折关系；“却”则或者用在表示时间、处所、对象的状语后边 [如例（25）（26）（27）]，或者用在后一部分的第二小分句前边 [如例（28）（29）（30）]，标明转折点，突出真正的转折的内容。这说明，同是表示转折关系，“但是”之类重“线”不重“点”，“却”重“点”不重“线”。再看这个例子：

（31）有人提了冷占国，但是大多数委员不同意，却选择了胡万通。（蒋子龙《拜年》，《人民文学》1982 年第 3 期 12 页）

“但是”管“大多数委员不同意，选择了胡万通”，划出了转折界线；“却”管“选择了胡万通”，点明了转折的最关键的内容。

第三，在适用范围上，“却”比“但是”之类要宽：有时“却”相当于“反而”，不能换成“但”。例如：

(32) 昨晚，从医院看了罗先敏出来，他没有去女儿家，却一头钻进了矿井里，和做夜班的矿工们一起，在电煤钻的呼啸声中过了一夜。(谭谈《风雨山中路》，《芙蓉》1982 年第 3 期 113 页)

这里的“却”可以换成“反而”，不能换成“但”。再看这个例子：

(33) 一个市委书记的千金小姐，怎么会看中一个下贱的罪犯，却反而看不上省委书记的儿子？(黄继树《女贞》，《清明》1983 年第 3 期 29 页)

这一例，“却”和“反而”作用相当，单用“却”或单用“反而”都行。这里的“却”不能换成“但”。

二　转折句式：“……不过……”

(一)“……不过……”句式所表示的转折关系

“……不过……”句式从属于“……但是……”句式，都表示没有转折预示的转折关系。但在转折意味上，“不过”表示轻微的转折，这一点跟“但是”有所不同。

“不过”表示轻微转折，实际上有两种情况。

1. 表示有限的转折。后分句从某个方面、某个角度对前分句作有限度的修补。后分句可以带上“罢了、就是了”之类表示有限语气的词。例如：

(1) 小孟也来了，不过她来得迟得多。(曹玉林《祠堂里的学校》，《当代》1982 年第 3 期 162 页)

(2) 钱先生果真下了牢，不过还没有受刑。(老舍《四世同堂·饥荒》，《十月》1982 年第 2 期 155 页)

(3) 矛盾是普遍存在的，不过按事物的性质不同，矛盾的性质也就不同。(毛泽东《关于正确处理人民内部矛盾的问题》)

这三例，分别从时间、方式、性质的角度作有限的转折，可以说成“……不过她来得迟得多就是了”，“……不过还没有受刑就是了”，

“……不过按事情的性质不同，矛盾的性质也就不同罢了”。又如：

(4) ……省委业已批准，不过没有下文罢了。（海笑《最后的冲刺》，《小说家》1983 年第 2 期 79 页）

(5) “望气”、取得“感性认识”什么的，我也有这种经验，不过没有你说的那样明白就是了。（张贤亮《男人的风格》，《小说家》1983 年第 2 期 152 页）

例 (4) 句末带上了“罢了”，例 (5) 句末带上了“就是了”。

句末不带“罢了、就是了”之类时，后分句对前分句只有修补的作用；如果带上“罢了、就是了”之类，后分句既起修补的作用，又带有强调前分句所说的事不容置疑的语气。看这个例子：

(6) ……箱子底下压了多少人民币，甚至连五元的有多少张，十元的有多少张，老汉心里都清楚得像镜子，还用得着瞒吗？不过他不打算向儿子说破这一层罢了。（王宝成《海中金》，《收获》1983 年第 4 期 145 页）

这一例是句群，但也可以说成复句：“这一切老汉心里都清楚得像镜子，不过他不打算向儿子说破罢了。”不用“罢了”，是纯粹的修补，用了“罢了”，就在修补的同时，强调了老汉心里实在是“清楚”的。

2. 表示弱化的转折。前后分句在意义上的对立实际上是很强烈的，但用了“不过”，口气就和缓了下来，转折意味就相对弱化。后分句句末不能带上“罢了、就是了”之类。例如：

(7) 他俩都知道这个事弄不好会掉脑袋，不过俩人都毫不迟疑地把担子担了起来。（老舍《四世同堂·饥荒》，《十月》1982 年第 2 期 156 页）

(8) 这些年来，你吃了不少苦；不过，总算挺过来了。（边震遐《火凤凰》，《十月》1982 年第 3 期 193 页）

例 (7)，明知弄不好会掉脑袋，却毫无迟疑地去干，两个意思之间的对立显然是尖锐的。若用“然而、但是”，便是直接显示这种尖锐的对立，这里用“不过”，就使这种尖锐的对立受到弱化，显得不那么强调。例 (8)，吃了不少苦，要挺过来是不容易的，然而结果却挺过来了。两个意思之间的对立不能说是不强烈的，但用了“不过”，就成了弱化的说法，更多地表达了“好，人还活着就好”的宽慰的口气。这两例，补上“罢了、就是了”都不合适。

可见，“不过”所表示的轻微转折，有时是程度上的轻微转折，有时则只是口气上的轻微转折。

（二）“……只是……”和“……不过……”

“……只是……”表示有限的转折，后分句句末也可以带上“罢了、就是了”之类。例如：

(9) 数目都能报销，只是要经过单位会计仔细盘查罢了。（铁凝《东山下的风景》，《长城》1983年第3期129页）

(10) 蹬凤凰牌单车一样活着，只是没有那样神气罢了！（朱崇山《生活的轨迹》，《百花洲》1983年第4期52页）

这两例句末都用了“罢了”。不用“罢了”之类的，也可以添加上去。例如：

(11) 是有过痕迹的，只是我们没有留意。（朱崇山《生活的轨迹》，《百花洲》1983年第4期68页）

(12) 两个人依旧来往，只是贴心话比以前少了。（单学鹏《啊，“美人鱼”号》，《长城》1983年第3期72页）

例(11)可以说成“只是我们没有留意罢了”，例(12)可以说成“只是贴心话比以前少了就是了”。

“……只是……”和“……不过……”的不同之处表现在：

首先，“……只是……”没有“……不过……”的第二种用法。即它不表示弱化的转折，它的句尾总能添加“罢了、就是了”之类。

其次，同是表示有限的转折，“……只是……”的转折意味比“……不过……”还要轻。用来分析人物，显得宽厚，不苛刻；用来劝说别人，显得委婉，有诱导性。看这两个例子：

(13) 老崔热情淳厚，有组织才能，只是对知识不求甚解。（王中才《龙凤砚》，《春风》1982年第1期106页）

(14) 你做得对，只是不应该吵架。（姜滇《清水湾，淡水

湾》，《十月》1982年第3期95页）

前一例通过“只是”补提不足之处，有谅解情味；后一例通过“只是”补提劝告之点，有委婉诱导的作用。

“只是”和“不过”有时结合起来，说成“只不过”。“只不过”是个短语词，也可以表示有限的转折，句末也可以用“罢了、就是了”之类。例如：

（15）他还是从前那样，矜持、骄傲、目空一切，只不过现在的心更狠些罢了。（朱崇山《生活的轨迹》，《百花洲》1983年第4期65页）

（16）我们的纺织工业向来是习惯大批量生产，利润大，麻烦小，只不过打不进国际市场罢了。（黄蓓佳《秋色宜人》，《收获》1983年第4期39页）

这两例句末都用“罢了”，“只不过”都可以说成“只是”或“不过”。

（三）“……就是……”和“……只是……”“……不过……”

“……就是……”有时也表示有限度的轻微转折。比较：

（17）这孩子不错，就是不怎么聪明。

（18）这孩子不错，只是不怎么聪明。

（19）这孩子不错，不过不怎么聪明。

这几句，意思基本上没有什么不同。

不过，跟“只是、不过”相比，“就是”在表示轻微转折的同时，又比较强调后分句所说的事情不容忽视。如例（17）用“就是”，就显得比例（18）（19）更重视“不怎么聪明”的缺点，语气上对这个缺点不是“抑”，而是“扬”。再看这个例子：

（20）你这人，啥都好，就是脾气赖坏了事。（西戎《纠纷》，《麦收》，作家出版社1956年版73页）

为了使对方能够接受批评，用的是有限度的轻微转折；但为了使对方正视自已的缺点，又用“就是”略加强调。这里的“就是”不能改成“不过”，说成“只是……（罢了）”也不怎么合适。

（四）“只是”“不过”“只不过”的副词用法

“只是”有时是副词。连词“只是”同“但是、可是”之类相近，尽管转折意味有轻重之别，但不是不可以换成“但是、可是”；副词“只是”不表示转折，可以说成“只”。例如：

(21) 大爷像是没看见，只是用筷子指指碗盘，示意我吃菜吃糕。(铁凝《东山下的风景》，《长城》1983 年第 3 期 133 页)

“只是用筷子指指碗盘”可以说成“只用筷子指指碗盘”。

副词“只是”有时也跟“罢了”之类配合使用，但还是可以说成“只”。例如：

(22) 她的离开，对他说来，只是证明金钱并不是他想象的那样力量无限罢了。(朱崇山《生活的轨迹》，《百花洲》1983 年第 4 期 55 页)

“只是证明……罢了”可以说成“只证明……罢了”。

副词“只是”总是紧靠谓语。句子里如果出现主语，副词“只是”用在主语后边，也可以说成“只”。例如：

(23) 这时，老倔随同大冯赶来了，他只是激动地和石铁握手，紧紧握手。(耿耿《人的问题》，《长城》1983 年第 3 期 41 页)

“只是”用在主语“他”后边，“只是激动地……”也可以说成“只激动地……”。

“不过”和“只不过”有时也是副词和副词性短语词。特点跟副词“只是”相同。例如：

(24) 对我说来，这不过是一件算不得意外的意外罢了。(铁凝《东山下的风景》，《长城》1983 年第 3 期 130 页)

(25) 他本来压根不想给传辉介绍什么对象，只不过把这作为一种助兴的话题而已。(程乃珊《蓝屋》，《钟山》1983 年第 4 期 40 页)

这里的“不过”“只不过”都可以说成“只”，它们都是副词。

三 让步句式：“虽然……但是……”

(一)“虽然……但是……”句式和同类说法

“虽然……但是……”表示让步转折关系。即先作让步，容认甲事，再作转折，指出乙事的成立不受甲事的影响。例如：

（1）虽然过去我们已经进行了多年的社会主义建设，但是我们仍然有足够的理由说，这是一个新的历史发展阶段的开端。（《邓小平文选》145 页）

“虽然”可以用在主语前边，如例（1）；也可以用在主语后边，例如：

（2）目前我们同各种反革命分子、严重破坏分子、严重犯罪分子、严重犯罪集团的斗争，虽然不都是阶级斗争，但是包含阶级斗争。（《邓小平文选》217 页）

跟“虽然”呼应的转折词，可以用“但是”，也可以只说“但”。有时不用“但是、但”，而用“可是、可、然而、不过、却”等。例如：

（3）天色虽然已暗，但一切仍可看得分明。（从维熙《黄金岁月》，《十月》1982 年第 1 期 194 页）

（4）父亲虽然能干、精悍，可极不聪明地把自己的全部乃至生命都系结在极不可靠的名誉和钱财上。（程乃珊《蓝屋》，《钟山》1983 年第 4 期 43 页）

（5）这里的茶叶，虽然比不上太湖洞庭山的碧螺春，然而临近黄天荡，自有独特的色和香。（姜滇《清水湾，淡水湾》，《十月》1982 年第 3 期 91 页）

（6）料虽然砸断了，不过嘛，想想办法，或者会变成一根好料呢！（丁茂《张木匠上工》，《长城》1982 年第 1 期 99 页）

（7）他虽然只有三十六岁，却已经在球场上打了十八九年了。（鲁光《敬你一杯酒》，《人民文学》1982 年第 1 期 4 页）

有时，跟“虽然”呼应的转折词，可以同时用“但是—却”。例如：

（8）这些话，虽然跟尊重艺术不沾边儿，但我听了却感到格外有分量。（毛志成《小镇风情》，《当代》1983 年第 3 期 238 页）

表示让步的“虽然”可以说成“虽”，或者说成“虽说”。例如：

(9) 这个小寨虽被我军先拆毁，但敌人昨天下午到达后又连夜改修，加上地形复杂，易守而不易攻。(徐海东《奠基礼》，初中《语文》第三册81页)

(10) 李晖虽说是高干子女，干起活来却没有那种自视清高的娇气劲儿。(郑万隆《红灯　黄灯　绿灯》，《当代》1982年第3期74页)

"虽"往往用在两个反复使用的形容词之间表示对事实的容认和让步。例如：

(11) 少虽少，拎在手里，却像偷来的一样，生怕人看见，左右不是味道。(高晓声《陈奂生包产》，《人民文学》1982年第3期40页)

(12) 穷虽穷，可那是她的家啊！(范小青《萌芽》，《人民文学》1982年第3期106页)

"尽管"也表示对事实的容认和让步，相当于"虽然"。例如：

(13) 尽管彭德怀同志也有缺点，但对彭德怀同志的处理是完全错误的。(《邓小平文选》259页)

"虽然"和"尽管"作用相同，词面互异，在连用两个让步句时，一句用"虽然"或"虽"，一句用"尽管"，可以避免重复呆板。例如：

(14) 过去那个郑诚，虽遥隔这么多年，可谭谟对他是熟悉的。然而眼前这个郑诚，尽管近在咫尺，却是陌生的。(薛勇《红灯和绿灯》，《长城》1982年第1期14页)

"固然"也表示对事实的容认和让步，也跟"虽然"大体相当。例如：

(15) 日尔曼人固然一般比较庄重严肃，不过倒也很热情好客。(向明《一曲遥寄》，《当代》1982年第4期109页)

"虽然、尽管"之类既表让步，又预示后分句将有转折。因此，只要前分句用了"虽然、尽管"之类，后分句即使不出现"但是"之类转折词，整个复句仍然是明显的让步句。例如：

(16) 他虽然笨，也晓得共产党历来主张集体化。(高晓声

《陈奂生包产》，《人民文学》1982 年第 3 期 32 页）

(17) 我们这些卖票的，开车的，虽说有个职业，其实全是“在业游民”。（佚名《新手表》，初中《语文》第三册 18 页）

(18) 尽管有些人在科学成就上超过了老师，他们老师的功绩还是不可磨灭的。（《邓小平文选》93 页）

（二）“虽然……但是……”句式的构成基础

这一句式的构成基础，是因果逆转的关系。比较：

(19) 因为黑夜笼罩着他，所以我看不到他脸上的忧伤。

(20) 虽然，黑夜笼罩着他，但我仍看到了他脸上的忧伤。（廖静文《往事依依》，《收获》1982 年第 4 期 448 页）

例 (19)，乙事以甲事为原因，“看不到……”是“黑夜笼罩……”的结果。例 (20)，乙事不以甲事为原因，“仍看到……”是“黑夜笼罩……”的逆结果。

反映因果逆转关系的“虽然……但是……”句式，实际上又有两种情况：

1. 因果逆转关系直接表现在甲事与乙事之间。甲事的逆结果直接表现为乙事。“虽然 A，但是 B”＝“虽然 A，但是并不因为 A 而非 B”。如例 (20) 等于说：“虽然黑夜笼罩着他，但我并不因为黑夜笼罩着他而看不到他脸上的忧伤。”再比较这两个例子：

(21) 虽然这几种人在党内外都是极少数，但是应该重视他们的作用。

(22) 虽然这几种人在党内外都是极少数，但是不能因为他们是极少数而忽视他们的作用。（《邓小平文选》152 页）

这两例意思是相同的。但后一例从词面上显示并强调了甲乙两事之间的因果逆转的关系。

2. 因果逆转关系不直接表现在甲事和乙事之间。甲事的逆结果不是乙事，而是受乙事制约的丙事。“虽然 A，但是 B”＝“虽然 A，但是（因为）B，（所以）C”。C 对 B 说是顺结果，对 A 说是逆结果。看这个例子：

(23) 这种衣料虽然很贵，但质量是上乘的。

“质量是上乘的”不是“很贵”的逆结果。但是，这个复句还隐含着“还是值得买”“我还是想买”之类的意思，等于说：

(24) 这种衣料虽然很贵$_A$，但质量是上乘的$_B$，还是很值得买的$_C$。

(25) 这种衣料虽然很贵$_A$，但质量是上乘的$_B$，我还是想买$_C$。

“值得买”或“想买”是质量上乘的顺结果，是衣料“很贵”的逆结果。可见，例(23)的构成基础还是因果逆转关系，只不过这种关系没有在词面上直接表现出来而已。

(三)“虽然……但是……”让步句和“……但是……”转折句的区别

“虽然……但是……”表示让步转折关系，这也是一种转折关系。因此，严格说，“……但是……”是表示单纯的转折关系。这里谈让步句和转折句，实际上是指让步转折句和单纯转折句。

这两种句式的区别主要有三点：

1. 在构成基础上，“虽然……但是……”句式受到很大的限制。甲事与乙事之间如果不存在因果逆转的关系，或不能理解为隐含因果逆转的关系，就不能用“虽然……但是……”。例如：

(26)(我亲眼看见)有三个同志坐下来抱在一起想暖和一下，但他们再也没有站起来。(江耀辉《“红军鞋”》，初中《语文》第一册89页)

这是单纯转折句。“再没有站起来”不是“抱在一起想暖和一下”的逆结果，所以不能说成：

*(27)(我亲眼看见)有三个同志虽然坐下来抱在一起想暖和一下，但他们再也没有站起来。

2. 在转折意味上，用“虽然……但是……”句式，转折意味笼罩全句，仅从前分句就可以知道后面将有转折，而用“……但是……”句式，从前分句到后分句的转折则是突然的、急促的。看这两个例子：

(28) 他虽然身材瘦小，长得却很机灵……(陶嘉善《瑰宝》，

《花城》1983年第2期170页）

（29）“保长”身上很热，但又不敢用力扇扇子。（叶元《巴牛皮和退休的胡局长》，《百花洲》1983年第4期118页）

例（28）光看前分句“他虽然身材瘦小”就知道后边将有转折；例（29）光看前分句“‘保长’身上很热”，并不知道后边将有转折。

3. 在表达效果上，“虽然……但是……”句式是容认并让开甲事实，从而突出乙事实，“……但是……”句式则只是表明甲乙两事之间的转折关系。看这两个例子：

（30）（甚至也没和他谈过心，）客观原因虽是战斗频繁，主观原因却是我没注意他，压根没注意他。（白桦《冬日梦中的大雷雨》，《十月》1982年第3期43页）

（31）我们军队的干部绝大多数是好的，但是确有少数人热衷于搞派性。（《邓小平文选》2页）

例（30）用“虽……却……”，让开客观原因，强调突出主观原因。例（31）用“……但是……”，表明少数人和绝大多数人之间的转折关系，但没有把绝大多数人让开的意思。

（四）“虽然……”分句的后置

让步分句“虽然……”有时后置，既有补充说明的作用，又有引人注意的作用。例如：

（32）她中文说得很好，虽然她从未上过哪个学校的中文系。（黄蓓佳《秋色宜人》，《收获》1983年第4期22页）

（33）科学当然包括社会科学，虽然这次会议由于时间匆促没有邀请社会科学家。（《邓小平文选》45页）

跟“虽然……”相当的“尽管……”也可以后置。例如：

（34）在这些产品面前，路云的额角上沁出了细细的汗珠，尽管他蹬车来这里之前，已有充分的思想准备。（谭谈《风雨山中路》，《芙蓉》1982年第3期122页）

（35）……她和新世界是心心相通的——尽管她没能活到新中国诞生。（从维熙《黄金岁月》，《十月》1982年第1期113页）

四 让步句式："即使……也……"

(一)"即使……也……"句式和同类说法

"即使……也……"句式也表示让步转折关系。不过，不是通过对事实的容认来让步，而是通过对情况的虚拟来让步。就是说，"即使"所引出的是一种虚拟的情况。例如：

(1) 即使若干年后人口不再增加，人口多的问题在一段时间里也仍然存在。(《邓小平文选》150页)

"即使"可以用在主语前边，如例(1)；也可以用在主语后边，例如：

(2) 你是做善事，他们即使馋涎欲滴，怕也奈何不得。(北婴《塞灯夜话》，《收获》1983年第4期63页)

跟"即使"呼应的关系词语，经常用"也"，也可以用"还"。有时"也、还"都不用。例如：

(3) 贾严和吴可本即使不读书看报，对于这些报道还是津津乐谈的。(刘宾雁《千秋功罪》，《十月》1982年第3期34页)

(4) 即使慢，驰而不息……(鲁迅《华盖集·补白》)

"即使"也可以说成"即便、即或"。例如：

(5) 即便别人对他说露骨的恭维话，他也毫无反应。(蒋子龙《拜年》，《人民文学》1982年第3期11页)

(6)(同志，事情不那么简单!)即或我提出你刘钊，就板上钉钉，十拿九稳了么？(李国文《花园街5号》，《十月》1983年第4期54页)

"哪怕、就是、就算"作用跟"即使"大体相当。例如：

(7) 我求周嫂把春儿找来，哪怕说上一两句宽心话，也算尽了我一份心呀。(王笠耘《春儿姑娘》，《当代》1982年第3期191页)

(8) 就是辞职了，照往常的规矩，大队里也要安排我。(高晓声《陈奂生包产》，《人民文学》1982年第3期38页)

(9) 就算我刚才的看法不对，也不能给我戴自私的帽子呵。（马烽《太阳刚刚出山》，《建国以来短篇小说》上册，上海文艺出版社 1978 年版 27～28 页）

“纵使、纵然、纵”也跟“即使”大体相当。例如：

(10) 纵然能够请下假来，砍下的柴，敢拿去卖吗？（锦云、王毅《笨人王老大》，《1980 年全国优秀短篇小说评选获奖作品集》，上海文艺出版社 1981 年版 161 页）

(11) 纵然不是栋梁之材，做一棵小草，总是可以的吧！（冯敬兰《路，这样走过》，《长城》1983 年第 3 期 190 页）

“再……也……”句式也表示虚拟性让步，相当于“即使……也……”句式。用这一句式造成的句子往往是紧缩句，但也可以是一般的复句。例如：

(12) 这里的空气再美，我们也不能留在山上修仙。（张弦《回黄转绿》，《人民文学》1982 年第 3 期 29 页）

(13) 邱洁再挑剔，也不能否认他有一双充满魅力的眼睛。（赵丹涯《蓝天，也是属于你的》，《芙蓉》1983 年第 4 期 101 页）

（二）“即使……也……”句式的构成基础

1. 假设的因果逆转关系。在这种情况下，“即使……也……”跟“如果……就……”所表示的关系相反。比较：

(14) 如果下雨，天气就会转凉。

(15) 即使下雨，天气也不会转凉。

“下雨”和“天气转凉”都是未然的事，前一例表示假设的因果相承关系，后一例表示假设的因果逆转关系。

2. 现实的因果逆转关系。在这种情况下，“即使……也……”跟“虽然……但是……”所表示的关系相同。比较：

(16) 他家是独家庄，行动本来就方便点，加上他平日助人为乐，人缘极好，即使偶尔被人发现，别人也装作没看见。（所以，……当时……未遭揭发批判。）（王宝成《海中金》，《收获》1983 年第 4 期 151 页）

(17) ……虽然偶尔被人发现，别人也装作没看见。

这两例意思相同。“偶尔被人发现”和“别人装作没看见”，都是过去发生的已成为事实的事情，但前一例用“即使”，后一例用“虽然”。再看两例：

(18) 大革命失败后，这些工人组织差不多都被摧垮了，即使有留下来的工会，会员数量与党员差不多，已经很少。(《周恩来选集》上卷181页)

(19) 我们党采取了毛泽东同志的建党路线，即使工人成分还不占多数，也能够建设并已经建成一个工人阶级的马克思列宁主义的政党。(《刘少奇选集》上卷330页)

这里的“有留下来的工会”，“工人成分还不占多数”，说的都是事实。“即使”可以换成“虽然”。

当然，“即使”尽管有时可以换成“虽然”，但二者也有区别：用“虽然”，是明确认定，实事实说；用“即使”，则带虚拟语气，给人以隐隐约约、若实若虚的感觉，是实事虚说。比较：

(20) 相信你们是为人民服务的，虽然有点地、富、资产阶级观点，也是不自觉的。

(21) 相信你们是为人民服务的，即使有点地、富、资产阶级观点，也是不自觉的。(《刘少奇选集》上卷407页)

不管用“虽然”还是用“即使”，这里的“有点地、富、资产阶级观点”指的都是事实。但用“虽然”，是明确地认定“有……”，显得直率爽快，用“即使”，是用化实为虚的办法来指出“有……”，显得若有若无，语气比较委婉。

(三)“即使……也……”句式所表示的让步

1. 一般性的假言让步：对某种假设情况作让步，既不极言其甚，也没有退一步来说的意思。例如：

(22) 也许，即使杜辉煌不写那封信，李钷也终会被别的什么理由打发走的。(张抗抗《在丘陵和湖畔，有一个人……》，《十月》1982年第1期77页)

(23) 每逢开起商店经理会议汇报情况，即使店里真有啥问题，她也一概不讲。(叶林《普通女人》，《百花洲》1983 年第 4 期 102 页)

2. 极言其甚的让步：把所让步的情况说到了顶，借以取得强调的效果。“即使”大体相当于“甚至”或“就连”。例如：

(24) 即使你们全体跪请鸾驾回程，我也不会赏脸的。(李国文《花园街 5 号》，《十月》1983 年第 4 期 54 页)

(25) 即使像马克思、恩格斯、列宁、斯大林这样伟大的人物，也只能在共产主义事业中做好一部分的工作。(《刘少奇选集》上卷 142 页)

为了极言其甚，前分句往往可以是极度的夸张。例如：

(26) 即使你去找个猪婆，我也不阻拦。(谢璞《寻找》，《芙蓉》1982 年第 3 期 152 页)

(27) 今日能杀鄂贼，青娘即使碎尸万段，也在所不惜！(北婴《塞灯夜话》，《收获》1983 年第 4 期 68 页)

3. 退一步估量的让步：对让步情况作退一步的估量，“即使”之类前边含有“退一步说”之类的意思。例如：

(28) 即使他的主张只有一点或一部分是正确的，你们也必须替他指出，不可抹煞。(《刘少奇选集》上卷 212 页)

(29) (冯么爸干脆不开口，……稍一停，罗二娘就扯开嗓子骂起来。这回她是冒火了。) 即使冯么爸一声不吭，不也意味她理亏？(何士光《乡场》，《1980 年全国优秀短篇小说评选获奖作品集》，上海文艺出版社 1981 年版 60 页)

有时，“退一步说”之类词语直接出现。例如：

(30) 退一万步说，就是有人抓住了你的手，那卢华就该糊里糊涂地开枪吗？(从维熙《北国草》，《收获》1983 年第 4 期 228 页)

一般性的假言让步，前分句所说的都是假设的情况。极言其甚的让步，前分句所说的可以是假设，也可以是实指的。同样，退一步估量的让步，前分句所说的可以是假设，也可以是已然事实。

(四)“但”类词进入“即使……也……”句式的现象

“即使……也……”本来存在先让步后转折的关系。为了强调分句与分句之间的转折性，可以在这一句式里加上“但”类词。例如：

(31) 如果她承袭了这笔财产，即使是合法的，但也不光彩。(姜滇《清水湾，淡水湾》，《十月》1982年第3期85页)

(32) 即使所举的罪状是真的罢，但这些事情，是无论哪一个“友邦”也都有的，他们的维持他们的“秩序”的监狱，就撕掉了他们的“文明”的面具。(鲁迅《“友邦惊诧”论》)

(33) 即使自己有很多对的意见，但是还要听人家的意见，把人家的好意见吸取过来……(《周恩来选集》上卷329页)

例(31)是“即使……但也……”，例(32)是“即使……但……也……”，例(33)是“即使……但是还……”。跟“即使”作用相当的“哪怕、就算”等，有时也同“但”类词呼应使用。例如：

(34) 我甚至觉得男人都是骗子，哪怕恋爱的时候说得再动听，但只要结了婚，孩子一生，爱情也就褪色了。(曹玉林《祠堂里的学校》，《当代》1982年第3期164页)

(35) 就算这话不假，可南边是南边，翰林府是翰林府，天南地北的，哪能拉到一根弦上？(王笠耘《春儿姑娘》，《当代》1982年第3期190页)

(36) 记得韩非子曾经教人以竞马的要妙，其一是“不耻最后”。即使慢，驰而不息，纵令落后，纵令失败，但一定可以达到他所向的目标。(鲁迅《华盖集·补白》)

例(34)是“哪怕……但……”，例(35)是“就算……可……”，例(36)是“纵令……纵令……但……”。

有时，前后分句结构上比较复杂，用“但”类词既有强调转折关系的作用，还有划清转折界限的作用。看这几个例子：

(37) 我猜想：即使在这风雪迷茫的黑夜，工人、工人的妻子和工人的孩子，谁也看不清谁，可是他们一定能感觉到相互间深切的

鼓舞和期待。(杜鹏程《夜走灵官峡》,初中《语文》第二册93页)

(38)即使无人豢养,饿的精瘦,变成野狗了,但还是遇见所有的阔人都驯良,遇见所有的穷人都狂吠的,(不过这时它就愈不明白谁是主子了。)(鲁迅《"丧家的""资本家的乏走狗"》)

(39)尽管他精通生产,有敏锐的智力,即使在他的坏脾气中也时常显现出智慧的异彩,但是他的坏脾气毁了他的智慧,人们只知道他脾气坏,不承认他有智慧。(蒋子龙《拜年》,《人民文学》1982年第3期11页)

(40)他们,尤其是妈,即使对我的不回去觉得失望,但是因为我是他们的儿子,他们会慢慢原谅我的。(於梨华《又见棕榈又见棕榈》,福建人民出版社1980年版99页)

例(37),"即使"引出的分句较长,结构比较复杂。例(38),"即使"后边不止一个分句,"但"后边也不止一个分句。例(39),"但是"前边出现了"尽管……即使……",后边不止一个分句。例(40),尽管"即使"引出的分句不复杂,"但是"后边的分句却又是一个因果复句。这里的"但"类词,既强调了转折的关系,又划出了转折的界限。

(五)"即使……"分句的后置

"即使……"分句有时后置。后置之后,既有补充说明的作用,也有强调突出的作用。例如:

(41)"文革"中为了怕让人误解他这是在"翻变天账",他对此是闭口不谈的,即使是走到××路上的那幢蓝屋。(程乃珊《蓝屋》,《钟山》1983年第4期10页)

(42)在原则问题上,我郑维中从来是不含糊的,即使是对你!(顾威《风急天高》,《当代》1982年第4期200页)

(六)"即使……也……"的非复句用法

有时,"即使……也……"用来联结主语和谓语。"即使"引出作主语的名词或名词性词组,起强调作用。例如:

(43)即使过往的大雁那迷人的歌声,也不会骚乱他们古朴古静的心。(陶正《女子们》,《当代》1983年第4期11页)

有时，“即使……也……”用来联结状语和谓语。“即使”起强调状语的作用。例如：

(44) 他那瘦削的脸上，即使在心情不好时，也表现出一种深思熟虑的神态。(王宝成《海中金》，《收获》1983 年第 4 期 149 页)

(45) 即使上夜校的时候，她也经常要背上一个娃娃。(陶正《女子们》，《当代》1983 年第 4 期 12 页)

五 让步句式：“宁可……也……”

(一)“宁可……也……”句式和同类说法

“宁可……也……”也是让步句式。前分句表示忍让，后分句表示决心。例如：

(1) 宁可少生产一些，也一定要把设备维修好。(《邓小平文选》3 页)

(2) 她宁可坐在马路边，也决不肯一个人耽在里面。(茹志鹃《她从那条路上来》，《收获》1982 年第 4 期 183 页)

“宁可……也……”句式具有选择性。它表示经过比较有所抉择，有所取舍。选择的结果，在前分句用“宁可”肯定了下来。但是，这一句式又具有转折性。“宁可”总是表示“忍让”。所作的选择，不是乐意为之，而是出于不得已，不得不有所忍让。“少生产一些”“坐在马路边”需要忍让，这是不言而喻的。“看《红楼梦》”，本是好事，但因已看过许多遍，所以后面例 (17) 里加“宁”表明有所忍让。忍让也是一种让步。先让步，也就意味着后面将有转折。正因为前后意思有转折，所以这一句式中可以自然地出现“但”类词，这一点下面将要谈到。

如果说，“虽然……但是……”是容认性让步句，“即使……也……”是虚拟性让步句，那么，“宁可……也……”便是抉择性让步句。作为一种让步句，“宁可……也……”和“即使……也……”有时可以相通。看这两个例子：

(3) 宁可自己进地狱，也要成全她上天堂！（肖为《不能改正的错误》，《花城》1983 年第 3 期 99 页）

(4) 宁可自己一个人担风险，也不能让王主任有个三长两短。（杨志杰《选拔》，《当代》1983 年第 3 期 137 页）

这里“宁可”可以换成“即使”而基本意思不变，虽然换成“即使”以后忍让的情味有所减弱，但它们毕竟有相通之处。

“宁可”也可以说成“宁”“宁肯”“宁愿”。例如：

(5) 宁叫人说他不义，不叫人说我不贤……（王宝成《海中金》，《收获》1983 年第 4 期 147 页）

(6) ……宁肯不吃饭，也得满满小酒壶。（浩然《能人楚世杰》，《长城》1982 年第 3 期 51 页）

(7) 我宁愿打一辈子光棍，也决不办这桩事！（刘文忠《姐姐》，《当代》1982 年第 3 期 59 页）

前分句用了“宁可”之类，后分句一般用“也”呼应。但“也”有时可以不用。例如：

(8)（闻一多拍案而起，横眉怒对国民党的手枪，）宁可倒下去，不愿屈服。（毛泽东《别了，司徒雷登》）

(9) 三年困难时期，他们宁可自己挨饿，把省下来的口粮留给向红。（顾笑言《洪峰通过峡谷》，《花城》1983 年第 3 期 63 页）

（二）“宁可……也……”句式的类型

1. “宁可……也不……”式：后分句常常通过“也”引出否定形式“不……”，从否定方面表明决心，直接排斥前分句所说的相对立的情况。如例 (2) (4) (5) (7) (8)。又如：

(10) 我宁可受穷，也不跟他们学！（浩然《能人楚世杰》，《长城》1982 年第 3 期 56 页）

(11) 我宁可在希望中死去，也不愿在绝望中苟活。（向明《一曲遥寄》，《当代》1982 年第 4 期 111 页）

(12) 宁肯死，宁肯跳进山洪，也不让那俩坏蛋逮住。（王笠耘《春儿姑娘》，《当代》1982 年第 3 期 205 页）

2. “宁可……也要……”式：后分句常常通过“也”引出肯定形式“要……”，从肯定方面表明决心，说明所要努力达到的目的，间接排斥前分句所说的相对立的情况。如例（1）（3）（6）（9）。又如：

（13）宁可孤注一掷，也要弄个明白。（朱春雨《大地坐标上的赋格》，《十月》1983年第1期23页）

（14）她宁肯自己挨饿，也要把仅有的几升米匀给贫苦的农友。（毛岸青、邵华《我们爱韶山的红杜鹃》，初中《语文》第五册11页）

（15）为了滋补他，我宁愿自己平时吃饭再节省一些，也要尽量把星期日全天的野餐准备得丰富可口。（德兰《求》，《收获》1982年第1期85页）

（三）“但”类词进入“宁可……也……”句式的现象

由于“宁可……也……”属于转折的关系范畴，因而跟“但”类词不相排斥。一般情况下，只用“宁可……也……”；如果需要特别强调分句间的转折性，就可以添加“但”类词。不过，用了“但”类词之后，“也”字不再出现。例如：

（16）芬酷爱花，她宁可几年不添一件新衣服，可房里决不能断了花卉……（程乃珊《蓝屋》，《钟山》1983年第4期32页）

（17）我宁看《红楼梦》，却不愿看新出的《林黛玉日记》，它一页能够使我不舒服小半天。（鲁迅《三闲集·怎么写》）

（18）宁肯让工期一拖再拖，经济效益受到损害，他的权威和尊严却不能有丝毫动摇。（刘宾雁《应是龙腾虎跃时》，《当代》1982年第5期120页）

（19）他宁愿承担舆论和道德的谴责，但不能眼睁睁地葬送自己和莲莲未来的幸福。（张弦《银杏树》，《小说月报》1982年第6期80页）

例（16）是“宁可……可……”，例（17）是“宁……却……”，例（18）是“宁肯……却……”，例（19）是“宁愿……但……”。这几例，后分句都是否定形式。又如：

(20) 宁可慢些，但要好些！（李国文《花园街5号》，《十月》1983年第4期44页）

例（20）是“宁可……但……”。这一例，后分句是肯定形式。

六　让步句式：“无论……都……”

（一）“无论……都……”句式和同类说法

“无论……都……”也是让步句式。它首先表示对各种条件的让步，然后提出结果或结论。“无论”引出的前分句具有任指性和选择性，同后面的分句之间隐含有转折性。例如：

(1)（如果此刻她也在这间小屋里面，）无论是蹲在灶火旁，坐在炕沿上，或躺在被垛上，都只会使这温暖起来的小泥屋增添更多的温暖和亲切。（张承志《黑骏马》，《小说月报》1983年第4期33页）

就“无论”引出的分句说，“蹲在灶火旁”“坐在炕沿上”和“躺在被垛上”合起来任指小屋里的所有地方，分开来它们又各自表示一个选择项。从“无论……”分句和“都……”分句之间的关系看，结果可以在任何情况下产生，而任何情况中的某些情况同结果是有逆转关系的。比如蹲在灶火旁，不显眼，不引人注意，然而，即使如此，也会使小泥屋温暖和亲切，这里就包含着转折性。

用“无论……都……”构成的复句，可以叫作无条件让步句。作为让步句，和“即使……也……”有时也相通。看这个例子：

(2) 即使她有多高超的音乐素养，也决不会给观众留下太多美感的东西。（李国文《花园街5号》，《十月》1983年第4期45页）

这里的“即使……也……”可以说成“无论……都……”，意思基本相同。“即使……也……”是虚拟性让步句，改为“无论……都……”便成了无条件让步句。

“无论”也可以说成“不论”。例如：

(3) 今天到会的人，大多数来自千里万里之外，不论姓张姓

李，是男是女，作工务农，大家都是一条心。（吴伯箫《歌声》，初中《语文》第六册 61 页）

"无论、不论"也可以说成"不管"。"不管"口语性较强。例如：

（4）不管哪一位媒人登门，她都只当是夜猫子进宅。（刘绍棠《小荷才露尖尖角》，《人民文学》1982 年第 2 期 5 页）

（5）这时候，不管谁来送行，她都会扑倒在亲人怀里——真正的亲人啊！（姜滇《清水湾，淡水湾》，《十月》1982 年第 3 期 81 页）

跟"无论"之类呼应的"都"也可以说成"也"或"全都"。例如：

（6）不管别人再拿什么玩笑打岔，我也没兴趣了。（张贤亮《肖尔布拉克》，《小说月报》1983 年第 4 期 8 页）

（7）叫你这一比，其他的瓜摊，不论是私人的，还是集体的，以至供销社的门市部，全都黯然失色。（张武《瓜王轶事》，《小说月报》1982 年第 2 期 41 页）

如果着重时间性，跟"无论"之类呼应的副词可以用"总、总是、永远"之类。例如：

（8）不论到哪里，也不论干什么去，总要背上它。（王笠耘《春儿姑娘》，《当代》1982 年第 3 期 204 页）

（9）不管她如何地勤俭、刻苦、自励，日子总是过得十分艰难。（姜滇《清水湾，淡水湾》，《十月》1982 年第 3 期 76 页）

（10）无论人们过节度假，赶街赴会，布比永远是不换班的放牛人。（张曼菱《有一个美丽的地方》，《当代》1982 年第 3 期 141 页）

后分句也可以不用"都、全都、总、永远"之类，但实际上隐含着这些词所表示的意思。例如：

（11）无论如何，我们不能向敌人屈服……（杨沫《坚强的战士》，初中《语文》第五册 64 页）

（12）不论多晚，我等着……（李国文《花园街 5 号》，《十月》1983 年第 4 期 90 页）

（13）不管姐姐怎么数落、怨恨，小伙子只是低着头，不敢还

腔。（常庚西《深山新喜》，《长城》1982年第1期137页）

（二）“无论……都……”句式的类型

1. 多面列举式：前分句从两个或几个方面列举情况，后分句表示结果或结论。例如：

(14) 不管你信不信，他做到了！（叶文玲《小溪九道弯》，《小说月报》1982年第2期18页）

(15) 认识的，不管事急事缓，都要坐下喝口水才去。（丁震东、屠海滨《青石街头的小屋》，《钟山》1983年第3期44页）

(16) 不论整顿领导班子，整顿作风，整顿政治机关，没有一股子劲头不行。（《邓小平文选》119页）

这类无条件让步句，有如下几个特点：

第一，前分句或者从肯定、否定两个方面列举情况，如例（14）；或者从对立的两个方面列举情况，如例（15）；或者从并列的两个或几个方面列举情况，如例（16）。但是，列举的两个或几个方面加合起来，都是任指的，具有周遍性。

第二，列举的两个或几个方面之间可以用“还是、或者”之类词语，表明选择性，如例（14）可以说成“不管你信还是不信”，例（15）可以说成“不管事急或者事缓”，例（16）可以说成“不论整顿领导班子，整顿作风，还是整顿政治机关”。又如：

(17) 假使此佛手原种系遗传突变所造成，无论截枝引种，还是采籽育苗，都能使之繁衍新种。（袁和平《佛手》，《十月》1983年第5期169页）

(18) 不论是看着书、干着活、走着路或者吃着饭，他的灵魂都会倏地飞出躯壳……（郑万隆《红叶，在山那边》，《小说月报》1983年第2期49页）

第三，列举的每个方面都可以带上“也好、也罢”之类，借以加强列举的语气。如例（14）可以说成“不管你信也好，不信也好”，例（15）可以说成“不管事急也好事缓也好”，例（16）可以说成“不论整顿领导班子也好，整顿作风也好，整顿政治机关也好”。又如：

（19）无论他睡觉也好，吃饭也好，演讲也好，头的方向永远对准正南方，比指南针还准确。（李国文《花园街5号》，《十月》1983年第4期62页）

第四，“无论……”分句和“都……”分句之间的转折关系是局部性的，或者是不很明显的。如例（15），“坐下喝口水”对“事急”说是转折，但对“事急事缓”说，就只是局部性的转折。又如例（3）和例（14），分别隐含着“即使姓氏不同、性别不同、职业不同，大家都一条心”和“即使你不信，他也做到了”这样的意思。不过，这种转折性是隐蔽的，而不是在词面上表现出来的。

2. 多面总括式：前分句实际上包括反正的、对立的、并列的两个或几个方面的情况，但形式上用一个任指疑问代词总括地提出来。例如：

（20）不管是谁搞错的，我们都得向院里写个检查。（宋家玲《危险的脑疝》，《当代》1983年第3期176页）

（21）大婶，你无论说什么，我都不会生你的气。（顾笑言《洪峰通过峡谷》，《花城》1983年第3期75页）

（22）无论要做好以上哪一项工作，工会组织都必须密切联系群众……（《邓小平文选》128页）

（23）无论他在哪里工作，战士和临时工有事没事都喜欢和他在一起。（刘宾雁《因为我爱……》，《当代》1983年第3期15页）

这类无条件让步句有如下特点：

第一，前分句用表示任指的疑问代词“谁、什么、哪里”等等。

第二，可以变换为多面列举式。比如例（20）前分句可以说成“不管是老张搞错的，还是小李搞错的”，或者可以说成“不管是群众搞错的，还是领导搞错的”。

第三，跟多面列举式一样，前后分句之间的转折关系是局部性的，或者不明显的。

3. 单面总括式：前分句只从一个方面提出程度不同、数量不同的种种情况，而程度不同、数量不同的种种情况是用一个任指性疑问代词总括地表示出来的。例如：

（24）不管日子怎么艰难，我的脊柱也还是有某种硬度的。（毛志成《小镇风情》，《当代》1983 年第 3 期 245 页）

（25）不管角度如何变化，恐怕我们很难摆脱自身生理上的局限。（从维熙《黄金岁月》，《十月》1982 年第 1 期 176 页）

（26）这是她在学校时养成的习惯，无论晚上睡得多迟，早晨总是六点钟起床。（黄蓓佳《秋色宜人》，《收获》1983 年第 4 期 17 页）

（27）这项工作，无论有多少困难，我们都敢于承担。（杨志杰《选拔》，《当代》1983 年第 3 期 175 页）

这类无条件让步句有如下特点：

第一，前分句只从一个方面提出情况，而所提情况的本身有着程度大小的不同或数量多少的不同。

第二，前分句里常用表示程度或数量的任指性疑问代词“怎么、怎样、如何、多么、多”和“多少”等。它们一般作状语，如例（24）（25）（26），有时作定语，如例（27）。

第三，不管程度如何，数量多少，前分句所说的情况同后分句所说的结果之间都有转折关系。如果需要把这种转折关系强调地说出来，就可以在这一句式里添加“但”类词。如例（24）可以说成“不管日子怎么艰难，我的脊柱却还是有某种硬度的”，例（25）可以说成“不管角度如何变化，我们却很难摆脱自身生理上的局限”，例（27）可以说成“这项工作，无论有多少困难，但我们都敢于承担”。

（三）“但”类词进入“无论……都……”句式的现象

一般认为，“但”类词在“无论……都……”句式中出现就成为病句。这个结论必须修正。

如上所述，“无论……都……”句式有三种类型。第三类“无论……都……”，即单面总括式，如果有必要，是可以比较自由地添加“但”类词的。

运用中，人们有时在后分句主语前边用转折连词“但、可、然而”

等。例如：

(28) 小资产阶级思想，不论它是怎样地反映在党内，但它在党内是不合法的……（《刘少奇选集》上卷325页）

(29) 不管他此时心情如何沉重、压抑、失望、悲哀，但他不能不去看看那块人工雕成的石柱……（晓剑、严亭亭《世界》，《收获》1983年第2期19页）

(30) 不管我怎样拼命地阻止自己，不管我怎样用滚滚的往事之河淹灭那一点诱惑的火星，但一种新鲜的渴望已经在痛苦中诞生了。（张承志《黑骏马》，《小说月报》1983年第4期28页）

(31) “阳历年”——那算什么年？不管你给它起多好听的名儿叫什么“元旦”，可中国人从来不把它当“年”看待。（蒋子龙《拜年》，《人民文学》1982年第3期3页）

(32) 不管你从理论上指出这个“分”字如何跟“分裂”、“分化”、“分散”相联，不是什么褒义词，然而任谁也没有法力制止实际上的分家。（毛志成《大门道的主人》，《红岩》1983年第2期50页）

人们有时在后分句主语后边用转折副词“却”。例如：

(33) 如果不进行这场革命，不论党和政府的整个方针、政策怎样正确，工作怎样有成绩，我们却只能眼睁睁地看着党和政府的机构这样地缺少朝气、缺少效率……（《邓小平文选》352页）

(34) （在学校时送我的红泥塑像……）无论过去我自己的生活有多少波折，它们却始终安然无恙。（遇罗锦《天使》，《百花洲》1983年第3期129页）

(35) 他们不管怎么争吵，却是十分健康、十分协调地团结在一起商讨。（曲波《山呼海啸》上册，中国青年出版社1977年版511页）

多面列举式的“无论……都……”，如果需要强调隐含的转折性，有的也可以用“但”类词。例如：

(36) 不管你是不是指我，但不许你这样说！(绍六《镶金边的云彩》，《花城》1983 年第 4 期 29 页)

(四)“无论……”分句的后置

“无论……”分句有时后置。既有补充说明的作用，也有强调突出的作用。例如：

(37) 每天，珠珠都起这么早，到二路车终点站去乘车上班，无论天气好坏。(严婷婷《从雨到雪，一双棕色的皮鞋》，《十月》1983 年第 3 期 205 页)

(38) 反正我是老老实实地报，不管将来碰到什么问题。(李准《耕云记》，《建国以来短篇小说》上册，上海文艺出版社 1978 年版 523 页)

(五)“无论……都……”的非复句用法

“无论……都……”有时用来联结主语和谓语。“无论”引出作主语的名词或名词性词组，起强调作用。例如：

(39) 无论文臣武将，都不得接近。(梁信《赤壁之战》，《芙蓉》1983 年第 4 期 68 页)

(40) 不论脑力劳动，体力劳动，都是劳动。(《邓小平文选》38 页)

“无论……都……”有时用来联结状语和谓语。“无论”起强调状语的作用。例如：

(41) 无论什么时候，都要谦虚谨慎，把尾巴夹紧一些。(毛泽东《在省市自治区党委书记会议上的讲话》)

(42) 我们的政权的建立还不过短短几年，人们可以看到，不论在经济方面，在文化、教育、科学方面，都已经出现了空前繁荣的局面。(毛泽东《在中国共产党全国宣传工作会议上的讲话》)

七　让步句式：“任凭……(都/也)……”

(一) 表示无条件的“任凭……(都/也)……”

“任凭……(都/也)……”有时表示无条件让步。“任凭”相当于

"无论、不管"，前分句里包含疑问代词"怎么、哪里"之类。例如：

(1) 任凭我们怎么说，她依然走了。(肖复兴、肖复华《一片小树林》,《青海湖》1983 年第 6 期 14 页)

(2) 任凭马俊友怎么喊她，她也不回头。(从维熙《北国草》,《收获》1983 年第 3 期 196 页)

(3) 任凭沈云娥怎样苦苦哀求，他丝毫不再动心。(田增翔、陶正《天女》,《钟山》1983 年第 4 期 220 页)

"任凭"也可以说成"任"或"任随"。例如：

(4) 任你怎样诬害，陈毅同志的光辉形象永远屹立在我们心中。(顾寄南《黄桥烧饼》，初中《语文》第三册 91 页)

(5) 任随走到哪里，拿鼻子闻一闻，都有浓浓的红苕干烧酒和蒜苗炒回锅肉的香味。(克非《花蜘蛛》,《小说月报》1982 年第 3 期 80 页)

(二) 表示容认的"任凭……(都/也)……"

"任凭……(都/也)……"有时表示容认性让步。"任凭"相当于"虽然、尽管"，引出的分句指已然事实，不包含"怎么"之类疑问代词。例如：

(6) 任凭老赵满头大汗地使尽了他的本领，车子还是颠簸着。(《1958 年短篇小说选》396 页)

(7) (卢华……望着一片充满绿意的荒野。)荒原实在太辽阔了，任凭卢华极目眺望，仍然看不见它的边缘。(从维熙《北国草》,《收获》1983 年第 4 期 225 页)

(三) 表示虚拟的"任凭……(都/也)……"

"任凭……(都/也)……"有时表示虚拟性让步。"任凭"相当于"即使"，引出的分句指未然的事，不包含"怎么"之类疑问代词。例如：

(8) 哪怕他是我爷，任凭丢了我这乌纱帽，我也不能违章背理，假公济私！(石云祥《在局长家里》,《青海湖》1983 年第 6 期 46 页)

(9) 任他黄河说成旱滩，还是县官不如现管哩……(郑义

《远村》,《当代》1983 年第 4 期 109 页)

(四) 动词“任凭”

“任凭”有时是动词，表示“听任”的意思，接近于“让”，往往构成兼语句式，“任凭……”后边可以不出现分句。例如：

(10) 百无聊赖地依在门框上，任凭黄昏的冷风扑打着，连晚饭也没有力气去做了。(张弦《回黄转绿》,《人民文学》1982 年第 3 期 19 页)

“任凭黄昏的冷风扑打着”是兼语式，“黄昏的冷风”既是“任凭”的宾语，又是“扑打着”的主语。后边的分句“连晚饭也没有力气去做了”可以不出现，换句话讲，可以只说：“百无聊赖地依在门框上，任凭黄昏的冷风扑打着。”再看这个例子：

(11) 他哑口无言，好像做错事的孩子，任凭姑娘抢白。(张锦江《将军离位之后》,《当代》1983 年第 4 期 51 页)

“任凭姑娘抢白”是兼语式，后边不再出现别的分句。

八 假转句式：“因为……否则……”

(一)“因为……否则……”和类似的句式

“因为……否则……”句式表示因果逆转。前分句用“因为、由于”之类，前后分句之间用“否则、不然、要不然、要不、若不”之类。“否则”之类表示“如果不这样 (就)”的意思，用它们联结的句式可以简称为“假转句式”。“因为……否则……”是假转句式里的一种，是逆原因的假转句式。例如：

(1) 她和沙马耳虎因为化了装，不然，进城难出城也难。(宇心《雾中鼓声》,《昆仑》1983 年第 1 期 122 页)

(2) 只因 (几个年轻人) 还不了解昨晚黑发生在松毛林子中的事，不然他会挨一顿好打……(宇心《冷子司棋》,《清明》1983 年第 1 期 41 页)

(3)“加拿大只答允贷一千五百万美元与我们，而美国人原来露出口风愿贷五千万元与我们，只是由于孔祥熙在其中作怪，否则……”他摇了摇头，显出深有感触的样子。（鄢国培《巴山月》，《长江》1983 年第 1 期 13 页）

这一句式，前分句解释原因，指出已然的事实；后分句表示反事实的、逆原因的结果，所说的情况恰好在事实的反面，跟原因相忤逆。“否则”之类的作用，在于表明因果逆转，实际上是借后分句来反证前分句，说明已然原因具有决定性的影响。如例（1），目的在于强调“化了装”对于没有出现“进城难出城难”的结果具有决定性影响，等于说，之所以没有出现“进城难出城难”的结果，正是因为“化了装”。

这一句式，可以变换为“要不是……就……”句式，意思相同。如例（1），可以说成：“她和沙马耳虎要不是化了装，（就一定）进城难出城也难。”还可以保留“因为”，说成：“她和沙马耳虎要不是因为化了装，（就一定）进城难出城也难。”

这一句式的前分句，有时不出现“因为”之类连词。这时，表因的性质是隐含的。例如：

（4）都是海棠那个死丫头插一杠子，要不俺妹子和长锁是多好的一对呀！（赵新世《鸡为媒》，《长江》1983 年第 2 期 205 页）

（5）我不知道您病了，若不，我早就来看您了。（刘炜《弱者》，《芙蓉》1982 年第 3 期 191 页）

例（4）等于说“都是因为海棠那个死丫头插一杠子，要不……”；例（5）等于说“因为我不知道您病了，若不……”。

跟这一句式相类似的有三个句式，即“幸亏……否则……”“可惜……否则……”和“想来……否则……”。下面分别讨论这三个句式。

（二）关于“幸亏……否则……”

“幸亏……否则……”也表示因果逆转，前分句用“幸亏、幸好、好在、多亏、亏得”之类，前后分句之间用“否则”之类。基本关系、构成基础和反证性质都跟“因为……否则……”相同。例如：

(6) 幸亏有这小伙子来帮忙，不然，难有这个水平。(莫应丰《心囚》,《百花洲》1982 年第 6 期 43 页)

(7) 幸好“四人帮”打倒了，幸好冯局长是个明白人，否则，他起码也是一个“肖伯仲的黑后台、大红伞”……(杨夔仪《无名小卒》,《收获》1983 年第 2 期 257 页)

(8) 好在我的父母已经离休回原籍安度晚年去了，不然，我真会当着他们的面大哭一顿。(露菲《当酸枣红了的时候》,《当代》1983 年第 2 期 196 页)

这一句式的特别之处，在于前分句用“幸亏”之类对已成为事实的原因加以强调，表示值得庆幸的语气，整个复句重在说明由于某种原因才得以避免某种不如意或不正常的结果。用“因为……否则……”造成的复句，有的不能说成“幸亏……否则……”；有的可以说成“幸亏……否则……”，但语气有所不同。如例 (3)，不能说成“幸亏孔祥熙在其中作怪，否则……”；例 (1)，可以说成“她和沙马耳虎幸亏化了装，不然……”，但用“因为……否则……”偏重于客观地述说事实，“因为”之类从形式上直接显示已成为事实的原因，用“幸亏……否则……”则明显地带上了庆幸有所得的语气。

“幸亏……否则……”也可以变换为“要不是……就……”。如例 (6) 可以说成“要不是有这个小伙子来帮忙，就难有这个水平”。用“要不是……就……”构成的复句，只要是包含有庆幸意义的，都可以变换为“幸亏……否则……”。例如：

(9) 要不是预先听你讲了，我会以为他是个劳改犯。(莫应丰《心囚》,《百花洲》1982 年第 6 期 69 页)

(10) 要不是“文化大革命”罢课造反，他恐怕很难进入中学的大门。(马佳《林声》,《收获》1982 年第 6 期 97 页)

前一例可以说成：“幸亏预先听你讲了，要不，我会以为他是个劳改犯。”后一例可以说成：“亏得‘文化大革命’罢课造反，不然他恐怕很难进入中学的大门。”

(三) 关于“可惜……否则……”

“可惜……否则……”也表示因果逆转。前分句用“可惜、只可惜”之类，前后分句之间用“否则”之类。基本关系、构成基础和反证性质也跟“因为……否则……”相同。例如：

(11) 可惜我手上无权，我自己的帽子也还没有摘掉，要不然，我一定要做了这件好事。(莫应丰《心囚》,《百花洲》1982年第6期48页)

(12) 杜伯伯总是说，可惜珊儿比他儿子大了好几岁，否则决计要让珊儿当他的儿媳妇的。(王小鹰《月色溶溶夜》,《十月》1982年第4期117页)

(13) 只可惜天上没有神灵，若不，我得哀求神灵保佑你……(谢璞《寻找》,《芙蓉》1982年第3期168页)

这一句式的特别之处，在于前分句用“可惜”对已成为事实的原因加以强调，表示值得惋惜的语气，整个复句重在说明由于某种原因才导致没有出现某种符合心意的结果。用“因为……否则……”造成的复句，有的不能说成“可惜……否则……”；有的可以说成“可惜……否则……”，但语气有所不同。如例(1)，不能说成“她和沙马耳虎可惜化了装，不然……”；例(3)，可以说成“可惜孔祥熙在其中作怪，否则……”，但用“因为……否则……”偏重于客观地述说事实，用“可惜……否则……”则明显地带上了惋惜有所失的语气。

“幸亏……否则……”和“可惜……否则……”在语气上相对立。二者的后分句，词面所指和实际事实是否如意，恰好相反。比较：

(14) 幸亏他没当教练，不然我肯定不能参加甲级队。

(15) 可惜他没当教练，不然我肯定能够参加甲级队。

例(14)用“幸亏”，后分句从词面上看是不如意的，而在事实上则是如意的。例(15)用“可惜”，后分句从词面上看是如意的，而在事实上则是不如意的。

所谓如意不如意，反映说话人的立场、态度和感情，有时跟前后分句的主语没有必然的联系。比较：

(16) 幸亏小张力气小，不然吴华跑不了。

(17) 可惜小张力气小，不然吴华跑不了。

例（16），说话人站在吴华的立场，为他能跑掉感到庆幸，所以用“幸亏”；例（17），说话人站在吴华的对立面，因让他跑掉感到遗憾，所以用“可惜”。

“可惜……否则……”也可以变换为“要不是……就……”。如例（11）可以说成：“要不是我手上无权，我自己的帽子也还没有摘掉，我就一定要做了这件好事。”用“要不是……就……”构成的复句，只要是包含“惋惜”意义的，都可以变换为“可惜……否则……”。例如：

（18）要不是不愿意被人打扰，我们就干脆在房里干了。（陈世旭《遥远的地平线》，《百花洲》1982年第6期10页）

（19）若不是眼下有急事，他真想坐下来休息一下。（宇心《雾中鼓声》，《昆仑》1983年第1期100页）

例（18）可以变换为：“可惜不愿意被人打扰，不然我们就干脆在房里干了。”例（19）可以变换为：“可惜眼下有急事，否则他真想坐下来休息一下。”

（四）关于“想来……否则……”

“想来……否则……”也表示因果逆转，也有反证性质。前分句用“想来、看来、×猜想、×怀疑”之类按注性词语，前后分句之间用“否则”之类。例如：

（20）看来，姑娘的外貌给了憨嫂非常非常深刻的印象，要不她怎么会唠叨个没完。（黄乾孟《她进老虎口》，《百花洲》1983年第3期164页）

（21）他猜想一定发生了什么意外，否则黄成宾不会不来。（鄢国培《巴山月》，《长江》1983年第1期202页）

（22）她想，这件事情一定大大触犯了他的自尊心，否则他不会这样对她。（黄蓓佳《请与我同行》，《收获》1983年第2期119页）

（23）我怀疑自己莫非也披了件“温柔”的外衣，要不然，为什么不告诉他，自己每天都直着嗓门唱歌……（叶永刚等《别有

蹊径》,《小说月报》1982 年第 3 期 88 页)

这一句式，前分句也表示原因，但指的是尚未证实的事情；后分句不是用来反证已然的原因，而是用来反证推测的原因的。这就是说，“因为……否则……”“幸亏……否则……”和“可惜……否则……”的前分句都是“释因”，而这一句式的前分句则是“推因”。“想来、看来、他猜想”之类，就是表明“推因”的词语。有时这些词语不出现，但前分句一般包含“肯定、一定、说不定、兴许”之类词语，或者带有猜疑的语气。例如：

(24) 他们肯定把那天的事讲给同学们听了，不然为什么同学们喊她玩时没以前热情呢？(沈虹光《妮娜和她的朋友们》,《人民文学》1982 年第 1 期 93 页)

(25) 兴许哪句话叫人抓住辫子，不然决不会处分他。(理由《九死一生》,《十月》1983 年第 2 期 13 页)

例（24）里用了“肯定”，例（25）里用了“兴许”。

这一句式，后分句在词面上可以指如意的事，也可以指不如意的事。如果词面所指是如意的，那么事实就不如意；如果词面所指是不如意的，那么事实就如意。比较：

(26) 想来风向有变化，不然，张胖子会重用他的。

(27) 想来风向有变化，不然，张胖子不会重用他的。

对“他”来说，前一例后分句词面所指是如意的，但事实不如意，“他”未被重用；后一例后分句词面所指是不如意的，但事实如意，“他”受到重用。

这一句式，实际上是根据某种事实来推断某种原因，它可以变换为据果断因的“既然……就……”句式，如“一定发生了什么意外，否则黄成宾不会不来”，可以说成“既然黄成宾没来，就一定是发生了什么意外”。用“既然……就……”的句子，如果是据因断因的，就可以变换为“想来……否则……”。例如：

(28) 既然党组织叫他联系，一定没有问题。(罗广斌等《挺进报》，初中《语文》第一册 95 页)

这一句也可以说成“想来一定没有问题，不然党组织不会叫他联系”。

这一句式也可以变换为“要不是……就……”，如“一定发生了什么意外，否则黄成宾不会不来”，也可以说成“要不是发生了什么意外，黄成宾就不会不来”。不过，变换以后如果没有“我想”之类词语，或者没有特定的上下文，有的可能使人把“猜想”当成事实。这就是说，这一句式变换为“要不是……就……”句式时是受限制的。看这个例子：

(29) 她一定还不晓得她的心上人走失，否则不会那么愉快。(刘同兴《威风乡人》，《当代》1983 年第 1 期 76 页)

这一句，可以变换为：“她要不是还不晓得她的心上人走失，就不会那么愉快。”如果有特定的上下文，仍然可以表明“还不晓得”是推测；如果孤零零地说出来，“还不晓得”就可能被认为是事实了。

(五)“否则”之类和“但是”之类的区别

同是表示逆转，“否则”之类和“但是”之类并不相同。比较：

(30)(因为)天气不好，否则不会停工。

(31)(虽然)天气不好，但是不会停工。

“否则”之类，本身包含有先假设否定前面所说的事，然后转到肯定后面所说的事的意思，表示的是一种假言否定性的逆转；“但是”之类，本身不包含那么复杂的意思，说转就转，表示的是一种直截了当的硬性的逆转。“否则”之类和“但是”之类是两路不同的逆转词。

九 假转句式：“除非……否则……”

(一)“除非……否则……”和相近的句式

“除非……否则……”句式表示条件结果的逆转。前分句用“除非”，前后分句之间用“否则”之类。这是一种逆条件的假转句式。例如：

(1) 于书记还说，除非你到克山病区去，否则不会放你。(张抗抗《在丘陵和湖畔，有一个人……》，《十月》1982 年第 1 期 87 页)

(2) 报告会上除非被逼得没办法，否则，还是隐讳一点为好吧。(曾德厚、木杉《有意无意之间》，《当代》1983 年第 1 期 10 页)

这一句式，前分句通过“除非”提出条件，并强调其绝对必要，不可缺少。条件有两种：一种是需求性的，另一种是析因性的。都指未然的或尚未证实的事。

提出需求性条件的，前分句有“非这样不可”的意思，“除非……否则……”可以变换为“非……不可，否则……”。如例 (1)，可以说成“你非到克山病区去不可，否则……”。运用中也常见“非……不可，否则……”的句式。例如：

(3) 你非给我指出人来不可，要不跟你没完！(蒋子龙《锅碗瓢盆交响曲》，《小说月报》1983 年第 3 期 16 页)

这一例也可以说成“除非你给我指出人来，要不……”。

提出析因性条件的，前分句有“除了由于某种原因”的意思，“除非……否则……”可以变换为“除非因为……否则……”。如例 (2)，可以说成“报告会上除非因为被逼得没办法，否则……”。

这一句式，后分句表示逆条件的结果，即违反条件要求所导致的某种情况，也指未然的或尚未证实的事。如果前分句指需求性条件，那么，后分句是从反面说明条件的决定性作用，同时强调出满足所说条件的绝对必要。后分句常用否定句式或跟否定句式相当的反问句式，有时也用“只能……”“一定 (准) ……”之类的肯定句式。例如：

除非离开这里，否则他不会放过你。

除非离开这里，否则他怎么会放过你？

除非离开这里，否则你只能整天躲着！

除非离开这里，否则你一定要挨打！

如果前分句指析因性条件，那么，后分句虽然也是从反面说明条件的决定性作用，但真正用意不是强调必须满足某种要求，而是强调后分句所说的结果不受其他任何条件的影响。后分句常用否定句式或跟否定句式相当的反问句式，也可以用“一定 (准) ……”的肯定句式，但不能用“只能……”的肯定句式。例如：

除非没赶上班车，否则他不会迟到。

除非没赶上班车，否则他怎么会迟到？

除非没赶上班车，否则他两点钟准到。

这一句式，“除非……”和“否则……”之间可以插入“才……”。假定“除非”后边的分句为A，“才”引出的分句是顺条件的，可记为＋B，“否则”引出的分句是逆条件的，可记为－B，那么，“除非……否则……”句式都可以扩展为“除非A，才＋B，否则－B”。例如：

(4) 除非你有本事使第二个人上当，不然，只能卖个麻雀价。（郑效农《花鸟鱼市》，《当代》1982年第3期208页）

这一例可以扩展为：“除非你有本事使第二个人上当，才能卖得好价钱，不然，只能卖个麻雀价。”

这一句式里的“否则”有时不用，但可以添加上去。不用“否则”的复句，后分句一般采取否定形式。例如：

(5) 除非是中国胜利或者是中国屈服，战争决不会停止，敌人也决不会屈服。（《周恩来选集》上卷101页）

(6) 除非我召集你们，或者有人认为十分必要，你们不要这样成群打伙地来找我。（陈冲《厂长今年二十六》，《当代》1982年第6期16页）

“战争决不会……敌人也决不会……”和“你们不要……”都是否定形式，前边可以加“否则”。

这一句式中的“除非……”分句，在“否则”不出现的情况下，可以倒置在结果分句的后边，既有补充说明的作用，也有强调突出的作用。例如：

(7) 俺死也不自己退党，除非他们开除！（李民发《马班长闲话》，《当代》1982年第4期15页）

这是条件分句后置的说法。如果先说条件，就成为：“除非他们开除，（否则）俺死也不自己退党！”

跟“除非……否则……”相近的句式有三个：“还是……吧，否则……”“不能……否则……”和“不能不（必须）……否则……”。下面分别讨论这三个句式。

（二）关于“还是……吧，否则……”

这是一种逆祈求的假转句式。祈求反映需求，因此跟需求性条件有相通之处。例如：

(8) 你还是来吧，要不我想你。（浩然《老人和树》，《当代》1982年第6期111页）

这句话在意义上跟“除非你来，否则我想你”相通。但“你还是来吧”带上明显的祈使语气，而“除非你来”则是明确地提出条件。

这一句式，前分句用“还是……吧”或者能直接添加“还是……吧”的祈使句。有的“还是”和“吧”同时出现，如例(1)；有的或者前面出现“还是”，或者后面出现“吧”，或者“还是”和“吧”都不出现。例如：

(9) 你还是早点杀了它，要不客人一来就忙不赢了。（苏群《两个黄鹂鸣翠柳》，《长江》1982年第4期85页）

(10) 快卖了吧，要不人家可走啦！（郑效农《花鸟鱼市》，《当代》1982年第3期217页）

(11) 请别这样激动，否则我就证实了他是对的。（马佳《林声》，《收获》1982年第6期112页）

例(9)用“还是……”，可以补上“吧”；例(10)用“……吧”，可以补上“还是”；例(11)“还是”和“吧”都不用，但可以自然地补加“请还是……吧”。

这一句式，后分句表示逆祈求的结果，说的是对方不愿意接受的后果，起着从反面促使对方接受命令、请求或劝告的作用。

（三）关于“不能……否则……”和“不能不（必须）……否则……”

这两种都是逆需要的假转句式。需要，指事实上或情理上的需求，反映事物的某种必要性，跟需求性条件也相通。例如：

(12) 这样的句子，“是”和“的”都不能去掉，否则，句子

就变得不完整，或者改变了原意。（张志公主编《现代汉语》中册133页）

（13）细妹她娘，我不能不走，要不，我对不住你，也对不住春牛。（李俊彬、刘永骥《米水弯弯》，《长江》1983年第1期162页）

前一例跟“除非保留‘是’和‘的’，否则……”意思相通，后一例跟“除非我走，要不……”意思相通。但是，“不能（不）……”重在分析必要性，“除非……”则是明确地提出条件。

前分句用“不能”，是从否定的角度分析事物的必要性，指明某种需求。“不能”有时说成意思基本相同的“不可”“不应”之类。例如：

（14）两个语素组合成词……语素的排列次序是不可改变的，否则，就会改变组合关系，或者不能组合成词。（张志公主编《现代汉语》中册47页）

（15）这种女人不应是对现代伦理有清醒知觉、对现代文明有热烈向往的那种女性，否则的话，格格不入的追求，就会使感情发生危机，使先天的悲剧愈演愈惨。（海波《彩色的鸟，在哪里飞徊?》，《小说月报》1982年第7期35页）

前分句用“不能不”，是从双重否定表肯定的角度分析事物的必要性，指明某种需求。如果用直接肯定的说法，“不能不”可以说成意思相当的“必须、需要、得、要、应该”等等。例如：

（16）作为检验真理的标准，必须具有把人的思想和客观世界联系起来的特征，否则就无法检验。（《光明日报》特约评论员《实践是检验真理的唯一标准》，高中《语文》第四册157页）

（17）这句话需要作一点讲解，否则的话只有苏州人，或者只有苏州的中老年人才懂……（陆文夫《美食家》，《收获》1983年第1期5页）

（18）这年头，脑瓜得活点，要不，得处处碰壁呢！（薛勇《红灯和绿灯》，《长城》1982年第1期11页）

（19）不论是强制性的语序，还是选择性的语序，都要正确反

映逻辑事理和语言习惯，否则，就会使思想表达不清楚，或者产生歧义引起别人的误解。（张志公主编《现代汉语》中册 52 页）

（20）对晋升来说，应主要考虑年龄，不然，老同志就要吃亏。（曾德厚、木杉《有意无意之间》，《当代》1983 年第 1 期 26 页）

（21）这话该说了，否则让莹莹太难堪。（马未都《生命》，《长江》1983 年第 2 期 21 页）

这两种句式的后分句，都表示跟某种必要性相忤逆的结果，指不好的事情，作用在于从反面强调说明必须满足前分句所说的要求。

十　假转句式："要么……否则……"

（一）"要么……否则……"句式及其内部联系

这一句式既表示情况的选择或交替，又强调出了可供选择的情况之间具有逆转关系。这是一种选择性的假转句式。例如：

（1）要么是十六结婚，不然就——拉倒！（王钢《野花瓣儿》，《小说月报》1982 年第 2 期 51 页）

"十六结婚"和"拉倒"是可供选择的两项，后项对前项是逆转的。

这一句式可以变换为"要么……要么……"。如例（1）可以说成："要么十六结婚，要么拉倒！"不过，二者语义重点有所不同："要么……要么……"是把两种情况直接并举，而"要么……否则……"则通过具有逆转作用的"否则"之类强调出了后分句具有补说性质，重点在前分句。

从隐含的关系看，有的前后分句之间存在条件和结果的对立，有的前后分句只是并立的两种情况。由于形式上都用了"要么……否则……"，因而都转化成了选择性的逆转关系，都可以改说成"要么……要么……"。比较：

（2）要么照我的意思办，否则，我饶不了你！

（3）要么照我的意思办，不然，就照你三哥的意思办！

例（2）隐含条件结果的对立关系，例（3）隐含一般的并列关系。

隐含一般并列关系的“要么……否则……”，有时前分句可以不用“要么”。例如：

(4) 他宁愿不要这份单纯，他宁愿摘取痛苦中偶而漏下来的一滴圆圆的晶莹的和谐而得到满足，否则，他宁愿接受对生命的疑问所带来的迷惑甚至痛苦。(於梨华《又见棕榈　又见棕榈》，福建人民出版社 1980 年版 136 页)

(5) 准是鬼点灯，要不，就是你的眼花了。(申文钟《山翠菊香》，《长江》1983 年第 2 期 236 页)

例 (4) 也可以说成“要么宁愿不要……，宁愿摘取……，否则，宁愿接受……”；例 (5) 也可以说成“要么是鬼点灯，不然，就是你的眼花了”。

隐含一般并列关系的“要么……否则……”，前后分句之间的“否则”之类都可以说成“再不 (然)”。例如：

(6) 有空，到街上溜溜，散散心，再不，花上两毛钱，看上场电影。(薛勇《红灯和绿灯》，《长城》1982 年第 1 期 5 页)

这里用“再不”。这句话也可以说成：“有空，要么到街上溜溜，散散心，不然，花上两毛钱，看上场电影。”

(二)“要么……否则……”句式的扩展

假设“要么”引出的部分为 A，“否则”引出的部分为 B，那么，“要么 A，否则 B”可以扩展为“要么 A_1，要么 A_2，否则 B”。在这种情况下，A 项本身包含用“要么……要么……”表示出来的两个选择项，B 项的补说性质更加明显。如例 (1) 可以扩展成：“要么本月十六结婚，要么下月十六结婚，不然就——拉倒!”这是隐含条件结果对立关系的“要么……否则……”句式的扩展。又如：

(7) 既然不少人在叫喊，其中就定有原因：要么就是李春山讲的，统购任务过大了；要么就是昨天柳永凤说的，有娃娃鱼在暗里兴妖作怪。再不然，就是粮食本来就够吃的，但一部分人不会计划，胡乱浪费了，现在出现了窟窿。(克非《春潮急》，上海人民出版社 1974 年版 129 页)

这个例子是句群。也可以说成复句："要么是统购任务过大，要么是敌人破坏，再不然，就是一部分人胡乱浪费，致使出现了窟窿。"这是隐含一般并列关系的"要么……否则……"句式的扩展。

"要么 A_1，要么 A_2，否则 B"也可以说成"或者 A_1，或者 A_2，否则 B""不是 A_1，就是 A_2，否则 B"。例如：

(8) 或者把他的节目全部都挪到十一点之前；或者给他增加工资，使他每天能吃像样的晚餐。否则，我就要到别的饭馆去给他找一个早一点收工的工作。(德兰《求》,《收获》1982 年第 1 期 84 页)

(9) 我看那个情景，不是个老倌子，就是个病人子，再不，就是跛子、瘫子。(彭铁生《"凤凰孵蛋"的传说》,《清明》1983 年第 1 期 108 页)

例 (8) 是"或者……或者……否则……"。这个例子是句群，也可以说成复句："或者把他的节目挪前，或者给他增加工资，否则，我要给他另找工作。"这是隐含条件结果对立关系的"要么……否则……"句式的扩展。例 (9) 是"不是……就是……再不……"。这是隐含一般并列关系的"要么……否则……"句式的扩展。

第五节　跨复句大类的一些关系词语

一　跨大类句式："一……就……"

(一)"一……就……"连贯句

"一……就……"也说"一……便……"。这一句式有时构成连贯复句。有两种情况：

1. 前分句表示一个行为活动，后分句表示紧接着出现的另一个行为活动。例如：

(1) 一进门，他就看见了陈天寿。(肖马《钢锉将军》，《当代》1983 年第 3 期 164 页)

(2) 今早，岩木戛一出寨子，岩龙就跟上他了。(张昆华《天鹅》，《萌芽》增刊 1983 年第 3 期 147 页)

这类连贯句有以下几个特点：

第一，分句与分句之间只有单纯的先后关系，同时，前后分句所表示的行为活动都是确指性的和一次性的。如例 (1)，"进门"和"看见了陈天寿"都确指在特定时间、特定场合发生的特定动作，反映只出现了一次的事实，两个动作之间只有单纯的先后关系。例 (2) 也一样。

第二，"一"字前边可以加个"刚"字，也可以干脆以"刚"换"一"。如例 (1) 可以说成"刚一进门，他就……"，也可以说成"刚进门，他就……"。又如：

(3) 刚一开门，柜台前就出现了一长队人。(景风《菜市场

里……》，《人民文学》1982年第3期55页）

(4) 第二天，东方刚亮，妈妈就忙着给女儿收拾东西。（佚名《生的伟大，死的光荣》，初中《语文》第一册26页）

第三，"一"字前边有时可以加上介词"从、自从"，"一……"的后边还可以加上跟介词"从、自从"相呼应的"起"，成为"从一……(起)就……"的格式。这时，"一……"被包含在"从……(起)"之中，整个句子变成了单句，但语义上动作先后连贯的关系却还是明显的。例如：

(5) 自从一进了省城踏进表姑家的门，葛金秋就觉得自己变得畏畏缩缩而又十分迟呆。（叶文玲《小溪九道弯》，《小说月报》1982年第2期24页）

(6) 金秋从一踏进门起便做东忙西地巴结干活。（叶文玲《小溪九道弯》，《小说月报》1982年第2期24页）

2. 前分句表示行为活动，后分句表示跟行为活动相关的情况变化。例如：

(7) 一晃，就过去了八年……（王蒙《哦，穆罕默德·阿麦德》，《小说选刊》1983年第8期14页）

(8)（这个方案）在陆沉浮抽屉一放，就是一两个月。（张晓明《青山遮不住》，《清明》1983年第3期134页）

(9) 到酒馆一坐，就花掉了十多块！（像话吗？）

这类连贯句有以下特点：

第一，所说的事情也是确指性和一次性的，但前后分句分别表示行为活动和跟行为活动相连带的某种变化，后分句不一定包含表示行为活动的动词，如例（11）的后分句只说"就是一两个月"。

第二，"一"不能换成"刚"，也不能说成"刚一"。整个"一……就……"强调变化急剧惊人，有夸张性。

（二）"一……就……"条件假设句

"一……就……"句式有时构成条件假设复句，相当于"只要……就……"。例如：

(10) 当然，一谈到这方面，就会遇到许多困难。(《邓小平文选》53 页)

(11) 往年，在人民广场一开群众大会，公安局就要宣布断绝交通。(张贤亮《男人的风格》，《小说家》1983 年第 3 期 157 页)

(12) 国营工厂，从外面一看，就能看出它们那副冷漠自负的模样。(张贤亮《男人的风格》，《小说家》1983 年第 3 期 152 页)

这类复句有以下的特点：

第一，分句与分句之间除了有先后关系之外，还有条件假设关系，各分句所表示的行为活动都是非确指性的和非一次性的。如例 (11)，"在人民广场开群众大会"是假设，也是"公安局宣布断绝交通"的条件，"在人民广场开群众大会"和"公安局宣布断绝交通"都不确指某一个时间发生的某一次行为活动。

第二，"就"后面常出现"会、要、能"等助动词。如例 (10) 是"一……就会……"，例 (11) 是"一……就要……"，例 (12) 是"一……就能……"。有时不用"会、要、能"之类，但可以添加上去。例如：

(13) 这是他的特点，一不顺心，就觉得耳朵里痒痒。(宋家玲《危险的脑症》，《当代》1983 年第 3 期 164 页)

(14) 我刚当兵的时候，一听说要打仗，就紧张得连觉也睡不着。(顾笑言《洪峰通过峡谷》，《花城》1983 年第 3 期 69 页)

例 (13) 可以说成"一不顺心，就会觉得……"，例 (14) 可以说成"一听说要打仗，就会紧张得……"。

第三，"一……就……"前边可以添加"只要"。如例 (10) 可以说成"只要一谈到这方面，就会……"，例 (11) 可以说成"只要在人民广场一开群众大会，公安局就要……"。运用中常见这样的用例。例如：

(15) 少女的心事，是琴上的弦，只要一拨动，便会娓娓倾诉。(叶文玲《小溪九道弯》，《小说月报》1982 年第 2 期 19 页)

(16) 只要她一出去，一宿就没有响动了。(王笠耘《春儿姑

娘》，《当代》1982 年第 3 期 194 页）

（17）只要我们一唱，男男女女老老少少就立时把我们围起来。（李增正《〈东方红〉的故事》，初中《语文》第一册 54 页）

条件假设关系是同时着重假设和条件两个方面的一种条件。如果只需要强调假设关系，“一……就……”前边就可以不加“只要”，而用“如果”或“要是”。例如：

（18）如果她这个在海南岛解放时出生的女儿一嫁人，老人的膝下就空虚了。（张贤亮《男人的风格》《小说家》1983 年第 2 期 124 页）

（19）他要是一上场，球场上就变成战场了……（李民发《马班长闲话》，《当代》1982 年第 4 期 19 页）

（三）“一……就……”因果句

“一……就……”句式有时构成因果复句。例如：

（20）这么一分析批判，就把我到手的房子批判走了。（程树榛《人约黄昏后》，《当代》1983 年第 3 期 100 页）

（21）经他这么一顶，加上李文斌又没有一个亲人，这件事也就拖过去了。（龚笃清《蟠龙镇》，《芙蓉》1983 年第 5 期 73 页）

这类复句有以下特点：

第一，在语义上，分句与分句之间除了有先后关系之外，还有明显的因果关系，前分句对后分句具有使成性。如例（20），“这么分析批判”是因，“把我到手的房子批判走了”是果，前者使后者成为事实。

第二，在形式上，“一……就……”前边用“这么”，“这么”前边可以添加“由于、因为”之类。如例（20）（21）都是“这么一……就……”，可以说成“由于这么一分析批判，就……”，“因为经他这么一顶……就……”。“这么”指代上文所说的事，表示方式，代表成为原因的具体内容，也可以说成“这”。例如：

（22）（他找厂长，厂长说要研究研究。）这一研究，就研究了几个月。（张天民《春泥》，《十月》1983 年第 5 期 20 页）

这里的“这”相当于“这么”。

（四）“一……就……”紧缩句

“一……就……”句式经常构成紧缩句，或者表示单纯的连贯关系，或者表示条件假设关系。例如：

（23）他们两个一见面就说到一块去了。（王蒙《哦，穆罕默德·阿麦德》，《小说选刊》1983 年第 8 期 10 页）

（24）我一工作就改了名，（叫张美华。）（陶正《女子们》，《当代》1983 年第 4 期 15 页）

（25）（“铁铳”练得一手好枪法，）一抬手就能打下扑扑楞楞飞着的斑鸠。（杨东明《当白雪遮盖山头的时候》，《小说家》1983 年第 2 期 5 页）

（26）（自己的女儿有一股灵气，学什么，）一学就会。（宋家玲《危险的脑疝》，《当代》1983 年第 3 期 148 页）

例（23）（24）表示单纯的连贯关系，例（25）（26）表示条件假设关系。

二　跨大类句式：“万一……（就/也）……”

（一）“万一……（就）……”假设句

“万一”有时相当于“如果”。整个复句是相当于“如果……就……”的假设复句。例如：

（1）万一造成全厂断水，就要带来不敢想象的灾难！（蒋杏《写在雪地上的悼词》，《小说选刊》1983 年第 8 期 42 页）

（2）万一被他们察觉后传出去的话，那自己还有脸再进文化馆去登台演唱吗？（张英《她，怎么办？》，《长城》1982 年第 1 期 120 页）

（3）万一杜辉煌来了，是见还是不见？（张抗抗《在丘陵和湖畔，有一个人……》，《十月》1982 年第 1 期 67 页）

为了强调分句间的假设性因果关系，“万一”和“如果”可以结合使用，或者说成“万一如果”，或者说成“如果万一”。例如：

(4) 万一如果考不好，那就麻烦了！（曹玉林《祠堂里的学校》，《当代》1982 年第 3 期 169 页）

(5) 这个损失如果万一发生，电站的整个工程就将推迟三到四年。（顾笑言《洪峰通过峡谷》，《花城》1983 年第 3 期 48 页）

“万一”和“要是”也常常结合使用，或者说成“万一要是”，或者说成“要是万一”。例如：

(6) 马俊友同志的母亲来了，万一要是问起我的情况来，我该多尴尬呀！（从维熙《北国草》，《收获》1983 年第 4 期 184 页）

(7) 要是万一你不幸，我跳江陪你一块去……（李国文《花园街 5 号》，《十月》1983 年第 4 期 102 页）

(二)“万一……（也）……”让步句

“万一”有时相当于“即使”。整个复句是相当于“即使……也……”的让步复句。例如：

(8) 万一起义失败了，敌人的力量也会受到削弱的。

(9) 万一临时有人捣乱，改革方案还是会顺利通过的。

为了强调分句间虚拟性的让步转折关系，“万一”和“即使”之类也可以结合使用。例如：

(10) 我还是那句话：骑马找马！即使万一出了问题，自己还能考一下。（王火《夜的悲歌》，《十月》1982 年第 4 期 132 页）

(11) 我空手回去，即或万一有什么不幸，我一人承担。（梁信《赤壁之战》，《芙蓉》1983 年第 4 期 60 页）

应该指出：“万一”的“即使”义往往不十分明显。如果不是跟“即使”配合使用的，或者不是可以明显地替换为“即使……也……”的，都可以认为是相当于“如果……就……”的假设复句，而不必认为是虚拟性的让步复句。

(三)“万一……”和“万一”单用

在说话的语流中，承接上文，“万一……”带上“呢”可以单独提问。“万一……呢”相当于“如果……呢”。例如：

（12）“……至于勇敢者，总会有的。”“万一没有呢？”（贺塞星《高空跳板》，《红岩》1983年第2期220页）

（13）张大林一下子显得有些紧张：“不先打个电话吗？万一他去医院了呢？”（张晓明《青山遮不住》，《清明》1983年第3期147页）

“万一”还可以直接带上“呢”单独提问。“万一呢”相当于“万一……呢”或“如果……呢”。例如：

（14）“所以我根本不担心这类问题。”“万一呢？”（赵丹涯《蓝天，也是属于你的》，《芙蓉》1988年第4期108页）

三　跨大类句式：“……于是……”

（一）“……于是……”因果句

“……于是……”句式有时构成因果复句。“于是”表示分句与分句之间具有因果关系，和“所以、因此”之类可以相通，但同时也表明甲事与乙事先后相承，互相连贯。

这类因果句主要有两种情况：

1. 前分句表示感觉或心情，后分句表示由此而引发的结果。例如：

（1）她觉得自己好像有必要去跟他说明一下情况，于是亲自去了一趟。（韦君宜《洗礼》，《小说月报》1982年第6期3页）

（2）此时他的心被一种采取重大决策的冲动控制着，恨不得马上就找俞杰去，于是胡乱吞下早饭，把工具袋搭在肩上走了。（张凤洪《房管局长老焦头》，《长城》1982年第3期121页）

2. 前分句述说事实或者提出判断，后分句表示由此而引发的结果。例如：

（3）她已经吃过了，她的弟弟小元今晚宿在学校没有回来，于是，饭就省出来了……（叶文玲《心香》，《1980年全国优秀短篇小说评选获奖作品集》，上海文艺出版社1981年版554页）

(4) 千猜不如亲眼看，于是他拔开脚匆忙挤进百货公司的大门。(谢璞《寻找》,《芙蓉》1982 年第 3 期 155 页)

“于是”可以用在主语的后边。从这一点说，它更接近于“因此”。例如：

(5) 这箭需要磨炼，我于是决心冲击那铁幕般笼罩着我的阴云，去觅寻我心目中依稀可见的一线光明。(向明《一曲遥寄》,《当代》1982 年第 4 期 107 页)

有时，前分句可以出现“因为”或“既然”，构成“因为……于是……”因果句或“既然……于是……”推断句。在这种情况下，前后分句之间既明显地具有述说因果或推论因果的关系，又显得具有较强的连贯性。例如：

(6) 他解除劳改以后，因为无家可归，于是被留在农场放马，成了一名放牧员。(张贤亮《灵与肉》,《1980 年全国优秀短篇小说评选获奖作品集》，上海文艺出版社 1981 年版 222 页)

(7) 近日，蒋顽因军事、经济、政治种种危机难以解脱，于是大造谣言，捏造所谓“中共地下斗争路线纲领”……(《周恩来选集》上卷 270 页)

(8) 既然他们的事迹上了那满篇假话的报纸，于是，制造谎言的阴谋家们，就需要利用他们的真实来给新的谎言做幌子。(晓剑、严亭亭《世界》,《收获》1983 年第 2 期 69 页)

(二)“……于是……”连贯句

“……于是……”句式有时构成连贯复句。“于是”只表示单纯的连贯关系，说明活动变化与活动变化的先后紧相衔接。例如：

(9) 她吃好饭，碗筷一推，就坐到摇袜机跟前去“喳喳”地摇起来，于是针筒下面就慢慢吐出红一截、蓝一截的袜统。(茹志鹃《她从那条路上来》,《收获》1982 年第 4 期 172 页)

(10) 后来，我妈妈在大部队的医院里碰到了我爸爸，于是他们结合了……(从维熙《北国草》,《收获》1983 年第 3 期 196 页)

(11) 过了那林，船便弯进了叉港，于是赵庄便真在眼前了。

（鲁迅《社戏》）

表示单纯连贯关系的“于是”，换成“接着”或“紧接着”十分自然。不过，同“接着”之类相比，“于是”又比较着重说明后一件事是紧紧接着前一件事而出现的结果。

四　跨大类句式：“……从而……”

（一）“……从而……”因果句

“……从而……”句式有时是因果复句。“从而”表示某种结果在某种原因的基础上产生，可以说成“因而”。例如：

（1）在我们的社会里，广大劳动者有高度的政治觉悟，他们自觉地刻苦钻研，提高科学文化水平，从而必将在生产中创造出比资本主义更高的劳动生产率。（《邓小平文选》85页）

（2）这些机械动作会把集中在某一点上的注意力和感情分散开去，从而对紧张的情绪起到一种缓冲的作用。（张洁《方舟》，《收获》1982年第2期20页）

“……从而……”复句往往被包含在更大的复句里面，成为多重复句里的第二个部分。假设有ABC三个分句，就可能形成这样的格式：

（因为）A，（所以）B，从而C。

（如果）A，（就）B，从而C。

（只要）A，（就）B，从而C。

从层次上说，A和BC是第一层次，B和C是第二层次；从关系上说，B是A的直接结果，C又是B的直接结果。例如：

（3）也许，这次她在迟大冰头上泼了一盆冷水，会使他头脑清醒一些，从而改弦易辙了呢！（从维熙《北国草》，《收获》1983年第3期203页）

（4）如果提升了张清林，必然要影响他们的情绪，从而影响工作……（曾德厚、木杉《有意无意之间》，《当代》1983年第1期27页）

(5)(这样笑过几回之后，在他的头脑中，便形成一种敏感，)一听到笑声，就以为别人在揶揄自己，从而更增加了他的自卑和孤独感。(吴雪恼《龙苟》,《芙蓉》1982年第3期30页)

例(3)是“(因为)……(所以)……从而……”，例(4)是“如果……(就)……从而……”，例(5)是“(只要)一……就……从而……”。

(二)“……从而……”连贯句

“……从而……”句式有时是连贯复句。“从而”所引出的分句表示事物发展变化的终结，虽以前分句所说的事为基础，但不以前分句所说的事为原因，不能换成“因而”。例如：

(6)……从团结的愿望出发，经过批评或者斗争使矛盾得到解决，从而在新的基础上达到新的团结。(毛泽东《关于正确处理人民内部矛盾的问题》)

在实际语言运用中，单纯表示连贯关系的“……从而……”句式是比较少见的。

五 多关系词语：“就”“又”“才”

(一)分句间只用“就”的复句

“就”也说成“便”，跟下面将要讨论的“又、才、也、还、而”等，能都用于多种复句。它们起联结分句与分句的作用，但并不明显地跟特定关系发生固定的联系。它们都是多关系词语。有时，它们跟别的关系词语配合使用，特定的关系主要由别的关系词语来显示。如“如果……就……”和“既然……就……”，前者的假设关系和后者的推论关系主要分别由“如果”和“既然”来表示，“就”只是陪伴性的关系词。有时，它们在分句与分句之间单独使用。在这种情况下，要判定复句关系，必须具体分析前后分句之间的联系，并且看看能够添加或者换成什么样的足以显示特定关系的词语。

分句间只用“就”的复句，大体有下面几种关系：

1. 连贯。例如：

(1) 卢建坤胡乱地喝了汤，就进了堂屋。(金速《新月》，《当代》1983 年第 4 期 181 页)

(2) 雷磊第一个交了卷，就匆匆忙忙地走了。(范小青《毕业歌》，《小说月报》1983 年第 6 期 48 页)

2. 因果。“就（便）”可以换成“因此”。例如：

(3) 也许是这种礼貌谦让、见义勇为的事太少了，太少见了，吴鸣就成了陶玉娜心目中的“英雄”，陶玉娜也就成了这位“英雄”可悲的崇拜者。(郑万隆《红叶，在山那边》，《小说月报》1983 年第 2 期 48 页)

(4) 几张酒桌都挤得拍满，抢不到座位的人，便端着酒碗，拎着一块猪耳朵，或蹲或倚地靠在柜台边，自得其乐地抿着。(龚笃清《蟠龙镇》，《芙蓉》1983 年第 5 期 84 页)

3. 推断。前分句可以添加“既然”。后分句不出现主语时，“就”可以换成“因此”；但如果出现主语，“就”不能换成“因此”。例如：

(5) 事情已经过去了，就不要再提它了。(从维熙《北国草》，《收获》1983 年第 4 期 182 页)

(6) 好好好，侬有办法，侬就去变出钞票来！(高尔品《六层楼上人家》，《当代》1983 年第 4 期 135 页)

4. 假设。前分句可以添加“如果”。例如：

(7) 从根本上说，没有党的领导，就没有现代中国的一切。(《邓小平文选》230 页)

(8) 我死了，就埋在八斗丘，行啵？(熊尚志《古老的紫铜锣》，《芙蓉》1983 年第 5 期 98 页)

5. 条件假设。前分句可以添加“只要”。例如：

(9) 人活着，就有希望。(龙会吟《天边一钩弯弯月》，《芙蓉》1983 年第 5 期 177 页)

(10) 饿他三天，他就知道他姓什么了！(郑万隆《红叶，在山那边》，《小说月报》1983 年第 2 期 56 页)

（二）分句间只用“又”的复句

分句间只用“又”的复句，大体有下面几种关系。

1. 连贯。例如：

（11）猫头跳上那个用几根木头钉起来的干木工活的台子，又从台子跳上荆华的后背。（张洁《方舟》，《收获》1982 年第 2 期 27 页）

（12）一九五九年，翠谷的人们度过一个艰难的春天，又迎来一个艰难的春天。（刘鹏越《安魂曲》，《春风》1982 年第 1 期 176 页）

“又”和“就（便）”配合使用，成为“……又……就……”“……就……又……”“……就又……”等格式，一般都表示连贯关系。例如：

[第一组]

（13）她喝完咖啡，又吃了块点心和一碟菠萝，就拿餐巾擦干净手指，跑出餐厅去了。（黄蓓佳《秋色宜人》，《收获》1983 年第 4 期 49 页）

（14）驾驶员朝小老头挤挤眼，又摘下帽子挥了挥，便一溜烟地开走了。（陆星儿《达紫香悄悄地开了》，《收获》1983 年第 4 期 118 页）

[第二组]

（15）他拉起兜风的背心，往脖子上擦了一把汗，就盖着肚皮，又往前走。（黄天明《爱的波涛》，《长江》1982 年第 3 期 27 页）

（16）突然发现了他脸上有条被树枝划破的血印子，便连忙从怀中裹小孩的小被上撕下一条布来给他擦，又赶着给他拍打身上的土。（锦云、王毅《笨人王老大》，《1980 年全国优秀短篇小说评选获奖作品集》，上海文艺出版社 1981 年版 156 页）

[第三组]

（17）梁家夫妇站到房门边，对外看了一眼，就又要关上房门。（高尔品《六层楼上人家》，《当代》1983 年第 4 期 132 页）

（18）刘玫看看樊清，见她没有制止的意思，便又摆出那副算命的架势，正儿八经地算起来。（范小青《毕业歌》，《小说月报》1983 年第 6 期 48 页）

2. 并列。例如：

(19) 他是学哲学的，又是教哲学的。（宋学智《前面是太阳岛》，《萌芽》增刊 1983 年第 3 期 7 页）

(20) 他有技术，又有手腕，我们都是些扁石头，能滚过他的手心？（龙会吟《天边一钩弯弯月》，《芙蓉》1983 年第 5 期 172 页）

3. 转折。“又”的前边可以添加“但、却”之类。例如：

(21) 一九五八年大跃进时，高级社还不巩固，又普遍搞人民公社，结果六十年代初期不得不退回去……（《邓小平文选》276 页）

(22) 他早想除掉翁柯，又苦无借口。（王中才《龙凤砚》，《春风》1982 年第 1 期 133 页）

4. 因果。“又”的前边可以添加“因此”。例如：

(23) 他三天没出去买菜，可瞅同志们没盐没菜地咽炒面，心里难受得不行，又偷偷地跑开了。（郑义《远村》，《当代》1983 年第 4 期 112 页）

(24) 金銮山连着几年风调雨顺，家家又听到鸡鸭叫，吴椿小腿上的肉也变得紧绷绷的，再按不下窝窝了。（杨东明《当白雪遮盖山头的时候》，《小说家》1983 年第 2 期 15 页）

5. 推断。前分句可以添加“既然”，后分句用反问，或用探求原因的问句。例如：

(25) 事情已经解决，又何必挑起新的事端呢？

(26) 啊呀，我的老祖宗，到现在才回来，又有啥棘手的事把你拖拉了？（海笑《最后的冲刺》，《小说家》1983 年第 2 期 84 页）

（三）分句间只用“才”的复句

分句间只用“才”的复句，大体有下面几种关系。

1. 连贯。例如：

(27) 支好车子，谭谟才忽然记起这个工夫到朋友家串门，实在是来讨饭的。（薛勇《红灯和绿灯》，《长城》1982 年第 1 期 16 页）

(28) 好容易熬到十六岁，解放军剿匪的队伍进了山，才把他收留下来，给土改队当通讯员……（龚笃清《蟠龙镇》，1983 年第

5 期 75 页）

2. 条件。前分句可以添加“只有”或“除非”。例如：

（29）划清反动派和革命派的界限，揭露反动派的阴谋诡计，引起革命派内部的警觉和注意，长自己的志气，灭敌人的威风，才能孤立反动派，战而胜之，或取而代之。（毛泽东《论人民民主专政》）

（30）有了这支大军，才能攻破敌人的坚固阵地，才能攻破敌人的最后堡垒。（毛泽东《青年运动的方向》）

3. 因果。前分句可以添加“因为”。例如：

（31）（队里的分配我不挑拣，）只是对这个调动感到莫名其妙，才说说那些刺话。（从维熙《北国草》，《收获》1983 年第 4 期 227 页）

（32）还不是我压住不办，才批判一通了事？（熊诚《“芙蓉”日记》，《小说选刊》1983 年第 8 期 34 页）

六　多关系词语：“也”“还”

（一）分句间只用“也”的复句

分句间只用“也”的复句，大体有下面几种关系。

1. 并列。例如：

（1）松墙是绿的，梧桐树是绿的，雨是绿的，灯光也是绿的。（郑万隆《红灯　黄灯　绿灯》，《当代》1982 年第 3 期 73 页）

（2）听不见傣寨的狗叫，也看不见区委会的灯光。（张曼菱《有一个美丽的地方》，《当代》1982 年第 3 期 144 页）

2. 转折。后分句前边可以添加“但是、可是”之类。例如：

（3）他听课，也不打招呼。（石云祥《在局长家里》，《青海湖》1983 年第 6 期 47 页）

（4）（那年我爸爸专程从美国回来接我……）说了几夜，我也不走。（张曼菱《有一个美丽的地方》，《当代》1982 年第 3 期 137 页）

3. 虚拟性让步。前分句可以添加“即使”。例如：

(5) 倾长江之水，你也洗刷不了你给大家带来的耻辱！

(6)（你父亲和后母身边无人，）给他们带个好去，他们也高兴啊！（从维熙《北国草》，《收获》1983 年第 4 期 199 页）

4. 无条件让步。前分句包含任指性疑问代词，可以添加“无论”或“不管”。例如：

(7) ……把我这算盘子扒拉到哪儿，我也没二话。（从维熙《北国草》，《收获》1983 年第 4 期 223 页）

(8)（想试试车，）怎么踩油门，也踩不着火儿……（从维熙《北国草》，《收获》1983 年第 4 期 192 页）

5. 因果。前分句可以添加“因为”，后分句可以添加“所以”。例如：

(9)（现在的经济工作，问题比五十年代又复杂得多。）条件不同，面临的任务也不同。（《邓小平文选》234 页）

(10) 敌我之间和人民内部这两类矛盾的性质不同，解决的方法也不同。（毛泽东《关于正确处理人民内部矛盾的问题》）

6. 假设。前分句可以添加“如果”。例如：

(11) 咱们要不收，他连嘴都不敢张了……咱们收了东西，付了钱，他们也好张口了。（张贤亮《男人的风格》，《小说家》1983 年第 2 期 146 页）

(二) 分句间只用“还”的复句

分句间只用“还”的复句，大体有下面几种关系。

1. 并列。例如：

(12) 外面有了响动，还有喁喁的语声。（陶正《女子们》，《当代》1983 年第 4 期 15 页）

(13) 这里养了大量的鱼，有鲢鱼、青鱼、草鱼、麻牯莲子鱼，还有来自武昌的花鳞甲的金鲤……（谢璞《珍珠赋》，初中《语文》第五册 38 页）

用“还”关联的并列句，分句间往往有微弱的递进意味。在前后分句结构不同时，递进意味还要强些。例如：

(14)（她家底太薄，经不起没过门的媳妇天天要鱼肉招待。）这姑娘儿凡人家有的她都要，还常常拿别人的辉煌婚礼排场说给她（申妈）听。（高尔品《六层楼上人家》，《当代》1983年第4期135页）

2. 转折。后分句前边可以添加“但是、可是”之类。例如：

（15）……有的人想请我去坐上席，还怕我不肯赏脸哩！（龚笃清《蟠龙镇》，《芙蓉》1983年第5期64页）

（16）这么大了，还不懂事！（熊诚《“芙蓉”日记》，《小说选刊》1983年第8期33页）

3. 因果。前分句可以添加“因为”。例如：

（17）（人员是我们指定的。）怕一边倒，还特意找了几位徐亚提到过的他的好朋友。（张天民《春泥》，《十月》1983年第5期27页）

（18）说实在的，农民能给我送东西，我还觉着光荣哩！（张贤亮《男人的风格》，《小说家》1983年第2期146页）

4. 推断。前分句可以添加“既然”。例如：

（19）他，一个老实厚道的人，适应不了这种形势，打不开局面，还不如及早退下来好。（海笑《最后的冲刺》，《小说家》1983年第2期78页）

（20）水患当头，肚子饿得咕咕叫，还有闲心听故事？（北婴《塞灯夜话》，《收获》1983年第4期60页）

5. 假设。前分句可以添加“如果”。例如：

（21）（……那些糊涂虫竟把我的档案转来转去搞丢了！）要改正，还得证明我是“右派”。（张贤亮《男人的风格》，《小说家》1983年第2期172页）

（22）（……他放个屁咱们都不得不闻他的臭气。）他这一招不行，还有下一招哩！（张贤亮《男人的风格》，《小说家》1983年第2期167页）

七　多关系词语：“而”“那么”

（一）分句间只用“而”的复句

分句间只用“而”的复句，主要有以下几种关系。

1. 并列。常见的情况有两种：

第一，表示肯定否定的并列。例如：

（1）苏群，活在世界上，要当生活的主人，而不应该是别人的附属品啊！（郭从林《年轻的心》，《当代》1982年第3期199页）

（2）我们的目的不在于一城一地的得失，而在于消灭敌人的有生力量！（白桦《冬日梦中的大雷雨》，《十月》1982年第3期44页）

第二，表示由此及彼的并列。例如：

（3）我像对待知心女友那样什么都告诉他，而他比我的女伴都另有一番见解。（张曼菱《有一个美丽的地方》，《当代》1982年第3期137页）

（4）人生在世，认人是最要紧的；而人，是万事万物中最难认的。（王宝成《海中金》，《收获》1983年第4期150页）

2. 转折。相当于“然而”，但转折意味比“然而”要轻。例如：

（5）统考统考，表面上是考学生，而实际上是考教师。（曹玉林《祠堂里的学校》，《当代》1982年第3期169页）

（6）他曾经认为，这都是吹牛皮；而现在，他也信这种吹牛皮了。（张锦江《将军离位之后》，《当代》1983年第4期52页）

3. 因果。相当于“因而”。例如：

（7）人们总是说，谈恋爱会分心，而影响了学习。（陈浩泉《香港狂人》，《花城》1983年第4期84页）

（8）一看见他，我就意识到自己完全是个已经度过了黄金岁月的成年人，而禁不住羡慕她的青春和活力。（陆北威《年轻人》，《人民文学》1982年第1期33页）

4. 连贯。相当于表示相贯关系的“从而”。例如：

（9）惟独共产主义的思想体系和社会制度，正以排山倒海之势，雷霆万钧之力，磅礴于全世界，而葆其美妙之青春。（毛泽东《新民主主义论》）

（10）（星期日在体育场的群众大会和这天的考试，显示了T市党和政府的权力。）平时，这种权力泡在一片无济于事的空谈中，一团纷乱无绪的扯皮中，一摊疲塌糊涂的事务中，而被溶解了、被稀释了、被淡化了。（张贤亮《男人的风格》，《小说家》1983 年第 2 期 189 页）

（二）分句间只用“那么”的复句

“那么”也写作“那末”。分句间只用“那么”的复句，大体有下面几种关系。

1. 推断。相当于“既然……就……”。例如：

（11）哎呀，他大学毕业那一年才十六岁，那么他十二岁就上大学啰！（张贤亮《男人的风格》，《小说家》1983 年第 2 期 130 页）

（12）你说，小时候在乡下住过，那么，你所认识的植物一定比我多了。（陈浩泉《香港狂人》，《花城》1983 年第 4 期 97 页）

2. 假设。相当于“如果……就……”。例如：

（13）去了之后有人请吃饭而不去吃，那末，又会把大家弄得很尴尬。（高晓声《糊涂》，《花城》1983 年第 4 期 14 页）

3. 条件假设。相当于“只要……就……”。例如：

（14）我们有了这两支军队，我们的军队有了这两套本领，再加上做群众工作这一项本领，那末，我们就可以克服困难，把日本帝国主义打垮。（毛泽东《组织起来》）

必须指出：“那么”这个连词总是用来引出结果或结论，或者用来引出跟结果或结论有关的问话，因此，用“那么”的复句实际上都属于因果类复句。这就是说，“那么”并不是跨复句大类的关系词，只是由于它也能用在推断、假设等不同类型的复句之中，这里顺带地略加介绍。

后　　记

这本小书，主要讨论用各种关系词语构成的各种复句句式。在复句的分类上，在复句句式的归类上，在用语和提法上，在对语言事实的分析和解说上，有一些不同于其他同类专著或教材的地方。由于笔者学力有限，加上时间仓促，事实来不及细察，论断来不及推敲，问题一定很多，恳请同志们多多指正。

这本小书，是在吕冀平教授的鼓励和督促下写成的。稿成之后，冀平先生审阅全书，多处订正。在这里，表示由衷的谢意和敬意！

邢福义

1983年12月于武昌华中村

教育部人文社科重点研究基地
语言与语言教育研究中心成果

汉语语法三百问

前　　言

这本《汉语语法三百问》，以问答形式讲解汉语语法问题。所谓“汉语语法”，实际上只限于现代汉民族共同语的语法，即通常所说的现代汉语语法；所谓“三百问”，实际上是问题的三百个条目，其中有的条目包含两问或三问。

本书包括六个部分：1. 总体论；2. 句子成分；3. 词类；4. 短语和小句特定句式；5. 复句和句群；6. 研究论。各个部分都按实际需要设问，内容的比重并不均衡。“总体论”是概说，篇幅不大；“研究论”是点到即止，不展开论说，所占篇幅最小。

本书是教育部人文社科重点研究基地语言与语言教育研究中心的成果，既讲求知识性，又讲求学术性和实用性。全书以讲解基本知识为主线，向两翼伸展，一翼涉及一些相关的学术问题，另一翼涉及语言运用中的一些实际问题。这么做，是为了尽可能扩大适应面，能够引起各方面读者的兴趣，在语法研究和语言教育中起到积极的作用。

本书的三百个条目，大多数每条约五六百字，最少的不少于三百字，最多的也只有千把字。字数的多少，以讲清问题为原则；尽量控制字数，是为了避免冗长的解说。这样，一个条目几百字，读者随手翻到哪一页，都可以看上一两条。

东北师范大学出版社于 1996 年 11 月出版了笔者的《汉语语法学》，接着又鼓励笔者写作一本简明一点的书。本书正是在《汉语语法学》的基础上写成的，当然，不是原样照搬。由于本书用问答形式写作，不好插入参考文献，读者若有需要，可翻看《汉语语法学》的有关章节。

由于商务印书馆的关心和扶助，本书才得以出版。笔者极大地受益于商务的敬业精神和谨严学风。敬佩之情，感谢之意，铭刻到心头！

邢福义

2001 年 5 月 30 日于武昌桂子山

总 体 论

1. 什么是汉语语法？

汉语语法，是汉语各类各级语法实体的构成规则和组合规则的总和。

一方面，是语法实体的“构成”规则。这是指这种那种语法实体内部的构成规则。包括：合成词内部的结构规则，短语内部的结构规则，小句内部的结构规则，复句内部的结构规则，句群内部的结构规则。另一方面，是语法实体的“组合”规则。这是指语法实体与语法实体之间的组合规则。比如，以下种种组合都有规则：语素＋语素→合成词｜词＋词→短语｜词＋短语→短语｜短语＋短语→短语｜词＋语气→小句｜短语＋语气→小句｜小句＋小句→复句/句群｜小句＋复句→复句/句群｜复句＋复句→复句/句群｜小句＋ 句群→句群｜复句＋句群→句群｜句群＋句群→句群。

由大往小看，某个语法实体是怎么构成的，有什么样的规律，这便表现为“构成”规则；由小往大看，某个语法实体可以跟什么样的语法实体组合，有什么样的规律，这便表现为“组合”规则。构成规则和组合规则，往往可能是相同事实的两个不同着眼点。比方，假如A语法实体由ab实体所构成，那么，以A为着眼点，考察A如何由ab所构成，这便是A的构成规则问题；假如a和b组合成A，那么以a为着眼点，考察a如何同b组合成A，或者以b为着眼点，考察b如何同a组合成A，这便是ab之间的组合规则问题。大多数语法实体都存在“构成”和“组合”两个方面的规则。有些语法实体本身不可再行切分，因此它们只有跟别的语法实体产生组合规则的问题。

严格地讲，从历时的联系上看，汉语语法包括现代汉语语法和古代近代汉语语法；从共时的联系上看，汉语语法包括现代汉语共同语语法和现代汉语方言语法。然而，本书定名为“汉语语法三百问”，却不是一部古今并蓄、纵横兼容的汉语语法书。本书的立足点是现代汉语的现状，讨论的是现代汉语共同语的语法事实。在有必要的时候，才联系到一些古代近代汉语语法现象，或一些现代汉语方言的语法现象。由于现代汉语共同语语法是从古代近代汉语语法发展过来的，并且是跟方言语法存在着密切联系的，因此，本书所述说的基本状况能够反映整个汉语语法的最基本的面目。

2. 汉语语法实体有哪些？

语法实体是一种语言中构成语法系统的实际要素。汉语里，有七种不同类型、不同级别的语法实体。

(1) 语素——有意义的最小语法单位。比如“车”，有意义，是个不能再小的单位；又如“咖啡”，有意义，尽管包含两个音节，但不能分割为更小的“咖”和“啡”。

(2) 词——能独立运用的最小语法单位。有的词由一个语素构成，这是单纯词，如“车、咖啡”；有的词由两个或几个语素构成，这是合成词，如“火车（火＋车）、咖啡厅（咖啡＋厅）、睡觉（睡＋觉）、搬运队［（搬＋运）＋队］”。

(3) 短语——由词和词组合而成的语法单位。一个短语，一定包含两个或更多的词。如“新型火车（新型＋火车）、咖啡厅开张（咖啡厅＋开张）、赶紧睡觉（赶紧＋睡觉）、雇用搬运队（雇用＋搬运队）”。

(4) 小句——最小的能够独立表述一个意思的语法单位。一个语素，一个词，或者一个短语，只要跟句子语气相结合，都会成为小句。如：票！（语素/单纯词＋祈使语气＝小句）｜傍晚。咖啡厅。（合成

词＋陈述语气＝小句）｜赶火车？（短语＋疑问语气＝小句）

（5）复句——包含两个或几个分句的语法单位。作为语法实体，复句由小句和小句所构成。单独使用的小句是单句，构成复句的小句是分句。如："赶紧睡觉！"这是单句。"快熄灯了。"这也是单句。"赶紧睡觉，快熄灯了。"这便成了一个复句，构成这个复句的两个小句都成了分句。

（6）句群——包含两个或几个句子的语法单位。作为语法实体，句群由两个或几个句子所构成。构成句群的句子，可以是单句，可以是复句。如："赶紧睡觉，快熄灯了。明天我来送你。还有一些事，见面后再谈谈。"这是一个句群，由"复句＋单句＋复句"所构成。

（7）句子语气——句子所带有的某种语气。凡是句子语气，都反映说话人的主观态度、主观情绪，跟特定句调相联系。比如"赶紧睡觉！"这个句子带上了祈使语气，反映了说话人的祈求态度和祈求心情。

3．汉语语法实体如何分类？

汉语语法实体可以从不同角度分类。了解这一点，可以更好地了解语法实体的性质和功能。

（1）单位语法实体和非单位语法实体

单位语法实体是表现为若干个音节单位的语法实体。包括：语素、词、短语、小句、复句、句群。它们是通常所说的语法单位。

非单位语法实体是不表现为音节单位的语法实体。只有一个，就是句子语气。提到句子语气的时候，往往意味着也提到了特定的句调。

（2）基础语法实体和表述语法实体

基础语法实体是作为句子构成基础的语法实体。包括：语素、词、短语、句子语气。其中，语素、词和短语是构件语法单位，"语素—词—短语"是不同的级；句子语气不是通常所说的语法单位，而是一种致句语法实体，即致使句子得以成立的语法实体。对于句子的构成来说，这四种语法实体是基础，因此它们是“基础语法实体”。

表述语法实体是在言语交际中起表述作用的语法实体。包括：小句、复句、句群。“小句—复句—句群”是不同的级。小句由基础语法实体所构成，复句由小句和小句所构成，句群由两个或几个句子所构成，它们都能够表述特定的意旨或表明特定的意图，因此它们都是“表述语法实体”。

（3）可切分语法实体和不可切分语法实体

有的语法实体，如句群、复句、小句、短语和合成词，是可以进行结构切分的语法实体。句群，进行结构切分可以得出一个一个的句子；复句，进行结构切分可以得出一个一个的分句；小句，进行结构切分可以得出一个一个的句子成分；短语，进行结构切分可以得出一个一个的词；合成词，进行结构切分可以得出一个一个构词的语素。

有的语法实体，如语素、单纯词和句子语气，是不能进行结构切分的语法实体。语素或单纯词属于语法单位，由于不可再分割，它们只有跟别的语法实体产生组合规则的问题，本身则没有构成规则的问题。句子语气和同它相联系的句调是非音节性语法实体，也不可切分，而且没有书面语形式，它也只有跟别的语法实体即某个语法单位相结合的问题。

4. 如何理解汉语语法系统？

所谓“汉语语法系统”，有两个含义：第一，指汉语语法本身的系统。它客观地存在于汉语本身，是汉语本身的语法实体的构成规则和组合规则。第二，指汉语语法学系统，即对汉语语法系统进行研究和进行描写所形成的系统。语法著作和语法教科书中所阐述的语法系统，实际上都是第二种含义的语法系统，即语法学系统。

语法学是研究语法的科学。语法学系统尽管以客观存在的语法系统为研究和描写的对象，源于客观存在的语法系统，但是，由于研究者主观方面的种种原因，包括所据理论的不同、所用方法的不同、占有材料的不同、着眼角度的不同、知识结构的不同等等，导致判断的不同和系统建构的不同，因而语法学系统总是带有主观性。正因如此，客观存在的语法系统只有一个，而语法学系统却可以有两个或几个。

比较符合汉语特点的语法学系统，应该以句法为主线来建构。这是因为，汉语的词没有什么形态变化，汉语语法不重词法，而重句法。比如“光荣”，不像英语那样，有 glory（名词）、glorious（形容词）、gloriously（副词）等形态变化。对于汉语语法各方面的规则来说，如果脱离句子，是很难描述清楚的。比方说，词性的认定，要靠“入句”来落实。如：你要还想要我这个弟弟，就不能杀他！……我的心都要裂了！（二月河《康熙大帝》）第一个“要”是连词，等于“要是”；第二个“要”是动词，带上了名词宾语；第三个“要”表示“将要/快要”的意思，尽管用在动词前边，但不能像助动词那样可以说成“要不要”，是副词。可知，句法配置决定了三个“要”的词性有所不同。再比方，词语的使用规矩，要靠“入句”来确定。以动词重叠式来说，一般不采用“不+VV”之类说法，如不单说“不想想”或“不讨论讨论”。然而，这样的现象十分常见：怎么不讨论讨论？｜这么重要的事情，你们也不讨论讨论！｜如果不讨论讨论，恐怕很难把思路理清。可知，在特定句域中，“不+VV”的说法不一定不能成立。

5. 小句有哪些特点？和句/句子的关系如何？在汉语语法系统中居于什么地位？

小句的特点，主要表现在三个方面：第一，小句具有表述性。即能够表明说话的一个意旨，体现一个特定的意图。比如：你认真吗？｜你认真点！——这两个小句的基本构成材料都是“你”和“认真”，但说话的意旨和体现的意图有所不同，前者表述了一个疑问，后者表述了一个要求。第二，小句具有独立性。即一个小句不被包含在另一个小句之中。如：小刚出事了。｜大娘早就知道小刚出事了。——前一例“小刚出事了”独立使用，是小句；后一例“小刚出事了”被包含在“大娘早就知道 X”这个小句之中，用在宾语位置上，不成为小句。第三，小句是最小的表述性语法单位。复句也好，句群也好，起码包含两个小句。如：他站在这异乡的街上，他的心却回到家乡去了。（柳青《梁生宝买稻种》）｜他为什么不进旅馆去呢？难道所有的旅馆都客满了吗？（柳青《梁生宝买稻种》）——前一例是复句，包含两个成了分句的小句；后一例是句群，包含两个分别成为单句的小句。

小句是基本的句子。“句”或“句子”有时用于统指，包括小句和复句，属于广义用法；更多的时候用于特指，只指小句，特别是只指单句，属于狭义用法。

在汉语语法系统中，小句居于中枢地位。它是起主导作用的语法实体，是其他所有语法实体的“联络中心”，为其他所有语法实体所从属所依赖。第一，句子语气黏附于小句。没有小句，语气无所依托。句子语气作为一类语法实体，在跟词和短语相对待的时候才能显示其独立性；对于小句来说，它只是小句的有机组成部分。第二，复句和句群依赖于小句。没有小句，固然没有复句，也不会有句群。第三，词受控于小句。汉语语法系统中的词，只有跟小句产生联系之后，才能明确显示其语法特性和语法职能，才能发挥特定的语法作用。比如“标志”有两个词性，到底是用作动词还是用作名词，脱离了小句无从知道。第四，短语从属于小句。一方面，短语的结构类型为小句的结构类型所包容，分析小句可以得到短语结构的所有类型，分析短语却得不到小句结构的所有类型；另一方面，绝大多数的短语都是自由短语，具有组合的临时性和可变性，其语义内涵为小句的结构格局所显示，其结构成分和组合方式取决于小句表述意旨的临时需要，相当灵活。

6. 什么是“小句三律”？

成活律、包容律和联结律，这是汉语的“小句三律”。

（1）成活律。小句成活律，是揭示小句成型和生效的必要条件的定律。可以列成两条公式：

成活律Ⅰ：句子语气＋可成句构件语法单位＝小句成型。

成活律Ⅱ：句子语气＋可成句构件语法单位＋意旨的有效表述＝小句生效。

（2）包容律。小句包容律，是揭示小句对“短语・合成词”的包容关系的定律。可以列成两条公式：

包容律Ⅰ：小句－句子特有因素＝短语。

包容律Ⅱ：小句－句子特有因素－短语常备因素＝合成词。

（3）联结律。小句联结律，是揭示小句的联结同“复句・句群”的产生二者之间的因果联系的定律。可以列成两条公式：

联结律Ⅰ：小句联结＋小句分句化＝复句。

联结律Ⅱ：小句直接间接联结＋句子集群化＝句群。

7. 如何理解小句成活律？

小句的成型，有两个必要条件。第一个条件：必须有句子语气。有了句子语气，小句才能成立；有了不同的句子语气，小句才能形成各种各样的语气类型。第二个条件：必须有可成句的构件语法单位，即可以独立地反映一个“意旨”、一个“意图”的词或短语。有的构件语法单位，比如“加以”“和”“在我看来”这样的词语，由于它们很难单独跟某一“意旨”或某一“意图”联系起来，因而很难单独跟特定语气结合起来形成小句。

小句的存活，还需要具备第三个必要条件：意旨的有效表述，即能够有效地把说话的意旨或意图表述出来。是否有效，跟希望取得的效果有关，把话说得清楚而准确固然是有效的，为了让对方摸不着头脑，有意把话说得模糊含混，这也是有效的。就一般情况而言，做到意旨的有效表述，须要顾及两个因素。一个是小句的内部因素，主要指应该具备的成分不可缺少、成分之间配搭得当和语法手段使用正确。常见的病句，都是未能调整好内部因素。另一个是小句的外部因素，主要指的是语境，包括对话语境和上下文语境。在许多情况下，语境可以弥补小句内部因素的不足。有的小句，孤立看成分不齐备，但有了语境的补足便可以成活。

8. 如何理解小句包容律？

凡是以短语为基础构成的小句，必须减去句子特有诸因素，才可以得到这样那样的短语。小句具备而短语所不具备的“句子特有因素”，主要包括：（1）句子语气；（2）复句关系词语（“因为……所以……”之类）；（3）语用成分（如句中独立语）；（4）成分逆置因素（如先谓后主）；（5）成分共用因素（如“应该也有可能做得漂亮点”）。对于小句来说，减去句子特有因素之后直接得到的短语，是直接成句短语；包含在直接成句短语之中的短语，是间接成句短语。比如“滚出来，你们!”减去逆置因素之后得到“你们滚出来”，这是直接成句短语（主谓），再得到“滚出来”，这是间接成句短语（心补）。

在减去句子特有因素之后，如果再减去短语常备因素，便可以得到复合式合成词。短语常备因素有两类：一类是结构因素。即：短语构件的组合比较灵活，构件之间往往可以插入“的”“和”等语法成分。另一类是音节因素。即：短语音节较多，除了“咖啡厅、冲锋枪”之类少量名词，凡是上了三个音节的，一般都会是短语。如“会议标志”和“调查研究”是短语，“会标”和“调研”是减去短语常备因素之后形成的合成词。

9. 如何理解小句联结律？

小句和小句相互联结，可以产生复句。小句分句化，这是促使复句得以形成的动态条件。所谓小句分句化，指的是：小句在复句中成为分句，带上分句的特点。比如：“他没有实力。”这是一个小句，独立成为一个单句。“他不敢买这块地皮了。”这又是一个小句，独立成为一个单句。假如联结成为：“如果他没有实力，他就不敢买这块地皮了。”这就成为一个复句，其中两个小句都被分句化了。

小句和小句相互联结，还可以产生句群。有的句群是“单句＋单句”，大多数句群是“单句＋复句”“复句＋单句”或“复句＋复句”。如果说小句分句化是促使复句得以形成的动态条件，那么，句子集群化便是促使句群得以形成的动态条件。所谓句子集群化，指的是：句子集结成群，共同接受群体关系的制约，语义上相互关联，结构上有时形成特定的格局。如：“A。B。C。由此看来，D。”

10. 小句的语气类型有哪些？

粗略地说，包括陈述、感叹、祈使和疑问四大类。据此，小句大体可以分为四大语气类型：（1）陈述句；（2）感叹句；（3）祈使句；（4）疑问句。如：你很认真。（陈述句）｜你好认真！（感叹句）｜你认真点！（祈使句）｜你认真吗？（疑问句）

单句有不同的语气类型，复句里的分句也分属不同的语气类型。如：你是田家的媳妇，我就不是田家的媳妇吗？（孙健忠《城角》）｜城上风紧，快下城吧！（姚雪垠《李自成》）｜好冷，我受不了。（孙健忠《城角》）——这三个复句都包含两个由小句充当的分句。前一个复句是“陈述语气＋疑问语气”，中间一个复句是“陈述语气＋祈使语气”，后一个复句是“感叹语气＋陈述语气”。

不同语气的小句，都跟特定的语调相联系。语气也好，语调也好，实际上都相当复杂，只能描述其最一般的表现。语气、语调的具体情况如何，语气和语调之间的具体联系怎样，必须通过精密的语音分析手段才能获得比较清楚的认识。

11. 陈述句情况如何？

陈述句是告诉别人一件事的句子。语调平匀，句尾一般稍微下降。从句子的基干构造看，有的用肯定形式，有的用否定形式，有的用双重否定表肯定的形式。如：我回避他。（肯定）｜我不回避他。（否定）｜我不得不回避他。（双重否定）否定形式的造成，是否定词“不、没有”之类被配置在状语位置之上。即使是双重否定形式，起码也要有一个否定词用作状语，如：“没有一个人不回避他。”如果否定词只在主语部分或宾语部分出现，不会构成否定句式。比如：“我讨厌不老实的人。”这不是否定式陈述句，而是肯定式陈述句。

从句末语气助词看，有时用“的”“了”“呢”“罢了”“嘛”“啊”等。如：我不能参加投资的。｜我不能参加投资了。｜我不能参加投资呢。｜我不能参加投资罢了。｜我不能参加投资啊。

12. 感叹句情况如何？

感叹句是抒发某种强烈感情的句子。语调先上升后下降。

从句子的基干构造看，感叹句有独特的地方。主要表现在：常包含“多么、多、好、真”等具有感叹作用的词语。如：张老师有学问。（陈述句）→张老师多么有学问！（感叹句）｜他的话很难懂。（陈述句）→他的话好难懂！（感叹句）｜这个人不简单。（陈述句）→这个人真不简单！（感叹句）

从句末语气助词看，常用“啊”。“啊”同句中的“多么”之类配合使用，可以使感叹情味更为突出。如：张老师多么有学问啊！｜他的话好难懂啊！｜这个人真不简单啊！

一般地说，陈述句和感叹句都表示对事物有所断定。不同之处在于，大多数感叹句是在判断的基础上加以慨叹，有的感叹句则由特殊方式构成，与判断无关。如：唉！｜天啊！｜我的妈！

13. 祈使句情况如何？

祈使句是表示命令或请求的句子。语调逐渐下降。

从句子的基干构造看，祈使句有两个方面的特点。一方面，主语在词面上往往是第二人称的，如："你快走!"但是，实际上隐含着"我命令（你）""我要求（你）"等意思，即："（我要）你 VP!"另一方面，句子里常用"别"和"请、千万（要）"等带祈使性质的词语。"别"专用于否定式祈使句，如"（你）别动!"肯定式中用了祈使性词语，祈使情味略有变化，如"请进来!"比"进来!"显得尊重对方；又如"千万小心!"显得比"小心!"更为体贴关爱。

从句末语气助词看，常用"吧""了"和"啊"。如：你跳吧！｜你别跳了！｜你跳啊！｜你别跳啊！

祈使句不直接表示判断。这类句子，是把判断托付于祈使之中。

14. 疑问句情况如何？

疑问句是用来提出问题的句子。典型的疑问句，句末语调上升。

从基干构造和提问要求看，疑问句可以分为三类：（1）是非问。基干构造与陈述句相同。是提出一个问题，要求作出肯定或否定的回答。如：他走了。他不再来了。（陈述句）→他走了？他不再来了？（是非问句）（2）选择问。以"是 X 还是 Y"和"X 不 X"的形式构成基干。是用分项列举方式或正反并用方式提出问题，要求有选择地作出回答。用分项列举方式提出问题的，是列项选择问。如："你们是喝茶还是喝咖啡?"用正反并用方式提出问题的，是正反选择问。如："你们喝不喝咖啡?"（3）特指问。基干构造中包含疑问代词"谁、什么"之类。是用疑问代词代替未知内容，要求对未知内容作出回答。如：你找谁？｜你是什么人？

从句末语气助词看，常用"吗""呢""吧"和"啊"。如：客人来了吗？｜谁来了呢？｜我去把他引进来吧？｜喝茶还是喝咖啡啊？

从实际用途看，一般用来提问和求答。不过，疑问形式有时用来表示反问。反问是明知故问，本身表示肯定什么或否定什么，因而不要求对方回答。一般是从肯定方面问，意在否定；从否定方面问，意在肯定。如：这时候谁还能睡得着呢？｜徐老师不就是很好的老师吗？

值得注意的是，有一种二重性特殊疑问句，既问是非又有特指。形式上，句末用“吗”，基干构造中又包含疑问代词。这是一种“特指性是非问”。比较：有任务吗？（是非问）｜有什么任务呢？（特指问）｜有什么任务吗？（特指性是非问）就发问者的心理因素而言，之所以采用特指性是非问，一方面是只想简捷明快地提出问题，因而把两问并成一问；另一方面是对问话涉及的特定事物有所猜度，但又肯定不了，因而既希望通过使用疑问代词向对方索取答案，又希望通过“有……吗”之类的提问得到对方的证实。

15. 句子语气和句子用途的关系怎样？

一般地说，句子语气和句子用途相一致：陈述句的用途是陈述，疑问句的用途是提问，感叹句和祈使句的用途是表示感叹和祈使。

但是，由于句子的使用还涉及表述技巧的问题，因此，有时句子的语气类型跟句子的使用目的并不是一致的。比方上面提到的反问，尽管属于疑问句，但实际上用来表示肯定判断或否定判断。说“这时候谁还能睡得着呢？”等于说这时候谁都睡不着。说“徐老师不就是很好的老师吗？”等于说徐老师就是很好的老师。又比方，甲对乙说：“你离开一下好不好？”这句话，在语气上属疑问句，在用途上起的却是祈使的作用，等于说“请你离开一下”。再比方，房间里开着窗子，北风一阵阵地往里吹，甲两手抱胸，望着窗子对乙说：“好冷啊！”这句话，明显是感叹句，但起的却是祈使的作用，用意是：“请你把窗子关上！”可知，句子语气类型的划分，不完全是句子用途的划分。

16. 句子语气和标点符号的关系怎样？

一般地说，不同的语气在书面上使用不同的标点：如果是单句，陈述句末用句号，疑问句末用问号，感叹句末和祈使句末用叹号。

但是，由于说话语气往往受到主观心情和主观意念的影响，句末标点的使用有一定的灵活性。比方，陈述句末有时用叹号。这是因为，句子虽然是陈述一件事，但说话时带上了一定的情绪。如：“这就是赫赫有名的张工程师!”又比方，感叹句末和祈使句末有时用句号。这是因为，句子尽管是感叹句和祈使句，但说话时并不带上强烈的感叹语气和明显的祈使语气。如：你先下去吧。（曹禺《雷雨》）｜雪下得真大。(王群生《彩色的夜》）再比方，疑问句末有时用叹号。这是因为，疑问句用来表示反问，有时用叹号可以突出地表明说话时的情绪。

总而言之，在分析书面语时，对于句子语气类型的确定来说，句号、问号和叹号的使用只是参考性因素。

17. 小句的结构类型有哪些？

由于成分配置的情况有所不同，小句可以分为不同的结构类型。根据主语和谓语这两种基本成分的配置情况，小句首先可以分为主谓句和非主谓句。

（1）主谓句——具备主语和谓语的句子。又可以从不同角度分出不同的小类。比方，如果看主语结构材料的不同，可以分为名词主语句、动词主语句等等；如果看主语跟谓语之间语义关系的不同，可以分为施事主语句、受事主语句、用事主语句等等。又比方，如果看谓语结构材料的不同，可以分为动词性谓语句、形容词性谓语句、名词性谓语句等等；如果看谓语对主语的表述作用的不同，可以分为行为叙述句、性状描写句、事物判断句等等。

（2）非主谓句——不同时具备主语和谓语的句子。根据构成材料的不同，可以又分为三小类：①谓词性非主谓句。由于像是谓语，而前头没有出现也无须补出主语，因而通常被称为无主句。如：下雨了。｜好险！②名词性非主谓句。有的像是主语，而后头没有出现也无须补出谓语，如：狼！｜这样的婆婆！有的是独用成句的呼语，如：爸爸！｜尊敬的来宾们！③摹声性非主谓句。由拟音词充当，包括独用成句的感叹语和象声语。如：哼！｜轰隆！

18. 小句的语气类型和结构类型之间存在什么关系？

句子的语气类型和结构类型之间，包括它们的下位类型之间，存在“加合孳生”的关系。即：“结构型＋语气型＝结构语气型”。如下表：

	主谓句	非主谓句
陈述句	主谓陈述句	非主谓陈述句
感叹句	主谓感叹句	非主谓感叹句
祈使句	主谓祈使句	非主谓祈使句
疑问句	主谓疑问句	非主谓疑问句

比如：“这孩子很可爱。”这是主谓陈述句。“好可爱的孩子！”这是非主谓感叹句。

又如：“您刚到？”这是主谓疑问句。“请！”这是非主谓祈使句。

19. 汉语语法结构在总体面貌上呈现什么样的特点？

汉语语法结构在总体面貌上呈现出语义兼容和结构趋简的特点。

就语义蕴含而言，汉语语法结构往往具有兼容性。即：在同样一个结构之中，包容了这样那样的多种意义。所谓“同样一个结构”，有概括程度很高的“主谓”“动宾”“动补”“定心”“状心”等等，它们所包含的语义内容五花八门，自不待说；也有形式上部分相同甚至完全相同的，它们也往往兼容不同的意义。如：考学生——学生是考的对象｜考物理——物理是考的科目。又如：考司机1——考验司机的水平或胆量（在这路上开车可要<u>考司机</u>了！）｜考司机2——通过考试成为司机（我想<u>考司机</u>，将来开出租车养家糊口！）。

就语表形式的总体走向而言，汉语语法结构具有趋简性。即：表示同样一种语义蕴含，既可以采用可能有的全量形式，也可以采用经过减缩的简化形式。尽管语言运用中全量形式和简化形式可以并存，但只要有可能，人们往往会选择简化形式。从全量形式到简化形式的过程，是结构趋简的过程；其结果，使汉语的句法结构形式在总体上显现出趋简性的特点。如：考验司机的水平或胆量/通过考试成为司机→考司机。

语义兼容和形式趋简，表明汉语语法重于意而简于形。这从表里关系的侧面，反映出汉语语法结构在语义容量上常用加法和在形式选用上常用减法的倾向。

20. 形式趋简有些什么途径？

形式趋简有多种多样的途径，或者说，结构的减缩有多种多样的办法。常见的有：

（1）谓词隐匿。比如：一手钱，一手货！（电视剧《金融潮》）——等于说：一手交钱，一手交货！又如：县长大中华，局长红塔山，科长红山茶，乡长牡丹花。一天两三包，自有人给他。（楚良《故乡是非》）——等于说：县长抽大中华，局长抽红塔山，科长抽红山茶，乡长抽牡丹花。一天抽两三包，自有人给他。

（2）结构移变。比如：往年棉花卖议价……（楚良《故乡是非》）——等于说：用议价的方式卖出去。又如：他挑逗地说……（周而复《南京的陷落》）——等于说：用挑逗的语调/怀着挑逗的心情说。

（3）成分扣合。比如：贺兄，我找得你好苦哇。（古龙《金刀亭》）——等于说：（我）找你，找得好苦！又如：你害得我不够吗？（陈浩泉《选美前后》）——等于说：（你）害我，害得还不够吗？

21. 语义兼容与形式趋简的相互关系如何？

趋简与兼容，互为条件。

一方面，结构形式的趋简，导致结构语义的兼容。比方说，李小松给朋友打电话：“春毓吗？我李小松!”这时等于说“我是李小松”。又比方说，“我”给大家分配联络的对象：“你汪国盾，他萧宇汤，我李小松。”这时等于说“我联络李小松”。假若是给演员分配剧中角色：“你汪奶奶，他萧大伯，我李小松。”这时又等于说“我演李小松”。这样，“我是李小松”“我联络李小松”“我演李小松”等等都可以采用趋简形式“我李小松”。“我李小松”这个结构槽，自然就兼容了多种语义关系。

另一方面，语义兼容的可能性，又提供结构趋简的可能性。比方说，汉语里动宾格式是一种强势格式，动宾结构槽的语义兼容能力特别强。因此，只要符合代体宾语代入常规宾语位置的条件，那么，不管是什么情况，都可以被装载进动宾结构槽，趋简成为“动宾”。比方“砍山”：今天她们要去砍山，准备垦一片种旱谷的新地。（黄钲《哥喂鸟》）——动宾结构槽的强大兼容能力，使“砍山”容纳进“在山上砍掉树木，除去杂草荆棘”这样的复杂意思成为可能。

22. 汉语语法结构的趋简与兼容服从于什么原则?

汉语语法结构的趋简与兼容，服从于语用原则。

汉语的使用，一贯讲究借助于语言背景而力求经济简练。两千多年之前，孔子（前551—前479）就说过：“辞达而已矣。”（《论语·卫灵公》）意思是说，言辞足以达意就够了。所谓“辞达而已”，实际上就是自古至今汉人所遵循的一条语用原则。有关论述，还可以举出不少。比方，《左传·襄公二十五年》引古语：“言以足志，文以足言。”意思是说：言辞用来充分表达意思，文采用来充分发挥言辞。《世说新语·文学》主张：“辞约而旨达。”强调的是言辞简约而意旨显明。刘勰《文心雕龙·物色》提出：“以少总多，情貌无遗。”强调的是以简洁的词句总括丰富的内容。苏轼《答谢民师书》提出：“辞至于能达，则文不可胜用矣。”意思是说：言辞能够表达意思，文章就有很大的用处。陈骙《文则》指出：“言以简为当。”更是明确地强调了一个“简”字。古人的上述论说是综合性的，包括用词数量、结构组织、修辞要求、表达技巧、信息传达与理解的准则等方面，自然也包含跟语法结构形式有关的问题。透过这些话，可以知道，汉语的遣词造句，汉语语法结构的使用和发展，深受语用原则的影响。这一点自古如此，表明了汉族人使用汉语的共同心态和语用观。

句子成分

23. 什么是句子成分？有哪些特性？

句子成分是小句里具有特定功能的结构成分。

除了单词句，小句都由具有不同功能的结构成分所构成，因而都可以分析出功能不同的句子成分。比如："熊猫!"这是单词句，不能分析出句子成分。又如："熊猫很温顺。"这是主谓句，可以分析出主语"熊猫"和谓语"很温顺"。在谓语"很温顺"里，还可以进一步分析出状语"很"和中心语"温顺"。

句子成分有四个方面的特性：第一，配对性；第二，层次性；第三，扣合性；第四，互易性。这四个方面的特性，从不同角度反映出汉语小句中成分配置的状况。

24. 怎样理解句子成分的配对性？

从相互关系看，句子成分具有配对性，它们结成了五个对子：

(1) 主语—谓语

(2) 宾语—对宾动语

(3) 定语—对定心语

(4) 状语—对状心语

(5) 补语—对补心语

通常把主语、谓语、宾语、定语、状语、补语等句子成分并列提出，这是笼统性说法。实际上，汉语的一般句子成分是配对的，它们处于相互规约的关系之中，它们所占据的位置是一种关系位置。比方，主语和谓语配对，二者相对待而存在；宾语和动语配对，二者相对待而存在。只有各个配对成分，才有真正的并列关系。

为了简便，对宾动语可以简称为动语，在由一个动词充当时也可以直接叫作动词；对定心语、对状心语、对补心语，都可以简称为心语。

25. 怎样理解句子成分的层次性？

从相互组合看，句子成分具有层次性。不同的配对成分，形成不同的层次。

构成小句第一层次的配对成分，往往是主语和谓语。如：熊猫很温顺。（主·谓）不过，其他配对成分也可以构成小句第一层次。如：爱护草坪！（动·宾）｜这样的婆婆！（定·心）｜好险！（差点迟到了！）（状·心）｜糟糕透了！（怎么又下起雨来了呢？）（心·补）

比较复杂的小句，往往包含两个或更多的层次。这时，句子里可能出现多种配对成分，它们一般都被配置在不同层次之上。如“运送货物的火车晚点一个小时”：

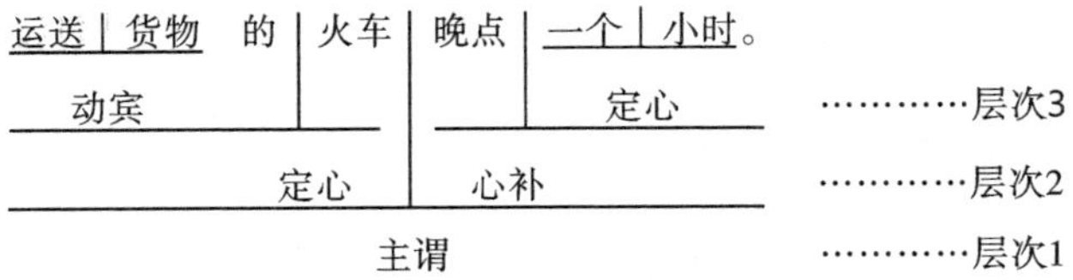

26. 怎样理解句子成分的扣合性？

从组合结果看，句子成分之间有的时候具有扣合性。即：甲配对成分和乙配对成分同时出现，它们的某个部分互相扣合。扣合性是对层次性的简化。层次性和扣合性并存，成了汉语小句格局的重要特点之一。比如：

动宾＋主谓→兼语式（“宾一主”扣合）：

催促张理＋张理上任→催促张理上任。

状心＋动宾→状动宾（“心一动”扣合）：

刻苦学习＋学习外语→刻苦学习外语。

状心＋心补→状心补（“心一心”扣合）：

周密调查＋调查一下→周密调查一下。

动宾1＋动宾2→动带双宾（“动一动”扣合）：

赠送幼儿园＋赠送电动玩具＝赠送幼儿园电动玩具。

动宾＋心补→动宾补/心补宾（“动一心”扣合）：

按了门铃＋按了一会儿→按了门铃一会儿/按了一会儿门铃。

句子成分的扣合现象，通常在句子的谓语部分里出现。分析句子的谓语部分，既不能忽视层次性，又应灵活对待层次性。对于扣合现象，凡是二分起来有麻烦的，都可以着重揭示其结构上和语义关系上的特点，不必硬性二分。

27. 怎样理解句子成分的互易性？

从相互变易的可能性看，某些句子成分之间又具有互易性。即：由于意旨表述的需要，甲句子成分和乙句子成分有时可以互易位置，但不变动句子的基本意思。这反映汉语句子在成分配置上的灵活性。比如：

（1）主语宾语互易：我们想死你了。↔你想死我们了。

（2）状语补语互易：他出奇地活跃。↔他活跃得出奇。

（3）定语状语互易：他泡了一杯浓浓的咖啡。↔他浓浓地泡了一杯咖啡。

（4）定语谓语互易：好大的风啊！↔风好大啊！

句子成分的互易，一般交错地发生在不同配对成分之间，而不发生在配对成分内部。比如主语和宾语，状语和补语，定语和状语，定语和谓语，它们都不是配对的成分。不过，也有特殊情况：

（5）主语谓语互易：一斤猪肉三块钱。↔三块钱一斤猪肉。

语序是汉语的重要语法手段，但是汉语的语序只是相对固定，而不是绝对固定。研究句子里各种成分的对应关系，考察它们互易的可能性和条件，以及因互易而产生的特定语用效果，可以丰富对于汉语语法的认识。

28. 什么是主语和谓语？

主语是谓语前边表示主体事物的成分；谓语是主语后边表示有所述说的成分。

这是两个基本句子成分，一般的小句都由这两个成分所构成。其中，谓语的地位尤其重要。如：张老师在讲课。｜张老师很高大。｜张老师湖南人。｜张老师最近怎么样？——前边的“张老师”表示主体事物，是主语；后边的“在讲课”“很高大”“湖南人”等都从一个角度表示对主体事物的述说，都是谓语。

主语一般由名词或名词短语充当。通常表示人物，有的表示方所或时间。如：张老师去阅览室。（表示人物）｜阅览室有很多报刊。（表示方所）｜今天是星期日。(表示时间)

谓语包括动词谓语、形容词谓语、名词谓语和其他谓语。动词谓语由动词或动词短语充当，如：张老师在讲课。形容词谓语由形容词或形容词短语充当，如：张老师很高大。名词谓语由名词或名词短语充当，如：张老师湖南人。其他谓语由非动形名的词或短语充当，如：张老师最近怎么样？

29. 主语的语义类型跟谓语有何关系？主要类型有哪些？

主语的语义类型受到谓语内容的规约。假设以“牛”和“马”为主语，那么，说“牛在吃草，马在奔跑”时它们是施事主语，说“牛牵走了，马也牵走了”时它们是受事主语，说“牛耕田，马拉车”时它们是用事主语。显然，离开起述说作用的谓语，施事、受事、用事之类无从断定。

大体说，主语的语义类型可以概括为六种。

(1) 施事主语。所指事物，施行谓语所表示的行为。如：牛吃过草了。|大妈在切牛肉。施事主语句是一类最常用的句子。

(2) 受事主语。所指事物，承受谓语所表示的行为。如：牛牵走了。|刀子切钝了。受事主语句包括“被”字句。

(3) 用事主语。所指事物，具有提供使用的内涵。如：这把刀子切牛肉。|这些土豆烧牛肉。“用事”这一概念可以更加全面地覆盖跟“用”字有关的种种现象。

(4) 于事主语。所指事物，表示行为发生的位置。如：刀子上刻着几个小字。|土豆里长了好些虫子。于事主语句通常也叫存现句。

(5) 断事主语。所指事物，是谓语所断定的对象。如：这个盘子是我的。|这些土豆有霉味。这类句子的谓语，从“是不是、属于不属于、像不像、有没有”的角度判断事物。有时谓语只出现名词、名词短语或数量词，但隐含有“是、有”之类非行为动词。如：张老师湖南人。|今天阴天。|牧场一片水。|这堆土豆大约七八十斤。

(6) 描写主语。所指事物，是谓语所描写的对象。如：这孩子特别机灵。|这把刀子很名贵。这类句子的谓语，由形容词和形容词结构充当。

30. 如何看待人物、方所、时间三种词语的主语性？

人物、方所、时间三种词语可以分别成为主语。如：

这位老人实在令人留恋。(人物)

这个地方实在令人留恋。(方所)

这段日子实在令人留恋。（时间）

人物、方所、时间三种词语也可以联合出现，共同充当主语。如：

这位老人，这个地方，这段日子，实在令人留恋。（联合）

相对说来，人物词语主语性最强，方所词语次之，时间词语的主语性最差。如果人物词语和方所、时间词语同时在动词谓语前头出现，但未形成联合关系，那么人物词语是主语，方所、时间词语降格成为方所状语和时间状语。如：

这段日子这个地方所有老人都到医院检查了身体。

“所有老人”是人物主语，“这个地方”是方所状语，“这段日子”是时间状语。

有时，人物主语在特定语境中被简省，动词谓语前边只出现方所词语或时间词语。即使如此，处所、时间词语仍然是状语，因为留有物体主语的空位，可以补出。如：

屋里坐！（＝大家屋里坐！）

晚上再谈！（＝我们晚上再谈！）

31. 小句在什么情况下出现双主语？

在两种情况下，小句出现双主语。

（1）小句由主谓短语充当谓语。这时出现大主语和小主语。如：这个人胆子小。（“这个人”，大主语；“胆子”，小主语。）｜这种产品的确式样新颖。（“这种产品”，大主语；“式样”，小主语。）——大主语是全句的主语，小主语是主谓短语中的主语。

（2）小句采用“我这是 VP”之类格式。这时出现指人主语和指事主语。如：你这是怎么啦？（“你”，指人主语；“这”，指事主语。）｜张辉这是第三次上台领奖了！（“张辉”，指人主语；“这”，指事主语。）——指人主语用人称代词或表人名词，指事主语一般用指示代词“这”。这类双主语句，可以分化为两个单主语的分句。如：你怎么啦，这是？｜张辉第三次上台领奖了，这是！

32. 话题和主语的关系如何？

话题，指一句话里作为新情况的述说对象的事物或事件，也叫主题。这是讲语用问题时用到的概念，跟语法系统中的主语并不等同。其重要特点是：第一，占据一句话的开头部位；第二，一般重读，往往用强调的语气说出来。如：

昨天晚上，他进过这间屋子。

这个经历了无数磨难的人，他的承受力实在惊人。

关于兴修水利，你们准备采取什么措施？

为了子孙后代的幸福，我们必须艰苦奋斗。

这些例子表明，话题不一定都是主语。第一例，“昨天晚上”是定心短语充当的状语；第二例，“这个经历了无数磨难的人”是定心短语充当的外位成分；第三例，“关于兴修水利”是介词短语充当的状语；第四例，“为了子孙后代的幸福”也是介词短语充当的状语。

有时主语和话题重合。这时，为了强调突出话题，书面上可以加个逗号。如：

他，做事情从来不考虑后果！

上例的“他”既是主语又是话题。

33. 什么是宾语？

宾语是动词性成分后边表示客体事物的成分。如：（小莲）送来了一篮子苹果。｜（小莲）是张大妈的小女儿。｜（小莲）感到这件事很难办。——“一篮子苹果”“张大妈的小女儿”“这件事很难办”都是宾语，它们分别用在动词性成分“送来了”“是”“感到”的后边。

跟宾语相对的动词性成分叫作动语；没有动语，就无所谓宾语。带宾语的动语可以由一个动词充当，也可以由一个动词短语充当。比方“写几个字”，其中的动语是“写”；“写错了几个字”，其中的动语是“写错了”。

由宾语表示出来的客体事物，所指范围比较广泛，既包括物体，也包括方所时间，还包括为动语所涉及的行为活动或性质状态。从这个角度看，宾语可以分为体词性宾语和谓词性宾语。比如“喜欢物理”“喜欢黄昏”，其中的“物理”“黄昏”是体词性宾语；“喜欢画画”“喜欢清静”，其中的“画画”“清静”是谓词性宾语。

34. 宾语的语义类型跟动语有何关系？主要类型有哪些？

宾语的语义类型受到动语语义的规约。假设以“外宾”为宾语，那么，说“请了外宾”时是受事宾语，说“来了外宾”时是施事宾语，说“这位是外宾”时是断事宾语。离开动语（动词），受事、施事、断事等无从断定。

大体说，宾语的语义类型可以概括为以下五类。

（1）受事宾语。表示直接或间接承受行为活动的客体事物，可以转化为受事主语。如：挖野草（→野草挖掉了）｜挖地道（→地道挖好了）｜挖金子（→金子挖到了）。

（2）施事宾语。表示已经或可能施行行为活动的客体事物，可以转化为施事主语。如：台上坐着主席团。（→主席团坐在台上。）｜对面跑来了一头牛。（→一头牛从对面跑来了。）｜他七岁时死了母亲。（→他七岁时母亲死了。）｜一间房子住两个人。（→两个人住一间房子。）｜桥上可以走大卡车。（→大卡车可以在桥上走。）

（3）断事宾语。表示对主语有所断定的客体事物，不存在施受关系。如：李先生是历史学家。｜你姓东方？｜你叫东方向康？｜你把我看作什么人？有的断事宾语，可以同断事主语互易，基本意思不变。如：谁是林东辉？｜林东辉是谁？

（4）于事宾语。表示行为发生的方所位置或时间位置，动宾之间或现或隐地包含“在”“到”“进”等语义关系。如：抵达北京｜潜入海底｜寄宿亲戚家中｜已到深秋时节｜转眼又要进入二十一世纪。

（5）反身宾语。表示人物动作返回自身的某个部位，像是受事，但又可以转到主语位置成为施事主语。如：挺了挺胸脯（→胸脯挺了挺）｜张大了嘴巴（→嘴巴张大了）｜紧闭着眼睛（→眼睛紧闭着）｜不停地挥动着右手（→右手不停地挥动着）。

35. 受事宾语包括哪些宾语？

受事宾语是最典型的宾语，包括对象宾语和目标宾语。

（1）对象宾语。在VO结构中，O事物本来已存在，V动作直接施加于O事物。如：挖土｜挖山｜挖野草｜挖古墓。

（2）目标宾语。在VO结构中，或者O事物本来不存在，V动作的目标是造成O事物；或者O事物本来已存在，V动作不是直接施加于O事物，而是以获得O事物为目标。如：a. 挖洞｜挖沟｜挖战壕｜挖地道——对于“挖”来说，“洞、沟、战壕、地道”都是通过动作造成的事物，它们都是目标宾语，也叫结果宾语。b. 挖金子｜挖红薯｜挖蚯蚓｜挖古董——对于“挖”来说，“金子、红薯、蚯蚓、古董”都是通过动作获得的事物，它们也是目标宾语。

目标宾语表示通过动作所追求的一个目标，它所代表的事物是人们心目中所追求的某个对象，或者说，是动作者意念上所指向的某个对象。从这个意义上说，目标宾语未尝不可以认为是一种间接的对象宾语。

36. 如何解释汉语动宾关系的复杂性？

汉语的动宾关系极其丰富多样，及物动词与所带的宾语之间关系尤为复杂。这需要把及物动词所带的宾语分为两大类来说。

（1）常规宾语。包括对象宾语和目标宾语。所谓“常规”，是就动作和事物之间所建立的常规联系来说的。这种常规联系，为说汉语的人所共同认识和共同接受。只要一提到某个典型及物动词，人们会按照自己的生活经历想到它要求带上的常规宾语。如：吃→饭/菜/苹果……（对象宾语）；造→船/车/工厂……（目标宾语）；写→人/物/事件……（对象宾语）；写→字/信/小说……（目标宾语）。

（2）代体宾语。这是在特定条件下代入常规宾语位置的非常规宾语。即：

a. 常规式：［及物动词］＋［常规宾语］

b. 代入式：［及物动词］＋［　　↑　　］

　　　　　　　　　　　　<代体宾语>

代体宾语所代表的事物，一方面跟常规宾语所代表的事物有联系，另一方面又跟及物动词所表示的动作有联系。比如，用毛笔写字，“毛笔”同时跟“写”和“字”有联系；把字写在黑板上，“黑板”也同时跟“写”和“字”有联系。“字”是常规宾语，“毛笔”“黑板”若代入宾语的位置，便成为代体宾语：写毛笔｜写黑板。

汉语的动宾关系之复杂，跟宾语代入现象的复杂多样相联系。代体宾语跟及物动词的具体语义发生关系，而及物动词数量很多，不同意义的及物动词所能带上的代体宾语可以同中有异，或者互不相同，甚至差别极大。因此，代体宾语的种类是难以穷尽遍举的。

37. 代体宾语的形成有什么条件？

代体宾语的形成，需要满足下列条件：

（1）有三角联系。代体宾语同及物动词和常规宾语都有联系，可以列成一个三角联系阵图：

比方，“打排球”是及物动词带常规宾语。在“排球”的位置上可以代入各种各样的代体宾语：打奥运会｜打主力｜打二传手｜打表演赛｜打世界冠军｜打日本队｜打时间差……。在种种“打—O”结构中，不管代体宾语是怎么个花样，都无一不受三角联系阵图的约束。

(2) 提供新信息。代体宾语能够在常规宾语的基础上向人们提供一个新的信息。比如，用耳机听音乐可以说成“听耳机”(“请你放心，我听耳机，不会吵你的!”)，用耳朵听音乐却不能说成“听耳朵”。这是因为，“耳机”的信息是新的，可以让别人在听什么的基础上多了解点什么，而“耳朵”原本就是用来听声音的。

(3) 不产生误解。代体宾语所提供的信息没有产生歧解的可能。比较：戴耳机听音乐→听耳机｜戴眼镜看小说→？看眼镜——“听耳机”，不会被认为耳机就是听的对象，“耳机”作为代体宾语可以成立；“看眼镜”，可能被认为眼镜就是看的对象，因此，“眼镜”作为代体宾语不能成立。

(4) 有言语背景。除了一些共识性很强的说法，动词和代体宾语之间的语义关系靠特定语境来确定。如：郎平……到了青年队，又想打北京市队。打上北京市队后，眼睛就盯着国家队。(鲁光《中国男子汉》)——如果孤零零地说“打北京市队”，可能以为是跟北京市队打球，而不知道指的是在北京市队打球。

(5) 及物动词是单音节的。双音及物动词，不带代体宾语。如“写毛笔”不能说成“书写毛笔”。

38. 什么是双宾语？构成情况如何？

双宾语指一个动词性成分后边同时出现的两个宾语。居前的叫“前宾语”，居后的叫“后宾语”。如：给你奖金｜喂孩子牛奶｜送他礼品｜还小张十块钱。

双宾语中，一个宾语指人，回答“谁”的问题；一个宾语指物，回答“什么”的问题。通常是前宾语指人，后宾语指物，表现为“指人宾语＋指物宾语”。如“给你奖金”中前宾语“你”指人，后宾语“奖金”指物。

有时，不仅前宾语指人，后宾语也指人，但指人的后宾语不能用

“谁”提问，只能用“什么、什么人、多少人”等提问。如：给你们几个小学教师｜给我们百把个身强力壮的小伙子。有时，不仅后宾语指物，前宾语也指物，但指物的前宾语不能用“什么”提问，有的只能用“谁、什么单位、什么部门”之类去提问。如：给小猫一块鱼｜赠图书馆一万册书｜送黄鹤楼一副对联。有时，前宾语指物，后宾语指人，双宾语表现为“指物宾语＋指人宾语”，但动词和指物宾语都只有一个音节。这样的用法，带文言色彩，多见于报纸标题。如：致函克里斯顿｜复信俄罗斯总统。

39. 怎样判别双宾语？

从语义关系看，动词和双宾语之间存在“给予”一类的语义。有的动词本身并不表示“给予”的意思，但如果进入“动＋双宾”中动语位置，就会被强制产生这类意思。如：大家都叫他大力士。｜大家都骂他老狐狸。——“叫、骂”本身没有“给予”意义，但上例有“给某人某个称号”的意思。

从结构关系看，前宾语和后宾语都能连着动语单说。比如“给你奖金”中“你”和“奖金”是双宾语，“给你”“给奖金”都能单说。凡是不能分开来连着动语单说的两个名词语，不构成双宾语。比较：我赔了他一辆自行车。｜我收了他一辆自行车。——前一例，“他”和“一辆自行车”构成双宾语，可以分别说成：赔了他，赔了一辆自行车。后一例，“他”和“一辆自行车”不构成双宾语：“收了一辆自行车”能说，“收了他”不能说。后一例的“他一辆自行车”是单宾语，由一个定心短语充当。

有时有这样的说法：我只借了他两次钱。——一方面，“他两次钱”不是一个定心短语；但是另一方面，“他”和“两次钱”也不构或双宾语，因为只能说“借了两次钱”，却不能说“借了他”。这种说法，属于成分扣合现象，由“借了他（的）钱”和“借了两次”扣合而成。汉语里，成分扣合现象是多种多样的。

40. 什么是定语？跟“的”字的关系如何？怎样分类？

定语是体词性结构里心语前边起修饰作用的成分。如“老虎尾巴”是体词性结构，“尾巴”是心语，前边的“老虎”是定语。

定语有时带“的”。在许多情况下，“的”（de）可以看作定语的语法标志。如：老虎的尾巴｜凶猛的尾巴｜他们的神态｜讨好的神态。有的定语后边不能用“的”，但定和心之间可以插入“X的”，形成多项定语的格局。如：一群青年→一群朝气蓬勃的青年｜这个日子→这个值得纪念的日子。——通过插入“X的”，证明前边的“一群”“这个”之类也是定语。

对于心语来说，定语有不同的语义类型。根据语义，结合语词性质，首先可以把定语大体上分为两大类：（1）物体类定语——表示人和事物，以及跟人和事物相关的数量、时间、方所等意义。主要包括领属定语、数量定语、指别定语和时地定语，由体词性语词充当。（2）状况类定语——表示跟心语事物有关的性质状态或行为活动等方面的意义。主要包括性状定语、行为定语、断事定语和涵义定语，由谓词性语词充当。

41. 对定心语情况如何？

在结构上，对定心语可以是词，可以是短语。如：好香的花！｜多么好的兄弟姐妹！｜这杯酒，献给黄土高原上的父老乡亲！——前两例，定心结构都成句，心语“花”和“兄弟姐妹”分别是词和短语；第三例，两个定心结构被配置成为主语和宾语，其中的心语“酒”和“父老乡亲”分别是词和短语。

在性质上，最典型的对定心语是名词，因此定心结构经常被叫作定名结构，定语通常被解释为名词的修饰成分。但是，对定心语并不限于名词或由名词构成的短语。如：他的粗暴实在叫人难以忍受。｜我最讨厌的就是你的装模作样。——“他的粗暴”和“你的装模作样”也是定心结构，其中的心语“粗暴”和“装模作样”却分别是形容词和动词短语。这表明，“定心结构”的覆盖面大于“定名结构”。

值得注意的是：心语为动词、形容词的定心结构，总是出现在句子里主语、宾语或介词后置成分的位置之上，起“指称”事物的作用，属于体词性结构。这就是说，它们跟定名结构存在共性。

42. 领属定语是什么样的定语？

领属定语是物体类定语，表示心语事物之所属。如：我的母亲｜他的小猫｜张亮的日记｜母亲的娘家｜小猫的眼睛｜日记的内容。假如用 XY 代表领属定语和心语，那么，它们之间的关系可以确定为：Y，是 X 的 Y。如：我的母亲→母亲，是我的母亲｜张亮的日记→日记，是张亮的日记。

采用“我（的）”“你（的）”“他（的）”之类形式的定语，一般都是领属定语。但是，有的时候，它们跟心语之间没有直接的领属关系。如：他的诸葛亮演得很好。｜今天是你的主席？｜你千万别打我的主意！｜我的天！——第一例等于说：他演诸葛亮演得很好。第二例等于说：今天是你当主席？第三例等于说：你千万别打拉拢（欺负/损害）我的主意！第四例整个表示惊叹。这些例子中的定语“他的、你的、我的”都只是采取领属定语的形式，实质上并没有领属定语的内涵。它们都是表象领属定语，就语义上的实际联系而言，是假领属定语。

43. 数量定语、指别定语和时地定语是什么样的定语？

这三类定语也是物体类定语。

数量定语表示心语事物的数量。数量定语和心语之间一般不用“的”，但如果采用数量词的重叠形式，则一般要用“的”。如：一个碗｜四斤白菜｜一串一串的葡萄｜一群一群的游客。充当数量定语的词语，通常是数量词，但也可以是具有表数作用的其他词语。如：全体官兵｜所有财产｜一切景物｜少量货物｜绝大多数居民。充当数量定语的数量词，通常表示物量，但也表示时量，偶尔还可以表示动量。如：五天时间｜四年期限｜三分钟的热血｜一次机会（请你再给我一次机会！）。

指别定语表示对心语事物的指示和区别。指别定语和心语之间不用“的”。如：这单据｜那单据｜这情景｜那情景。充当指别定语的最基本的词，是指示代词“这”和“那”。但是更常见的形式则是由“这/那＋量词”构成的近似短语词的单位。如：这个杯子｜那种药品｜这些看法｜那笔财产。如果“这/那”和数量词同时充当定语，便是指别定语和数量定语同时显现，结合使用。如：这两位战士｜那三块田地。

时地定语表示心语事物所关涉到的时点和地点。表示时点的是时间定语，表示地点的是方所定语，它们一般分别由表示时间和方所的词语充当。如：今天的天气｜明年的收成｜目前的形势｜海南的水果｜三峡的风光｜岸边的杂草。这类定语和心语之间有时可以不用“的”：目前的形势→目前形势｜三峡的风光→三峡风光。

44. 性状定语、行为定语是什么样的定语？

这两类都是状况类定语。

性状定语表示心语事物的性质或状态。定语和心语之间常用“的”，有时也可以不用。如：聪明的孩子｜弯曲的山路｜伟大人物｜魁梧身躯。这类定语由形容词和形容词结构充当。各类形容词结构都可以充当这类定语：欢乐优美的舞曲，又黑又浓的眉毛（联合式结构）｜十分浅显的道理，比狼还凶的表情（状心式结构）｜热得难受的气候，绿得耀眼的扣子（心补式结构）。

行为定语表示跟心语事物有关联的行为活动。定语和心语之间常用“的”。如：a. 参观过我们车间的外宾｜即将出发的战士｜摘下来不久的苹果。b. 削苹果的刀子｜堆放杂物的房间｜用来保护路基和美化环境的树木。——a组行为定语表示心语事物所施行或承受的行为活动，心语可以向施事主语或受事主语转化：(那些) 外宾参观过我们车间｜(这些) 苹果摘下来不久。b组行为定语表示心语事物的功用，心语可以向用事主语转化：(这种) 刀子用来削苹果｜(这个) 房间用来堆放杂物。

行为定语通常由动词结构充当。有时，一个动词直接作一个名词的定语，中间不用“的”。这样构成的定名结构，整个表示一个名目。如：指挥人员｜领导核心｜学习资料｜考察报告｜咨询单位｜分析方法｜限制措施｜使用条件。

45. 断事定语和涵义定语是什么样的定语？

这两类也是状况类定语。

断事定语表示对心语事物有所断定。定语和心语之间用“的”。如：本是民兵队长的张丰｜不是演员的演员｜有牙齿的动物｜没有根据的说法｜属于本公司的职工｜不属于该国版图的地方。这类定语一般由动词结构充当，动词结构里包含断事宾语。如定语“本是民兵队长 (的)”，其中“民兵队长”是断事宾语。这类定语的心语若向主语转化，便成为断事主语。如：张丰本是民兵队长。｜(这种) 说法没有根据。｜(这块) 地方不属于该国版图。

涵义定语表示心语所指特定事物的特定涵义。定语和心语之间用“的”。如：夫妻吵架的事｜语义特征分析的方法｜观察描写解释三充分的要求｜百花齐放百家争鸣的方针。——“夫妻吵架”是“事”的特定涵义，其他类推。这类定语实际上是对心语事物作具体化的解释，定语和心语处在同指一种对象的关系之中。因此，这种“X的Y”定心结构，可以转化为“X这种Y”之类同位结构。如：夫妻吵架这种事｜语义特征分析这种方法｜观察描写解释三充分这样的要求｜百花齐放百家争鸣这一方针。

46. 不同类型的定语如何排列位序？

同一心语，可以带上不同类型的定语。如果不同类型的定语同时在同一心语前边出现，它们之间就存在如何排列位序的问题。通常是：领属—时地—指别—数量—行为—断事—涵义—性状。

有时，两个定语的排列位序是强制性的。比方指别定语“这、那”和数量定语“一个、两种”之类，指别在前，数量在后。又比方领属定语“我（的）、他（的）”之类和性状定语“十分粗暴（的）、优雅大方（的）”之类，领属在前，性状在后。再比方，作为一个名目的“定语＋心语”（不用“的”）的结构，如“鲁迅作品、唐代作品、国外作品、获奖作品”，不管其定语属于哪个类型，别的定语总要用在它们的前边：精选的鲁迅作品｜加注的唐代作品｜课本中的外国作品｜琳琅满目的获奖作品。

有时，两个定语的排列位序是倾向性的。比方物体类一般在前，状况类一般在后（鲁迅晚年的极其尖锐泼辣的杂文），但也可能出现相反的位序（极其尖锐泼辣的鲁迅晚年的杂文）。又比方物体类内部，一般倾向于领属在前，指别、数量在后（吕老的这几部著作），但也可能出现相反的位序（这几部吕老的著作）。再比方状况类内部，一般倾向于行为在前，性状在后（刚买回来的特别新鲜的水果），但也可能出现相反的位序（特别新鲜的刚买回来的水果）。一般说来，变动排列位序，是为了取得特定的语用效果。比较：一个多么可爱的女孩！｜多么可爱的一个女孩！——跟前一例相比较，后一例突出了“多么可爱”。

47. 多项定语同心语之间的层次关系是怎样的？

讨论各类定语在心语前边的排列位序时，心语被看作一个不变的单位。如果从层次关系上来分析定语和心语，那么，应该明确：第一，在一个包含多项定语的复杂的定心结构里，最前边的定语修饰它后边的“定语＋心语”，“定语＋心语”整个是它的心语。这就是说，多项定语不是处于同一层次之上。第二，在一个包含多项定语的复杂的定心结构中，心语是一个可变单位，时小时大。如“（这是）他们一个刚满十岁的女儿”：

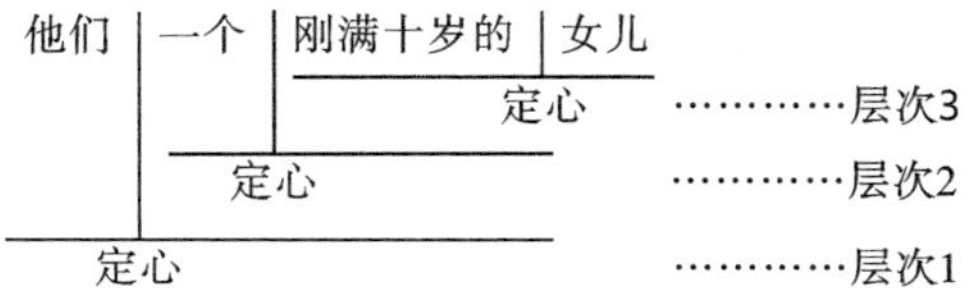

48. 什么是状语？怎样辨认？怎样分类？

状语是谓词性结构里心语前边起修饰作用的成分。如：一再盘查｜逐渐成熟｜认真研究｜试探地敲打｜一个个地清洗。状语和心语之间有时用“de”，书面上写作“地”。

副词的使用，可以帮助辨认状语。副词具有纯状语性，如果状语由别类词语充当，为了验证其状语身份，可以再增添一个副词状语。如：认真研究，试探地敲打，一个个地清洗→正在认真研究，一再试探地敲打，一个个地全都清洗。句法位置，也可以帮助辨认状语。由于“X（地）Y”格式整个具有谓词性质，因而它们通常被配置在谓语位置之上。比较：他们一个个都在讨好 de 微笑。｜站在长官面前，他们全都露出了讨好 de 微笑。——同是“讨好 de 微笑”，前一句里用在谓语位置上，是状心格局，“讨好”是状语，书面上可写作“讨好地微笑”；后一句里用作“露出了”的宾语，是定心格局，“讨好”是定语，书面上应写作“讨好的微笑”。

根据语义和语词性质，状语大体可以分为两大类：（1）状况类状语——表示跟心语行为性状有关的状况。主要包括性状状语、势态状语、程度状语、否定状语、因由状语、关涉状语和语气状语。（2）物体类状语——表示跟心语行为性状有关的时间、方所、数量以及人和事物等。主要包括时地状语、数量状语和事物状语。

49. 对状心语情况如何?

在结构上，对状心语可以是词，也可以是短语。如：好说！｜别紧张！｜永远团结奋进！｜确实宽敞明亮！

在性质上，对状心语一般是动词性词语或者形容词性词语。因此，状语通常被定义为动词、形容词的修饰成分。但是，对状心语也可以用名词或名词结构。如：（今天）才星期三？｜（我）就这么一个问题！——前一例，“星期三”是时间名词；后一例，“这么一个问题”是定名结构。这表明，“状心结构”的覆盖面大于“状＋动”和“状＋形”；这又表明，修饰名词或名词结构的成分不一定是定语。

凡是“状＋名”的结构，都出现在谓语的位置上，对主语事物起述说作用，整个结构属于谓词性结构。因此，“才星期三”之类结构里的状语，仍然可以说是谓词性结构里心语前边起修饰作用的成分。

50. 性状状语、势态状语、程度状语和否定状语是什么样的状语?

这几类都是状况类状语。

性状状语表示某种性质或状态。意义较为实在，往往由形容词和形容词结构充当，有时也由动词和动词结构充当。状心之间常用“地”。如：正确地反映情况｜安安静静地坐着｜赞许地笑｜不吃不喝地躺着。当心语是形容词的时候，充当状语的一般是“像X一般”之类比况结构。如：像鲜花一样艳丽｜跟豺狼似的凶残。

势态状语表示范围、频率或类同关系。意义比较虚灵，一般由副词充当，状心之间一般不用“地”。如：都打扫｜都健康｜只装修｜又迟到｜再检验｜一再审问｜也出卖｜也便宜。其心语有时也可以是名词或数量结构。如：（园子里）净杂草｜（本学期的课程）仅两门。

程度状语表示程度。通常由程度副词充当。如：很聪明｜非常宝贵｜特别凶残｜过分艳丽。少数几个形容词，在用来充当形容词的状语时，也表示程度。如：出奇地漂亮｜惊人地灵活｜意外地坦诚。

否定状语表示否定。充当否定状语的是“不、没、不必、未必”等副词。如：不报考｜不灵活｜没有录取｜未必暖和。

51. 因由状语、关涉状语和语气状语是什么样的状语？

这几类也是状况类状语。

因由状语表示原因、理据或目的。由“由于、根据、为了”等介词结构充当。如：（会议）由于各种原因而推延｜（本文）根据真人真事写成｜（大家）都为这件事高兴。

关涉状语表示关涉到的对象。通常由“把、对、向、比、跟、关于”等介词结构充当。如：把他开除｜对国家有利｜向敌人开火｜比画上的漂亮｜跟外商谈判｜关于这件事已有许多传说。

语气状语表示某种语气。所表示的语气，包括实然语气、概然语气、臆测语气、逆反语气、叮咛语气、反问语气等。常用“一定、肯定、确实、的确、也许、大概、大约、果然、居然、竟然、幸亏、原来、偏偏、反倒、简直、几乎、索性、反正、不妨、务必、难道、到底、究竟、何必、何尝”等充当，大多数是副词。如：的确好看｜也许有利｜果然精彩｜偏偏反对｜务必小心｜到底怎样。

52. 时地状语、数量状语和事物状语是什么样的状语？

这几类都是物体类状语。

时地状语表示时间方所。由时间义或方所义的名词、副词或短语充当。如：下午到达｜正在休息｜在学成之后回国｜法庭见｜屋里请｜沿着河边走。

数量状语表示动量和重复的物量。由数量词充当。如：一下抓住｜两次报考｜两个两个地进去｜（辣椒）一串串地挂着。数量词重叠式在主语和状语的位置上都可以出现，二者的区别在于：作状语时表示“逐次”或“分列”，后边用“地”或可以加上“地”；作主语时表示“每”，常跟“都”呼应使用。如：一个个都没气了？（作主语）

事物状语表示跟心语行为相关的人或事物。如：（我）贫农出身｜（他）（天天）香蕉苹果地吃。这类状语由名词或名词结构充当，有的带“地”，有的不带“地”，但有一个共同点，这就是：前面可以补出跟心语相配的主语。如上例里“出身”的主语是“我”，“吃”的主语是“他”。

53. 不同类型的状语如何排列位序？

不同类型的状语有时同时使用，形成多状同现现象。其排列位序，大体上是：因由—时地—语气—虚灵势态—否定—实义性状—关涉—数量。

有的不同类型的状语，排列位序受到强制。比方，表示时间的状语和表示性状的状语同现，表示性状的状语一定在后边，如：明天仔细看看；又比方，表示范围的“都”和表示程度的“很”同时出现，“很”一定用在后边，如：都很宽敞明亮。

大多数不同类型的状语，排列位序具有灵活性。由于位序不同，表意也有所不同：或者存在细微差异，或者区别较大。如：在海边高兴地玩耍｜高兴地在海边玩耍——表意略有不同，前者先着眼于方所，后者先着眼于性状。又如：十分不信任｜不十分信任——表意有较大的不同，前者是根本不信任，后者是有限度地信任。

54. 多项状语同心语之间的层次关系是怎样的？

讨论不同类型状语排列位序，是把心语看作一个不变单位，并且把不同类型的状语分别开来观察它们同心语的关系。如果从层次关系上来分析状语和心语，那么，应该明确：第一，在一个包含多项状语的复杂的状心结构中，心语是一个可变单位，时小时大。第二，在这种复杂的状心结构里，不同类型的状语不是处于同一层次之上：最前边的状语修饰它后边的“状语＋心语”，即后边的“状语＋心语”整个是它的心语。如“（李校长）上午在小礼堂跟全体代表一一握手”：

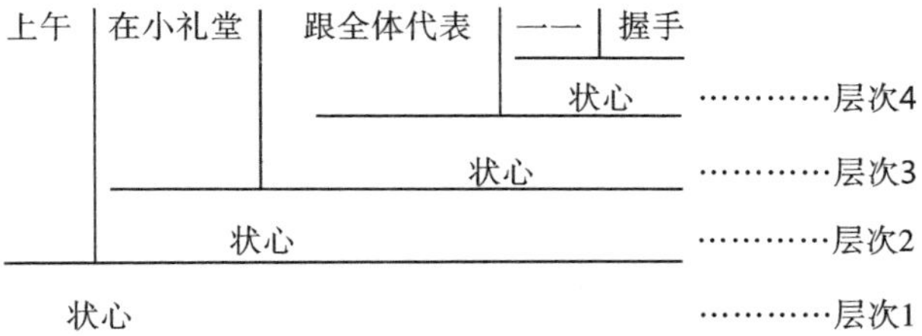

55. 什么是补语？怎样分类？心语情况如何？

补语是谓词性结构里心语后边起补充作用的成分。如：推得倒｜红得发紫｜走进来｜痛苦万分。心语和补语之间有时出现“得”（de）。“心得补”格局的形成，往往跟补语语义类型和补语结构情况都有关系。

根据语义和语词性质，补语大体可以分为两大类：（1）状况类补语——表示跟心语行为性状有关的状况，主要包括结果补语、趋向补语、可能补语、程度补语和评判补语；（2）物体类补语——表示跟心语行为性状有关的时间、方所、数量和对象、方式等，主要包括时地补语、数量补语和关系补语。

对补心语通常是动词或形容词。如：打起来｜逐渐清晰起来。对补心语也可以是动词短语或形容词短语，不过比较少见：孟一夫把谭光拽下床，拳打脚踢起来。（崔亚斌《白狼》）｜过去的年龄所无法感知的事情，逐渐清晰和明朗起来。（张廷竹《黄土已远，近草更绿》）

由于补语通常跟动词、形容词发生关系，因此通常被定义为动词、形容词的补充成分。

56. 结果补语和趋向补语是什么样的补语？

这两类都是状况类补语。

结果补语表示行为性状所导致的状态或状况。如果以XY分别代表心语和补语，那么二者的语义关系是：Y是X所导致的结果。二者之间有时不用“得”，但可以添加“得”。如：小树长高了—小树长得很高了｜姑妈急哭了—姑妈急得哭了。有的结果补语前头用“个”或“得个”。如：把敌人打个/得个落花流水（＝打得落花流水）。

趋向补语表示发展变化的趋向或趋势。如果以XY分别代表心语和补语，那么二者的语义关系是：Y是X的趋向或趋势。二者之间不用“得”。如：战士们冲过去了。｜新一代国产小轿车制造出来了。——“过去”是“冲”的具体趋向，“出来”是“制造”的抽象趋势。这类补语由趋向动词充当，心语一般是动词，有时是形容词。带这类补语的形容词，是动态化用法；用作形容词补语的趋向动词，限于“起来、下去、下来”三个。如：天黑起来了。｜天黑下去了。｜天黑下来了。

57. 可能补语是什么样的补语？

可能补语也是状况类补语。

这类补语表示行为性状可能有的发展变化。如果以XY分别代表心语和补语，那么二者的语义关系是：能XY，或者，不能XY。如：听得懂—听不懂｜写得完—写不完｜提得起来—提不起来。

这类补语，跟结果补语、趋向补语之间可以进行有条件的转化。即不用“得”的结果补语和趋向补语，可以通过加“得”转化成为可能补语。如：推倒（结果补语）→推得倒（可能补语）｜平静下来（趋向补语）→平静得下来（可能补语）。

这类补语，有时跟结果补语采取同样的形式：说“写得好”，“好”可以指结果，也可以指可能。但是，它们的否定说法有所不同：如果是结果补语，否定说法是“写得不好”；如果是可能补语，否定说法是“写不好”。一个采用肯定形式的说法，到底表示结果还是表示可能，要在特定语境中判别。

有的可能补语，是简单可能补语。如：吃得！｜吃不得！｜看得！｜看不得！在结构上，心补采取“X得”和“X不得”的形式，其中的“得”不是结构助词，“得”“不得”本身就是补语。在关系上，补语是对心语可能性的全面肯定或否定：“吃得”是对吃的可能性的全面肯定；“吃不得”是对吃的可能性的全面否定。

58. 程度补语和评判补语是什么样的补语？

这两类也是状况类补语。

程度补语表示心语行为性状的程度。如果以XY分别代表心语和补语，那么二者的语义关系是：X达到了Y的程度。如：这东西酸极了。｜这盘菜辣得不能再辣了。心语一般是形容词，也可以是心理活动动词和比似动词“像”。充当程度补语的词语有三类：（1）程度副词“很、极、透、万分”等。只有用“很”作补语时前面要求用“得”。如：辛苦得很｜羡慕极了。（2）形容词“出奇”。要求用“得”。如：红得出奇｜像得出奇。（3）谓词性结构“不得了、要死、要命、不行、不能再X了”等。如：严肃得不得了｜喜欢得要命｜像得不能再像了。

评判补语表示对心语行为性状的评议和判断。如果以XY分别代表心语和补语，那么二者的语义关系是：Y评判X为怎么样。Y反映说话人的心理感受。如：起得很早｜睡得很晚｜来得正是时候。其心语有时可以是形容词：绿得可爱｜得意得太早｜糊涂得可以。心补之间要求用“得”，有时也用“个”或“得个”：笑个不停｜闹个没完没了。这类补语不同于结果补语，不能说成 X 的结果是 Y；这类补语也不同于程度补语，尽管它包含程度因素，但又有特定的评议内涵。

59. 时地补语、数量补语和关系补语是什么样的补语？

这三类都是物体类补语。

时地补语表示行为所涉及的时间位置或方所位置。如：奋斗挣扎到天明｜贴个条子在门口。时地补语由表示方所时间意义的介词结构充当。不过，介词结构用在动词后边时，介词有缀向动词的倾向。这一点在讲介词结构时再讨论。

数量补语表示行为性状的动量、时量或升降段量。如果以 XY 分别代表心语和补语，那么二者的语义关系是：Y 是 X 相关的量。如：看了三遍｜住了三天｜重了三斤。数量补语不同于数量宾语。比较：肉包子我吃了两回。｜肉包子我吃了两斤。——“两回”是补语，“两斤”是宾语。不同之处在于：第一，作补语的是动量词结构，作宾语的是物量词结构。第二，作宾语的物量词结构可以跟名词一起组成“数量名”结构，并且可以一起用在句子的其他地方，作补语的动量结构不能这么办。比如可以说“我把两斤肉包子全吃了”，但不能说“我把两回肉包子全吃了”。

关系补语表示跟心语行为相关的对象或方式。如：求助于他｜代之以符合中国国情的做法。这类补语由介词结构“于 X”“以 X”充当，带这类补语的句子有文言味，书面语色彩较浓。

60. 补语和宾语的位序关系如何？

动词后边可以出现两种成分：宾语和补语。当这两种成分同时出现的时候，存在孰先孰后的位序关系问题。大体说来，有三种情况：(1) 补前宾后；(2) 宾前补后；(3) 补宾位置灵活。如：

a. 写好一篇文章→? 写一篇文章好

b. 写不好文章→? 写文章不好

c. 找过他两次→? 找过两次他

d. 考两次大学→考大学两次

上例表明，补宾位序的安排取决于多方面的因素。有时取决于补语的类型。结果补语和可能补语要求紧跟动词，如果移到宾语后边就会改变原意（a 和 b）。有时取决于词性及音节。代词，特别是单音节代词，要求紧跟动词（c）；双音节名词，位置可以灵活（d）。

动词后边如果出现宾语和表示复合趋向的补语，宾语的位次涉及三种情况。例如：

a. 大伯拖过来一袋米　大伯拖一袋米过来　大伯拖过一袋米来

b. 对面扑过来一条狼　*对面扑一条狼过来　对面扑过一条狼来

c. *汽车冲过来一号楼　*汽车冲一号楼过来　汽车冲过一号楼来

比较可知，复合趋向补语跟宾语的位序安排同样取决于多方面的因素。如果宾语是由物体名词充当的受事宾语，三个位置都能出现（a）；如果宾语是施事性存现宾语，一般只能出现在两个位置（b）；如果宾语是处所宾语，一般只能出现在一个位置（c）。

61. “动词＋补语”跟宾语的语义关系如何？

“动词＋补语”后边如果出现宾语，在语义关系上有三种情况：(1) 宾语跟动词和补语都有关系；(2) 宾语只跟动词有关系而跟补语没有关系；(3) 宾语只跟补语有关系而跟动词没有关系。比较：

她揉肿了眼睛。（“眼睛”和“揉”“肿”都有关系）

她蒙上了眼睛。（“眼睛”只跟“蒙”有关系，跟“上”没有关系）

她哭红了眼睛。（“眼睛”只跟“红”有关系，跟“哭”没有关系）

不管“动词＋补语”跟宾语的语义联系如何，都可以认为该宾语在句法上是整个动补结构的宾语，不必认为“哭红了眼睛”之类格式里“哭”是心语而“红了眼睛”是补语。这是因为，所有“动补＋宾语”在语法格式的变换上具有同一性。比方上面三个例子，它们都能变换为“把”字句：

你看，她把眼睛揉肿了。

你看，她把眼睛蒙上了。

你看，她把眼睛哭红了。

62. 怎样理解主谓位序的异变？

主前谓后，这是主语和谓语的正常位序。由于语用的需要，让谓语出现在主语的前边，这就形成谓前主后的位序异变现象。

在陈述句里，主谓位序异变是为了突出说话人陈述事实时的注重点。如：都过去了，那些可咒的岁月。｜是瓦特发明的，蒸汽机。在感叹句里，主谓位序异变是为了突出说话人咏叹事物时的特殊感觉。如：太难了，你出的题目！｜好新鲜啊，这里的空气！在祈使句和疑问句里，主谓位序异变是为了突出说话人的要求或疑问。如：快走吧，你们！｜贵不贵，你这件衣服？

主谓位序异变现象，在构造上有两个特点：第一，可以无条件地恢复顺置位序。如：都过去了，那些可咒的岁月。→那些可咒的岁月都过去了。第二，逆置的谓语和主语之间一般有比较明显的停顿，书面上用逗号隔开。也有停顿较短、不加逗号的，但逆置关系必须清楚。如：怎么啦你？｜出来吧你们！——这两例没用逗号。但只能有主谓逆置的关系。又如：已经说完了，我的所有想法。｜看，冲上来了，一员员虎将。——这两例的逆置关系在书面上由逗号来显示，如果不用逗号，说成“已经说完了我的所有想法”和“冲上来了一员员虎将”，都会形成动宾格局。

63. 怎样理解定心位序的异变？

定前心后，这是定语和心语的正常位序。有时，由于语用的需要，把定语倒置在心语后边，便形成“心语＋定语”的位序异变现象。如：击毁军车五辆｜打死敌人二十多名。表达中，有人说：“我算什么？我不过是笨蛋一个！”这样显得比“我不过是一个笨蛋”更有强调作用，而且更有幽默、讥讽之类的情味。

凡是后置的定语都可以自由地恢复成前置定语。如：击毁军车五辆→击毁五辆军车。但是，后置定语和前边的心语中间没有语音停顿，书面上不用任何标点符号。此外，后置定语限于数量定语，而且“心语＋定语”用于宾语部分。

有的成分不表示数量，尽管近似后置定语，但前边有明显停顿，书面上用了逗号，这样的成分可以处理为谓语。例如：来了一大群人，气势汹汹的。｜他手里拿着一个奖牌，金的！——前一例可以解释为：“来了一大群人，（这群人）气势汹汹的。”后一例可以解释为：“他手里拿着一个奖牌，（这个奖牌是）金的！”其中的“气势汹汹的”和“金的”都可以处理为后边分句的谓语。

有的表示数量的成分，如果紧跟主语出现，可以分析为谓语，也不作后置定语处理。比如：肥皂两块。｜晨曦绚丽，彩霞万朵。｜葡萄一串串。——“两块”“万朵”“一串串”都是谓语。

64. 怎样理解状心位序的异变？

状前心后，这是状语和心语的正常位序。由于语用的需要，把状语倒置在心语后边，便形成“心语＋状语”的位序异变。如：这叫声，留在堂林嫂心里，永远永远。（艾之明《火种》）｜我漫步着，漫步着，在这少有的寂寞里。（鲁迅《秋夜》）｜在硝烟弥漫的岁月里，他慢慢成长了，从班长、排长到连长。（武剑青《云飞嶂》）

凡是后置的状语，都可以自由地恢复为前置的状语。如：这叫声，留在堂林嫂心里，永远永远。→这叫声，永远永远留在堂林嫂心里。

凡是后置的状语，前边一定有停顿将它同心语隔开，书面上一般是用逗号。如果不用逗号之类，不是后置状语。比方，“极好”中“极”是状语，“好极”中“极”是补语而不是后置状语。

使用后置状语的通常是陈述句，但也有其他语气类型的句子。如：祝福吧，为那些平凡的妻子和母亲。（艾之明《火种》）｜（那首唱遍世界的歌……）谁不喜欢呢？从心里，从灵魂深处。（吴伯箫《歌声》）——前一例是祈使句，后一例是反问句。

65. 句子成分在什么条件下可以简省？简省的主要类型有哪些？

在依赖语境可以补足的条件下，句子成分可以有所简省。所谓“语境”，包括对话和上下文。有的句子，孤立看成分不齐备，但有了语境的补足，便可以成活，能够有效表述意旨。比方，孤立地看“我不是”，缺个判断宾语，意思不清；如果出现在特定语境之中，情况便不同。如：［对话］甲：你是他的同伙？乙：我不是。（＝我不是他的同伙。）｜［上下文］我父亲是公司董事长，可我不是！（＝我不是公司董事长！）

成分简省的主要类型有三种：

（1）受结构制约的简省。简省的内容可以由语境而意会，但不能直接在句子中补出。使用范围较窄，只见于“尚且……何况……”之类句式。若要把简省的内容补出，就必须改写“何况……”部分。如：连一只兔子都没看到，何况熊猫？→连一只兔子都没看到，熊猫更看不到了。

（2）为避免重复的简省。简省的内容可以根据语境而在句子中补出。包括：①对话简省。某成分因对方话语可以补足而简省。如："书记他们呢？""都上堤啦！"（="书记他们到哪儿去了呢？""书记他们都上堤啦！"）②承前简省。后句某成分因前句已出现而简省。如：他很聪明，我却不大喜欢。（=他很聪明，我却不大喜欢他。）③蒙后简省。前句某成分因后句将出现而简省。如：收你的礼，我不舒服。（=我收你的礼，我不舒服。）｜不光孩子，连大人都乏呀！（=不光孩子乏，连大人都乏呀！）此外，有时可以大幅度地简省。如：［甲］你打算什么时候走？［乙］马上。

（3）造成意会性主语空位的简省。指的是：两个分句连用，后分句主语留有空位，其内容可以意会到就是前分句内容。如：如果你不去，将会引起不良后果。——"如果你不去"是假设分句，结果分句不出现主语，其主语可以意会到也是"你不去"。这是一种特殊的主语意会简省。如果后分句一定要补出主语，那么，只能补上纯语法主语"这"或"那"，如：如果你不去，这将会引起不良后果。

66. 哪些句子成分可以简省？

如果换一个角度来观察简省现象，可以知道：除了大幅度的简省，就一个一个句子成分而言，下列成分借助语境可以简省（简省部分用"[ ]"表示，后文同）。

（1）主语。主语简省的现象很常见。如："你去不去？""[ ] 不去！"（对话简省）又如：他很聪明，但 [ ] 不大努力。（承前简省）[ ] 这么做，你不感到羞耻吗？（蒙后简省）

（2）宾语。宾语简省现象有时可以看到。如："你考不考体校？""我不考 [ ]。"（对话简省）又如：他很聪明，但我不大喜欢 [ ]。（承前简省）我要写 [ ]，写这里的山，写这里的水，写这里的纯朴的人！（蒙后简省）

（3）谓语。谓语简省现象有时也可以看到。如："你爸爸 [ ] 呢？"

(对话简省) 又如：不光孩子［ ］，连大人都乏呀！(蒙后简省) 连一只兔子都没看到，何况熊猫？(受结构制约的简省)

(4) 补语。补语简省现象在某种特定句式中可以看到。如：看你累得［ ］！

67. 成分共用是什么样的现象？跟成分简省、成分扣合的关系如何？

成分共用是成分关系中“二共一”的句法现象。如：同伴劝我甚至要推我下水。(＝劝我下水＋甚至要推我下水)——“劝我”和“(甚至) 要推我”共用“下水”。

成分共用实际上还是成分简省。不过，成分简省一般用来专指甲乙两句相对待的简省现象，而成分共用则用来专指一个句子中成分凝合而成的“共用”现象。如：我们看重理论，正是，也仅仅是，因为它能够指导行动。(＝正是因为它能够指导行动＋也仅仅是因为它能够指导行动)——在断定原因时，“正是”和“也仅仅是”共用“因为它能够指导行动”。

成分共用实际上也是成分扣合。不过，成分扣合一般用来专指甲乙配对成分有所扣合，属于常规说法；成分共用则突破了主谓和动宾相扣合、状心和动宾相扣合等的界限，情况更为复杂多样，同语用需要的联系更为明显。如：他们是否愿意和是否能够成为我们的朋友？(＝是否愿意成为我们的朋友＋是否能够成为我们的朋友)——“是否愿意”和“是否能够”共用“成为我们的朋友”，显然已经不是配对成分之间的问题。从结构关系看，这一句法可以认为是成分扣合的发展和扩大。这是一种可以增强语言表达的经济凝练的有用句法。这种句法大量进入现代汉语书面语，并且得到发展，跟“五四”以后翻译外语作品有关。

68. 句子成分分析的操作程序如何？

句子成分分析，指的是通过句子分析明确一个个具体句子所包含的主谓宾定状补等成分。其基本操作程序，有三步：(1) 划主谓；(2) 抓主动宾；(3) 找定状补。

第一步是划主谓。小句一般都是主谓句，分析句子成分时首先要把主语、谓语两个部分划分开来。可以用符号和文字加以标注。例如：

弟弟 ‖ 厚道 。
主　　谓

通过划主谓，也可以知道有的小句找不到主语或谓语，是非主谓句。

第二步是抓主动宾。小句的谓语部分里若用动词，这个动词往往带宾语。这时，在划开主谓之后，需要在谓语部分找出动宾，从而明确句子的主动宾格局。也可以用符号和文字加以标注。例如：

弟弟 ‖ 看小说 。
主　　　谓
　　　动　宾

第三步是找定状补。就一般情况而言，一个小句的主语和谓语内部，或者动语和宾语内部，都可能包含定语和心语，状语和心语，或者心语和补语。这样，在明确主动宾之后，还需要进一步找出定状补及其心语。也可以用符号和文字加以标注。例如：

我的弟弟 ‖ 已经看得懂英文小说 。
　主　　　　　　谓
　定心　　　　动　　　宾
　　　　　状　心　补　定心

69. 怎样看待和描述句子成分的组合层次？

汉语句子成分的组合通常具有层次性，但有时由于相互扣合，层次关系呈现模糊状态。因此，分析结构格局时既要有层次观，又要采取灵活的做法，在某种情况下可以重在描述成分间的语义关系，不必死扣层次切分。

比方对待“兼语式”，不必硬分层次。如“请他们进来”，既不好切成“请｜他们进来”，也不好切成“请他们｜进来”，只要指出“他们”是兼语即可。

又比方对待“双宾式”，也不必硬分层次。如“给他们奖金”，既不好切成“给｜他们奖金”，也不好切成“给他们｜奖金”，只要指出“他们”和“奖金”是双宾语即可。

再比方对待“（我）找得你好苦”这样的格局，更难于硬分层次。因为“找”后边的“得”是补语的标志，然而不能认为“你好苦”是个补语。在这种情况下，应从语义关系上指出这是由“找你”和“找得好苦”扣合而成的特殊格式。

70. 状语后边是动宾结构时如何分析？

“状语＋动宾结构”，其中的动宾结构往往可以整个分析为对状心语。如：“热心地帮助邻居”，“热心（地）”是状语，“帮助邻居”是心语。

不过有两种情况例外：

(1)“状・动・宾”中，状语是单音形容词，后边是单音动词，二者形成双音节的一个单位。如“紧闭眼睛”。这时，要切分为“紧闭｜眼睛”，即认为“眼睛”是宾语，“紧闭”是状心结构作动语，而不好切分为“紧｜闭眼睛”。

(2)“状・动・宾”中，状语是“不”字。如：“不知道他的电话号码”。这时，切分为“不知道｜他的电话号码”更合理。这是因为，“不”加于动词，形成动词的否定形式，在正反选择问里肯定形式和否定形式可以形成对立：“知道不知道他的电话号码？”

由于情况并不单纯，在遇到状语后边是动宾结构时，可以笼统地指出这是个“状・动・宾”组合。如果一定要二分，许多时候可以切分为“状｜心（动宾）”，有的时候可以切分为“动（状心）｜宾”。

71. 状语后边是心补结构时如何分析？

“状语＋心补结构”，其中的心补结构往往可以整个分析为对状心语。如：“安静地休养几个月”，可以切分为“安静地｜休养几个月”，即认为“安静（地）”是状语，心补结构“休养几个月”是心语。

但是，如果状语由单音形容词充当，后边是单音动词，“状＋动”形成双音节的一个组合单位，那么，切分为“状动｜补”更为合理。如“静养几个月”，应该切分为“静养｜几个月”，即认为“几个月”是补语，“静养”是由状心结构充当的心语。假若切分为“静｜养几个月”，不够顺当。

由于情况并不单纯，在遇到状语后边是动补结构时，可以笼统地指出这是个“状・动・补”组合。如果一定要二分，许多时候可以切分为“状｜心（动补）”，有的时候可以切分为“动（状心）｜补”。

72. 状语后边是主谓结构时如何分析？

状语有时出现在“主语＋谓语”的前边，位居句首。这样的用法，往往有其特殊需要：有时，是为了强调状语的意义；有时，是为了更好地承接上文；有时，是因为它在语义关系上同时修饰后边的两个或几个主谓结构。

如果只看层次关系，可以认为句首状语是以一个或几个主谓结构作为心语。比如“明天你跟我通电话”，“明天”是状语，“你跟我通电话”整个是心语。

不过，从分析结果的明晰性上说，状语后边的“主语＋谓语”可能很长很复杂，甚至可能是几个“主语＋谓语”。如：“明天你跟我通电话，我再跟他通电话，由他把最后的处理意见告诉你。”要是把很复杂的一个乃至几个主谓结构一起分析为心语，不利于对句子意义的理解。

因此，在分析“状·主·谓”结构时，可以指出这是状语用在句首笼罩全句，它的后边是“主语＋谓语”。这样，既在语义关系上承认了句首状语的全句修饰语的作用，又便于显示汉语句子以主谓结构为主体的基本面貌。如：

明天你‖跟我通电话。
状主　　谓

73. 什么是独立语？有什么特点？

独立语是地位独立、位置灵活的成分。

这是配对成分之外的一类特殊成分，是为了适应语用需要而使用的。其基本特点，就表现在地位独立和位置灵活两个方面。所谓地位独立，是说它不跟别的成分发生结构关系，“独来独往”；所谓位置灵活，是说它在句子的结构配置中可以比较自由地安放，不受拘束。

假若用S代表主语，用VP代表谓语，用X代表独立语，那么，典型的独立语有三个安放位置：

(1) X，SVP。——X在句首。如：咳，这家伙又熬夜了！

(2) S，X，VP。——X在句中。如：这家伙，咳，又熬夜了！

(3) SVP，X。——X在句末。如：这家伙又熬夜了，咳！

74. 独立语有哪些类型？

根据出现位置，结合表意情况，独立语可以分为以下几类。

(1) 典型独立语：可游移于前中后三个位置。主要包括：①提醒性的。如：您看，那个人是不是有点可疑？→那个人，您看，是不是有点可疑？→那个人是不是有点可疑，您看？②评论性的。如：严格地说，这种人不能算是学者。→这种人，严格地说，不能算是学者。→这种人不能算是学者，严格地说。③音像性的。如：哼，你小子还好意思要奖金！→你小子，哼，还好意思要奖金！→你小子还好意思要奖金，哼！④招呼性的。如：队长，这件事让我来处理！→这件事，队长，让我来处理！→这件事让我来处理，队长！

(2) 例释独立语：可游移于中后两个位置。这是因为，这类独立语针对事物提出例释，不可能先于事物而出现。如：有的理事，比如张星，很不以为然。→有的理事很不以为然，比如张星。

(3) 接句独立语：用于句与句之间起关联作用。这类独立语，如“总而言之”“这就是说”“换句话讲”之类，不属于某个小句，不跟小句中某个成分发生结构关系，但由于它们起的是承接上句引出下句的作用，因而位置相对固定。

(4) 口头禅独立语：位置特别灵活，简直任何地方都可以出现。如“他妈的”“这个这个”之类：“我什么时候他妈的请过你他妈的哥哥？”“有的理事，这个这个很不这个这个以为然。”

75. 什么是外位语？有什么特点？

外位语是位于句外、内有称代的成分。

这是为了适应语用需要而使用的另一类特殊成分。其基本特点，表现在三个方面：

(1) 位于句外。它用在本位句外头，跟本位句之间有语音停顿，书面上用逗号隔开。如：这小子，他的胆子可真大！

(2) 内有称代。它虽然用在本位句外头，但本位句内部有一个代词或名词性词语称代它，它可以代入称代词语的位置。如：这小子，他的胆子可真大！→这小子的胆子可真大！

(3) 不能居中。有的外位语可以在本位句前后移动，如：这小子，他的胆子可真大！→他的胆子可真大，这小子！但是，跟独立语不同，外位语不能插入本位句中间。

76. 外位语有哪些类型？

根据出现位置，外位语可以分为两类：

(1) 前外位语。用于本位句前头，句内称代词语可以出现一次，也可以出现多次。如：这碗酒，你把它喝下去！（京剧《红灯记》）｜我们的部队，我们的战士，我觉得他们是最可爱的人。（魏巍《谁是最可爱的人》）｜可爱而又可怜的谢惠敏啊，她单纯地崇敬一切用铅字新排印出来的东西，而在“四人帮”控制舆论工具的那几年里，她用虔诚的态度拜读的报纸刊物上，充塞着多少他们的“帮文”，喷溅出多少残害青少年的毒汁啊！（刘心武《班主任》）

(2) 后外位语。用于本位句后头，句内称代词语可以出现一次，也可以出现多次。如：什么都有：稻鸡、鹁鸪、蓝背……（鲁迅《故乡》）｜我们这里什么人没有啊：科学家、艺术家，还有劳动模范。（乔雪竹《“杰出”人物》）｜芩芩觉得自己突然与他生疏了，陌生得好像根本不认识他了，这个恋爱一年已经成为她未婚夫的人。（张抗抗《北极光》）

77. 什么是黏合成分？有些什么情况？

除了配对成分和特殊成分，句子里还有一些起黏合作用的成分，统称“黏合成分”。包括：结构助词，时态助词，表数助词，语气助词，连词，等等。

有的黏合成分重在“黏”。它们黏附在某个语法单位后边，表示某种语法意义。所黏附的语法单位，或者表现为小句，或者表现为一个成分，或者表现为一个词语。比如：他走了吗？（黏附于小句）｜哗啦啦地飘（黏附于状语）｜慰问并帮助了（黏附于短语）。

有的黏合成分重在“合”。它们把甲乙语法单位组合起来，在二者之间表示某种语法关系。所组合的语法单位，或者表现为小句和小句，或者表现为成分和成分，或者表现为词语和词语。如：因为大家都反对，所以我不能签字。（组合小句）｜为实现现代化而努力（组合状语和心语）｜老师和同学（组合两个词）。

有的黏合成分很难说是重在“黏”还是重在“合”。如：分析得很对。——心语和补语中间的“得”，既可以认为黏附于心语，也可以认为用在心语和补语之间起组合作用。

分析句子时，黏合成分被当成辅助性语法成分，不作为句子成分来分析。

78. 句子成分运用中常见什么偏误？

大体说，表现为五个方面：

(1) 搭配不拢。即成分与成分胡乱搭配。如：她的脸色阴沉沉地绷着。｜大家正在热火朝天地学习着。——前一例主谓搭配不拢，“她的脸色”应改为“她的脸”；后一例状心搭配不拢，“热火朝天”应改为“认真刻苦”之类。

(2) 并列失应。即并列项跟相关的成分有失照应。如：他设计的草图竟被印制成十分粗糙的集邮品甚至是工厂产品上。——“印制成”的后边出现了两个列举项，一个是“十分粗糙的集邮品”，另一个是“(甚至是) 工厂产品上”。“被印制成十分粗糙的集邮品”可以说，“被印制成工厂产品上”却不能说。应该改为：“他设计的草图竟被印制成十分粗糙的集邮品，甚至被印制到工厂产品上。”

(3) 位序不当。即成分的位序安排不当。如：外公家很穷，七岁的母亲被迫卖给了戏班子。——不能说“七岁的母亲”，应改为：……母亲七岁时……。

(4) 成分残缺或多余。即缺少了必要的成分，或者出现了多余的成分。如：这一期我们发表了讨论邓军的小说《虎山行》和李河的杂文《路旁小草》。｜为什么允许这种人可以有进出的自由？——前一例缺少一个必要的成分，应说成：……发表了……的文章；后一例存在多余成分，应删去“可以”。

(5) 结构纠缠。即甲乙两个结构纠缠在了一起。如：这种慷慨悲歌的壮举的背面，还是自信心不足的表现。——要么说“这种慷慨悲歌的壮举的背面，还是自信心不足”，否则应该说“这种慷慨悲歌的壮举，还是自信心不足的表现”。

词　　类

79. 汉语语法系统中的词有哪些种类？

汉语语法系统中的词有三种十一类。即：

(1) 成分词——能单独充当句子成分。包括：

①名词

②动词

③形容词

④副词

(2) 特殊成分词——能单独充当句子成分，但具有特殊性。包括：

⑤数词

⑥量词

⑦代词

⑧拟音词

(3) 非成分词——不能单独充当句子成分。包括：

⑨介词

⑩连词

⑪助词

80. 什么是名词？语法上有什么特点？

名词是表示人物时地的词。其基本语法特点，表现在以下两个方面。

(1) 在组合能力上，许多名词能受数量词的修饰，全部名词排斥跟“不”字的组合。如：来宾→四位来宾—*不来宾｜汽车→三辆汽车—*不汽车｜中午→一个中午—*不中午｜书房→两间书房—*不书房。所谓排斥跟“不”字的组合，指的是单独一个名词不能跟“不”字结合。“不人不鬼”这样的说法不算，因为不能单独说“不人”和“不鬼”；“我们俩不一个想法”这样的说法也不算，因为不能单独说“不想法”。

(2) 在句法功能上，名词以能够充当主语宾语为必要条件。这是一种“无之必不然”的条件。就是说，能够充当主语宾语的词不一定是名词，但根本不能充当主语或宾语的词肯定不是名词。如：来宾就座。—未请来宾。｜汽车坏了。—谁开汽车？｜中午不冷。—刚过中午。｜书房太小。—请进书房。介词的后置成分，类似宾语，名词也经常充当这种成分。如：对来宾要客气！｜把汽车开过来！｜到中午再休息！｜往书房搬！假设有这么个判断：“作品”“产品”“出品”都是名词。可以检验一下：中国作品大受欢迎。—中国产品大受欢迎。—*中国出品大受欢迎。｜我们要买中国作品。—我们要买中国产品。—*我们要买中国出品。——检验可知，“出品”不具备充当主语宾语的功能，不可能是名词。

81. 名词有哪些类型？

名词有三类：人物名词、时间名词和方所名词。

(1) 人物名词——表示人或事物。如：来宾｜汽车。这是一类典型的名词，一般能受数量词的修饰。也有不能或在通常情况下不能跟数量词组合的，比如“马匹”和“鲁迅”，这是由于受到本身语义内容的限制。

从句法功能看：①经常充当主语、宾语和介词后置成分。如：大妈把借款买了化肥。②也经常充当定语，表示领有、材料或属性。如：

鲁迅作品｜檀木作品｜文艺作品。③少数还可以充当状语和谓语。充当状语的，或者表示某种性质，或者表示某种出身或经历，如：要历史地评价古人｜我工人出身，本科毕业；充当谓语的，主要表示姓名或身份，如：我李华，她秘书。

(2) 时间名词——表示时间概念。如：现在｜中午｜刚才｜片刻。这类名词跟数量词组合的能力较差。若跟数量词组合，偏重于强调事物性的一面，如：两个中午｜三个夜晚。

从句法功能看：①充当状语的能力很强。如：今天走。②也经常充当定语和介词后置成分。如：昨天的报纸｜从明天开始。③也可以充当谓语，表示日期或天气。如：明天星期日，今天晴天。④还可以充当主语，这时句子表示变易、承受、判断、描写、存现等意义。如：假日快到了。(变易)｜假日也可以利用嘛！(承受)｜假日是干家务的时间。(判断)｜假日很清静。(描写)

(3) 方所名词——表示处所和方位。处所指地点，方位指方向和关系位置。如：枣庄｜东边。这类名词跟数量词组合的能力较差。若跟数量词组合，偏重于强调事物性的一面，如：两个客厅｜三个剧场。

从句法功能看：①经常充当存现句主语、介词后置成分和定语。如：客厅摆满了新式家具｜往客厅搬｜客厅的地毯。②有时也充当状语。如：客厅坐｜北京见。③还可以在非存现句中充当主语，这时句子表示变易、承受、判断、描写等意义。如：客厅变了样了。(变易)｜客厅打扫干净了。(承受)｜客厅也是书房。(判断)｜客厅很宽敞。(描写) 比较地说，方所名词的主语功能比时间名词强，状语功能要比时间名词弱。

82. 时间名词跟时点时段的关系如何？

时间名词，有的表示时点，所指时间具有定位性，指在时间序位中所占据的特定的点；有的表示时段，所指时间具有历程性，指在时间历程中所占据的特定的段。比如：刚才——这是时点，位置在说话前不久｜片刻——这是时段，历程起码比一小时短，比一秒钟长。点段的表示有时具有绝对性，但更多时候具有相对性。即是说：某个时间名词在甲语言环境中可能表示时点，在乙语言环境中可能表示时段，在丙语言环境中甚至似点似段，点段模糊。比如同是“春天”：我春天开了一次刀。(时点)｜我整个春天都住在乡下。(时段)｜春天，一个风和日丽的日子。陈教授家。(似点似段)

时点和时段的表达形式不限于时间名词。更多的时候，由时间短语表示。不管是词还是短语，时点和时段一般都没有明确的形式标志，语法环境的规约起着十分重要的作用。

83. 方所名词的“方”与“所”情况如何？

方所名词包括处所名词和方位名词。

处所名词有两类：(1) 定域处所名词。如：海南省｜乐东县 (地区类处所)，图书馆｜少林寺 (楼馆类处所)，外交部｜社科院 (部门类处所)。(2) 非定域处所名词。这类处所名词，以某一地点或某一事物为参照点，加上一个方位指示。它们所表示的辖域是不确定的，有时是十分模糊的。如：树上｜门外。

方位名词，通常叫作方位词。从构成上看，有两类：(1) 单音方位词。如：左｜右。(2) 复合方位词。如：底下｜东边。这两类方位词都能受某些副词的修饰，这说明它们有不同于一般名词的特殊性，如：既不左也不右｜最底下。从使用上看，方位词有两种情况：(1) 单独使用。如：前有小河｜后有青山｜东头很热闹｜西边在下雨。(2) 黏附使用。即黏附在某个参照点后边，指示方位。如：树＋上＝树上｜大门＋外面＝大门外面。黏合使用时，如果一起构成两个音节的单位，可以算是合成词，如“树上”“门外”；如果一起构成多于两个音节的单位，可以算是方位短语，如“榕树上”“大门外面”。

84. 单纯方位词有哪些？复合方位词是怎样构成的？

单纯方位词是一些单音节的方位词。有两类：(1) 对照性的。共14个：上、下，左、右，东、西，南、北，前、后，外、里/内/中。(2) 非对照性的。大约10个。如：旁、边、头、面、角、端、侧、底、间等。单纯方位词有的独用性很差，个别几乎没有独用性。如“头”，不能单独使用，只能黏附使用：橘子洲头。

复合方位词在单纯方位词的基础上构成。构成方式主要有四种：(1) 方位中和式。如：上下、左右、前后、东西、南北、东南、西北、里外、内外、中间、底下、旁边。这一形式，少数有时用来表示概数，是方位作用的引申，如：五十岁上下，五十个左右。(2) 方位限制式。如：上头、下头、南边、北边、里面、外面、东侧、西侧、左角、右角、边上等。(3) 加“以、之”式。如：以上、以下、以北、以南、以内、以外、之上、之下、之东、之西、之前、之后、之外、之内、之中、之间等。近来有“以远”的说法（如武昌火车站规定“衡阳以远”才给买47次列车的票），这是个比照“以南”之类构成的特殊复合方位词。(4) 加“一、两”式。如：一旁、两旁，一边、两边，一头、两头，一面、两面，一端、两端，一侧、两侧等。

85. 语法分析中名词语义特征的分析有何意义？

不同的名词有不同的语义，不同语义的名词往往引发不同的语法构造。介绍汉语语法知识，会涉及汉语语法的方方面面，但无论如何，都只能是“大而化之”“笼而统之”的解说。因此，对于跟名词有关的种种语法现象，必须重视名词语义特征的分析。不然，无法深入揭示有关的语法规律。比方说，“工人”和“男人”，“小伙子”和“小孩子”，“夫妻”和“兄弟”，它们都是人物名词，然而语法上却有不同的反映。如：工人了，要有组织纪律性！* 男人了，要有组织纪律性！｜小伙子了，还哭鼻子？* 小孩子了，还哭鼻子？｜夫妻了，还分那么清干什么？? 兄弟了，还分那么清干什么？——有的名词能进入“NP 了”句式，有的名词不能。通过名词语义特征的分析，可以知道：进入这一句式的名词必须具有推移性。即名词所表示的概念是由相对的概念推移而来的，原来并非如此。工人由非工人推移而来，小伙子由儿童推移而来，夫妻由非夫妻推移而来，因此“工人了”“小伙子了”“夫妻了”都能说。“男人”不是由什么人推移而来，“小孩子”不是由什么孩子推移而来，因此“男人了”“小孩子了”都不能说。如果本来就是亲兄弟，不能说“兄弟了”；只有由非兄弟推移成为兄弟，即拜把兄弟之类，才可以说“兄弟了”。这个规律，对于人物名词和时间名词、方所名词都适用。如：团长了，不严肃点行吗？（职务推移：连长→营长→团长）｜春天了，怎么还这么冷？（时点推移：秋天→冬天→春天）｜保定了，你要下车了吧？（地点推移：甲地→乙地→保定）

86. 什么是动词？语法上有什么特点？可以分为哪些类型？

动词是表示行为活动的词。其基本语法特点，表现为以下两点。

（1）在组合能力上，以能带宾语、能重叠表动量和能带“着、了、过”为最重要的充足条件。这需要分三点来说：①能带上宾语的词，是动词。比如“听”“翻阅”：听音乐｜翻阅原件。②能重叠起来表示动量的词，是动词。所谓动量，指的是“一下”之类意思。比如：让我拿回家去听听（听一下）｜请您翻阅翻阅（翻阅一下）。③能带上“着、了、过”的词，一般是动词。如：听着、听了、听过｜翻阅着、翻阅了、翻阅过。此外，动词能跟副词“不、都”等组合，通常不接受表物量数量词的修饰，这是这个词类跟名词恰好相反的地方。

（2）在句法功能上，以能够充当谓语或谓语中心为必要条件。这是一种“无之必不然”的条件。就是说，能够充当谓语或谓语中心的词不一定是动词，但根本不能充当谓语或谓语中心的词肯定不是动词。

词类中，动词最为复杂。大体分为六类。

(1) 行为动词。指表示人物行为的动词。这是典型的动词，包括行为他动词和行为自动词两类。如“翻阅”是行为他动词，“睡觉”是行为自动词。

(2) 心理动词。指表示人物心理活动的动词。包括情绪心理动词和感知心理动词两类。前者有褒贬情绪，如“爱、恨、喜欢、讨厌、羡慕、佩服”；后者无褒贬情绪，如“猜、料、感到、觉得、认为、知道”。

(3) 历时动词。指跟时间历程有关的动词。如“开始、进行、继续、停止、结束”。

(4) 断事动词。指表示是非、有无、像似等意义的动词。包括三小类：①是非类。现代汉语里只有一个“是”。其否定形式是“非”，带文言色彩，通常只说“不是”。②有无类。包括“有”和“没有”。动词“没有”可以替换为“无”，“无”带文言色彩。③像似类。包括“像、似、如”和双音节的“好像、犹如、有如、比如”等。

(5) 使令动词。指表示命令或请求的动词，如“使、令、叫、请、教、让、迫使、逼使、命令、请求”。

(6) 辅助动词。指用在动词前边、后边起辅助作用的动词。包括能愿动词和趋向动词。如“可以爬过去”，“可以”是能愿动词，“过去”是趋向动词。

在六类动词里，行为动词和心理动词数量最多，所占比重最大。相对地说，历时动词、断事动词和辅助动词数量有限，容易全部列举，具有较大的封闭性。

87. 行为他动词和行为自动词有什么区别？

行为他动词和行为自动词之间没有绝对的明确的界限，但它们的典型功能是有区别的。主要看两点：

（1）双音节的，看能否带宾语。能带宾语，特别是能带名词宾语的，是他动词；根本不能带宾语的，是自动词。比如："翻阅""批评""打击""讨论"，能带名词宾语，是他动词；"睡觉""哭泣""咳嗽""游泳"，不能带宾语，是自动词。

（2）单音节的，看能带什么样的宾语。能带对象宾语或目标宾语的，是他动词；不能带对象宾语或目标宾语的，是自动词。如："烧"是他动词，可以带对象宾语和目标宾语：烧房子｜烧开水（当然也可以带"代体宾语"：烧煤球）；"睡、走、飘"之类是自动词，不能带对象宾语或目标宾语，它们如果带上宾语，也只是方所宾语或施事宾语：睡地板｜里屋睡人｜走大桥｜飘雪花。

88. 心理动词、历时动词、断事动词和使令动词各有什么特点？

心理动词的重要特点有二：（1）能带谓词性宾语。如：爱笑｜喜欢清静｜觉得可以干｜认为他很好。当然，这并不等于说它们不能带名词性宾语。如：爱花｜喜欢文学｜讨厌酒鬼。（2）有褒贬情绪的一类，不仅可以带宾语，还可以跟程度副词组合。如：很爱（他）｜十分讨厌（这种人）｜特别佩服（张老师）。心理动词实际上也是一种他动词，但语法上跟行为他动词有区别。

历时动词的重要特点有二：（1）其宾语由动词充当，不大可能由典型的名词充当。如：开始改革｜进行评定｜继续侦察｜停止销售｜结束答辩。（2）所带的动词宾语，跟心理动词所带的动词宾语有所不同：作宾语的动词前边可以自然地加上名词，"名＋动"形成有体词性倾向结构。如：开始体制改革｜进行职称评定｜继续地形侦察｜停止鞭炮销售｜结束论文答辩。

断事动词的重要特点，是带名词宾语，动宾之间只有断事关系，没有施事、受事、用事等关系。断事动词中，"有"字如果采用然否相叠形式，可以说成“有没有”，有时也说成“有无”，可是不能说成“有不有”。

使令动词的重要特点是能够造成兼语式。如：虚心使人进步｜上级命令我们立即出发。

89. 动词重叠式表示什么意思？

动词重叠形式有三种：(1) AA 式。这是一部分单音节动词的重叠方式。如：看→看看｜弹→弹弹。(2) ABAB 式。这是一部分双音节动词的重叠方式。如：讨论→讨论讨论｜商量→商量商量。(3) AAB 式。这是动宾式双音节动词可以采取的重叠方式。如：散步→散散步｜洗澡→洗洗澡。

不管具体形式如何，假若用 V 代表动词原形，用 VV 代表重叠式，那么，动词重叠式表示的意思，需要从动作时量、动作分量和说话口气三个角度来观察。

首先是动作时量。任何动作都跟时间过程相联系，都有一种时量。从这一角度看，VV 表示 V 动作的“短摆”，即短暂性摆动，有“一下子”的意思。以“笑”来说，从理论上讲，它代表这一动作的全程，而一旦说成“笑笑”，便被短摆化，便从形式上标示出和认定了是笑的短暂性摆动。

其次是动作分量。任何动作的施行，都有一定的“分量”。从这一角度看，VV 表示 V 动作的轻化。以“笑”来说，它代表这一动作的全量，而一旦说成“笑笑”，便被轻化，便从形式上标示出和认定了对笑的全量的减轻。

再次是说话口气。对于动作的施行，说话人表述时在口气上带有某种主观认定的评估值。从这一角度看，VV 表示动作的随意。比如，当把“笑”的活动表述成“笑笑”的时候，说话人已经赋予了行为随便的评估语气。所谓“随意”，包括随便、活泛、松散、不经意、不正儿八经，如此等等，不一而足。所有这些，都是在具体的语用环境中显示出来的特定的语用价值。比如：偶尔有些闲着无事的官员到这儿下下象棋，打打扑克，跟诸葛小姐献献殷勤开开玩笑什么的。（陈国凯《当官》）这里连续使用了四个 VV，形象地摹写出那些“官员”不干实事，清闲无聊混日子的状态。诚然，严肃庄重的场合，沉稳凝重的场合，沉闷压抑的场合，不会采用这类说法。

总之，动词重叠式在时量上表示动作的短摆，在分量上表示动作的轻化，在说话口气上表示动作的随意。

顺带指出：有的动词，还能采用 AABB 的叠结形式，表示“不断交错反复”。如：说说笑笑｜走走停停｜打打闹闹｜上上下下。这不是一般的动词重叠形式。就原形而言，A 和 B 都是单音动词，比如“说”和“笑”，“走”和“停”，“打”和“闹”，“上”和“下”；就结果而言，整个 AABB 叠结形式浑然一体，共同表示 AB 行为的不断交错反复，如“说说笑笑”是说和笑不断交错反复，“上上下下”是上和下不断交错反复。这类叠结形式，是词和短语之间的特殊现象，可以看成短语词。

90. “V 一 V”同 VV 有什么不同？

从句法格局看，由于在小句中使用，受到特定的小句句法格局的规约，VV 有时不大能嵌入“一”，或者倾向于不嵌入“一”。比方，“多VV”的格局，倾向于不嵌入“一”。例如：你再多看看还有什么没解决的关键问题？（不光《闯西南》）这里如果说成“你再多看一看……”，总觉得不如“你再多看看……”自然。

从表意关系看，在某些情况下，VV 不大能嵌入“一”，或者倾向于不嵌入“一”。比方，VV 有时在小句联结中参与构成“……又/再……”的连贯格局，有“V 了 V”的意思，若要在 VV 之间嵌字，更倾向于嵌“了”，而不大倾向于嵌“一”。例如：他看看草顶，又看看在门口转来转去的猪，……半晌才说：“不错，真的不错。……”（阿城《棋王》）

通过句法格局和语义关系的考察，知道“V一V”同VV之间确实存在若干不同之处。但是，从全局看，二者的细微差异主要还是表现为在说话口气上有着不同的语用价值。VV是自由式，而“V一V”则是郑重式。有时用“V一V”，是为了郑重地强调有必要。例如：不是说，要致富，先修路么。他想把颍平的路好好修一修。(李佩甫《羊的门》) VV和“V一V”有时前后连用，先出现自由式，然后再来一个郑重式，可以使说话具有层次性，收到强调的语用效果。例如：你去查查，一定要去查一查！诗句里，在对仗工整的句子中，VV和“V一V”的使用往往受到音节的制约。节拍的需要，也是一种语用因素。但是，即使是节拍的需要，“V一V”还是要显得比VV更有强调作用。

值得注意：“V一V”往往表示尚未实现的事，但并非全然如此。比如：陈医生见劳易民不耐烦地挥一挥手，就有些尴尬地笑了……(王海玲《带一笼活鸡来特区》) 这里的“挥一挥手”是已经实现的动作。

91. 能愿动词是一类什么样的词？

能愿动词是用在动词或形容词前边表示可能性、必要性和意愿性的词。

能愿动词包括：(1) 表示可能性的，如“能、会、能够、可能、可以”等；(2) 表示必要性的，如“应、应该、应当、要”等；(3) 表示意愿性的，如“愿、愿意、肯、敢、要”等。

跟趋向动词相对而言，能愿动词是一类“前辅助动词”，基本用途是同动词、形容词等组成能愿短语。如：可以讨论｜应该严肃。这类动词有时单用，但实际上是在特定语境中简省了后边的动词。如：谁能回答？我能［ ］！

跟一般动词相比较，能愿动词不仅能进入“X不X”的格式，而且能进入“不X不”的格式。如：能不能看？—不能不看！｜该不该答应？—不该不答应！｜敢不敢接受？—不敢不接受。

92. 趋向动词是一类什么样的词？

趋向动词是用在动词或形容词后边表示某种趋向的词。

跟能愿动词相对而言，这是一类“后辅助动词”。包括：（1）单纯趋向动词。其中，“来、去”为一组，表示以说话人位置为参照点的趋向，“上、下、进、出、回、过、开、起”为一组，表示以某种空间为参照点的趋向。（2）复合趋向动词。由“上”组趋向和“来”组趋向结合而成，如“上来、上去，下来、下去，进来、进去，出来、出去，回来、回去”等等。这类辅助动词的用途是充当趋向补语。如：跑来｜爬上｜走出去｜平静下来。

趋向动词全部可以单用。这时，它们除了具有趋向意义，在语法上已经成了一般的行为自动词或行为他动词。比如：明天来？（行为自动词）｜开门！（行为他动词）

作为一个术语，“趋向动词”有广义和狭义的区别。广义趋向动词，包括单用的和后附的两种；狭义趋向动词，专指充当补语的一类现象。在把趋向动词作为辅助动词来描述的时候，指的是狭义趋向动词。

93. 动词的句法功能如何？

动词最基本的功能是用于谓语部分，或者充当谓语，或者成为谓语中心。

少数动词能充当补语。双音的，似乎只有“发抖”一个：吓得发抖。单音的，主要有“死、活、走、跑、懂、丢、掉、翻、倒、见、到、成、作、为、住”等。如：打死｜救活｜寄走。“心·补”结合较紧的，可以看作短语词，如“打倒、推翻、看见、当成”之类。

有时动词充当定语。这有两种情况：一是动词带“的”作定语。

如果不带“的”，会形成动宾关系。如：讨论的问题很重要。二是动词直接作定语。如：建筑材料｜救济物资｜写作技巧｜指导教师｜辅助教材｜销售价格｜赔偿条件｜演唱晚会。这类定心结构整体性较强，一般都共同表示一个名目，其中充当心语的名词不具备成为宾语的语义内容，因此“动词＋名词”不可能形成动宾关系。

有时动词充当状语，一般要求带“地”。常见的有两类：(1) 情绪性心理动词。如：同情地看着他｜尊敬地献上了一束鲜花。(2) 意向性行为动词。如：试探地敲了敲门｜反抗地扭着头｜挑逗地唱着淫荡小曲。

动词有时也充当主语、宾语或者主语中心、宾语中心。如：学习不是容易的事情，使用更加不容易。｜这确是人的喊叫。——前一例，“学习”和“使用”充当主语；后一例，“喊叫”充当宾语中心。这样使用的动词，起指称作用，已经带上体词化倾向，在句法配置的灵便性上大大地不同于正常情况下使用的动词。

94. 语法分析中动词语义特征的分析有何意义？

不同的动词有不同的语义，不同语义的动词往往引发不同的语法构造。分析语法结构，为了深入揭示有关的语法规律，必须弄清结构中动词的语义特征，而不能满足于粗线条的一般性分析。

比如“台上放着君子兰”和“台上演着黄梅戏”，它们都是存现句，结构层次和结构关系似乎没有什么区别，然而，它们实际上并不完全相同。比较：

台上放着君子兰

→君子兰放在台上，* 台上正在放君子兰。

台上演着黄梅戏

→* 黄梅戏演在台上，台上正在演着黄梅戏。

如果把“放”和“坐、站、躺、蹲、写、挂、贴、刻、钉、绣、戴”等等联系起来进行观察，把“演”和“敲、跳、冒、上、下、炒、熬、哼、嚼”等等联系起来进行观察，就可以发现两类动词在语义上具有不同的特征。前一类都含有“附着于某物”的意思，后一类不包含“附着于某物”的意思。因为语义特征不同，所在句子实际上在语法关系上存在差别。跟“台上放着君子兰”采取同样的变换形式的存现句，其动词都具有“附着”的特征；跟“台上演着黄梅戏”采取同样的变换形式的存现句，其动词都不具有“附着”的特征。

95. 什么是形容词？语法上有什么特点？

形容词是表示性质状态的词。形容词和名词、动词一样，是句子建构中表述意旨的重要材料。不过，从新词产生的能量看，形容词不及名词和动词。查李行健等主编的《新词新语词典》，可以知道，1949年以来出现的新词一般都是名词和动词，其中只有一个形容词，即“过硬”。

形容词在语法上有两个重要特点：（1）在组合能力上，以能受程度副词的修饰但不能带宾语作为最重要的充足条件，同时，也以能够重叠强调度量作为充足条件。首先，凡是能受程度副词修饰但又不能带宾语的词，一定是形容词。如：老实→很老实，非常老实，特别老实｜干净→很干净，非常干净，特别干净。其次，凡是能重叠起来强调度量的词，一定是形容词。如：红→红红｜黑→黑黑，老实→老老实实｜干净→干干净净。（2）在句法功能上，以能够充当定语或谓语（或谓语中心）作为必要条件。这是一种“无之必不然”的条件。能够充当定语或谓语（或谓语中心）的词不一定是形容词，但根本不能充当定语或谓语（或谓语中心）的词肯定不是形容词。比如，“突然”是形容词，符合上述条件：突然事件｜这件事很突然；“忽然”尽管跟“突然”意思近似，但不符合上述条件，它不可能是形容词：* 忽然事件｜* 这件事很忽然。

96. 动词和形容词的同异情况如何？

动词和形容词都是谓词，相互间有许多共同之处。比方，都能受“不、都、也”等的修饰，都能进入“X不X”的格式，这使它们区别于名词。如：讨论（动词）→不讨论，都讨论，也讨论，讨论不讨论｜干净（形容词）→不干净，都干净，也干净，干净不干净。

作为谓词，形容词和动词难免发生纠葛，这需要明确以下几点：

（1）能带宾语的词是动词；能受程度副词修饰但又不能带宾语的词，才是形容词。有的词，尽管能受程度副词修饰，但又能带宾语，这样的词还是动词，如心理动词和断事动词：爱→很爱，很爱他｜像→很像，很像大嫂。

（2）有的自动词不能带任何宾语，但它们不能受程度副词的修饰，不会跟形容词相混。比如“睡觉、游泳”。

（3）有的词，在一般情况下是形容词，但运用中有时带上了宾语。这是一种“入句变类”现象。带上了宾语的形容词完全失去了接受程度副词修饰的特性，在具体句式中转变成了动词。比如“暗淡”，词典中只标注为形容词，但在“暗淡了刀光剑影”里，它被强制成了动词。

（4）有的形容词，在运用中有动态化用法。一方面，它们仍然可以受程度副词的修饰；另一方面，它们又用在“已经X了”“立即X起来”之类动词经常出现的带有时间性的格式之中。如：外头已经很黑了｜大家立即更加紧张了起来。

97. 如何理解形容词的重叠形式？

要结合附加意义来理解形容词的重叠形式。

形容词重叠形式有四种：（1）AA式。这是一部分单音节形容词的重叠方式。如：黑→黑黑｜长→长长。（2）AABB式。这是一部分双音节形容词的重叠方式。如：清楚→清清楚楚｜平安→平平安安。（3）

ABAB 式。这是一部分状心式形容词的重叠方式。如：通红→通红通红｜雪白→雪白雪白。(4) A 里 AB 式。这是一部分双音节形容词采取的特殊重叠方式，使用范围限于表示人们不喜爱的性状的形容词。如：马虎→马里马虎｜啰嗦→啰里啰嗦｜洋气→洋里洋气。

不管采取哪种重叠方式，形容词重叠之后都强调了度量。采用 AA 和 AABB 方式的，附加上“很、相当”之类意思；采用 ABAB 方式的，由于 AB 本身已包含度量修饰，强调出来的是一种“特别”的语气；采用 A 里 AB 方式的，既有“很”的意思，又表明嫌恶的感情。此外，从语用效果看，形容词重叠还能加强对某个样子的形容和摹写，因而不能简单地替换为“很 X”或“相当 X”。如：黑黑的脸｜老老实实地生活，重在摹写出“黑黑的样子”“老老实实的样子”，不能简单地替换为“相当黑的脸”“很老实地生活”。

有的词，其重叠式可以是形容词，也可以是动词。这要看是重叠表度量，还是重叠表动量。如：高兴→一定要高高兴兴地接待他(AABB 式，表度量，形容词)｜一定要让大家高兴高兴(ABAB 式，表动量，动词)。

有的形容词，还可以按 AABB 的方式叠结，表示“性状兼容”。比如：长长短短｜厚厚薄薄｜红红绿绿｜白白胖胖。从原形看，构成叠结形式的 A 和 B 都是单音形容词，如“长”和“短”，“厚”和“薄”，“红”和“绿”，“白”和“胖”；从结果看，叠结成为 AABB 之后则浑然一体，共同表示 AB 性状的兼容，如“长长短短”是有长有短，长短兼容，“白白胖胖”是又白又胖，白胖兼容。这类形容词叠结形式，可以看成短语词。

98. 形容词有哪些类型？

形容词大体可以分为两大类：

(1) 性状形容词。指通常用来表示性质状态的形容词。这是典型形容词。这类形容词的突出特点是具有程度性，形式上一般能受程度副词的修饰。如：凉爽→很凉爽，非常凉爽｜硬朗→很硬朗，十分硬朗。

有的性状形容词本身包含程度，即它们在构成上包含程度的因素。这样的形容词自然不能再加程度副词。这有两种情况：①用“X＋形”构成的状心式形容词，其中的X已强调了程度。如：冰凉、雪白、笔直、金黄、深红、浅绿。②用ABB方式构成的形容词，其中的BB是叠音，既有摹状或拟音的作用，同时又强调了性状的程度。如：硬邦邦、凉飕飕、白茫茫、直溜溜、黄灿灿、红通通、绿油油。

（2）定质形容词。指性质固定、没有级度变化的形容词。这是一类比较特殊的形容词，包括“小型、中型、大型、恶性、良性、上等、中等、下等、唯一、真正、全能”等等。这类形容词有两个重要特点。其一，由于没有级度变化，因而不能受程度副词的修饰。其二，基本功能是充当定语，有的还能充当状语（如“真正”），但一律不能单独充当谓语或成为谓语中心。它们如果用于谓语部分，必须出现在“是……的”之间，形成“是＋‘的’字短语”的结构。如：小型→小型水库，这水库是小型的｜恶性→恶性肿瘤，这肿瘤是恶性的。正因如此，这类形容词通常被称为非谓形容词。

99. 定质形容词跟性状形容词关系如何？跟质料名词有何区别？

定质形容词和性状形容词之间没有不可逾越的鸿沟。有的词，本来是定质形容词，但使用中可以受程度副词的修饰，有向一般的性状形容词转化的倾向。比方“高级、中级、低级”，其中的“高级、低级”有时受“很、特别”等的修饰；又比方“直接”和“间接”，有时也受“很、太”之类的修饰。例如：这种润滑油是射电望远镜用的，相当高级。（钟道新《宇宙杂星》）｜从理论上说，没有一个女孩子不喜欢被人追求的，但马的追求太露骨，太直接，从而使她厌恶。（钟道新《宇宙杂星》）｜有的时候S与S’意义上的关系十分间接。（朱德熙

《语法讲义》）

作定语的名词，有时表示事物的质料，如“银手镯”“木头房子”“茶叶食品”中的“银”“木头”“茶叶”。为了方便，姑且叫作“质料名词”。这类名词不再具有受到数量词修饰的功能，像是定质形容词。然而，它们又不同于定质形容词：质料名词可以经过转化出现在宾语或介词后置成分的位置上，定质形容词不能这么办。如：银手镯→用银制作的手镯｜木头房子→用木头做成的房子｜茶叶食品→用茶叶制成的食品。

100. 形容词的句法功能如何？

从总体上说，形容词可以充当定语、谓语（或谓语中心）、状语和补语。如：请给我换个干净的房间。（定语）｜这套房间（很）干净。（谓语）｜她干净地打扫了所有的房间。（状语）｜你要立刻把房间打扫干净！（补语）。但是，不是所有的形容词都能充当定、谓、状、补这四种成分。且别说定质形容词，即使是一般的性状形容词，也有不同情况。比方，有的形容词不能充当状语。如“伟大”这个词，不可能出现在“伟大地 VP”的结构之中。又比方，有的形容词不能充当定语。如“不一”，这是在意义上跟“相同、一致”相对的一个词，正如《现代汉语词典》所指出，这个词“只作谓语，不作定语”（长短不一，质量不一，意见不一）。不同形容词在入句时表现出来的不同功能，要做具体分析。

跟动词一样，形容词有时也充当主语、宾语或者主语中心、宾语中心。这样的形容词对性质状态起指称作用。如：骄傲不好。——“骄傲”充当了主语。又如：首长一直关心大家的安全。——“安全”充当了宾语中心。这样使用的形容词，已经带上体词化倾向，在句法配置的灵便性上跟通常使用的形容词有相当大的不同。

101. 语法分析中形容词语义特征的分析有何意义？

跟动词和名词一样，不同的形容词有不同的语义，不同语义的形容词往往引发不同的语法构造。分析跟形容词相关的句法结构，为了深入揭示其规律性，必须弄清结构中形容词的语义特征。

以“小心”和“大意”来说：“你要小心，千万别大意！”这里的“小心”和“大意”都是形容词，都充当了谓语。然而，有的时候，它们在语法上表现出差异性。比如：“X 点儿！”这是祈使句肯定形式之一种。“小心”能直接进入这一句式，“大意”却不能：小心点儿！｜*大意点儿！这是因为，“小心”具有“主观能控”的语义特征，而且是褒义的；“大意”不具有“主观能控”的语义特征，而且是贬义的。

凡是表示主观能控的性状，并且具有褒义或中性色彩的形容词，都能直接进入上述祈使句式，如“高、低、大、小、重、轻、谦虚、客气、主动、热情、果断”等等；凡是不表示主观能控的性状，或者具有贬义色彩的形容词，都不能直接进入上述祈使句式，如“伟大、聪明、崇高、出色、平凡、幼稚、滑头、自满、胆小、悲观、啰嗦、冒失”等等。比方，能说“高点儿，低点儿，谦虚点儿，热情点儿”，不能说“伟大点儿，聪明点儿，悲观点儿，啰嗦点儿”。

102. 进入动态化模式的形容词受到什么因素的制约？

进入动态化模式的形容词，受到语义因素的制约。

以“X 起来”模式为例。这一模式，可以进入“壮大”，但不能进入“伟大”：壮大起来，*伟大起来。分析可知：“X 起来”中的形容词，表示有级差的可以逐渐加强的性状。“壮大”具有这样的语义特征，因此能说成“壮大起来”；“伟大”不具有这样的语义特征，因此不能说成“伟大起来”。

一对反义形容词，不管是积极义的还是消极义的，只要语义上符合“有级差，可加强”的要求，二者都能说成“A 起来”。比如：好·坏→好起来·坏起来｜大方·小气→大方起来·小气起来｜清楚·糊涂→清楚起来·糊涂起来｜认真·马虎→认真起来·马虎起来｜谦虚·傲慢→谦虚起来·傲慢起来。反之，如果不具有“有级差，可加强”的语义特征，不能说“X 起来”。如：真·假→*真起来·*假起来｜必然·偶然→*必然起来·*偶然起来｜主要·次要→*主要起来·*次要起来。

“不 X 起来”，有时能说，有时不能说，这也取决于“不 X”是否在语义上“有级差，可加强”。如：认真·不认真→认真起来·不认真起来｜规矩·不规矩→规矩起来·不规矩起来｜漂亮·不漂亮→漂亮起来·*不漂亮起来｜微妙·不微妙→微妙起来·*不微妙起来。

103. 什么是副词？语法上有什么特点？

副词是专门用来充当谓词修饰成分的词。作为成分词，就能否充当多种成分而言，副词的能力大大地弱于名词、动词和形容词。

其语法特点，表现在两个方面：(1) 在组合能力上，以能修饰谓词即动词或形容词作为必要条件。固然，能够修饰动词、形容词的词，不一定是副词，但是，根本不能修饰动词、形容词的词，一定不是副词。比如，“不必”肯定是副词，而“不一”不可能是副词。(2) 在句法功能上，以纯状语性作为充要条件。由于充当状语是副词的“专职”，“纯状语性”便被当成副词的充足而必要的条件。即是说，一个词，如果能够充当状语，而且只能充当状语，那么，这个词一定是副词。如“不必”，只能充当状语，不可能充当别的成分。

具有纯状语性的词一定是副词，这一点是绝对的。但是，在以下两点上，副词的状语性稍有突破：①个别副词，包括“很、极”以及强调极度的“万分”，可以作补语。如：焦急得很｜焦急极了｜焦急万分。②“最+方所名词”，如“最前头、最底层”，总是充当宾语或介词后置成分（他在最前头｜跌落到最底层），其中的“最”不好分析为状语。析句时，它们可以整个看作一个名词性句法单位。

104. 副词有哪些类型？

副词大体可以分为三类：

（1）一般副词。指表示程度、时间、否定、范围、频率等意义的副词。这是副词的主体，通常活动在谓词性词语前头，只有少数几个还可以用到主语前头。主要包括以下几种：①程度副词。如“很、最、太、更、极、非常、特别、十分、格外、相当、略、较、稍、稍微、略微、越发、还、还要、多、多么、何等”等。②时间副词。如“正、在、正在、马上、立刻、立即、刚、已、已经、曾经、将、将要、顿时、往往、一直、一向、渐渐、常常、永远、始终、老、总、终于、偶尔、忽然”等。③否定副词。如“不、没、未、别、甭、莫、勿、没有、未必、不必、不用”等。④范围副词。如“都、只、仅、共、净、光、全都、统统、总共、一齐、一概、仅仅”等。⑤频率副词。如“再、又、也、还、一再、再三、再次、屡次”等。

（2）语气副词。指表示推断、确定、逆反、疑问等语气的副词。如“也许、大概、大约、敢情、准、必、必定、其实、的确、简直、几乎、索性、当然、果然、居然、竟然、幸亏、偏偏、反倒、倒反、反正、难道、莫非、究竟、到底、何尝”等。在主谓结构中，大多数语气副词既可以用在主语后边，也可以用到主语前边。如：他也许会去。→也许他会去。｜你难道还不知道？→难道你还不知道？

（3）关联副词。指用在词语或分句之间起关联作用的副词。包括“却、既、又、也、就、才、还、越”等。其句法地位具有特殊性。尽管它们还是处在状语的地位，但在关联作用特别明显的时候，比较接近于连词，可以分析为黏合成分，即辅助性语法成分。如：“（尽管）……却……”“既……也……”“又……又……”“（如果）……就……”

“（只有）……才……”“（不仅）……还……”“越……越……”等。

105. 副词能不能跟名词或名词结构组合？如何看待“很＋名词”的说法？

副词有时也跟名词或名词结构组合。这是副词的特殊用法，受到特殊规律的制约。主要有四种情况。

（1）人物名词受副词“净”或“光”的修饰，共同用在方所词后边，表示某一地点普遍存在着某种人或事物。如：炕上净人｜园里净游客｜江岸净岗哨｜山上净树｜河边净杂草｜屋子里光书。

（2）时间名词，在用作谓语直接对某个时点加以表述的时候，可以受某些时间副词或频率副词的修饰。比如：今天已经星期六了。｜明天才初八呢。｜后天又中秋了。

（3）名词带上数量词，前头可以用表示范围或频率的副词。如：只两瓶黄酒｜仅仅七个学生｜大约三辆汽车｜共二十块钱｜才五张桌子｜又一阵暴雨｜再一个问题。

（4）许多方位词，还有某些方位意义明显的其他方所名词，可以受某些副词的修饰。常见的是受“最”的修饰，如：最前｜最后（“他的名字被排在最后”）｜最前面｜最后面｜最底层｜最前线。

有一类“很＋名词”的说法需要特别讨论。这类说法，由两个部分构成。前一部分是程度词，以“很”为代表，包括“很、最、太、更、够、真、非常、特别、比较”等副词，也包括指点程度的代词“这么、那么”；后一部分是名词，包括指人名词、事物名词、方所名词和时间名词。如：很贵族｜很母性｜很香港｜很现代。名词部分，也可以出现名词短语，如：很绅士风度｜很诗情画意｜很高山流水。

除了“最前线”之类方所性说法，“很＋名词”在性质上是形容词性的。它们用作定语、谓语、状语和补语，分布在形容词或形容词短语惯常分布的位置之上，并且可以跟形容词短语并列使用。如：

这是一幢很现代的小洋楼。（定语）

这幢小洋楼很现代！（谓语）

小洋楼很现代地展示了大款的富有。（状语）

他把客厅布置得很现代！（补语）

他很潇洒很现代地邀请我跳舞。（在状语位置上跟典型的形容词短语并列）

这类“很+名词”不是副词修饰名词的典型现象。进入这类结构的名词受到特定语义条件的制约，必须具有“异感性”，即能够从气质、作风、样式、气味、势态等方面反映出说话人的某种特异感受。典型的名词一旦进入这种结构，便活用为形容词，属于“词性活用”现象。比如“阿 Q”是名词，说成“这个人很阿 Q”，便活用成形容词，如果说成“你真能阿 Q 自己”（方方《行云流水》），便是活用成为动词。有的词，兼属名词和形容词，那么，出现在名词惯常分布的位置上时是名词，出现在形容词惯常分布的位置上时是形容词。如：振作精神（名词）｜他走起路来很精神（形容词）。

106. 如何识别作状语的非副词？

非副词，不管是名词、动词、形容词还是数量词，都有一部分可以充当状语。如：他大学毕业。（名词）｜他炫耀地打开了珠宝盒。（动词）｜他谦逊地笑着。（形容词）｜他曾经三进刘府。（数词）｜他一次处理不完这么多的文件。（数量词）凡是能够充当状语的名、动、形、数量等，一定能够充当别的成分，不是“纯状语”的。根据这一点，可以把它们同副词区别开来。比如：上过大学｜炫耀自己｜谦逊的样子｜事不过三｜再给你一次机会。

特别容易跟副词相混的是某些可以出现在状语位置上的形容词。要把它们区分开来，除了从副词的角度考虑是否具有纯状语性，还可以从形容词的角度考虑两点：第一，能修饰名词、能充当谓语的是形容词，不是副词；第二，能受程度副词修饰的是形容词，不是副词。比如“仍然”和“偶然”，前者是副词，后者则是形容词（“这件事很偶然”)。

特别容易跟时间副词相混的是可以出现在状语位置上的时间名词。要把它们区别开来，除了从副词的角度考虑是否具有纯状语性，还可以从时间名词的角度考虑是否可以成为介词的后置成分：能用在介词后边的是时间名词，不是时间副词。比如“即将”和“将来”，前者是时间副词，后者则是时间名词（“到将来”）。

107. 如何辨析副词的语义和作用？

在成分词中，名词、动词和形容词语义实在，副词却较为虚灵。为了了解副词的意义和作用，有必要根据不同情况进行多角度的辨析。有一个较易收效的办法，就是把甲副词和乙副词进行比较。

以“就”和“才”为例。这两个词有时都可以表示范围，有“只”的意思。如：

我就有两块钱，不够买衣服的。

我才有两块钱，不够买衣服的。

但是，在别的时候，这两个词在表意上表现出明显的对立。通过比较可以知道，它们有早和晚、快和慢、少和多等的不同。如：

你六七点钟就起床？（以为早）

你六七点钟才起床？（以为晚）

你个把月就能学会？（以为快）

你个把月才能学会？（以为慢）

吃了三碗就不吃了？（以为少）

吃了三碗才不吃了？（以为多）

他就回来，您稍等。（相当于“马上”，行为尚未实现。）

他才回来，您稍等。（相当于“刚刚”，行为已经实现。）

你签个字，我就走。（跟“只要”之类关联，条件偏宽。）

你签个字，我才走。（跟“只有”之类关联，条件偏严。）

108. 用程度副词“最”，所指的事物是否一定是唯一的位居第一的事物？

事实并非全然如此。“最”的使用，情况多样，不可简单化地对待。以下几点，值得注意。

第一，“最X”有客观性表述和主观性表述的区别。客观性表述，是一种尊重客观事实的、讲求科学性的数字式认定。比如：一个作家使用多少个词，据统计，用词最多的是英国作家莎士比亚，总数近12000个。（初中《语文》第六册）主观性表述，是一种来自主观心态的表述，属于情绪性的认定。其准确性的追求，是感情的真实，而不是计量的真实。比如：她留给琼斯的那封信，至今她倒背如流，那是世界上最绝望的信。（陈染《无处告别》）

第二，孤立地看语义，“最X”处于极度级层；但是，从程度副词所形成的级度序列看，“最X”级度位次的高低却不能一概而论。一方面，就通常情况而论，“最X”强调达到“极度”，是“程度最高”；然而，另一方面，“最X”所强调的“极度”是在某种特定范围内相对而言的，其实际度量，有的时候可能反而偏于低或偏于少。这受到特定语境的规约。比如：怎么办？爷爷得票最多，但不是半数，也不是三分之一。（王蒙《坚硬的稀粥》）单线索地排列程度副词，把“最”排在“很”之上，并不科学。

第三，“最X”形成一个“最”义级层。“最”义级层的涵量，对于所涵容的事物来说，不仅可以是单个体的，而且可以是多个体的。例如：一千多年来，岳麓书院的教师中集中了大量海内最高水平的教育家……（余秋雨《文明的碎片》）

第四，“最”义级层的多个体涵量的逻辑基础，决定了以下两种形式可以成立。a.“最……之一”。例如：冰心是五四以来最有影响的儿童文学作家之一。（初中《语文》第六册）b.“第二最X”。例如：这是北京第二座最大的王府，仅比怡亲王允祥的府邸略小一点……（二月

河《雍正皇帝》)

109. 各类成分词跟小句的关系如何?

各类成分词都能独立成为小句。

名词独立成句，是名词单词句。从语气看，分属不同的语气类型。如：[剧本开头交代：]大海。(陈述句) | [惊叹一声：]上帝!(感叹句) | [要求出示证件：]护照! (祈使句) | [询问对方身份：]记者?(疑问句)从具体作用看，主要用于：①交代故事发生的时间地点。如：初春。拂晓。公园。②述说、询问或咏叹存现的事物。如：飞机! | 警报? ③指明需要注意和重视的事物。如：小孩! | 钱包! ④呼喊人物。如：先生! | 汽车!

动词独立成句，是动词单词句。常见的是祈使句。如：停! | 立正! | 射击! | 启动!

形容词独立成句，是形容词单词句。常见的是感叹句和祈使句，如：[球进了。]漂亮!(感叹句) | 小心!(祈使句)

个别副词有时也可以单独成句。比如，某人在真相大白之后说："果然!"这么使用的"果然"可以认为是副词独词句。当然，从隐含的意思上说，它后边实际上留有谓词的空位，它在本质上还是状语性的。

110. 在词类系统中，数词和量词有什么特殊之处?

现代汉语词类系统中，数词和量词是两类特殊的成分词。特殊之处在于：数词或量词有时可以单独充当一个句子成分，但"数词+量词"经常结合成为一个使用单位，近似短语词，其结合体固然可以说是短语，但通常只称之为数量词。比如"三匹马"，"三"是数词，"匹"是量词，"三匹"是数量短语、数量结构，通常也叫作数量词。

现代汉语数量词系统是现代汉语词类系统中一个特殊的子系统。“数词＋量词”，即数量词，是一种相当定型的组合。句法结构中，数量词在同成分词（名、动、形）发生组合关系时，作为一个整体结构“一致对外”。如：九架飞机（数量→名），飞机九架（名←数量）｜三次访问（数量→动），访问三次（动←数量）｜万丈高（数量→形），高万丈（形←数量）。

由于数词和量词定型组合，这就决定了数量词系统的“数不离量，量不离数”的基本面目，也决定了一般情况下可以“据数辨量”或者“据量辨数”的识别标准。现代汉语词类系统中，没有另外两类词像数词和量词那样具有“联盟式”的结合关系。

111. 什么是数词？有什么特点？基数、倍数、分数和概数跟数词的关系如何？

数词是起计数作用的词。“计数”的“数”，包括统数和序数。所谓统数，指统计数目多少的数；所谓序数，指计算次序先后的数。比如，“三个人”的“三”是统数，“三号楼”的“三”是序数。统数系统和序数系统，构成汉语的数词系统。

数词最突出的语法特点，是能同量词组合，而且一般跟量词结合使用。一个词，如果具有跟量词结合起来共同表示数量的能力，这个词是数词。如：三个｜三十个｜第三个｜几个｜许多个｜无数个——“三”“三十”“第三”“几”“许多”“无数”都是数词。

统数包括基数和倍数、分数、概数。基数是由基本数目字表示的确定数目，其表达形式是数词。倍数和分数，采用“三倍”“四成”“六分之一”之类结构形式，它们是“数量词”，而不是单纯的“数词”。比如，“三倍、四成”中的“倍、成”都是量词，“三、四”才是数词；“六分之一”等于说“六分之一分”，其中的“分”是量词，“六、一”才是数词。概数，有的是数词，如“十五六、二三十、几、许多、无数”；有的则不是单纯的数词，如“三十左右、二十上下”，这是“数词+方位词”。

112. 汉语基数词系统是怎样构成的？

汉语的基数词系统，以两类形式为基础构成其基本面貌。

所谓“两类形式”，指的是：(1) 个位数形式。指小于“十”的表数形式，包括“一、二、三、四、五、六、七、八、九”。(2) 段位数形式。指在数目字组合中作为段位的表数形式，包括“十、百、千、万、亿”。段位数形式一般是“十进”的。十个一为十，十个十为百，十个百为千，十个千为万。只有“亿”跳过两个段位，是一万个万(即一万乘一万) 为亿。

两类形式中，个位数形式“一”至“九”和初级段位数形式中的“十”，可以自由地跟量词组合，成为单音表数形式，如“一个”“三棵”“十位”；“百、千、万、亿”等较高级、高级和最高级段位数形式不怎么能单独跟量词组合。如通常要说“一百个人”，而不说“百个人”。

表示大于“十”的数，需要使用“段位系连法”。所谓“段位系连法”，指的是以段位数形式为系连点，通过添加个位数形式，构成复合表数形式。个位数形式可以后加，可以前加，可以同时前加和后加。如：

(段位+个位) 十一　十三　十五　十九

(个位+段位) 三十　四百　五千　六万

(个位+段位+个位) 三十三　三百三　三千三　三万三

三亿三

位数系连中，有时出现多个段位。这时，会形成“数词结”，严格地说，已经成为“数词短语”。如：三百二十一｜四千三百二十一｜五万四千三百二十一｜六亿零三百二十一。

“零”和“半”是两个特殊的数词。“零”的意思是没有数量，因此它通常不跟量词结合使用；在段位系连中，它表示“段位有缺”，如

“三万零三十一”，缺段位“千”和“百”。“半”不参与段位系连，常常跟量词结合使用。如：半斤｜一斤半（＝一斤＋半斤）。

113. 汉语序数词系统是怎样构成的？

汉语的序数系统，由统数的基数形式加“第”构成其基本面貌。基数系统是基础系统，序数系统是衍生系统。即：第＋基数形式＝序数形式。比如，“第三”是序数形式，“第三十三”也是序数形式。在理论上，“第三万三千三百三十三”这样的序数形式完全可以成立，只是，由于事实上一般不会出现数目这么大的次序，因此这么长的序数形式在语言的实际运用中不大可能出现。

有的时候，序数形式直接采取基数形式，实际上是借用基数形式表示序数，隐含有“第”字。可以通过同义变换把“第”字补出。如：三楼＝第三层楼｜四车厢＝第四个车厢｜五中＝第五中学｜六铺位＝第六个铺位。

有的时候，一个形式可能表示统数（基数），也可能表示序数，这要结合具体语境来辨别。如“三期”，在“你的文章发表在三期”里，等于说“第三期”，“三”是序数；在“这份杂志仅仅出版过三期”里，等于说比两期多一期，比四期少一期，“三”是统数。

114. 现代汉语数词系统呈现什么特色？

整个现代汉语数词系统呈现了简明而匀称的特色。比较：

[汉语]	一	第一	一月	星期一
	二	第二	二月	星期二
	三	第三	三月	星期三
	四	第四	四月	星期四
	五	第五	五月	星期五
	六	第六	六月	星期六

［英语］	one	first	January	Monday
	two	second	February	Tuesday
	three	third	March	Wednesday
	four	fourth	April	Thursday
	five	fifth	May	Friday
	six	sixth	June	Saturday

可知，不管是单纯用于统数和序数，还是用来表示月份和时日名称，汉语都保持“一、二、三、四、五、六”等在形式上的一致。跟英语的说法有所不同，汉语数词表述系统在更大程度上表现出了简明匀称的一面。

不过，这种简明匀称不是绝对的，一贯到底的，不要把问题简单化。仅就“一、二、三”而言，它们不仅语义内涵不同，语法上也有不同的表现。比方，可以说“一个个地往里走”，却不能说“两个个地往里走，三个个地往里走”；可以说“老二、老三”，但不能说“老一”；可以说“一半、两半”，但一般情况下没有“三半”的说法。

115. 什么是量词？有什么特点？量词系统是怎样构成的？

量词是表示计量单位的词。

量词最突出的语法特点有二：（1）能跟数词组合，而且一般跟数词结合使用。如：一句｜三根｜五朵——“句”“根”“朵”都是量词。（2）单音量词大都可以重叠，重叠后表示“每”或强调“多”。如：句句（是实）｜根根（结实）｜（白云）朵朵。

汉语量词系统，由单音节的惯用物量词、惯用动量词和度量衡量词构成其基本面貌。具体点说：量词绝大多数都是单音节的。从一个角度看，它们包括物量词和动量词；从另一个角度看，它们包括惯用量词和度量衡量词。把两个角度综合起来看，可以分为三类：（1）惯用物量词，如“个、位、根、件、盏、株、朵、句、股、群、对、双”；(2) 惯用动量词，如“下、次、遍、趟、回”；(3) 度量衡量词，如“斤、两、尺、寸、磅、里、亩”。三类量词既有共性，又各有特性。其特性，主要表现在它们跟三大成分词名动形的联系上。如表：

	～名	动～	～形
惯用物量词	+	−	−
惯用动量词	−	+	−
度量衡量词	+	−	+

“数词＋惯用物量词”经常用作名词的定语，如：三杯咖啡。“数词＋惯用动量词”经常用作动词的补语，如：看三遍。“数词＋ 度量衡量词”经常用作名词的定语，如：四斤猪肉；也经常用作形容词的状语，如：四斤重。

116. 度量衡量词在量词系统中地位如何？

在量词系统中，度量衡量词地位稍微特殊。一方面，它们主要用于计算物量，跟惯用物量词一起都是“物量词”。通常提到物量词，既包括惯用物量词，也包括度量衡量词。但是，另一方面，应该看到两点：(1)“数词＋度量衡量词”可以用来修饰表示重、长、宽、深、远等意思的形容词，作状语，如上面举到的“四斤重”。“四斤重”之类中的“四斤”，语法性质跟“多、这么、那么”之类相近，这可以从以下的问答对应中看出来。如：这块猪肉到底多重？——四斤重。——真的这么重吗？(2) 许多惯用物量词可以加特定形容词作量的评估，如：六大张｜五小堆｜四满袋｜三厚本｜两长条｜一整箱。然而度量衡量词一般是“不可估”的，比方“斤、两、尺、寸”，一般不能加“大、小”。有时为了表示不满意，这么说俏皮话：“他让我每天吃饭四大两，我饱得很呢！”这是特殊用法。

117. 量词系统中有一些什么样的复音量词？

量词系统中，除了单音量词，还有复音量词，即包含两个或几个音节的量词。有两类：(1) 单纯双音量词。本身只包含一个计量单位。如：嘟噜｜疙瘩｜公斤｜公里。(2) 双量复合量词。本身包含两个计量单位。如：架次｜秒立方米。

双量复合量词又有两种：①加合型的。如：架次｜人次｜吨公里｜吨海里｜人公里｜秒立方米｜千米小时。在表意上，它们是AB加合，既论A也论B。比如，“架次”是一架飞机出动一次，“人次”是一人参与活动一次，“吨公里”是一吨货物运输一公里，“吨海里”是一吨货物运输一海里，“人公里”是一个旅客乘车行一公里，“秒立方米”是一秒钟一立方米，“千米小时”是一小时一千米。②选择型的。如：部集｜台件｜件套。在表意上，它们是或A或B，可以选择。如：“1985年中央电视台播放的电视剧有500部集”，“部集”就是“部”或“集”的意思。

双量复合量词表示物量，属物量词。它们总是跟统数词直接组合，量词性质是明显的；但“数词＋复合量词”的结构总是单独使用，通常出现在宾语位置上，后边不再出现名词，这又表明它们具有特殊性。

118. 什么是准量词？主要有哪些？

准量词是作为时间、区域等的计量单位的量词。它们有时是计量单位，有时是名词。主要包括以下两类。

(1) 时间性的。如“年、日、天、夜、小时”等。它们有时是准量词，跟统数词直接结合，用作补语或定语。如：等了两小时｜一夜时间匆匆过去了。它们有时是时间名词，受数量词的修饰，形成“数量X”格式，如“两个小时”，或者受序数词修饰，后边不能补出名词，如“第三夜（＝第三个夜晚）”。

(2) 区域性的。如“省、市、县、村、车间”等。它们有时是准量词，跟统数词直接结合，用作定语。如：一省的人口｜一县的父老乡亲｜一车间的用电量。它们有时是名词，受“一个”之类数量词的修饰，如：一个省｜两个市｜三个县｜四个村｜五个车间。

119. 量词形成的理据性如何?

从跟客观事物的语义联系看，大部分量词具有理据性。这需要分三点来说。

(1) 少数量词是习俗性量词。如“个、位、件、项、下、次”等。这类量词的使用主要决定于“习俗”，很难说出明确的理据。比如“人”称“个”，有的方言里却称“只”，说不清为什么。

(2) 绝大多数量词是理据性量词。如“一块肉”和“一片肉”，二者分别跟成块和薄而成片相联系。“理据”有种种不同的角度。主要有：①相关形状。如：点状的“点、粒、颗、滴”，线状的“线、丝、条、缕”，面状的“面、片、幅、方”，以及“块、团、圈、朵、轮”等。②相关动态。如“串、堆、叠、挂、担、封、挑、截、捆、抱、束、卷、搂、捧、包”等。③相关局部。如“口（一口猪）、头（一头牛）、尾（一尾鱼）”等。④相关用具。如“幕（一幕戏）、刀（一刀纸）、杆（一杆枪）”等。⑤相关数量。如“对（一对夫妻）、双（一双鞋子）、打（一打铅笔）、副（一副纸牌）、营（一营士兵）”等。理据性量词也有习俗性的一面。比方“对”和“双”，为什么“一对鞋子、一双鞋子”都能说，“夫妻双双”也能说，“一双夫妻”却不能说？恐怕只能归结于受到“习俗性”的制约。

(3) 借助数量框架，可以随时产生理据性借用量词。比如“车、桶、书架、脸、手、裙子”都是名词，它们可以根据“可容”或“可附”的理据性联系借用为量词：一车化肥｜一桶酱油｜一书架书｜一脸汗水｜一手鲜血｜一裙子污泥。又如“笑、看、摇、踢”都是动词，它们可以根据“可计量”的理据性联系借用为量词：笑了一笑｜看了一看｜ 摇了一摇｜踢了一踢。可知，跟相对封闭的数词相比较，量词是相对开放的类。

120. 怎样“据数辨量”和“据量辨数”?

由于数词和量词相互规定、相互促成，对于数词和量词，在一般情况下可以使用“据数辨量”和“据量辨数”的识别标准。当我们看到这样的结构框架：

数 X→名

X 量→名

如果已知项为“数”，未知项 X 一定是“量”。比如：“三 X 书”，已知其中的“三”是数词，那么，X 一定是“本、册、页、箱、柜”等等量词。有的形式通常是名词，一进入这种框架，也会被促成量词。如：“三书架书”，“书架”通常是名词，这里却被促成了量词。

反之，如果已知项为“量”，未知项 X 如果不是“这、那”等指示代词，或者不是“大、小、整、满”之类形容词，X 一定是“数”。如：“X 箱书”，已知其中的“箱”是量词，那么，排除了“这箱书(可以说成‘这一箱书’)、整箱书（可以说成‘整整一箱书’)、满箱书(可以说成‘满满一箱书’)”等情况，X 不可能不是数词。

有的形式，通过数量组合的结构框架来“据数辨量”和“据量辨数”，可以明确地把它们分化为数词和量词。比较：

半份遗产　　一半遗产

双份工资　　三双筷子

“半份、双份”中的“半、双”是数词，“一半、三双”中的“半、双”是量词。

121. 作为定型组合，数量词有什么特殊表现?

主要为以下几点：

(1) 句法结构中，一个数量词充当一个句子成分。尽管数词和量词有时都可以单独成为成分，但“数词＋量词”却一起算是一个成分。

这是因为，数量之间无法分析出两个成分的关系。

(2) 可以重叠，表示特定的附加意义。重叠方式有三：①ABAB式。如：一队一队的人｜两个两个地往里走。②ABB式。数词限于"一"，如：一队队的人｜一处处地改。③AA式。这是数词限于"一"的省量式，如：一一订正｜一一处决。附加意义有三：①表示按次序进行，如"一个个地进来"；②表示每一、不例外，如"一个个横眉竖眼"；③强调多而整齐，如"葡萄一串串"。

(3) 可以插入形容词作量的评估。许多数量词之间有时插入了"大、小、满、整、厚、长"等少数几个形容词，对量起评估作用。如：一大滩｜一小滴｜一满碗。不过，这种插入是有限的插入，不能进一步扩大。

(4) 有两个数量词可以融合。即"两个"和"三个"在口语里有时融合为"俩 (liǎ)"和"仨 (sā)"，成了单音节词。由于它们都是数量的融合，后边不能再出现量词。"俩人"不能说成"俩个人"，"仨人"不能说成"仨个人"。

122. 数词和量词分别单独充当句子成分的情况如何？

数词单独充当句子成分，主要限于下面四种情况：(1) 数词表示大数目，后边常常不用量词。如：六亿妇女撑着半边天｜十多万儿童营养不良，其中"六亿""十多万"是定语；如果"妇女六亿""儿童十多万"作句子使用，"六亿"和"十多万"是谓语。(2) 继承古汉语用法，数词直接附加于名词或动词，充当定语或状语。如：一士兵被击中（定语）｜三进山城（状语）。(3) 数词在特定语境中指称事物，充当"是"字句的主语或宾语。如：过河的办法有两个，一是造船，二是修桥。(主语)｜给你们两个重要任务：找到粮食，这是一；了解敌人的动向，这是二。(宾语) (4) 序数词有时充当独立成分。比方"第一""第二""第三"都可以带出一句话、几句话甚至一段话。这时它们都是独立成分。

量词单独充当句子成分，主要限于下面两种情况：（1）量词的重叠形式，可以充当主语和定语。如：个个都是铁汉子。（主语）｜条条江河归大海。（定语）有时还可以充当谓语，但不是表示“每”的意思，而是表示“多”的意思。如：白云朵朵｜暖风阵阵。（2）在“动·量·宾”格式中，在隐去“一”的情况下，一个单音量词可以成为定语。如：买本小说｜喝碗热茶｜看场电影。至于“动·补”之间有时用“个”强调结果，如：吃个饱｜喝个足｜闹个天昏地暗，这是“个”的特殊用法，从性质上说，已经用作助词了，只能算是辅助性语法成分。

123. 什么是代词？同其他成分词的关系如何？

代词是指代某种思想对象的词。如“我、这、谁、怎么样”等。

代词没有独立的足以把自己同其他词类区别开来的语法特点。就句法功能而论这类词能够充当任何一种句子成分，是名、动、形、副、数量等成分词的句法功能的总和。从逻辑上的并列关系看，名动形等是横的并列关系，而代词同其他成分词之间则是纵的并列关系。这就是说，词类系统中的代词跟名动形等词类不是平行的。如图：

名　词	代词
动　词	
形容词	
副　词	
数量词	

124. 在词类系统中，代词的特殊性何在？

词类系统中，代词是又一类特殊的成分词。如果说，数词和量词的特殊性表现为二者的组结性，那么，代词的特殊性则表现为它的“游移泛代性”。

在语法上，如果分别同名、动、形等加以比较，代词不是完全没有一点自己的特性。比方，名词以能带定语（包括数量定语）为通常用法，而名代词虽然在书面语里有时也可带定语（如“孤独的他”），却不能算是通常用法。又比方，动词、形容词可以重叠表示某种语法意义，而代词却不能这么办。

然而，代词不是根据语法特点划分出来的类。作为词类系统中的一个特殊类别，代词凭的是它的“游移泛代性”。即：在任何宽泛的范围内，可以游移地指代某一需要指代的对象。世界上任何人都可以称“我”，任何事物都可以问“什么”，任何人或事物都可以用“这、那”去指代。一个代词，或代甲，或指乙，要进入指代语境才能确定下来。比如：爸爸走了，他要开会；爷爷也走了，他是想早点休息。——同一个“他”，一会儿代“爸爸”，一会儿指“爷爷”；而且，如果脱离上面的句子，“他”就会同“爸爸”或“爷爷”失去必然的联系。名词、动词、形容词、副词和数词量词情况不同：在句子里，它们表示特定的人物、行为、性状、程度、数量；脱离了句子，它们仍然具有特定的内涵和外延。

125. 代词系统是怎样构成的？

代词系统由人称代词、指示代词和疑问代词的基本形式构成基本面貌。

首先，代词包括人称代词、指示代词和疑问代词。人称代词，是称代人或事物的代词，如“我”“你”“他”；指示代词，是指别人或事物的代词，如“这”“那”；疑问代词，是求代人或事物的代词，如“谁”“什么”“哪”。

其次，代词有基本形式和非基本形式。基本形式，是配套的或大体配套的形式，它们反映汉语代词的基本面貌。比方，由“我、你、他”形成的配套形式反映人称代词的基本面貌；由“这、那”形成的配套形式反映指示代词的基本面貌。非基本形式，是配套形式之外的形式，有以下两组。

(1) 属于人称代词的：

①自己、自个儿——复称代词（复称某个人或某些人自身）

②人家、别人、旁人——旁称代词（称代自己或某个人、某些人以外的人）

③大家、大伙儿、大家伙儿——总称代词（称代一定范围内所有的人）

(2) 属于指示代词的：

①每、各——分指代词（指代对象包括人物、方所、时间、数量等）

②某——不定指代词（指代对象包括人物、方所、时间、数量等）

③另、另外、其他、别的——旁指代词（指代对象包括人物、方所、时间、数量等）

④一切、所有、任何——统指代词（指代对象包括人物、方所、时间、数量等）

⑤彼此、互相、相互——互指代词（指代甲乙双方，指代对象主要包括人和事物）

126. 人称代词如何形成配套形式？

人称代词，以“我”“你”“他”为基础形成配套形式，即形成“三称”系统。

“我”是第一人称，复数形式是“我们”。跟“我”“我们”基本相同的是“咱”“咱们”。不过，“我”一定是单数，“咱”却可单可复。“咱们”有较重的口语色彩，“咱”基本上还是方言词。在谈话场合，“咱们”和“我们”在指代对象上往往有分工：“咱们”包括对方，“我们”排除对方。如：我们今晚看球赛，你要是没事，咱们一块儿去。

“你”是第二人称，复数形式是“你们”。“您”是“你”的敬称形式。书面语中，小说的人物对话里，特别是信件里，“您们”的说法颇为常见。从发展上看，“您们”具有生命力。

"他"是第三人称，复数形式是"他们"。书面上，第三人称代词分化为"他""她""它"，分别称代男性、女性和事物。"她"和"它"也有复数形式"她们"和"它们"。"她们"限于指女性，统指男性和女性时还是用"他们"。

127. 指示代词如何形成配套形式？

指示代词，以"这""那"为基础形成配套形式，即形成"近远指"系统。

"这"表近指，"那"表远指。既可指别人，也可指别物。比如：这是张先生，那是李先生。｜这是张先生的车子，那是李先生的车子。

在"这""那"基础上构成的形式，有的指别方所和时间，有的指别数量，有的指别性状、行动、方式或程度。其中，指别方所和时间的，"这"组仍然比较明确地表示近指，"那"组仍然比较明确地表示远指。即：

	"这"组	"那"组
方所	这（儿/里）（近指）	那（儿/里）（远指）
时间	这会儿（近指）	那会儿（远指）
数量	这些、这么些	那些、那么些
性状等	这么、这样、这么着	那么、那样、那么着

方言里，指示代词系统比普通话稍为复杂。比方，有的方言有近指、远指和中指的区别，如属于吴语的苏州方言。（参看叶祥苓《苏州方言志》）

128. 疑问代词如何形成配套形式？

疑问代词不是直接称代，而是通过提问寻求称代。这类代词，以"谁""什么""哪""怎"等为基础，形成互有交叉的若干"求代"配套形式。跟人称代词、指示代词相比较，这类代词的配套形式没有那么大的覆盖面。包括以下几组：

(1)“谁”组——“谁”问人。有时有“谁个、谁人”的说法。跟“谁”同义的，有短语或短语词“什么人”“哪个”“哪位”。

(2)“什么”组——“什么”问物。跟“什么”同义的代词是“啥”。以“什么”为基础，可以构成“什么样”。“什么样”用作定语，问性质、状态、情况等。

(3)“哪”组——“哪”或问人（哪是友？哪是敌?)，或问物（哪是麦子？哪是韭菜?)，或问方所（敌人在哪?)。以“哪”为基础，可以构成“哪些、哪儿、哪里、哪会儿、哪样”，分别问人物、方所、时间和性质状态。

(4)“几”组——“几”问数量。以“几”为基础，构成“几时”“几儿”，问时间（他几时走的？今儿是几儿?)。此外，还构成“几多”，问数量，有方言色彩；还构成“几何”“几许”，问数量，属于文言词。

(5)“多”组——“多”问数量或程度。以“多”为基础，构成“多会儿、多少”，分别问时间和数量。跟“多少”同义的是书面语色彩较浓的“若干”。

(6)“怎”组——“怎”在现代汉语里较少单用。以“怎”为基础，可以构成“怎么、怎样、怎么样、怎么着”，用来问性状、行动、方式、程度等。跟这组代词同义的是文言色彩较浓的“如何”。

129. 什么是代词的活用？人称代词和指示代词怎样活用？

具有游移泛代性的代词，一旦进入具体语境，就会各有具体的指代对象。一个代词，如果进入具体语境之后不是起到本来应该起到的指代作用，那么，便是代词的活用。从语用价值看，代词的活用是为了取得特定的语用效果。

人称代词的活用，常见情况有三种：(1）单复数变易。即以单数形式表达复数的内容，以复数形式表达单数的内容。如：我边防部队采取了克制态度。(＝我们) ｜对待一种新事物，我们的意见是，先好好儿的研究研究……（吕叔湘《关于“语言单位的同一性”等等》）（＝我）又如，农村初恋的女孩子害羞，对所恋的男孩子说：“你，你，你可别忘了我们!”（＝我）（2）人称变易。即以“你”表“我”，以“你”表“他”，等等。如：在我的心里，他是一个很好很热情很诚恳的朋友。他把你当作朋友以后，他从不忘记你，他从各方面关心你……（冰心《悼念罗常培先生》）（＝我）｜我们如果有缺点，就不怕别人批评指出。不管是什么人，谁向我们指出都行。只要你说得对，我们就改正。你说的办法对人民有好处，我们就照你的办。（毛泽东《为人民服务》）(＝他) (3) 游动称代。即“我”“你”“他”在特定范围中有所指，但跟具体人物没有固定性的联系。如：卖爆竹的停止了买卖，你看着我，我看着你，谁也不知道这是出了什么事。(梁斌《红旗谱》)

指示代词的活用，常见情况有两种：（1）游移指别。即“这”“那”在特定范围中有所指，但跟具体的远近对象没有固定性联系。如：大伙围拢来，问这问那。(2) 统括指代。即“这”“那”之类呼应使用，不但表示所指不定，而且有在特定范围内统括一切的作用。如：这也不吃，那也不吃，你想饿死呀？

130. 疑问代词的活用情况如何？

跟人称代词、指示代词相比较，疑问代词的活用更为丰富多样。大体说，有以下几种：

(1) 任指。即用来强调任何人、任何事物。如：他对谁都客客气气。｜我什么都不知道。｜我哪儿都不想去。

(2) 虚指。即用来指代说不出来的若有若无、若实若虚的事物。如：我总在等待，可是我也不知道在等待谁。｜他好像在地上寻找着什么。｜假期里我大概要到哪儿去旅游一下。

(3) 游移指。即前后呼应，所指游移不定。如：大家争论不休，谁也没说服谁。｜什么便宜我就买什么。｜你要我去哪儿，我就去哪儿。

(4) 笼统指。即重叠使用，把分别列举的事项笼统化。如：他告诉我，谁谁又买了些什么什么。｜他告诉我，哪儿哪儿又出了新鲜事。｜他告诉我，怎样怎样才能打开新的销路。

此外，“什么”还有别的活用情况。比如：什么处级干部！马屁精一个。(表示不以为然的语气)｜我已经没什么钱了。(表示不十分肯定的语气)｜什么《三字经》，什么《千字文》，他熟得很！(表示列举的语气)

131. 什么是拟音词？有何特殊性？怎样分类？

拟音词是摹拟音响的词。这是词类系统中又一类特殊的成分词，特殊之处表现在具有三个特性：一为独用性，二为拟音性，三为非定型性。

根据所拟音响同客观事物的不同联系，拟音词可以分为两类：(1) 叹词。这类拟音词，表示感叹和呼应的声音。大都表感叹，如“哈、啊、唉、咦、哼、咳、呸、哎呀、哦哟”等；有的表示呼应，如“喂、嗯、唔、哎”。(2) 象声词。这类拟音词，表示物体的音响或动物的叫声。如：叭！叭！几声枪响。(物体音响)｜没容开口，炕上的两只猫叫上了：嗷嗷，嗷嗷……。(动物叫声) 叹词和象声词经常结合使用。如：“咯支咯支，哈哈！”(鲁迅《肥皂》)｜“呵呵，洗一洗，咯支……唏唏……”(鲁迅《肥皂》)——“咯支咯支”“咯支”是象声词，“哈哈”“呵呵”“唏唏”是叹词。

从三个特性看，叹词和象声词没有大的区别。它们的区别，主要表现在两个方面：(1) 叹词跟人相联系，在摹拟声音的同时带有这样那样的情绪；象声词则跟物相联系，一般是纯声音的摹拟。比如“噫呀”，在表示人的声音的时候是叹词，在表示物的音响的时候是象声词。(2) 叹词和象声词入句充当成分时书面上都可以加引号，但它们如果充当独立成分，那么，只有象声词可以加引号，叹词不能加引号。比较："叭！枪声又响起来了！"（＝"'叭！'枪声又响起来了！"）｜"唉！枪声又响起来了！"（≠"'唉！'枪声又响起来了！"）

132. 如何理解拟音词的独用性？

拟音词的独用性，是从语法功能上说的。这类词没有否定形式，不能受"不"的修饰，其基本功用是充当句子的独立成分。如：唧唧喳喳，麻雀早早醒来了，站在枝头上，吵得好凶。随后，喜鹊出窝了，一跳，两跳，从这枝头跳到那枝头，喳喳，喳喳，喳喳喳喳，嘴里也自不消闲。（谢村《春闹枝头》）——这里的"唧唧喳喳""喳喳"和"喳喳喳喳"都是独立成分。它们如果单独使用而不伴随句子出现，便会成为单词句。如：唉！｜轰隆！

有的时候，拟音词也能进入句子，参与组句，临时用作名词、动词或形容词。即使如此，书面上仍然可以加上引号标示其特殊性。如：几声"哈哈"，打破了可怕的沉默。（用作名词）｜他恭敬地"喳"了一声。（用作动词）｜你听，那边有"唧唧喳喳"的叫声。（用作形容词）

如果特别看重语法上独用性的一面，拟音词可以叫作"独用词"。

133. 如何理解拟音词的拟音性和非定型性？

拟音词的拟音性，是从跟客观音响的联系上说的。一方面，它们只跟声音相联系，不跟具体事物相联系。比方"鸭"，本是一种叫声，但已跟一种动物相联系，它不是拟音词，而是名词。至于"呀"，它只是摹拟一种感叹声，不表示具体事物，它才是拟音词。另一方面，既然是"拟音"，毕竟只是一种模仿，因此只能近似。比如把麻雀的叫声摹拟为"唧唧喳喳"，把喜鹊的叫声摹拟为"喳喳"，跟原来的实际音响是有距离的。同样，通常摹拟人的笑声为"哈哈"，这自然只是大体上的摹拟而已。

拟音词的非定型性，是从词的形式上说的。这主要表现在三个方面：第一，拟音词可以根据需要随时造出来。比如，词典上查不到“咚啷啷”，运用中却可以自己造出一个“咚啷啷”，听者或读者完全能够理解。第二，拟音词只有结构形式，却没有相应的结构关系。比方，“A”“AA”“AB”“ABB”“AABB”“ABAB”等形式（如“哟”“哟哟”“哎哟”“哎哟哟”“哎哎哟哟”“哎哟哎哟”），从单音到复音，都不过是声音的复用，没有构成联合、定心、主谓之类结构关系。第三，拟音词可以很短，只有一个音节，也可以比较长，包含好几个音节，使用起来不像别的成分词那样受到限制。比如：唧→唧唧→唧唧唧→唧唧唧唧唧。又如：啊哟哇，你干什么呀。（范小天《桂花掩映的女人》）——这里的“啊哟哇”，很难说是一个词还是三个词。

134. 什么是介词？语法上有什么特点？

介词是在句法构造中起介引作用的词。这是一类非成分词。主要语法特点有二：

（1）介词同受介词语相结合，起介引作用；它和受介词语一起，共同充当一个句子成分。比如“按照这个意见办理”，“按照”是介词，“这个意见”是受介词语，“按照”不单独充当句子成分，“按照这个意见”一起作“办理”的状语。受介词语也叫介词后置成分，“介词＋受介词语”或者“介词＋介词后置成分”叫作“介词结构”或“介词短语”。

（2）凡是介词，都可以用到名词性词语前头。受介词语不一定都是名词性的，但受介词语以名词性词语为代表。这可以从两个方面来看。一方面，就一般情况而言，受介词语往往是名词或名词短语；另一方面，虽然受介词语有的时候也可以是动词、形容词或动词短语、形容词短语，但它们全都可以替换为名词或名词短语。比如：培养优秀选手，必须从小开始。→培养优秀选手，必须从小时候开始。｜为了当上主任，他什么手段都用出来了。→为了这个目的，他什么手段都用出来了。

可以占据名词前头的位置，这是介词的必要条件。一个词，如果根本不能用在名词前边，这个词不可能是介词。比较：往北京，* 往往北京｜向太阳，* 一向太阳｜从天涯海角，* 从来天涯海角｜对于技术人员，* 过于技术人员——“往、向、从、对于”是介词，“往往、一向、从来、过于”不是介词，而是副词。

135. 如何理解介词的介引作用？

介词的重要作用在于“介引”。所谓“介引”，包括“介入”和“引合”两方面。

一方面是“介入”。作为介词结构的构件，介词的不同，决定了介词结构的语义类型的不同。比如：按照这个意见｜关于这个意见｜对于这个意见｜除了这个意见，这几个介词结构具有不同的意义，是由于“按照、关于、对于、除了”这几个介词具有不同的意义。这就是说，从介词结构的组成看，不管是在结构上还是在语义上，介词都具有“介入”的作用。

另一方面是“引合”。受介词语本来不能或不大能作为一个成分跟句子的某个成分直接发生组合关系，而通过介词的帮助，组合关系就可以形成。比如“按照这个意见办理”，要是没有介词“按照”的介引，“这个意见”不能从前边同“办理”直接组合，更谈不上表明特定的结构关系。这就是说，从句子甲成分与句子乙成分之间的组合看，不管在结构上还是在语义上，介词都有“引合”的作用。

在汉语词类系统中，介词是最重要的非成分词。由于它的介入和引合，词语与词语之间，特别是名词同动词（或名词短语同动词短语）之间，便可以产生更为丰富多彩的结构关系。

136. 介词可以怎样分类？

根据介合作用中语法上的不同反映，介词可以分为两大类。

(1) 涉动介词。这类介词，在介合作用中主要涉及动词。情况复杂多样，占介词的绝大多数。如“从、为、以、连”各有表意范围，但谓语中心总是用动词性词语。又如“把、对”跟对象义相联系，谓语中心通常用动词性词语。偶尔谓语中心也用形容词性词语，但使用范围有限，如：把我痒得难受极了｜对我很好。

(2) 涉形介词。这类介词，在介合作用中主要涉及形容词。数量不多，用于比较的意义。最典型的是“比”，此外还有“跟、同、和”等。如：我比他年长，可他比我老练。｜他的情况，跟我完全一样。这类介词所构成的介词短语经常用来修饰形容词或形容词结构，但也可以用来修饰某些跟“强弱、高低、多少”等意义有联系的动词结构。如：我比他有经验。｜他比我喜欢冒险。

涉动介词和涉形介词的判定，有时要结合具体的语言事实。比如“跟”，在“你跟他一样怯懦”里，是涉形介词；而在“你跟他通个电话”里，则是涉动介词。

137. 涉动介词有哪些类型？

汉语句式的建构，跟涉动介词的使用大有关系。从语义范畴说，涉动介词大体可以分为以下几类：

(1) 时空类介词——在介合作用中跟时间或方所的意义相联系。包括“从、自、打、自从、打从、在、到、当、于、往、朝、向、顺着、沿着”等。如：从星期一算起｜在家乡教书｜到明年毕业｜打水路运走｜自各地寄来｜当他的面讲｜朝山上跑去｜向后方运动｜顺着江边走｜沿着河堤追。

(2) 缘由类介词——在介合作用中跟原因或目的的意义相联系。

包括“因、因为、为、为了、为着”等。如：因事请假｜因为天气关系不能起飞｜为生活奔波｜为了治病不得不这么办。

(3) 凭借类介词——在介合作用中跟工具或方式的意义相联系。包括“用、以、拿、凭、借、通过、经过”等。如：用生命保卫胜利果实｜以名誉担保｜拿杯子装上｜凭常识判断｜借这个机会回家｜通过居委会了解｜经过复审获得了新的结论。

(4) 施受类介词——在介合作用中跟施事或受事的意义相联系。包括“被、叫、由、任、把、将、对、对于、向、管、连”等。如：被狗咬了（介＋施）｜由我点菜（介＋施）｜把狗杀了（介＋受）｜对他不信任（介＋受）｜向雷锋学习（介＋受）｜连我都想去（介＋施）｜连烈性酒都敢喝（介＋受）。

(5) 范围类介词——在介合作用中跟范围涉及面或范围排除点的意义相联系。包括“关于、论、连同、跟、同、与、和、除了”等。如：关于费用，请找钱会计。｜论学问没人比得上他。｜连同利息有多少钱？｜刚刚和钱工程师谈过了。｜除了你还有谁？

(6) 替代类介词——在介合作用中跟替代语义相联系。包括“替、代、为、给”等。如：明天我替你值班。｜代我问候张老师。｜大家都为小张感谢您！｜您能给这位大爷换个座位吗？

有的介词，可以跟不止一种语义范畴相联系。比方“在”，不仅可以跟时空相联系，有时还可以跟范围相联系：我在这几个问题上没有作过什么研究。

138. 如何区别介词和动词？

介词由动词发展而来，二者之间难免相互纠结。把它们区别开来，主要依据以下三点：

(1) 在句法结构中，居于谓语或谓语中心地位的，是动词。如：一定要把好产品质量关！｜天连水，水连天。——这里的“把”“连”充当谓语中心，它们都是动词。

(2) 在句法结构中，位于谓语中心 VP 前头，VP 不能省去的，是介词。如：一定把他找到。｜他连我都敢欺负！——“找到”和“都敢欺负”不能省去，这里的“把”“连”是介词。

(3) 在句法结构中，位于谓语 VP 前头，VP 有时不能省有时能省的，一律判为介词。如：他用脏话骂人（→* 他用脏话），我用斧头砍树（→我用斧头）｜他在黑板上写字（→* 他在黑板上），他在办公室写字（→他在办公室）——为了便于操作，这里的“用”“在”一律判为介词。

139. 什么是连词？语法上有什么特点？

连词是在语法结构中起连结作用的词。这是另一类非成分词。主要语法特点有二：

(1) 连词只有连结作用，不能成为句子成分。所谓“连结”，既有连接的意思，也有组结的意思。即把两个或几个语法单位连接起来，使它们组结成为一个更大的语法单位。如，“和”是连词，它可以把“我”“他”连接起来，组结为更大的语法单位“我和他”。又如，“因为”“所以”是连词，它们可以把“他去了”“我不能不去”连接起来，组结成为更大的语法单位“因为他去了，所以我不能不去”。

(2) 连词起码具有双向性。在句法结构中，连词总要关涉到两个或几个语法单位。因此，只要有连词出现，不管是单个使用，还是配对照应使用，都一定有它所关涉到的两个或几个单位出现。如果关涉到两个单位，便是双向的；如果关涉到三个或更多的单位，便是多向的。比如在“我和他”中，“和”是双向的；在“你、我和他”中，“和”是三向的。

140. 连词有哪些类别？

着眼于连结单位的不同，连词大体可以分为两类。

(1) 词语连词——在词语与词语之间起连结作用。如“和、与、同、跟、及、以及”等。典型的词语连词，不会用在句与句之间。

(2) 句间连词——在句与句之间起连结作用。如“因为、所以、虽然、但是、如果、只有、即使、无论、否则、那么”等。这类连词通常用来连结分句与分句，构成复句；有的有时用来连结句子与句子，构成句群。此外，少数有时用来连结甲乙两个句子成分，使单句带上某种常见于复句的关系，这是句间连词的特殊用法。如：无论谁都可以去！

有的连词，如“并、并且、或、或者、而”，兼属词语连词和句间连词。比较：街道宽阔而清洁。｜不应当临急抱佛脚，而应当平时多用功。——前一个“而”连结词语，是词语连词；后一个“而”连结分句，是句间连词。

141. 如何区别连词和副词?

一个同形单位，可能分属连词和副词。区别在于：具有双向性，能表明两个语法单位之间的关系的，是连词；只具有单向性，能单独充当状语的，是副词。比较：出发时间不会改变，尽管天气不好。｜有什么话，你尽管说！——前一例的“尽管”表明“天气不好”和“出发时间不会改变”之间的关系，是连词；后一例的“尽管”只修饰“说”，是副词。

关联副词是副词的特殊类型。复句中，关联副词在作用上跟连词近似，也可以认为是“准连词”。连词和关联副词的不同之处在于：连词可以出现在某分句的主语前边，关联副词则不能。比较：因为情况紧急，所以我动用了这笔钱。｜因为情况紧急，我才动用了这笔钱。｜因为情况紧急，所以我才动用了这笔钱。——“因为”“所以”是连词，“才”是关联副词。再比较：虽然她没上过大学，但是她的文章写得很好。｜虽然她没上过大学，她的文章却写得很好。｜虽然她没上过大学，但是她的文章却写得很好。——“虽然”“但是”是连词，

“却”是关联副词。

142. 如何区别连词和介词？

一个同形单位，可能分属连词和介词。

连词和介词有不同的句法表现。如果是介词，前边可以出现副词等状语性成分。如：我和他争了几句。→我刚刚确实和他争了几句。（这里的“和”是介词）如果是词语连词，组合单位后边可以出现总括副词“都”。如：我和他都是孤儿。｜他和我都在部队待过。（这里的“和”是连词）有时情况两可，到底是介词还是连词，需要结合语境来判别。

句间连词和介词，有不同的语义关系。要言之，句间连词表示“句”与“句”之间的关系，而介词却只是表示“句内”关系。例如：任凭沈云娥怎样苦苦哀求，他丝毫不再动心。｜这件事，任凭你处理。——前一例，“任凭”是连词，它表示了前后两个分句之间的无条件让步关系；后一例，“任凭”是介词，它所表示的关系不超出一个小句。

143. 什么是助词？在语法上有什么特点？

助词是在语法结构中起助加作用的词。如果说介词的作用是“介合”，连词的作用是“连结”，那么，助词的作用便是“助加”。这是又一类非成分词，其主要语法特点表现在以下两个方面。

（1）助词附着于某个语法单位。被附着的语法单位，或者是一个词，或者是一个短语，或者是一个小句。比如：

	＜着＞	＜地＞	＜嘛＞
附着于词：	笑着	高兴地（说）	你嘛，（可以不去！）
附着于短语：	发展和演变着	有计划地（进行）	工资问题嘛，（好说！）
附着于小句：	—	—	你可以不去嘛！

（2）作为一种助加单位，助词在语法结构中帮助表示某种语法意

义。由于总是跟某种语法意义相联系，因此往往成为某个词类或某种结构的标志。比如，“着”表示行为状态的持续，在不严格的意义上是动词的标志；“地”表示前边的语法单位是后边的语法单位的状语，在不严格的意义上是状语的标志；“嘛”通常用在句末表示某种陈述语气，在不严格的意义上是某种陈述句的标志。

144. 助词有哪些类别？怎样看待助词在句法结构中的地位？

在现代汉语语法系统中，助词的地位相当微妙，特别值得重视。主要的助词，有以下五类：（1）结构助词，如“的、地、得”；（2）时态助词，如“着、了、过”；（3）表数助词，如“们、第”；（4）比况助词，如“似的”；（5）语气助词，如“呢、吗、嘛、吧、啊、罢了”。

从词的身份上说，助词内部有不同情况。有的助词，如“嘛”和“地”，或者主要附着于小句，或者经常跟短语发生联系，它们的词的身份比较明显或稍为明显。有的助词则经常跟词发生联系，只是偶尔跟短语发生联系。比如，“着”主要附着于动词，“们”主要附着于称人名词或“我、你、他”等人称代词，像是词尾；但它们有时也附着于短语，如“发展和演变着”“老师和同学们”，从这一点看它们还是词。为了能够反映“着、们”这些助词的特殊性，可以认为它们是词尾性助词。

不管词的身份明显程度如何，作为一种助加单位，所有的助词在句子结构中都是辅助性语法材料，不能成为句子成分。比如：华中师范大学学生→华中师范大学的学生——不管是否出现“的”，“华中师范大学”都是定语。出现“的”，是句法结构在形式上出现一个定语的标志。又如：你想吃点什么？→你想吃点什么呢？｜你想吃点什么吗？——不管是否出现“呢”“吗”，“你想吃点什么”都是问句。出现“呢”或“吗”，是句子在形式上出现一个标明语气类型的标志。

145. 如何区别助词和介词、连词？

同是非成分词，助词和介词、连词存在如何区别的问题。要注意以下两点：

(1) 所在位置。绝大多数助词是后附着的，即出现在词语或小句的后边，介词和连词不存在出现在词语或小句后边的情况。如“着”“嘛”“呢”等都明显居于后位。典型的结构助词尽管用在定心之间、状心之间和心补之间，但也倾向于后附，即“的”倾向后附于定语，“地”倾向后附于状语，“得”更倾向后附于心语。这从以下的比较中可以看到：他是华中师范大学的学生。→他是学生，华中师范大学的。｜他十分惊奇地盯着大个子。→他盯着大个子，十分惊奇地。｜看他累得腰都直不起来了！→看他累得！

(2) 所起作用。少数助词不是后附着的，但它们所起的作用不同于介词和连词：它们不像介词那样把受介词语介引给动词，也不像连词那样具有连结的双向性。如：“大家都被他的言辞和举止所打动。”这里，“被”是介词，介引“他的言辞和举止”给“打动”；“和”是连词，在“言辞”和“举止”之间起连结作用；“所”是助词，附着于“打动”，在被动格式中帮助表达被动的语法意义。

146. 什么是结构助词？典型结构助词有哪些？

结构助词是用在甲乙词语之间表明结构关系的助词。

典型结构助词有三个：(1) 定语后边的“de”。书面上写作“的”。它用在甲乙词语之间，表明甲为定语，乙为心语。如：过路的人。如果心语隐去，剩下的“定语＋的”，就成为“的”字结构。如：(过路的人→) 过路的。(2) 状语后边的“de”。书面上写作“地”。它用在甲乙词语之间，表明甲为状语，乙为心语。如：慢慢地走。(3) 补语前边的“de”。书面上写作“得”。它用在甲乙词语之间，表明甲为心语，乙为补语。如：走得很慢。

由于“的”“地”“得”跟“定·心”“状·心”“心·补”三种结构关系分别存在专一性联系，因此它们是典型的结构助词。语言运用中，它们可以在一个小句里同现。如：他的画渐渐地画得传神了。——“他”是定语，“渐渐”是状语，“传神”是补语。

147. 如何对待书面上“的”“地”“得”的分工？

三个结构助词“de”文字上分别写作“的”“地”“得”，这样的分工有利于帮助书面语显示结构关系，具有积极意义。比较：他高兴地呵呵大笑。｜他高兴得呵呵大笑。——前一例，“地”标示出状心关系；后一例，“得”标示出心补关系。如果按口头上所说的，记录成“他高兴 de 呵呵大笑”，结构关系就没有那么确定。

由于“的、地、得”同定心、状心、心补的结构关系相联系，而这些结构关系一般人有时分不清，因此，按严格的分工来使用这三个字会遇到困难。比较妥善的办法是：一方面，面对现实，肯定几十年来已经形成的具有广泛群众性和社会性的分工写法；另一方面，不强求分工的严格性，有的时候有的地方可以灵活。具体说，可以提出这么几条要求：（1）定语后边必须用“的”，不能用“地”或“得”。如“美丽的校园”，不能写成“美丽地校园”“美丽得校园”。（2）状语后边通常用“地”，但用“的”不算错。不过，不能用“得”。如“广泛地传播”，也可以写成“广泛的传播”，但不能写成“广泛得传播”。（3）补语前边通常用“得”，但用“的”不算错。不过，不能用“地”。如“来得很意外”，也可以写成“来的很意外”，但不能写成“来地很意外”。

148. 哪些助词可以认为是准结构助词？

助词“给”“所”“来”“去”等，跟特定结构关系有联系，但未成为某种成分的专用标志。它们可以认为是准结构助词。

(1)“给”。这个词，通常出现在“介词结构+给+VP”格式中。如:(大水)把河堤给冲垮了。|(河堤)被大水给冲垮了。——由于前边的介词结构充当状语，因而可以认为“给”跟状语有联系，但它不成为状语的标志。有的时候，“给”或“被”直接用在VP前边表示被动关系，它们也可以算作准结构助词。如：河堤给冲垮了。|河堤被冲垮了。

(2)“所”。这个词，主要见于三个格式：①介词结构+所+VP。如：被猛烈的炮火所摧毁。——“所”帮助表达被动关系，前边是充当状语的“被”字结构或“为”字结构。②NP+所+VP+的+心语。如：我所认识的老张。——“所”用在某些作定语的主谓结构中间，使主谓结构在定语位置上形成“NP所VP(的)”的特殊形式。“所”前边的NP，可以依赖特定语境而隐去。如：我来的时间还很短，所见到的事情还不多。——隐去“我”。③有/无+所+VP。如：有所改进|无所顾虑——“所”用在“有/无+VP”的动宾结构中间，帮助VP表示有限度的动量。以上三个格式中的“所”，分别跟状心、定心、动宾等关系相联系。此外，“所”还可以形成“所”字结构，如“所见”“所闻”“所知”等，数量不多。

(3)“来”“去”。这两个词通常出现在“介词结构+来/去+VP”的结构之中。如：用酒精来麻醉自己|用经济手段去解决问题。——这里的“来、去”已经不是趋向动词，它们用在介词结构和VP之间，帮助了状心结构关系的表达。

149. 什么是时态助词？典型时态助词有哪些？

时态助词是表明时态的助词。这类助词附着在以动词为代表的谓词性词语的后边，表示某种时态。

典型时态助词有三个：(1)“着”。念zhe，轻读，表示持续时态。如“弹着钢琴”，行为正在持续。(2)“了”。念le，轻读，表示实现时态。如“弹了钢琴”，行为已经实现。(3)“过”。念 guo，轻读，表示经验时态。如“弹过钢琴”，行为成为经验。“着、了、过”往往被当作动词的形式标志，当它们附着在一个动词后边的时候，可以看作词尾。

不过，带“着、了、过”的词到底是不是动词，还得结合其他条件来检验。比方“为着、为了”，尽管有“着、了”，但属于介词；又比方“雨略微小过一阵”，尽管有“过”，但其中的“小”并非典型动词，而是形容词的动态化用法。

150. 哪些助词可以认为是准时态助词？

“来着”“着呢”和特定结构中的“的”，可以认为是准时态助词。它们表示跟时态有联系的意义，也具有附着性，但不能看作词尾。

(1)“来着”。这个词，表示行为状况已成为经验，说话时情况已有变化。它总是出现在句末，也可以认为是时态性语气助词。如：他刚刚还在这儿来着。(曾经在这儿，现在已不在。)如果带“来着”的句子用于反问，所表示的意思便是“未曾”。如：你什么时候告诉我来着？(未曾告诉。)有时，“来着”不是用在动词性词语后边，而是用在形容词性词语后边，如：“前几年妈妈的身体还十分壮实来着。”(曾经十分壮实，现在差些了。)

(2)“着呢”。这个词，既强调性状的程度，同时又强调性状的现实性持续。它总是出现在句末，也可以认为是时态性语气助词。如：张嫂的小酒店红火着呢！(很红火，红火的性状正在现实中持续。)它通常附着在形容词后边，不过有时也附着在动词结构后边，如：这种泥塑对外国人可有吸引力着呢！(“有吸引力”是动词结构。)有时，“着呢”是两个词：“着”是时态助词，“呢”是语气助词。如：“门关着呢！”这里的“呢”可以不出现：“门关着！”

(3)“的”。这个词，表示行为在过去发生，已经成为事实。总是出现在动词和宾语之间。如：我昨天进的城。｜他上午买的车票。它有时用于问句，问的是已成事实的行为在过去的什么时候或什么地方发生。如：他什么时候参的军？｜你在什么地方遇到的他？

151. 什么是表数助词？主要有哪些？

表数助词是帮助表达数概念的助词。它们或者附着在名词或名代词后边，或者附着在数词前后，都表示跟数量范畴有关的某种附加意义。包括“们”“第”和“多、来、把”。

（1）“们”。这是个复数助词。用在指人名词或人称代词后边表示复数，轻读，具有词尾性。如：老师们｜同学们｜我们｜他们｜它们。跟“们”有点类似的是“等”。“等”可以说成“等等”“等等等等”，不像“们”那样可以看作词尾。

（2）“第”。这是个序数助词。附加在基数词的前边，一起表示序数，是构成现代汉语序数系统的重要语法手段，具有前缀性。如：第一｜第九｜第十八。

（3）“多”“来”“把”。它们是概数助词。用在基数词后边，一起表示概数。如：二百多（学生）｜三十来（人）｜万把（字）。“多”还可以用在数量词后边，如：一碗多｜三斤多。“把”还可以用在“里、丈、斤、个”等量词后边，如：里把（路）｜丈把（土布）｜斤把（苹果）｜个把（坏人）。

152. 运用复数助词“们”应该注意哪些问题？

首先，用“们”是为了在显性语法形式上标示出复数，但在隐性的语义内容上，不用“们”的名词不一定不是复数。比方，“学生们”肯定是复数，但“学生”也往往可能是复数。有一个例外现象：“娘们、爷们、哥们”尽管用了“们”，有时不表示复数。如：我讨厌你这个娘们！

其次，附着于名词的“们”，限于表示人的复数。如果附着于表人专用名词，“们”有一类人的意思，如“李白杜甫们”；如果附着于非表人名词，“们”有使事物拟人化的作用，如“猫们狗们”。

第三，对于代词来说，“们”附着于典型的人称代词。由于“它”指物，因而“代词+们”也可以表示物的复数。除了典型的人称代词，“大伙儿”也可以说成“大伙儿们”，问人的“谁”也可以说成“谁们”。

第四，“名词+们”的前头不能出现表示确定数目的数量词，如不能说“三个学生们”“四个教师们”“二十八个代表们”；但是，前头可以出现表示不定多数的词语，如可以说“诸位代表们”“各位先生们”“一群打手们”“一些学生们”。

153. 什么是比况助词？主要有哪些？

比况助词是表明比况意念的助词。

这类词附着在词语后边，构成以“（像）X似的”为代表格式的比况结构。典型的比况助词是“似的”。如：鲜花似的｜像小老虎似的。所谓“比况”，有两个意义：一是比拟，二是测断。比较：

他那样子，像鸭子走路似的。（比拟）

他那样子，像有恃无恐似的。（测断）

“一般”“一样”有时相当于“似的”，也是比况助词。如：红玛瑙一般｜像芦柴棒一样。“似的”和“一般”有时可以说成“似”和“般”。如：兵爷们桩子似傻了，呆了。（吴昊《原因不详》）｜每次约会沈安妮都睁大眼睛，如梦似醉般聆听沈子平慷慨激昂述说满怀壮志。（张立国《沙猪传奇》）

154. 什么是语气助词？语气助词是否就是语气？

语气助词是用在句末借以加强语气表达信息量的助词。除了句中特殊用法，这类助词附着在句子末尾。如“的、了、呢、罢了、嘛、吗、吧、啊”等。

语气助词和语气有瓜葛，但它们不是一回事。语气是跟语调相联系的语法实体，不能切分为块状语法单位；语气助词是由于语气表达的需要而使用的语法单位，是一种块状语法单位。语气的表达是因，语气助词的使用是果。一个句子，如果没有语气助词，照样有语气；之所以使用语气助词，是为了在配合语气表明特定意旨的同时使语气表达的信息量得以加强。比如：他知道一些情况。→他知道一些情况的。｜他知道一些情况了。｜他知道一些情况呢。｜他知道一些情况罢了。｜他知道一些情况嘛。｜他知道一些情况啊。——这表明：陈述一件事，可以不用语气词；但也可以用上不同的语气助词，使句子的意思发生微妙的变化。

155. 语气助词和小句语气类型的关系如何？

不同语气助词适应于不同小句语气类型的选择需要，但它们同各类小句语气类型不是一对一的简单对应关系。

有的语气助词，比如“啊”，可以出现在感叹、陈述、祈使、疑问四种语气类型句子的末尾；有的语气助词，比如“了”“呢”“吧”，它们可以分别出现在陈述和祈使、陈述和疑问、疑问和祈使两种语气类型句子的末尾。

即使是“吗”，似乎一定得用于疑问句，其实，这只是文字问题，或者说，只是书面语里的问题。口语里的“ma”这个音，文字上可以写作“吗”，也可以写作“嘛”，是不一定只跟疑问句相联系的。比如：“他本来就不想去 ma”，孤零零地看，很难说是表示疑问语气还是表示肯定地陈述一件事的语气。李明《语气助词的音高分析》一文，提供了语音实验分析所得的证据：用于肯定语气的“嘛”一般都是低降调 21，或低平调 11，而用于疑问语气的“吗”有时也可念低降调 21，或念低平调 11。（见北京语言文化大学教务处编《北京语言文化大学入选

第五届国际汉语教学讨论会论文汇编》1996年版，第164页和174页）

总之，选用什么语气助词来配合语气表述特定意旨，要看具体需要，做具体分析。

156. 如何判别语气助词"的"和结构助词"的"？

语气助词"的"用于句末，"的"字结构中的结构助词"的"有时也出现于句末。如：我是喜欢的。（语气助词）｜我是外来的。（结构助词）

一般地说，可以从两个方面判别这两个"的"。第一，如果是语气助词"的"，它（连同句中出现的"是"）可以去掉；如果是"的"字结构中的结构助词"的"，它（连同句中出现的"是"）不能去掉。如："我是喜欢的"可以说成"我喜欢"，"我是外来的"不能说成"我外来"。第二，如果是"的"字结构中的结构助词"的"，后边能够添加名词心语；如果是语气助词"的"，不能这么办。如："我是外来的"可以说成"我是外来的干部"之类，"我是喜欢的"不能说成"我是喜欢的干部"之类。此外，如果单用"是的"，其中的"的"肯定是语气助词。如：（问）你愿意去？（答）是的。

有的时候，可能会遇到歧义句。到底是什么意思，要在特定语境中才能辨别。如："我是刚到的。"如果等于说"我刚到"，其中的"的"是语气助词；如果等于说"我是刚到的代表"之类，其中的"的"是结构助词。

157. 如何判别语气助词"了"和时态助词"了"？

一般情况下，语气助词"了"和时态助词"了"有较大的不同：语气助词"了"用于句末，它的前边可以是名词；时态助词"了"经常用于句中，而且紧跟着动词。比如：他买了计算机了。——句末的“了”是语气助词，句中的“了”是时态助词。

有的时候，“了”既用在动词后边，似乎是时态助词，但又出现在句末，似乎是语气助词。判别它们，需要注意两种情况：(1)“了”如果只表示情况变化，或者表示有所祈使，并不表示行为的实现，这样的“了”是语气助词。如：姑妈，我走了。(过几天再来看您。)｜听姑妈的话，把借款退了！(2)“了”如果既表示情况发生变化，又表示行为已经实现，这样的“了”是语气助词和时态助词的凝合形式。如：她个把月前就走了。(＝她走了个把月了。＝她个把月前就走了了。)｜我已经把借款退了。(＝我已经退了借款了。＝我已经把借款退了了。)

158. 语气助词“啊”的读音和书写形式如何？

“啊”这个语气助词，不管是否用在感叹句的末尾，都有“呀”“哇”“哪”等变体。

连读时，如果前一个字末了的音是“i”，“啊”念成“ya”，可以写成“呀”，如：多么美丽呀！如果前一个字末了的音是“u”“ao”，“啊”念成“wa”，可以写成“哇”，如：真苦哇！｜多好哇！如果前一个字末了的音是“n”，“啊”念成“na”，可以写成“哪”，如：多么狠哪！

以上所说的，方言区的人学习普通话时不易掌握，母语不是汉语的人学习汉语时不易辨察。是不是一定要那么念、那么写，在不需严格要求的场合，似可不必那么讲究，书面上统统写成“啊”就可以了。

159. 语气助词是不是一定出现在句末？

语气助词通常出现在句末，但也有“句中特殊用法”，即出现在句子里成分与成分或词语与词语之间。这有两种情况。

(1) 句子开头的一个成分后边用语气助词。如：他呀，这几年神气得很。｜原因么，是发表了几篇文章。｜文章呢，有的确实写得不错。｜以最近发表的那篇来说吧，我们几个人都很爱读。——这么使用语气助词，一方面可以强调突出前边的成分，另一方面又表示语意未尽，后边将有述说。所用的语气助词不同，表意自然也有差异：用“呀”可以让人特别注意后边将说的话；用“么”有“论到”的意思；用“呢”既有“论到”的意思，也让人注意后边将说的话；用“吧”表明是举例性质。

(2) 联合结构中各部分后边用语气助词。如：山啊，水啊，花啊，草啊，都像在随着人心欢笑歌舞。｜冰箱啦，彩电啦，录像机啦，都是他送给我的。——这里的“啊”“啦”，用来加强列举的语气。如果列举的是两个并列部分，也可以说成“A 啊 B 的”：猫啊狗的｜跳啊唱的。如果列举的是存在选择关系的两个部分，也可以说成“A 啊还是 B”：当时我已经不知道手里拿的是镰刀啊还是锄头。

160. 怎样理解“词类”这个概念？

汉语的词类，指的是根据汉语里词的语法特征划分出来的词的类别。一般地说，所谓“词类”，专指名词、动词、形容词、副词、介词、连词、助词等这一层级上的语法分类。

“词类”上面，有上位类别，即成分词、特殊成分词和非成分词。划分的根据，是词的句法功能；划分的目的，是加强对各个词类之间的共同性和差异性的认识。

“词类”下面，有下位类别，即词类次类。如人物名词、时间名词和方所名词，这是名词的次类；及物动词和不及物动词，这是动词的次类。划分词类次类，是为了更好地认识各个词类内部的不同现象，以便更好地阐述有关的规律。任何一个词类都可以从不同角度划分为两个或几个次类，各个次类下面又可以划分出更多的次类。次类划分的不同角度和深浅程度，取决于进一步说明语法现象和阐明语法规律的需要，划分时都必须根据这样那样的语法特征。

161. 汉语里词的语法特征表现在哪些方面？

汉语里，划分词类所根据的语法特征，表现在形态、组合能力和造句功能三方面。

（1）形态——指构词和构形的语法形式。构词的语法形式，包括前缀和后缀。它们有构成新词的作用，并且有词类标志的作用。如：老三，老大，老张｜剪子，胖子，月子｜绿化，工业化，合作化。这里的“老”“子”分别是名词前缀和后缀，“化”是动词的后缀。构形的语法形式，也就是词的变化方式。有两种：一是重叠式，把词或语素重叠起来表示某种语法意义；二是黏附式，把具有词尾性质的助词黏附在成分词后边表示某种语法意义。如：动词“观看”→观看观看（观看一下）｜观看着（正在观看）｜观看了（已经观看）｜观看过（曾经观看）；名词“观众”→观众们（多个观众）。“观看”“观众”词性不同，构形的语法形式也有所不同。

（2）组合能力——指能或不能跟什么词组合的能力。如，“观看”是动词，可以说成“都观看、不观看、也观看”；“观众”是名词，不能这么办。反过来说，名词“观众”可以说成“两个观众、无数观众”，动词“观看”不能这么办。

（3）造句功能——指词在句子中能不能充当句子成分，能充当什么句子成分。如，“观众、观看”可以充当句子成分，而“和、如果、从、对于、的、吗”不能单独充当句子成分；“观众”可以充当主语、宾语，不能单独充当谓语，而“观看”可以充当谓语或谓语中心，在一定条件下才能出现在主语宾语的位置。

162. 词的意义在词类划分中有什么作用？

在根据语法特征进行词类划分的过程中，词的意义具有参酌作用。

词类划分过程中，必须始终贯彻一条关于“分合”的同一性原则。即：同一意义并且在组合能力上具有共性的同一形式，不得分化为不同的类；不同意义并且在组合能力上不具有共性的同形形式，才应该分化为不同的类。

明确这条原则，始终遵守这条原则，可以保证在运用标准的过程中不致陷于混乱。而要贯彻这条原则，如果不参酌意义是做不到的。比较：细心的人，细心照顾他｜特别的人，特别照顾他——“细心”不管作定语还是作状语，都能加“很”，并且都表示“用心细密”的意思。这个词不应分化为两个不同的类，不能说作定语时是形容词，作状语时是副词。“特别”情况不同：有时表示“与众不同”的意思，“特别的人”可以说成“很特别的人”；有时表示“特地”的意思，“特别照顾他”不能说成“很特别地照顾他”。由于两个“特别”具有不同的意义，并且相应地在组合能力上具有不同的特点，它们属于两个不同的类，前者属形容词，后者属副词。

163. 如何看待语法特征的不规整性？

语法特征是词类划分的“主裁判”。有时，甲、乙两个词可能在意义上是近似的，但它们具有不同的语法特征，属于两个不同的词类。比如：突然出现，非常突然地出现，突然事件，这件事很突然｜忽然出现，* 非常忽然地出现，* 忽然事件，* 这件事很忽然。——“突然”和“忽然”分别是形容词和副词。

然而，汉语里词的三个方面的语法特征并非规整，完全对应。首先，实际作用有所不同。汉语的词缺少形态变化，词类在语法上的不同，主要表现在组合能力和造句功能这两个方面，尤其突出地表现在组合能力这一方面。因此，进行词性判别时，要特别重视词的组合能力的同异。其次，条件性质有所不同。对于某类词来说，有的语法特征可能是充足条件，有的语法特征可能是必要条件。比如，对于动词来说，“能带宾语”是充足条件，“能充当谓语中心”则是必要条件。

因此，进行词性判别时，要分清条件的性质。最后，解释面有所不同。有的语法特征解释面较大，是全局性或带全局性的特征；有的语法特征解释面很小，但往往可以成为充足条件，也很有用处。因此，进行词性判别时，固然应该重视“面大特征”，但“面小特征”也不可忽视。

164. 判别词性有哪些论证方法？

词类划分，是从全局着眼，研究如何把词划分为若干语法类别；词性判别，是从一个一个具体的词出发，考察它们的特性，判定应该把它们分别归入哪个词类。对词性的判别，有以下三种论证方法：

（1）直判——根据某类词的语法特征直接判定某个词属于某一类。这是一种直接证明的方法。其公式为：“凡符合 A 类语法特点的，属 A 类。X 符合 A 类的语法特点，所以，X 属 A 类。”比方，凡是能进入“为 NPX 过”格式的词，是动词。“着想”符合这个特点（“你为谁着想过？为我着想过吗？”），所以它是动词。

（2）排他——通过排斥其他各种可能，借以肯定只有某种可能。这是一种间接证明的方法。其公式为：“或者是 A 类，或者是 B 类，或者是 C 类。（没有别的可能）X 不可能是 A 类 B 类，所以，X 是 C 类。”比方，“必然”通常用作状语。这样的“必然”，或者是副词，或者是形容词，没有别的可能。它不可能是副词，因为副词不具备这样的特征：必然取得最后胜利→取得最后胜利是必然结果｜取得最后胜利是必然的。通过排他法的运用，排除了副词的可能性，就剩下只有形容词的可能性了。

（3）类比——已知甲词属某类，由此推知只能跟甲词同类的乙词也属某类。这也是一种间接证明的方法。其公式为：“X 只能跟 Y 同类。（没有破坏性反例）Y 是 A 类，所以，X 也是 A 类。”比如“会心”，找不到明显的语法特征，通过跟“会意”的类比，可以判定它也是动词。

直判也好，排他和类比也好，都不是彼此孤立的，更不是相互排斥的。进行词性判定时，为了提高结论的可靠性，这三种方法可以综合使用。

165. 怎样判别词的同形异类现象？

同一个词的形式，在语法上分属不同的词类，这是词的同形异类现象，也叫“兼类”。如：我提个建议。（名）我建议暂时休会。（动）｜请比较这两个词。（动）这个词比较特殊。（副）

判定同形异类现象的归属，必须始终坚持分类的语法标准，并且按需要选用论证方法。

以“多”来说：①他的论著很多。②他又多了一个头衔。③他精通多种外语。④多好的学者！⑤他走了多久？——第一句，“多”受程度副词修饰，不能带宾语，是形容词；第二句，“多”不仅带“了”，而且带上了宾语，是动词；第三句，“多”跟量词“种”组合，是数词；第四句，“多”修饰形容词表示程度，具有纯状语性，是程度副词；第五句，“多”用于疑问，求代数量，是疑问代词。

再以“加以”来说：①对这个改革方案，应该加以认真的讨论。②他非常聪明，加以特别用功，所以进步很快。——第一句，“加以”带由双音动词充当的宾语，双音动词前边还出现定语，是动词。第二句，“加以”用在复句里分句与分句之间，表示进一层的关系，可以用连词“并且、而且”之类去替换，是连词。

166. 词类问题的症结何在？

在汉语语法研究中，词类问题是最大的“老大难”问题。问题的症结，说穿了，有两个。

第一，语法书里的词类系统是先验性的。从1898年中国第一部汉语语法著作《马氏文通》出版以来，出现了这样那样的汉语词类系统。

如果把各种可能有的情况都考虑在内，词类系统可以分为两大类：①穷尽类。系统所包括的各个词类可以穷尽所有的词，全无遗漏。②不穷尽类。系统所包括的各个词类穷尽不了所有的词，有的词是被排斥在系统之外的“剩余词”。不管是哪种类型的，无一不带有先验性，它们都不是对客观存在的词进行全面分析和全面归纳的产物，而是先由语法学家所构拟然后又由语法学家加以解说的框架。不可否认，语法学家在构拟框架和解说框架时都在力求更接近于事实，然而，无论如何，这样的框架必然带有语法学家的成见和缺陷。

第二，对词类系统的阐述是护卫性的。构拟了一个系统，就需要进一步阐述这个系统。为了让人接受，不被否定，理所当然地需要千方百计对这个系统加以护卫。比方，以分类标准来讲，按说应该先有标准，然后才有类别。可是，现有的划分词类的标准却是“后天”的，是为护卫所构拟的系统而“想”出来的。以代词来讲，如果坚持语法特征上的同一分类标准，很难独立为一类，既然独立了，自然就需要做护卫性的解说了。

本书的词类系统存在同样的问题。正因如此，本书不是先讲分类标准，再讲分类系统，而是来个“马后炮”，先讲分类系统，再补充介绍可能有的标准和有关的问题。

167. 今后的词类研究面临什么样的选择？可以采取什么样的对策？

今后词类问题的研究，面临两种选择：第一，在现有成果的基础上逐步求完善。这就是说，即使明知存在先验性和护卫性的问题，也努力通过不断修正和不断充实来促使词类理论和词类系统向相对完善的方向发展。第二，推倒重来。对客观存在的词进行全面分析和全面归纳，产生理论，产生标准，然后产生系统。后一种选择自然很“革命”，但实践起来困难重重，到头来可能只成为一句空洞的“革命”口号。因此，实事求是的态度，恐怕还是应该采取第一种选择。

要在现有成果的基础上求完善，需要有“两手”对策：第一手，抓词类的基本特点和词的常规性质。其目的，是获得关于汉语词类的最基本的认识。一类词有一类词的基本特点，教科书对一类词的基本特点进行描述的时候，不大可能照顾到一些适用面很小的特点。另一方面，一个词有一个词的常规性质，一部词典给一个词标明词类的时候，不大可能全部顾及常规性质之外的各种各样非常规性质。一般地说，教科书和词典只需要这么“一手”就够了，然而词类研究却不能总是停留在这“一手”上面。第二手，抓词进入小句之后所形成的可以显示词性的种种格式。其目的，是对汉语词类作出深入细致的描写。一个词的语法功能要接受句规约，不管是组合能力还是造句功能的特点，都要入句以后才能实现。正因如此，跟一般所说的词的语法特征比较起来，词的入句结果所形成的格式要丰富得多，所包容的现象要复杂得多。诚然，对入句结果的有效了解，大大有利于词类划分和词性判别的工作。一部全面反映汉语词类的书，不能不抓这一手。

168. 解决词类问题的两手对策如何实施？

两手对策需要结合起来。在做法上，一部讲汉语词类的书，或者一部《汉语词类大全》，需要包括两个方面的内容。一方面，讲清词类的基本特点并标出各个词的常规性质；另一方面，给出可以显示词性的种种格式。所给出的格式，例如：“数X名”格式，X是量词；“X了名”格式，X是动词；“很X的名”格式，X是形容词；“已经很X了”格式，X是形容词的动态化用法。

前一方面的内容是基础，后一方面给出的格式是必要的补足。光有前一方面的内容不行，因为，一来不管怎么讲都不可能讲全，二来同形异类现象很多，如果大多数的词下面都注出兼属的两类或几类，不但烦琐，而且会使词类标明的工作变得没有多大意义。如果有后一方面的补足，情况就大大不同：即使前一方面的内容有较多的疏漏，问题仍然可以解决。至于到底给出多少格式才合适，这不是现在能够回答得了的问题。总的原则是，尽可能齐全。要做到这一点，需要大家群策群力，花若干年时间来进行研究和归纳。

值得注意的是，讲基本特征也好，给出特定格式也好，如果不了解词语的意义就不能掌握和运用，这正是掌握汉语语法的难点。外国人学习汉语，有必要词义和语法同时学习。

169. 成分词运用中常见什么偏误？

成分词运用中常见的偏误，主要表现为以下两点。

（1）词性误用，即在该用甲类词的地方用了乙类词。如：一个人活在世上，无非是两个生活吧，社会生活和家庭生活。社会生活，主要是有所事业……（《花城》1985 年第 1 期 70 页）——“事业”是名词，而“有所”后边应出现动词。应该注意：汉语里存在“词性活用”的现象，但有些格式却有硬性的规定，非那么用不可。“有所 X”就是一个硬性规定的格式，其中的 X 要求必须用动词。

（2）范围超越，即所用的词超越了适用的范围。如：有一天，他商量着二婶：“妈，我实在馋了，把罐子里的咸鸭蛋给我煮一个吃呗！”（《江城短篇小说》1984 年第 1 期 26 页）——“商量”这个词可以带宾语，比如“张老师和几个班干部正在商量着怎样开展读好书活动的问题”，但所带宾语必须是指事的对象宾语。这里让它带上指人的对象宾语“二婶”，超越了它的适用范围，因此读起来别扭。

170. 特殊成分词运用中常见什么偏误？

数量词运用中常见两种偏误：（1）数量词用在总称名词前边。如：每个人都知道，地球上25 亿人类中，每 4 个人里面有一个中国人。（引自《语文短评选辑》，艾北方用例）——“人类”是所有的人的总称，应改为“25 亿人”。（2）数量词后边出现跟它相排斥的语词。如：在抗战高潮中，许多革命作家和爱好文艺的青年从上海和全国各地来到延安和各个根据地的多起来了。（引自《词语评改五百例》，马真用例）——用“许多”，是静态地表述其多；用“多起来”，是动态地表述由少到多。二者语义重复，因此相互排斥，不能在一个句子的主谓两个部分同时并见。应去掉“许多”。

代词运用中常见两种毛病：（1）前词多，指代关系不明。如：小张和小李在路上遇见了，他告诉他昨天他买了一本新小说，问他看不看。——到底谁告诉谁，应该交代清楚。比方可以说成：小张告诉小李……，问小李……。（2）指代对象多，指代关系混乱。如：他顺口唱出了歌颂友情的诗篇表示对我们的欢迎之后，又突然发现有一位同志和他的爱人在一起，于是又成了他作诗的好材料。（引自《语文短评选辑》，张了且用例）——第一个和第三个“他”指那位作诗的人，中间一个“他”指那“一位同志”。同一个“他”，忽代甲，忽指乙，容易引起误解，应去掉中间的“他的”。

171. 非成分词运用中常见什么偏误？

非成分词运用中常见的偏误，主要表现为以下四点。

（1）误用，即用得不正确。如：奶皮子是内蒙古自治区呼伦贝尔盟或锡林郭勒盟牧区的名产。（引自《语文短评选辑》，王存维用例）——这里，“呼伦贝尔盟”和“锡林郭勒盟”是二者加合的关系，而不是二者择一的关系。“或”应该改成“和”。

（2）多用，即不该用而用。如：1980 年速鸿增和郭建材都被当选为副县长。（引自《词语评改五百例》，施言用例）——“当选”本身就已有被选的意思，“被”字应该删除。

（3）少用，即该用而不用。如：从云龙山北望，不远处有一个高耸的土山，这便是被项羽尊为亚父的范增墓。（引自《语文短评选辑》，赵宁渌用例）——被项羽尊为亚父的是范增，而不是“范增墓”，“范增”和“墓”之间应该加“的”，说成：“……便是被项羽尊为亚父的范增的坟墓”。

（4）乱套，即错用了跟非成分词配套使用的词语，致使相对固定的格式乱了套。如：欧阳修对经学上的贡献（引自《语文短评选辑》，李夏用例）——“对”不同“上”配套。应该去掉“上”，或者说成“在……上”。

短语和小句特定句式

172. 怎样理解词的备用性和短语的组装性？

词和短语是级别不同的两类语法单位。对于遣词造句来说，二者有备用性和组装性的区别。

词具有备用性。一个一个的词，它们是定型的，客观存在的，可以成为词汇学的研究对象并被编成词典的。其备用性，表现在它们独立地存在于句子之外，需要时使用到句子之内。在中国，影响最大的词典是《现代汉语词典》。这是一部以记录现代汉语共同语语汇为主的中型词典，所收条目共约五万六千余条，大部分是典型的词。不管是不是典型的词，所收条目全都为了“备用”。造句时，如果不知道某个地方该用哪个词，可以查查《现代汉语词典》。

短语具有组装性。作为比词大的语法单位，短语是备用单位的组装。在绝大多数情况下短语都是随句组装，至于如何组装，取决于意旨表述的实际需要。对于同一个人，人们一下子可以说“鲁迅先生”，一下子可以说“鲁迅教授”，一下子可以说“伟大的作家鲁迅”，一下子可以说“鲁迅这位伟大作家”，诸如此类，不一而足。“鲁迅”“先生”“教授”“伟大”“的”“作家”“这”“位”这些词都是备用单位，而“鲁迅先生”“鲁迅教授”“伟大的作家鲁迅”“鲁迅这位伟大作家”之类却是从实际需要出发利用备用单位临时组装而成的短语。“开飞机”“坐飞机”“坐冷板凳”之类短语，组装性更为明显。正因如此，绝大多数短语都是自由短语。

当然，也有一部分短语是定型短语，包括专名短语和熟语。它们从意义到形式都整体使用，已经进入词汇单位的行列，属于备用单位。

173. 严格意义上跟短语相对立的词，有什么样的规定性？

跟短语相对立的严格意义上的词，具有三个方面的规定性。

第一，一个单音节形式，不可能是短语，而只能是词。比如“俩”和“仨”，尽管相当于“两个”和“三个”，但它们是单音节词。当然，一个单音节形式要成为词，它本身必须具有特定意义，并且能够独立活动。比如“腼”和“腆”，都不符合这个要求，因而都不是单音节词，“腼腆”合起来才成为一个双音节词。

第二，A 和 B 两个单音节形式，只要其中一个不具有特定意义和不能独立活动，它们的组合不可能是短语，而只能是词。比如“妖娆”，尽管“妖”有意义，能独立活动，但“娆”不符合要求。因此，“妖娆”整个是一个双音节词，而不是词和词结合而成的短语。

第三，A 和 B 两个单音节形式，如果它们都是词，它们结合成了短语，那么，它们的结合体具有可离析性，形式上可以插入别的语言成分。比如“很好”“救活”“牛羊”都是短语，可以离析成“很不好”“救得活”“牛和羊”，离析后并不变动 A 或 B 原来的意义。反之，要是相结合的 AB 共同形成一个整体意义，不能离析，便是一个双音节词。比如“美好”“成活”“山羊”，它们都是双音节词，“美”和“好”，“成”和“活”，“山”和“羊”结合起来表示一个整体意义，不能用插入别的语言成分的办法来进行离析。

174. 短语和词的基本区别表现在哪些方面？

短语和词的基本区别，表现在以下三个方面：

(1) 单位的大小。短语是大于词的语法单位，一个短语起码包含两个词。短语所包含的词的数量，取决于人们造句时表述意旨的需要；在实际语言运用中，有的短语所包含的词可以多达数十个。

(2) 音节的长短。短语的音节一般多于词的音节。词的音节，一般控制在三个之内。音节最少的，一个音节；音节最多的，一般不超过三个音节（如“冲锋枪”“游泳池”之类)。四个音节的词也有，不过，它们是词的特殊表现形态（如象声形式“叮叮咚咚”、重叠形式“漂漂亮亮”之类)。短语的音节，往少说不能是一个，至少得两个，不同于词；往多说可以是十几个、几十个甚至上百个，更不同于词。

(3) 层次的多少。短语的结构层次多于词的结构层次。由于词的音节一般不超过三个，合成词在结构上一般最多只有两个层次，包含两种关系；而短语，由于其长度不受严格控制，它在结构上自然可以形成多个层次，包含多种关系。比如“看到歹徒打伤旅客的列车员”，这个短语就层层包容了以下关系：①定心（看到歹徒打伤旅客的列车员)，②动宾（看到歹徒打伤旅客)，③主谓（歹徒打伤旅客)，④动宾（打伤旅客)，⑤心补（打伤)。

175. 教学语法分析中短语和合成词最好如何认定？

作为级别不同的两类语法单位，典型的短语和典型的合成词有着明显的区别，二者容易认定。但是，从总体上看，短语和合成词之间存在严重的纠结，不能一刀两断。纠缠不清之处，主要表现在双音节和三音节的现象上面。由于这是不以人们意志为转移的客观事实，在教学语法分析中要确定一个单位是词还是短语，就只能人为地做出带有偏向性的规定。

从汉语发展上看，现代汉语的词倾向于双音节化。根据这一倾向，在难以断定的情况下，最好以两个音节作为“定词基准”。即：(1) 用一般标准判断没有争议的现象。两个音节的单位，如果明显是两个词，自然确认为短语，如“好人”“很香”“不去”“是的”等等；三个或三个以上音节的单位，如果明显不成为短语，自然确认为一个词，如“解放军”“冲锋枪”“运动会”“金钱豹”“印度尼西亚”等等。(2) 用“音节基准”处理“两难”现象。对于“两难”的单位，两个音节的判定为词，三个音节的判定为短语。比如“打倒、推翻”，两个音节，判定为词；“联系人、老干部”，三个音节，判定为短语。又如，“猪肉”是词，“猫肉”“鼠肉”也是词，而三个音节的“野猪肉”“野猫肉”“老鼠肉”，则是短语。

176. 教学中如何对待划分词和短语的一些麻烦问题？

在这个问题上，有必要注意以下四点。

(1) 以两个音节作为“定词基准”来认定的词，有的是进行语法分析时“姑且”认定的词，而不是严格意义上的词。比如把“打倒”定为一个词，可是“打”和“倒”都有特定意义，都能独立使用，可以说成“打得倒”“打不倒”。这就是说，语法分析中的词已经是放宽了限制的词。有的现象，比“打倒”之类还要典型。比如“河里、树下”之类由单音名词和单音方位词组合而成的现象，就是因为它们是两个音节，教学语法分析中通常都被处理为词。

(2) 有的单位，通常用作词，但在语言运用中有时被插入别的语言成分，转化成了短语。对于这样的情况，可以把“本来形式”判定为词，把“扩展形式”判定为短语。例如“鞠躬、洗澡、散步”，这是本来形式，它们都是词；“鞠了一个躬、洗了一个澡、散了一会儿步”，这是临时性扩展形式，它们都是短语。

(3) 尽管可以根据两个音节和三个音节来划开“两难”现象中的词和短语，但仍然存在问题。因为到底是否“两难”，可以见仁见智。有个折中的办法，这就是：用“短语词”这个术语来帮助解释一部分事实。比方，两个音节的，如果觉得不大像短语，但又不大像词，可以认为是“短语词”，如“据说、按理、不成”等等；三个音节的，如果觉得不大像词，但又不大像一般的短语，也可以认为是“短语词”，如“禁不住、差点儿、差不多、来不及、了不起”等等。

(4) 不管用什么办法来解释有关事实，不同的人在处理上总难免出现分歧。在各持己见的情况下，可以认为各种处理都对。事实上，各种处理都不影响对构成成分间关系的认识。比如“差点儿”，甲判定为词，乙判定为短语，丙判定为短语词，这没什么关系，因为不同的判定并不影响对这个语言单位本身所包含的心补关系的认识。

177. 短语如何分类？

综观入句的功能，短语首先可以分为成分短语和非成分短语。一般的短语都是成分短语，它们一进入句子便成为这样那样的成分。通常提到“短语”，只指成分短语。少数短语是非成分短语，它们用来表明句间关系，如“换句话说”“否则的话”等等。这是一些虚化了的短语，数量不多，但作为篇章语法的重要建构因素，其语法作用不可忽视。

成分短语又可以从两个角度进行分类：(1) 根据结构成分之间语义关系是否明显，短语可以分为关系类短语和标志类短语。如动宾短语是关系类短语，“的”字短语是标志类短语。(2) 根据词性上的联系，短语主要可以分为体词性短语和谓词性短语。如“的”字短语是体词性短语，动宾短语是谓词性短语。

不管是哪一类短语中的哪一种短语，它们本身都是一种结构。正因如此，某种短语也可以称为某种结构。如动宾短语也可以称为动宾结构，“的”字短语也可以称为“的”字结构。

178. 关系类短语有哪些？

关系类短语是结构成分之间有明显语义关系的短语。

有的关系类短语，采用成分配对的方式组合而成。包括：

(1) 主谓短语——结构成分之间具有主谓关系。

(2) 动宾短语——结构成分之间具有动宾关系。

(3) 定心短语——结构成分之间具有定心关系。

(4) 状心短语——结构成分之间具有状心关系。

(5) 心补短语——结构成分之间具有心补关系。

(6) 兼语短语——结构成分中包含一个“兼语”。

有的关系类短语，采用依次排列的方式组合而成。包括：

(7) 联合短语——结构成分之间具有联合关系。

(8) 同位短语——结构成分之间具有同位关系。

(9) 连动短语——结构成分之间具有连动关系。

179. 标志类短语有哪些？

标志类短语是结构成分之间语义关系比较模糊，只从语表上找出标志的短语。

这类短语的命名，有的利用前标志，即利用前面一个结构成分作为标志；有的利用后标志，即利用后面一个结构成分作为标志；有的利用双标志，即同时利用前后两个结构成分作为标志。

这类短语包括：

(1) 能愿短语——前一个结构成分是能愿动词。

(2) 介词短语——前一个结构成分是介词。

(3) “的”字短语——后一个结构成分是“的”字。

(4) 方位短语——后一个结构成分是方位词。

(5) 趋向短语——后一个结构成分是趋向动词。

(6) 比况短语——后一个结构成分是比况助词。

(7) 数量短语——前后两个结构成分分别是数词和量词，简称数量词。

180. 标志类短语在内部关系上情况如何?

标志类短语内部关系模糊,但模糊程度并不一致。大体说,有以下三种情况。

(1) 有的说不上结构成分之间有什么语义关系。如“的”字短语和比况短语,“的”和“似的”跟前面的结构成分之间很难说存在什么语义关系。

(2) 有的结构成分之间最多只能认为存在某种“准关系”。如介词短语,介词和后置成分之间很像有动宾关系,但实际上并不是动宾关系,最多只能认为存在可以称为“介宾关系”的准动宾关系。

(3) 有的结构成分之间的关系不够明确,不好认定。如能愿短语,前边的能愿动词和后边的谓词性词语之间既像是状心关系,又像是动宾关系。如“能 VP”,一方面,“能”的作用在于辅助表意,在“只有答应我的要求,我才能跟你走”或“这么做准能行”这样的语法环境中,“能”可以不要,似乎分析为状语更合乎语感;但是,另一方面,“能 VP”通常可以跟许多动宾结构一样采用“能不能 VP”“能 VP 不能”的提问方式(能不能跟你走? | 能跟你走不能?),因而又似乎很像是动宾关系。综合起来看,可以认为这是介于状心短语和动宾短语之间的一种特殊短语。

181. 体词性短语有哪些?谓词性短语有哪些?

体词性短语主要指名词性短语。这类短语,或者由名词和名词构成,或者以名词为主体构件组合而成,语法功能大体相当于名词。此外,方位短语、“的”字短语和数量短语也是体词性短语。

谓词性短语包括动词性短语和形容词性短语。动词性短语或者由动词和动词构成,或者以动词为主体构件组合而成,语法功能大体相当于动词。形容词性短语或者由形容词和形容词构成，或者以形容词为主体构件组合而成，语法功能大体相当于形容词。此外，能愿短语和比况短语也是谓词性短语；主谓短语和介词短语情况比较特殊，从句法功能看，可以附属于谓词性短语。

182. 主谓短语的结构成分如何？

主谓短语包括“主”和“谓”两个结构成分，它们可以是词，也可以是短语。只要其中的主语或谓语是短语，便成为复杂的多层次主谓短语。比方，“炮火猛烈”是主谓短语，只有一个层次；“敌人的炮火猛烈得出乎意料”也是主谓短语，但包含三个层次：

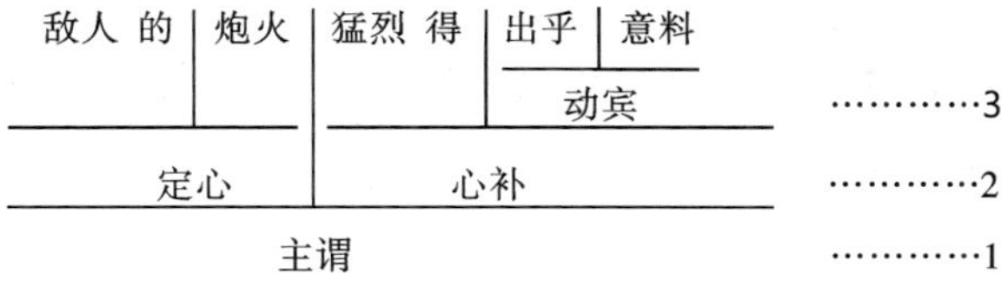

183. 主谓短语是什么性质的短语？句法功能如何？

主谓短语的性质具有一定的特殊性。就一般情况而论，“名·动”和“名·形”结构的主谓短语，由于结构核分别是动词和形容词，因而可以分别归入动词性短语和形容词性短语。但是，有必要注意两点。(1) 有的主谓短语，谓语中心是动词，整个谓语却采用“非常 X”的形式。如：“这个小伙子非常有毅力。”这样的主谓短语在结构成分上是动词性短语，在表意上却靠向了形容词性短语。(2) 有的主谓短语由“名”和“名”构成，如：李白唐朝人｜我们新疆好地方。按说“名名”结合应该成为名词性短语，然而这种“名名”结合却隐含有“是”字，表意上靠向了动词性短语。

从句法功能看，主谓短语带上特定语气语调可以成为小句。如：

"你走!"在小句里，主谓短语可以充当各种句子成分。如：这家伙，态度粗暴。(作谓语) | 态度粗暴的人怎么能当外交官?(作定语) | 他态度粗暴地打断了我的话。(作状语) | 他近来变得态度粗暴了。(作补语) | 态度粗暴是你的最大毛病。(作主语) | 切忌态度粗暴!(作宾语) 当然，并不是任何一个主谓短语都可以充当任何一种句子成分，这要看具体情况。

主谓短语作谓语，情况较为复杂。主要情况有四种。(1) 主语是受事，谓语用主谓短语表示施事者及其行为活动。如：这个人我见过。| 这种事谁肯干?(2) 主语是施事，谓语用主谓短语表示受事者及所承受的行为。如：我们什么鞋子都做。| 李师傅香烟抽得特别凶。(3) 主语表"物主"，谓语用主谓短语从所属的某一方面加以描写。如：这个人心胸狭隘。| 这件事关系重大。(4) 主语表"整体"，谓语用主宾同形的主谓短语作分解式的说明。如：咱们各管各。| 火红的日子一天胜过一天。

184. 动宾短语的结构成分如何?

动宾短语包括"动"和"宾"两个结构成分，它们可以是词，也可以是短语。只要其中的动语或宾语是短语，整个动宾短语便是复杂的多层次动宾短语。比方，"医治伤员"是动宾短语，只有一个层次；"及时医治和精心护理伤势严重的伤员"也是动宾短语，但包含三个层次：

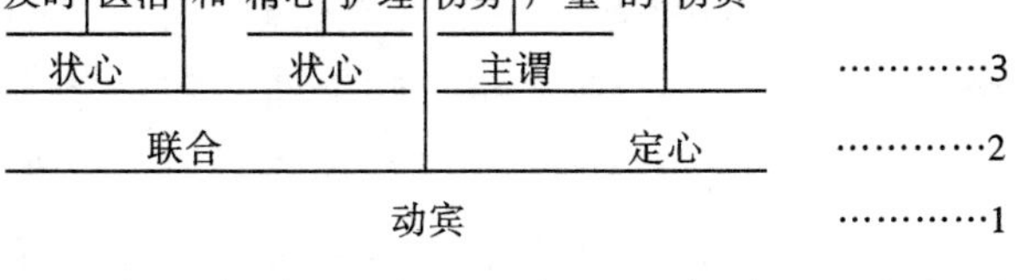

动宾短语的宾语部分有时是双宾语。这时，双宾语是并举单位，跟动语都有联系，双宾语之间没有组合关系。即：

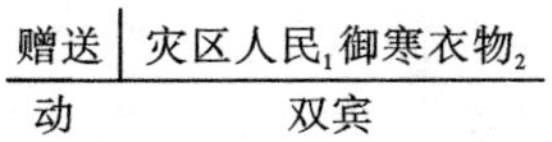

185. 动宾短语的语法性质和句法功能如何?

动宾短语是动词性短语。

动宾短语有时带上特定语气语调，可以成为非主谓句。如：刮风了？｜开船了？｜严禁烟火！｜出示证件！

在小句中，动宾短语最基本的功能是充当谓语或谓语中心。如：谁开船？（谓语）｜谁在开船？（谓语中心）此外，也可以充当其他各种成分。如：

新技师的录用降低标准了。（作谓语）

他们做出了降低标准的决定。（作定语）

他们降低标准地录用了几名技师。（作状语）

他们被逼得降低标准了。（作补语）

降低标准恐怕不是好办法。（作主语）

他们早就决定降低标准了。（作宾语）

跟主谓短语的情况一样，一个个具体的动宾短语相互间存在差异，并不是每一个动宾短语都可以充当谓语之外的其他各种成分。

186. 定心短语的形成有什么条件?

定心短语的形成有三个条件：①心语是名词或具有名词性，前边不出现副词；②定语是名词或具有名词性，后边往往带“的”；③用在主语宾语或介词后置成分的位置上，AB 结构成分之间用“的”。三个条件中，只要符合其中一个条件，便可以成为定心短语。如：他特别欣赏苏轼的诗词。——符合条件①②③｜他特别欣赏豪放的诗词。——符合条件①③｜他特别欣赏苏轼的豪放。——符合条件②③｜苏轼，宋朝人。——符合条件①②｜高规格地接待他们！——符合条件①。

值得注意的是，符合条件③的定心短语，两个结构成分可以都不是名词或名词性词语。如：要把情况做深入的分析！——“深入的分析”作宾语，符合条件③，是定心短语，但“深入”和“分析”本身都不是名词。又如：凶猛 de 反击，打乱了敌人的部署。｜站在首长的面前，他们露出了讨好 de 微笑。——“凶猛 de 反击”和“讨好 de 微笑”分别用在主语和宾语的位置之上，这决定了它们是定心短语，书面上“de”一定要写成“的”。如果不符合这一条件，情况就会不同：战士们正在凶猛 de 反击。｜他们一个个都在讨好 de 微笑。——“凶猛 de 反击”和“讨好 de 微笑”都用在谓语位置之上，这决定了它们不是定心短语，而是状心短语，书面上“de”一般要写成“地”。

187. 定心短语的结构成分如何？

定心短语的两个结构成分可以是词，也可以是短语。只要其中的心语或定语是短语，整个定心短语便是复杂的多层次定心短语。比方，“苏轼的诗词”是定心短语，只有一个层次；“宋朝人苏轼的风格豪放的诗词”也是定心短语，但包含三个层次：

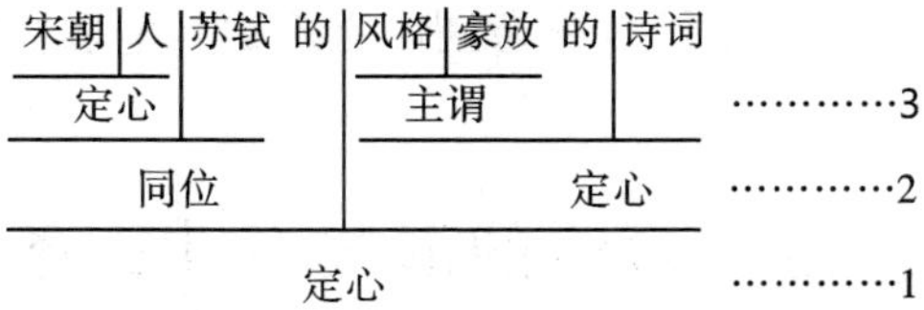

188. “的”字的使用对定心短语有何影响？

定心短语中不一定出现“的”。“我母亲”和“我的母亲”，意思没有明显的区别。但是，“的”字的使用，往往会对定心短语产生影响。这主要表现在以下两个方面。

其一，“的”字的插入有时使定心短语的意义发生变化。如：北京大学→北京的大学（前者特指一所大学，加“的”后指北京所有的大学）。

其二，“的”字的插入有时对定心短语的形成起强制作用。如：儿子女儿→儿子的女儿｜梅园鹤园→梅园的鹤园｜后勤部组织部→后勤部的组织部（“名名”是联合短语，“名的名”成了定心短语）。又如：你们演员们→你们的演员们｜革命队伍新四军→革命队伍的新四军｜部队驻地万泉河一带→部队驻地的万泉河一带（“名名”是同位短语，“名的名”成了定心短语）。又如：母亲去世使他悲痛万分→母亲的去世使他悲痛万分｜要保持情绪稳定→要保持情绪的稳定（“名动”“名形”是主谓短语，“名的动”“名的形”成了定心短语）。

189. 定心短语的语法性质如何？

在语法性质上，定心短语是体词性的。就心语而言，定心短语有两类。

其一，心语由名词充当，或者是“名的名”，或者是“形的名”“动的名”等。这一类无疑是典型的名词性短语。

其二，心语由动词或形容词充当，或者是“名的动”“名的形”，或者是“形的动”“动的动”等。这一类情况比较特殊。一方面，它们的心语用了动词或形容词，是谓词性的；但是另一方面，它们在整体上又不能充当谓语，或者不能无条件地充当谓语，缺乏谓词性。如：

我讨厌你们的争吵。

我害怕生活的紧张。

这里的“吵闹”和“紧张”本是动词和形容词，但“你们的吵闹”和“生活的紧张”充当宾语，没有充当谓语的能力。又如：

我讨厌无休止的争吵。

我害怕毫无意义的紧张。

这里的“无休止的争吵”和“毫无意义的紧张”，如果要转变成为谓语，必须删除前边的动词“讨厌”和“害怕”，同时必须变动“de”的标记性质，书面上改为“地”：你们不要无休止地争吵！｜这些人，毫无意义地紧张！

190. 定心短语的句法功能如何？

定心短语有时带上特定语气语调，可以成为非主谓句。如：卑鄙的小人！｜野兽的嚎叫！

在小句中，定心短语的基本的功能是充当主语和宾语。如：七栋学生宿舍成为文明宿舍示范区。（主语一宾语）以名词为核心构件的定心短语，除了充当主语和宾语，还可以充当其他成分。如：新书的出版讲求高质量。（作宾语）｜高质量是第一位的要求。（作主语）｜这是一批高质量的书。（作定语）｜成果高质量。（作谓语）｜一定要高质量地完成任务。（作状语）

值得注意的是：可以作状语的定心短语是一种三个音节的“形名”结构，如上例的“高质量”。其中的形容词一个音节，所表示的意义跟事物的度量有关，包括“高、低”“长、短”“大、小”“粗、细”等；其中的名词两个音节，表示可以测定度量的笼统性较大的事物。同类的例子：高水平地发挥了特长｜低限度地使用了古代词汇｜长时间地关押了他们｜短距离地观察了周围地势｜大幅度地提高了产量｜小面积地栽种了热带水果｜粗线索地分析了课文｜细线条地描绘了面部表情。“质量、幅度”之类名词不能作状语，“高质量、大幅度”之类定心短语却可以作状语。这说明，定心短语中的“定·名”短语，其句法功能不完全等同于名词。

191. 状心短语和心补短语是怎么构成的？

“谓词为心，前状后补”，这是状心短语和心补短语的基本结构方式。

所谓“谓词为心”，是说心语由动词或形容词充当（除了极为特殊的情况）；所谓“前状后补”，是说某词语在前边修饰心语时构成状心短语，某词语在后边补充心语时构成心补短语。如“缓慢移动”“清楚地调查”是状心短语，“移动缓慢”“调查得清楚”是心补短语；又如“无比灵活”“出奇地活跃”是状心短语，“灵活无比”“活跃得出奇”是心补短语。

跟其他短语一样，状心短语和心补短语的构成部分都可以是词或短语。如果一个状心短语或心补短语内部包含短语，这个短语便成为多层次短语。如：

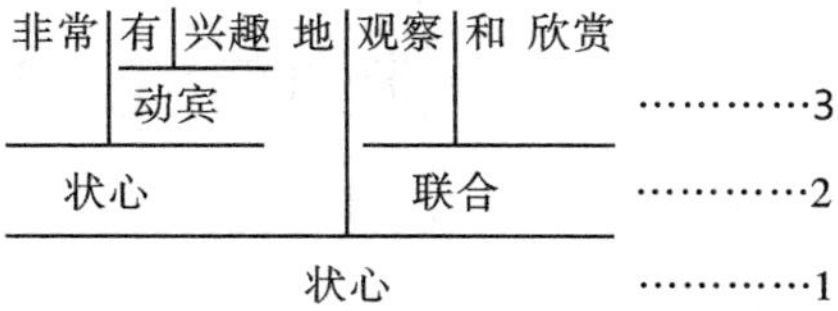

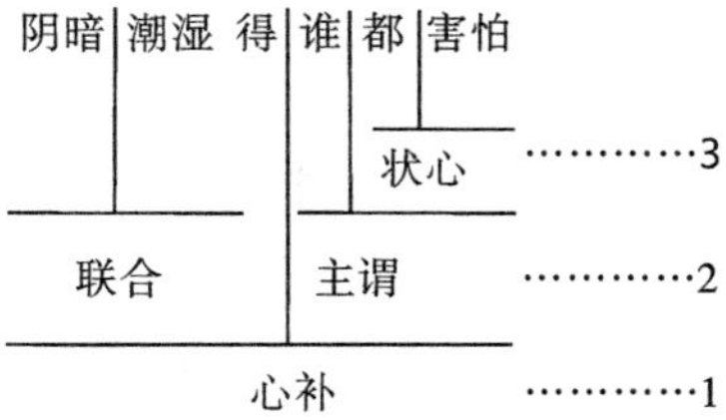

192. 状心、心补两类短语和结构助词“地”“得”的关系如何？

对于状心短语和心补短语的形成，结构助词“地”“得”有时具有强制作用。比较：

反抗坐着（?）→反抗地坐着（状心）

回忆说（连动）→回忆地说（状心）

吃头上冒汗（?）→吃得头上冒汗（心补）

老实可怜（联合）→老实得可怜（心补）

“地”“得”都是书面形式。如果只看口头形式，有的短语是歧义的。如：

得意 de 摇头晃脑

→得意地摇头晃脑（状心）｜得意得摇头晃脑（心补）

懊恼 de 坐在地下

→懊恼地坐在地下（状心）｜懊恼得坐在地下（心补）

到底“de”在书面上该是“地”还是“得”，只能根据具体语境来辨别。

193. 状心、心补两类短语的语法性质和句法功能如何？

状心短语和心补短语一般以谓词为核心构件，它们通常是动词短语或形容词短语。状心短语有时以名词、数量词或数量名结构为核心构件，如“（鞋子上）净泥巴”“就一间房子”“仅仅一间”之类，它们是特殊的体词短语。

状心短语或心补短语有时带上特定语气语调，可以成为非主谓句。比如公路拐弯处的字牌：向左拐！（状心）｜当心点！（心补）

在小句中，状心短语和心补短语通常充当谓语，有的还往往充当定语。此外，这两类短语有时还可以充当状语、补语和主语、宾语。如“过分苛刻”这个状心短语和“温暖如春”这个心补短语：

a. 条件过分苛刻。（作谓语）

不要提过分苛刻的条件。（作定语）

不应该过分苛刻地要求别人。（作状语）

所有条件都提得过分苛刻！（作补语）

过分苛刻不好。（作主语）

我反对过分苛刻。（作宾语）

b. 冬天的海南岛温暖如春。（作谓语）

温暖如春的海南岛吸引着无数冬日游人。（作定语）

海南岛温暖如春地吸引着无数冬日游人。（作状语）

青年们把冷冰冰的屋子闹腾得温暖如春。（作补语）

温暖如春是海南岛冬日的特点。（作主语）

堂屋里生了火，真正做到了温暖如春。（作宾语）

194. 联合短语的结构成分如何？

联合短语属于关系类短语的依次排列式。这类短语跟成分配对式短语的不同之处，在于它们只能直接分析出按逻辑顺序排列的结构成分，而不能直接分析出相互配对的句法成分。

联合短语的联合项可以是两个，也可以是三个及以上。充当联合项的词，一般是名词、动词或形容词，以及功能跟它们相当的代词。如：哥哥和嫂嫂（两个联合项），柴米油盐酱醋茶（七个联合项）｜关心和帮助（两个联合项），观察、了解和分析（三个联合项）｜严厉而善良（两个联合项）｜天真、纯朴和烂漫（三个联合项）。充当联合项的词有时也可以是数量词，如“三号、五号和七号（房间）”。在特殊的句法结构中，还可以是副词。如：这伙人，一贯和仍然放肆地蔑视法律。

如果充当联合项的是短语，换句话说，如果联合短语内部又包含短语，那么，就构成复杂的多层次联合短语。如：

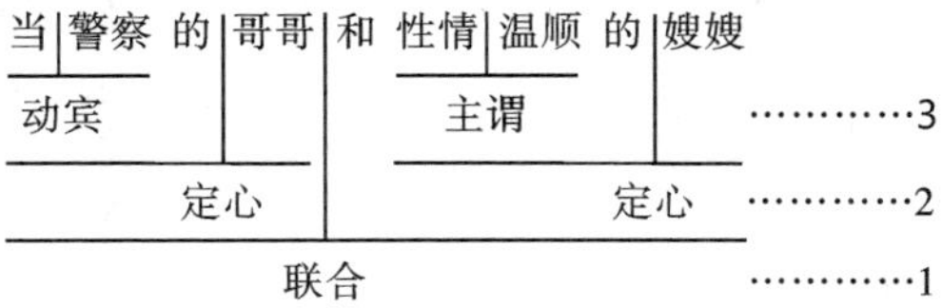

195. 联合短语的联合项有没有词性不同的情况？

联合短语的联合项，要求词性相同，如名名联合，动动联合，形形联合。有的时候也可以看到联合项词性不同的情况，不过由于接受特定语法环境的制约，会形成词性同化现象。

（1）名动联合。动词接受名词的同化，名动相当于名名。如：我代表中共中央向你们表示感谢和敬意。（邓小平《在全国科学大会开幕式上的讲话》）｜那双眼睛……明亮又深邃，映照着眉宇间所包容的幻想和沉思。（雨岛《超负荷运转》）——前一例是动名联合，后一例是名动联合，由于在宾语位置上接受同化，实际上都相当于名名联合。

（2）形动联合。动词结构接受形容词的同化，形动相当于形形。如：阿蓉……怨艾而充满希望地看着他。（哲夫《长牙齿的土地》）｜她又笑了，笑得那么畅快和无拘束。（张长《失去的凤尾竹》）——这两例都是“形容词＋动词结构”。由于在状语位置上接受同化，实际上相当于形形联合。

（3）形名联合。名词接受形容词同化，形名相当于形形。如：下去前个个文绉绉的，幼稚而书生，不出半年，再回县里办事，人也野了，话也粗了……（刘益令《仕途》）｜嘎珍在“内地班”读过书，……她比较“现代”和务实。（余纯顺《走出阿里》）——前一例是形名联合，后一例是名形联合，由于在谓语位置上接受同化，实际上相当于形形联合。

196. 联合短语有哪些联合标志？

联合标志是用在联合项之间标示联合关系的语法成分。

联合项可以按照一定的逻辑要求排列次序，直接组结，其联合关系是内含的；许多时候，联合项之间用上联合标志，这就使联合关系外显化。充当联合标志的，包括“和、及、或、并、而、又、而又、且”等连词或关联副词。

不同的联合标志，其前后结构成分在性质上不完全相同。比如：“和”和“或”，可以用在各种性质的结构成分之间；“及”，一般只用在名名之间（“厂长、经理及他们的秘书”）；“并”，一般只用在动动之间（“一定要检查并落实今年的招生计划”）；“而”“且”“而又”和“又……又……”一般只用在形形之间（“细致而深刻”“敏感且多疑”“热情而又爽快”“又快又好”）。

不同的联合标志，表示的具体关系不完全相同。有的表示并列，如“和、及、并、而、而又”等；有的表示选择，如“或”或“或者”；有的表示递进，如“且”或“而且”。如：聪明而壮实（并列）｜聪明或壮实（选择）｜聪明且壮实（递进）。有的标志，即使所表示的关系相同，意思也有差异。比方跟“和”相比较，“及”特别强调前后联合项有主次之分。如：张三、李四和赵五→张三、李四及赵五。“而又”这一标志比较特殊，它前后的两个联合项有时可以是同一个形容词。如：这一天平常而又平常。（高建群《遥远的白房子》）——这是一种强调说法，“平常而又平常”相当于“十分平常”。

197. 联合短语的语法性质和句法功能如何？

一般地讲，联合短语的语法性质和句法功能，跟联合项的词性相一致。即名名一般相当于名，动动一般相当于动，形形一般相当于形。不过，也有不一致的时候。这表明，短语的功能比词具有更大的灵活性。

举例说，名词和名名联合短语都可以作宾语，但是，有的名名联合短语可以带“地”作状语，单独一个名词却不行。比较：

他经常跑北京上海。
他经常跑北京。
他经常跑上海。
→他经常北京上海地跑。
*他经常北京地跑。
*他经常上海地跑。

再举例说，有些单音形容词及其联合短语都可以用在谓语部分，但是，形形联合短语可以带“地”作状语，一个单音形容词却不行。比较：

打击敌人一定要稳准狠。
打击敌人一定要稳。
打击敌人一定要准。

打击敌人一定要狠。

→一定要稳准狠地打击敌人。

* 一定要稳地打击敌人。

* 一定要准地打击敌人。

* 一定要狠地打击敌人。

198. 同位短语的结构成分和句法功能如何？

同位短语包含两个结构成分，各为一个同位项。如：司机小张｜故乡绍兴｜他自己｜我们大家。充当同位项的词语，一方面必须是两个不同的词语，另一方面二者必须“同位复指”，即在同一句法位置上指同一个对象。不然，不能构成同位短语。如“故乡故乡”是词的反复，不是同位短语；“故乡是绍兴”，“故乡”和“绍兴”分别充当主语和宾语，也不构成同位短语。有的同位短语，其中的同位项又是短语，这是多层次同位短语。如：

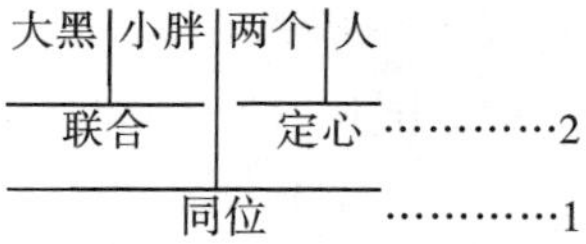

同位短语是名词性的，其句法功能跟名词相当。表示人物的，经常充当主语、宾语或定语。如：工程师汪国盾办事特别认真。（作主语）｜部长特别欣赏工程师汪国盾。（作宾语）｜我同意工程师汪国盾的看法。（作定语）表示时间的，可以直接充当时间状语；表示方所的，往往同“在、到、从”等组成介词短语充当方所状语。如：我春秋两季看守庄稼。（时间状语）｜他从海口三亚那些地方买来了许多南方特产。（从＋同位短语，处所状语）

同位短语有时可以独用成句。如：［甲问］谁来了？［乙答］工程师汪国盾。（＝汪国盾）但是，同样的形式，有时可能不是同位短语，而是主谓短语。如：［甲问］有新的人事安排？怎么样？［乙答］工程师汪国盾。助手张邱山。（＝工程师是汪国盾。助手是张邱山。）

199. 跟姓名有关的同位短语有哪些值得注意的情况？

人的姓名及其职务、称谓等，很容易构成同位短语。值得注意的是：

第一，位次比较灵活。相对说来，职务、称谓在后时，整体性更强。如：教授李宇开→李宇开教授｜大哥汪国盾→汪国盾大哥。

第二，如果姓名在前、职务等在后，很容易省名留姓，出现“李教授、汪大哥”之类说法。这是一种近似短语词的说法。“吴先生、张同志、丁爷、赵嫂”等等，实际上也属于这种说法。

第三，有的时候，姓名前头并列几个职务，整个同位短语似乎是多分的。然而，实际上还是二分。如：全国政协副主席、著名物理学家、中国科学院院士钱伟长——“全国政协副主席”“著名物理学家”“中国科学院院士”三者之间并没有必然联系，它们实际上是分别同“钱伟长”发生复指关系的。因此，这个同位短语不是包含四个同位项，而是包含两个同位项，即：全国政协副主席、著名物理学家、中国科学院院士（联合）｜钱伟长（名）。

第四，有的时候，同位关系中包含同位关系，整个同位短语似乎是三分的，然而实际上还是二分。例如：全国政协副主席钱伟长教授——“全国政协副主席”和“教授”二者之间的联系不是必然的。“钱伟长教授”是一个同位短语，“全国政协副主席钱伟长教授”又是更大的一个同位短语，即：全国政协副主席｜钱伟长教授。

200. 连动短语和兼语短语的句法功能如何？

连动短语是动词性的，在小句里经常充当谓语。除了谓语，也可以充当别的成分。如：

我写报告辞职。（作谓语）

我气得写报告辞职。(作补语)

你就是写报告辞职的人?(作定语)

你决定写报告辞职?(作宾语)

写报告辞职是错误做法。(作主语)

有的连动短语，还可以充当状语。如:

关门打狗地把敌人消灭掉!(作状语)

兼语短语也是动词短语，在小句里面经常充当谓语。除了谓语，也可以充当别的成分。如:

他命令士兵开枪。(作谓语)

他气得命令士兵开枪。(作补语)

你就是命令士兵开枪的人?(作定语)

你决定命令士兵开枪?(作宾语)

命令士兵开枪是错误的。(作主语)

有的兼语短语，还可以充当状语。如:

情况在令人不可捉摸地变化着。(作状语)

连动短语是依次排列式短语，而兼语短语是成分配对式短语中结构比较特殊的一类。之所以把连动式和兼语短语放到一起，是因为连动句和兼语式在一定程度上存在纠葛。

201. 能愿短语的结构成分和句法功能如何?

能愿短语由“能愿动词+谓词性词语”构成。有时，能愿动词部分可以是两个能愿动词的联用。如：游击区能够和必须进行军民的大规模的生产运动(毛泽东《游击区也能够进行生产》) | 文艺作品中反映出来的生活却可以而且应该比普通的实际生活更高(毛泽东《在延安文艺座谈会上的讲话》) | 土地是地主的，农民不可能也不愿意用自己的力量去改良土地(毛泽东《我们的经济政策》)——这是能愿短语的复杂结构形式，是由成分共用法的应用而形成的。

能愿短语在语意表达上靠近“状心”，在变换方式上靠近“动宾”。

但是，可以肯定，这类短语是动词性的。在小句里，这类短语的基本功能是充当谓语。此外，也可以充当其他成分。如：

你应该去！（作谓语）

这些都是该带的东西。（作定语）

这个碗大得可以当脸盆！（作补语）

能升学当然好！（作主语）

他表示愿意参加。（作宾语）

202. 介词短语的句法功能如何？“从 X 到 Y”如何分析？

介词短语通常叫作介词结构，其基本功能是充当状语。有的时候，也可以充当别的成分。如：

你对我怎么看？（作状语）

这就是对我的所谓公正评价？（作定语）

他在会上谈了关于住房问题的几点意见。（作定语）

这到底是为什么？（作宾语）

我们要血战到底！（作补语）

“从 X 到 Y”是跟介词短语有关的一个格式。这一格式有两种情况，分析时要区别对待：

第一，“介词短语＋动宾短语”。从总体上说，这是个动词性短语。如：他今天从武汉到长春。——“从武汉”是介词短语，作状语；“到长春”是动宾短语，其中的“到”是一般动词，充当谓语中心。

第二，“介词短语＋介词短语”。这是一种特殊联合短语，表示系列性纵向联合关系，指称一段距离中所包容的形成序列的人物、时地、数量等。从总体上说，是体词性短语，整体功能相当于体词，而不同于介词短语“从 X”或“到 X”。如：

从青年教师到老教授都热烈发表意见。（表人，作主语）

从幼儿园到研究生院都在兴建。（表物，作主语）

从宿舍到校门口都打扫干净了。(表方所，作主语)

从昨天到今天热得人透不过气来。(表时间，作主语)

每班学生一般从二十五个到三十个。(表数量，充当谓语中心)

从武汉到长春这段距离可不短呀。(表方所，跟“这段距离”组成同位短语作主语)

203. 什么是介词的黏附化？如何看待介词短语作补语的现象？

所谓介词的黏附化，指出现在动词后边的介词往前黏附于动词。比较：

到长春来

来到（了）长春

在“到长春来”中，“到长春”明显是介词结构作状语；但在“来到（了）长春”中，由于“来到”和“长春”之间可以插入“了”，这就使介词“到”附向动词“来”，形成了特殊组合“动介（了）＋宾”。具体说，“长春”是“来到（了）”的宾语，“来到”是动补结构，“到”成了准动词，是补语性成分。

介词及受介词语出现在动词后边，按说整个介词短语应该成为补语。但是，在现代汉语里，“动介”后边可以用“了”，“介”有往前黏附于“动”形成“动介（了）＋宾”的倾向。这就突破了介词跟受介词语组成介词短语充当一个成分的一般格局。不仅是“到”，“给、向、在”等介词也是这样。如：

我把一本新出的书送给（了）他。(动—宾)

战士们猛虎般扑向（了）敌人。(动—宾)

聘请专家的任务落在（了）我的头上。(动—宾)

只有下面两种情况，仍然应该分析为介词短语充当补语。其一，动词部分结构复杂，念起来，停顿在动词和介词短语之间。如：那些年，我们几人摸爬滚打在边区。｜这帮人，还能胡作非为到何时？其二，介词短语一共只有两个音节，念起来，停顿在动词和介词短语之间。如：婆婆病倒在床｜一定要坚持到底。

204. “的”字短语是如何形成的？其句法功能如何？

“X 的 Y”的定心结构，如果隐去心语 Y，“X 的”便成为“的”字短语。如：吃的［ ］｜塑料的［ ］｜看热闹的［ ］｜刚刚摘下来的［ ］。

“NP＋所＋VP＋的＋心语”的格式，如果隐去心语，剩下的“NP＋所＋VP＋的”，也成为“的”字短语。如：老师所讲的问题→老师所讲的｜我所喜爱的小玩意儿→我所喜爱的。

“的”字短语通常叫作“的”字结构，指称事物，相当于人物名词，但句法功能少于人物名词。在句子里，“的”字短语充当主语、宾语或介词后置成分。如：耍狮子的过来了，看热闹的挤得人山人海。（作主语）｜我要买吃的。（作宾语）｜把来应聘的全都请进来！（作介词后置成分）

205. 比况短语是如何构成的？其句法功能如何？

比况短语通常也叫比况结构，由“（像）X＋似的”构成。如：像哈巴狗似的｜大水桶似的。“似的”所附着的词语，有的是动宾短语“像＋X”，有的不出现“像”，只出现 X。

作为比况短语的标志，“似的”有时只写成“似”，用在状语前边时可以写成“似地”。跟“似的”相当的，有“一样、一般、般”等。

“（像）X 似的”之类比况短语可以充当谓语、补语、状语和定语。如：

这家伙，像哈巴狗似的。（谓语）

这家伙，服帖得像哈巴狗似的。（补语）
这家伙，像哈巴狗似的让人讨厌。（状语）
这是像哈巴狗似的一个家伙。（定语）

206. 数量短语的句法功能如何？

数量短语也叫数量结构，通常只叫数量词。由于所包含的量词有物量和动量的区别，数量短语可以分为物量短语和动量短语。

物量短语由“数词＋物量词”构成。基本功能是充当定语。如：三条鲤鱼｜四斤猪肉。如果单独用在一个名词的后边起说明描写的作用，便成为谓语。如：鲤鱼三条｜猪肉四斤。物量短语有时也用来充当主语或宾语，这是在特殊语境中用事物数量指称事物。如：买了三条鲤鱼，一条还活着。（作主语）｜买了三条鲤鱼，已经吃掉了两条。（作宾语）

在两种情况下物量短语可以充当状语：其一，数量重叠式。如：请大家三个三个（地）自由组合。｜饭要一口口（地）吃。其二，量词为度量衡单位。如：四斤重｜三尺宽。

动量短语由“数词＋动量词”构成。基本功能是充当补语。如：看了一遍｜笑了一下。有时也充当状语。如：一次看不完｜三拳击倒了对方。

207. 什么是小句特定句式？同短语、同特殊句式的关系如何？

小句特定句式是在小句某一范围内构成的特定语法格式。所谓“某一范围”，有这样那样的着眼点。着眼点不同，归纳出来的句式名目也就不同。比方，着眼于某个字眼，可以归纳出“把”字句式、“被”字句式、“比”字句式、“用”字句式、“有”字句式等等；着眼于结构成分及其相互关系，可以归纳出连动句式、兼语句式、动补宾句式、动宾补句式等等；如果着眼于语意的表述，可以归纳出存现句式、判断句式、否定句式等等；如果着眼于结构成分的词性，可以归纳出“NN 地 V”句式、“V 地 V”句式等等。

从跟短语的关系看，小句特定句式是短语运用的具体化语法模式。不管着眼点如何，任何小句特定句式都跟这样那样的短语相联系。有的跟某种短语直接联系，如连动句式和连动短语，兼语句式和兼语短语；有的跟某种短语的某一小类相联系，如“NN 地 V”和“V 地 V”都是状心短语。即使是以字眼命名的句式，仍然属于某种短语。比如“把”字句式、“被”字句式，其基本部分是“介词结构（把/被＋NP）＋VP”，结构关系上也是状心短语。

特定句式并不等于特殊句式。常见的情况是，某个特定句式基本上属于一般句式，但它所包含某个子句式却是特殊句式。比如典型的“把”字句式，这是十分常用的一般句式，不能说是特殊句式；但“把”字句内部，谓语中心用形容词的一类，具有特殊性，如果将它归纳为“把 X＋AP”句式，这才是特殊句式。至于“NN 地 V”句式，指的是并列名词作状语的现象，“V 地 V”句式，指的是动词作状语的现象，说的全是特殊的事实，自然是特殊的句式了。

了解汉语小句特定句式，对于深入了解汉语句法有重要意义。然而，从不同角度、不同层级归纳出来的特定句式很多很多，下面只能介绍存现句式等五种。

208. 什么是存现句式？基本格局如何？有哪些特点？

存现句式通常叫作存现句，是说明人或事物的存在、出现或消失的句式。基本格局为：

某处存在着（出现了/消失了）某人某物。

存现句的基本特点表现在三个方面：

（1）主语的方所性。主语总是表示方所，是于事主语句。如：贵

宾席上坐着几位将军。|我们村出了一件新闻。|老王家死了一头猪。

(2) 动词的存现性。带宾语的动词，有的表示存在的意义，如：门口有两个石狮子。|屋子右边是一棵梧桐树。|沙发上躺着一个白发老人。|大厅里坐满了客人。有的表示出现或消失的意义，如：汽车道上出现（了）一部甲虫似的卡车。|洞里钻出来一只老鼠。|隔壁店里走了一批客人。

(3) 宾语的施事性和不确指性。或者二性兼而有之，或者必须具有其中一性。比如“大树下蹲着一个人”，“一个人”是施事宾语，不确指，不能说成“大树下蹲着这个人”。有时宾语可以不是施事，但一定具有不确指性，如“墙上贴着一幅画”，“一幅画”虽然不是施事，却是不确指的，不能说成“墙上贴着这幅画”；有时宾语具有确指性，不过属于施事宾语，而且是由于结构趋简而形成的凝缩说法，如“车上跳下周恩来同志和王若非同志”（方纪《挥手之间》），这是趋简形式，由“车上跳下两个人，这两个人就是周恩来同志和王若非同志”凝缩而成。

209. 存现句的方所主语采取什么形式？跟时间主语、物体主语的关系如何？

存现句的方所主语，由表示方所的体词性词语充当。值得注意的是：(1) 如果甲、乙两个表示范围大小不同的方所词语连用，可以形成情况相当特殊的递减式双主语。如：茅屋里，睡着两个小男孩。|竹床上，睡着两个小男孩。→茅屋里，竹床上，睡着两个小男孩。(2) 如果充当主语的方所词语前边出现“在、从、到”之类介词，那么“介词+方所词语”便构成介词短语，充当句子的状语。这样，存现句就由主谓句转变为非主谓句。如：对面急匆匆地跑来一个人。→从对面急匆匆地跑来一个人。

存现句的主语不会是时间主语。如果方所词语和时间词语同时在动词前边出现，方所词语是主语，时间词语是状语。如：校门口今天摆满了小汽车。｜去年武汉下过几场大雪。——这里，不管位次如何，方所词语“校门口”和“武汉”都是主语，时间词语“今天”和“去年”都是状语。如果动词前边只出现时间词语，这个时间词语仍然是状语，因为留有方所词语的空位，可以补出。如：昨晚来了几个客人。（＝我们家昨晚来了几个客人）｜今天终于下起雨来了。（＝我们这里今天终于下起雨来了）

存现句的主语也不会是物体主语。有的名词通常表示物体，但如果充当存现句的主语，便具有方所性。比如：盘子杯子全都爬满了蟑螂。

210. 连动句式是什么样的句式？基本特点是什么？

连动句式，简称连动式，是针对同一主语连续使用动词或动词结构的句式。如：我去游泳。（动词＋动词）｜我写条子请病假。（动宾＋动宾）｜我买份报看。（动宾＋动词）｜我笑着躲开了他。［动词（着）＋动宾］｜我抬起头笑了一下。（动宾＋动补）｜我坐着不动。［动（着）＋状动］

连动句式的基本特点有二：

（1）连动短语用作谓语，或者用作非主谓句。一个连动短语，如果用在定语、状语等位置上，不构成连动句式。如：我们今晚上街看戏。｜今晚上街看戏的人不多。——前一句，“上街看戏”用于谓语部分，是连动句式；后一句，“上街看戏”充当主语部分里的定语，整个句子属于主谓句式。

（2）所有连动项在语义上针对同一主语。这可以从三个方面来观察：①连动项有不同形式，可以是词或者不同类型的短语，但每个连动项都可以连着主语单说。如：我去游泳。→我去。V我游泳。｜我写条子请病假。→我写条子。V我请病假。②连动项相互之间有种种不同的关系，但是对于主语来说，各个连动项的语义指向是相同的。

如"去游泳"重在表示行为的先发与后续，"写条子请病假"重在表示行为的方式与目的，"买份报看"重在表示后项是目的，"笑着躲开了他"重在表示前项是方式，"坐着不动"重在表示同一行为的肯定方面与否定方面；然而，在行为指向主语这一点上，它们是相同的。③连动项有时可以是三个、四个或更多，但总是保持能够分别连着主语单说这一特点。如：（他）提起水壶∨去厨房∨打开水。|（他）乘火车∨离开武汉∨去三峡∨参观。

211. 连动式是否全都"动·动"连用？

有的连动式，第二连动项是形容词或形容词结构。这就是说，连动式有时可以是"动"和"形"连用。例如：

他学习用功。　　（动词＋形容词）
他照顾病人不细心。　（动宾＋状形）
他打扫宿舍马虎得很。（动宾＋形补）

"动""形"连用的连动式，连动项之间表示在某个方面怎么样的意思："学习用功"，等于说在学习方面用功；"照顾病人不细心"，等于说在照顾病人方面不细心；"打扫宿舍马虎得很"，等于说在打扫宿舍方面马虎得很。这就是说，这类连动式在构成上和关系上都具有特殊性。但是，这类连动式跟一般连动式仍然存在共性，即每个连动项都能分别连着主语单说。如：他学习用功→他学习∨他用功|他照顾病人不细心→他照顾病人∨他不细心。|他打扫宿舍马虎得很→他打扫宿舍∨他马虎得很。

212. 兼语句式是什么样的句式？基本特点是什么？

兼语句式，简称兼语式，是一个成分兼属宾语和主语的句式。这是一种通过动宾结构的延展造成兼语现象的句式。比如，"引诱我们"，这是动宾式；“引诱我们上当”，这是兼语式。

兼语句式最基本的特点是包含“兼语”成分。兼语成分对于前面的动词来说是宾语，对于后面的词语来说是主语。如“引诱我们”是动宾，延展出“上当”，就造成兼语现象：“我们”既是“引诱”的宾语，又是“上当”的主语。正因如此，凡是兼语式都可以分化出“动宾”和“主谓”两种结构。比如：区政府派出青壮劳力参加修渠。→派出青壮劳力∨青壮劳力参加修渠。｜好奇心促使我答应了他。→促使我∨我答应了他。｜代表们请求上级领导重视大家的建议。→请求上级领导∨上级领导重视大家的建议。

兼语句式的构成基础是兼语短语，但如果一个句子有主语，兼语短语必须用在谓语位置上，不然，不能构成兼语句式。比较：区政府派出青壮劳力参加修渠。（作谓语）｜区政府已经通过了派出青壮劳力参加修渠的决定。（作定语）——前一例是兼语句式；后一例是主动宾句式，兼语短语充当了宾语部分里的定语。

213. 兼语式有哪些类型？

兼语式主要包括“使令”式、“爱恨”式和“有无”式。其中，“使令”式是兼语式的代表句式。

（1）“使令”式。兼语前头用带“使令”意义的动词，兼语后头的成分表示目的或结果。如：他的话使大家全都严肃起来。｜会议邀请一流学者作学术报告。

（2）“爱恨”式。兼语前头用“爱”“恨”意义的富于感情色彩的动词或动词结构，兼语后头的成分表示原因。如：我爱他聪明。｜你恨我提了你爸爸的意见？｜她看不起这个人为几个钱出卖灵魂！

（3）“有无”式。兼语前头用“有”或“没有”，兼语后头的成分述说有关事物的情况。如：我有几个亲戚当过外交官。｜我没有朋友在税务局工作。

214. 兼语式和主谓作宾句式有什么区别?

所谓“主谓作宾”,指主谓结构作宾语。兼语式和“主谓作宾”句式有些相似。

“使令”兼语式,能分化为两个分句,分句间有“行动·目的”或“行动·结果”的关系;主谓作宾的句子,不能这么办。比较:我要求他唱了一段昆曲。|我听见他唱了一段昆曲。|我知道他唱了一段昆曲。——前一例,“要求”有“使令”意义,可以分化为:“我们要求他,(结果)他唱了一段昆曲。”这是兼语式句子。中间一例是主谓作宾的句子,不能分化为:“我们听见他,他唱了一段昆曲。”后一例也是主谓作宾的句子,即使勉强分化为“我们知道他,他唱了一段昆曲”,也不存在“行动·结果/目的”的关系。

“爱恨”兼语式,能分化为两个分句,分句间有“结果·原因”的关系;主谓结构作宾语的句子,不能这么办。比较:大家都讨厌他不老实。|大家都认为他不老实。——前一例,“讨厌”有“恨”义,可以分化为分别表示“结果·原因”关系的两个分句:“大家都讨厌他,因为他不老实。”这是兼语式句子。后一例是主谓作宾的句子,不包含因果关系,不能分化为“大家都认为他,因为他不老实”。

215. 兼语式和双宾语句式有什么牵连?

在两种比较特殊的情况下,兼语式跟双宾语句式有牵连。

其一,在一些称呼人物名号的双宾语句式中,两个宾语之间若加上“是、为、做”之类动词,就会形成比较特殊的兼语式。比如“我骂他大笨蛋”,这是双宾语句式。如果说成“我骂他是大笨蛋”,这便成为兼语式。同类的例子:大家都称他为小鲁班。|你还叫他做师傅?

其二,在一些给予人物什么东西的双宾语句式中,两个宾语后边如果带上谓语性成分,就会形成特殊的“双兼语”句式。如:我给你一个馒头。→我给你一个馒头吃。——前一例是双宾语句式。后一例结构相当特殊："你"是"给"的宾语，又是"吃"的主语，它具有明显的兼语身份；"一个馒头"也是"给"的宾语，但对于"吃"来说不是施事而是受事，只能勉强看成受事主语，它具有特殊的兼语身份。这样，句子里就出现了一个指人施事兼语和一个指物受事兼语的"双兼语"现象。同类的例子：他送你几块钱用。｜我赠你几本书看。

216. 兼语式的复杂化有些什么情况？

兼语式的复杂化，主要有以下两种情况。

（1）兼语多次连用，即句式中包含两个或几个兼语。这是"动宾一主谓"多次延展的结果。如：我可不可以再要求首长让我到班里去？｜我请经理派个司机送这个孩子回学校。——前一例包含两个兼语，后一例包含三个兼语。

（2）兼语连动交错，即兼语式和连动式交错组合。有时先连动后兼语，有时先兼语后连动，有时有更加复杂的情况。如：玉生站起来腾出一把椅子让他坐下。｜父亲鼓励邵华去江陵农村参加"四清"。｜她又吩咐秘书打电话派办事员开车上街买礼品。——前一例，先连动，后兼语；中间一例，先兼语，后连动；后一例，先兼语，后连动，再兼语，再连动。

217. 什么情况下会形成兼语连动两解式？

当兼语前头用"引陪"意义的动词的时候，有可能形成兼语连动两解式，即句式里混合了两种语义关系，既可以解释为兼语，也可以解释为连动。如：我陪着他看戏。——等于说"我陪着他，我和他都看戏"。一方面，就"我陪着他，他看戏"说，是兼语；另一方面，就"我陪着他，我也看戏"说，又是连动。又如：泽覃叔叔率领赣南独立师转战在武夷山。｜冯有梅引着徐国梁走出村东。——这两例，也同时包含了兼语和连动两种语义关系。

所谓“引陪”意义的动词，包括“引、陪、领、帮”等。用这类动词的句子，有可能兼语和连动两解，但也有可能只是兼语或连动单解：或者只能解释为“兼语”，或者只能解释为“连动”。这要在具体语境中根据句子的内容与客观实际的联系来断定。如：我马上引玉梅跟他相会。｜我天天帮大妈挑水。——前一例，实际上只是兼语式，因为玉梅才需要跟他相会；后一例，实际上只是连动式，因为大妈不挑水。

218.“把”字句式是什么样的句式？基本特点是什么？

“把”字句式，简称“把”字句，是以介词“把”作为字眼标志的句式。

基本特点表现在三个方面：

(1) 句子中出现介词“把”，“把”字后边用名词性词语表示有定的、被处置或受影响的事物。如：把他砍了！｜把行李清理清理！——“把”后边的“他”和“行李”都是有定的、被处置的事物。又如：她把观众都唱跑了。（她还说她唱得好听！）｜我把鞋子走破了。——“把”后边的“观众”和“鞋子”都是有定的、受影响的事物。

(2) “把十名词”之类作状语，对状心语不能用简单形式的一个动词，特别是不能用一个单音动词。如：我把钱一扔，转身就走。｜我把钱交还失主。｜我把钱清点一下。｜我把钱寄出去！｜我把钱收了！｜我把钱数数！——“把钱”作状语，对状心语或者是一个动词短语，或者是动词带“了”，或者是动词的重叠形式。只有在特殊的场合，比方在唱词里，才会出现“把钱扔”“把钱交”“把钱数”之类的用法。

(3) “把”字句中若出现否定词“不、没”，一般用在“把”字前面。比较：你怎么不把申请书交上去？* 你怎么把申请书不交上去？｜

我真后悔当时没把他的事情揭发出来！* 我真后悔当时把他的事情没揭发出来！不过，也有特殊情况。比方，在用“当成”一类动词的句子里，否定词“不”往往可前可后。如：你怎么能不把人当人？你怎么能把人不当人？｜我能不把你老兄的事当成我自己的事吗？我能把你老兄的事不当成我自己的事吗？

219. “把”字句中使用的词语有什么特殊情况？

“把”字后边一般要求出现名词性词语，但是，有时也可以出现一个谓词性结构。如：一定要把整顿学风当作一项重要工作来抓。｜请把小莲是怎么跟歹徒搏斗的写出来。——前一例的“整顿学风”是动宾结构，后一例的“小莲是怎么跟歹徒搏斗的”是主谓结构，它们都是谓词性结构。不过，在“把”字后边出现的谓词性结构表示有定的、被处置或受影响的事情，可以用“这件事”去复指，这表明它们在指称性上跟名词或名词性结构相通。如上例可以说成：一定要把整顿学风这件事当作一项重要工作来抓。｜请把小莲是怎么跟歹徒搏斗的这件事写出来。

“把＋名词”之类后边一般要求出现动词性词语，但是，有时也可以出现一个形容词短语。如：这一针，把我痛得直咬牙！｜一阵奔跑，把白马累得浑身大汗！——“痛”是形容词，“我”是受影响的人；“累”是形容词，“白马”是受影响的事物。两例中的“把”都有“致使”的意义。

220. “被”字句式是什么样的句式？基本特点是什么？

“被”字句式简称“被”字句，是以介词“被”作为字眼标志的句式。

基本特点表现在三个方面：

(1)“被”字后边用名词性词语，表示施行动作的人或事物。如：字据被老王烧了。｜书被老鼠咬破了。有的时候，“被”字后边的词语表示无生命的事物，但它被说话人主观意念上认定为动作的施行者。如：字据被火烧了。｜书被墨水弄脏了。

(2)“被＋名词”之类作状语，对状心语一般是包含有完结意义的动词性词语。如：敌军全被我们歼灭了。｜李小松被校长批评得垂头丧气的。

(3)“被”字句的主语一定是受事主语。有的“被”字句只有一个受事成分，如上举各例。有的“被”字句，对于作为谓语中心的动词来说，前有受事主语，后有受事宾语，主语和宾语之间具有整体与部分的关系。如：四间房子被他们占用了三间。｜大叔被匪徒砍断了一条腿。

221.“被”字句中使用的词语有什么特殊情况？

“被”字后边一般要求出现名词性词语，但有时名词性词语不出现，“被”直接用在动词前边。这是因为动作的施行者不可知，或者不必说出来。如：所有景物都被笼罩在一片浓雾里。｜这个寺庙已被确定为国家级重点文物保护单位。——前一例，施动者不可知；后一例，施动者不必说出。这是介词“被”的特殊用法。这样的“被”可以认为已经助词化，成了句子里表示被动语法关系的黏合成分。

“被”字句中的动词性词语一般表示完结意义，但是，如果“被”字句用于假设语境之中，或者“被”字前边用了“可能、必将、已经”等词语，那么，“被＋名词”后边出现的双音节动词可以不包含完结意义。如：如果我的话被他误解，请你帮我做些解释。｜我的意见可能被他采纳。｜这一点必将被历史证明。——前一例，“被”字句用在“如果”后边；后两例，“被”字前边分别用了“可能”和“必将”。

“被＋名词”之类跟心语之间有时出现助词“给”或“所”，形成“被……给 VP”或“被……所 VP”的形式。出现“给”，心语仍然要求用包含完结意义的动词性词语；出现“所”，心语只用一个动词，这个动词不带其他成分。如：这家伙，已经被公安局给抓起来了。｜这个论点，已经被事实所否定。

222.“被”字句和受事主语句的关系如何？

“被”字句从属于受事主语句。“被”字句一定是受事主语句，但有的受事主语句不是“被”字句。作为特定的字眼标志，“被”字用来强调事物间存在被动关系，在不需特别强调被动关系的时候，可以不使用“被”字句，而使用一般的受事主语句。如：饭吃完了。｜衣服洗干净了。——这是一般的受事主语句，因为是一般性的述说，不必用也不好用“被”。

“被”字所强调的被动关系，往往跟情况的不一般相联系。正因如此，同无标志受事主语句相比较，“被”字句有时在意味上强调情况异乎寻常，或者强调情况不如人意。比较：

厂门打开了！（我们进去吧。）

厂门被打开了！（可能要出事！）

前一例不用“被”，是一般性述说；后一例加个“被”，就显得情况异常了。再比较：

小张调到省里去了！

小张被调到省里去了！

前一例不用“被”，是一般性述说；后一例加个“被”，就显得这是条不一般的新闻。再比较：

我们的话他听到了。

我们的话被他听到了。

前一例不用“被”，是一般性述说；后一例加个“被”，就反映出不如意的心情：“糟糕了！”

复句和句群

223. 复句的构成单位是什么？书面上复句句末用什么符号？

复句的构成单位，要从两个方面来看。从构成的基础看，复句的构成单位是小句；从构成的结果看，复句的构成单位是分句。分析复句的构成，一般都重在分析分句与分句之间的结构状况及其相互关系。这是因为，一个复句一旦成立，其中的小句便不再是独立的一个一个单句，而是既相互独立又相互依存的一个一个分句。

一个复句，其构成单位不管是多少个分句，都在整个复句的末尾才出现一个终止性停顿，书面上一般用句号。如：

或者你去，或者我去。

或者你去，或者我去，或者我们俩都去。

或者你去，或者我去，或者我们俩都去，或者我们俩都不去。

由于语气的需要，书面上复句句末有时也可以用问号或感叹号。如：

不是你去，就是我去？

不是你去，就是我去！

224. 如何理解复句中分句的结构地位？

复句中的各个分句，既相对独立，又相互依存。

一方面是相对独立。每个分句都有“句”的地位，甲分句不是乙分句里的一个成分，乙分句也不是甲分句里的一个成分。比较：

陈琳辞职的事，很快就传开了。

我不同意陈琳辞职。

陈琳辞职到底是不是好事？

陈琳辞职，工程进度会受影响吧？

第一例，“陈琳辞职”作定语，它被包含在什么事“很快就传开了”这个句子里头；第二例，“陈琳辞职”作宾语，它被包含在“我不同意”这件事这个句子里头；第三例，“陈琳辞职”作主语，它被包含在这事“到底是不是好事”这个句子里头；只有第四例，“陈琳辞职”和“工程进度会受影响吧”之间没有这种包含与被包含的关系，它们都是分句，组成一个复句。

另一方面是相互依存。分句毕竟是分句，而不是独立的小句——单句。这有三个方面的意思：

(1) 甲分句和乙分句互有关系。换句话说，它们处在一定的关系之中。如：“尽管他不想去，可是他不能不去。”这个复句有两个分句，分句间有转折关系。

(2) 甲分句和乙分句往往由特定的关系词语联结起来。特定的关系词语往往形成特定的复句句式。这就是说，它们出现在特定的格式之中。如上面这个复句，两个分句用“尽管”和“可是”联结起来，形成了“尽管……可是……”的句式。

(3) 甲分句可以依赖于乙分句而简省某个成分，成为蒙后省的分句；乙分句也可以依赖于甲分句而简省某个成分，成为承前省的分句。这就是说，它们可以互相依赖而有所简省。如上面这个复句，前后分句都用主语“他”，“他”可以蒙后省或承前省：

尽管 ø 不想去，可是他不能不去。（主语蒙后省）

尽管他不想去，可是 ø 不能不去。（主语承前省）

225. 复句中分句间用什么停顿？书面上用什么符号？

分句是“句”，但又只是“分句”。作为分句，相互间也有比较明显的停顿，但又是非终止性的句间承接停顿。这种停顿，并不表示意思已经可以终止和断掉，而是表示后边将会有紧密相关的意思。比较：

他没有上过大学。我们要不要他？

他没有上过大学，我们就不会要他了。

前一例，“他没有上过大学”是单句。后边用终止性停顿，表示意思已尽，借以把它跟后头的另一个单句隔开。后一例，“他没有上过大学”是分句。后边用非终止性停顿，表示意思未尽，必须跟下面的分句联结起来，才能表明特定意旨：正因为他上过大学，我们才会要他。

书面上，分句之间的停顿常用逗号表示，也往往用分号、冒号或破折号表示。如上面的例子分句间用了逗号。又如：

一方面，尽可能地保存自己；另一方面，尽可能地消灭敌人。

春天也有不好的地方：东西容易发霉。

前一例，分句与分句之间用了分号；后一例，分句与分句之间用了冒号，这个冒号也可以改成破折号。

226. 复句有哪些类别？

复句有三大类，共包括十二个基本类别。即：

(1) 因果类复句。包括：

①因果句

②推断句

③假设句

④条件句

⑤目的句

（2）并列类复句。包括：

⑥并列句

⑦连贯句

⑧递进句

⑨选择句

（3）转折类复句。包括：

⑩突转句

⑪让步句

⑫假转句

复句的各个基本类别，都有特定的复句关系词语作为形式标志。分析复句的关系类别，主要指以上各个基本类别。

227. 什么是复句关系词语？

复句关系词语，是复句中用来联结分句、标明关系的词语。

复句关系词语具有标志性，特定的复句关系词语所构成的句式，可以看作特定的复句格式。例如：

> 要是窃书的愿意送还，他还会偷么？既然是偷，就会做得神不知鬼不觉。即使有谁真的知情，也别指望会有人跳出来揭发。孔乙己的话，虽是狡猾，也有一点道理。（陈村《住读生》）

这里有四个复句。“要是……（那么）……”标明第一个复句是假设句；“既然……就……”标明第二个复句是推断句；“即使……也……”标明第三个复句是虚让转折句；“虽是……（但）……”标明第四个复句是实让转折句。

任何复句关系词语所标明的关系都是抽象的“逻辑—语法”关系，而不是具体句子的含义。

228. 复句关系词语的范围如何？

复句关系词语是根据联结分句、标明结构关系、形成复句句式的共同特点聚拢来的一些词语，没有十分明确的标准，因而也没有十分明确的范围。大体说，有四种：

(1) 句间连词。如“因为、所以、虽然、但是、不但、而且”等等。

(2) 关联副词。如“就、又、也、还”等等。

(3) 助词“的话”。用于假设句，出现在假设分句末尾。

(4) 超词形式。如“如果说、若不是、不但不、总而言之、别说”等等。

它们本身已不是一个词。有的超词形式，如“不但不”，是跨语法单位的非完整形式：“不但不 A，反而 B”，按层次关系，不是“不但不 | A，反而 B”，而是“不但 | 不 A，反而 B”。

在词类系统中，关系词语不属于固定的类，可以是连词，也可以是关联副词，还可以是别类的词。在语法单位中，关系词语不处于固定的级，可以是词，也可以是比词大的单位。划定关系词语的范围，可严可宽，严宽的条件和处理的结果如何，有待于作进一步的研究。

229. 复句关系词语的作用如何？

复句关系词语的作用，需要从静态和动态两个角度去考察。

从静态的角度看，即从关系词语的运用结果看，关系词语的作用是标明复句关系。如“因为……所以……”标明因果关系，“虽然……但是……”标明容认性让步转折关系，“即使……也……”标明虚拟性让步转折关系。“标明”，通常也叫作“表示”或“标示”，指的是见于语表的静态结果。

从动态的角度看，即从关系词语的运用过程看，对于隐性的逻辑基础来说，关系词语的作用有四种：

(1) 显示——用某种形式显示某种关系。即：两个分句之间本来隐含某种关系，人们运用表示这种关系的关系词语显示了这种关系。例如：隔了几道墙，声音仍然听得很清楚。(隐含转折关系) →虽然隔

了几道墙，声音却仍然听得很清楚。（显示转折关系）

（2）选示——有选择地用某种形式显示两种或多种关系中的一种。例如，“学英语”和“学法语”，就逻辑基础而言，可能是地位平等的，也可能是具有层级性的。因此，可以理解为并列关系，也可以理解为递进关系。表述中，甲看重其中的平等地位，便用“既……又……”标示为并列关系，说成“既学英语，又学法语”；乙看重其中的层级性，便用“不但……而且……”标示为递进关系，说成“不但学英语，而且学法语”。

（3）转化——用特定形式转化某种关系。比方实事虚拟，就是一种转化。如：当时处境十分困难，他仍然天天坚持写作。（实事实说）→即使当时处境十分困难，他也仍然天天坚持写作。（实说虚拟）

（4）强化——用特定形式强化已由某种格式所显示的某种关系。比如“这种浪费现象即使不严重，也应该引起我们的高度重视”，“不严重”和“应该引起我们的高度重视”之间本来有转折关系，“即使……也……”是表示先让步后转折的句式，因此已经显示了这种关系，但是，如果觉得还需要强调，就可以添加“但”，说成“这种浪费现象即使不严重，但也应该引起我们的高度重视”，这样，这个复句的转折关系便被突出地强调出来了。由于“强化”是在一种标志的基础上再加上一种标志，因此，强化的结果，就会造成“标志复现”的现象。

230. 如何理解因果类复句？

因果类复句，反映各种各样的“因果聚合”。事实的因果固然属于因果聚合，假定的因果也属于因果聚合；说明性的因果固然属于因果聚合，推论性的因果也属于因果聚合。这就是说，排除现实性和假设性、说明性和推断性等等差异，甲乙两事之间只要存在因与果相互顺承的关系，都是广义因果关系。属于这一关系范畴的复句，都是因果类复句。

以“因果聚合”的共同点为根基，根据关系标志的不同，可以把因果类复句分为因果句、推断句、假设句、条件句和目的句。比如：

因为他作了充分的准备，所以临场有很好的发挥。（因果句）

既然他作了充分的准备，临场就会有很好的发挥。（推断句）

如果他作了充分的准备，临场就会有很好的发挥。（假设句）

只有他作了充分的准备，临场才会有很好的发挥。（条件句）

他作了充分的准备，以便临场有很好的发挥。（目的句）

这些都是因果类复句。尽管它们的关系标志有所不同，但基本构成材料“他作了充分的准备”和“（他）临场有很好的发挥”之间都具有因果关系。

231. 什么是因果句？基本情况如何？

因果句专指说明事物间因果联系的复句。这是最典型的因果类复句，以“因为……所以……”为代表性形式标志。

从所用标志看，因果标志包括“因标”和“果标”。“因标”有“因为、由于”等，“果标”有“所以、因此、因而、以致”等。因标和果标同现，是同时强调前后所说的事互为因果；只出现因标时，偏重于强调事情的原因；只出现果标时，偏重于强调事情的结果。有时因果关系是隐含的，因标和果标都不出现，不过可以自然地补出。如：

因为天太冷，所以他不想出门。（因标果标同现）

因为天太冷，他不想出门。（现因标）

天太冷，所以他不想出门。（现果标）

天太冷，他不想出门。（因标果标全隐）

从因果排序看，一般是“由因到果”，即“原因—结果”。不过，有时也可以是“由果溯因”，即“结果—原因”。情况有二：

其一，重在断定结果产生的原因。常用“（之）所以……（就/是）因为……”之类格式。“（之）所以”用在前边结果分句的主谓之间，“（就/是）因为”用在后边原因分句的前头。如：我们之所以有力量，就因为我们代表人民的利益。

其二，重在补充说明结果产生的原因。采用“……因为……”的格式。语流中，一般是顺着上文说出某种结果，紧接这个结果再补说一个原因，“因为”前边不用“是/就”之类。如：只要您开口，他一定会答应，因为您毕竟是老上级啊！

232. 什么是推断句？基本情况如何？

推断句是推断事物间因果联系的复句。这类复句，以“既然……那么—就……”为代表性形式标志。跟一般的因果句相比较，更强调以事实为根据，重在表述结论或行为的理据性。

从所用标志看，推断句主要由理据标志“既然”来标明，跟“既然”配合使用的“那么—就”是辅助标志。“既然”有时说成“既”。如：

既然找不到会场，那么，会议就只好改期了。（理据标志和辅助标志同现）

既然找不到会场，会议只好改期了。（只出现理据标志）

既找不到会场，会议只好改期。（既＝既然）

从推断过程看，推断句式往往是“据因断果”，有时是“据果断因”。前者以已然原因为根据，推断结果；后者以已然结果为根据，推断原因。如：

既然有奖学金，报考的人一定很多。（据因断果）

既然报考的人那么多，奖学金可能不少。（据果断因）

据果断因也可以用“……可见……”的形式。如：

报考的人那么多，可见奖学金不少。

233. 什么是假设句？基本情况如何？

假设句是由假设推论结果的复句。这类复句以“如果……那么—

就……”为代表性形式标志，以虚拟性的特定条件作为推断的前提。

从所用标志看，假设句主要由假设标志“如果”来标明。同义形式有“要是、假如、如、倘若、设使、若”等等。“的话”是个特殊的假设标志，用在前分句末尾。跟“如果”配合使用的“那么—就”是辅助标志。如：

如果二珠出任队长，那么队员们就不会有意见。（假设标志和辅助标志同现）

如果二珠出任队长，队员们不会有意见。（只出现假设标志）

二珠出任队长的话，队员们不会有意见。（只出现假设标志）

从假设分句的安排看，通常是假设分句在前，结果分句在后。不过也有两种特殊情况：

第一，“如果……”有时后置，即先说结果，再用“如果……”补说一个假设。如：我会常来的，如果你不讨厌的话。

第二，“如果……”有时独用，即语表上隐去表示结果的语句，只出现表示假设的“如果……”。这种说法有一定的上下文，而且限于问句，句末要求带“呢”。如：［甲］我要找到他，向他讨个公道！［乙］如果他不肯见你呢？

234. “要不是……就……”是什么样的假设句？

“要不是”等于“如果不是”，“要”相当于“如果”。如：那晚上要不是老娘下了他的蒙心药，那北京姑娘就莫想活命了。

作为假设句，“要不是……就……”表达的是事物间事实上或推论上的因果联系，隐含“之所以非A，就因为是B”的意思，可以在前分句插入“因为”。如：那晚上要不是因为老娘下了他的蒙心药，那北京姑娘就莫想活命了。

这类假设句用来反证释因，突出甲事对乙事的决定性影响。它从“假设不是因为A”出发，经过推断，回转来归结到对否定的否定，即肯定，从而指明正是“因为A”。如：真难为你，要不是生病，一辈子也别想吃你做的饭。（王金屏《编辑夫人》）——“生病”是坏事，然而却引出了意想不到的好结果。这里用反证的办法，把“生病”作为值得庆幸的事情来强调，比说成“因为生病，才吃到了你做的饭”更能表达说话人的思想活动与心情。

235. “如果说……那么……”是什么样的假设句？

“如果说……那么……”是表示说法上的假设和结论的假设句。它总是以某种说法为假定的前提，引出相关的某个结论，分句与分句之间具有比较性或解注性。如：

如果说他是英雄，那么，你自然是更大的英雄了！

如果说做学问有这样那样的诀窍，那么最大的诀窍就是勤奋。

前一例，前后两个说法形成比较；后一例，后一说法对前一说法加以解注。

运用这一句式，可以加深人们对事情的印象。有时，运用这一句式还可以在篇章上起到承上启下的作用。比如，假如前面已经介绍小张的情况，后面想进一步介绍小李的情况，那么，可以这么过渡：

如果说小张是个人才，那么，小李则更值得注意。

这一句式里“说”字有时不出现，但可以添上。因此，看起来是“如果……那么……”，实际上还是“如果说……那么……”。如：

对于一个知识分子来说，如果字如其人，那么，书房也如其人。（德兰《求》）

（＝如果说字如其人，那么书房也如其人。）

236. 什么是条件句？基本情况如何？

条件句是从条件推论结果的复句。这类复句以“只有……才……”

和“只要……就……”为代表性形式标志，从条件关系的角度反映事物间的因果联系。

从所用标志看，条件句主要由条件标志“只有”“只要”来标明。分别跟“只有”“只要”配合使用的是“才”和“那么一就”。“才”和“那么一就”的结构地位有所不同：“才”是必备标志，前分句用了“只有”，后分句不能不用“才”；“那么一就”是辅助标志，前分句用了“只要”，后分句可以不出现“那么一就”。如：

只有资金到手，问题才能解决。（“只有”和“才”同现）

只要资金到手，那么问题就能解决。（“只要”和“那么一就”同现）

只要资金到手，问题能解决。（只出现“只要”）

相当于“只有……才……”的形式，还有“必须……才……”和“除非……才……”。如：必须剿灭这股土匪，东庄人民才会过上好日子。｜除非剿灭这股土匪，东庄人民才会过上好日子。

从条件分句的安排看，通常是条件分句在前，结果分句在后。不过，有两种特殊情况：

第一，“只要……”有时后置，即先说结果，“只要……”补说一个特定条件。如：把我安排在哪里都行，只要有个地方住。｜我们可以既往不咎，只要你说真话。

第二，“只要……”有时独用。语流中，紧接上文可以隐去表示结果的语句，只出现表示条件的“只要……”。如：［甲］条件这么苛刻你也干？［乙］嗯。只要有饭吃。

值得注意的是：“只有……”有时充当复句的后分句，但隐含有“才行”的意思，不能原形移位成为前分句。这样的“只有……”不是后置用法。如：要大幅度地提高产量，只有实现农业现代化。等于说：若要大幅度地提高产量，只有实现农业现代化才行。不能说成：只有实现农业现代化，要大幅度地提高产量。

237. “只有”条件句和“只要”条件句有什么区别？

“只有”条件句提出的是必要条件，强调所说的条件“缺少不得”，口气坚决，要求偏严；“只要”条件句提出的是充足条件，强调所说的条件“有了就够”，应该满足也不难满足，口气缓和，带有宽容意味。比较：

只有坦白交代，才有出路！（不然便是死路一条！）

只要坦白交代，就有出路！（你还是有前途的！）

从客观实际看，有的条件只能是必要条件，而不可能是充足条件，因此只能采用“只有……才……”的形式。比较：

只有到过海南岛，才能深刻反映海南岛。（+）

只要到过海南岛，就能深刻反映海南岛。（?）

相反，有的条件只能是充足条件，而不可能是必要条件，因此只能采用“只要……就……”的形式。比较：

只要坐上1路电车，就可以过江到汉口。（+）

只有坐上1路电车，才可以过江到汉口。（?）

238. “如果”假设句和“只要”条件句有什么不同？

在逻辑学上，假设前提也就是条件前提，任何一个假设都是一个条件，因此，“如果……就……”也好，“只要……就……”也好，都描述为表示充足条件。然而，语法学上的处理不同于逻辑学，这是因为语法学更重视语言层面上的区别。

从语用选择上说，“如果……就……”和“只要……就……”有所不同：一方面，在纯粹假设的场合用“如果”，不好换成“只要”；另一方面，在实事虚说时用“只要”，不好换成“如果”。如：

如果你牺牲了，我怎么办呢？

只要有我李某在，你就别想翻天！

前一例，“我”和“你”面对面地说话，“你牺牲了”是纯假设，因此这里用“如果”很顺当，用“只要”则不行。后一例，“我”就站在“你”的面前，“有我李某在”显然是事实，只是用虚拟的口气说话。这里可以用“只要”，却不好用“如果”。

从表意重点上说，在所用语料相同的情况下，“如果……就……”偏重于假设，“只要……就……”重于条件。比较：

如果他有这本书，我一定帮你借来。

只要他有这本书，我一定帮你借来。

前一例重在把“他有这本书”说成一种假定的情况，后一例重在把“他有这本书”当作一种特定条件。这一点，可以从否定方面的表述得到佐证。比较：

如果他没有这本书，我有什么办法？

*只要他没有这本书，我有什么办法？

这样的语境偏重于假设，不需要强调条件，因此用“如果”很自然，用“只要”则不顺当。

239. 什么是目的句？基本情况如何？

目的句是述说行为目的的复句。这类复句以“……以便……”和“……以免……”为代表性形式标志，从行为和相应目的的角度反映事物间的因果联系。

从所用标志看，目的句主要由目的标志“以便”“以免”来标明。“以便”有时说成“以、借以、用以、好”等；“以免”有时说成“以防、免得、省得”等。如：

我们决定采取第一方案，以便节省时间。

临走前最好再检查一遍，以免丢下什么东西。

从因果联系看，目的式中前后分句互为因果。一方面，前分句表示实现某种目的的依据或凭借，可以看作某种目的得以实现的原因；另一方面，后分句表示所要达到的目的，又可以看作需要采取某种行动的原因。如：

必须小心谨慎，以便按时完成任务。

＝(1) 只有小心谨慎，才能按时完成任务。(“小心谨慎”为因)

(2) 须小心谨慎，因为要按时完成任务。(“小心谨慎”为果)

240. “以便”目的句和“以免”目的句有什么区别？

“以便”目的句表示求得，即企求取得某种结果；“以免”目的句表示求免，即企求避免某种结果。它们的使用，适应不同的语用需要。比方，向前方将士发出指令：“迅速推进，以便早日消灭敌人！”这时用“以便”。又比方，在公共汽车上贴条告示：“注意钱包，以免被扒窃！”这时用“以免”。

对于主语来说，求得的事是有利的事，求免的事是不利的事；但是，从社会效果看，求得的事不一定是积极性的，求免的事不一定是消极性的。如：

敌军佯装后撤，以便麻痹我军情绪。

敌军佯装后撤，以免我军发动猛烈炮击。

从语义上看，“以免”怎么样相当于“以便避免”怎么样，因此求免实际上也是一种求得。只是，“以免”和“免得、省得”都是一个词，结合得很紧，已经成为一个语法标志，不是什么时候都可以用“以便避免”来替换的。如：

把这次宴会取消了也行，省得你太忙了。

如果把这里“省得”换成“以便避免”，十分别扭。

241. “越……越……”是一种什么样的复句句式？

“越……越……”是一种条件倚变句句式。从属于条件句，是因果类复句的一种，也可以说成“越是……越是……”或者“愈……愈……”。

这类复句句式，一方面表示充足条件关系，大体相当于“只要……就……”。如“爬得越高，摔得越重”，相当于“只要爬得越高，就会摔得越重”，另一方面，分句间具有倚变关系，“越A”和“越B”是变异的条件和结果。AB或者共增共减，正比倚变；或者一增一减，反比倚变。如：

时间越长，成功的可能性越大。（正比倚变：长—大）

时间越短，成功的可能性越小。（正比倚变：短—小）

时间越长，成功的可能性越小。（反比倚变：长—小）

时间越短，成功的可能性越大。（反比倚变：短—大）

条件倚变有时形成连环形式。或者“顺环”：越X，越Y，（越Y，）越Z；或者“反环”：越X，越Y，越Y，越X。如：

越高兴，越着急，（越着急，）也就越结巴。（顺环）

心里越烦，越做不好，越做不好，心里越烦。（反环）

242. “与其……不如……”是什么样的复句句式？

“与其……不如……”是一种择优推断句式。从属于假设句，是因果类复句的一种。“与其”有时说成“如其”，“不如”有时说成“还不如”“倒不如”“真不如”。如：

与其再等几个小时，不如走路去。

与其走路去，不如再等几个小时。

一方面，这类复句具有择优性。“与其 A，不如 B”是舍 A 择 B，前项 A 是落选项，后项 B 为优选项。对于落选项和优选项，都可以分别添加贬义评论语和褒义评论语。如：

与其再等几个小时活受罪，不如走路去痛快些。

与其走路去把人累死，不如再等几个小时人要舒服些。

另一方面，这类复句具有推断性。前分句“与其……”往往可以替换为“要是……”，后分句“不如……”往往可以替换为“为什么不……呢”。这表明，择优推断和假设推断有相通之处。如：

与其再等几个小时，不如走路去。

→要是再等几个小时，不如走路去。

与其再等几个小时，为什么不走路去呢？

243. 如何理解并列类复句？

并列类复句，反映各种各样的“并列聚合”。横式并列固然属于并列聚合，纵式并列也属于并列聚合；共时性的并列固然属于并列聚合，历时性的并列也属于并列聚合。这就是说，排除种种差异，几件事之间只要存在并举罗列的关系，而不存在因果联系，那么都是广义并列关系。凡属于这一关系范畴的复句，都是并列类复句。

以“并列聚合”的共同点为根基，根据关系标志的不同，并列类复句可以分为并列句、连贯句、递进句和选择句。比如：

既出版了你的书，也出版了我的书。（并列句）

先出版了你的书，接着出版了我的书。（连贯句）

不但出版了你的书，而且出版了我的书。（递进句）

是出版了你的书，还是出版了我的书？（选择句）

这些都是并列类复句。尽管它们的关系标志有所不同，但基本构成材料“出版了你的书”和“出版了我的书”之间都具有横的或纵的、共时性的或历时性的并举罗列关系。

244. 什么是并列句？基本情况如何？

并列句是分句与分句相互并列的复句。有三种：(1) 平列式并列句；(2) 对照式并列句；(3) 解注式并列句。其中，平列式并列句是典型并列句，对照式和解注式并列句都有特异之处。正因如此，分析复句时，碰到平列式，可以标注为“并列”，碰到对照式和解注式，则最好标出“对照”和“解注”。

平列式并列句，简称平列句，可以选择“既……又……”作为代表性标志。“既……也……”“又……又……”“也……也……”“一边……一边……”“一面……一面……”“一方面……另一方面……”等，也是平列句的标志。如：

她既会作诗，又能写一手好字。

她既不是教师，也不是学生。

她又勤劳俭朴，又体贴老人。

她也没有出门，我也没有出门。

她一方面苦苦练琴，一方面选修古典文学。

平列句不一定都使用成对的标志。这需要注意两种情况：

第一，有的平列句中只出现一个标志，但可以添加上与之呼应的另一个标志。如：这里听不到狗叫，也看不见灯光。→这里既听不到狗叫，也看不见灯光。

第二，有的平列句是纯粹的“无标组合”，不用标志，也添加不上标志。这类复句，书面上很容易被处理成为两个或几个句子。如：我叫黎明，这位是省里来的记者。(复句) →我叫黎明。这位是省里来的记者。(句群)

245. 对照式和解注式的并列句情况如何？

对照式并列句，简称对照句，前后分句之间是对照关系。有对照就有忤逆，这种关系跟转折关系有相通之处，但是，对照句里不出现转折词。

对照句有两种：（1）然否对照。其语表形式为“不是……而是……”“是……而不是……”。如：他不是祝贺你，而是在讽刺你。｜他是想借故离开，而不是真的要开理事会。（2）反义对照。这是一种“无标组合”，通过语汇上的反义语词形成对照关系。如：敌人一天天烂下去，我们一天天好起来。

解注式并列句，简称解注句，前后分句之间有解注关系。其特异之处，就在于不是甲与乙平行列举，而是甲乙相互之间有所解注。

解注句有两种：（1）对等解注。一般只有两个分句，内容对等，分句间常用“这就是说”“换句话说”之类关联性独立语作为标志。如：文如其人，换句话说什么样的人就写什么样的文章。这类复句有时是无标组合。不管是否有标，通常是后分句解注前分句，但用甲事比喻乙事时却是前分句解注后分句。如：一根麻线难搓绳，一人难办大事情。（2）总分解注。包括“总”“分”两个部分，“分”的部分起码平列两个分句，因而实际上是二重复句。有的先总后分，以“分”解注“总”。如：他有两个儿子，一个当了演员，一个还在读中学。有的先分后总，以“总”解注“分”。如：小张今年二十八，小李今年二十三，两人都是硕士研究生。

246. 什么是连贯句？基本情况如何？

连贯句是表示先后相继关系的复句。

连贯句所说的事，在时间先后上形成纵线序列，是历时性的。其典型标志，是“接着”和“然后”。如：

我们握手道别，接着各奔前程。

我们握手道别，然后各奔前程。

“接着”着重表明动作相承接，“然后”着重表明动作分先后。在动作明显分为先后两段时，宜用“然后”；在需要表明动作一个接一个发生时，用“接着”显得更为流畅。如：你先把他送走，然后请你自便。｜我看到亚女匆匆出门，接着看见阿龙气鼓鼓地赶过去。——这里的“然后”和“接着”若互相替换，都不如原来的好。

连贯句里有时也用“这才”“才”“就”“便”“又”“于是”等关系词语，但它们可以替换为“接着”或“然后”。如：我送了他几块钱，便让他离开刘庄。

有的连贯句是无标组合，未用关系标志，不过可以自然地把“接着”“然后”之类添加上去。如：我下了楼，在门口买了几个大红橘子，塞在手提袋里，顺着歪斜不平的石板路，走到那小屋的门口。（冰心《小橘灯》）→我下了楼，接着在门口买了几个大红橘子，塞在手提袋里，然后顺着歪斜不平的石板路，走到那小屋的门口。

247. “一……就……”是什么样的复句句式？

“一……就……”是兼表连贯关系和条件关系的复句句式。有时单纯强调 A B 行为紧接，相当于“……接着……”，是连贯句；有时在强调行为紧接的同时表示 A 为 B 的特定条件，相当于“只要……就……”，属于条件句。如：

一坐下，她就趴在办公桌上哭了起来。（连贯句）

一接到通知，他就会立即赶来的。（条件句）

“一 A，就 B”前头有时出现“刚、从、这么、只要、如果”等，形成了“刚一 A，就 B”“从一 A，就 B”“只要一 A，就 B”“如果一 A，就 B”等说法。如：

刚一调查，他就感到情况不妙。

从一调查，他就感到情况不妙。

只要一调查，他就会感到情况不妙。

如果一调查，他就会感到情况不妙。

用“刚”，强调 A 于始发点同 B 紧接；用“从”，强调 A 自始至今同 B 紧接。二者都可划归连贯句，但已不能直接添加“接着”或“然后”。用“只要”，强调 A 作为特定条件同 B 紧接，属于条件句；用“如果”，强调 A 作为假设情况同 B 紧接，属于假设句。

248. 什么是递进句？基本情况如何？

递进句是分句间有更进一层关系的复句。有三种：（1）顺递式递进句；（2）反递式递进句；（3）反逼式递进句。其中，顺递式递进句是典型递进句，反递式和反逼式递进句都有特异之处。正因如此，分析复句时，碰到顺递式，可以标注为“递进”，碰到反递式和反逼式，则最好标出“反递”和“反逼”。

顺递式递进句，简称顺递句，以“不但……而且……”为代表形式。如：不但让他去，而且让你去。“不但”是预递词，“而且”是承递词。预递词还有“不仅、不只、不单、不光、非但”等；承递词还有“并且、且、甚至、就连”等。

预递词和承递词，不管出现一对还是出现一个，都可以保证递进句式的成立。如果句子里预递词和承递词都不出现，那么，就不能认为是递进句。比较：

他不仅能作曲，而且能演唱。（递进句）

他不仅能作曲，也能演唱。（递进句）

他能作曲，而且能演唱。（递进句）

他能作曲，也能演唱。（并列句）

249. 反递句情况如何？

反递式递进句，简称反递句，表示以一个否定意思为基点，向一个肯定意思反转推进。“不但不……反而……”是其代表形式。如：不但不让他去，反而让他干最苦最累的活。

这类递进句，前分句用预递词“不但、不仅、非但”等，紧跟着用否定词“不、没”之类，后分句用“反而、反倒、相反、偏偏”之类。“不但”等保证递进关系的成立，“不……反而……”之类保证反转关系的成立，二者相结合就使得分句之间出现递中有反、反中有递的关系，从而形成“反递”的句式。

反递句与顺递句有时相通，它们的区别仅仅在于语表形式。如：

他不仅不后悔起用郎平，反而下大力锤炼她。（反递）

→他不仅不后悔起用郎平，而且下大力锤炼她。（鲁光《敬你一杯酒》）（顺递）

250. 反逼句情况如何？

反逼式递进句，简称反逼句，表示以一层意思为基点向相比之下不值一提的另一层意思反逼推进。以“尚且……何况……”为代表性形式，后分句可以出现“更”。如：总经理尚且被冷落，（更）何况他仅仅是个秘书！

如果说“不但……而且……”是以层递方式表示“由浅入深”，那么“尚且……何况……”便是以层递方式表示“以深证浅”。“尚且”是反逼预递词，“何况”是反逼承递词，它们不管成对出现还是单个出现，都会构成反逼句式。如：

大人尚且搬不动，何况你这个小家伙！

大人都搬不动，何况你这个小家伙！

大人尚且搬不动，你这个小家伙怎么能行！

这类递进句包含有据理推断性。所谓“以深证浅”，指的就是以“深”的方面作为理据，对“浅”的方面作出推断，加以证明。正因如此，这类递进句在语义关系上跟因果推断句相通。如：

大专家的著作尚且难以出版，更何况你我的东西！（反逼句）

→既然大专家的著作都难以出版，你我的东西就更不用说了！（推断句）

251. “别说”“不说”递进句情况如何？

“别说”递进句，指以“别说”为标志的递进句。“别说”有时用在前分句，大体相当于“不但”，整个复句表示“由浅入深”，属于顺递句；有时用在后分句，大体相当于“何况”，整个复句表示“以深证浅”，属于反逼句。比较：

别说发表小文章，专著他都出版过！

＝不但发表小文章，专著他都出版过！（顺递）

专著他都出版过，别说发表小文章！

＝专著他都出版过，何况发表小文章！（反逼）

“不说”递进句，指以“不说”为标志的递进句。这种递进句内部，语义关系并不单纯，但从总体上说，基本上相当于“不但……（而且）……”。例如：

局长没来不说，科长也没来。（黄慧英用例）

＝不但局长没来，科长也没来。

当煤客的钱花光不说，还借了人家的账。（黄慧英用例）

＝不但当煤客的钱花光，还借了人家的账。

“别说”“不说”都表示排除，都构成排除式递进句，这是它们不同于顺递、反递、反逼等递进句的特殊之处。它们之间也有不同：其一，“别说”可以在前后分句出现，“不说”只出现在前分句，而且常常出现在前分句句末。其二，“别说”表示不要说、不必说的意思，“不说”表示暂且不说、可以不说的意思，因此二者有时不好互相替换。如：人们没有一句感激话不说，见了他还恶眼相看。（黄慧英用例）——这里的“不说”不好换成“别说”。

252. “更”字递进句情况如何？

“更”字递进句，指用“更”字标示递进关系的复句。“更”是程

度副词，在“更”字复句中，它既表示程度，修饰VP/AP，又标示关系，表明AB之间具有递进关系。如：我爱北京，我更爱今天的北京。|他书法很好，山水画更画得出神入化。

有的“更”字递进句，前分句还出现特定关系标志，构成以下几种格式：

(1)“不但A，更B。”这一格式相当于“不但……而且……”。如：这篇报道不但叙写了他的一生，更能反映出他的内心世界。

(2)“既A，更B。”这一格式标示出并列中有递进。如：既要多出成果，更要注意身体健康。

(3)“连—也A，更B。”这一格式既有递进性又有推断性，在语义关系上跟“尚且……何况……”相通。如：连鲢鱼也看不到，更不可能买到鳊鱼了。(=鲢鱼尚且看不到，更不可能买到鳊鱼了。→鲢鱼尚且看不到，更何况鳊鱼?)

(4)“固然A，更B。”这一格式在表示确认的基础上强调出程度更高的一层意思。如：这种阵势我固然见所未见，更是闻所未闻。|爱情固然令人销魂，权力更令人向往。

253. 什么是选择句？基本情况如何？

选择句是分句间具有选择关系的复句。代表性标志是“或者……或者……”。“或者”有时也说成“或、或则”，不一定成对出现，可以只在后分句出现一个。如：

这本书或者今年出版，或者明年出版。

这本书今年出版，或者明年出版。

从语气上看，选择句可以分为直陈选择句和询问选择句两种：

(1)直陈选择句。其形式标志，除了“或者……或者……”，还有“不是……就是……”和“要么……要么……”。如：

这本书不是今年出版，就是明年出版。

这本书要么今年出版，要么明年出版。

这类选择句也可以成为问句，但选择标志本身跟疑问没有必然联系。如：

这本书或者今年出版，或者明年出版？

这本书不是今年出版，就是明年出版？

（2）疑问选择句。以“是……还是……”为标志，可以只在后分句出现“还是”。如：

这本书是今年出版，还是明年出版？

你去，还是他去？

这类选择句通常都是问句，只有在充当无条件让步句的前分句时，才不表示疑问。如：不管（这本书）是今年出版，还是明年出版，我都没有意见。

254. 直陈选择句内部存在什么差别？

直陈选择句内部，有“任选”和“限选”的差别：

（1）任选。表示“或此或彼”，有任凭选择意味，口气比较灵活。所用的标志是“或者……或者……”。如：

或者你去，或者他去。

或者你去，或者他去，或者你们两人一起去。

或者你去，或者他去，或者你们两人都不去。

或者你去，或者他去，或者你们两人一起去，或者你们两人都不去。

（2）限选。表示“非此即彼”，限定“二者择一”，口气肯定，没有商量余地。所用的标志是“不是……就是……”和“要么……要么……”。如：

不是你去，就是他去。（限选）

要么你去，要么他去。（限选）

值得注意的是：

第一，任选以“或者……或者……”为代表性标志，但“或者……或者……”并不专用于“任选”，有时也用于“限选”。如：

或者把老虎打死，或者被老虎吃掉，二者必居其一。（限选）

第二，同是标示“限选”，“不是……就是……”和“要么……要么……”也有细微差别：

在表意上，“要么……要么……”有时带有较多的主观情绪，有催促对方迅速作出抉择的意味。比较：

你要么答应，要么拒绝，必须迅速决定！

?你不是答应，就是拒绝，必须迅速决定！

前一例很自然，后一例不那么顺畅。

在形式上，如果第一选择项已在上文出现，后边可以单用表示第二选择项的“要么……”。“不是……就是……”中的“就是……”不能这么用。如：

（圣荃说：）“我还是那句话，到上海去。”……

（奶奶说：）“要么到乡下去？”（茹志鹃《她从那条路上来》）

“到上海去”和“到乡下去”各为一个选择项，但在上面的例子里，奶奶接着圣荃的话只说：“要么到乡下去？”

255. 如何理解转折类复句？

转折类复句，反映各种各样的“逆转聚合”。突然性转折固然属于逆转聚合，让步性转折也属于逆转聚合；直言的逆转固然属于逆转聚合，假言的逆转也属于逆转聚合。这就是说，排除种种差异，甲乙两事之间只要存在忤逆、转折的关系，都是广义转折关系。凡属于这一关系范畴的复句，都是转折类复句。

以“逆转聚合”的共同点为根基，根据关系标志的不同，转折类复句可以分为突转句、让步句和假转句。如：

他没有论文，但也有机会参加会议。（突转句）

他虽然没有论文，也有机会参加会议。（让步句）

他没有论文，否则也有机会参加会议。（假转句）

这些都是转折类复句。尽管它们的关系标志有所不同，但基本构成材料“他没有论文”和“（他）也有机会参加会议”之间都具有逆转性。

256. 什么是突转句？基本情况如何？

突转句，是突然转折的复句。即前分句没有任何转折的预示，后分句用“但是”之类表示有转折。这是典型的转折类复句，分析复句时可以直接标为转折句。如：

他有点发烧……

→他有点发烧，因此不能来上班。（因果）

他有点发烧，但是也来上班了。（转折）

先说“他有点发烧”，听者并不知道后边的话将是顺承还是逆接。因此，用“但是”所表示的转折，是没有转折预示的突然的转折。

除了“但是”，转折标志还包括“但是、可是、然而、不过、只是、就是”等连词。比较地说，用“不过、只是、就是”，表示轻微转折。关联副词中，“却”也是转折标志，有时单用，有时跟“但是”等连词配合使用。如：

这个人火气大，我却喜欢和他共事。

这个人火气大，但是我却喜欢和他共事。

257. 什么是让步句？基本情况如何？

让步句，是先让步后转折的复句。形式上，前分句用让步标志“虽然、即使”等，预示后边将有转折。由于让步标志已经预示将有转折，因而后边即使不出现转折标志，也不影响让步句的成立。如：

虽然他们有很多发明创造，他们老师的功劳也是不可磨灭的。

所谓让步，实际上有四种：（1）实让。以“虽然……但是……”为代表性形式标志。（2）虚让。以“即使……也……”为代表性形式标志。(3) 总让。以“无论……都……”为代表性形式标志。(4) 忍让。以“宁可……也……”为代表性形式标志。

四种让步句，语义关系上存在相通之处，有时可以相互转化。如：

他们虽然自己挨饿，也要把口粮省下来。(实让)

他们即使自己挨饿，也要把口粮省下来。(虚让)

他们无论自己怎么挨饿，也要把口粮省下来。(总让)

他们宁可自己挨饿，也要把口粮省下来。(忍让)

四种让步句中，实让、虚让和总让三种的让步分句有时后置。后置的让步分句既有补充说明的作用，又有引人注意的作用。如：

他经常帮助有困难的同事，虽然他自己并不宽裕。

原则问题上他从不含糊，即使对自己不利。

他总是第一个到办公室，无论天气好坏。

四种让步句中，前两种更为典型，分析复句时，可以直接标明为“让步”；如果碰到后两种，最好分别标明为“总让”和“忍让”。

258. “虽然……但是……”是什么样的让步句？跟突转句有什么区别？

“虽然……但是……”表示实让，是一种容认性让步句。这种让步句，承认甲事是事实，却不承认甲事对乙事有因果性影响。它是故意借甲事来从相反的方向托出乙事，使乙事受到强调，引人注意。让步标志包括“虽然、尽管、虽说、虽”等。

“虽然”让步句跟突转句有时相通，可以互相变换。正因如此，“虽然”让步句也往往被叫作转折句。比较：

情况越来越坏，但是我们的行动计划不能改变！(突转)

虽然情况越来越坏，但是我们的行动计划不能改变！(实让)

然而，二者并不完全相同，这主要表现在：

(1) “虽然”句一开始就预示后边将有转折，后边可以不出现“但是”之类。这就是说，“虽然”句里可以不出现转折标志。如：

虽然情况越来越坏，我们的行动计划不能改变！（前有让步标志，后无转折标志）

（2）凡是“虽然”句，都隐含因果逆转关系；有的突转句却不存在这种关系，因而不能变换为“虽然”句。如：

那条裤子太长，但这条裤子又太短。

→*虽然那条裤子太长，但这条裤子又太短。

259.“即使……也……”是什么样的让步句？跟“虽然”句有什么区别？

“即使……也……”表示虚让，是虚拟性让步句。这类让步句，先对虚拟的甲事作出让步，然后转过来肯定乙事。让步标志包括“即使、哪怕、就算、纵然、纵使”等；后分句常用“也”，这是辅助性标志。如：

即使天塌下来，我们也能顶得起。

同“虽然”句一样，“即使”句也是故意从相反的方向借甲事来托出乙事，强调乙事不受甲事的影响。但是，从总体上看，“虽然”句是实言的，是对已然事实的让步；“即使”句则一般是假言的，是对某种假设的让步。比较：

虽然情况有变化，我们也要按时出发。（事实）

即使情况有变化，我们也要按时出发。（假设）

有的“即使”句，说的绝对是一种假设，因而根本没有转化为“虽然”句的可能。比如：

即使倾长江黄河之水，也洗刷不了你的罪恶！

→*虽然倾长江黄河之水，也洗刷不了你的罪恶！

哪怕把我烧成了灰，我也不低头。

→*虽然把我烧成了灰，我也不低头。

260.“即使……”有没有“实言”的?

一般以为,“即使……”总是表示假设;其实,有时也用来述说事实,是“实言”的。这类“即使”句,可以称为“即使”实言句。大体说,可以描写为以下几种格式:

(1)订补式:“那时……即使A,也B。”——先述说过去发生的某个事实,再通过“即使”引出过去发生的一个订补性事实。如:那时,他们很少交谈,即使交谈,也只是工作上的联系,干干巴巴,三言两语。(张洁《祖母绿》)

(2)衬因式:“事实如此,因此即使A,也B。”——先说明某个原因,接着通过“即使”强调地指出相关的一个事实,再接着通过“也B”说明结果,“即使A”起衬托原因的作用。如:杨老是奋斗发家的,因此即使后来他家财万贯,也始终保持着节俭的本色。(陈祖德《超越自我》)

(3)复指式:“已是A,但是即使A(如此/这样),也B。”——先述说某个已然事实,接着在“即使”后边用指代词语“如此/这样”复指这个事实。如:她变得……比他想象中要年轻得多。但是,即使如此,也无法掩盖岁月留下的痕迹。(叶文玲《紫石砚》)

“即使”实言句在内容上等同于“虽然”句,只是语用效果有所不同。用“虽然”,是实事实说,客观性较强;用“即使”,是实事虚拟,所说的事往往显得若有若无,似实似虚,并且带有某种主观情绪或夸张口气,因此让步意味特别重。

261.“无论……都……”是什么样的让步句?基本情况如何?

“无论……都……”表示总让,是无条件让步句。它对特定范围内的各种条件作总体性让步;所谓“无条件”,是就特定范围而言的。

让步标志包括“无论、不论、不管”等；后分句常用“都、总”之类，这是辅助性标志。如：

无论你去还是他去，我都支持。

不管哪一位媒人登门，她都只当是夜猫子进宅。

这类让步句，其前分句必须具有任指性和选择性，并且要求通过特定形式表示出来。情况有二：其一，前分句里用“谁、什么、怎么、多少、哪”等疑问代词表示任指。这时，隐含着选择性。其二，前分句里用“A还是（或者）B”的形式表示可供选择。这时，隐含着任指性。如：

无论找谁，都解决不了你的问题。（=无论找甲，还是找乙，还是找丙）

无论买彩电还是买冰箱，没有钱哪能行！（=无论买什么）

对于无条件让步句来说，所让步的情况是虚是实并不重要，前分句所说的事可以是事实，也可以是虚拟的。如：

无论我怎么说明情况，他们都不相信。

无论我将要碰到什么困难，我都不会退缩。

前一例的让步指已然的事，后一例的让步指未然的事。

262.“宁可……也……”是什么样的让步句？基本情况如何？

“宁可……也……”表示忍让，是忍让性让步句。这类让步句，先表示对甲事有所抉择并有所忍让，然后转过来说出乙事，表明决心达到的目的。让步标志包括“宁可、宁肯、宁愿、宁”等；后分句常用“也”，这是辅助性标志。从肯定、否定的形式上说，后分句可以用肯定形式“也要……”，也可以用否定形式“也不……”。如：

宁可多花点钱，也要按时完工。

宁可多花点钱，也不拖延时间！

“宁可”之类是忍让之词。忍让句的让步，不是乐意为之，而是出于不得已。这种让步重在心理上、意志上的强制性抉择，最能表明决心。对忍让来说，所让步的情况是虚是实也不重要，前分句所说的事可以是事实，也可以是虚拟的。如：

当时，她宁可坐在马路边，也不肯回家去。

宁可自己进地狱，也要成全她上天堂！

前一例，“她坐在马路边”指已然的事；后一例，“自己进地狱”明显指虚拟的事。

263. 什么是假转句？基本情况如何？

假转句是分句间具有假言否定性转折关系的复句。以“……否则……”为代表性形式，假转标志包括“否则、不然、要不然、要不”等。如：

走吧，否则会迟到的。

他很有涵养，不然，不会对你这么客气。

“否则”之类和“但是”之类是两路不同的逆转词。“否则”之类，本身含有先假设否定甲事后转到肯定乙事的意思，等于说“不这样就”，表示的是一种假言否定性的逆转；“但是”之类，本身不包含那么复杂的意思，说转就转，表示的是一种直截了当的硬性的逆转。比较：

他很喜欢这幅画，否则早已卖掉了。（假言转）

他很喜欢这幅画，但是早已卖掉了。（直接转）

根据假转句前后分句之间的不同联系，结合前分句所用的特定词语，假转句可以分为因果性假转句、条件性假转句、选择性假转句、祈使性假转句和需求性假转句。如：

因为减少几块钱，否则卖不出去。（因果性假转）

除非减少几块钱，否则卖不出去。（条件性假转）

要么减少几块钱，否则卖不出去。（选择性假转）

还是减少几块钱吧，否则卖不出去。（祈使性假转）

不能不减少几块钱，否则卖不出去。（需求性假转）

264. 因果性假转句情况如何？

因果性假转句表示结果与原因相忤逆。基本格式有四：

（1）“幸亏A，否则B。”如：

幸亏他把话岔开，否则我太难堪了。

这一格式重在说明由于某种原因才得以避免某种不如意的或不正常的结果。“幸亏”对事实加以强调，表示值得庆幸的语气。“幸亏”也可以说成“幸好、亏得、多亏、好在”等。

（2）“可惜A，否则B。”如：

可惜我手上无权，否则我一定做了这件好事。

这一格式重在说明由于某种原因才导致没有出现某种符合心意的结果。“可惜”对事实加以强调，表示值得惋惜的语气。“幸亏A，否则B”是庆幸有所得；“可惜A，否则B”是惋惜有所失。二者的B项，词面所指和实际情况是否如意，恰好相反。比较：

幸亏他没当教练，不然我肯定不能参加甲级队。（我如意）

可惜他没当教练，不然我肯定能够参加甲级队。（我不如意）

（3）“因为A，否则B。”如：

她和沙马耳虎因为化了装，不然，进城难出城也难。（字心《雾中鼓点》）

这一格式跟“幸亏A，否则B”和“可惜A，否则B”都可相通。是中性的，在得失之间并不特别显露主观的情绪，只是客观地反映甲事与乙事之间因果逆转的联系。有时“因为”是隐含的。如：

他很有涵养，不然，不会对你这么客气。

→就因他很有涵养，不然，不会对你这么客气。

（4）“想来A，否则B。”如：

想来发生了什么意外，否则他不会不来。

这一格式是用来反证推测的原因。如果把前三种格式叫作释式，这一格式就可以叫作推因式。表示推测的词语，包括“想来、来、X猜想、X怀疑”等。

265. 条件性假转句情况如何？

条件性假转句表示结果与条件相忤逆。以“除非A，否则B”基本格式，所说的条件有以下两种：

（1）必要性的。含有“非这样不可”的意思，“除非A，否则B”可以变换为“非A不可，否则B”。后分句从反面说明条件的决定作用，同时强调出满足所说条件的绝对必要。如：

除非你离开这儿，否则他不会放过你。

（＝你非离开这儿不可，否则他不会放过你。）

（2）析因性的。含有“除了由于某种原因”的意思，“除非A，否则B”可以说成“除非因为A，否则B”。后分句虽然也从反面说明条件的决定性作用，但真正用意不是强调必须满足A项条件，而是强调B项结果不受其他任何条件的影响。如：

除非没赶上班车，不然他不会迟到。

（＝除非因为没赶上班车，不然他不会迟到。）

266. 选择性假转句情况如何？

选择性假转句表示选择后项对选择前项有所忤逆。这类假转句以“要么A，否则B”为基本格式，在表达上后分句具有补说性质，表意重心在前分句。如：

要么是十六结婚，不然就拉倒！（王钢《野花瓣儿》）

从隐含的关系看，有的A和B之间存在条件和结果在选择上的对立，有的A和B之间是一般并举关系的选择对立。比较：

要么照我的意思办，否则，你走不了！

要么照我的意思办，否则，照你三哥的意思办！

前一例是条件与结果的选择对立，后一例是一般并举关系的选择对立。

从扩展的形式看，“要么……”部分可以说成“要么……要么……”“或者……或者……”等。这样，就形成既有一般选择关系也有假言选择关系的二重复句。如：

要么本月十六结婚，要么下月十六结婚，否则咱们拉倒！

或者照我的意思办，或者照你三哥的意思办，否则，最好听听小妹的意见。

前一例，“要么……要么……”和“否则……”形成第一层次，假转关系；“要么……”和“要么……”之间是第二层次，选择关系。后一例情况相同。

267. 祈使性假转句情况如何？

祈使性假转句表示结果与祈求相忤逆。以“还是A吧，否则B”为基本格式，前分句带祈使语气。如：

你还是离开吧，否则会出问题的。

把猪卖掉吧，不然孩子的学费怎么解决呢？

这类假转句，后分句表示逆祈求的后果，强调出违反祈求将面临的另一种不利的选择。整个复句的表意重心在后分句。从逻辑上说，这一格式包含着一个选言推理：说“还是A吧，否则B”，等于说“要么A，要么B，B不好，所以还是A为好”。比如：

还是把洞补补吧，要不，鸡都丢光。

=要么把洞补补，要么鸡都丢光；（选言大前提）

鸡都丢光不好，（小前提）

所以，还是把洞补补为好。（结论）

268. 需求性假转句情况如何？

需求性假转句表示结果与需求相忤逆。以“不能A，否则B”和

"不能不A，否则B"为基本格式，前分句用了能愿动词。

"不能A，否则B"，前分句用了"不能"，从否定的角度分析事物的必要性，指明某种需求。"不能"有时说成意思基本相同的"不应""不可"之类。如：

不能迁就他，否则今后就不好办了。

不能退却，不然会犯大错误的。

"不能不A，否则B"，前分句用了"不能不"，从双重否定表肯定的角度分析事物的必要性，指明某种需求。如：

不能不支援，否则他们支撑不下去了。

我不能不走，要不，我对不住春牛！

如果用直接肯定的说法，"不能不"可以说成意思相当的"得、要、需要、应该"等。"得（要、需要、应该）……否则……"相当于"不能不……否则……"。如：

这话该说了，否则会让莹莹太难堪。

跟"还是A吧，否则B"相比较，"不能A，否则B""不能不A，否则B"这两个格式重在分析主客观需要，说理意味比较重。

269. 转折词在转折类复句中的应用情况如何？

转折词，指"但、却"等在分句间表示直接转折的词。

转折词的常规使用范围，包括两类复句：一是突转句，即"……但/却……"；二是实让句，即"虽然……但/却……"。

虚让句、总让句和忍让句，分句间以不用转折词为常规。然而，如果需要特别强调突出隐含的转折性，也可以加上"但、却"之类。如：如果她承袭了这笔财产，即使是合法的，但也不光彩。（姜滇《清水湾，淡水湾》）｜无论我怎么发问，怎么催促她指出我可能存在的错误，可是她还是闭口不谈。（李功达《对一个失踪者的调查》）｜宁可慢些，但要好些！（李国文《花园街5号》）

在非常规情况下使用转折词，有时还有划清转折界限的作用。如：

即使无人豢养，饿得精瘦，变成野狗了，但还是遇见所有的阔人都驯良，遇见所有的穷人都狂吠的，不过这时它就愈不明白谁是主子了。（鲁迅《“丧家的”“资本家的乏走狗”》）——这里的“但”，既起了强调转折关系的作用，又划出了转折的界限。

270. 转折词在并列类复句中的应用情况如何？

有的并列句和递进句，可以进入转折词。

（1）并列句和转折词

转折词进入并列句，便形成“并列＋转折”的标志复现，既表明甲乙情况的并存，又表明甲乙情况之间存在转折关系。凡是转折词能够进入的并列句，都隐含有转折关系的逻辑基础；转折词一旦出现，一般的并列句便转化成为转折句。主要形式有五：

①“既……但（却）又……。”如：

既想见到他，又怕见到他。（并列句）

→既想见到他，却又怕见到他。（转折句）

②“既……但（却）也……。”如：

既有天伦之乐，也有纠纷烦恼。（并列句）

→既有天伦之乐，但也有纠纷烦恼。（转折句）

③“一面……但一面却……。”如：

一面摆酒接待，一面派人报告警察局。（并列句）

→一面摆酒接待，但一面却派人报告警察局。（转折句）

④“一方面……但另一方面却……。”如：

一方面承认我有才干，另一方面又说我不能重用。（并列句）

→一方面承认我有才干，但另一方面却又说我不能重用。（转折句）

⑤“一边……但一边却……。”如：

一边不停地说恭喜，一边随时准备拔出手枪。（并列句）

→一边不停地说恭喜，但一边却随时准备拔出手枪。（转折句）

（2）递进句和转折词

递进句中的反递句，由于分句间具有反转性，也允许转折词“却”进入，造成“递进＋转折”的标志复现，强调出递中有转的关系，使整个复句转化成为转折句。即：“不但不……，却反而……。”如：

他不但不害怕，反而显得更加执拗了。（反递句）

→他不但不害怕，却反而显得更加执拗了。（转折句）

271. 转折词在因果类复句中的应用情况如何？

转折词可以进入几种因果类复句，造成标志复现现象，既表明甲乙情况存在广义因果联系，又表明甲乙情况之间存在转折关系。凡是转折词能够进入的因果类复句，都隐含有转折关系的逻辑基础；转折词一旦出现，因果类复句便转化成为转折句。主要形式有三：

（1）“既然……为什么却……。”如：

既然解决不了问题，为什么还要累死累活地干呢？

→既然解决不了问题，为什么却还要累死累活地干呢？

加“却”，强调了结果怪异，不合常理，跟所据原因之间相忤逆。后分句采用“为什么……（呢）”的形式，“却”字可以在“为什么”前后移动。

（2）“如果说……，（那么）却……。”如：

如果说过去还有点糊涂，那么，今天已经完全清醒了。

→如果说过去还有点糊涂，那么，今天却已经完全清醒了。

加“却”，强调了作为假设的说法和作为结论的说法之间相违逆。形式上，前分句用“如果说”；逻辑基础上，前后分句存在对立性的比较关系。

（3）“越……却越……。”如：

声音越低，越有威慑力。

→声音越低，却越有威慑力。

加“却”，强调了甲事和乙事之间不是常态倚变，而是异态倚变。

即从某一条件出发，倚变的结果不符合正常情况，不是跟条件顺承，而是跟条件相悖。

条件倚变的常态与异态，有时反映说话人的主观认识。比如："读书越多，脸皮越薄。"有的人可能以为读了书，成了书生，脸皮自然会薄，那么这种倚变便是常态倚变，不能加"却"；相反，有的人可能以为读了书了，不怕出头露面了，脸皮自然会厚，那么变薄便是异态倚变，便可以加"却"了：

看你这人，读书越多，脸皮却越薄！

272. 怎样看待复句类别的三分系统？

因果类复句、并列类复句和转折类复句的划分，是从宏观上首先把汉语基本复句归结为三大块，借以建构汉语复句的三分系统。这有利于理清各种基本复句之间错综复杂的关系。

从典型现象看，因果类、并列类、转折类各有统辖。但是，三大类复句之间又不是相互封闭，而是可以相互渗合的。形式上，可以借助"标志复现"来显示关系的渗合并存。比如"既然……，却……""既……，但也……""只有先……，然后才……"：

既然可以把他击倒，为什么却向他低头呢？

既可能把他击倒，但也可能被他击倒。

只有先把他击倒，然后才能让他低头。

出现了"但、却"的，已成了转折句；出现了"只有……才……"的，已成了条件句。但是，标志的复现，表示出它们在关系上的渗合：它们分别是因果类（推断）＋转折类，并列类＋转折类，因果类（条件）＋并列类（连贯）。

给事物分类，A和非A的分法和A、B、C的分法都是允许的。复句分为因果类、并列类、转折类三大块，这意味着其中任何一大块都同其他两大块相对立。讨论问题时，如果立足于甲块，那么乙块和丙块可以看作非甲；如果立足于乙块，那么甲块和丙块可以看作非乙；

同样，如果立足于丙块，那么甲块和乙块可以看作非丙。

273. 什么是多重复句？

多重复句是包含不止一个结构层次的复句。它由分句和分句按分层联结的方式构成。

所谓“重”，就是层次；所谓“多重”，就是不止一个层次。包含两个结构层次的，是二重复句；包含三个结构层次的，是三重复句；包含四个结构层次的，是四重复句。其他类推。例如：

> 小松收入微薄，①‖而且家庭负担很重，②|但是，为人慷慨大方，③‖经常帮助比他更困难的朋友。④

这是个二重复句。①②和③④之间是转折关系，这是第一层次。①和②之间是递进关系，这是第二层次；③和④之间是解注关系，这也是第二层次。根据第一层次的关系，这个复句可以认定为转折复句。即：

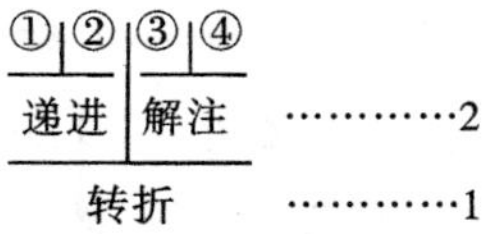

又如：

> 小松收入微薄，①‖而且有父母子女，②|||家庭负担很重，③|但是，为人慷慨大方，④‖宁可不添置衣服，⑤|||也要经常帮助比他更困难的朋友。⑥

跟上面的例子相比较，这个例子已被扩展成为一个转折关系的三重复句。①②③和④⑤⑥之间是转折关系，这是第一层次。①和②③之间是递进关系，这是第二层次；②和③之间是因果关系，这是第三层次。④和⑤⑥之间是解注关系，这也是第二层次；⑤和⑥之间是忍让关系，这也是第三层次。即：

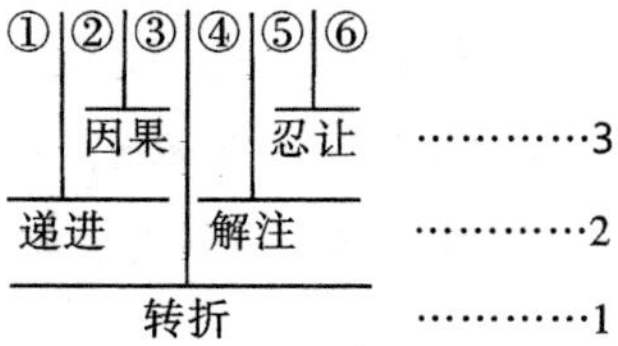

最常见的多重复句是二重复句和三重复句。四重复句比较少，五重、六重复句很罕见。在多重复句里，各个部分所包含的层次不一定是均等的。假若一个多重复句包含甲乙两大部分，那么，可能甲部分所包含的层次多于乙部分，也可能乙部分所包含的层次多于甲部分。

274. 如何分析多重复句？

分析多重复句有三个要领：

（1）逐层划分。首先，总观全局，划出第一个层次，确认在总体上这个多重复句是什么关系的复句；然后，按先后顺序层层深入地划分清楚第二个、第三个、第四个等层次。

（2）据标判别。逐层划分的过程中，根据作为标志的关系词语来判别层次关系。如果复句本身未用关系词语，就要看看可以把什么样的关系词语添加上去；如果根本添加不上任何关系词语，便一定是并列复句中的某种复句。

（3）化繁为简。在逐层划分的过程中，把繁复形式简化为单纯形式，以便容易看清层次关系。比方，如果整个多重复句能简化成“尽管那样，但是这样”，那么，便是转折复句；往里分析第二个层次，如果能简化成“不仅那样，而且这样”，便是递进关系；同理，往里分析第三个层次，如果能简化成“因为那样，所以这样”，便是因果关系。例如：

> 不论未来的目标还有多么遥远，①也不论将来的道路还有多么曲折漫长，②人民决不会选择倒退，③因为倒退是没有出路的。④（邓贤《中国知青梦》）

这是个由四个分句形成的三重复句。总观全局，抓住“因为”这一标志，整个复句表示“因为倒退没有出路，所以无论如何人民不会选择倒退”，是因果关系，其中的原因分句倒置在后面。进一步分析第二层次，抓住“不论……（都）……”，可知是无条件让步关系；再进一步分析第三层次，抓住“（不论）……也（不论）……”，可知是并列

(平列) 关系。即：

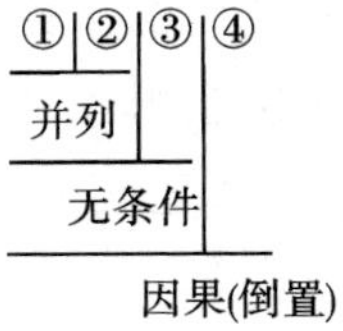

275. 什么是紧缩句？

紧缩句是由复句的分句与分句凝合而成的形式。比较：

即使不便宜，我也要买。(复句)

不便宜也买。(紧缩句)

前一例是虚拟性让步复句，后一例是包含虚拟性让步关系的紧缩句。

紧缩句是复句的单句化变形。分句与分句之间，本来有句间承接停顿；然而，有时为了语句的凝练，句间承接停顿被取消，书面上不出现逗号，于是产生凝合联结的状态，形成了形式简短的紧缩句。

一个紧缩句近似一个单句，单独使用时可以作为单句看待；复句里面如果有紧缩句，一个紧缩句只算一个分句。当然，如果需要对紧缩句进行分析，就要指明它所包含的复句关系。如：

这件事很重要，我们一定要干好，不给钱也干。

这个复句有三个分句，第三个分句是紧缩句。如果有必要，可以进一步指出充当第三分句的紧缩句包含虚拟性让步关系。

276. 紧缩句有哪些类型？

根据凝合形式的不同，紧缩句可以分为两类：

(1) 直接紧缩句。这类紧缩句，由两个或几个可以成为分句的结构直接凝合而成。书面上，若加上个逗号，便恢复为一般的复句。如：姑娘大了管不了！(紧缩句) →姑娘大了，管不了！(复句)

这类紧缩句可以包含多种关系。如：电闪雷鸣。(并列) | 雨过天

晴太阳红。（连贯）｜人在阵地在。（条件）｜眼高手低！（转折）｜人逢喜事精神爽。（因果）

这类紧缩句有的嵌进了成对呼应表示任指的疑问代词，表示“无论……都……”“如果……就……”“只要……就……”等意思。如：谁见谁喜欢！｜要什么有什么。｜哪里需要哪里去。｜有多少买多少。｜怎么好怎么做。

（2）加标紧缩句。这类紧缩句用了带有标志性的关系词语，形成了特定的格式。

有的用成对关系词语。常见的有：

①“不……不……”（相当于“如果……就……”）。如：话不说不明。

②“非……不……”（相当于“除非……否则……”）。如：她非二黑不嫁。

③“不……也……”（相当于“即使……也……”）。如：这老兄不请也会来。

④“再……也……”（相当于“即使……也……”）。如：好书再贵也要买。

⑤“一……就……”（相当于“……接着……”或者“只要……就……”）。如：他一毕业就当了记者。｜这东西一碰就碎。｜树叶一黄就落。

⑥“越……越……”（大体相当于“只要……就……”）。如：芒果越熟越好吃。

有的用单个关系词语。常见的有：

①“……也……”（一般相当于“即使……也……”）。如：天塌下来也顶得住。

②“……就……”（相当于“既然……就……”“如果……就……”或“只要……就……”）。如：他肯出面就好办。｜你有想法就请说。

③“……才……”（一般相当于“只有……才……”或“因为……才……”）。如：无私才能无畏。｜饿坏了才来找您的。

④“……却/又……”（相当于“虽然……却又……”）。如：有职却无权。|说出来又不好意思。

277. 什么样的复句和单句有明显的对立？

典型的复句和典型的单句有明显对立。

典型单句是单核句。一个句子，如果只有一个结构核，不管有无结构层，有多少结构层，都是单句。比如：“同意!”这是一个无结构层的动核单句。如果加上结构层，不管加多少，仍然是单句：同意这个建议!（加后包核层）|完全同意这个建议!（再加前包核层）又如：“牦牛!”这是一个无结构层的名核单句。名词核前边可加上定语结构层，后边还可加上语气词：好壮的牦牛啊!

典型复句是核同质、有核距、无共同包核层的多核句。首先，多核而核同质。即两个或几个结构核具有相同的性质，它们或者都是谓词性的，或者都是名词性的。其次，多核而有核距。即含核单位之间有比较明显的音读距离，书面上用逗号或分号、冒号等隔开。其三，多核而无共同包核层。即每个结构核各有自己的包核层，分别构成相对独立、相对自足的分句，不存在“共层”的现象。如：

太阳一照，景色特别美。

蓝天，远树，金黄色的麦浪。

278. 复句和单句是怎样发生纠结的？

除了典型现象，复句和单句之间存在诸多纠结。纠结的发生，主要表现在以下四个方面。

其一，多核而核异质。即两个或几个结构有的是谓词核，有的是名词核。在通常情况下，它们不会分别充当分句，不构成复句，只能构成单句；但有时它们却分别充当了分句，形成了复句。比如：

一场暴雨，摧毁了无数鸟窝。（单句）

一场暴雨，大河涨水了！（复句）

其二，多核而无核距。即含核单位与含核单位之间没有明显的音读距离，书面上直接联结，不加逗号之类符号。如：

一人做事一人当。（单句？复句？）

写不出来别硬写！（单句？复句？）

其三，多核而有共同包核层。即包含两个或几个结构核，它们之间有明显的音读距离，但它们又有共同的修饰成分或相关成分。如：

他一心一意地做学问，写文章。（单句？复句？）

我下午上街买几本书，看一场电影。（单句？复句？）

其四，出现特定关系标志。在通常情况下，出现条件标志、让步标志时，会是复句；但有的时候，出现这类标志时也可能是单句。这就是说，关系标志只能表明某个句子“可能是”复句，却不能表明“一定是”复句。如：

只有天气好，才能见到他。（复句）

只有张老师，才能见到他。（单句）

279. 怎样断定单句里使用了复句关系标志的现象？

某些复句关系标志，如条件关系标志“只有……才……”，让步关系标志“即使……也……”和“无论……都……”，有时使用于单句。有两种情况。

（1）联结“主·谓”。如：

只有人民，才是创造世界历史的动力。

无论谁，都不能进去。

即使过往的大雁那迷人的歌声，也不会骚乱它们古朴古静的心。（陶正《女子们》）

（2）联结“状·心”。如：

这样的话，只有在自己家里才能说。

我们国家无论在哪一方面都已出现了空前繁荣的局面。

他那瘦削的脸上，即使在心情不好时，也表现出一种深思熟虑的神态。（王宝成《海中金》）

这两种用法反映出事物间潜在的复句关系，但从结构上说，所用的关系标志不是联结分句与分句，而是联结单句的两个成分。分析语言事实时，凡是将关系标志减除之后得出明显的主谓关系或状心关系的，便可以断定是单句。

280. 定名结构充当分句有哪些情况？

复句中，最常见的是谓词性分句相互联结，有时也可能是名词性分句相互联结，它们都是同质联结。"名·名"同质联结现象不多，但分句身份都是明显的。如：

多么熟悉的山路，多么熟悉的生活！（谭谈《小路遥遥》）

热闹的街市，水果店，咖啡店，鲜鱼店。（巴金《春天里的秋天》）

有的复句，由异质的谓词性分句和名词性分句联结而成。最典型的情况，是定名结构充当其中的分句。主要情况有五种：

（1）充当前分句的定名结构是"数量名"。如：

一阵汽笛，一队航船驶过来了。

一场寒流，天色变了。

（2）充当前分句的定名结构是"这么形（的）名"。如：

这么严密的阵势，敌人插翅也难飞。

这么远的路，他还是按时赶到了！

（3）充当前分句的定名结构是"形名＋形名"或"数量名＋数量名"。如：

蓝蓝港湾，青青竹色，记忆里家乡犹如一首诗。

一座扬水站，一座水电站，他在黄河岸送走了无数个日夜。

(4) 充当后分句的定名结构是“多么形（的）名”。“多么”可以只说“多”，或者可以说成“好”。如：

大娘心一热，鼻子一酸：多么可爱的孩子啊！

我接过杯子喝了一口，好甜的泉水啊！

(5) 充当后分句的定名结构是“一派 X 的名”之类。如：

高楼林立，彩灯闪烁，人来车往，熙熙攘攘，一派繁荣景象。

有的主张打，有的主张停，一片乱哄哄的喊叫声。

281. 教学中怎样处理复句和单句的划分问题？

单复句之间存在“剪不断理还乱”的纠结现象，这是客观事实。从学术上研究复句问题，不必在“划界”上纠缠，最好先把主要精力放到对复句自身的规律性作深入的挖掘、描写和解释上面。

教学和研究有不同的特点和要求。教学中，需要告诉学生怎样识别单句和复句。为了适应教学的需要，遇到纠缠不清的问题，可以采取权宜性的对策，做硬性的“霸道”的规定。举例来说：

第一，凡是多核而无核距的，或者处理为一般的单句，或者处理为紧缩句。如：

今天上午我们上街买了几本书。（一般连动式单句）

今天上午我们一上街就买了几本书。（紧缩句）

第二，凡是多核而有核距的，即使有共同包核层，可以处理为复句。如：

他一心一意地做学问，写文章。（复句）

今天上午我们上了一趟街，买了几本书。（复句）

教学对策毕竟只是教学对策，而不是科学结论。贯彻对策的过程中，必须遵守同一律，不能忽而这样，忽而那样。否则，就会发生混乱，致使学生无所适从。

282. 复句运用中常见什么偏误？

复句运用中常见的偏误，从语法上说，主要表现为关系标志安置不当。这有种种情况。

(1) 强加标志。即在不该用某个标志的地方加了某个标志。如：

任何品种的生物，不仅跟亲体相似，而且有些差异。（引自《语文短评选辑》，黎炳魁用例）

这一例，前后分句之间没有递进关系，却用了表示递进关系的标志。应改为："……都跟亲体相似，不过也有些差异"。

(2) 句式不调。即前后分句所用句式不调和。如：

这是锦江集团在宁波首家定点宾馆，从而拉开了沪甬两地旅游经济合作的序幕。（《人民日报·海外版》1997 年 4 月 1 日，朱景松用例）

"从而"前后要求有调和的句式，不能一个是静态的"是"字句，一个是动态的行为句。上例的前分句应改为："锦江集团在宁波设立了第一家定点宾馆"。

(3) 结构缺项。即某个结构缺少要求具备的组合项。如：

无论他们竭尽讨好、奉承之能事，老太依然如故。（《小说家》1987 年第 3 期 149 页）

用"无论"之类标示的无条件让步句，前分句在构造上必须出现"谁、什么、怎样"等任指项，否则必须出现或甲或乙的选择项。上例应该改为："无论他们如何竭尽讨好、奉承之能事，老太依然如故。"不然，就应该把"无论"改为"虽然"或"尽管"："尽管他们竭尽讨好、奉承之能事，老太依然如故。"

283. 句群有哪些特点？

基本特点有三：第一，一个句群起码包含两个句子。所包含的句子，每一个都有作为句子的语气和语调，书面上句末用句号或者问号、感叹号。第二，在语流中一个句群表达一层意思，组成句群的句子之间有比较紧密的联系。第三，一个句群所表述的一层意思，主要说明什么问题，有个中心意思。有时中心意思需要从整个句群中归纳；许多时候，主要意思由某个句子直接表明，即句群中有一个句子是表意中心。例如：

四个现代化，关键是科学技术现代化。没有现代科学技术，就不可能建设现代农业、现代工业、现代国防。没有科学技术的高速发展，也就不可能有国民经济的高速发展。（邓小平《在全国科学大会开幕式上的讲话》）

这个句群由三个句子组成，第一个是单句，第二、第三个都是复句，句末都用句号。在这个句群里，第一个句子提出一个判断，第二、第三个句子从两个密切相关的角度进行论证，说明根据，它们处在“A。因为B。也因为C。”的逻辑联系之中。在这个句群里，作为表意中心的句子是：“四个现代化，关键是科学技术现代化。”

语法上的句群，跟文章中的段落不是一回事。有时句群和段落可能重合，即一个段落可能就是一个句群；但是，有时句群和段落并不重合，一个段落可能包含几个句群，一个段落也可能只有一个句子，不成为句群。

284. 句群的结构层次如何？

一个句群如果包含三个或更多的句子，就可能具有两个或更多的结构层次，从而形成二重句群、三重句群等等。例如：

他有洋洋万言的十一条之多的合理化建议。①起码自认为是合理化建议。②字迹工整地写了十几页，就揣在他衣兜里。③然而他却不打算掏出来了。④凭着一种本能，他感觉到松井先生未必会真的赏识一个见解周详侃侃而谈的中国小子。⑤何况，他自己知道，他那洋洋万言之中，含水量太大，十一条建议，一半左

右是纸上谈兵，华而不实的。⑥（梁晓声《激杀》）

从总体看，这是个转折关系的句群，但内部又包含别的层次关系。即：①②③和④⑤⑥之间是转折关系，形成第一个层次，“然而—却”是标志。在前一部分里，①②和③之间是解注关系，形成第二个层次；①和②之间也是解注关系，形成第三个层次。在后一部分里，④和⑤⑥之间是因果关系，形成第二个层次，可以添加上“因为”；⑤和⑥之间是反逼性递进关系，形成第三个层次，“何况”是标志。即：

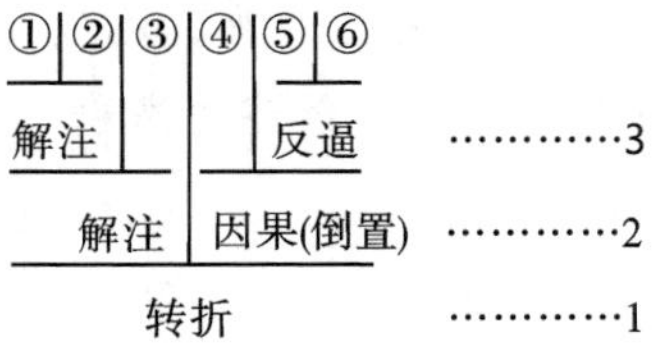

从理论上讲，句子和句子、句子和句群都可以构成句群，句群和句群、大句群和大句群都可以构成更大的句群。那么，往大的方面说，大句群如何“封顶”？这是不容易做明确的规定的。就语法研究而言，最有意义的是基本句群。研究时，可以主要以“句子＋句子”或“句子＋句群”为对象。

285. 句群的组合方式有哪些？

大体说，可以分为“有标组合式”和“无标组合式”。所谓“标”，指的是能够显示句群内部关系的特定词语。

（1）有标组合式

对于句群来说，能够显示内部关系的特定词语包括以下三种：

①一般关系词语。即复句中常用的关系词语。如：

A。B。C。因为D。

A。B。但是C。D。

②组群关系词语。即通常用来把句子和句子组织成为句群的关系词语。如：

A。B。另外，C。

A。B。总而言之，C。

③句中示意词语。即用于句中，指示出句与句之间表意关系的词语。包括相互照应的数量示意词语、时间示意词语、方所示意词语等等。如：

三个……。第一……。第二……。第三……。

山顶……。山北……。山南……。

前几年……。现在……。今后……。

（2）无标组合式

这样的句群，其句间关系由组群各句在意义上的逻辑联系来表示。到底如何组群，为表述意旨的需要所制约，情况灵活多变，很难给出固定的模式。

286. 句群和复句的关系类别有没有不同？

句群的关系类别跟复句的关系类别大致相同。就基本关系而言，也可以分为因果类、并列类和转折类。因此，就一般情况而言，只要经过语句（以及标点）的适当调整，句群和复句二者可以相互转化。

不过，二者同中也有异。这主要表现在以下四个方面：

（1）句群中不使用配对标志。如“因为……所以……”“只有……才……”“不但……而且……”“一……就……”“虽然……但是……”“无论……都……”等等，只见于复句。

（2）句群中不使用某些独用标志。如“以便”“以免”，总是用在分句与分句之间构成目的关系的复句，它们不会用来联结句群中的甲句子和乙句子。

（3）句群中往往出现音节较长、结构较为复杂的关系标志。如“由此可见”“总而言之”，它们通常用于句群的句与句之间，而在复句的分句之间则比较少见。

（4）句群的关系类别，有时比复句更为复杂多样。比如，选择问句群所包含的选择关系，其类别多于选择问复句所包含的选择关系。

287. 选择问句群情况如何？

选择问句群，是选择关系句群中由问句和问句组合而成的一类特定句群。根据语气类型的排列组合状况，结合问句之间所用的关系标志，可以简括为四类：

(1)“一吗一吗”问。代表形式是：“A吗？或者B吗？”如：

需要打针吗？或者，需要吃点药吗？

(2)“一吗一呢”问。代表形式是：“A吗？还是B呢？”如：

需要打针吗？还是只需要吃点药呢？

(3)“一呢一呢”问。代表形式是：“A呢？或者B呢？”如：

要不要打针呢？或者，要不要吃点药呢？

(4)“一呢一吗”问。代表形式是：“A呢？或者B吗？”如：

要不要打针呢？或者，先吃点药可以吗？

跟句内选择问相比较，句群选择问显然更具有多样性。单句选择问，一般表现为“V不V”正反选择问，是“一呢”问；复句选择问，一般表现为“是……还是……”列项选择问，是“一呢一呢”问。而句群选择问，则包括上述四类，其中“一吗一吗”问、“一吗一呢”问、“一呢一吗”问是句内选择问所没有的。

由于类型多样，构造灵活，句群选择问在表达上自然比句内选择问具有更大的能量和功效。

288. 复句和句群如何判别？

有时，一个语言表述单位被处理为复句或句群，既由说话人通过标句点号来认定，具有主观性，又在语言单位中通过特定格式来加以规约，具有客观性。比较：

我能去吗？或者，我妻子能去吗？

到底我能去呢，还是我妻子能去？

这两例都表示选择关系，但前者是句群，后者是复句。前一例，说话人主观上认定为句群，用两个问号标示出了两个问句，同时，采用了选择问句群的特定格式：“A吗？或者B吗？”后一例，说话人主观上认定为复句，只用一个问号，同时，采用了选择问复句的特定格式：“到底A呢，还是B?”在这种情况下，判别复句和句群不仅可以利用标句点号，而且可以从格式上找到根据。

有时，一个语言表述单位被处理为复句或句群，只是由说话人通过标句点号来认定，具有明显的主观性。如：

你可以去。你妻子也可以去！

你可以去，你妻子也可以去。

这两例都表示平列关系，但前者是句群，后者是复句。前一例，说话人主观上认定为句群，于是书面上在两个小句的后边分别用了句号和感叹号。后一例，说话人主观上认定为复句，于是用一个句号统管两个小句，而在两个小句之间用逗号。在这种情况下，对于书面语来说，判别复句和句群只好根据标句点号。

289. 怎样对待书面语里的标句点号？

所谓标句点号，最有代表性的是句号，其次是问号和叹号。

标句点号反映人们的“句认定”。有的时候，多用一个标句点号，就会引起句法格局的微妙变化。比较：

他当局长了？

他？当局长了？

前一例是一个单句，后一例是两个单句构成一个句群。

标句点号的使用，存在从众性原则。假若某个点号的使用是被赞同的或无异议的，它所代表的“句认定”便是可接受的，便是符合从众性原则的。

另一方面，由于主观认识的不同，人们的“句认定”会存在差异，这就决定了标句点号的使用可以相对灵活，从众性原则不是绝对化的。一个语言片断，被处理成复句也好，被处理成句群也好，都可以分析其关系，认识有关的规律。因此，在标点符号必须正确使用的前提下，分析书面语，判别复句和句群，可以承认点号的标句作用，不必在界限问题上纠缠。

研 究 论

290. 什么样的语法分析是静态分析？如何看待？

所谓静态分析，指的是对某个语言片断进行自身的成分分析或层次分析。比如：

你害死我们了！

这个句子，可以这么分析："你"是主语，"害死我们了"是谓语，二者形成主谓结构；谓语部分里，"害死"是动语，"我们"是宾语，二者形成动宾结构；跟宾语相对的动语里，"害"是心语，"死"是补语，二者形成心补结构。这样的分析，是同时对一个语言片断进行了成分分析和层次分析。

对于一个语言片断，不管是从成分的角度分析出主语、谓语、宾语、补语等，还是从层次的角度层层划分其结构状况，还是把二者结合起来，一边进行成分分析，一边进行层次分析，都属于静态的分析。

静态分析是语法分析的起点。不会对语言片断作静态分析，就等于没有掌握语法分析的基本功。正因如此，在语法教学中，要花很多时间教学生学会进行静态分析。

291. 什么样的语法分析是动态分析？如何看待？

所谓动态分析，指的是在动态中多角度地分析语法事实，揭示语法规律。其基本做法，是“两个三角”的验证。“两个三角”包括：(1)“表—里—值”三角，这是“小三角”；(2)“普—方—古”三角，这是“大三角”。如图：

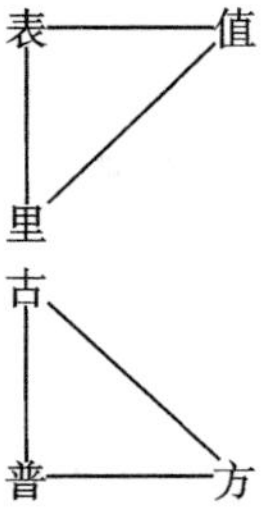

研究汉语语法事实，既需要进行静态分析，更需要进行动态分析。这是因为，许多时候仅仅依靠静态分析，无法深入揭示语法规律。比较：

你害死我们了！

你气死我们了！

你想死我们了！

这三个句子，不管用成分分析法、层次分析法还是层次成分分析法，分析的结果都完全一样，然而它们的隐性语法关系并不相同。假如要研究“你想死我们了”这一类句子，只有进行“表—里—值”三角分析，才能弄清其特殊规律和特殊作用。

292. “小三角”的基本内容是什么？

“小三角”指“表—里—值”三角，由语表形式、语里意义和语用价值所构成。语表形式，是显露在外的可见形式，简称“语表”或“表”；语里意义，是隐含在内的不可见的关系或内容，简称“语里”或“里”；语用价值，是适应特定语用需要而产生的价值，简称“语值”或“值”。

“小三角”的分析验证，包括两个方面：

(1) 表里印证。所谓“表里印证”，是指在表里之间寻找规律性联系，以揭示有关事实的特定规律。这是汉语语法研究的最基本的工作。基本做法是：由表察里，由里究表，表里相互印证。

(2) 语值验察。所谓“语值验察”，是指对语法事实在语言表达系统中的特定语用价值进行检验和考察。基本做法是：语里同义，语表异形，究其语值。

“小三角”研究注重对研究对象作多角度的聚焦性考察。在研究线路上，表里关系的反复验证是先行性的工作，语值的验察起补充作用，是延伸性的工作。

293. “小三角”的分析验证如何实施？

“由表察里，由里究表，表里相互印证”也好，“语里同义，语表异形，究其语值”也好，都只是研究思路。在具体研究中如何实施，要看对象，从实际出发。总的原则是：以获得规律性认识为目的，灵活机动地采取论证方式和操作程序。

以“NN 地 V”格式为例。NN 代表并列名词，V 代表动词或动词短语。如：

烧鸡烤鸭地吃

原理公式地天天背

第一步，需要考察其语表和语里的联系。

从语表看，这是一个 NN 带“地”作了 V 的状语的格式。由表察里，可以知道 NN 具有可宾性，它实际上是 V 的逻辑宾语，因而可以转化为 V 的语法宾语（烧鸡烤鸭地吃→吃烧鸡烤鸭）。再由里究表，可以知道具有可宾性的 NN 可以多于两个名词（烧鸡烤鸭武昌鱼地天天吃），但不能只是一个名词（* 烧鸡地天天吃/* 烤鸭地天天吃）；可以多于四个音节，但不能少于四个音节（* 鸡鸭地吃/* 鸡鸭鱼地吃）；另外，NN 之间不能用“和”（* 烧鸡和烤鸭地吃）。

进一步，需要考察其语用价值。

一般名词或名词结构的常用位置不是状语。因此，还有必要对 NN

名词结构作状语的语用价值进行探讨和描述。通过验察，可以知道：这一说法，突出了 NN，语气上略带夸张性；同时显示了说话人的异常感觉，所说的话富于情绪性。

294. “大三角”的基本内容是什么？

“大三角”指“普—方—古”三角。“普”指普通话，“方”指方言，“古”指古代近代汉语。研究现代汉语共同语语法事实，为了作出更加令人信服的解释，有时可以以“普”为基角，撑开“方”角、“古”角，从而形成分析验证的一个“大三角”。

“大三角”的分析验证，包括两个方面：

(1) 以方证普。这是“普—方”验证。即立足于普通话，横看方言，考察所研究的对象在方言里有什么样的表现，以方言印证普通话。

(2) 以古证今。这是“普—古”验证。即立足于今，上看古代近代汉语，考察所研究的对象在古代近代汉语里有什么样的表现，以古印证今。

大三角里的“古”，是跟“今”相对的“古”。“今”指现代汉语，那么古代汉语和近代汉语都算是“古”。在进行“大三角”的事实验证时，“古”角所用的语料固然可以是文言文，也可以是《红楼梦》《儿女英雄传》等白话文作品中可以说明问题的现象。当然，从严格意义上说，“文言”和“白话”是有很大的不同的。

295. “大三角”的分析验证如何实施？

“以方证普”也好，“以古证今”也好，都是研究思路。实施起来，同样需要从实际出发，从特定需求出发，以有效地说明问题为目的。

关于“普—方”验证，比较：

他明天来吧？

他明天来噢不啊？

普通话里问句末尾的“吧”，吕叔湘和赵元任都认为是“不啊”的合音。史冠新山东临淄方言的研究成果表明，在该方言中，问句末尾可以说“吧”，也可以说“不啊”。（“吧”或“不啊”前边出现“噢”或“啊”）以方言证普通话，临淄方言的说法可以帮助证明“吧”是“不啊”的合音的论断。

关于“今一古”验证，比较：

因为……，所以……。

因为……，因此……。

因（为）……因……。

作为连词的“因”，古代汉语里有两种，分别相当于“因为”和“因此、于是”。

近代汉语里，两种“因”都仍然活跃，特别是出现了“因为……因……”的形式。例如：因闻得梨香院的十二个女孩儿中有个小旦龄官唱的最好，因出了角门来找……（《红楼梦》第三十六回）又如：我因为没有话好说，因请问他贵府在那里。（《二十年目睹之怪现状》第三十七回）

现代汉语里，最常用的是“因为……所以……”，有时也可以看到“因为……因此……”。通过“今古验证”，可以知道：第一，“因为……因此……”是古代一近代用法的延展，尽管为了避免前后两个“因”字的重复，不必提倡，但不是不正确的用法；第二，“因为……所以……”的形式在近代汉语里也有，但到现代汉语里才真正成为最具代表性的主流形式。

296.“小三角”和“大三角”的关系如何？

相对而言，小三角是就甲事物本身来研究其“表一里一值”之间的三角联系，所用语料都是属于现代汉语共同语的；大三角则是在更大的视野里观察乙事物、丙事物跟甲事物的联系，所用语料不仅有现代汉语共同语的，而且还有方言的和古代近代汉语的。二者的关系，如图：

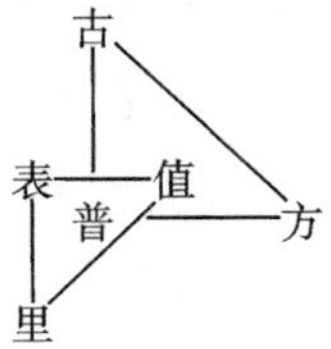

作为现代汉语语法事实的分析验证的思路和办法，“小三角”是内证；大三角的“方”角、“古”角，对于“普”角来说，起着外证的作用。“两个三角”的分析验证，可以结合进行。

比如“您们”，这个形式可以成立。

这是个复数尊称形式，小说中一再出现。据吕叔湘《“您们”、“奻”、“二”和“两”》和《关于“您们”》所提供的语料，可以知道，一些老北京人和北京的一些中学生口头上也说。

从表里关系看，现代汉语“三称”代词的单复数系统趋向匀整，“您们”的组造既是表意的需要，也是形式系统的类化结果。在语值上，“您们”在信件中使用时很难取代。这是“表—里—值”考察。

武汉方言中有个“你家”，念快了成为［nia^{42}］，书面上往往被写作“您驾”，其复数形式被写作“您驾们”。这样的方言现象支持了“您们”的成立。这是“以方证普”。

据向熹《简明汉语史》所提供的语料，“您”最早见于宋元话本和金元诸宫调里，有时表示尊称，有时不表示；“您”可以加“每”成为“您每”（即“您们”），有时表示复数，有时不表示。从发展轨迹看，“您们”的形式和表意是近代汉语里出现，而在现代汉语里实现定型化的。这是“以古证今”。

297. 什么是“三个充分”？跟“两个三角”的关系如何？

所谓“三个充分”，指的是“观察充分”“描写充分”和“解释充分”。国外学者有关于三个充分的提法，这个提法可以引进现代汉语语法研究，结合汉语实际作配套性解释。

（1）观察充分。研究一种现象，首先要充分观察这种现象。只有充分观察，才能有充分的了解。怎样才是充分观察？该观察到的方方面面全都观察到了，所作的观察就算是充分的了。为此，观察的思路要尽可能地开放，要善于由此及彼，随迹追踪。

（2）描写充分。观察是寻求对事物的了解，描写则是反映事物的面貌。只有充分描写，才能有充分的反映。怎样才是充分描写？把有关规律全都反映出来，这就可以算是充分描写。为此，论题的范围应尽可能地封闭在可以进行穷尽性描写的范围之内。

（3）解释充分。描写偏重于从微观上对语法事实作客观的反映，解释偏重于从宏观上对语法事实作理论的阐明。只有充分解释，才能有充分的认识。怎样才是充分解释？解释的充分，不是表现为“多”，不是表现为“细”，而是表现为“深”，表现为具有“一语破的”的概括力。

“两个三角”是研究思路，“三个充分”是研究要求，二者互补互证，互为条件。如图：

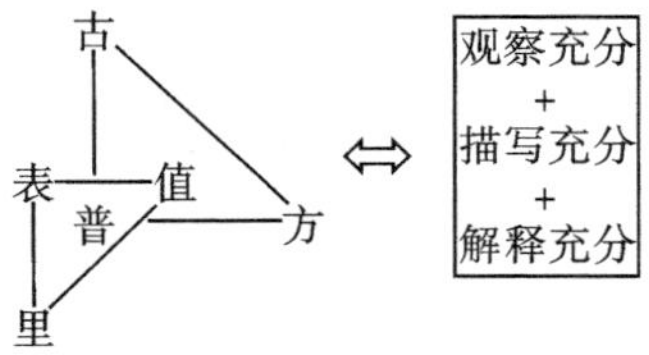

强调“充分”，是要求尽可能地做得更充分一点。绝对的“充分”，是不可能的。

298. 怎样理解“解释”？

“解释”大体可以分为两类：

（1）归总性解释。即在充分观察和充分描写的基础上作出理论上的解释。这种解释以事实分析为前提，注重理论的步步提升。

（2）先导性解释。即先作出一种理论解释，然后加以求证。这种解释以假设为前提，重在设立理论框架或模式，并据此进行推导和阐述。

两种解释的走向有所不同，但不管哪种解释，都是为了揭示语法事实的本质属性和本质面貌，它们本身都不是语法研究的目的。

就“描写”和“解释”之间的关系说，二者很难截然分开，一般都是描写中有解释，解释中有描写。不过，从研究工作的侧重点看，有的偏向于描写，有的偏向于解释。

299. 事实发掘有何意义？

对于汉语语法研究来说，应该提倡“研究植根于汉语泥土，理论生发于汉语事实”。1898 年马建忠《马氏文通》出版以来，经过 100 年众多学者的努力，汉语语法研究正在走向成熟。然而，距离真正成熟还相当遥远。

目前，许许多多的语法事实尚未认识清楚；事实的发掘，仍然应该放在研究工作的首位。所谓事实的发掘，有多方面的含义。包括：第一，从众多的事实中发掘出值得研究的事实；第二，从值得研究的事实中发掘出规律性；第三，从所得的规律中发掘出理论问题；第四，从发掘规律和理论的过程中总结出研究思路和研究方法。

举个很小的例子。一般以为“X 里”和“X 中”相同，可以互换。如：心里—心中｜庄子里—庄子中。然而，观察表明：“X 里”有时不好说成“X 中”，如：夜里｜内心里；“X 中”有时不好说成“X 里”，如：途中｜手术中。二者都能用的，由于受到诸多因素的影响，选用上也有一定的偏向性。那么，什么时候该用“里”？什么时候该用“中”？什么情况下用“里”比用“中”要好？什么情况下用“中”比用“里”要好？

更多地发掘出诸如此类值得研讨的现象，探究有关的规律，既可以弄清各种各样的事实，又会触及诸多理论问题，并且便于更好地总结汉语语法的研究思路和研究方法。

事实的发掘，是汉语语法研究的一个具有战略意义的系统工程。事实发掘的程度，反映研究的深度；离开了事实的深入发掘，谈不上理论的建树，也谈不上研究的成熟。

300. 语境对事实的发掘有何意义？

研究语法事实，既要对事实本身进行分析，也要联系事实所在的语境进行分析。

大量事实表明，句式歧义的分解、词性异类的分化、语词异义的分析，都需要依赖于语境。比如：我ˆ讲不好。｜我讲ˆ不好。——同是“我讲不好”，甲语境中“我”是主语，“讲不好”是谓语；乙语境中“我讲”是主语，“不好”是谓语。又如：买把锁。｜把门锁上。——同是“锁”，甲语境中“锁”是名词，乙语境中“锁”是动词。再比较：小白兔被打死了。｜小白兔被打破了。——同是“小白兔”，甲语境中“小白兔”是有生命的动物，乙语境中“小白兔”是石膏之类制成的玩具。

再举个具体的例子：

> 有钱人结亲讲穿戴，我爹没钱不能买。（扯上了二尺红头绳，对着镜子扎起来。）（歌剧《白毛女》唱词）

20 世纪 50 年代拍摄的歌剧《白毛女》，唱词中用“没钱”；“文革”期间拍摄的芭蕾舞剧《白毛女》，改成了“钱少”。之所以这么改，肯定是基于这样的逻辑：既然能买红头绳，怎么能说“没钱”？这种简单化的形式逻辑推论，很容易对语言运用产生误导。

语言不是数目字，说话不是做算术，否定形式的否定度量往往受到语境的规约。有多少钱才算“有钱”？是不是一个子儿也没有才算“没钱”？这是相对模糊的。实际语言运用中，“没钱”往往就是钱少或钱不够的意思。唱词的上一句是“有钱人结亲讲穿戴”，接下来才是“我爹没钱不能买”。没钱买衣服首饰，等于说没买衣服首饰的钱，并不意味着连买二尺红头绳的钱也没有。正如说“没钱买车子”，并不意味着连买车票的钱也没有一样。在语言表述系统中，“没钱”不是一个孤立的事实，“没”也好，“无”“不”也好，说的可能是“零”，但也不一定就是“零”。

总之，只有结合语境研究语法，才能更为精确、更为有效地描写和解释语法事实。

语言运用漫说

说　　明

在信息时代、知识经济时代，知识的普及工作比以往任何时候都更为重要和迫切。语言文字是信息的载体，是人类文明发展的不可须臾缺少的基本手段，在信息时代其发挥的作用更为巨大。语言文字知识既有传统的，也有新的。语言文字知识的普及工作有待加强。我们编辑这套“百种语文小丛书”，正是想在这方面尽绵薄之力。小丛书的篇幅较小，只有几万字。我们力求少而精，以便于读者购买和阅读。

语言文字知识的内容十分广泛，你如果看一下《中国大百科全书·语言文字卷》的分类目录，便会有一个大概的了解。我们这套小丛书，不是对语言文字知识作全面系统的介绍，而是偏重于人们在学习、生活中会遇到的各种语言文字知识。

书的质量很大程度上取决于作者水平，取决于作者对相关知识了解和掌握的程度。我们希望这套丛书是高质量的。因此，在约稿的时候采取的办法是，谁对某方面问题有研究，就请谁撰写某方面的书稿。作者素有研究，自然能够驾轻就熟，保证所介绍的知识的科学性，而有的还具有知识的前沿性。把最新的研究成果用普及的形式介绍给读者，也是本丛书编纂目的之一。这只是个总的思路，做起来并不那么简单。作者在写书时，要考虑整个丛书的编写原则，写什么，怎么写，从谋篇到动笔，是一个新的创作过程。本丛书是为普及语言文字知识服务的，然而书中有些内容事属专门；有的见解为作者一家之言，与社会通常的见解有的不完全一致。我们认为这些内容，对读者广见闻是有裨益的。小丛书的作者都是学有专长的语文工作者，其中有的是享有盛誉的著名学者。正是由于得到了这些作者的大力支持，小丛书才能够顺利编辑出版，奉献给社会公众。

本丛书的出版，采取成熟一批出一批的方式，一时难以完全显示学科的系统性。我们打算在出版到一定数量后，再来分类配套，如语音的、语法的、词汇的、文字的等等。敬希读者谅察。

“百种语文小丛书”编辑委员会

一 “没”不一定就是“零”

解放初期拍摄的黑白电影《白毛女》，是部歌剧。这几年，偶尔还放映。那部电影中，喜儿有这么两句唱词：

有钱人结亲讲穿戴，
我爹没钱不能买。

“文革”期间，又拍摄彩色电影《白毛女》，是芭蕾舞剧。这部电影中，喜儿的唱词有了改动，把“没钱”改成了“钱少”。即：

……
我爹钱少不能买。

为什么要这么改？其理由，肯定是：既然没钱，杨白劳怎么能买下二尺红头绳，让喜儿“对着镜子扎起来”？反过来说，既然能买红头绳，怎么能说“没钱”？因此，说“钱少”才准确。

请大家想想，这个理由有没有可以商榷的地方？

首先，应该知道：语言不是数目字，说话不是做算术。“没钱”和“有钱”是相对比而存在的。唱词的上一句，就是“有钱人结亲讲穿戴”，接下来，才是“我爹没钱不能买”。按照《现代汉语词典》的解释，“有钱”是“富有钱财”的意思。只有够买二尺红头绳的钱，这样的人绝对不是有钱人，而是穷人。人们常说：“穷人没钱。”这里的“没钱”绝对不是一个子儿也没有。人们又常说：“有钱出钱，没钱出力。”这么说的时候，“没钱”也并不排斥可能有两三块钱，甚至可能有十多二十块或更多一点的钱。

其次，应该知道：语言运用中，词语的含义受到语境的规约。“没钱”这个词语，总要用在特定的语境之中。由于受到特定语境的规约，

“没钱”的实际含义往往就是钱少或钱不够。比方：“我没钱买汽车。”等于说我没买汽车的钱，但不排斥可能有买自行车的钱。“我没钱买自行车。”等于说我没买自行车的钱，但不排斥可能有买衬衣的钱。“我没钱买衬衣。”等于说我没买衬衣的钱，但不排斥可能有买红头绳的钱。在诸如此类的说法中，若死抠“钱少”“钱不够”这类字眼，就不大容易组织成顺口说出的简练流畅的句子。再看下面三个例子：

【例子一】有一位老太太这么讲述她的一段经历：“那一年，我到美国去看儿子。没多久，害了一场大病，需要住院治疗。我儿子没钱，急得吃不下，睡不着。就在这个节骨眼上，得到了医院几位大夫的慷慨帮助……”这里的“我儿子没钱”，并不意味着连吃饭的钱或买一双皮鞋的钱也没有。假如改成“我儿子钱少”，反而不够自然。

【例子二】甲对乙说：“走，走，到酒楼啜一顿去!”乙说：“我不去!”甲强拉不放。乙恼火地大声说：“我没钱!”乙的话，并不意味着他身上连买车票回家的钱也没有。假如乙恼火地大声说：“我钱少!”反而显得别扭。恐怕绝大多数的人都不会这么说。

【例子三】电视剧《都市放牛》中，男青年南瓜和女青年喜妹从农村到大城市干杂活。南瓜买了一件很便宜的小礼物送给喜妹，喜妹看不上眼，赌气地说她想要金的银的，又说：“对面就是商店，你去给我买雀巢咖啡!”南瓜恳求道：“喜妹，你知道我没钱!”显然，这里的“没钱”也是钱少、钱不够的意思，喜妹一听就懂，绝不会咬文嚼字地反问南瓜：既然你没钱，怎么每餐有饭吃？又怎么能买小礼品？要是南瓜恳求道：“喜妹，你知道我钱少!”这反而很不自然。

第三，应该知道：语言有语言表述系统，“没钱”不是一个孤立的事实。语言表述系统中的“没”“无”“不”，可能是“零”，但也可能不是“零”。例子俯拾皆是。比如：

(1) 她家很穷，什么东西也拿不出来，听说你来，一定叫我把她心爱的东西（一只布娃娃）送给你。（张欣《首席》，《中篇小说选刊》1994年第2期77页）

(2) 飘雪对母亲说起这件事，只不过是儿女私情，无人倾诉，

断没有让母亲干预的意思。(张欣《首席》,《中篇小说选刊》1994年第2期65页)

前一例，说话者把“东西”预设为值钱的东西，因此才说“什么东西也拿不出来”，只拿出“她心爱的东西”——一只布娃娃。若死抠字眼，就会提出问题：难道布娃娃不是东西？后一例，说话者把“人”预设为别人，因此才说“无人倾诉”，只“对母亲说起”，若死抠字眼，就会提出问题：难道母亲不是人？

第四，应该知道：语境规约因素是多种多样的。有时，可能只是一种“情绪氛围”。请看鲁迅的写法：

……可是我实在无话可说。……但是，我还有要说的话。……呜呼，我说不出话，但以此记念刘和珍君。(鲁迅《记念刘和珍君》)

既然“无话可说”，怎么可能又“有要说的话”？既然前面已经说了那么多话，为什么又说“我说不出话”？如果按照简单的形式逻辑进行推论，岂不前后矛盾？然而，鲁迅的这篇文章数十年来作为范文供人们阅读，从未有人提出过这样的问题。为什么？这是因为特定的情绪氛围指明了“无话可说”“说不出话”表达的是无法言表的愤怒，而“有要说的话”表达的则是需要见于言辞的抨击。这里，看似前后违逆的言语，恰好能够充分地表达出感情的真实。

语言运用是灵活多变的。希望大家注意观察语言运用的实际情况，多动脑子，加强识别能力和判断能力的训练。这对于提高语言理解和语言表达的水平大有好处。

二 “最”的实际运用

我们常说哪座山最高，哪条河最长，哪个国家人口最多，哪位先生年纪最大。“最”这个词，是个经常使用的词。什么是“最”？《现代汉语词典》的解释是：“表示某种属性超过所有同类的人或事物。”

作为词典中的一个词，“最”的基本意义表现为两个方面：第一，所说的人或事物在排列上位居第一；第二，所说的人或事物在数量上独一无二，即唯一。然而，实际的语言运用灵活多变，语词一旦进入具体句子，其含义并不总是那么单纯死板。让我们就从“第一”和“唯一”两个侧面，来考究考究实际语言运用中的“最”。

(一) 是否一定是“第一”?

不一定。人们说“最”，有时是客观性表述，有时是主观性表述。客观性表述，是尊重客观事实的表述。比如：“作家中，用词最多的是莎士比亚，近12000个。”这是通过计量来测定“最”，可以证实，可以辨伪，可以更正。主观性表述，是反映主观心态的表述。比如：“苏小姐脸红，骂她：你这人最坏！”（钱钟书《围城》）被骂的“她”绝对不是世界上排名第一的“最坏”的人！这种表达情感的说法，反映的是感情的真实，不需也不能辨别真伪。

(二) 是否一定是“唯一”?

也不一定。人们说“最”，所指对象有时可以是一个，也可以不止一个。比如“最高学府”，指的肯定不止是一间大学；又如“只有最优秀的学生才能考上这所世界著名的大学”，指的肯定不止是一个优秀学生；再如“中国和印度是世界上人口最多的两个国家”（中央电视台《新闻联播》），这里在出现“最多”的同时还出现了“两个”；再如

“岳麓书院集中了大量海内最高水平的教育家”（余秋雨《文明的碎片》），这里在出现“最高水平”的同时还出现了“大量”。再看这个例子：“百花文艺出版社始建于1958年，已走过40载风雨的历程。中国当代最负盛名的一批作家，如郭沫若、茅盾、巴金、老舍、叶圣陶、冰心、孙犁、萧乾、王蒙等等，都曾欣悦地将他们的力作交由百花文艺出版社出版。”（《小说家》1998年第4期封底）这里既出现了“最负盛名”，又出现了数量词语“一批”，还出现了并列结构“郭沫若、茅盾、巴金、老舍、叶圣陶、冰心、孙犁、萧乾、王蒙等等”。意思很明白，这“一批”作家，都是“最负盛名”的。可知，“最X”形成一个“最”义级层，“最”义级层的事物涵量，不仅可以是单个体的，而且还可以是多个体的。

由于不一定是“第一”，在特定情况下，“第二、第三”之类可以跟“最”同时使用。比如：“这是北京第二座最大的王府，仅比怡亲王允祥的府邸略小一点。”（二月河《雍正皇帝》）等于说，北京有两座最大的王府，怡亲王府邸是第一，这是第二。

由于不一定是“唯一”，因此，就会有以下的两种说法。

(1) 最……之一。如：“冰心是五四以来最有影响的儿童文学作家之一。”（初中《语文》第六册）由于属于“最X”的不止一个，其中一个自然可以说之一。有人认为“最……之一”是有语病的说法，其实这种说法并不错，倒是批评者在认识上有偏颇，把“最”的用法简单化了。

(2)“最最”。如：“那是北京最最热闹的前门大街。”（魏润身《扰攘》）等于说，北京最热闹的大街有好些个，前门大街是最中之最。“文革”期间常常听到“最最最最”。那种话风和文风不值得提倡；但从语用心理看，这正反映了人们的一种潜意识：“最X”可以是多个体的。因此，可以最中有最；也因此，不仅可以“最最”，甚至还可以“最最最最”。

《语文建设》杂志上，刊登过一篇怀念著名语言学家吕叔湘先生的文章，文章里有这么一句话：“吕叔湘先生是我国语言学界的一代宗师。在我的心目中，宗师是治学和为人都达到了最高境界并且深刻地影响着整个学术界的人。”有人指责说：“最”字用错了。其实，这个判断毫无问题。首先，“在我的心目中”表明这是个人看法，不想强加于人，属于主观性表述；其次，“宗师”可以多个体，堪称“宗师”的大学者不会太多，但也不会只是一个人，当说他们之中哪一位“治学和为人都达到了最高境界”时，绝对没有说他是“天下第一”的意思。

要提高语言运用能力，必须加强对语言现象的思辨。我们说，“没”不一定是完完全全的“没”，“最”不一定是独一无二的“最”，这都是对语言现象进行思辨得出来的结论。

三 从“黄人”说开去

电视连续剧《嫁到非洲》，前面一至四集说的是：非洲青年医生玛立克，来中国留学，跟中国姑娘、某医学院即将毕业的学生王玉萍有了恋情，遭到了人们的非议，王玉萍父母也反对。第四集中，玛立克苦恼地对王玉萍说：“为什么？难道因为我是黑人，你是黄种人，我们就不能相爱吗？”这是剧中玛立克话语的大意，笔者记录得不十分准确，但话里对举使用了“黑人”和“黄种人”，却是肯定的。

请想想，玛立克能不能这么说：“为什么？难道因为我是黑人，你是黄人，我们就不能相爱吗？”再请想想，几个白种人到一所偏远地区中学参观，有学生看到了，说：“哎呀，来了几个白人！”假若来参观的是黄种人，那个学生会不会说“哎呀，来了几个黄人”？

这里就有个问题：“白种人”可以说“白人”，“黑种人”可以说“黑人”，“黄种人”为什么不能说“黄人”？

要回答这个问题，就必须知道，人们对事物或现象的命名，有一种“本位观”。比方，打乒乓球用左手，吃饭拿筷子用左手，被叫作“左撇子”，而打乒乓球用右手，吃饭拿筷子用右手，就不会被叫作“右撇子”。这是决定于“右手本位”：用右手是习以为常的现象。再比方，在事业上很果断有作为的女人，被叫作“女强人”或“铁女人”；而在事业上很果断有作为的男人，就不会被叫作“男强人”或“铁男人”。这是决定于“男人本位”：在社会习俗中，男人的那种表现，被认为是理所当然。同样，之所以可以说“白人、黑人”，却不能说“黄人”，这决定于“黄种人本位”。作为黄种人的一个，对“白人、黑人”的肤色是感到新奇的，而对同一肤色的人，由于没有特殊的感觉，因而不会给予特别的命名。

那么，是不是“黄人”的说法绝对不能用呢？也不是。请看这个例子：

> 小麻子说这话时，正在理发。他的理发与常人不同，……他开始在自己头发上，染上乌云翻滚的兵戈之相。花的紫的，橙的蓝的，打成一团。乍一看像一个 NBA 的球星。接着开始染眉毛，染眼睛。……身体的其他部位他已经交给了黑人和白人，唯剩下一个头，还留给黄人。（刘震云《故乡面和花朵·风起》，《钟山》1998 年第 2 期 91 页）

上例的小麻子，“他平日生活都很 Modern 和现代”。例子里，跟“黑人和白人”相对举，使用了“黄人”，这是特殊用法，可以增加语言的风趣。

“白人、黑人、黄人”也好，“左撇子、右撇子”也好，“铁女人、铁男人”也好，说和不说都有一定的文化背景。语言和文化，密切相关，相互融合。注意语言的文化内涵，可以提高语言理解能力、语言表达能力和语言文化素养。举两个文学作品中的例子来说：

【例子一】蒋子龙写了一篇《畅叙黎子流》的小说，其中对某些地区某些部门一二把手之间闹矛盾发出感慨，说是形成了一条规律：大凡“内战内行”的大多“外战外行”，而最后倒霉的还是老百姓。小说接着写道：“市长和书记之间能够唱‘哥俩好’，其他人就会大唱‘团结就是力量’。”（《中篇小说选刊》1997 年第 4 期 85 页）《哥俩好》是一部群众喜爱的喜剧片，《团结就是力量》是一首家喻户晓的歌曲，它们都属于文化。然而，把它们的名称作为一个短语用到动词“唱”的后边，形成一个动宾组合，便能够从语言运用的角度恰到好处地表述了一二把手搞好团结的重要意义。由于“哥俩好”和“团结就是力量”本是两个名称，其内涵却又十分丰富，其字面却又十分切合意旨，因此话说出来语意双关，不仅显得很有风趣，避免了平板的说理，而且能够打动人，使人深受启迪。这样的精彩用法，表明了语言运用中文化因素的闪光。

【例子二】一二把手的团结属于“大事”，我们再来说个日常生活的“小事”。蒋韵《现场逃逸》这篇小说中有这么一段描写：

“鳜鱼是活的吗？死的我可不要。”

“瞧您怎么说话。”跑堂小姐笑吟吟望着他，“能拿死的蒙您吗？昨天才从海里打捞上来，空运来的。”

小姐飘然而去许久之后，林则才收拢他大张的嘴巴。

“什么时候鳜鱼变成海鱼了？”他问胡石。

“这都不懂？人都下海了，何况鱼？”胡石笑嘻嘻回答。（《小说月报》1997 年第 6 期 71～72 页）

“下海”一词，《现代汉语词典》1994 年出版的 1983 年修改本里还只列出三个义项：①到海中去。②（渔民）到海上（捕鱼）。③指业余戏曲演员成为职业演员。1996 年出版的《现代汉语词典》修订本，却增加了第四个义项，即：④泛指放弃原来的工作而经营商业。这第四个义项，既是词义问题，又反映了一种新的文化蕴含。现在，假若哪份报纸哪本杂志上有一篇文章题为“下海”，读者想到的肯定是经商做生意，而不是到海中去、到海上捕鱼或业余演员的职业化。上面的例子，很有意思，它把“下海”的语词本义和新的文化含义故意搅在一起了。稍有常识的人都知道，鳜鱼是淡水鱼，不是海鱼，“下海”的“海”跟“海鱼”的“海”已经不是一回事，一个人不会因为“下海”便成为“海人”。跑堂小姐的“广告”没做好，说话出了漏洞，弄巧成拙。林则那一问，已够幽默；胡石这一答，更是出奇制胜，妙语怡人。胡石巧妙地在“海”字上做文章，把二者联系起来构成一个类比推理，跟当今的社会风气开了个小玩笑，让读者也跟着十分开心。这样富于风趣的言语，是才情和智慧的生动反映，这里面同样有着文化因素的闪光。

四 注意语言运用的动态性

有一份语文试卷，其中有一道关于语言运用的题目，要求考生选择最恰当的反义词。“伟大”最恰当的反义词是什么？出题者列出可供选择的“渺小”“平凡”等词。如果考生选择“渺小”，就打“√”，确定为“对”；如果考生选择“平凡”，就打“×”，确定为“错”。

语言运用具有动态性。由于受到不同语境的制约，词义关系往往不是单线索的。要是不注意这一点，脱离反映语言运用实际要求的语境去断定同义、反义之类的语义关系，那么，就可能会作出不正确的判断。以“好人”来说，它的反义词是不是任何时候都是“坏人”呢？那可不一定。一个病人，可以这么对探望他的亲戚朋友说：“你们都是好人，我怎么能跟你们比呢？”这里的“好人”不是跟“坏人”相对比而存在，而是跟“病人”相对比而存在的。

“伟大”这个形容词，在甲语言环境中，最恰当的反义词是“渺小”；但在乙语言环境中，最恰当的反义词却应该是“平凡”。1999 年 5 月 1 日晚，中央电视台播出“五一”晚会，主持人朱军在一位劳动模范讲话之后说：“正是有了这些平凡而又伟大的同志，我们的社会才有了发展。”在这个语境中，绝对不能说成“渺小而又伟大”。1949 年 11 月，诗人臧克家为纪念鲁迅逝世 13 周年写作了短诗《有的人》，其中写道：

有的人活着
他已经死了
有的人死了
他还活着

有的人

骑在人民头上“呵，我多伟大！”

有的人

俯下身子给人民当马牛。

由于把“有的人”跟鲁迅相对照，诗里“伟大”的最恰当的反义词应该是“平凡”。我们可以这么说：“鲁迅从来把自己当作平凡老百姓中间的一分子，然而，正是像鲁迅这样的人，才是真正伟大的人。”这里，如果把“平凡”换成“渺小”，反而不恰当了。说“渺小”才是“伟大”的最恰当的反义词，“平凡”不是，这样的判断产生于出题者的思维定式，把问题绝对化。

必须进一步指出：运用语言，往往还需注意词语的语义特征。这样，我们就能知道：为什么某个说法在甲语境中能成立，而在乙语境中不能成立；或者为什么某个说法在甲、乙语境中都能成立，但具有不同的含义。比方：

他把小张打破了。（×）

他把小张的头打破了。（√）

他把小张的手打破了。（√）

他把小张的脚打破了。（√）

他把冰箱打破了。（√）

他把冰箱的门打破了。（√）

他把冰箱的左侧打破了。（√）

他把冰箱的后头打破了。（√）

上例，“小张”和“小张的头”等，“冰箱”和“冰箱的门”等，都是整体和部分的关系。为什么涉及整体时，有的能说，有的不能说？为什么涉及部分时，却都能说？再比较：

他把疯狗打破了。（×）　　他把酒杯打破了。（√）

他把老鼠打破了。（×）　　他把瓶子打破了。（√）

他把毒蛇打破了。（×）　　他把汽车打破了。（√）

他把蜈蚣打破了。（×）　　他把房子打破了。（√）

从上面的例子可以知道：有生命的动物，都不能说“打破”。至于动物的各个部分，如“头、手、脚”等，由于它们本身不是动物，因此，跟一般的非动物具有共性。倒过来说，由于非动物没有生命，因此可以说“打破”，却不能说“打死”。比如，不能说“把酒杯打死了”，也不能说“把小张的头打死了”。如果有这么两句话，它们都成立，那么，其中的名词一定具有不同的含义：

妈妈，弟弟把小白兔打破了。(√)

妈妈，弟弟把小白兔打死了。(√)

前一句的“小白兔”一定是石膏之类做的，后一句的“小白兔”一定是有生命的。

运用语言，要联系实际问题多动脑筋。这样，不仅可以提高运用语言和鉴赏语言的水平，而且可以训练逻辑推断能力，形成良好的研究问题的习惯。

五　从木兰从军多少年谈起

古代有民歌木兰诗，长达三百余字，述说少女木兰代父从军的故事。诗里，先有这么两句，写木兰身经百战之后胜利归来：“将军百战死，壮士十年归。”后面又有这么两句，写战友们陪木兰回家，在看到恢复女装之后的木兰十分惊讶：“同行十二年，不知木兰是女郎。”

请注意，前面说“十年”，后面说“十二年”。到底木兰从军多少年？

其实，“十年”也好，“十二年”也好，都是多年的意思，并不是实数。汉语的数词，可以活用。比方，有时只表示少，如“三言两语”“一毛不拔”“一知半解”等等；又比方，有时只表示多，如“三番四次”“三思而行”“十全十美”“百战百胜”等等。木兰诗里，由于音节的要求，前一句不好说成“壮士十二年归”，后一句不好说成“同行十年”。

除了用来表示不定的“少”或“多”等意思，数目字还可以巧妙地配置穿插在语句之中，借以收到特殊的效果。举三个例子。

【例子一】大学里，入学新生要进行军训，军训时往往要唱《一二三四歌》：

> 一二三四一二三四像首歌，绿色军营教会我，唱得山摇地也动，唱得花开水欢乐。一呀么一呀么一呀一，一杆钢枪交给我，二呀么二呀么二呀二，二话没说为祖国，三呀么三，三军将士苦为乐，四海为家，嘿，哪里有我哪里就有一二三四战士的歌！

这是歌词的第一节。接下来，第二节里又融入了这么几句：

> 一条大路多宽阔，二月春风拂面过，三山五岳任我去，四海

为家，嘿，哪里有我哪里就有一二三四战士的歌！

这首令人振奋的歌，表明了“一二三四”的神效：就这么四个数目字，只要有表述的需求，你想怎么组造语句都可以“引进”它们，简直可以让它们牵动一切的一切，让它们涵容整个宇宙！

【例子二】刘绍棠有一篇《大河小镇》的小说，其中有这么一个转折复句：

> 鼻子下有嘴，逢人便问路；但是三拐四弯，五盘六绕，七出八进，九曲十环，我就像进入诸葛亮的八阵图，没有黄承彦指识迷津便找不到出路。（《钟山》1985年第2期21页）

这里连续使用“三”和“四”，“五”和“六”，“七”和“八”，“九”和“十”，最后还来个“八阵图”，把弄得晕头转向的情景描述得活灵活现，使人感到了汉语数目字的美和奇。

【例子三】西安有个饺子馆。在各种各样的饺子中，有一道饺子每个只有豌豆大小，放到火锅里，让顾客们自己捞。很有礼貌的服务员小姐，站在桌子旁边，甜美地“做广告”：

> 捞到一个，一帆风顺；捞到两个，好事成双；捞到三个，三英聚义；捞到四个，四季常青；捞到五个，五谷丰登；捞到六个，六六大顺；捞到七个，七星照耀；捞到八个，八仙过海；捞到九个，天长地久；捞到十个，十全十美。

说到这里，服务员小姐停顿了下来。有悬念了！要知道，火锅里滚动着的那么小那么轻的饺子，是极难捞到的。别说捞到十个九个，即使捞到两个三个，也很了不起了。这时，大家很自然地特别关心一个问题：要是一个也捞不到，怎么办？于是，服务员小姐又笑着说话了：

> 要是一个也没捞到呢？好，无忧无虑！

大家乐了，全都哈哈大笑。老实说，这道饺子并不怎么好吃，然而，却让大家像玩游戏一样，吃得笑逐颜开。服务员小姐的话，我这里记录得不太准确，不过，即使记错了两三句，也能表明一个事实：巧妙运用数词来为这道“吉祥饺”加彩增色，反映了饺子馆经营者的机灵，更反映了数目字里蕴藏着许许多多可以发掘的奇效。

值得特别注意的是，在数目字的运用中，往往还反映出我们华夏民族的民俗民情。举两个例子。

【例子一】给一位八十八岁的老人做寿，叫作“米寿”。为什么?因为“八十八”三字组成了一个“米”字。又比方，给一位九十九岁的老人做寿，叫作“白寿”。为什么?因为一百缺一是九十九，而“百”字缺“一”即为“白”。

【例子二】人们常常用“二百五”来比喻不明事理、办事没准的人。为什么?这有多种说法。一种说法是：恐怕跟儒家重农抑商、重义轻利的传统思想有关。旧时银子五百两为一封，二百五十两为半封，谐音“半疯”，遂把办笨事的人比作不够数的“半疯”“二百五”，颇具“京派”含蓄、冷峭的特色。(张德鑫《数里乾坤》)

数目字里学问多。经常留心观察和体味，既能增长知识，又能提高语言鉴赏和语言表达的能力。

六 以薛宝钗说的“我们”为引子

《红楼梦》第34回，写贾宝玉挨了他父亲的一顿好打，躺在床上不能动，薛宝钗到怡红院去看他。作者有这么一段描述：

宝钗见他睁开眼说话，不像先时，心中也宽慰了些，便点头叹道：“早听人一句话，也不至有今日！别说老太太、太太心疼，就是我们看着，心里也——”刚说了半句，又忙咽住，不觉眼圈微红，双腮带赤，低头不语了。宝玉听得这话如此亲切，大有深意。忽见他又咽住，不往下说，红了脸，低下头，含着泪只管弄衣带，那一种软怯娇羞清怜痛惜之情，竟难以言语形容。越觉心中感动，将疼痛早已丢在九霄云外去了。

薛宝钗说的“我们”，指的是谁？实际上就是“我”——薛宝钗自己。

“我们”是人称代词。最典型的人称代词，是“我（第一人称）”“你（第二人称）”和“他、她、它（第三人称）”。“我们”“你们”和“他们、她们、它们”，是复数形式。

人称代词可以活用。常见情况有三种：

第一，单复数变易，即以单数形式表达复数内容，或者以复数形式表达单数内容。比如：

(1) 对于这种挑衅行动，我边防部队采取克制态度。

(2) 对待一种新事物，我们的意见是，先好好儿地研究研究……（吕叔湘《关于“语言单位的同一性”等等》）

例(1)，我＝我们。“我边防部队”，相当于“我们的边防部队”。这样的说法，包括“我国”“我校”“我班”等等，是在公开的场合、对外的场合使用的。如果是几个朋友一起聊天，交流感想，就应该用“我们的……”这样的说法。例如：“老张，我们的边防部队真是纪律严明啊!”“班长，我们班的墙报可受欢迎了!”这样说，才能使对方听起来感到亲切。例（2），我们＝我。文章只是吕叔湘老先生一个人写的，但文章里却说“我们的意见是”，这是为了避免过于强调“我个人”。初恋的女孩子害羞，不好太突出“我个人”，也往往会对男孩子说这样的话：“你，你，你可别忘了我们!”薛宝钗对贾宝玉表示关心时用“我们”，正反映了女孩子的心态。

第二，人称变易，即以“你”表“我”，以“你”表“他”，等等。比如：

> （3）在我的心里，他是一个很好很热情很诚恳的朋友。他把你当作朋友以后，他从不忘记你，他从各方面关心你……（冰心《悼念罗常培先生》）

> （4）因为我们是为人民服务的，所以，我们如果有缺点，就不怕别人批评指出。不管是什么人，谁向我们指出都行。只要你说得对，我们就改正。你说的办法对人民有好处，我们就照你的办。（毛泽东《为人民服务》）

例（3），你＝我。把原该“我怎样”说成“你怎样”，能使听话人觉得亲切真实，容易产生亲身体验到的感觉。例（4），你＝他。承接前边的“别人”，后边完全可以都用“他”。然而，这里用“你”，可以使在场听讲演的每个人都感到不是在讲别人的事，从而把自己摆进去。

有时，还可以把“我”变易为“人家”。即：人家＝我。比如：“我这么对你，你也不想想我的好处!”可以说成：“人家这么对你，你也不想想人家的好处!”“我”是自称，“人家”是旁称。把自称变易为旁称，同样可以表达心态的微妙变化。

第三，游动称代，即“我”“你”“他”在特定范围中有所指，但跟具体人物没有固定性的联系。比如：

> （5）卖爆竹的停止了买卖，你看着我，我看着你，谁也不知道这是出了什么事。（梁斌《红旗谱》）

(6) 不多一会，屋里，院里，你的嘴对着我的耳朵，我的嘴又对着他的耳朵，各哩各得都嚷着这几个字——“小飞蛾”“小飞蛾”……（赵树理《登记》）

例（5）的“你”“我”，例（6）的“你”“我”“他”，都指代特定范围中的某一个人，然而，都既可以指张三，也可以指李四，所指是游动的。这么活用人称代词，可以使句子显得活泼。

值得注意的是，运用人称代词，要避免两个方面的毛病：

第一，前词不单一。例如：

(7) 诗人看到老张和他的太太在一起，于是又有了开玩笑的好材料了。

这里有两个前词“诗人”和“老张”。“他”是指诗人还是指老张？“他的太太”是诗人的太太还是老张的太太？事实上，是老张的太太。为了避免误会，可以干脆不用人称代词，说成：诗人看到老张和太太在一起，于是又有了开玩笑的好材料了。

第二，指称对象不单一。例如：

(8) 曹操知道关羽是一个英雄，舍不得杀他，希望能说服关羽和他一起打天下。……不过，他向曹操表明：一旦知道刘备的下落，就会离开他去找刘备。……

上例的“他”一会儿指关羽，一会儿指曹操。为了避免“他”字指代的混乱，最好改为：

(9) 曹操知道关羽是一个英雄，舍不得杀他，希望能说服他和自己一起打天下。……不过，他向曹操表明：一旦知道刘备的下落，就马上离开，去找刘备。……

这样，“他”总是指关羽，指称对象便单一起来了。

七 关于“学生了”

“学生”和“孩子”都是名词。但是，如果用能不能带上“了”来检测，可以看到它们有不同的反应。比较：

【A 组】哟，学生了！（√）

哟，中学生了！（√）

哟，大学生了！（√）

【B 组】哟，孩子了！（×）

哟，男孩子了！（×）

哟，女孩子了！（×）

A 组能成立，B 组不能。为什么？

考察可知：

第一，能进入“名词语＋了”句式的名词语，具有推移性。它所表示的概念，是由相对的概念推移而来的，原来并非如此。比如，“学生”是由“非学生”推移而来的，“中学生”是由“小学生”推移而来的，“大学生”是由“中学生”推移而来的。

第二，一个名词语，如果没有推移性，就不能带上“了”构成小句。比如，“孩子”不是由“非孩子”推移而来的，“男孩子”不是由“非男孩子”推移而来的，“女孩子”不是由“非女孩子”推移而来的。再比较：

百把斤的猪了，哪能随便卖出去？（√）

猪了，哪能随便卖出去？（×）

“百把斤的猪”，由“不到百把斤的猪”变来，有推移性，因此能说成“百把斤的猪了”；“猪”，不是由别的什么东西变成的，没有推移性，因此不能说成“猪了”。

第三，从相对立的两个概念之间的关系看，一个名词语，如果没有自彼到此的推移性，也不能带上“了”构成小句。例如：

大孩子了，对大人要有礼貌！（√）

小孩子了，对大人要有礼貌！（×）

“大孩子”跟“小孩子”相对，并且是由“小孩子”变来的，因此能说成“大孩子了”；“小孩子”跟“大孩子”相对，但不是由“大孩子”变来的，因此不能说成“小孩子了”。

第四，名词语，除了表示人物，还可以表示地点和时间。

地点名词语，带上“了”，意味着由甲地点推移到乙地点。例如：

十字路口了，连个人影子也没看见！

郑州了，有没有人下车？

上例里，“十字路口了”，表示“非十字路口→十字路口”的变异，“郑州了”表示“武昌→郑州”或“北京→郑州”的变异。

时间名词语，如果指的是时点，带上“了”，意味着由甲时点推移到乙时点。例如：

暑假了，我们有的是时间。

春天了，可是这儿仍然满地积雪。

十点钟了，他为什么还没到？

上例里，“暑假了”表示“寒假后一个学期→暑假”的变异，“春天了”表示“冬天→春天”的变异，“十点钟了”表示“九点钟→十点钟”的变异。

时间名词语，如果表示时段，带上“了”，意味着时段由短到长的推移。例如：

两个星期了，怎么还没有收到他的信？

三年时间了，熬过来可真不容易啊！

上例里，“两个星期了”表示“一个星期→两个星期”的变异，“三年时间了”表示“两年时间→三年时间”的变异。

值得注意的是：有的表示人物的名词语，比如“夫妻”“师生”

“父子”“兄弟”，它们本身都包含一对关系概念。这样的名词语，能不能带上“了”成为小句呢？这也取决于是否具有推移性。例如：

夫妻了，还分那么清干什么？

师生了，以后不能再随便开玩笑了！

上例能成立。“夫妻”关系是由“非夫妻”关系变移而来的，原来不是夫妻；“师生”关系是由“非师生”关系变移而来的，原来不存在老师和学生这种关系。再如：

兄弟了，还客气什么？

父子了，以后谁也不能离开谁了！

上例也能成立，但有条件。“兄弟”是结拜的兄弟，“兄弟”关系是由“非兄弟”关系变移而来的。如果是亲兄弟，绝对不能说“兄弟了”。同样，“父子”是结拜的父子，“父子”关系是由“非父子”关系变移而来的。如果本来就是父子，即亲父子，绝对不能说“父子了”。

观察语言事实，学会归纳出其中的规律，不仅可以深化对语言事实的认识，而且大大地有利于训练逻辑思维能力。

八 换个说法

看这两个句子：

(1) 因为他反对，事情才这么不顺利。

(2) 因为有人落井下石，他才被公司开除了。

这两个都是因果复句。如果换个说法，同样的意思可以改用假设复句来表达。例如：

(3) 要不是他反对，事情就不会这么不顺利了。

(4) 要不是有人落井下石，他就不会被公司开除了。

“要不是 p，就 q” 句式，是一种比较特殊的假设复句句式。其特殊的表达作用，可以从以下两个方面来看。

第一，反证释因，加强句子的容量和论证性。

这种假设复句具有“回归性”。它从“假设不是因为 p”出发，经过推断，回转来归结到对否定的否定，即肯定，从而指明正是“因为 p”。它包含一个比较完整的间接证明，用的是假言反证法。看个实际用例：

(5) 当初，赵淑贤要不是为了自己的前途和幸福，敢拼敢斗，那个娘家恰恰会苦害她一辈子。(浩然《姑娘大了要出嫁》)

上例从假设“不是……敢拼敢斗”出发，合乎逻辑地引出“那个娘家恰恰会苦害她一辈子”的推断；然而事实上她并没有被娘家苦害一辈子，因而又必然合乎逻辑地回转来否定假设的“不是”，证明了所要证明的命题：正是因为“敢拼敢斗”。这里，运用了反证的方法，解释了真实的原因。

由于“要不是 p，就 q” 本身就是一个证明，不仅包含“之所以非

q，就因为是 p”的意思，而且有推理，有回归，因此，句子涵量大，所表示的内容比一般直接解释因果关系的复句丰富得多；另一方面，由于“要不是 p，就 q”本身就是一个证明，是用反证的办法来论说事物之间的因果联系，因此，跟直接解释因果关系的复句比较起来，更有论证性，更能显示论理的逻辑力量。比较：

(6) 要不是来了共产党，哪有俺这个日月过呢？（陈登科《风雷》）

(7) 因为来了共产党，俺才有这个日月过。

(8) 俺之所以有这个日月过，就因为来了共产党。

后两例是直接说明事情之间的因果联系；前一例，则既在内容上包含后两例的意思，又在说法上具备后两例所没有的反证论说性。显然，在需要反证论说的场合，选用“要不是 p，就 q”的说法，更能取得理想的效果。

第二，反证强调，突出甲事对乙事的关键性影响。

这种假设复句，反证的目的既是指明原因，更是强调原因的重要意义。如例（3），强调“他反对”对于事情这么不顺利具有决定性影响。再看这个例子：

(9) 那晚上要不是老娘下了他的蒙心药，那北京姑娘就莫想活命了。（谢璞《寻找》）

“那北京姑娘”为什么能“活命”？通过反证，作为原因的“那晚上老娘下了他的蒙心药”被强调得特别突出，使人相信，如果不那样就根本不行。

特异的事情，往往需要适当的形式来表达，来强调。在表达事物间的因果联系上，“要不是 p，就 q”句式可以强调突出事情的特异性。看这个例子：

(10) 真难为你，要不是生病，一辈子也别想吃你做的饭。（王金屏《编辑夫人》）

“生病”是坏事，然而却引出了意想不到的好结果。这里用反证的办法，把“生病”作为值得庆幸的事情来强调，很好地表达了说话人的思想活动与心情。如果说成“因为生病，才吃到了你做的饭”，就显得平淡无奇了。

一个结果的产生，往往有不止一个原因。如果需要反证强调两个或几个原因，就可以连着说两个或几个“要不是……”，成为“要不是 p_1，要不是 p_2，就 q”的句式。例如：

(11)（吴蓓感到委屈：）要不是她前年抱病留在城里，要不是待业，要不是为了减轻家里的负担，要不是妈妈哭得昏天黑地，三姑像赶火车似地催着她，她才不结婚呢！（郑万隆《红灯　黄灯　绿灯》）

这里，并用四个“要不是……”，排比四种原因。反证的强调原因的作用，加上排比造成的气势，使人感到“她”确实无法避免“结婚”的结果。

运用语言，目的是传达信息，交流思想。为了加强信息量，取得最佳效果，人们需要选择最有效的表达方式。在我们的丰富多彩的语言里，本来可以用甲句式来表达的意思，却偏要换个说法，选用乙句式来表达，这样的情况还很多。比如：

你应该认真听课！

→你不应该不认真听课！

他天天吃香蕉苹果！

→他天天香蕉苹果地吃！

多想想换个说法有什么好处，多想想这个说法和那个说法有什么不同的表达效果，这是一种良好的习惯，对于提高语言表达能力和逻辑思维能力都大有帮助。

九 斟酌斟酌

要提高语言素质，须加强语言表达的训练；进行语言表达的训练，其重要做法之一，是用词造句时自己多斟酌斟酌。如果发现有不恰当或不够恰当的地方，应该改过来，并且想想为什么要改。

【例子一】“祖国”是个名词。这个词，按《现代汉语词典》的解释，是“自己的国家”。然而，1999 年，在中华人民共和国成立五十周年的时候，有的报刊举行征文活动，把栏目定为“我与祖国同龄征文”。这就等于说，只要是 1949 年出生的中国人，都跟自己的国家同龄。这显然是不恰当的。在这个说法里，把“祖国”跟“共和国”“社会主义祖国”不恰当地等同起来了。试问：如果说 1949 年出生的人跟祖国同龄，那么，他的父母，他的祖父祖母，岂不是比祖国的年龄还要大？

【例子二】“敦促”是个动词。有一张通告，标题是《关于敦促在逃刑事犯罪分子投案自首的通告》。“敦”是“诚恳”的意思，《现代汉语词典》有解释。用“敦”构成的动词，有“敦促”“敦聘”和“敦请”，它们都有态度诚恳、尊重对方的意味。以“敦促”来讲，说“敦促各地代表按时出席”，表示了对各地代表的尊重；说“敦促各国政府裁减军备”，表示了对各国政府的尊重。即使是《毛泽东选集》第四卷中的《敦促杜聿明投降书》，“敦促”一词也表示了对杜聿明的尊重，因为，尽管分属敌我双方，但杜聿明毕竟是有很大影响的高级将领，应该尊重。然而，法院、检察院和公安部门，对于在逃的杀人犯、抢劫犯，根本用不着那么客气。因此，所用的“敦促”，应该改为“勒令、严令”之类。

【例子三】“漫长”是个形容词。有一篇作品，在描写人物肖像时，这么写道：“垂蒜般的鼻子，挂在漫长的脸上。”这里面，“垂蒜般的鼻子”是个比喻，是说那个人物的鼻子好像个垂着的大蒜头，尽管有点滑稽，但不能说有什么错。问题出在“漫长”上面。“漫长”一词，用来形容长得看不到尽头的事物，如“漫长的时间、漫长的岁月、漫长的道路、漫长的河流”等等。一个人的脸，不管怎么长，总不会长得看不到尽头吧？应该改为：“……挂在长长的脸上。”

【例子四】世界杯足球赛进行到最后，巴西队和法国队进行决赛。有人说：“巴西队和法国队争夺冠亚军。”这个句子里，动词和宾语的配搭有问题。在两支球队中，打赢的便成为冠军，打输的自然就是亚军。冠军要争夺，亚军何必争夺？应该去掉“亚”字：巴西队和法国队争夺冠军。

句法结构中，一个动词常常与宾语中多个列举项发生关系。假若用V代表动词，AB代表宾语的两个列举项，那么，就形成“V→AB”的动宾结构。这里有一条规则：凡是“V→AB”动宾结构，必须能分化为“V→A”和“V→B”。如：学习英语和法语→学习英语｜学习法语。不符合这条规则，便是病句。“争夺冠亚军”，若分化为“争夺冠军”和“争夺亚军”，后者不合理，因此整个说法是有毛病的。又如：“他设计的草图，竟被印制成十分粗糙的集邮品甚至是工厂产品上。”这里，“印制成”的后边出现了两个列举项，一个是“十分粗糙的集邮品”，另一个是“（甚至是）工厂产品上”。我们可以说“被印制成十分粗糙的集邮品”，却不能说“被印制成工厂产品上”。这句话，应该改为：“现在他设计的草图竟被印制成十分粗糙的集邮品，甚至被印制到工厂产品上。”

句法结构中，也常见这样的现象：宾语只有一个事物，但动词却有两个或几个。假若用V_1V_2代表并列的两个动词，用A代表宾语，那么，就形成“V_1V_2→A”的动宾结构。这里有一条规则：凡是“V_1V_2→A”动宾结构，必须能分化为“V_1→A”和“V_2→A”。如：慰问和帮助伤员→慰问伤员｜帮助伤员。不符合这条规则，便是病句。

例如："我们围追和截断了敌人的退路。"把这个句子分化开来，便成为：我们围追了敌人的退路｜我们截断了敌人的退路。"退路"可以"截断"，怎么能"围追"？这个句子显然有毛病。应该改为："我们围追敌人，截断了敌人的退路。"

【例子五】在一册小学课本的一篇课文初稿中，有这么个句群："每个人都会有过错。有过错是很平常的，最重要的是能够改正错误，重新做人。"这个句群，在判断和推理的运用上有问题。"每个人都会有过错"，这没问题："最重要的是能够改正错误，重新做人"，也没问题。可是，把"每个人都会有过错"和"重新做人"连起来说，就有问题了。在语意上，"重新做人"意味着以"改过自新""改恶从善"为先行条件。诚然，每个人，包括小学生们，都会有过错；但是，并不是每个人，特别是每个小学生，都存在重新做人的问题。应该改为："每个人都会有过错。有过错是很平常的，重要的是有错必改。对于有重大过错的人来说，更需要及时改正错误，重新做人。"

写作中，在使用语言表达意思的时候，应该多多斟酌，看看是否准确，是否恰当。这是一种良好的习惯。

十 是非问和特指问的融合

问句，包括是非问、特指问和选择问。这里，涉及是非问和特指问。例如：

这是你的行李？

你是什么地方人？

所谓“是非问”，是要求对方作出肯定或否定回答的问句；所谓“特指问”，是要求对方针对“谁、什么”之类作出回答的问句。如前一例是“是非问”，后一例是“特指问”。语法书里告诉我们：用于问句句末最典型的语气助词，有“吗”和“呢”两个，它们有不同的适应能力。“吗”出现在是非问句末，如：“这是你的行李吗？”如果是特指问，句末就要用“呢”，如：“你是什么地方人呢？”

但是，也有特殊情况。有的时候，句子中用了“谁、什么”之类，句子末尾却可以用“吗”。这是由是非问和特指问融合而成的“特指性是非问”。请看电话里的这么一段对话：

（1）“哥，你能不能马上回家来一趟？”

“有事吗？”

“哥，看你，没事我能找你吗？”

…………

“什么事呢？”

“还不是你的事。”（孙春平《远方有绿灯》）

这里先后出现了两问。第一问是是非问：“有事吗？”第二问是特指问：“（有）什么事呢？”这两问，如果融合起来，便可以简化成：

（2）“哥，你能不能马上回家来一趟？”

“有什么事吗?”

“还不是你的事。”

这样，便出现了一个特指性是非问：“有什么事吗?”

常见的特指性是非问，是“有”字句式。例如：

（3）您有什么发愁的事吗?（王蒙《虚掩的土屋小院》）

（4）里面有谁不行了吗?（海波《铁床》）

（5）有啥要我做的事吗?（陈忠实《蓝袍先生》）

此外，“想”字句式、“能”字句式和动词带“了、过”的句式，也往往可以形成特指性是非问。各举一例：

（6）上校，你想吃点什么吗?（文放《台湾黑猫旅社》）

（7）一去不复返的她，还能听进李建民说的什么话吗?（陆天明《白杨深处》）

（8）又遇到了什么困难吗?（电视剧《潜流》）

（9）这里来过什么达官贵人吗?（柯云路《夜与昼》）

例（6）是“想”字句式，例（7）是“能”字句式，例（8）是动词带“了”的句式，例（9）是动词带“过”的句式。

特指性是非问是一种二重性问句。答话人的回答，既可以针对是非问，又可以针对特指问。一般地说，否定的回答总是针对是非问，肯定的回答则往往针对特指问。比如：“还有谁吗?”否定回答是“没有了”，这是针对是非问；如果作肯定回答，不能只说“有”或“是”，必须具体说出“还有张三和李四”之类，这是针对特指问。

从发问者的心理因素看，之所以采用这种二重性问句，一方面是由于不想过细追问，只想简捷明快地提出问题；另一方面是由于对问话涉及的特定事物有所猜度，但又肯定不了。因为有所猜度，所以希望通过使用疑问代词向对方索取答案；因为肯定不了，所以又希望通过“有……吗”“想……吗”等的提问得到对方的证实。比如：

主人问客人：

“想喝点什么吗?”

朋友来家里作客，应该请他喝点什么，但他不一定想喝什么。用特指性是非问，既明快，又周全，十分适合。如果问："想喝点什么呢?"这就显得比较突然。然而，换一个场合：

冷饮店。顾客坐在桌子边。服务员问：

"想喝点什么呢?"

顾客上冷饮店，并且坐在桌子边，肯定要喝点什么。由于对方的行为同特定事物的联系已经肯定，问话人用一般特指问更合适。

十一 “夜里”和“途中”

“X里”和“X中”是经常使用的两个方位结构。X后边的方位词“里”和“中”，通常指事物的“内里”或“内中”，都是“里头”的意思。因此，“里”和“中”往往相通，“X里”和“X中”往往可以互相替换。如：手里→手中｜心里→心中｜ 家里→家中｜庄子里→庄子中。

但是，“夜里”不能说成“夜中”，比如“我夜里做了一个梦”，不能说成“我夜中做了一个梦”；“途中”不能说成“途里”，比如“他正在来北京的途中”，不能说成“他正在来北京的途里”。为什么？你能说出个所以然吗？

观察可知，“X里”和“X中”并非任何时候都是等同的。

一方面，有三种意义只适合于用“里”，不适合或不怎么适合用“中”。

1. 等同义。X由名词语充当。说“X里”，等于说“X”，二者意义等同。在这种情况下，“里”意义较虚，只起指点方位的语法作用，没有实在的词汇意义。比如：“林子都越平静，他私下里就越发毛。”（梅毅《赫尔辛基的逃亡》）“私下里”即“私下”。同类情况，如：四下里＝四下，内心里＝ 内心，心底里＝心底，平日里＝平日，每日里＝每日。所有这些，其中的“里”都不能换成“中”。

2. 指代义。X由名词语充当。“X里”不是单纯表示方位处所，而是用来指代特定社会单位或单位领导、单位成员。比如：“厂里给他分配了一套新房子。”这里的“厂里”指代厂领导或厂里房管人。“省里、县里、乡里、部里、司里、厅里、局里、院里、系里”等，都属这一用法。这种情况下，“里”不能换成“中”。

3. 划界义。X由名词语充当。说“X里”，是以某事物为界限，划定跟“外”相对的“里”。“里”也不能换成“中”。比如：她一只腿在墙里，一只腿在墙外，与骑马一模一样。（晓苏《五里铺》）跟“墙外”相对，“墙里”是指以墙为参照物划分出来的园子里头。这个句子里不能用“墙中”。这类“X里”数量有限，其中的X限于墙、窗、门、门坎、竹帘之类。

另一方面，有三种意义一般只适合于用“中”，不适合或不怎么适合用“里”。

1. 活动义。X表示某种行为活动，包含有时间性。典型的X，由动词语充当。例如：行走中，他的双腿明显地带一点内罗圈。｜谈判中，他发现了不少问题。｜深入审理中，他们都成了著名人物。“行走中”“谈判中”和“深入审理中”，不能说成“行走里”“谈判里”和“深入审理里”。

2. 状态义。X表示某种状态，包含有延展性和可变性。典型的X，由形容词语充当。例如：模糊中，她看见柏树的隐约的身影。｜惶恐中，母亲把蚂蚱放飞了。｜危急中，他向前一扑。“模糊中”“惶惑中”和“危急中”，不能说成“模糊里”“惶惑里”和“危急里”。

3. 无限义。X是名词语，表示范围无限的事物。比如“空中”：飞扬的马蹄，把残雪和泥土抛到高高的空中去。（高建群《马镫革》）｜马的尾巴，在空中甩来甩去，扑打着蚊蚋。（高建群《马镫革》）在心理感觉上，“空”没有周缘。“空中”不大能说成“空里”。

了解了以上带有规律性的现象，我们就可以回答开头提出来的问题了。

首先，“夜里”之所以不能说成“夜中”，是因为“夜里”和“夜”具有等同义。“夜里”即“夜间”，它们都是“夜”。这一点，可参看《现代汉语词典》的解释：

夜　　从天黑到天亮的一段时间。

夜里　从天黑到天亮的一段时间。

夜间　夜里。

正因为是等同义用法，“夜里”不能说成“夜中”。

其次，“途中”之所以不能说成“途里”，是因为“途中”的“途”具有无限义。比如：乞讨千里寻找红军的途中，曾吃过老百姓的一种炒面。(肖思科等《功德上将李聚奎》)尽管路途两边是有界限的，但起码在心理感觉上，“途”的延伸是无限的。因此，“途中”不能说成“途里”。

如果有人问，医院里，手术室门口的牌子上写着“手术中”三字，能不能改为“手术里”？了解了以上带有规律性的现象，我们也可以明确地回答：不能。因为，这三个字表示手术正在进行，“手术”含有活动义，只能说成“手术中”。

十二 语言表达的地域民俗性

汉语的使用，由于历史地理诸方面的原因，出现了地域性分歧。中国和新加坡，中国内地（大陆）和香港、澳门与台湾，都具有各自的一些特点。这反映深刻的人文背景，不能简单化地归结为“规范”和“不规范”，更不能粗暴地用“对”和“错”来判定。正确的态度，应该是以下两个方面。

第一，对于具有地域民俗性的语言表达，必须尊重。

2001 年，应新加坡教育部课程规划与发展署之聘，我担任了新加坡华文教材组顾问。当年 5 月，我赴新加坡第一次实地履行顾问职责。在中小学教材初稿的审读中，看到了一些具有地域民俗性的语言表达现象。举两个类型的例子。

1. 词语

（1）巴士来到一个小站，搭客都下车了。

（2）我学画画，/我学画人。/我会画一个头，/两个耳朵和一个口。

前一例的“搭客”，中国大陆用“乘客”；后一例的“一个口”，中国大陆一般会说成“一张嘴”。新加坡的华人用语，与中国大陆有所不同，或者有其历史原因，或者有其方言背景。比方“一个口”，其实就是方言说法的书面化。我是海南人，我家乡的人使用海南黄流闽方言，口头上只说“一个口”，不说“一张嘴”，这可以作为旁证。

2. 句法

（3）老农夫的孩子有找到宝物了吗？

（4）路上很少行人。

前一例，动词语前边用了个“有”字。按中国大陆的说法，这种“有”字句将被改写为：“老农夫的孩子找到宝物了吗？”后一例，先出现“程度副词＋形容词”（“很少”），然后再出现名词（“行人”）。按中国大陆的说法，应该先出现名词（“行人”），然后再出现“程度副词＋形容词”（“很少”），说成：“路上行人很少。”

“搭客”“一个口”也好，“有找到”“很少行人”也好，都不仅不能判定为错，而且应该尊重。因为，这些说法是在特定地域中得到了社会认同的说法。

第二，对于具有地域民俗性的语言表达，要强调相互沟通。

同是讲汉语，甲地这么说，乙地那么说，会影响华人之间的相互交际和彼此了解；对于母语不是汉语的外国人来说，也会增加汉语学习的麻烦。因此，不管是中国香港、澳门、台湾的中小学课本，还是新加坡的中小学课本，都有必要重视“表述沟通”的工作。

比方，在词语运用上，新加坡的课本里出现“搭客、农夫、清道夫”，这无可非议，但最好在适当的地方告诉学生，中国大陆现在说的是“乘客、农民、清洁工人”。又比方，在句式运用上，新加坡的课本里有时出现南片话语的说法，诸如“那个地方我有去过”之类，这也无可非议。但是，若能在适当的时候把中国大陆的通行说法告诉学生，自然会有好处。

应该指出：有的现象，尤其是称谓之所指，特别需要沟通。比如“姑娘”一词，读过《红楼梦》的人都知道，指的是年轻的女子，如“林姑娘、宝姑娘”等等。但是，你如果到武汉，听到当地人说：“我要去看我的姑娘。”你就应该知道，指的是女儿。你如果到离武汉不远的咸宁，听到当地人说：“我要去看我的姑娘。”你又应该知道，指的是姑母。

李荣主编《现代汉语方言大词典》的41本分地词典，23本立“姑娘”词条，1本立“姑娘儿”词条，17本不收“姑娘”。仅就立“姑娘”词条的23本词典的解释来看，情况之复杂，令人惊异。如果以年轻女子、女儿、姑母、丈夫的姐妹作为基点来观察，可以看到：

1. 指年轻女子。在南宁方言里，“姑娘”是对女青年的一般称呼；柳州方言作“姑孃”，是年长者对女青年的一般称呼，可面呼。

2. 指女儿。如哈尔滨方言、西宁方言、太原方言、南京方言、扬州方言、武汉方言、贵阳方言。但是，西宁方言、太原方言、南京方言、扬州方言和贵阳方言里还指未婚的女子，扬州方言里旧时还指妓女。

3. 指姑母。如徐州方言、崇明方言、萍乡方言、南昌方言。但是，崇明方言里，还指丈夫之姐妹；萍乡方言里，还指年轻的妇人；南昌方言里，还指女儿或妓女。

4. 指丈夫的姐妹。如温州方言、苏州方言、丹阳方言、金华方言、上海方言。但是，苏州方言里，还泛指未出嫁的女子；丹阳方言里，还指未婚的女子；金华方言里，这一含义只用于背称；上海方言里实际上限于指夫之妹，即小姑，而且是背称，另外还指未婚的女孩子。

5. 其他。广州方言里，“姑娘”是旧时对年轻女性的尊称，又用作对女护士的尊称；福州方言里，用来面称年轻的妾；厦门方言里，称出家修道的女子，一般不能出嫁；牟平方言里，指年轻的女巫；于都方言里，等于说“婊姊”。

可见，语言运用有时有极强的人文性，往往在某个侧面或在某种程度上反映出民俗民情的特点。要准确地使用语言和准确地评判语言的使用，不能不重视语言的人文性，不能不重视不同地域之间语言运用的相互沟通。从发展上看，随着人际交往的频繁，语言碰撞的增加，地域性因素就会出现优存劣汰的局面，同义异形现象会趋向减少。但这是以沟通作为前提条件的。

邢福义

2003 年 5 月 30 日

华中师范大学语言与语言教育研究中心